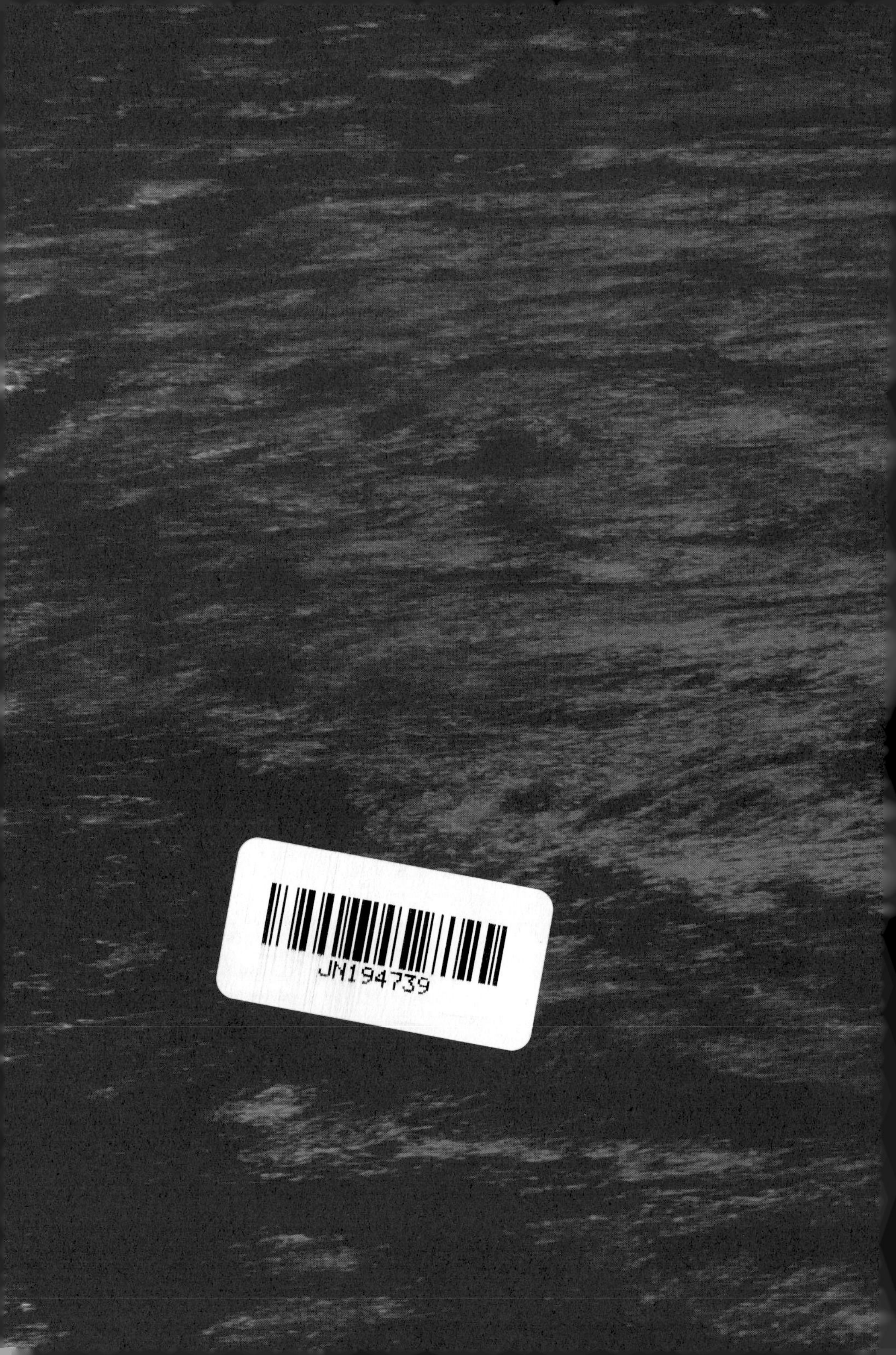

Utsushi and Utsurohi *- Metempsychosis and Passage: Recipients of Transcultural Migration and Haptic Transfigurations*

映しと移ろい

文化伝播の器と蝕変の実相

INAGA Shigemi

稲賀繁美 編

花鳥社

「露の一滴」

私の書斎の窓の竹格子《たけごうし》に一滴の露の玉が震えながらとまっている。その小さな球面は朝の色彩をそのまま映し出している――空の色、野の色、遠くの木々の色。これらの逆さになった姿が玉の中に認められる――そこには小屋の極小の姿も上下逆さに映し出され、その戸口の前では子供たちが遊んでいる。

目に見える世界よりもはるかに多くのものがこの露の一滴によって現わされている。目に見えない世界も、限りない神秘の世界も、同じようにその中に再現されている。玉の外でも内でも滴《しずく》は絶えず運動している。――永久に不可解な原子と力の運動である。そして滴はかすかに震え、空気や日光にふれて虹色《にじいろ》の輝きを放っている。

小泉八雲 Lafcadio Hearn 『骨董―さまざまな蜘蛛の巣がかかった日本の奇異な品々』

一九〇二年、平川祐弘訳、河出書房新社、二〇一四年

序文

編者　稲賀繁美

本論文集は、大学共同利用機関・国際日本文化研究センターにおいて実施した共同研究会「多文化間交渉における〈あいだ〉の研究」の成果報告論文集である。英語表記は、Studies in "In-betweeness" in Cross-cultural Communication とし、二〇一六年四月より二〇一九年三月まで、三カ年計画として、共同研究委員会での承認を得て実施したものである。

研究の志向

〈あいだ〉に着目した理由を、具体的に説明したい。例えば「責任」は responsibility、Verantwortlichkeit などの欧米語の訳語として定着している。「責任を負う」という日本語表現は、外からの要請に対して受け身で「負う」という文脈を想定させ、「責任がある」というと、なにか道義的に責めを負うという印象を伴う。ところが Take responsibility という英語は、あくまでも主体が積極的に責任を取る assume するという態度を前提とする。一例にすぎないが、同様に、欧米語では主体の能動的な働きかけとして理解される行為が、日本語では受動の対応へと置換される場合が多く見受けられる。行政作文で主語を省略して受動態を多く用いる日本語表現法が、責任の放棄と短絡されて外交的な誤解を招く場合から、「おもて」と「うら」の関係が positive vs. negative

の対へと欧語に訳されて変質を遂げる場合まで、類例は枚挙に暇がない。

本研究ではこれらの具体的事例を出発点に、比較言語学・比較文化論としてではなく、ひろく文化事象の翻訳に伴う情報変質、文化伝達媒体の母胎や型板の設定、主導権闘争の様相を検討したい。「行為主体」とその影響を受ける「対象客体」、「能動性」と「受動性」との二項対立ではなく、その両者が鬩ぎ合う現場の内実とそこで発生している主客転倒に肉薄したい、というのがそもそもの問題意識である。

具体的構想

この目的のため、本研究では〈うつわ〉による運搬すなわち〈うつし〉を鍵言葉として、多文化間の文化伝播における接触と変成の実相を、学際的かつ多角的に分析する。このため本論文集は、通常の学術報告書とは、著しく異なった特性を帯びることとなる。通常の研究であれば、扱うべき対象を限定し、有効な仮説を立て、それに応じた方法を選び、探求を進めるという手順がとられる。だが本論集では、この前提そのものを疑問に付す。むしろ、こうした通常の探求方針が無条件の前提とする「探索主体」と「対象」との分別は、素朴に信じられるように自明なものなのか。それを問うことから始めようとする。そのため、両者の「あいだ」に着目し、それを〈うつわ〉として、現象がどのように〈うつろい〉ゆくかを追求する。言い換えれば本論文集は、方法論的な意識を共有しつつ、扱う対象に関しては、特定の制限を加えない。これは次世代の新たな方法論開発のためには、既存の対象分野別の学問領域を前提とはせず、むしろその枠組をはずす開放性のある〈うつわ〉の開発が不可欠、とする認識に基づいている。

共同研究会では、自然現象や生物の営みをも必要に応じて参照しつつ、主に多文化間の交渉を話題として「国際性」に配慮するとともに、特定の学術分野に囚われず、それを横断する「学際性」を重視し、得られた成果に

「総合性」を持たせるように配慮する。この目的を達成するために、第1部から第7部と切り込みや論点を移動させ、全体としての有機性に配慮するとともに、各部ごとに編者による問題意識を以下のように提示し、個々の論点を整理する。

全体の構成

第1部では「情報伝達」における恒常性と可変性に注目する。従来の情報理論はシャノンの法則を基礎としてきたが、そこでは「障害」として除去の対象とされてきた「雑音」を含めた冗長性の増大に配慮する可能性を検討し、デジタル化の趨勢への抜本的反省を提起する。

第2部では「枠組」の設定と選択的透過性に議論をすすめる。自然科学の領域ではあらかじめ分析枠を絞った理想的実験環境下でデータを計測する。しかしそれでは必然的に認識論的な死角が発生する。それを踏まえ、ここでは「フレーム」問題への実践的対処を検討する。

第3部では華厳教学で言う「帝釈天」の玉網を比喩として、単線的な因果律を超えた物事相互の結びつきへと視野を拡大する。南方熊楠が志した「縁起」探求の延長だが、これは近年の電子 web 環境などの整備により、急速に現実味を増してきた未開拓領域といってよい。

第4部では「輪廻転生」を再考する。九鬼周造がフランス語での講演に取り上げた話題だが、その問い直しは、従来自明視されてきた「個」や「自己同一性」の基底を揺さぶり、「差異と反復」をめぐる問題圏、時間軸を遡る「時代錯誤」の作用の解明などに結びつく。

第5部では「接触界面」に注目し、文化間の伝達で発生する屈折・化学的変成さらには、移動媒体への物事の吸着、移送による発散などに注目して、「間」の働きを詳らかにする。

第6部では「中動態」を取り上げる。印欧語族の古型に残存する「態」だが、それは後世において受動と能動の二分法へと置換された。だがここで失われた「中動態」は、他の言語においても遂行的威力の発現や責任意識の形成に関与し、その問い直しが求められている。

第7部では、以上の議論の積み重ねと相互関係の編み目を見回し、複数文化間の物事や情報の授受に伴う「主体」の変容、「相互行為」における同一性の喪失といった問題を、具体的な事例検討から追跡し、「うつわ」と「うつし」における「あいだ」認識を刷新したい。

なお巻頭の新井論文において、術語についての語彙論的な検討も加えつつ、「うつわ」「うつし」「あいだ」といった和語を鍵言葉として提唱することの意義、のみならず方法論的・理論的な可能性を確認する。

最後に、本論文集は、同時に、平行して獲得した科学研究費補助金、基盤研究A「「うつわ」と「うつし」：情報化時代の複製技術・芸術の美的範疇刷新にむけて」（16H01919）の成果の一部を為すことを、付言する。

研究計画および経緯——本書への導入にかえて

稲賀繁美

本論文集は「映しと移ろい」と題し、副題には「文化伝播の器と蝕変の実相」と添えた。「うつわ」と「うつし」から派生する和語群を鍵言葉として、文化伝承と刷新のメカニズムに関する代替的なモデルを検討し、提唱することを、その目的とする。

なぜこうした和語に頼るのか。ここにはまず、日常的にほぼ無反省のまま使っている、欧米術語の翻訳語に対して、批判的な反省を加えることが必要、との認識がある。実際、従来の原典と複写、original と copy の両者を対比させる思考法は、今日の情報化社会で限界を露呈し始めている。だがそれに替わるモデルは、まだ登場していない。ところがIT革命や電子情報環境の整備に伴い、この一五年ほどで、文化の基礎環境は劇的なまでの変貌を遂げた。制度と現実そして仮想現実—この三者間には、様々な齟齬や機能不全が露呈し、「原典」と「複写」との古典的な区分は、もはや無効となってきた。そうした未曾有の情報技術の革新に伴い、想定外の事故や特許横領、情報漏洩が多発し、それに起因する国際紛争すら懸念される情勢を迎えている。ここで「うつわ」(空＝現)すなわち現実と非現実、有と無、あるいは「うつし」(移・写・憑)すなわち刻印、媒介、共有といった基礎概念の再考が、思考モデルの刷新のために不可欠となる。本論文集は、こうした問題が錯綜を見せる多分野から様々な知見を動員し、次世代の表象文化論、情報理論に先鞭をつけようとするものである。

上記のように、本論文集は「うつし」「うつろい」に注目し、それを盛る「うつわ」の働きに様々な角度から探求を試みる。これらの和語には共通の語根が想定されるが、その詳細については本書に収めた大西宏志、新井菜穂子ほかの論考に譲りたい。本書はこれらの鍵言葉を頼りに、従来の思考法の限界を洗い出し、あらたなモデル構築を目指す。この挑戦には、以下の背景がある。

一　研究の学術的背景

本論文集編者は、研究代表者として平成二二―二四年度科学研究費補助金による基盤研究（A）「「東洋」的価値観の許容限界：「異質」な思想・藝術造形の国際的受容と拒絶」を獲得し、成果論集として *The 38th International Research Symposium: Questioning Oriental Aesthetics and Thinking: Conflicting Visions of "Asia" under the Colonial Empires* 東洋美学と東洋的思惟を問う：植民地帝国下の葛藤するアジア像（International Research Center for Japanese Studies, March 31, 2011）および『東洋意識　夢想と現実のあいだ　1887-1953』（ミネルヴァ書房、二〇一二年）を刊行した。ここでは非西欧的な価値観がいかなる条件のもとで西欧世界に受容され、あるいは拒絶されるか、そこにはいかなる歪曲や改変が働くかを、帝国主義時代から日本再独立にいたる時期に限定して考察した。さらに平成二五―二七年度には、科学研究費補助金・基盤研究（A）「海賊史観から交易を検討する：国際法と密貿易―海賊商品流通の学際的・文明史的研究」を組織した。その代表的成果は『近代東アジアのアポリア』（徐興慶編：台湾大学出版中心、二〇一三年）への寄稿「交易の海賊史観にむけて」ほかの機会に台湾や韓国にむけて海外発信する一方、その総括的成果は『海賊史観から交易を考える』（研究代表者編、思文閣出版、二〇一七／平成二九年）および *The 50th International Research Symposium* 第50回国際研究集会 *A Pirate's View of World History-A Reversed Perception of the Order of Things from a Global Perspective,* (International Research

Center for Japanese Studies 国際日本文化研究センター Aug. 2017）として刊行し、内外の社会にむけて成果還元を実現した。ここでは「海賊」を鍵言葉に、ここ六〇〇年にわたる海洋覇権に視野を拡大し、世界史の構築と裏腹な簒奪行為の合法性／非合法性の枠組を探査し、従来の国際法の成立過程そのものを批判的に再吟味した。

この間も、日本を含めた国際的な文化環境は、急速な変貌を遂げてきた。一方では商品流通を含む国際的な物流において支配的な一元構造が揺らぎ、新たな国際的な規律を模索する動きが、官民を問わず活発となっている。他方ではＩＴ産業、情報産業を中心に、従来のモデルを超えた商法や商品が世界的な規模で登場し、しばしば既存の法体系では処理できない社会問題となり、新たな倫理的規範の設定が現実に追いつかない様相すら呈している。

さらに基盤研究提案の時点ではなお未知数だった「海賊」という標語も、マラッカ海峡やソマリア沖の海賊問題などを経緯した現在では、文化産業や情報産業において、一種広範な流行を見るに至った。そこには既存秩序に包含されない可能性への期待と不安とが、代替価値への漠然とした希求とないまぜになって、時代の雰囲気を醸成している。ここで「海賊史観」の検討から明確となった事態を要約しておこう。すなわち

①梅棹忠夫の「文明の生態史観」に海上交易による物流を上乗せして川勝平太が唱えた「文明の海洋史観」に基礎を置きつつも、交易に遍在した合法性の欠如に力点を置く「海賊史観」は、従来の世界史記述六〇〇年の枠組みを総体的に再検討し、②東西交易路での物流における海賊行為を総括するとともに、③いわゆる欧米による近代的世界支配体制の確立過程を再検討し、④現行の著作権、複製権さらには「公海」の規定など、国際法の基礎に探りを入れる傍ら、⑤昨今のサイバー環境におけるハッキング、電子機器をはじめとする商品開発における「海賊版」の横行、欧州における「海賊党」といった政治活動の一班にも視野を広げ、従来の一元的な「合法性」の貫徹が、法環境および、物流・人流でも著しく困難になりつつある現状を浮き彫りにした。

こうした歴史認識を背景として、本論文集ではさらに問題意識を更新し、情報の伝達道具と、伝達方法への抜本的な再考を企てる。その際、従来の欧米語の翻訳には頼らず、日本語にみられる日常的な語彙の再検討から出発する。その理由は、欧米語やその翻訳語に依存するパラダイムからは、海賊史観の検討でみえてきた現実の枠組みを解体あるいは組み替えることが、方法論上きわめて困難であった、との認識がある。だがそれは、新たな国学を提唱し、国粋的な唯我独尊に逃避するものではない。その危険性は、すでに「「東洋」的価値観の許容限界」で、日本のみならずアジア全域を対象として十分に検討した。むしろ日本列島という、西からの文化伝播の末端に位置した文明の掃き溜め、太平洋を隔てて旧来の植民地独立国と対峙する地域、地震と台風という地学的・気候的特殊性に条件づけられた文化圏の風土的特性を手掛かりとして、モデル構築を目指したい。

この間、「海賊史観」検討の一環として、研究代表者および研究分担者は、国内のみならずインド、フランス、イギリスで、当該科学研究費補助金による予備的な研究集会を実現している。とりわけパリの日本文化会館では二〇一五年一月二〇日から二四日に *Réceptacle du passage ou La Vie transitoire des formes et ses emprientes*（うつわとうつし：うつろいゆく形の生命）と題する展覧会および、一月二三日および二四日には国際シンポジウム *Berceau du temps, Passage des âmes*（時のうつわ・魂のうつし）を、またロンドン藝術大学では *Utsuwa & Utsushi* と題する国際シンポジウムと展覧会を二〇一八年五月四日に実施した。ここでは現地の第一線の哲学者や美術史家、文化史研究者のみならず陶藝作家や映像作家を招き、文化事象を刻印してそれを次世代へと運搬する「器」と、それに乗って「うつされる」「中身」の「うつし」（すなわち、移動、変質、変貌、憑依）といった現象を、欧州の専門家を交えて集中的に討議した。その成果に立脚し、本研究書では、より具体的・多角的に「うつわ」と「うつし」のパラダイムを掘り下げ、新たなモデルを彫琢してゆきたい。

二　本書の課題

以上のような問題意識にもとづき、本書では、以下を解明することを目標とする。

（1）**哲学的・美学的側面**：「うつわ」と「うつし」という用語によって美的範疇を刷新する。「うつし」は従来の original 対 copy という欧米近代における常識的な二項対立を解消する概念である。また、「うつわ」は従来の欧米近代の美学では recipient-receptacle-container と看做され、「本質」とは無関係な「材質」として軽視されてきた。ここからの脱却と paradigm 転換の必要性、うつわ・うつし概念の有効性を明らかにしたい。これは岡倉覚三が先鞭をつけ、九鬼周造が欧州で展開し、坂部恵が継承を試みた問題意識の延長をなす。

（2）**歴史学的側面**：上記の見直しがなくては、精神の産物としての Fine Arts、二次的な副産物としての applied arts といった欧米価値観の枠組みを見直すことは不可能であろう。アジア・アフリカを問わず、帝国主義時代以来の植民地行政にともなう価値観が、産業革命とも連動して、こうした対立を普遍化・恒常化させ、現時点までの世界的な秩序感覚の一翼を担っている。だが現在進行中の情報革命、物流革命には、この枠組みはもはや対応しておらず、認識刷新が不可欠であることを、社会的・実践的提言としても、明らかにしたい。

（3）**技術開発の側面**：さらにこの問題意識は、現今求められる「文理融合」にも、ひとつの方向を与える。そもそも文・理の区分を前提とした両者の「融合」ではなく、相互の「融通」という通路を拓くことが不可欠だろう。また第一次、第二次の産業革命以前には ars とて techne とは対立概念ではなかった。情報革命といわれた第三次産業革命を経て、ナノ・バイオ・サピオの三分野が統合を遂げようとし、地球表層が電子情報の網目に覆われ、物質と情報との境界が揺らぐ現在、ars と techne の再統合が急務となる。「器と写し」の相互反復により、複製の大量生産・大量消費の悪循環から脱却するための理論構築を目指す。

（4）教育提言の側面：「うつわ」を育て、そこに中身を盛ることの大切さ、それを現場から他の場所、次世代へと時空を超えて渡らせてゆく技術。こうした基礎的了解を教育の世界で再確認する学術的要請が、現今の教育行政では等閑視され、表面的なＩＴ技術習得が自己目的化している。教育の根幹を無視した成果主義の弊害を明らかにし、是正する必要がある。

（5）政策提言の側面：教育においていかなる人材を「うつわ」として育成し、それによっていかなる文化を次世代に「うつし」てゆくのか。そこでは若年層の減少と人口構成の老齢化や、地方の過疎と大都市インフラの老朽化、物流や情報、人材の交流にいたる、現在の社会にとって枢要な問題を、新たな視点にたって再考察するための政策的起点がある。

これらの議論を通じて、うつわ・うつし文化再興の今日的意義を、明らかにしたい。

三　本書の学術的な特色・独創的な点・予想される成果と意義

（1）以上の課題は、いずれも既存の単独の学術領域内部だけでは検討できない複合性を特色としており、既存の学術的了解事項、教育行政の基軸に踏み込む根底的・独創的な扱いが要請される。

（2）とりわけ明治期の産業革命以降、抜本的な見直しのされてこなかった基本的な学術上の基礎概念の問い直しを国際的な視野で進めることが不可欠であり、ここに学術的な独創性が認められる。

（3）情報革命、物流革命は、経営学や国際金融論、情報理論などの分野で論じられることが多かった。だが、それらの枠組みそのものが、国民国家の枠組みや情報伝達の効率性と雑音の除去を起点とするシャノンの法則など、すでに提唱されて一世紀内外を経過した過去の基準に依存しており、もはや現今の技術革新には対応できない。脳科学から情報処理さらには経営学の分野に至るまで、伝達における雑音の再評価、等価性の喪失にともなう可能性の拡大、媒体の多様性や多孔性、冗長性による危機回避の効能などが、あらためて認識されるに至っている。科学哲学や理系の第一線の研究者も招きつつ、この価値論的転回を正面から見据えた問題検討の場とする点でも、本研究には特有の意義を認めうる。

（4）とりわけ、ここで提唱する「文理融通」とは従来までの効率主義的な「文理融合」の試みの失敗を負の経験として提唱したものである。理系の最先端の発見を文系の学問に活用する、あるいは反対に文系の問題意識を理系の技術開発に適用するといった方法論は、最初から文理の殻に捕われた発想であり、両者の垣根を乗り越えがたい。それは研究代表者が文化科学研究科の研究科長として運営に参画した総合研究大学院大学での試みからも明白である。むしろ多孔質のネットワーク、ないし網状組織の余白に散在する、一見無意味な空隙そのものの機能に注目し、「バケツ」のような密封性・機密性ではなく「ザル」のような選択的透過性と浸潤性のある媒介の場を設け、予期せぬ相互浸透の効果を有効化するような発想の転換が求められている。これは現今の脳科学が提唱する記憶機構の仮説にも妥当し、また社会組織論の柔軟な刷新にも寄与する意味で、独創的な提案を含むものと期待される。

（5）教育面での提言や政策提言は、画餅におわっては無意味である。狭義の科学研究費補助金による研究遂行と並行し、総合研究大学院大学における文理融合の企画などとも協働し、実際の教育現場で、本研究の効能を実地に検証する作業も並走する。また本研究の成果の一部は、研究代表者が客員教授を務める放送大学での授業「日本美術の近代とその外部」の放映および印刷教材による社会還元にも連動し、さらに研究代表者が勤務している人間文化研究機構の「大学共同利用研究施設」としての本来の設置目的に照らし、今後の将来にむけたあるべき人間文化研究の方向と、大学共同利用研究施設の任務にかなった提言の具体化を視野に収めた研究であることも、本研究の顕著な学術的特色と独創性となる。

以上のように、本研究は、「うつわ」と「うつし」への注意を喚起することを通じ、「文理」それぞれの「器」相互の「融通」を基礎に、研究対象と研究領域との相互刷新を図り、新領域開拓や研究者間の共働体勢についても創生的な思考実験を根拠づける意義が期待される。

四　本書の構成および研究体制

本書の研究は、上記二「研究課題」にあげた五項目の観点および課題にそって、適切な研究分担者を指定し、研究協力者に討議への参画をもとめる。このために必要な分科会を設けて、課題に対処する。各々の課題を達成するためには、国内においても、自然系を含む異分野の研究者の参加が不可欠であり、また国際的な研究者網を活用することが、提言の発信や浸透にも必要である。「うつわ」と「うつし」をめぐる国際的なプラットフォームの構築と刷新に必要な条件を整備することが、本研究の目標達成には不可欠となる。ひとつの模範としては、学術振興会が欧州で実施してきた領域横断の国際研究集会、二〇一五年度に実施したKnowledge Transfer（Göttingen 大学）などが、情報交換、翻訳技法などの実際的 know how を含め、計画実現への具体的な方法として、基礎をなす。

研究代表者は、すでに「うつわ」と「うつし」の問題圏を学際的・領域横断的に研究するために、予備的な研究者集団として、総合研究大学院大学・学融合推進センター研究費助成プロジェクト「日本における諸科学の変成と基礎概念の検討―文理統合の有効性を探る」の最終年度とりまとめを担当した。この関連では、金子務・鈴木貞美（編）『エネルギーを考える：学の融合と拡散』（作品社、二〇一三年）が刊行されている。ここでは「エネルギー」「情報」「生命」「科学政策」の四本の柱が取り上げられた。本研究計画においても、この経験を汲んで、発展的に活用している。例えば、それぞれのテーマごとに分科会を構成する方式では、全体としての情報の融通に不適切が生じ、それぞれの分科会が孤立する傾向を避けがたかった。このため、今回は、上記の五つの課題ごとではなく、それを交叉する以下の分科会を暫定的に立ち上げ、研究の進展にともなって、「ザル構造」のネットワークへと柔軟に流動性を持たせて研究を展開することとした。このため以下に述べる分科会の発足時点での計画は、三年間の研究の過程で発展的に変容された。その結果が、本書の目次の構成に反映している。

（A）「情報」：情報の恒常性と伝達にともなう可変性：シャノン理論の乗り越えに向けて
（B）「枠組み」：枠組み設定と選択的透過性：「バケツ理論」から多孔質「ザル理論」へ
（C）「インドラ網」：華厳経モデルの有効性と危険性：狭義の「因果律」から広義の「縁起」へ
（D）「輪廻転生」：輪廻転生史観と時代錯誤（anachronism）：主体の自己同一性とその限界
（E）「接触界面」：屈折・吸着・発散をめぐって：poiesis の場としての異質接触の臨界表面

各分科会の研究課題について、以下に述べる。担当者などは、計画時点の記載である。

（A）「情報」　◆研究分担者：大西宏志
◎研究協力者：近藤高弘　○海外研究協力者：Yūko Kikuchi

Information とは定義からして form へと加工された体裁を必要とする。だが日本の教育や常識では、data と information の違いもきちんと意識されていない。しかし他方、欧米における information の定義は、Plato, Aristotle の伝統を暗黙のうちに引き摺っており、eidos と hyre の区別に加えて morphe という要素が加わる。だが非欧米語への翻訳ではこうした事態は閑却に付されることが多い。デザイン工学の立場でこれに批判的な見解を述べた学者には Wilem Flusser が知られるが、その学説の批判から出発して、「うつわ」に汲まれつつ「うつり」ゆく情報の流れと、その過程での変質、付加価値、交換価値の形成の機構を問い直す作業が必要となる。同一の情報も発信者と受信者とでは意味作用が異なる。だがその落差が情報理論ではとかく見落とされる。ここで情報理論の基礎をなすClaude Shannonの定義への再考が要求される。議論には国立情報学研究所の研究者（総合研究大学院大学・情報学専攻担当者）にも助力を仰ぐ予定である。菊池氏は英国でデザイン研究史の編集者として著名であり、近藤氏・大西氏からは実際の現場の造形作家として知見を得る。

（B）「枠組み」◆研究分担者：鞍田　崇

◎研究協力者：阿部宏慈　○海外研究協力者：大橋良介

ロボット工学のframe problemにも知られるとおり、枠組みの設定と情報とには相互依存関係がある。哲学の伝統でいえば、Jacques Derridaがergon（作品）とparergon（作品の外部）との交渉を脱構築的に論じることにより、Immanuel Kantの『判断力批判』の基礎を掘り崩す精緻な仕事をなしている。だがこうした思索が情報工学と連携して考察される機会は乏しい。デリダの著書の訳者である阿部氏に研究協力を願い、また「民藝」を通じてデザイン思想の枠組みを問い直している鞍田氏を研究分担者に、「器」と「中身」の弁証法について、具体例に即して検討したい。比喩として、ジクソーパズルの欠けたピースの空隙をいかに埋めるかがデザインの問題となるが、これは追って、分子生物学などの領域での生体や免疫系の自己定義、細胞膜の選択透過性に関する議論、ナノ次元の多孔質の物質表面における情報の授受に関する議論とも接続する。この部分では、総合研究大学院大学・生命科学研究科の研究者、専攻長経験者の協力を仰ぐ予定である。

（C）「インドラ網」　◆研究分担者：三原芳秋

◎研究協力者：末木文美士・金子務　○海外研究協力者：Abraham George

華厳経のインドラ網の比喩は、部分と全体を考える場合の古典的なモデルのひとつとして著名だが、非仏教圏では必ずしも一般に知られているとは言えない。各々の構成要素には、その他のすべての構成要素が何らかの姿で反映しており、反対に各々の構成要素の姿もまた、全ての他に映じているという相発相映のイメージだが、この比喩は、機械論的な因果論がなお支配的な欧米の学会では、頭ごなしに拒絶される場合が多い。だがここには何重もの誤解とともに、機械論モデルの限界も露呈する。南方熊楠や宮澤賢治から近年の素粒子物理学者まで、インドラ網の理解には深い蓄積がある。それを単なる東洋学の学識に留めるのではなく、クラウド開発の情報学の刷新に連結したい。研究協力者に仏教学の権威、末木氏、科学史家の金子氏を迎え、キリスト教徒として宮澤賢治研究に造詣深い George 氏を海外からの協力者として、「多即一」の問題に踏み込みたい。三原氏（英文学・批評理論）は、スピノザ—ベルクソン—ドゥルーズを通じて西洋における「多即一」の（異端的）存在論を研究しており、その洞察を華厳的存在論へと接続する枠組みを構築するため、研究分担者に指名する。

（D）「輪廻転生」　◆研究分担者：堀まどか

◎研究協力者：三浦俊彦　〇海外研究協力者：Ranjana Mukhopadhyaya

輪廻転生もまた、ともすれば迷信として片づけられる概念である。だが論理学者の三浦氏によれば、輪廻転生の蓋然性を否定することも、またその存在を積極的に支持することも、ともに形式論理学には不可能である。とりわけ日本では今昔物語集、源氏物語、浜松中納言物語から近代の中村真一郎、三島由紀夫に至る文学の系譜が無視できない。これは西欧近代の identity 概念を古代哲学まで遡って問い直す話題であり、Gilles Deleuze『差異と反復』や Georges Didi-Huberman の「時代錯誤」論とも絡む。「うつわ」に盛られて「うつり」ゆく「うつしみ」の転変は、変身や憑依などの身心現象・病理の考察にも通ずる幾多の問題を宿している。日本の新宗教研究で知られる Mukhopadhyaya 氏を海外研究協力者の核として、輪廻転生観念について問い直しを試みたい。

（E）「接触界面」　◆研究分担者：鵜戸　聡

◎研究協力者：河本英夫　○海外研究協力者：Dennitza Gabrakova

華厳のインドラ網の比喩により、個体と全体との空間的連携が問い直され、また輪廻転生の哲学的な再検討から、個体の時間軸上の異同に関する常識が揺るがされると、自己と他者の区別に関する常識的な世界像が安定を失い、流動的かつ微分された意識の世界が前景化し、そもそも異質な存在同志の界面でいかなる交換がなされるのかが、あらためて問題となってくる。オートポイエーシスの検討から「界面」について、医療行為もふくめて広範な知識と実践体験を有する河本英夫氏を研究協力者に迎え、また海外からは、異界接触の研究にさまざまな方向から着手しているGabrakova氏を招いて、本件について掘り下げを試みたい。鵜戸氏にはイスラーム思想とマグレブ圏文化接触現象の研究者としての立場から、議論の組み立てにご協力を仰ぐこととなる。

学術的観点からの研究組織の必要性・妥当性及び研究目的との関連性について

A.「情報」とB.「枠組み」とは、「うつわ」と「うつし」という概念によって文化的な事象、情報組織や造形活動を考察する場合に不可欠な問題設定であり、また日常的に疑問に付されることが少ないだけに、あらためて自然科学を含む関連諸領域との突合せが、手順として不可欠である。

これに対して、C.「インドラ網」およびD.「輪廻転生」は、とりわけ自然科学の分野から見ると、一見いかにも唐突な問題意識と誤解されかねない。だがこれらは、ヒトによる認識の臨界点で否応なくその限界相に登場する現象であり、さらに量子力学や宇宙論で話題となった問題が、すでに古代哲学で話題となっていたことを証拠だてる。なにも最新の科学論の回答が古代にすでに用意されていた、といった怪しげな「東洋神秘論」回帰ではない。むしろ現代科学がなぜこうした問いの手前で足踏みをせねばならないのかを解明することから、いわゆる科学的思考の枠組み、限界が逆に炙りだされてくる。通常それは排中律あるいは矛盾律に違反しない範囲に「合理性」の定義を設けるという説明で済まされる。だが「うつわ」と「うつし」による文化伝播を考えると、矛盾律や排中律を無前提の枠組みと看做す選択そのものの硬直・恣意性も見えてくるはずである。

ここに、学術的観点からみて、以上の研究組織を立てる必要性・妥当性及び研究目的との関連性が存する。総括としてのE.「接触界面」はまさにこうした思考および造形・情報処理の臨界点の界面を踏査することを目的とする。それは従来の東西価値観の対峙や、共約不可能性といった哲学的議論の限界の先に、両者を融通できる多孔質の学術の「場」を設定し、学術的な妥当性という認識の限界を直視し、その界面を活性化するという、本研究の設定目標にそった設計である。

映しと移ろい——文化伝播の器と蝕変の実相

目　次

第3部《インドラ網》——因果律から縁起へ

第4部《輪廻転生》——時代錯誤から自己同一性の再定義へ

第5部 《接触界面》屈曲・吸着・発散

第6部 《中動態》受動でも能動でもなく

第7部 《主体の解体》と《相互性》

「うつし」と「うつろい」を語るコトバ——「情報通信」から垣間見る

新井菜穂子

国際日本文化研究センター共同研究会「多文化間交渉における「あいだ」の研究」において、情報化時代の複製技術・藝術の美的範疇刷新にむけて、「うつし」の概念についての検討が進められている。「うつし」は、「移・写・映・遷・憑」など、さまざまな意味を含んでいるが、うつされる中身は「不変」であるのか「変化」を伴うのか、対象物が何であるかによって違いはあるのだろうか。文書、音声、画像、あるいは芸術作品の場合はどうであろうか。対象物の形態がアナログ情報かデジタル情報かによる違いはあるのだろうか。

哲学的・美学的側面、歴史学的側面、技術開発の側面、教育、政策の側面など、さまざまな観点からの探究が求められる中、本課題の究明には文理の「融合」よりもむしろ、相互の「融通」が不可欠である。本稿では、情報通信の観点にも目を向けつつ、さまざまな意味を含む「うつし」の概念の根本に立ち戻って考察してみたい。

一　「うつし」「うつろい」という和語

うつし・うつろい・うつる・うつす・うつわ・うつつ、「うつ」を語根とすることばは数多く存在する。「うつる」は自動詞、「うつす」は他動詞、「うつわ」は名詞である。これらのことばの問題については、坂部恵「〈うつし〉〈うつし身〉〈うつしごころ〉[1]」や松岡正剛『日本という方法[2]』、それらを受けさらに踏み込んだ稲賀繁美『接触造形論[3]』において既に詳細に語られており、あわせて参照されたい。

(1)〈うつし〉と〈うつろい〉：変化するのかしないのか？

まずはじめに、和語（やまとことば）としての意味を確認しておきたい。大野晋『古典基礎語辞典[4]』では、ウツス（移す・写す・映す）・ウツル（移る・映る）・ウツシ（現し）・ウツツ（現）のウツはすべて同根とする。

「うつ・す【移す・写す・映す】」（他動詞サ行四段活用）は『古典基礎語辞典』の「解釈」では「ウツシ（現し）・ウツツ（現）のウツと同根。ウツはこの世に目に見えて確かに存在しているもの。ウツル（移る）は自動詞形。ウツス（移す）は物の存在・形をそのままそっくり他の所に現す意。「写す」「映す」の漢字で表されるものも同一の語。もとの形や内容をそのままそっくり他の所に現れさせる意。」とする。「語釈」では、「①別の所に動かす。主に漢字表記「移す」が相当する。②ある物の形や内容を、別に出現させる。主に「写す」また「映す」が相当する。」とする。

小学館『日本国語大辞典』第二版（以下、『日国』とする。）では、「うつし」を❶「写・映」、❷「移」、❸「現・顕」をそれぞれ別々の見出し語として立項して説明している。

❶「うつし【写・映】」は「(1)書画などを見て、それに似せ、またはそのとおりに別に書きとること。模写。また、その書画。(2)書類などの控えとして、そのとおりに書きとった、または、器械で複製した文書。謄本。副本。(3)もとになるものに似せて、それとそっくりに作ること。また、その物。また、もとになるものの姿がそのまま現れたもの。(4)（人名などの下に付けて）その人のことば、態度、やり方などを、まねてすること。（以下略）」

とある。

また、「いきうつし【生写】」は『角川古語大辞典』によれば「⑴実物をそのままに描くこと。⑵実物そっくりなほど、よく似ているもの。また、そのこと。「しやううつし」とも。」とある。つまり、「うつし【写・映】」は、もとになるものに似せて、それとそっくりに作ること、また、もとになるものの姿がそのまま現れたもので、本来「写し」は変化を伴わないのが基本で、コピーはオリジナルと同じように作成されるということである。

しかし、「またうつし【又写】」となると、「〔名詞〕写してあるものを、さらにまた写し取ること。また、そのもの。伝写が重なると誤りが生じ、それだけ権威のないものとされる。」ということである。コピーを繰り返すことによる誤差の累積によって品質の劣化をまねき、結果として変化が生じることは、私たちが日常経験している通りである。

一方、❷「うつし【移】」は『日国』では「（1）事物、心などを別の所に動かすこと。「口うつし」「心うつし」「袖うつし」などのように、名詞に付けて造語要素として使う場合が多い。（以下略）」とし、「うつろい［うつろひ］【移】」は「⑴居場所をかえること。家うつり。転居。⑵物事の状態が移り変わっていくこと。また盛りを過ぎて衰えること。」とする。

『古典基礎語辞典』によれば「うつ・る【移る・映る】」（自動詞ラ行四段活用）は「解説」で「ウツツ（現）・ウツス（移す）・ウツルのウツはすべて同根で、目に見えてこの世に確かに存在しているものをいう。ウツルはそのはっきりとした対象が、別の所にそっくりそのままの形で再現すること。」とし、「語釈」では「①形を変えずに、そのままで居場所が転じる。②一人の人の官位、職などが変わる。③物怪がとりつく。④心や視線が他のものへいく。⑤他のものにそっくり変わる。⑥色があせる。⑦散る。⑧色や香が、そのまま他の物につく。⑨伝わる。感染する。⑩時が過ぎる、経過する。⑪形がそのまま別の所に現れる。漢字表記「映る」が相当する。」とする。

そして、「うつろ・ふ」【移ろふ・映ろふ】（自動詞ハ行四段活用）は「解説」で「動詞ウツル（移る、ラ四）に継続・反復の助動詞フの付いた語。何回も繰り返して別の場所、別の状態に転ずる意。居場所、また人の心が何回も他に移っていくこと。植物では、花や葉の色が変わる、花の色が焦る意。凋落・消滅へと転ずる推移を表すことが多い。物事についても、盛りの時を過ぎることをいう。」とする。ウツル行為が繰り返し反復されることによって変化が生じるということである。「語釈」では「①居場所が変わる。②心が他に動く。③気分が変わる。④色が変わる、顔色が変わる。⑤色があせる。⑥散る。⑦消える。⑧盛りの時が過ぎる。亡びていく。⑨影や光が映る。」とする。

「移」「写」「映」と、さまざまあるものの、「うつし」の根本的な意味は、時間的、空間的に、ある地点から別の地点へ何かが「移動し、動く」ことであろう。

「うつし（移・写・映）」は、物の存在の形や内容をそのままそっくり他の所に現すことで、「うつろひ」は「うつし」の継続・反復であり、別の場所、別の状態に転ずる行為が繰り返されるに従って、物事の状態が少しずつ変化し、移り変わっていくということである。

(2)〈うつつ〉と〈うつろ〉:「現」か「空」か?

三番目の❸「うつし【現・顕】」は『日国』によれば「(1)姿が見えている。実在する。この世に生きている。(2)正気である。理性がある。真実である。」で、空に対する現、虚に対する実ということになる。

ところが、『角川古語大辞典』によれば「うつつのひと【現人】」は「(1)現実に存在する人。また、正気の人。(2)夢うつつの人、の意。何かのショックで正常な判断力を失った人や、失意の人をいう。」というように、全く相反する意味を併せ持っている。「うつつごころ【現心】」も同様で、「(1)気持がしっかり定っている状態。正気。本心。(2)気持がしっかり定っていない状態。夢心地。「うつつ(2)」の用法から生じた意。」と、全く反対の意味を有している。

「うつつ」は「現・実・顕」なのか、「空・虚・冥」なのであろうか。

〈うつつ〉：「現・顕」

『古典基礎語辞典』では「語釈」で「うつつ【現】」（名詞）は「①現実。②正常で確かな心の状態。正気。③夢か現実かはっきりしない状態。正気を失った状態。」としているが、その説明として「解説」で「形容詞ウツシ（現し）の語根ウツを重ねたウツウツの約。この世に現実に存在すること。多く夢に対して目覚めている確かな現実をいう。また、死に対してこの世に生きていること、物語や絵などの虚構に対して実在・実際をいう。確かに目ざめている正常な意識、正気の意。」とし、さらに「「夢うつつ」「夢かうつつか」といった表現が慣用されたので、中世以降、ウツツのみで、夢か現実か定められない状態、夢心地の意でも用いられるようになった。」と記述している。

「うつ・し【現し・顕し】」（形容詞シク活用）について、『古典基礎語辞典』の「解説」では「ウツツ（現）・ウツル（移る）・ウツス（移す）のウツと同根。ウツは「神」のように見えない存在に対して、目に見えてこの世に存在しているもの。ウツシは、この世に見えて確かに存在するさま。神話では、神の世界に対し、人間世界に存在するさま。のちには、出家に対して在俗、死者に対して現世に生きている者の意を表す。また、無意識に対して意識が確かであるさまにも用いる」とし、「語釈」では、「①この世に見えて存在している。②正気である。」とする。

また、「うつせみ」（名詞）について、『古典基礎語辞典』では「解説」で「この世の人、現世、世間の意。一般に「現身」と表記することが多いが、ウツセミのミは、上代特殊仮名遣いでは甲類であるが、ミ（身）は乙類なので、「現身」の意とすることはできない。ウツシオミ（現し臣）がつづまって、ウツソミ、ウツセミと転じたものである（utusiömi→utusömi→utusemi）。臣は人の意。枕詞ウツセミノは「世」や「世の人」などにかかる。「空蝉」「虚蝉」という漢字が当てられたのは本来は単なる借音の表記だったが、うつろな蝉の抜け殻の意味が感じられるようになり、奈良時代末期からの仏教の広まりの影響を受けて、無情なこの世の意で「うつせみの世」という使い方が生じた。中古には、「空《むな》し」を導き出す枕詞としても用いられ、蝉の抜け殻そのものを意味するようにもなった。」とする。「語釈」では「①この世の人。②この世。現世。③世間。④蝉のぬけがら。また、蝉。」とする。

「うつつ」は「うつし（現し）」の語根ウツを重ねたウツウツの約であり、「うつつ」の本来の意味は「現・実・顕」であって、「空・虚・冥」ではないのである。

〈うつろ〉：「空・虚・洞」

それに対して、「うつろ【空・洞】」は、『日国』によれば「⑴空洞になっているもの。中が空洞になっている木などをいう。⑵空舟（ウツロブネ）の略。「うつほぶね」に同じ。」、動詞化した「うつく【空】」は「⑴中空になる。中身が欠ける。⑵ことば・文章などの内容がない。空疎である。⑶気力を喪失する。ぼんやりする。⑷間が抜ける。ばかげる。」、名詞化した「うつけ【空・躻】」は「ぼんやりしていること。また、ぼんやりした者。おろか者。「うつけもの」とも。」、形容動詞「うつせ【空】」は「空っぽのさま。何もなく、抜け殻であるさま。」となる。

大野晋ほか『岩波古語辞典』[5]では、「うつろ【空・虚・洞】」は「①中がからなこと。からっぽ。②洞穴。③「うつほふね」に同じ。④一家一門。一族。」とする。

「うつほぶね【空船】」は「丸木の内部をえぐって作った舟。「うつぼぶね」とも。」とし、「うつほ【空】」は

「ウツは、ウツハギ・ウツギのウツと同根。平安後期から近世にいたるまでウツオと発音」とし、「①中がからであること。②岩や古木にできた穴。③下に重ねる衣服のないこと。」とする。

「うつはぎ【全剝ぎ】」は「ウツはすっぽり、ごっそりの意」として「そっくり剝ぎ取ること。」とし、「うつぎ【空木・卯木】」は、「茎が中空なのでいう」とする。

また、「うつ・け【空け・虚け】」は「ウツ（空・虚）を活用させた語」として、「㈠①からっぽになる。うつろになる。②腑抜けになる。㈡あほう。馬鹿。」とし、「うつけもの【空者・虚者】」は「愚かな者。馬鹿者。「うつけびと」とも。」とする。

そして、「うつ【全・空・虚】」は「㈠①連用形名詞などについて、すっかり、すっぽり、ごっそりなどの意をあらわす。②名詞について、うつろ・空虚の意をあらわす。「―木」「―蟬」など。㈡馬鹿。うつけ。おろかもの。」とする。

つまり、「うつつ」は「現・顕」、「うつろ」は「空・虚」であり、ウツス（移す・写す・映す）・ウツル（移る・映る）・ウツシ（現し）・ウツツ（現）のウツと、ウツロ（空・虚・洞）・ウツケ（空け・虚け）・ウツセ（空）のウツは語根を異にするということである。

(3)〈うつわ〉：器・中空・器量

「うつわ［うつは］【器】」は、『日国』では「（古くは「うつわもの」の語形をとる）(1)いれもの。容器。うつわもの。(2)器具。道具。(3)人物や才能などの大きさ。器量。(4)女陰。」と説明する。

『角川古語大辞典』では、「うつはもの【器・器物】」は「中が空で、ほかのものを入れる容器の意を原義とし、「うつほもの」の転という。『倭訓栞』に「器をいふ。うつほ物の義也といへり。人の器量をいふも同意なり」とする。「うつは」に同じであるが、一般に「うつはもの」の形が用いられている。」とし、語義は「⑴物を内に入れ納めるもの。容器。⑵道具。「器」の字をこの意に用いるために、それに結びついた訓にも、この意が生じたのであろう。⑶才能。器量。⑷才能ある人物。器量人。」としている。「のりのうつは【法器】」は「仏の教えを受けるに値する者。『法華経・提婆達多品』に「女身垢穢、非是法器」とある「法器」を訓読した語。」とする。『岩波古語辞典』でも「うつは【器】」は「「うつはもの」の略。」、「うつはもの【器】」は「①容器。入れ物。②器具。道具。③人の器量・才能。また、器量ある人。」としている。

「うつわ（器）」は、文字どおり「いれもの」であると同時に「いれもの」に入れるべきものの「力量」をも意味し、「いれもの」に入るにふさわしい存在という意味をも併せ持つのである。

「うつし」と「うつろい」についてまとめると表1のようになる。

表1 「うつし」と「うつろい」の一覧

⑴〈うつし〉と〈うつろい〉：変化するのか？	
うつし（移・写・映）	ウツス（移・写・映）・ウツル（移・映）・ウツシ（現）・ウツツ（現）のウツは同根。 ウツはこの世に目に見えて確かに存在しているもの。 ウツス（移）は物の存在・形をそのままそっくり他の所に現す意。 ①「移す」：別の所に動かす。 ②「写す」「映す」：ある物の形や内容を、別に出現させる。 またうつし（又写）：写してあるものを、さらにまた写し取ること。また、そのもの。 伝写が重なると誤りが生じ、それだけ権威のないものとされる。（変化が生じる）
うつろふ（移・写）	動詞ウツル（移る）に継続・反復の助動詞フの付いた語。 何回も繰り返して別の場所、別の状態に転ずる意。居場所、また人の心が何回も他に移っていくこと。（ウツル行為の継続・反復に従い変化が生じる）

要点	「うつし（移・写・映）」は、物の存在の形や内容をそのままそっくり他の所に現すこと。「うつろひ」は「うつし」の継続・反復であり、別の場所、別の状態に転ずる行為が繰り返されるに従って、物事の状態が移り変わっていく。

（2）〈うつつ〉と〈うつろ〉：「現」か「空」か？

うつつ（現・顕）	ウツス（移・写・映）と同根。 形容詞ウツシ（現）の語根ウツを重ねたウツウツの約。 この世に現実に存在すること。（夢に対して目覚めている確かな現実、死に対してこの世に生きていること、物語や絵などの虚構に対して実在・実際。）確かに目ざめている正常な意識、正気の意。 「夢かうつつか」といった表現が慣用されたので、中世以降、ウツツのみで、夢か現実か定められない状態、夢心地の意でも用いられるようになった。 ①現実。②正常で確かな心の状態。正気。③夢か現実かはっきりしない状態。正気を失った状態。
うつろ（空・虚・洞）	①中がからなこと。からっぽ。②洞穴。③「うつほふね」に同じ。④一家一門。一族。 うつほ（空）：ウツは、ウツハギ・ウツギのウツと同根。 うつはぎ（全剝）：そっくり剝ぎ取ること。 うつけ（空・虚）：ウツ（空・虚）を活用させた語。ウツはすっぽり、ごっそりの意。［一］①からっぽになる。うつろになる。②腑抜けになる。［二］あほう。馬鹿。 うつ（全・空・虚）：［一］①連用形名詞などについて、すっかり、すっぽり、ごっそりなどの意をあらわす。②名詞について、うつろ・空虚の意をあらわす。「—木」「—蟬」など。［二］馬鹿。うつけ。おろかもの。
要点	ウツツの語根ウツ（現・移・写・映）とウツロ・ウツケの語根ウツ（空・虚・洞）は別。 ウツツ（現・顕）：ウツシ（現）・ウツス（移・写・映）の語根ウツ。ウツシ（現）の語根ウツを重ねたウツウツの約。 ウツロ（空・虚・洞）：ウツケ（空・虚）・ウツセ（空）の語根ウツ（全・空・虚）。

（3）〈うつわ〉：器・中空・器量

うつは（器）

「うつはもの」の略。「うつはもの（器）」は、①容器。入れ物。②器具。道具。③人の器量・才能。また、器量ある人。
（「いれもの」であると同時に「いれもの」に入れるべきものの「力量」をも意味し、「いれもの」に入るにふさわしい存在という意味をも併せ持つ。）

二　「うつし」と「コピー」

「うつされる」中身の「うつし」（移動、変質、変貌、憑依）は、「不変」であるのか「変化」するのか、オリジナルはコピーに、オリジナルのままに正しくコピーされるのか。もともと和語は意味する範囲が広く、「移」「写」「映」「遷」「憑」など、「うつし」は本来多くの概念を併せ持つことばであり、決して「うつし」＝「コピー」ではない。ところが、昨今の情報化社会においては、違法な複製に対する著作権問題がしばしば取り沙汰され、「うつし」の概念のなかでも特に「写し」に注目されることが多い。「コピー」といったことばを用いた途端、「オリジナル」対「コピー」という単純な対比による短絡的解釈に陥りがちである。「オリジナル」対「コピー」という対比で考えた時、当然そこには、オリジナルに優位性が置かれ、コピーはオリジナルに劣るという考えが前提となるように思われがちであるが、実際にはそうとばかりは言えない。

「複製」（copy）という作業において、「うつし」（写）によって作成されるものはオリジナルとまったく同じものであるというのが基本であったが、「永仁の壺事件」[6]や「バッタもん」[7]の事例は、そもそも何がオリジナルかという問題が浮き彫りにされ、オリジナルとコピーの問題を改めて考えさせられる事象であった。

そもそも、古くから「写本」「写し書き」という習慣があった。写本は、複製でありながら、同時にそれぞれにオリジナリティを保持しており、大量生産される複製品とは異質である。「まなぶ」は「まねぶ」（世阿弥『風姿花伝』）であったし、「本歌取り」の文化も古歌の語句や趣向を取り入れて作歌することであり、手本の通りに模倣し真似ることは、古来より学習の基本であった。

一方、現代の情報化社会においては、0と1の二値で表現されるデジタル情報の場合、オリジナルとコピーは全く等価であり[8]、この二つの区別自体が存在し得ないのである。また、情報化社会における現代のインターネットでは、私たちがウェブサーバに接続して文字や音声や画像などの「メッセージ」を閲覧する時、文字や音声や画像そのものがパソコンに「移動」してくるのではなく、送られてくるのは単なる0と1の数値で表される信号であり、私たちがこの目で見ているパソコン画面に映し出された映像は、実は受信した信号をもとに復元された「（メッセージの）複製」である。つまり、インターネットにおける「通信」は、信号の「移動」であると同時に、情報の「複製」なのである。

「うつし」は、本来物の存在の形や内容をそのままそっくり他の所に現すことであり、その行為が繰り返される「うつろい」は、物事の状態が移り変わっていくことを意味するのであった。アナログ情報はコピーを繰り返すと、データの品質劣化が生じて状態は変化するが、デジタル情報はコピーを何回繰り返してもデータの劣化は生じない。つまり、デジタル情報はうつろはないのである。

三　「うつし」「対話」「通信」「コミュニケーション」

「うつし」は、何かが移動し、変化したりしなかったり、場合によってはうつった先に変化や影響を及ぼすこともある。「うつし」には、うつされる元とうつった先が存在し、その間には媒介となる「うつわ」が存在する。対象物は人であったり物であったり、芸術が対象となる場合もある。

このように考えるなら、「うつし」は人や物や様々なものごととの「対話」であり「コミュニケーション」と捉えることができる。人との「対話」では「意思」や「情報」が「話し手」から「聞き手」へ「伝達」され、「理解」される。芸術との「対話」において感動がもたらされることもある。

人類は古来より、遠くにあるものを見てみたい、遠くの情報を知りたい、あるいは実際に自分自身が遠くへ訪ねて行ってみたいという欲求を抱いてきた。自分自身が移動する場合（交通）、人やものが移動する場合（運輸）、人やものについての情報が移動する場合（通信）これらの人や様々なものが往来し交通することはすべて広い意味での「通信」であり、「対話」である。このようにして、送信者と受信者が相互に対話し往還することが「うつし」であり「うつろい」である。「うつし」は、人や物や様々なものごとが保持している「意味」や「意思」や「雰囲気」や、そうした様々な「情報」が「発信者」と「受信者」との間で交わされる「対話」であり「コミュニケーション」なのである。

シャノンの通信理論

クロード・シャノン（Claude Elwood Shannon, 1916-2001）は、一九四八年に「通信の数学的理論」[9]を発表した。「通信」とは「ある場所から他の場所に情報を伝えること」であり、シャノンの通信システムは図1に示すように、「送信者（情報源）」「送信機」「通信路」「受信機」「受信者」「雑音源」の六つの要素で構成される。

シャノンは、情報を通信の立場から捉え、ある事象の出現について、伝達する際の量を「出現確率（可能な選択肢）の逆数の対数」という数学的・統計的に明確な形で定量化した。情報量は、ビットという単位で表現される。情報とは、選択の自由度、不確かさの度合いである。出現確率が低い程、情報量は多い。起こる確率の低い事象は情報量が多く、頻繁に起こる事象は情報量が少ない。未知の度合いが大きい程その時に得られる情報量は

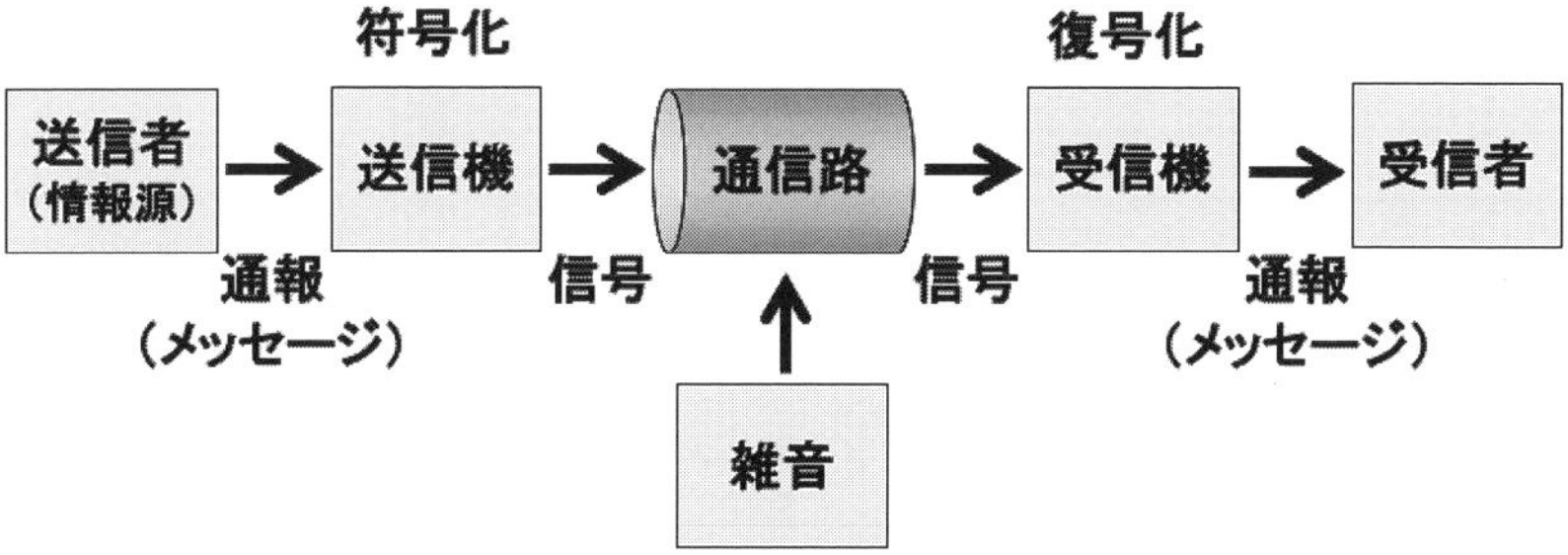

図１　シャノンの通信システム

多い。言い換えれば、情報とは不確かさを減らすものである。シャノンが確立した情報理論は、情報という曖昧な概念を定量的に示すことを可能にしたという意味で画期的であった。

また、シャノンは、雑音が加わっても事実上問題ない程度に情報の「誤り確率」を減少可能で、「通信」の実現が可能であることを示した。

このシャノンの通信モデルはそのまま人間同士のコミュニケーションに当てはめて考えることが可能である。肉声の自然言語による通信の場合、送信機は人間の「口」に、受信機は人間の「耳」に、通信路は「空気」に相当する。

コミュニケーションは、話し手と聞き手との「対話」、送信機と受信機との間での「通信」である。その意味で、シャノンの通信理論は、「通信」「コミュニケーション」というものの基本的構造を最も端的に示したと言える。ワレン・ウィーバーは、ある言語を他の言語に翻訳するという問題にも、シャノンの通信理論の貢献するところがあると解説している[10]。ただし、シャノンの数学的通信理論で扱っているのは実質的には「送信機」と「受信機」の間の符号による工学的な「通信」であることに留意しておきたい。

情報理論で扱う「情報」

ここで注意が必要なことは、「情報」ということばの表す意味である。情報理論で扱う「情報」と、一般用語としての「情報」は意味する内容が違う。

全ての通信は受信者の行動に影響を与えることを目的とする。「知らない状態」から「知っている状態」へ変化した時に、知ることの原因になったもの（情報表現・データ）と、そこから得た知識（情報内容・意味）が存在する。前者は、人とは独立の存在で、客観的に測定可能であるが、後者は、同じ情報表現でも人によって内容の異なる主観的な意味である。一般用語としての「情報」には、この両方が含まれるが、情報理論で扱う「情報」では前者のみが対象となり、後者は一切関知しない。情報理論における「情報」は、記号そのもの（機械的な情報）の伝達の議論であって、記号の表す「意味内容」の伝達の議論ではない。送信機から受信機への伝達の議論であって、送信者（の心）から受信者（の心）への伝達の議論ではないのである。

工学的通信理論において、電報を受け取って、電報の内容が悲しいものか楽しいものか、受け手にとって情報の内容が意味あるものであろうがなかろうが、通信理論における「情報の価値」は等価である。情報理論で扱う「情報」は、その情報が有益であるか否かを問わない。もちろん、発信者や受信者の「意図」にも無関係である。

しかし、情報理論における「通信」が実現された時、それを「知覚」し「理解」するのは人間であって、「通信」の最終的な末端のインターフェイスである目、耳などの人間の五感によって知覚され理解される。送信機から受信機までの通信は普遍的であっても、末端の送信者と受信者の機関においては恣意性が存在し、送信者と受信者の間での情報の授受という「コミュニケーション」は、最終的に「通信」を知覚する末端のインターフェイスであるところの人間の視覚や聴覚といった固有の感覚に依存する。

しかも、仮に五感というインターフェイスによって情報を正しく受信できたとしても、「送信情報」と「受信情報」の双方の内容には「相違」があるのかどうか、「通信」の過程で情報に「変化」が生じたかどうか、ということを確認する方法は存在しない。なぜなら、工学的通信において、送信側で「符号化」した情報は正しく伝達され、受信側で「復号化」の後、送信した情報と全く同じ情報が復元されるのが前提であるが、その情報を理解し解釈するのは、恣意性を有する人間であるのだからである。このように、人間を含めた大きな枠組みで、広い意味での「コミュニケーション」について考えることが必要であろう。

四　情報化時代の〈うつわ〉と〈うつし〉:「コンピュータ・ネットワーク」

現代の情報化社会の発展を担ったものは、コンピュータとネットワーク、つまり「計算機」と「通信」と言ってよかろう。前者はデジタル化を実現し、後者はオンライン化を実現した。デジタル信号による通信「コンピュータ・ネットワーク」の登場である。

一昔前に「IT革命」が叫ばれたが、後にそれはICTへと展開した。IT（Information Technology）からICT（Information and Communication Technology）への拡張である。情報技術（IT）のみならず、そこに通信（Communication）が結びつくことによって、「情報通信技術」となってはじめて現代のような情報化社会へ発展を成し遂げることが出来たのである。

情報通信の歴史を遡ると、一九六〇年代以降、コンピュータの積極的な活用（情報化）が不可欠であるという認識が高まり、「情報産業論」[11]や「第三の波」[12]など、情報の時代を意識した文明発展説が提唱された。農業革命、産業革命に続く第三の波としての情報革命の時代がやってきたという説である。一八世紀は産業革命に伴う巨大な機械システムの時代、一九世紀は蒸気機関の時代、二〇世紀は、それ以前の物質やエネルギー以上に情報が有力な資源となる時代が到来するという理論である。実際、様々な情報通信技術が発展した。電話、ラジオ、テレビが発明され、一九三九年にABC（Atanasoff-Berry Computer）や、一九四六年にENIAC（Electronic Numerical Integrator And Computer）などの電子計算機が開発され、コンピュータが誕生した。ABCが線形連立方程式を解くための専用計算機だったのに対してENIACは実用化された初めての汎用計算機であるが、目的はミサイルの弾道計算のためで、初期のコンピュータ（電子計算機）はみな軍事目的であった。その後、プログラム内蔵式のいわゆるノイマン型コンピュータが出現する。

一九五〇年代、六〇年代にコンピュータは、IBMなどの企業を中心に大型化、高速化、精密化して格段の進化を遂げたが、その背景には、一九七〇年代までアメリカとソビエトの東西冷戦構造の中での軍事技術の高度化という目的が関係していた。一九七〇年代初頭まで、コンピュータといえば、複雑な計算を短時間でこなす電子計算機、大企業のオフィス等に導入されたメインフレーム、大型汎用コンピュータであったが、一九七〇年代以降は、官庁・企業を顧客とするメインフレームから、個人消費者を相手とするパソコン（パーソナル・コンピュータ）へと、コンピュータの役割は計算機から人間の思考のためのメディアへと変容していった。

コンピュータのこの変容はまた、インターネットの発展と相関している。コンピュータ発展の歴史と同様にインターネットも当初は軍事目的であった。一九五〇年代終わり、当時すべての軍事通信は公衆電話通信網を使った脆弱なものであったため、東西冷戦の最中、アメリカ国防総省（DoD: United States Department of Defense）は核戦争を生き残ることができる指揮命令ネットワークを望んだ。そこで提案されたのが「デジタル・パケット交換技術」を用いる耐故障性のある設計のネットワークである。

一九六九年、アメリカ国防総省がスポンサーとなり、スタンフォード研究所、カリフォルニア大学ロサンジェルス校、同サンタバーバラ校、ユタ大学の四つの大学・研究機関を専用回線で結ぶ学術的なパケット交換網が設置され、各ホストには専用のルータが設けられた。こうしてインターネットの起源と称されるARPANET（Advanced Research Projects Agency Network）が誕生した。複数メーカーの異なる形式のコンピュータを共通の通信方式であるTCP／IPを用いて相互接続し、ARPANETを引き継いだNSFNET（National Science Foundation Network）は、次々に既存の多くのコンピュータ・ネットワークと接続していき、一九九〇年代には学術的なネットワークに多数の商用ネットが参入した。そして、インターネット接続を容易にするソフトが搭載されたパーソナル・コンピュータWindows95の販売に伴い、WWW（World Wide Web）、ウェブブラウザ、メールシステム、検索エンジンなどが次々に開発され、コンピュータ・ネットワークは急激な発展を遂げていったのである。

インターネット黎明期、UNIXの虜となって計算機に夢中の私に、「いつも何を計算していらっしゃるのですか?」と訝しげに尋ねる物理化学の老教授があった。そうである。私たちはすっかり忘れているが、本来コンピュータは計算をする道具なのである。もちろん、私は計算機にかじりついて「計算」をしていたわけではないのであるが、インターネットが人口に膾炙される以前、コンピュータやネットワークはまだ限られた研究者だけが使うものであった時代、「コンピュータ＝計算機」という認識のもとに、日がな計算機に接している姿はよほど奇異に映ったのであろう。情報社会と言われる現代において、パソコンやスマートフォンでインターネットを利用する際、本来それが計算をするための道具であるということを意識する人は少ないであろうが、コンピュータの本来の仕事は「計算」なのである。

コンピュータがなぜ「うつわ」たり得たか、それはコンピュータがネットワークにつながったからに他ならない。計算機がネットワークに接続して「通信」することなしにスタンドアロンのままであれば、それはただ計算をする道具に過ぎず、単なる「いれもの」でしかない。「いれもの」が十分にその力量を発揮するためには「通信」が必要であった。

第1章で述べた通り、「うつわ」は「いれもの」であると同時に「いれもの」に入れるべきものの「力量」をも意味し、「いれもの」に入るにふさわしい存在という意味をも持っていることを思い出したい。

私たちは、普段コンピュータを何に使うであろうか。文書を書いたり、作図したり、もちろん計算もするであろう。しかし、やはり一番はインターネットに接続して、ウェブページを閲覧したり、検索して何かを調べたり、友人とメールを交換したり、そういった「通信（communication）」こそがその存在意義を最も発揮する時ではないだろうか。

コンピュータはネットワークにつながることによってはじめて「情報」を「伝達」する「うつわ」となり得た。「通信」しない「うつわ」、「うつし」を実行しない「うつわ」は、単なる「いれもの」に過ぎない。「うつわ」は「うつし」を実行してはじめて生きた「うつわ」になるのである。

機械式計算機からプログラム内蔵型のデジタルコンピュータへと発展し、計算機は汎用性を獲得した。そして、インターネットを介して、コンピュータ同士がネットワークにつながることによって、コンピュータは「計算機」から「コミュニケーションツール」へと進化した。

実は、私たちが毎日使うスマートフォンも本来は計算機である。世界中の多くの人々がスマホという計算機を手にしているのは、スマホが通信できる道具だからに他ならない。スマホを使って友人と会話したり、インターネットに接続して情報を入手したりinstagramやfacebookで近況を報告したりして、世界とコミュニケーションをとることができるから、私たちは片時もスマホを手放すことができなくなってしまったのである。それは、スマホという「うつわ」が「うつし」を実現できるからなのである。

五　機械との対話

人と人との対話、機械と機械との通信、あるいは後者を仲立ちとして取り交わされる人と人との対話もある。たとえば、電話機という機械同士での通信という手段（媒体）を用いて、私たちは人との対話を実現する。

人や機械や芸術や、私たちは様々な対象と対話するが、近年、人でも物でもない「ロボット」の開発が進んでいる。ロボット掃除機「ルンバ」、ＩＨクッキングヒーター、自動車の自動制御装置、温度変化に応じて機能するエアコンや冷蔵庫なども広い意味でロボットの範疇に入れて良いだろう。ソニーが一九九九年に発売した犬型ロボットAIBO（アイボ）や、本田技研工業の二足歩行ロボットASIMO（アシモ）やソフトバンクのpepperなどの人型ロボットも、既に一般に馴染みのあるところだ。このように人間が設定したパターンやルールに基づく制御プログラムで動作するよう設計されているものは「人工知能」（AI：artificial intelligence）と呼ばれている。そして、そのパターンやルールまでも自ら学習して知識を積み重ねていく人工知能の開発も進められている。siri[13]（speech interpretation and recognition interface）は、「対話ロボット」の身近な例として一般によく知られている。「今日は何月何日？」といった基本的な問いかけはもちろんのこと、「明日は傘が必要？」と聞けば「雨は降らないようです。」と言って週間天気予報を示し、「家に電話」と指示すればiPhoneが電話をかける。時刻の確認やアラームの設定、天気予報の提示、電子メールの読み上げや音声入出力、予定表の追加などの基本的な操作を対応機種に話しかけるとそれに対して応答する。その様子はまるで人との対話のようである。Androidではドコモ社の「しゃべってコンシェル」がsiriと同様のサービスを提供する。今、このような「人工知能」が注目されている。

実は、siriが登場するずっと以前、ELIZA（イライザ）という、ごく初期の自然言語処理プログラムが存在した。ELIZAは、マサチューセッツ工科大学（MIT）のジョセフ・ワイゼンバウム（Joseph Weizenbaum, 1923-2008）が一九六六年に作成した人工対話システムである。しかし、ELIZAとのやりとりは、は対話型ではあるが「会話」とは言えない。ELIZAという「コンピュータプログラム」とのやりとりは、表面上は会話しているように見えるが、ELIZAは「思考して回答」しているわけではない。はじめは自然な会話が交わされるかのように思われるが、話を進めていくうちに「続けてちょうだい」の堂々巡りのおかしなやりとりになり、仕舞いに馬脚を現す様子が石井健一郎[14]によって紹介されている。基本的には相手の言葉のおうむ返しに過ぎず、想定外の質問に対しては、はぐらかすような応答しかできない。そのため時に頓珍漢なやりとりとなる。人工知能はことばの「意味を理解」しているわけではないので、文脈をよむのが困難なのである。ELIZAは、相手の言葉をそのまま置き換えて相槌を打つだけのプログラムで、「人工無脳[15]」と言われる所以である。

しかし、石井[16]は、ELIZAの対応はまさしく「幼児の振る舞い」や「対話の作法」そのものであるとしながらも、大人である私たちも実はELIZAと同じような行動をとっているとして、次のように説明している。このような単純な仕掛けだけで知能が実現できるものではないが、幼児が言葉を覚え始める時は、大人の話の中から「キーワードらしき単語を直感的に抽出してそれを『おうむ返し』に口にすることがある」し、私たちは、「外国の人と話をしていて、相手の発言が理解できなかった場合、聞き取れたわずかなキーワードを使って当たり障りのない返事で済ませたり、時には話題を変えたりする」こともあり、このような対応は、「理解できなくても『わかった振り』をして話を続けるという『対話における作法』」であると言う。

私たち人間の言動は、機械のように正確ではなく、時には曖昧で矛盾することもある。それだからこそ、むしろ人間らしいのである。

コンピュータは思考可能か？

人工知能の概念の起源は、アラン・チューリング（Alan Mathieson Turing, 1912-1954）によって提唱された。チューリングは一九五〇年に「機械は考えることができるか？」という問いを提起した。機械が思考したかどうかは、人との会話が成立したかどうかが判断の基準となるが、その判断は、人とコンピュータと対話した時に、相手が人であるか否かを審査員が判断して、相手が人であると判断されれば、「チューリング・テスト」に合格したことになるというものである。ELIZAはこのようなチューリング・テストには合格できない。

コンピュータが開発されると、クロード・シャノンやアラン・チューリングによるチェスのプログラムの作成など、「人間の知的活動を行う」機械を作る試みが始められ、一九五六年、ジョン・マッカーシーやクロード・シャノンらが発起人となった「ダートマス会議」で、この研究分野が「Artificial Intelligence（人工知能）」と呼ばれるようになった。シャノンが書いたチェスゲームを行うコンピュータの設計に関する論文が、このようなコンピュータには「考える」という表現を当てるべきか、あるいは「考える」という動詞の習慣的な意味を根本的に改めなければならないという所見で終わっている[17]ことは、まさにこの問題に直面していたことを物語っている。

シンギュラリティ

二〇〇〇年頃からインターネットは急速に拡大し、ウェブ上に満ち溢れる情報を探すサーチエンジンやインターネット通販など、大量の知識とデータが蓄積され、さらにスマートフォンという道具やソーシャルネットワーキングサービス（SNS: Social Networking Service）の登場にともない、行動履歴のような個人に関わるデータもどんどんインターネット上に蓄積されるようになっている。

二〇一六年には人間と人工知能（AI）の囲碁対決でGoogle DeepMindのAlphaGoが勝利した。スマートフォンや自動車など身近な機器にコンピュータプログラムが搭載され、自動運転制御技術の開発も進み、着実に実用化が進んでいる。

人工知能の技術はさらに進み二〇四五年には人間の想像力も及ばない超越的な知性が誕生するシンギュラリティ[18]（技術的特異点）が訪れるとも言われている。それと同時に、社会での期待の一方では、人間に制御不能な機械が現れて人間を脅かすのではないかという危機感から、欧米の映画や小説には、『２００１年宇宙の旅』で宇宙船に搭載されていたコンピュータ「HAL（ハル）9000」や『ターミネーター』に登場する「スカイネット」など、主体的意思を持ったロボットやコンピュータプログラムを描くものも少なくない。

人間の知能を超えるロボットが出現するという、こうした危機感に対して、西垣通[19]はシンギュラリティなど訪れないと言う。シンギュラリティの到来を信じ、それに対する恐れを抱いている欧米人の悲観論や警告の源は、一神教文化であるユダヤ＝キリスト教における伝統的な宇宙秩序を乱すことへの恐れに根ざしているのではないかと主張している。この世の創造主たる唯一神の御業をまねて人間が人工知能ロボットを造るのは罪深いことであるという論理である。

キリスト教文化圏ならずとも、摂理を超えた超越的存在に畏れを抱くのは自然な感覚であろう。

人間と人工知能の違いは、自ら「学習」して物事を「思考」することができるかどうかということであると言われる。機械は、人間があらかじめ用意しておいた条件に従って動作するようにプログラムされたものである。人工知能の基本的構造は、AND, OR, NOT の演算式に基づくフローチャートに従ってシーケンスを実行するだけの単なるコンピュータ・プログラムであり、ELIZA のような初期の人工知能は、人間が作成したプログラムコードに従って「計算」しているだけである。だから、あらかじめ組まれたプログラム通りの返答しかできない。

それに対して、生まれたばかりの赤子は何も知らないが、成長とともに様々な経験を通して知り得た知識の蓄積とその応用によって、自ら学習し、思考、判断できるように進化していく。人間を含めた生物は、自ら「細胞分裂」を繰り返し再帰的に「自己増殖」して成長し、自ら学習することが可能である。

シンギュラリティが実現するかどうかは、機械がこのような成長を遂げ、自ら思考し、自分自身を再生産することができるかどうかということにかかわってくる。

さらに、人間と人工知能の決定的な違いは、人間には「心・感情」があることであるとも言われる。機械（人工知能）は、人間の設計通りの動作をするだけで、機械に「感情」は存在しない。ロボットが悲しそうな表情や嬉しそうな身振り手振りを示したとしても、そのように見える表情らしきものを提示しているだけで、ロボットが実際に悲しんだり喜んだりという感情を抱いているわけではない。

ELIZAは外見上は人間と「会話」するように見えるが、ELIZAは自ら「学習」することはできないし、ELIZAには「意思」も喜怒哀楽の「感情」もない。ELIZAから人間が「癒し」の効果を享受することはあっても、ELIZA自身が人間との会話によって、喜んだり悲しんだり、人間から何らかの影響を受けることはない。

人型ロボットが、嬉しそうな表情や悲しそうな表情を示すように見えるのは、ある一定の条件を満たしたときに、人間によってあらかじめ仕組まれたプログラムを実行している見せかけのトリックなのである。

他者を知覚する

「送信機」と「受信機」の間で、いかに正確な「信号の伝達」が実現されたとしても、いかに「受信機」が受け取った「信号」を正確に「復元」できたとしても、最終的にその信号を受信して「感じ」、「理解」するのは「受信者」であるところの人間である。受信者である人間は目や耳などといった自らのインターフェイスによってそれを「知覚」するのである。そこには当然、当事者の主観が介入し、恣意性が働くことは免れない。

そして、私が発した情報をあなたがどのように知覚したかについて、私が知るすべはない。なぜなら、私は私自身に備わる固有のインターフェイスでしか知覚できないのであるから。

インターフェイスは「媒体」であり「うつわ」である。あなたの耳を私の神経回路へ接続して、あなたの耳という「うつわ」を介して私が知覚するという「聞き耳頭巾」のようなことが実現できれば、あなたの感覚を私が理解することが可能かもしれない。ただ、その場合、どこからどこまでがあなたであり私であるのだろうか？

また、あなたと私が同じものを見て同じように感じているという保証はどこにもない。それは、言語も同じことである。たとえば日本語という共通言語を用いて会話する場合でも、ある一定のことばに対する互いの理解が厳密な意味で同じであるかどうかはわからない。ことばの意味を、たとえば辞書で説明しているような意味で理解したとして、はたしてその解釈が互いの間で共通であるかどうかはわからない。きっと相手も私と同じように理解しているのだろう、と信じるしか術はないのだ。

送信者と受信者の間で交わされる通信において、デジタル通信で扱う通信プロトコルは、「共通の約束事」にもとづいており、双方での齟齬は基本的に存在しない（ように設計されている）。送信者から発せられたメッセージは送信機で信号に置き換えられる（符号化）。信号は通信路を通って受信機へ伝達され、受け取った信号は受信機でメッセージに置き換えられて（復号化）、送信者のメッセージが正確に受信者に伝えられたとしても、受け取ったメッセージを「理解」するのは受信者の目や耳というインターフェイスであって、それは各人固有のものであるから、理解の仕方やその内容も各人固有のものとなる。

グレゴール・メンデル（Gregor Mendel, 1822-1884）は、遺伝が情報の伝達によって実現されると考えた。しかし、私たちの神経回路も電気的刺激であるとするならば、何をもって「私に固有」と言うことができるだろうか？なぜ人間の五感は固有で機械のインターフェイスは固有でないのか？人間には「死」が存在するが機械は死なない。人は生まれたその瞬間から死へ向かっている。人の成長とは死への道筋である。しかし、機械には電池切れや故障はあっても、それは一台一台の機械における個別の生命や死を意味するものではない。

星野力[20]は、自意識というものの謎について、「自分の意識のメカニズムの解明が進んでも、『自分』の謎への答えは容易に得られない。なぜなら、物理科学的なメカニズムが、なぜ自分の認識の原点であるのか、そこで起こっている化学的物理的な現象が、なぜユニークな『自分』の意識であるのかに謎の本質があるからである。」と言う。そしてさらに次のように説明している。「外界から入ってきたセンサー刺激や、脳の中に保持されている記憶は、ニューロンの興奮パターン（化学物質や電位の分布）にすぎないし、それは客観的な存在で、計測器で計ることができる。そのパターンを、自分という主体的な意識が、今日は暑いとか、脚が痛いと認識する。その自分の認識も、ニューロンの一種の刺激パターンだとすれば、それは外界から入ってきた暑さや痛さの刺激パターンと、数理的・物理科学的にどこが違うのだろうか？どのように言葉を作ろうとも、自意識の正体は謎のままである。観る・観られるという主客関係を否定しても、また認識の中枢の存在を否定しても、世界を認識している自分という存在は特別なものであって、死ねばその認識の原点が無くなるという特殊なものであるということが、そのまま謎なのである。」と言う。

まことに、私たち人間の心身問題、心と体、精神と物質の関係を説明するのは容易なことではないのである。

六　理解とは何か？　人間らしさとは？

犬型ロボットAIBO（アイボ）はもちろん、ELIZAも人間との真の「対話」は不可能である。しかし、その会話の内容はちぐはぐであるとしても、退屈な質問に癇癪を起こすことなく永遠に相手をしてくれる。その意味では人とのコミュニケーションにおける「癒し」という、ある一定の効果はある。ただ、鬱陶しい相手に癇癪をおこす方が、むしろ「人間らしい」対応であることも事実である。その証拠に、実は、ELIZAはチューリング・テストに合格するために、つまり、人間らしい振る舞いをするために、時にはあえてわからないふりをしたり、嘘をついたりするように設計されていた。

人は機械に「人間らしさ」を求めるが、「らしさ」とは一体何か？人間の精神と肉体の関係はどのような仕組みなのだろうか。LGBD（Lesbian Gay Bbisexual Transgender）についての話題を耳にすることが近年多くなった。病気や事故で四肢を失った人が、存在しない手足の痛みを感じる「幻肢痛」という存在がある。反対に、自ら自分の身体の一部への強い切断願望や強迫観念を持つ「身体完全同一性障害」（BIID: Body Integrity Identity Disorder）という病気もあるという。

論理的思考（演算速度）や知識量（情報の蓄積）の点では、人間は機械（コンピュータ）には及ばないものの、「感情」の点で、生身の人間は人工知能に優っていると言われる。ELIZAの例のように、機械にも矛盾や嘘を回答するようにプログラムを組んだり、喜怒哀楽の表情（のようなもの）を示すことも可能ではあるが、あくまでも計画的に作られた回答であって、ELIZA自身から生まれた「感情」ではない。

人工知能は「感情」の点で人間に劣ると言われるが、しかしそれは言い方を換えれば、機械（コンピュータ）はデジタル、つまり指折り数えて数値で表現することを得意とするが、「感情」は数値で計測不可能であって、両者は本来領域を異にするということである。体調が悪い時の体温は数値で計測可能であるが、喜怒哀楽の感情の度合いをいかにして数値で表現することが可能であろうか？

是枝裕和監督の映画「空気人形」は、「のぞみ」という名のラブドールが「心」を持ってしまうことを描いた切ないものがたりであるが、その意味で「空気人形」はこの問いに対する一つの試みとも言えよう。

人との対話も情報通信も情報の授受は一方向ではなく「双方向」の他者との情報伝達という相互作用である。送信者から情報や意思が送られただけでなく、その情報や意思が受信者にしっかりと受けとめられてはじめて通信や対話が成立する。「送信」と「受信」の双方が成功した時に「通信」は成就するのである。コミュニケーションの語源であるラテン語の〝communis〟には「共同」や「共有」の意味が含まれている。何かについての「情報」やその「理解」を他者と「共有」することである。

二〇〇四年頃から、「ウェブ2.0」が使われはじめ、現代は「誰でも発信できるウェブ」になった。それ以前は、情報の「発信者」は限られた人だけで、一般の人は「受信者」に徹していたが、ブログや twitter や facebook などの SNS（Social Networking Service）の発展で、誰でも容易にインターネット上での「情報発信者」になることが可能となり、現代は、見知らぬ人といとも簡単に交流することが可能な時代である。さらに、ビッグデータとセンサーネットワーク、またディープラーニング（深層学習）の技術開発が進められ、「ターゲッティング広告」「協調フィルタリング」「おすすめの本の一覧」などの大変「便利」なサービスが増えている。このような現代のネット社会を、星野力は「インターネットの彼方でわれわれの相手をしてくれる「もの」は、人間なのかコンピュータなのか機械なのか、われわれには判断できない時代になっている。[21]」と言う。

しかし、時に人間の感情は複雑である。便利なシステムと喜ぶ人もいるが、「『あなたの友達かも？』って、勝手につなげないで！」「『あなたへのおすすめの商品です。』って私の心をいちいち詮索しないで！」と感じる人もいるだろう。度が過ぎた「さとりのおばけ」は敬遠される場合もある。

村上春樹の初期の作品『１９７３年のピンボール』にこんな台詞がある。「多かれ少なかれ、誰もが自分のシステムに従って生き始めていた。それが僕のと違いすぎると腹が立つし、似すぎていると悲しくなった」。

私のことをわかってほしいが、同時にそんなに簡単にわかってもらっちゃ困るのだ。人は私の心の領域にずかずか踏み込んで来られることを拒む。私のことを理解してもらいたいが、同時に理解されないことをも望んでいるのである。人は自ら固有の存在でありたいのである。人間の感情はかくも複雑で矛盾に満ちている。人間の行いは理論通りにはいかないのである。そして人は時に間違いも起こす。工学的通信理論における通信において伝達される情報に齟齬があれば通信は成立しないが、人間の「理解」には時に齟齬があり、情報の完全なコピーではない。

仮に、情報を正確に「伝達」できたとしても、同じものを見た時、お互いの「理解」が同じである保証はなく、同じように理解したかどうかを確かめる方法も存在しないし、時に理解されることを望まない場合もある。

そして、この人間の領域に機械を近づけようとしているのが人工知能である。二〇四五年にはシンギュラリティが訪れたら、人より賢い、「意識」を持つ人工知能が出現し、何もかも人工知能に任せられる時代になり、人類の仕事の90％がなくなるとも言われている。

人工知能は「思考」や「感情」の点で人間には及ばないと言われるが、初期のコンピュータには不可能であったパターン認識の技術開発は格段に進み、顔認証や音声認識の分野においては、もはや人間の能力を超えたと言っても良いだろう。危険と「判断」すればブレーキをかける自動車の自動運転技術の需要が今後さらに増大することは間違いない。

また、いくつかのキーワードを組み合わせて学術論文を自動生成するSCIgen[22]というプログラムで作成されたでたらめな論文がSpringerやIEEEに120本以上掲載されていたことが、二〇一四年二月にイギリスの科学誌「ネイチャー」で報じられて話題となった。「きまぐれ人工知能プロジェクト作家ですのよ[23]」という星新一のような作品をコンピュータに創作させるプロジェクトも二〇一二年に始まり、その行為を「思考」と言えるかどうかは別として、コンピュータは「創作」も行うようになってきており、人工知能の可能性は未知数である。

むすび

「あいだ（間）」を表す〝inter-〟のつくことばは、internet, interface, interaction, intercommunication, interconnect, international, interchange, intercept, interpose, interval, intermediate…と、数多く存在する。

私たちが日常使うインターネット（Internet）は、ネットワークとネットワークの「間」で交わされる相互接続（interconnection）によって実現される。もちろん、これにはシャノンの通信理論で扱う「技術的な問題」の検討が不可欠であるが、インターネットを利用してメッセージの交換を行っているのは我々生身の人間である。通信プロトコルで情報を交わすインターネットはもちろんのこと、人と人との自然言語による「対話」も、神経細胞のひとつひとつが体内器官で交わす情報交換も、「情報」の「伝達・交換・通信」であり「コミュニケーション」である。私たちは、日々さまざまなものと「通信」し、影響し合っている。人と人、機械と機械、人と機械、様々なもの同士のコミュニケーションであり、これらはすべて「情報の交換」という相互作用、「通信」であり、「対話」である。

「通信」は「うつし」である。「通信路」は「媒体」であり、送信者と受信者との「間」の「うつわ」である。「うつし」は、送信者と受信者の「間」(inter-)の相互接続による「情報の交換」であり「通信（communication)」である。そして、「うつし」は「移し」(情報の伝達・交換）であると同時に、「写し」(情報の複製）である。「うつわ」(通信路・通信媒体・メディア）を経由して「うつろい」(移動・複製）ゆくものである。相互に対話し、交換し、影響し合うもの、それが「通信」であり「うつし」なのである。

人類の長い歴史の過程で技術の進歩とともに発展し、「うつし」のありようも変容した。「情報通信」は「コンピュータ・ネットワーク」である。「コンピュータ」は「うつわ」、「ネットワーク」は「うつし」、つまり「情報通信」は現代の「うつわ」と「うつし」である。計算機は計算をする道具から情報伝達を実現するコミュニケーションツールへと発展した。その先に自律的に判断を下し自ら歩き始める人工知能というものがあるとすれば、「うつし」と「うつろい」の未来はどのようなものになっていくのだろうか。本稿が、いくらかでも「文理融通」を実現できたとすれば幸いである。

〈付記〉
小学館『日本国語大辞典』（第二版）、『角川古語大辞典』は、JapanKnowledge のオンライン検索を用いた。

【注】

（1）坂部恵「〈うつし〉〈うつし身〉〈うつしごころ〉」（『コピー』、現代哲学の冒険：6、岩波書店、一九九〇。後に『坂部恵集』4（岩波書店、二〇〇七）に収録。）
（2）松岡正剛『日本という方法：おもかげ・うつろいの文化』、NHKブックス：1067、日本放送出版協会、二〇〇六
（3）稲賀繁美『接触造形論』、名古屋大学出版会、二〇一六
（4）大野晋編『古典基礎語辞典』（角川学芸出版、二〇一一）、「うつ・し【現し・顕し】」「うつ・す【移す・写す・映す】」「うつせみ」「うつつ【現】」「うつ・る【移る・映る】」「うつろ・ふ【移ろふ・映ろふ】」「うつつ【現】」の各項目による。
（5）大野晋ほか編『岩波古語辞典』補訂版、岩波書店、一九九〇
（6）国の重要文化財に指定された「永仁二年」（一二九四年）の銘をもつ瓶子が贋作である疑いが生じ、二年後に重要文化財の指定を解除された。その後「永仁の壺」の偽物まで出回った。
（7）高級ブランドのロゴマークや柄が入った生地を使って昆虫のバッタの形に縫製し、自ら「偽物」を意味する「バッタもん」と命名した。「ヴィトン社抗議で撤去「バッタもん」再展示」二〇一〇年一〇月四日一一時四二分、https://www.asahi.com/culture/news_culture/TKY201010040112.html
（8）拙稿「デジタル時代の複製」（『海賊史観から見た世界史の再構築―交易と情報通信の現在を問い直す―』稲賀繁美編、思文閣出版、二〇一七）
（9）一九四八年に記念碑的論文"A Mathematical Theory of Communication."を発表した。翌年、ワレン・ウィーバーによるシャノンの通信理論についての解説的な紹介を付し、"The Mathematical Theory of Communication."へと僅かに題名を変更して書籍としてイリノイ大学出版から出版された。（クロード・E・シャノン、ワレン・ウィーバー

『通信の数学的理論』(ちくま学芸文庫) 筑摩書房、二〇〇九)
(10) 前掲『通信の数学的理論』、五一頁
(11) 梅棹忠夫「情報産業論」(『放送朝日』一月号、一九六三)
(12) Alvin Toffler "The Third Wave" Bantman Books, 1980 (アルビン・トフラー『第三の波』鈴木健次ほか訳、日本放送出版協会、一九八〇)
(13) 米国アップル社のオペレーティングシステムiOSに搭載された音声アシスタント機能。音声認識と自然言語処理技術を用いた機能で、話しかけた音声をインターネット回線を介してアップル社の音声認識エンジンに送信し、その解析結果を返信することによって実際の処理が行われる。
(14) 石井健一郎編『コミュニケーションを科学する:チューリングテストを超えて』、NTT出版、二〇〇二、一四―一七頁
(15) チャットボットと言われるもので、推論と探索のみ、思考しないチャット型プログラム。
(16) 石井前掲書、二五―二六頁
(17) 前掲『通信の数学的理論』、五一―五二頁
(18) レイ・カーツワイル著、井上健監修『ポスト・ヒューマン誕生:コンピュータが人類の知性を超えるとき』、NHK出版、二〇〇七
(19) 西垣通『ビッグデータと人工知能』(中公新書:2384)、中央公論社、二〇一六
(20) 星野力『チューリングを受け継ぐ:論理と生命と死』、勁草書房、二〇〇九、一一六―一一八頁
(21) 星野前掲書、一六頁
(22) 無作為に選んだコンピュータ工学用語や他の論文からの引用、グラフ、図版などと組み合わせ、研究論文をワンクリックで作成するソフト。二〇〇五年にマサチューセッツ工科大学(MIT)の研究者らが考案した。実際にSCIgenで作成したでたらめな論文が「WMSCI 2005」に受理された。(imidas 2018)
(23) 「きまぐれ人工知能プロジェクト作家ですのよ」https://www.fun.ac.jp/~kimagure_ai/

第1部　《情報伝達》における恒常性と可変性

例《たと》へば「己《おの》れの欲《ほつ》せざる所《ところ》これを人《ひと》に施《ほどこ》す勿《なか》れ」といふのは支那《しな》の言葉《ことば》で、「己《おの》れの欲《ほつ》する所《ところ》これを人《ひと》に施《ほどこ》せ」といふのは西洋《せいやう》の言葉《ことば》です。これは帰《き》する所《ところ》同《おな》じ意味《いみ》で、只一方《たゞいつぱう》は肯定《かうてい》（ポッシブ）の言葉《ことば》を用《もち》ひ、一方《いつぱう》は否定《ひてい》（ネゲチーブ）の言葉《ことば》を用《もち》ひたるに過《す》ぎないのだけれども、私《わたくし》は決《けつ》して彼《か》れの肯定《かうてい》の言葉《ことば》を写《うつ》す時《とき》に、我《わ》れの否定《ひてい》の言葉《ことば》を以《もつ》てしてはいけない、何故《なぜ》といふに、此《こ》の肯定《かうてい》と否定《ひてい》との間《あひだ》に、自《おのづか》ら双方《さうほう》の国風《こくふう》、民俗《みんぞく》、又此等《またこれら》の言葉《ことば》を発《はつ》した人《ひと》の当時《たうじ》の境《きやう》遇《ぐう》心持等《こゝろもちなど》が自然《しぜん》あらはれてをると思《おも》ふからです。

森田思軒「翻訳の苦心」「故森田思軒君談話」伊原青々園・後藤市外編『唾玉集』明治三九年九月より

「天正遣欧使節」——スペイン史料からの再考

滝澤修身

はじめに

筆者は、論集の主題である「映しと移ろい」文化伝播と蝕変の一環として「天正少年使節」を選びたい。「天正少年使節団」は、ヨーロッパ文化を体得し、日本へと伝播させるという使命を帯びていたが、豊臣秀吉の伴天連追放令によってその使命は果たせずに終わってしまう。彼らが日本に持ち帰り、長崎の文化形成に大きな影響を与えたグーテンベルグ印刷機の力も、江戸幕府によるキリシタン禁教令を通うじて「うつろい」を見せていく。このように「天正幼年使節」の歴史には、まさに「写しとうつろい」の縮図が見られる感ずるからである。

天正少年使節団は、一五八二年に巡察師ヴァリニャーノにより企画されたものである。四人の少年が、九州のキリシタン大名である大友宗麟、有馬晴信、大村純忠の名代としてローマに派遣された。正使は、伊東マンショと千々石ミゲル、副使は、中浦ジュリアンと原マルチノであった。四人の少年は一五八四年、二月にローマに着き、教皇グレゴリオ一三世に謁見を賜った。数日後、教皇グレゴリオ一三世が帰天したため、新教皇シスト五世の戴冠式にも参加することになった。ヨーロッパ各地で大歓迎され、日本のイエズス会の活動実績を印象付け、日本に対する強い関心を呼び起こした。この使節団は、一五九〇年に帰国している。(朝尾 一九九六：725)

天正少年使節は、ポルトガルのリスボンから、スペインのマドリードを通過し、イタリアのローマに到達しローマ教皇グレゴリウス一三世に謁見を賜った。少年たちのローマでの教皇謁見が余りにも華やかな出来事であったため、「天正少年使節団」に関する研究は専らイタリアの研究者を中心に行われてきた。その代表的な研究者が、アドリアーナ・ボスカロである。彼女は『一五八五年の日本使節団に関するマルシーナ図書館蔵未完史料』（一九六二）、『ヨーロッパへの最初の日本使節団のベネティア滞在』（一九八五）などの著作を出版している。（Takizawa, 2009, p.269）

ヨーロッパ的な規模でみると、天正少年使節団の研究は、専らイタリア人研究者によって行われているのが現状である。唯一のスペイン人による研究は、一九七七年に出版されたホセ・ギジェン・セルファの『ヨーロッパ、ムルシアにおける最初の日本使節（1582―1590）』のみである。少年たちは、スペインのマドリード近郊で、かの「日の沈まぬ帝国」の統治者であるフェリペ二世に謁見を賜っている。当時のフェリペ二世は、ローマ教皇に匹敵するほどの勢力を誇っていた。こうした理由で、スペインの王立歴史学士院やシマンカス古文書館に原使節団に関わる幾つかの史料が保管されている。しかし、残念ながらスペイン本国では、本使節団に関する研究はほぼ皆無である。

こうした事情を考慮し、私はヨーロッパ、特にスペインにおける天正少年使節団の実態がいかなるものであったのかを、スペインに残存する史料から分析してみた。その研究結果は、二〇〇九年、『スペイン王立歴史学士院紀要』に「スペインの史料から見た天正少年使節団（1582―1590）」（"La Delegación Japonesa Enviada a Roma (1582-1590) según las Fuentes Españolas". *Boletín de la Real Academia de la Historia*, Tomo CCVI. Cuaderno II 2009, Madrid.）として掲載された。本論は、この論文にもとづきながら、日本向けに編み直したものである。

一　新たなる研究視点

本稿では、次の四つの観点から論述してみたい。①天正少年使節団に関係するヨーロッパに残存する史料を、スペインという観点から紹介する。②天正少年使節団に至るまでの歴史的前提条件をスペイン中心に説明する。③天正少年使節のヨーロッパの旅をフェリペ二世の「おもてなし」という視点から描き出す。④天正少年使節団の持ち帰った印刷機がたどった運命について述べる。これらの観点は、既存の研究ではあまり取り扱われてこなかった課題である。ここに筆者の研究の先進性、独自性が存在すると考えられる。

二　史料紹介

最初に、スペイン保管される天正少年使節に関する史料を簡潔に紹介してみたい。それらの史料は、主に、王立歴史学学士院の「コルテス部門9-2663」、「イエズス会部門23」、シマンカス古文書館古文書整理番号945、1341、1551として保管されている。また使節たちに直接会い、話を聞いたベルモンテの学院長であるルイス・デ・グスマンが記した『東方布教史』(1601-1602、アルカラ)の第九章には、使節団のスペインでの動向が記録されている(Takizawa,2009,p.272)。『東方布教史』の原典は、マドリードにあるスペイン国立図書館に保存されている。この他、東京大学史料編纂所編『大日本史料』第一一編別巻之一〜二(一九五九—六一)、結城了悟『新資料天正少年使節』(一九九〇)(伊川健二二〇一七:204)にスペイン語の史料、または使節のスペインの旅を記した史料が収録されている。上記の史料の中には、現在まで天正使節研究には使用されてこなかった史料が幾点かある。これらの史料を駆使しながら、天正使節団のヨーロッパの旅、特にスペインの旅を描き直してみることにする。この他、詳細な文献リストを作成したが、枚数の制限により本稿に掲載することができないので、別稿に譲りたい。

三　歴史的前提――スペインを中心に――

一四一五年、ポルトガル親王ドン・エンリケ――「エンリケ航海王子」――が、北アフリカのセウタを攻略し、拠点を築いた。これを機に、ポルトガルは海外進出事業を始め、ここに「大航海時代」が始まった。その後、ポルトガルは、一四八八年にはバルトロメ・ディアスが喜望峰を迂回することに成功、一四九八年にはバスコダ・ガマの艦隊がコルカタに到着し、インド航路の開拓を成功させた。一方、スペインは、カナリアス諸島へと進出していくが、一四九二年にコロンブスの新大陸発見へと事業を展開していった。

こうして、ポルトガルは「東回り航路」、スペインは「西回り航路」を利用し、両国は競争のもとに新天地を求めた。この競争の調停を行ったのはローマ教皇であった。一四九四年にはトルデシージャス条約が結ばれ、ヴェルデ岬諸島の西三七〇レグアの子午線が、両国の「発見、征服」の占有権の境界となった。ポルトガルは一五一〇年にゴア、翌年にはマラッカ、一五二二年にはモルッカ諸島を征服してポルトガル領インドを形成していった。一方、スペインは広大な新大陸の探検と征服に時間を費やし、一五七〇年にはフィリピンをスペイン領アメリカと結び付けることに成功した。

スペイン中世は、キリスト教徒とイスラム教徒の激しい領土争奪戦であるレコンキスタによって特徴付けられたが、一四九二年一月にカステーリャ女王イザベルとアラゴン王フェルナンドのグラナダ征服によってこの運動は終焉した。こうしてイベリア半島は、イザエルとフェルナンドー「カトリック両王」―によって統一された。同じ一四九二年八月には、コロンブス一向が、カスティーリャの支援によってアメリカへと出帆した。こうしてスペインによる海外進出は本格的に始まった。

その後、一六世紀のスペインは黄金時代と呼ばれるが、この時代はカトリック両王の孫でハプスブルク家出身のカルロス一世から始まった。彼は一五一九年には神聖ローマ皇帝に選出され、カルロス五世としてヨーロッパ統治に専念した。当時のヨーロッパは宗教改革の時代であり、カルロス五世はカトリック政策を推し進め、宗教戦争に明け暮れた。この宗教改革に対抗しカトリック勢力を立て直そうと試みたのがイエズス会であった。

カルロス五世の長男であるフェリペ二世は、神聖ローマ皇帝の位を叔父に譲り、首都マドリードの郊外にあるエル・エスコリアルに創設した修道院に住居を定め、父王とは違ってスペイン国王として君臨した。一五八一年には、ポルトガル併合により、アジア・アフリカにあったポルトガル領がスペインに編入され、フェリペ二世は「陽も沈まぬことのない大帝国」を造り上げたのであった。

カルロス五世からフェリペ二世の時代は、一五一七年にマルティン・ルターにより始められた宗教改革と、カトリック勢力側の対抗宗教改革の動きによって、様々な分野でヨーロッパの中・近世を画する大きな変動がもたらされた。ここに近世王権が現れていくのである。スペインでは、ハクスブルク王権が継承した広大で多様な複合的領土を、カトリックの守護者という理念で束ねた。この時期、ヨーロッパは拡大した時期でもあった。カトリック勢力は、外世界への宣教を通じて、積極的にこの状況を活用した。

一五四三年、イグナチオ・デ・ロヨラとパリ大学の六名の仲間たちは、パリのモンマルトルの礼拝堂に集い、清貧と貞潔、そしてエルサレムへの巡礼を誓った。一五四〇年にはロヨラの起草した会則がパウルス三世によって、承認され、ここに堅固な組織を持ち、教皇の命に従うことを旨とするイエズス会が誕生した。イエズス会は、学問、教育運動、民衆教化を重要視したが、とりわけアジア布教に力を入れた。大航海時代、宗教改革を通じて創設されたイエズス会は、一五四三年ポルトガル商人が日本に到来し、その後、一五四九年にはフランシスコ・ザビエルが日本布教を開始したのであった。

通常、イエズス会の日本布教は、その布教保護権を有していたポルトガルを中心に考えられるが、実は、イエズス会の初期日本布教はスペイン人のイエズス会宣教師がその基盤を形成するのに大きな役割を担った。ナバラ王国生まれのフランシスコ・ザビエル、バレンシア出身のコスメ・デ・トーレス、コルドバ出身のファン・フェルナンデスの三名は、スペイン出身者である。今後、日本のキリシタン史を進める上で、スペインの存在そのものの影響が問われてもよいのではないだろうか。

ザビエルは、薩摩で布教を開始するが、日本布教には天皇の許可が必要だと感じ京都へと向かう。京都では、天皇の不許可は得ることができなかったが、山口で領主大内義隆に謁見し、布教許可を得て、日本人キリスト教信者を得ていった。コスメ・デ・トーレスは、一五七〇年に没するまで日本布教長の地位あり、大友義鎮の保護を受けて豊後府内や臼杵に日本布教の拠点を築いた。トーレスは晩年の数年間は口之津を主な拠点とし、有馬、大村、福田、長崎、天草の志岐などで布教を展開している。ファン・フェルナンデスは、主に豊後、平戸、度島、生月などで布教に尽力した。

ザビエル、トーレス、フェルナンデスの三人のスペイン人による初期的な布教は、次世代の宣教師、アルメイダ、フロイス、カブラル、オルガンティーノらによって引き継がれていった。その後、日本布教は、ヴァリニャーノの時代に黄金期を迎え、一五八〇年の前半には日本人キリスト教徒は一五万人、教会は二〇〇も存在するに至ったのである（坂東省次、椎名浩 二〇一五：18-29）。

一六世紀の中葉、織田信長、豊臣秀吉の庇護の下、キリスト教は日本に定着していった。西日本には、多くのキリシタン大名たちが出現した。彼らのなかに、大村純忠、大友宗麟、有馬晴信が存在する（Takizawa, 2009,p.2）。一五七九年には、肥前の口之津港にイエズス会東インド巡察師アレクサンドロ・ヴァリニャーノが上陸した。ヴァリニャーノは、ナポリ王国のキエティの貴族の家に生まれた。パドヴァ大学で法学を修めた後、故郷で司祭を目指した。しかし、その夢かなわず、一五六七年イエズス会に入会した。彼は、一五七四年に巡察師に任命され、インド、マラッカ、中国の巡察を経て、一五七八年マカオを出港した（坂東省次、椎名浩 二〇一五：60）。

ヴァリニャーノは、一五八二年まで、九州各地から京都、安土に至る各地を訪れ、ザビエル来航から三〇年を経たイエズス会日本布教の状況をつぶさに観察し、布教体制の改革を断行しました。その内容は、①布教活動を都（畿内―山口）・豊後（九州の大友氏領）・下（豊後以外の九州）の三教区に編成したこと、②通信制度改革（従来各宣教師が個別に行っていた布教報告を、書式を定めた「日本年報」と、非公開の実務的報告に整備した）、③宣教師の現地適応方針を再確認したこと、④日本人修道士、司祭の養成。彼らの教育制度の整備であった。一五八〇年には、有馬晴信に洗礼を施し、大村純忠からは長崎港と茂木の寄進を受けている（坂東省次、椎名浩 二〇一五：64-65）。

ヴァリニャーノは巡察事業の仕上げとして、九州三キリシタン大名―大友宗麟、大村純忠、有馬晴信―の使節派遣を企画した。マカオにいたドゥアルテ・デ・サンデの『天正遣欧使節記』には、①日本の指導者や貴族たちが、ヨーロッパの優位性や諸王の偉大さを、その目で見て、感じる必要があること。②日本人自身が、偉大なるキリストの教え、神の栄光、真なる信仰、神の慈悲を、他の日本人に語り継ぐこと。③日本人が、カトリックの最高権威者である教皇と謁見し、日本人キリスト教徒の教皇への熱い思いを伝え、日本布教に関する教皇の援助を求めること（泉井久之助他 一九六九：1-14）、と記されている。この目的を果たすために使節団が組織されたのであった。

この使節団には、府内、有馬のセミナリヨで学んでいた四名の生徒が選ばれた。当時、いずれも一二歳から一三歳前後の少年たちであった。大友宗麟の名代で正使であった伊東マンショ。有馬晴信と大村純忠の名代で正使であった千々石ミゲル。大村領波佐見出身の原マルチノは副使であった。大村領中浦出身の中浦ジュリアンも副使であった。その他、印刷技術を修得するためにコンスタンティーノ・ドラード、アゴスティーノという二人の日本人が同行した。ドラードは、伊佐早出身であった（坂東省一、椎名浩 二〇一五：64-66）。この他、日本人修道士ホルヘ・ロヨラ（二〇歳）が、少年たちの日本語教師として、さらにディエゴ・メスキータ修道士が通訳として同伴した（Takizawa, 2009, p.271）。

四　フェリペ二世「おもてなし」と天正少年使節団の旅

既存の「天正少年使節」研究は、ローマにおける教皇グレゴリスス一三世との謁見を中心に描かれていると言っても過言ではない。しかし、筆者は、「天正少年使節」の旅は、教皇にも匹敵するほどの政治的・社会的勢力を有していた「日の沈まぬ世界帝国」の君主、スペイン国王フェリペ二世の計画的な取り計らいによって順調に展開されていったのだ、という新らしい観点を打ち出したい。スペイン側の史料を読み込むと、フェリペ二世の「おもてなし」とも呼べるような細やかな心遣いによって少年たちはヨーロッパでの旅を続けていたことが理解できる。それでは、フェリペ二世の「おもてなし」という新観点から、「天正少年使節」のヨーロッパでの旅を捉え直してみたい。少年たちの旅の過程で、フェリペ二世の細やかな「おもてなし」が見られる箇所に傍線を引いてみよう。

(1)　ポルトガルでの旅

長崎を出発した天正少年使節は、インド洋、喜望峰を通り過ぎ、一五八四年八月一〇日には、ポルトガルのカスカレスに到着した。その後、使節団一行は、リスボンに二〇日間滞在した。最初に、使節たちは、シントラの王宮で、スペイン王権からポルトガルの統治を任された枢機卿アルベルト・デ・アストリアに謁見した（坂東省二、椎名浩 二〇一五：66）。フェリペ二世が、前もってこの枢機卿と連絡を取り、少年たちを快く迎えようという意図がはたらいていたのであろう。こうして天正少年使節のヨーロッパの旅は、フェリペ二世「おもてなし」によって始まったのである。

⑵ スペインでの旅

天正少年使節団に実際出会ったベルモンテのイエズス会学院長のルイス・デ・グスマンは、彼の著書『東方布教史』(Luis de Guzmán, Historia de las Misones, II, Alcalá. 1601-1602. B.N.M.R-16116)のなかで、天正少年使節団は、主にグアダルーペ(Guadalupe)、トレド(Toledo)、マドリード(Madrid)、エル・エスコリアル(El Escorial)、アルカラ・デ・ヘナレス(Alcalá de Henares)、ヴィエッホ・デ・フエンテス(Vialejo de Fuentes)、ベルモンテ(Belmonte)、ムルシア(Murcia)、オリウエラ(Orihuela)、エルチェ(Eruche)、アリカンテ(Alicante)を通り旅したと記録している。(B.N.M.R-16116. Luis de Guzmán, Historia de las Misones, II, Alcalá, 1601-1602.)この旅程順で、分析を進めていきたい。

フェリペ二世の「天正少年使節」への「おもてなし」は、少年たちのマドリード滞在で大いに発揮された。マドリードでは、一五八四年一一月一四日、天正少年使節団とフェリペ二世との謁見式が行われた。使節は、国王、皇太子、内親王らが着席されたところへまかり出て、伊東マンショがまずヨーロッパ風に国王の手に接吻の礼を行なおうとした。しかし陛下は手を差し伸べられず、慈しみと喜びの表情をもって、跪いたマンショを立ち上がらせ、親しく抱擁の挨拶をした。この破格の礼を、続く他の三名にも、随員の日本人に対しても同様にしたので、一同はこれを非常に栄光に感じた。続いてフェリペ二世は、少年たちにいろいろと質問をし、マンショの服に触れた。通訳のメスキータは、一行は長い年月海を渡って来たので、衣服は破損し、色もあせていると申し上げた。国王は、「そのようなことはない、大変立派だ」と言い、刀や手袋を手に取り、袴の後ろの腰板を珍しがった。また、国王は、草履に興味をもった。そこで、マンショは国王の気持ちを察し無造作に片方を脱いだ。国王は自らこれをとって、底がなめし皮か、生皮か調べた[1]。

その後、使節団は、陛下に献上品を進呈した。竹製の文机、漆塗りに金箔を施した手洗い用の木鉢、細かい細工がなされた籠であった。次いで伊東マンショと千々石ミゲルは大友宗麟、大村純忠、有馬晴信の名代として日本語で挨拶を申し上げた。国王は三侯の書状をご覧になり、日本語で朗読させ、その間どのように読むのかを見るために近くまで足を運んだ。右から下の方へ読むことを知って非常に驚かれ、王子や内親王らは、日本語の発音が奇妙なため、笑いを留めることができなくなり、終わってから一同と共に拍手喝采した[2]。

謁見式の後、メスキータ神父は、フェリペ二世に、少年たちが母国日本でスペイン国王の強大さと富を語り伝えるために特別に配慮してもらえるように乞うた。フェリペ二世は、これを許し二か月前に完成したばかりのエル・エスコリアル宮殿や、マドリード王宮附属の武器庫へ案内させることとした。（松田毅一　一九九一：109）

こうして、一一月一二日、使節団は、エル・エスコリアル宮殿に召しだされた。使節団たちは、着物姿で宮殿に現れ、人々は大変なる興味を示した。宮殿のなかでは、多くの部屋を通過し、フェリペ二世、王子、王女たちの待ち受ける部屋に到着したここで謁見式が挙行された。使節団は、自らの領主から渡された書簡を日本語で読み上げた。使節たちは、フェリペ二世の寛大さに感謝し、日本人キリスト教徒への保護を求めたのであった（B.N.M.R-16116, 1601-1602, pp. 237-239）。

その後、使節は、宮殿の庭園、修道院、文庫、薬剤室、食堂、聖堂、塔を次々と見学した。イルマン・ジョルジュは、鳥の子紙に、使節の訪問日、出所、目的、フェリペ二世に対する謝辞を書き、廷臣に手渡した[3]。その日の夜は、晩餐会が開かれた。音楽が流れる心地よい宴会場であったという。少年たちは、三日間、エル・エスコリアル宮殿に宿泊した。

その後、少年たちはマドリードに戻り、王室の武器庫を見学することになった。その後、少年たちは、イタリアへと旅を続けるために、スペインの東方の地中海側へと移動することになった。ここで、フェリペ二世の「おもてなし」は発揮された。使節の出発を前にして、フェリペ二世は、カルタヘナとアリカンテの海軍長官、そして、ローマ大使のオリバーレスに手紙を認めた。この書簡で、フェリペ二世は、少年たちが快く迎え入れられるように取り計らって欲しいこと、また彼らの旅費を準備してもらいたいことを伝えた。

フェリペ二世よりカルタヘナとアリカンテの海軍長官へのスペイン語による書簡は、ルイス・フロイスの『遣欧使節行記』に収録されている。

「国王からカルタヘナに宛てた手紙

カルタヘナにある我が艦隊の長官ならびに監察官へ。本年、日向の王の孫ドン・マンショ、有馬の王の従弟ドン・ミゲルおよびドン・ジュリアンとドン・マルチノが、イタリアに行く目的でカルタヘナに赴く。彼らに以下の取り計らいをするように命ずる。彼らと随行者を快く迎え、十分に気配りし、持ち運んでいる衣類などを遅れることなく通過させること。もし、カルタヘナにイタリア行の船が停泊しているならば、彼らを乗せ、我が名において航海に必要な物資を提供し、十分なる心遣いをなすことを命ずる。

マドリードより、一五八四年一一月二四日[4]」

「国王よりムルシアの市長ドン・ルイスに宛てた手紙

ムルシア、ロルカ、カルタヘナ諸市の、市長ドン・ルイス・アルティアガよ。日向の王の孫ドン・マンショ、有馬の王の従弟ドン・ミゲルおよびドン・ジュリアンとドン・マルチノが本年、日本よりやってきた。イタリアに行く目的で、カルタヘナに赴く予定である。朕は、貴下に対し、彼らを十分に配慮し、随行員にも待遇を与え、彼らの衣類等お遅滞することなく通過させることを依頼する。またカルタヘナにある我が艦隊の長官に対しても同様のことを依頼する書簡を書くことにした。カルタヘナの港にイタリア行きの船があるならば、彼らを乗船させ、航海に必要な物資を提供することを命ずる。

マドリードより、一五八四年一一月二四日[5]」

ここでは、シマンカス古文書館に保管されるオリバーレスへの手紙を紹介したい。

《スペイン国王よりローマ駐在大使オリバーレス伯爵へ

我親族で顧問会の議員、そして大使である伯爵、日向の王の孫ドン・マンショ、有馬の王の甥ドン・ミゲル、ドン・ジュリアン及びドン・マルチノはキリスト教に改宗し、スペインに渡ろうと考え、イエズス会の神父数人と共にスペインに到来した。少年たちは神父の一人と一緒にローマへ行き、教皇の御足に接吻しようと考えている。少年たちは、日本に帰り、彼らに与えられたこの好機を喜び、他の者たちが少年たちを真似るようにするために、何か必要である時は、彼らに援助を施し、名誉を与え、好意を示し、教皇庁でも十分な待遇を与えることを命ずる。このような厚遇は、彼らの身分、そして彼らが良き道を選んだことに対して当然である。少年たちが無事ローマに着き、教皇が彼らに厚遇と恩恵を与えたという報告を待とう。

一五八四年一一月二四日　マドリードより日本人等のためにオリバーレス伯爵に送る。[6]》

こうして少年たちは、スペインでの旅を終え、イタリアへと移動した。

(3) イタリアでの旅

少年たちは、ローマで新旧二人の教皇に謁見を賜った後、マントヴァを経て、ミラノへと旅した。イタリアの旅でもフェリペ二世の「おもてなし」は遺憾なく発揮されている。フェリペ二世が、ミラノに前もって連絡をとっていたことから、使節の大歓迎式が行われたのであった。使節が町に入る前から（一五八五年七月二五日）、公爵、公爵の二人の息子、公爵の孫、元老、行政官、五〇〇名の騎兵が、少年たちを待ち受けていた。この日の夜は、使節は、イエズス会の宿舎に泊まった。翌日、多くの客人たちが、使節を訪ねてやってきた。ノヴァーラ司教、トルトーナ司教、アヴォァの侯爵、バヴィエラやベネティアの大使たち、フェッラーラの騎士たち、公爵の甥などの有力者たちであった。ミラノ市民たちは、少年たちを、幾つかの教会、修道院、宝物殿、タペストリー工場、絹織物工場、武器工場、金銀細工工場に招待した（B.N.M.R-16116. 1601-1602. pp.283-285.）。

(4) 再びスペインへ

順風にのって、八月一七日、少年たちはバルセロナに到着した。中浦ジュリアンは、またも病気に陥ったため、使節はこの町に一か月ほど滞在を余儀なくされた。バルセロナを出立する前に、少年たちは、モンセラット修道院を訪ねた。ここは聖母の霊地であり、ヨーロッパで最も有名な寺院の一つであった。この時期に、フェリペ二世が使節をモンソンでの会議に招いたために、彼らはこの町に向かった。モンソンでは、フェリペ二世は、マドリードで使節に初めてあった時のように、喜びの意を示し抱擁した[7]。そして、少年たちに、旅費を提供した[8]。

使節は、モンソンからは、ザラゴサに向かった。この町では、ピラールの聖母マリア聖堂、諸天使の教会、サン・ヘロニモ教会を訪れた[9]。その後、アルカラ・デ・ヘナレスを通って、マドリードに戻ってきた。マドリードでは、先に着いていたフェリペ二世と女王が、少年たちを今か今かと待ち受けていた。しかし、少年たちのマドリード滞在は僅かであった。

五　日本に導入されたグーテンベルク印刷機の運命

ここでは、本書の第1部のテーマである「《情報伝達》における恒常性と可変性」という問題について言及したい。このテーマを考察するには、天正遣欧使節団が日本へ持ち帰ったグーテンベルク印刷機、そして「キリシタン版」印刷とその隆盛、その後、江戸幕府による禁教政策による印刷機の強制移動という過程を考察するのがよいと思う。この過程に、情報伝達における恒常性と可変性が見て取れるからである。

一五八二年、ヴァリニャーノは少年使節を連れて長崎を出帆したが、この時、三人の日本人を同伴した。ジョルジュ・ロヨラとコンスタンティーノ・ドラード、アウグスティーノという洗礼名で知られる少年たちであった。ヴァリニャーノは、彼らに印刷術を学ばせるつもりであった。一五八三年一一月、ゴアに到着した時には、ヴァリニャーノは上長の命令でこの地にとどまることになったので、メスキータ神父に使節の案内を命じ、印刷機の輸入も依頼した（片岡弥吉　一九六三：1-2）。

ヴァリニャーノは、一五八六年に「日本に派遣される助修士の一人がローマの大学で印刷技術を修得してくるように」とローマのイエズス会に依頼した。一五八六年一二月二二日にアレハンドロ・レニから、「使節に随行した日本人たちがポルトガルで活字の原型制作の技術を学んでいる」との手紙がヴァリニャーノに出されている。こうして天正使節は、ヨーロッパから印刷機とローマ字の活字と母字をも持ち帰ることになった。ヨーロッパからの帰路、ゴアで原マルチノの演説が、コンスタンティーノ・ドラードの名義で印刷された。一五八八年、マカオでは、サンデの『日本使節見聞対話録』がラテン語で出版された（片岡弥吉　一九六三：7）。

一五九〇年二月二一日ごろ、使節団が長崎に到着したが、その二、三日後、印刷機が到着し、荷揚げされた。

しかし、梱包されたまま加津佐に送られ、コレジヨに設置された。その後、印刷機は、加津佐から、天草、長崎へと移動した。これは、豊臣秀吉の発した伴天連追放令に対する配慮であったと考えられる。一六世紀後半に、長崎と天草は海外との交易の窓口になって隆盛していた。[10]つまり、港町に印刷機が設置されることによって、「キリシタン版」を中心としたキリスト教関係の情報が日本各地に流布されていったのである。

一五九一年に、加津佐で、「サクトスのご作業」が印刷された。初期的な段階では、「キリシタン版」はローマ字の本が金属活字で印刷されるが、次第に、当時の日本人の好みと習慣にあう草書体感じと平仮名を用いた本が、木活字で印刷されるようになった（長崎県 二〇一八：4-5）。印刷工となったのは、コンスタンティーノ・ドラード（伊佐早出身）、アウグスティーノ、ゴアで印刷術を習って使節とともに日本へ帰ってきたジョアン・バプティスタ・ペッセ（イタリアのカンタサロ出身）、日本で印刷技術を覚えたペトロちくあん（口之津出身）などであった。

海外との窓口である長崎に印刷機があった時代には、「岬の教会」と同じ場所に設置された。長崎では、『和漢朗詠集』（一六〇〇）、『おらしょの翻訳』（一六〇〇）、『日葡辞典』（一六〇四）、『日本大文典』（一六〇四―一六〇八）、『サカラメンタ提要』（一六〇五）に出版された（片岡弥吉：9）。一六〇〇年以後、国字、漢字本の印刷は、トマス後藤宗印に任されることになり、イエズス会印刷所は欧字本のみを出版することになった。後藤宗印は、一五五五年生まれで、島原町に暮らしていた町年寄、朱印船の持ち主であり、長崎の政治・経済界の実力者であり、キリシタン市民の代表的人物でもあった（片岡弥吉 一九六三：10-11）。

有力キリシタンが経営する印刷所、重要な書物の出版、これらの条件を備えて、港町である長崎から情報が発信されたのであった。一六一四年の禁教まで、教理書、祈禱書、辞書、語学書、文学書（『イソップ物語』、『平家物語』など）が版を重ねた。これら「キリシタン版」は、内外に三二点が現存している（坂東省次、椎名浩 二〇一五：10-11）。一六一四年、キリシタン禁令が発せられると、印刷機もマカオに移されることになった。[11]

おわりに

現在までは、天正少年使節の研究にはあまり使用されてはこなかったスペインの諸古文書館に保存される史料をもとに、天正使節団のヨーロッパの旅をフェリペ二世の「おもてなし」という観点から捉え直してみた。既存の研究では、描きだされることのなかった旅の側面が理解できたのではないか。既存の研究では、使節とローマ教皇の謁見という出来事を中心に、天正少年使節の旅が描かれてきた。いかに、このローマでの謁見が豪華、壮麗であったかということが強調されてきたように思う。しかし、スペイン関係の史料から、使節団の旅を捉え直すと、いかに、フェリペ二世が少年たちの旅に注意を払い、旅が順調に進むように心遣いをしていたかということが見えてきた。少年たちがポルトガルに到着し、スペインを経て、イタリアへ旅するすべての過程において、フェィペ二世は計画的に、継続して少年たちに細やかな心遣いを示していたことが明らかとなった。これは、今回の研究を通して見えてきた新知見である。

具体的には、少年たちの旅は、日の沈まぬ帝国の王フェリペ二世の「おもてなし」によって展開されていったのかがよく理解できる。フェリペ二世は、少年たちと出会ったときに、握手ではなく、彼らを直接抱擁したという。この型破りの歓迎に、フェリペ二世の随身たちも非常に驚いた。それだけではない。フェリペ二世は、少年たちが向かう土地の長官たちに、必ず書簡を送り、歓待すること、旅の費用や物資を提供することを命じている、このようなフェリペ二世の細やかな心遣いのうえに少年たちのポルトガル、スペイン、そしてイタリア旅行は成り立ったのであった。

最後に天正少年使節団が日本に持ち帰ったグーテンベルクの印刷機について言及しよう。印刷機が、日本に導入された時期には、すでに豊臣秀吉による「伴天連追放令」が発布された後である。こうした理由で、印刷機は、加津佐から、天草、長崎を余儀なくされた。しかし、数多くの「キリシタン版」が印刷され、日本中に流布されていった。印刷機が設置された天草と長崎は、当時栄えていた港町であった。長崎では、有力キリシタン商人である後藤宗印が「キリシタン版」の印刷に関わった。キリシタン版の布教にとって必要不可欠であった条件は、実は「港町」と「商人」そして「キリシタン」の存在ではなかったのであろうか。これが今回の執筆を終えて、考えたことである。

【注】

（1）Lois Frois, Tratado dos Embaixadores Iapões, p.113. Naniello Bartoli, Dell'Historia della Compagnia di Giesv il Giapponne. Seconda Parte Dell' Asia. Roma M.DC.LX. p. 90. Letter from the Provincial of Toledo to the General of the Company of Jesus, December 17, 1584.pp. 129-130.（大日本史料、第一一編別巻之一）

（2）Lois Frois, Tratado dos Embaixadores Iapões, pp.121—122.（大日本史料、第一一編別巻之一）

（3）Lois Frois, Tratado dos Embaixadores Iapões, pp.121—127.（大日本史料、第一一編別巻之一）

（4）Louis Frois, Tratado dos Embaixadores Iapões que forão de Iapão à Roma no Anno de 1582. Carta d'El Rey para Cartagena.（大日本史料、一一—一、一一二頁）Mis Procurador, y Vedor de mis armadas em Cartagena. A Dom Mancio nieto del Rey de Fiunga, y a D. Miguel primo del Rey de Arima, y D. Julian, y D. Martin, que en este presente año vinieron de Japon, y van á essa Ciudad a embarcarse em ella p(ar)[a] hir á Italia, os encargo, y nado que tengías mucha cuenta con sus personas, y las de su com.[a], que sean mui bien taratadas, y les deixeis passar la ropa, hato que levan y haviendo alguna buena nave en el puerto dessa Ciudad para Italia les des embarcacion en ella, y lo necess.o para la viagen por mi cuenta, y en ello seré mui bien servido. De Madrid a 24.de Noviembre de 1584.

(5) Louis Frois, Tratado dos Embaixadores Iapões que forão de Iapão àRoma no Anno de 1582. Carta d'El Rey para Cartagena.（大日本史料、十一ー十、三十八頁）Carta d'El Rey para Dom Luiz Corregedor de Murcia.Don Luiz Artiaga mi Corredor de las Ciudades de Murcia, Lorca, y Cartagena: a Do, Mancio nieto del Rey de Fiunga, y a Miguel primo del Rey de Arima, y D. Julian, y Do. Martin, que en este presente año vinieron del Japon, y van á Cartagena a embarcarse en ella para hir a Italia, y assi os encargo que tengaias mucha cuenta cõ sus personas, y que los de su comp.[a] sean bien tratados, y que les dexeis passar la ropa, y hato que llevan, y a los Procuradores de mis Armadas escrivo en la dicha Cartagena encargandoles lo mismo, y que haviendo en aquel puerto alguna buena nave para Italia les den embarcacion, y necessi(ari)o p(ar)[a] el viagen. De Madrid a 24. De Noviembre de 1584 .

(6) Archivo de Simancas, Sección 6. Secretaría de Estado. Estado Roma. Legajo 945, Carta de Felipe II al Conde de Olivares en Roma（Madrid 24-11-1584）, f.1.《Al conde de Olivares Con unos padres de la Compañia de Jesús han venido del Japón a estas partes don Mancio, nieto del Rey de Fiunga, y don Miguel, sobrino del Rey de Arima, y don Iulian, y don Martin que hauviendose buelto christianos quisieron venir por aquí. Van a besar a su Santidad el pie en comàñia de uno de los dichos padres, y porque en su tierra á la buelta se puedan loar de tratamiento que se los haya hecho, y otros se animan a imitarlos os encarga los ayudes en todo lo que se les ofresiere, honorandolos, y favoresciendoles de manera que a esse ejemplo se les haga en essa corte elección que han hecho, y avisareysme como llegan, y el favor, y merce que su Santidad les hiziere. De Madrid a 24 de Nouiembre 1584 Al Conde de Olivares por los Iapones》

(7) Daniello Bartolli, Dell'Histria della Compagnia di Giesv. Il Giappone seconda Parte dell'Asia. Roma. M.DC.LX. pp.7-8.

(8) Guzmán, p.289.

(9) Guzmán, p.291.

（10）長崎県、長崎と天草地方の潜伏キリシタン関連遺産、二〇一八年参照。

（11）この時、後藤宗印と京都の原田アントニオの印刷所にあった印刷機のどちらかが、マカオに移されたと考えられている。京都の原田は、少年使節団とは、別ルートで印刷機を手に入れたことになる。京都の原田は、少年使節団とは、別ルートで印刷機を手に入れたことになる。（片岡弥吉、一一―一二頁）

【引用文献】

朝尾直弘『日本史辞典』、角川書店、一九九六年

伊川健二『世界史のなかの天正遣欧使節』吉川弘文館、二〇一七年

泉井久之助他『デ・サンデ　天正遣欧使節記』、雄松堂書店、一九六九年

片岡弥吉、印刷文化の発祥、長崎史談会、一九六三年

五野井隆史「日本キリスト教史」吉川弘文館、一九九〇年

東京大学史料編纂所『大日本史料』第一一編別巻之一

長崎県、長崎と天草地方の潜伏キリシタン関連遺産、二〇一八年

坂東省次、椎名浩『日本とスペイン文化交流の歴史』、原書房、二〇一五年

松田毅一『天正遣欧使節』、講談社、一九七七年

松田毅一『天正遣欧使節』朝文社、一九九一年

松田毅一『在南欧日本関係文書採訪録』養徳社、一九六三年

結城了悟『ローマを見た　天正少年使節』日本二十六聖人館、一九八二年

-Archivo de Simancas, Sección 6. Secretaría de Estado. Estado Roma. Legajo 945, Carta de Felipe II al Conde de Olivares en Roma（Madrid 24-11-1584）

-Archivo de Simancas, Sección 6. Secretaria de Estado

-B.N.E.R-16116.Luis de Guzmán, Historia de laas Misiones, II, Alcalá, 1601-1602

-El Escorial, Mss. G-IV-53. Guia do Pecador
-El Escorial, Mss. G-IV-54. Wakan Rōei Shū (Amakusa, 1600)
-José Gillén Selfa, La Primera Embajada del Japón en Europa y en Murucia (1582-590), Regional de Murcia, Murcia, 1977
-Osami Takizawa, La Delegación Japonesa Enviada a Roma (1582-1590) según las Fuentes Españolas, Boletín de la Real Academia de la Historia, Tomo CCVI. Cuaderno II 2009, Madrid
-R.A.H.Mss.9-2663,

見立てと写しのアイヌ戯画——メディアとしての〈夷酋列像〉

白石恵理

〈夷酋列像《いしゅうれつぞう》〉は、松前藩の家老で画人でもあった蠣崎《かきざき》波響《はきょう》の代表作といわれる。しかし、ほんの十数年前までは、北海道・東北史やアイヌ民族、美術史等の研究者、それに一部の美術愛好家のみが知る絵画に過ぎなかった。それが二〇一五～一六年に、札幌・千葉・大阪を巡回する大規模な特別展「夷酋列像―蝦夷地イメージをめぐる人・物・世界」が開催され、ＮＨＫでも紹介されたのを機に、その存在は一挙に全国へ知られるようになった。

特別展は、一九八四年（昭和五九）にフランス北東部のブザンソン美術考古博物館で、長らく所在不明だった真筆一組十二図のうち十一図と序文が見つかって以降、今日までの〈夷酋列像〉研究史をほぼ総覧する内容であった。図録には、原本各部の写真をはじめ、写本・模本類に関する資料、関連年表・文献等、最新の研究成果が網羅され、筆者も負うところが大きい。特に、複数見つかっている写本・模本の系統整理や、模写を所持していた諸大名と絵師の関係などについては、かなり詳細な点まで明らかになっている。ただし、肝心の図像それ自体は、原本と写本類との比較にとどまり、その制作事情や時代・社会的背景に関する研究はなお課題として残る。

本稿では、〈夷酋列像〉を松前藩が威信をかけて制作した文化伝播の器と捉え、その秘められた制作意図に再吟味を加えるとともに、江戸後期から明治以降の長きにわたって写し継がれた蝦夷／アイヌ表象がいつしか本来の文脈を離れて変転を重ねた様相を明らかにしたい。

一 経緯——〈夷酋列像〉完成から天覧まで

蠣崎波響（本名・蠣崎将監廣年、一七六四［明和元］—一八二六［文政九］）は、松前藩第十二代目藩主資廣の五男に生まれ、のち同藩の家老を務めた人物である。十歳以前から二十歳までを江戸藩邸で過ごし、その間、父を幼少時に亡くした波響にとっては後見人であった伯父松前廣長の勧めにより、画については、はじめは南蘋《なんぴん》派(1)の建部凌岱、次いで宋紫石に師事したといわれる。ただし、建部凌岱に関しては、両者の年譜を見る限り、学んだとしてもごく短期間の手ほどき程度と推測される。宋紫石との師弟関係は、『画乗要略』（一八三一年［天保二］刊）に「蠣崎波響稱将監奥州松前人學宋紫石以花鳥于奥羽之間」（巻三）と紹介されたのを皮切りに、江戸後期から明治期刊行の複数の画人伝に記載が見られる。河野犀川の明治四〇年の著作では「安永七年波響十五才にして宋紫石に師事す（中略）波響紫石に従ふこと三年其技大に進む、当時杏雨と号し傑作少なからず」と、蠣崎家の子孫らによる資料に基づくと断りつつ、より具体的である（河野 一九〇七）。

宋紫石（本名・楠本幸八郎、1715—1786）は江戸の出身で、四十歳前後の宝暦年間に長崎へ遊学し、神代熊斐《くましろゆうひ》に就いて画を学んでいる。次いで一七五八年（宝暦八）に来日した清人・宋紫岩に学び、宋紫石と名のる。自ら「写生真写法」と称した、中国伝来の精緻な画法は、蘭学に触発され近代的実証主義が勃興する江戸で抵抗なく受け入れられた。一七六三年（宝暦一三）に刊行された平賀源内著『物類品隲《ぶつるいひんしつ》』では挿図を担当している。

紫石と親交が深く、画僧鶴亭に南蘋画法の手ほどきを受けたことがある大坂の木村蒹葭堂もまた、蘭書収集には一方ならぬ情熱を注いでいた。平戸藩主松浦静山ら、いわゆる蘭癖大名との交際が頻繁で、書画・本草学・医学・蘭学の貴重な文物や標本のコレクターとしてあまりにも有名な人物である。北前船によって松前から運ばれてくる織物や地図類などの蝦夷産品も積極的に収集していた。『蒹葭堂日記』の天明六年（一七八六）六月二四日の項に「松前蠣崎弥二郎仙台大原官司夕飯出ス」とあり、蠣崎弥二郎こと波響は、松前藩とは旧知の画人大原呑響に伴われ、蒹葭堂宅を初めて訪れている。さらに同日記の同年一二月九日の項にも「弥次《ママ》郎久々ニ逢申候」の記述が見え、この間、波響と蒹葭堂は何度か会っていた様子がうかがえる。

函館市中央図書館には、元蠣崎家所蔵で、波響筆模本と伝えられる〈南蛮騎士の図〉（図1）がある。波響の洋風画学習を裏付ける唯一の史料と言える。本画稿は、先行研究により、一七世紀後半にオランダで製作された掛地図を原図とする模本であることが判明している（磯崎 一九九七）。この原画などは、紫石周辺、あるいはヨーロッパの地誌を所蔵していた蒹葭堂から見せてもらった可能性が高いのではなかろうか。

図1　蠣崎波響筆「南蛮騎士の図」（一部）、18世紀後半～19世紀前半、紙本墨画、27.9×19.7cm、函館市中央図書館蔵

河野の伝に従うなら、波響が学んだとする安永七（一七七八）～九年（一八八〇）の三年間は、紫石の晩年にあたる。安永元年（一七七二）頃には加賀藩主のために百鳥図屏風を描き、安永八年からは姫路城主酒井忠以の元に出入りして、その弟酒井抱一に画法を講じるなど、大名家や上級武士と交際を深めていた時期だった。十代から二十代にかけての波響は紫石作品を手本に、写生画の筆法や構成を熱心に勉強している。そして、例えば鳥の毛描きの柔らかさに見られるような、質感描写に対する南蘋画風のこだわりと、顔貌や洋服の襞に見られる陰影表現など洋風画学習の成果を遺憾なく発揮したのが、寛政二年（一

図２　蠣崎波響（廣年）筆「夷酋列像」のうち、（右）「ツキノエ」（左）「イコトイ」1790年、絹本着色、各40.0×30.0cm、ブザンソン美術考古博物館蔵
© Muséedes beaux-arts et d'archéologie de Besançon - Photo Pierre Guénat

七九〇）に二十七歳で描いた〈夷酋列像〉（図２）だった。

本作品は、寛政元年（一七八九）五月、東蝦夷地クナシリ・メナシ地方のアイヌの人々が、ある事件をきっかけに、場所請負商人飛騨屋による度重なる強制労働や非道な仕打ちに対して立ち上がった蜂起に由来する。松前藩が鎮圧の軍勢を派遣した際、藩に協力し、「功績」があったとされるアイヌ指導者十二人（男性十一人、女性一人）の肖像を、当時第四位の家老という立場にいた波響（款記「臣廣年」）が藩主道廣の命により描いたものである。乱の鎮圧直後から制作に着手し、約一年をかけて完成させている。画の完成に伴い、廣長がやはり君命により、序文「夷酋列像序」のほか、松前藩によるアイヌ討伐史と今回の騒乱の顚末、そして、描かれたアイヌ指導者たちの閲歴を『夷酋列像附録』（楷書体カタカナ本「一名毛夷図画国字附録」と草書体ひらがな本の二種類あり）として著している。

その後の松前藩の動きは次の通りである。

波響は完成から一カ月後の寛政二年一一月、〈夷酋列像〉を携え松前から京をめざし、翌寛政三年二月には、木屋町三条上ルの升屋という宿に到着する（高山彦九郎「寛政京都日記」）。そこでさらにもう一組、副本を浄写し、知友の大原呑響や尊皇思想家の高山彦九郎を通じて、儒者の皆川淇園、漢詩人の六如、伊藤若冲と懇意にしていた相国寺の大典禅師、天台宗の僧で歌人でもあった慈延らとの知己を得ている。高山彦九郎は作品を波響から預かり、当時寄宿していた岩倉家をはじめ、伏原家・平松家などの公卿にも回覧。その間、松前藩からの使者（氏名不明）[2]が、皆川淇園のほか、赤松滄州、太田玩鷗、龍草盧といった京を代表する儒学者十二名に〈夷酋列像〉の賛を求めて回っている。また、同年五月には廣長の嫡子である松前廣英も上洛して皆川淇園の元に参じ、南下するロシア船とアイヌ再蜂起に対抗する備えとして松前藩が新たに製造した大砲の由来記作成を「公命」により依頼する（皆川淇園「松前侯新製大砲記」『淇園文集』巻之八）。

やがて同年七月、波響から〈夷酋列像〉を借用した佐々木備後守長秀（聖護院門跡家臣）が、皇弟である聖護院宮盈仁法親王を通じて作品を宮中へと供し、光格天皇の叡覧に浴する（佐々木・谷本 二〇一七）。天皇からの褒美として硯を贈られた波響はこれを一代の名誉とし、以降の会心作には「曾経天覧」の遊印を用いるようになる。

波響は天覧が叶うと直ちに京を出立して九月中には松前に戻り、「蝦夷画」天覧祝賀の宴が藩を挙げて盛大に催される（永田 一九八八）。一方、天覧から約三カ月後、松前廣英はもう一組の〈夷酋列像〉を携えて京を発ち、今度は江戸へ向かう。そして同年一一月、岡山藩の儒官で世子の侍講を勤めていた井上四明に「夷酋列像賛」の序文を、昌平黌《しょうへいこう》で学んだ儒者結城（犬塚）印南に跋文の執筆を依頼する。

図３　小玉貞良筆『蝦夷国風図絵』より。1700年代半ば、巻子本、23.5×972.5cm、函館市中央図書館蔵

二　ある異相――〈賢聖障子〉にみる寛政期の文化政策

〈夷酋列像〉は従来、「日本美術史」上で語られることはまれで、それとは別枠の「アイヌ絵」[3]史の中で紹介されるのが常だった。しかし、波響以前に松前周辺でアイヌ絵を描いていた小玉貞良（生没年不詳、活動時期は宝暦年間前後［一七五〇―六〇年頃］と推定）らの作品（例・図３）と同列に論じられることには違和感を覚える。なぜなら江戸時代に「蝦夷画」と呼ばれたアイヌ絵に描かれたのは一般に、「蝦夷」の集団（老若男女の顔、身体、服装）としてのアイヌであり、日常の暮らしを示唆する風景（海や山といった自然環境、住居など）や生業（サケ漁や狩猟、それらにまつわる生物と道具類）、固有の儀式・慣習（熊送りや儀礼の際の酒宴場面など）といった環境を伴っていた。いずれも、アイヌ語で「シャモ」と呼ばれた和人の興味関心を満足させるために和人が描いた絵であり、実態とは異なる脚色も随所に見られはしたが、テーマはおしなべて「風俗」だった。何よりも、そこには、一部の長老を除き、名前を持った一個人が描かれることはまずなかった。

それに対し〈夷酋列像〉は、無背景の画面に一人ずつの全身像をそれぞれ記名（当て字の漢字名）にて描いた、極めて特異な「肖像画」

である。アイヌ民族を同様のスタイルで描いたものとしては、波響自身が天明三年（一七八三）に制作した〈蝦夷紋別酋長東武画像〉（東京国立博物館蔵、図4）以外、寡聞にして知らない。本像の款記には「蝦夷紋別酋長東武の嘱に応じて之を畫す」（書き下し引用者）とあり、制作経緯ならびに筆致や意匠は異なるものの、図様は明らかに〈夷酋列像〉の原型と言ってよいだろう。

では、アイヌの「肖像画」に込められた意味とは何か。松前廣長は「夷酋列像序」（ブザンソン美術考古博物館蔵）で、その制作意図を次のように記す。

公・・・即ち臣廣年に命じて彼の功有る者一十二人を図せしめ、以って左右に置きて夷人をして之を見せしむるは、勧懲と云ふ（書き下し引用者）

つまり、「公」（藩主道廣）には、〈列像〉を常に左右に置き、像主の業績を讃え、記念すると同時に、他のアイヌの人々にもこれを模範として見せ、勧善懲悪を説く目的があったという。

図4　蠣崎波響筆「蝦夷紋別酋長東武画像」、1783年、紙本着色、164.8×90.9cm、東京国立博物館蔵（『蠣崎波響とその時代』展図録』北海道立函館美術館、1991年、26頁）

さらに、『夷酋列像附録』（草書体ひらがな本、〈夷酋列像図〉上巻の詞書［国立民族学博物館蔵］）には、次のようにある。

（前略）国に忠ある夷人四十余人を召具して藩主へ拝謁せしめ、厚く恩賞を賜りたり、其うちすくれて智勇に逞しく此乱をとり鎮め平日も衆夷乃為に仰き従はる〻酋夷十二人の図を蠣崎将監にふてをとらせ、竊《ひそか》に麟閣の挙にならひ、尚この〻ちも忠夷の鑑となさむとす、よつて別に十二人の小伝を附して其忠を賞する

（北海道博物館 二〇一五：189、ルビ引用者）

「麟閣」は、漢の武帝が長安の宮中に築いた高殿「麒麟閣」を指し、「麟閣の挙」とは、宣帝の時代に霍光ほか功臣十一名の肖像が飾られた様子を表す。すなわち、古代中国の「功臣図」に倣い、蠣崎将監廣年の筆によって智勇に優れたアイヌの首長十二人の肖像画を残すことで、その忠君を讃えると述べている。これはまさに、「勧戒画」の発想である。儒教的な題材や精神を表現するために、勧戒の意図に沿った故事・人物を描く、中国画の伝統ジャンルの一つである。では、実際にどのような絵を指すのか。

日本における「勧戒画」の代表といえば何よりもまず、内裏紫宸殿の〈賢聖障子《けんじょうのそうじ》〉が挙げられる。紫宸殿の母屋北面、天皇の高御座の背後に飾られている、中国の殷代から唐代までの聖人・賢人三十二人の図像であり、各像の上部にはその名と功績を書いた色紙を付す。平安時代初期から江戸時代末期に至る一千年もの長きにわたり描き継がれた、日本最古の伝統を誇る障壁画である（川本ほか 一九七九）。起源に定説はないものの、『古今著聞集』に「……彼麒麟閣に功臣を圖せられたる跡をおはれけるにや」（巻第十一、畫圖第十六「紫宸殿賢聖障子并びに清涼殿等の障子畫の事」）とあり、その制作はやはり「麟閣の挙」に由来すると伝えられる。〈賢聖障子〉については、かつて井上研一郎氏が〈夷酋列像〉を考察する際に、儒教思想に基づく肖像画の一例として触れている（井上 二〇〇〇）。しかし、先行研究で両者の比較検討がなされたことは一度もなかった。ここでは寛政期のほぼ同時期に制作された〈賢聖障子〉と〈夷酋列像〉という二つの「勧戒画」に注目し、その違いと関連性をあぶり出してみたい。なお、〈賢聖障子〉に関しては諸氏の先行研究（川本ほか 一九七九、藤岡 一九八七、藤田 一九九一、鎌田 二〇〇〇

図5　「賢聖障子図」［江戸］写、著色・袋綴、28.8×20.0cm、東京国立博物館蔵、Image: TNM Image Archives

七、鎌田 二〇〇九）に依拠していることを予め断っておく。

　近世における内裏造営は、天正・慶長・寛永・承應・寛文・延寶・寶永・寛政・安政年間の九度に及ぶ。〈賢聖障子〉も安政度に寛政度のものを転用した以外は、その都度、新たに描き直された。現在、京都御所にある〈賢聖障子〉は、寛政度の御所造営時に制作されたもの（その後の一部補修を除く）で、幕府の御用絵師・住吉内記広行（1755―1811）の筆による（図5）。それ以外には、慶長度に狩野孝信が描いた図が紫宸殿とともに仁和寺に下賜され、今日に伝わっている。

　天明八年正月の大火により焼失した御所は、寛政元年七月に再建、寛政二年八月二六日に上棟された。この寛政度の御所造営の物奉行を務めたのが、老中松平定信だった。新内裏造営にあたっては、「旧儀之復古」という朝廷側の強い要求を政治的譲歩により幕府が受け入れ、平安朝の古制に則って行われている。ただし、御所全体を古制に則り荘厳に、という光格天皇の当初の希望は、財政逼迫などの事情により、紫宸殿・清涼殿等、殊に重要な朝儀の場に絞る縮小案に変更された。いずれにしろ、朝廷側が荘厳で復古的な御所造営を実現させたことは、その権威が強化されつつあったことを示す、と指摘されている（藤田　一九九二）。一方、財政難にもかかわらず御所普請を成し遂げた点に、朝廷の威光を自らの権威づけに利用していた幕府の立場がよく表れている、という見方もある（武田　二〇〇八）。

復古様式での再建計画にあたっては、まず裏松固禅の『大内裏図考証』を基礎典拠とし、宮廷の絵所預であった土佐家や寺社に伝わる粉本や絵巻類が参照されたほか、公家の中山愛親らが造営御用掛に任じられた（松尾　一九九二）。〈賢聖障子〉の図様考証は、定信の信頼厚かった幕府儒官柴野栗山と大学頭林信敬が担っている。以前は六間であった紫宸殿は古式に則り九間に改められ、〈賢聖障子〉計三十二人の図像は中央の一間を挟んで東西各四間に十六人ずつ、対称に配置される構成となった。

内裏の中で最も格式高い場を飾る由緒ある画題という理由から、〈賢聖障子〉の御用絵師には代々、当代一流といわれる画人が選ばれた。寛政以前の慶長から寶永期までは、狩野孝信、探幽、安信、常信、典信と、幕府奥絵師の筆頭格である狩野派の絵師たちが務めている。寛政度の場合も、経費削減を理由に、障壁画制作には原則、上方の絵師たちが起用される中、〈賢聖障子〉に限っては奥絵師である狩野栄川院典信が任命された。ところが、栄川院は下絵が出来上がった直後の寛政二年八月に病没し、後任として選ばれたのが住吉内記広行だった。

寛政度の〈賢聖障子〉は、その構想から寛政四年（一七九二）一〇月に完成するまでに四年五カ月を要している。新内裏に天皇が還幸した寛政二年一一月から二年近くも後だった。制作が長期にわたった原因は、柴野栗山の度重なる下絵改訂にあったという（鎌田　二〇〇九）。松平定信の側近・水野為長の記録によると、定信は作業の遅れを耳にしても、「繪ハ後代に残るものじやから、二タ月や三月清書が遅なはつてもそこハ構い《ママ》ない。少しも恐る丶事ハないから、後世の鑑ニ成ようニ書がよい」と述べている（『よしの冊子』十五［寛政三年二月一日より］）。

では、〈賢聖障子〉に求められた図様とは何か。鎌田純子氏は複数の記録史料をもとに、栗山と大学頭が図像考証の過程で交わした議論の詳細を明らかにしている（鎌田 二〇〇九）。それによると、二人の間には根拠とする史料の優先順位に違いがあったものの、各像の時代や位に合った冠・服章、持ち物に正確を期すという認識では共通していたという。寛政度以前の像はいずれもほぼ同じ冠・朝服・沓で描かれており、配列順がなければ、どの像が誰を指すのか判別がつかなかった。それに対し栗山らは、三十二像すべてについて顔貌・服・冠からごく小さな持ち物に至るまで、その細部・色・形に徹底した考証を繰り返した。結果、寛政度〈賢聖障子〉に描かれた服装や冠・持ち物等は多種多様で、それぞれの賢聖が生きた時代を明確にするという目標を実現し得たのである。

鎌田氏が紹介した栗山と大学頭の議論の中で特に興味深いのは、ある像の色と姿勢についてのやりとりである。栗山が「体の向きは二の次といえども、同じ姿形の像ばかりならべてはそれぞれの区別がつかず、できれば少々風躰や色目の替わるように致したい」と述べたのに対し、大学頭はその意見を却下したという。色に関して大学頭は、次のように述べている。「官爵・年貌でおおよそ誰を描いたかを分かる図像にすべきで、服装の色に変化をつけるのは目を悦ばせるにすぎない」（鎌田 二〇〇九）。目指されたのは、華やかで変化に富んだ見た目ではなく、あくまでも史伝に忠実な図様であること。寛政度の〈賢聖障子〉制作における復古とは、「伝統的な絵画の踏襲」ではなく、「学識によって得られた新たな図像の形成」であったと総括されている（鎌田 二〇〇七）。

このように、寛政度の〈賢聖障子〉とは、御所で最も象徴的な紫宸殿という場にありながら、決して華美に陥らず、史伝に忠実に、換言すれば、儒教的精神を従前以上に強化することによって〝荘厳〟を実現させた絵画と言える。それは取りも直さず、定信による朱子学を中心とした儒学復興政策とも相通じるものだった。

三　「功臣図」と松前藩のねらい――政事と文事のあいだで

翻って、ちょうど〈賢聖障子〉の下絵構想時に完成した〈夷酋列像〉はどうか。いみじくも同じ「功臣図」を標榜する松前藩主が求めた図様とはどのようなものだったのだろう。

まず、像主は言うまでもなく、故事にちなんだ人物ではなく、和人から「蝦夷」「夷人」と称された、当代に生きているアイヌの指導者十二人だった。絵師には、中国的主題を伝統あるやまと絵の手法で平明に表現した〈賢聖障子〉とは対照的に、モダンな南蘋画法と洋風表現を身につけた家臣蠣崎廣年こと波響を起用。鮮やかな色彩と緻密な装飾性を有する肖像群は、大学頭が眉をしかめそうなほど、「目を悦ばせる」趣向に溢れ、完成当時の絢爛豪華な仕上がりが容易に想像される。

姿かたちは、立つ、座る、かがむ、横向き、正面向き、見返りと、各像みごとに異なる。そのうちの一つ「マウタラケ」像の姿勢は、月僊筆『列僊図賛』（一七八四年［天明四］刊）の仙人画からの借用であることが早い時点で指摘されている（井上 一九九一）。おそらくいずれの図像も、中国と日本の画譜、各種絵手本・粉本を参考に入念に造形されたに違いない。その場合のモチーフとしては、『三国志』の登場人物であり、画題にも取り上げられることの多かった英雄「関羽」や、前漢代の文人・東方朔など、〈賢聖障子〉に描かれた像主同様、古代中国の人物が意識的に選ばれた可能性がある。後年、波響はあらためて「イコトイ」（図2）の姿勢と近似した「関羽図」（一八一五年［文化一二］、個人蔵）を描いている。

菊池勇夫氏は、近世日本人の蝦夷観の特徴は、すぐれて身体風俗に関わるものであった、その民族にとってはかけがえのない人格の標徴が「蝦夷」たるシンボルとされた、と述べる（菊池 二〇一三）。その言葉通り〈列像〉

には、一続きの太い眉、凶相といわれた白目を剝く三白眼、大きな鼻と耳、被髪、長い髭、濃い体毛、左衽（衣服を左前に着ること。古来、中国では夷狄《いてき》［異民族の蔑称］の風俗とされた）といった、当時の和人が「蝦夷」を描く際の典型的記号が、年齢による違いはいくらか考慮されながらも、ほぼ共通の特徴として表象されている。『夷酋列像附録』では、描かれた十二人は、クナシリ・メナシの蜂起（寛政元年［一七八九］）鎮圧後に、藩主に謁見したアイヌ四十人余りのうちから選ばれたとある。しかし、史実に照らすと登城したのはそのうち五人のみであり、それ以外の七人について波響が直接目にする機会があったか定かではない。また接見していたとしても、十二像のうち女性を除く十一人の類型化された顔貌を見る限り、各人を実写したとは考え難い。一カ月にほぼ一点ずつ、藩主道廣による指示と伯父廣長の助言を受けて、波響が独自に創り上げたアイヌ像と考えてよいだろう。

一方で、例えば、アイヌ女性が儀式の際には必ず身につける首飾り（タマサイ）、アイヌにとっては重要な宝とされた「クワサキ」、アイヌの日常着「アットウシ」をはじめ、弓矢、槍、煙草入れ等、アイヌ特有の装飾文様が施された装身具・器物のほとんどは、松前城内の蔵に納められていたものだった（松前廣長『松前志』、一七八一年［天明元］）。波響はそれらを直接目にし、写生できる環境にいたことになる。それゆえ、類型化された容貌から一転、衣装・小道具の細部には紫石ゆずりの質感描写技法が生き、優れたリアリティーを見せている。

服装については、ほとんどの像が、当時「蝦夷錦」と呼ばれた、美しい刺繡が施された衣装を身につけている。これは元々、宗谷や樺太を経由して山丹人などの北方民族からアイヌにもたらされた交易品で、中国の官服だった。アイヌの中でもかなり有力な首長しか着ることはなかったといわれる。やがて、蝦夷錦は松前藩の独占的な交易品として江戸・京坂でも流通するようになり、アイヌ首長が藩主に謁見する場では必ずと言っていいほど藩から貸し与えられていた。クナシリ・メナシ蜂起後の謁見においても、お目見えに来たアイヌたちの衣類が粗末なので、「十徳類」（蝦夷錦および陣羽織を指す）を貸して着せるよう、通達が出ている（新井田孫三郎『寛政蝦夷乱取調日記』、一七八九年〔寛政元〕)。

画面には、蝦夷錦を筆頭に、やはり北方との交易でもたらされ、蝦夷地の産物として珍重されたガラス製の青玉やアザラシの皮製ブーツのほか、白いタイツ、靴、果ては洋犬までもが描き込まれ、「異国」性が過剰に演出されている。「ツキノエ」と「イコトイ」が身につけているロシア製のコートに関しては、「クナシリ、エトロフを含む道東がロシアとアイヌ、松前藩の間の最前線であったことを物語る」(佐々木 二〇一五)と指摘される。そうであれば、国家的課題であったロシアの蝦夷地接近をアイヌの姿に語らせ、それを統治する松前藩の存在感を暗に印象づけようとした、という解釈も成り立つだろう。

また、顎髭をなでて和人に挨拶するようなアイヌ独特の儀礼的肖像を描く一方で、それとは対照的に、狩猟道具や獲物を手にした日常風の姿も配している。いわば「ハレ」と「ケ」の両方を描くことにより、アイヌ文化の多様性を見せようとした意図は明らかである。ただし、不思議なことに一つだけ描かれなかったものもある。アイヌ絵に多く見られた、アイヌの主要な生業であるサケ・マス漁との結びつきが、さりげなく排除されているのだ。クナシリ・メナシ地方のアイヌ蜂起の原因は、松前藩から漁場経営を任された飛驒屋による常日頃からの強制労働や不当な扱い、虐待などにあったといわれる。アイヌ民族を〝狩猟と交易の民〟と強調した真意は謎ながら、藩の失態を想起させるような描写をあえて避けたとも考えられる。

さて、〈賢聖障子〉同様、「勧戒画」として制作された〈夷酋列像〉を、どのように評価すべきだろう。画を見る限り、そこには仁義や徳といった、根底にあるべき儒教の精神性を見出すことは難しい。顔貌は一様で「風躰や色目」だけに変化を付けるという手法は、皮肉にも寛政度の〈賢聖障子〉制作方針とは相反するものだった。〈夷酋列像〉には、「蝦夷」にまつわる視覚情報を一挙に集約しようという強い意志だけが浮かび上がる。巷で関心を呼んでいる「蝦夷」について、松前藩だから知り得る情報、「見せたい」イメージをできる限り盛り込もうとした態度がうかがえる。「功臣図」というスタイルを借用し、堂々とした、されど虚構に満ちたアイヌ像を創作することにより、松前藩をアイヌの上位におく関係性を見せつけているに過ぎない。『夷酋列像附録』の歴史叙述中に、廣長のアイヌに対する差別的な「華夷意識」を読み取る意見もある（菊池 二〇一三）。

廣長が『夷酋列像附録』で述べた「竊《ひそか》に麟閣の挙にならひ」の「竊《ひそか》」（窃）という字は、「こっそり盗み取る。人知れずそっと」（『大辞林』『大漢語林』『大言海』ほか）といった意味を持つ。アイヌを画題とした「功臣図」は松前藩によって人知れず作られた「秘画」であった。そもそも勧戒画は、施政者自らが律すべき政治や生活の道徳的規範の表現であると同時に、政治的プロパガンダでもあり、衆の鑑賞に耐えるよう大画面に描かれてこそ効果があるという（榊原 一九九〇）。それを、一枚あたり縦四十センチ×横三十センチという、携帯に便利で私的な鑑賞に適した小画面として制作し、京や江戸に持ち込んだのは決して偶然ではなく、当初から計画されたものとみてよいだろう。異論を承知で言うならば、〈夷酋列像〉は、〈賢聖障子〉を念頭に置いた「見立絵」として制作されたのではなかったか。同時代の絵師らが、野菜や在原業平や松尾芭蕉を、涅槃図の釈迦に見立てて描いたのと同様、アイヌ首長の姿かたちを中国の故事人物に見立て、一種の知的趣向を盛り込んだ「戯画」が企図されたというと言い過ぎだろうか。

そのように考えると、〈夷酋列像〉をめぐる次のような疑問に対する答えの糸口がつかめるように思う。

・なぜ、アイヌ蜂起鎮圧後から一年もの月日をかけて絵画を制作したのか。
・なぜ、幕府のある江戸ではなく、始めに京へ運んだのか。

当時は、工藤平助の『赤蝦夷風説考』や林子平による『三国通覧図説』『海国兵談』等、蝦夷地に関する解説書や、ロシアなど北方への備えを説く意見書の発刊が相次ぎ、幕府をはじめ諸藩の蝦夷地への関心は高まりを見せていた。他方、財政逼迫の最中における新内裏造営や、光格天皇が実父典仁親王に対して太上天皇（上皇）の尊号を贈ろうとした、いわゆる「尊号一件」など、朝廷と幕府が対立する事案が重なっていた。すなわち、朝廷が権威復活の様相を見せていた時期でもあった。クナシリ・メナシの蜂起はその渦中で起きた。それまでは自らの直轄権を守るためにもあえて情報流出を抑えていた松前藩も、何らかの発信の必要に迫られたことは疑いない。そのツールとして、一八世紀後半の文人・大名間のネットワーク形成には欠かせない媒体だった絵画が選ばれたのではないだろうか。

松前藩主は代々、京都の公家との姻戚関係が深かったうえ、北前船航路の発達により、松前と京都の交通が頻繁で、宗教・言語・生活・慣習と、松前への京都文化の流入は広範に及んでいた（松前町史 一九八四）。藩主道廣も正妻には右大臣花山院常雅の娘敬子を迎えている。花山院の親戚筋にあたる中山愛親は、天皇に近侍する議奏であった。新内裏造営では御用掛を勤め、「尊号一件」では勅使として江戸に下っている。〈夷酋列像〉の件に関しては表立って行動を起こしたという記録は見えないが、道廣は、この中山周辺などから、朝廷と幕府をめぐる動きや天皇にまつわる情報を常に入手できる立場にいたとみてよいだろう。その上で、第一に天覧を目的として〈夷酋列像〉制作を構想した可能性がある。計画の陰には、旧知の大原呑響、そして、『松前家記』に道廣が「尤モ愛シ」た一人として記録が残る尊皇家、高山彦九郎（正之）というブレーンもいた。儒学復興の機運が高まる中、京を代表する儒学者十二名の賛という強力なバックアップを得るうえでも、儒教精神に則った「功臣図」はふさわしい主題だった。天覧を叶えて箔をつけた後は、江戸へ持ち込み、各大名との文化的な交流と情報交換を図る。同時に、幕府に対しては、皆川淇園筆「松前候新製大砲記」共々携え、蝦夷地を管轄する松前藩の文武両道を誇示するねらいがあったと思われる。

そのためには、「功臣図」としての〈夷酋列像〉を単に珍奇な一過性の「戯画」で終わらせてはならない。像主であるアイヌ首長を慎重に選び、例えば弓の名手であるとか、鼻に毛が生えている等の身体的特徴、アイヌ社会における地位や功績など、各人の実情報（虚実混淆の可能性はあるが）を収集し、それを『夷酋列像附録』という、松前藩とアイヌの歴史「実録」として著す。すなわち、最新の画技を身につけた廣年（波響）の画と、『松前志』等の著作を持つ藩きっての碩学といわれた廣長の文、双方が揃って初めて作品は完成したのである。〈賢聖障子〉の規模には及ばないまでも、藩を挙げての一大プロジェクトであったことが推察できる。

四　写本から版本へ、「蝦夷」からアイヌへ——イメージの共有と拡散

京で波響と交流し、二組目の〈夷酋列像〉制作にも立ち会った皆川淇園は、松前に帰る波響へ餞《はなむけ》に贈った詩の中で、「蝦夷功有る者十二人の圖、工緻精密にして、観者嘆絶」（皆川淇園「奉送源君世祐帰松前」、書き下し引用者）と、その印象を詠んでいる。また、光格天皇の叡覧を仲介した佐々木備後守長秀は、波響（矢次郎）宛の書簡の中で、次のように述べた。「一昨日借用の夷酋列像、宮御方へご覧入れ候処、図像奇偉にして筆力精妙なり。御感心の余り叡覧入られ、一日宮中に留め置かれ（後略）」（函館市中央図書館蔵、書き下し引用者）。いずれも新しい技法を使用した描写力と図様の珍しさに注目が集まったと見られるが、光格天皇は果たして、手元に届いた作品の隠れた趣向に気づいたであろうか。

〈夷酋列像〉は、京・江戸の知識人や大名の間で「ひそか」に評判を呼んだらしく、寛政一一年（一七九九）、平戸藩主松浦静山が、松前藩主から直接作品を借りて御用絵師に模写をさせたのをはじめ、松平定信、水戸藩主徳川治保、熊本藩主細川斉茲らが大名ネットワークを通じ、次々と写本の作成や模写の借用・贈呈などを行っている。ブザンソン美術考古博物館（十一図と序文）と函館市中央図書館（二図）が所蔵する真筆二組に加え、現存する写本・模本類は八点が確認されている。また近年、〈夷酋列像〉からのアレンジと思われる波響自身の筆による〈シモチ像〉（一八〇二年［享和二］、個人蔵）も北海道で発見された（北海道博物館 二〇一五）。（これにより、「波

図6 蠣崎波響（廣年）筆「夷酋列像」より「シモチ」ブザンソン美術考古博物館蔵 © Muséedes beaux-arts et d'archéologie de Besançon - Photo Pierre Guénat

響は〈夷酋列像〉後、二度とアイヌを描くことはなかった」という従来の定説はくつがえされたことになる。）

大名間の写本・模本制作は一八四〇年代頃にはほぼ収束を迎えた。作品完成から数えると、断続的とはいえ約五十年続いたことになる。しかしそれだけでは終わらず、幕末期に入ると今度は、伊勢国（現・三重県）出身の志士・松浦武四郎（1818―1888）によって新たな形で図像は蘇る。一八四五年（弘化二）の蝦夷地踏査の模様をまとめた『初航蝦夷日誌十二』（紙本墨書、一八五〇年［嘉永三］）には、〈夷酋列像〉から三図の模写が収められている。本文中に、松前家「秘蔵」の十二枚のうち三枚を見ることを得て写したとある（北海道博物館 二〇一五）。松前家「秘蔵」の図の存在を武四郎がどのように知り得たのか、気になるところである[4]。

さらにその後、アイヌ民族の生活文化を広く紹介するために出版した『蝦夷漫画』（木版色刷、一八五九年［安政六］刊）でも、武四郎は弓の名手とされた「シモチ」（図6）の模写を挿絵に使用した（図7）。〈夷酋列像〉の図像が出版物に掲載された最初の事例といわれる（北海道博物館 二〇一五）。もはや肖像画とは呼べないほどの素朴な版摺で、衣装や髪飾りの虚構性も「風俗」の中に溶け込んでいる。同じ図像は、一八九二年にオランダのライデン他で刊行されたDavid MacRitchie著*THE AÏNOS*（アイヌ）という本の中にも見える（図8）。ダルムシュタットヘッセン大公博物館所蔵『蝦夷漫画』の挿絵からの抜粋として、武四郎原著の誤表記そのままに「アッケシ首

図７　松浦武四郎『蝦夷漫画』、1859年刊、木版色刷
（吉田武三編『松浦武四郎紀行集　下』冨山房、1977年）

長エユトイ」と紹介する。平沢屏山や松前春里らの風俗画と合わせ、アイヌ・イラスト集のごとき扱いである。虚構は実像と誤解され、いつしかアイヌ民族研究用資料として流出していった一例と言える。クナシリ・メナシ蜂起の原因を松前藩と場所請負人による「苛政」と認め（三浦 二〇一五）、アイヌの愚直ながらも純粋な面に同情を寄せていた武四郎が、虚構の表象を広める立役者になるとは皮肉な話である。

〈夷酋列像〉は、「蝦夷」／アイヌのイメージとして一世紀にわたり写し継がれ、ついにはヨーロッパにまで伝播した。原本のうち一組は少なくとも一九〇二年（明治三五）までは松前家に所蔵されていたことが知られているが（八木 一九〇二）、その後の足どりは不明のまま、一九三三年（昭和八）に初めて、作品はブザンソン美術考古博物館の収蔵品目録に登録されたという（北海道博物館 二〇一五）。フランスの宣教師、軍人、貿易商など、関与した可能性のあ

図8　David MacRitchie 著 *THE AÏNOS*、1892年（国際日本文化研究センター「外像データベース」より）

る人物には諸説あるが、流出した経緯を示す史料は見つかっていない。[5] おそらく一九一四年（大正三）頃まではブザンソンに渡ったのではないかと推測されるのみである（二〇一六年一月二四日放送ＮＨＫ「日曜美術館」におけるブザンソン美術考古博物館学芸員の談話より）。

「蝦夷」から「アイヌ」へ——。時代の流れとともに、アイヌ民族の独自な文化や風習に対する関心は国際的な高まりを見せてきた。江戸後期、政事の場での文化策の一翼を担って秘密裡に制作された絵画は、創造者も予期しなかったであろう視覚訴求力を発揮し、現在もなお本来の文脈とは遠く離れた形で、アイヌを代表するイメージとして拡散され続けている。今日インターネットを通じて、ヨーロッパの美術館等で"Japon""Ainu"の文字とともに、拡大グラビアとして飾られる〈夷酋列像〉を目にするとき、フィクション（虚構）とノンフィクション（事実）の境界を曖昧にしたまま「民族」の表象が一人歩きしている現実に複雑な思いを抱かざるを得ない。これもまた多文化接触の結果であるとともに、伝達速度に意味内容の修正が追いつかない情報化社会が生み出した不確かで危うい現象の一つと言えるだろう。

【注】

（1）一七三一年（享保一六）一二月に長崎に来航した中国人画家沈南蘋《しんなんぴん》が伝えた、鮮麗な彩色と細緻な筆法を特色とする写生画派。南蘋は帰国するまでの二年弱の間に長崎の画家神代熊斐に画法を教え、熊斐の下に各地から弟子が集まった。南蘋画法の伝播については、宮島　一九八五、千葉市美術館　二〇〇一等を参照のこと。

（2）皆川淇園「松前候新製大砲記」（『淇園文集』巻之八）には、寛政三年五月に「松前廣英」が公命により「大砲記」執筆を依頼しにきたこと、それ以前の春三月には「蠣崎廣年」がやはり公命により京に入り、旅舎にて「酋長有功者十一《ママ》人圖像」を作り、「人」を使わしてその賛詩作成を依頼してきたことが書かれている。従来、淇園ら京の儒者に賛を依頼して回ったのは廣英あるいは波響自身といわれてきたが、第三者の介在が知れる。本件については、二〇一八年七月一五日の近世京都学会例会で、松田清氏（京都大学名誉教授）よりご教示いただいた。

（3）佐々木利和氏は、狭義の「アイヌ絵」とは以下の三件を満たすと述べている。「アイヌの人びとの生活・慣習・文化・物質文化などを描出していること。制作時期は日本史にいう近世に限定するが、下限はより厳密には平沢屛山の死まで。シャモが描いたもの」（佐々木　二〇〇四）。＊平沢屛山《ひらさわびょうざん》（一八二二―一八七六）は奥州（岩手県）出身の絵師で、日高・十勝地方でアイヌの人びとと暮らしながら、その風俗を描いたといわれる。

（4）谷澤尚一氏は『北海道新聞』（一九八五年八月二九日付夕刊）で、当時松前藩に招かれており、武四郎とも親交があった儒学者山田三川との関係を指摘している（三浦　二〇一五）。

（5）ブザンソンに渡った作品が、旧松前家所蔵のものだったという確たる証拠を示す史料もない。

【出典文献】

磯崎　一九九七：磯崎康彦「蠣崎波響の『南蛮騎士図』と「ネーデルラント一七州」地図」（『福島大学教育学部論集』第六三号（一九九七年一二月）

井上　一九九一：井上研一郎「蠣崎波響の生涯と《夷酋列像》」北海道立函館美術館編『「蠣崎波響とその時代」展図録』北海道立函館美術館、一九九一年

井上　二〇〇〇：井上研一郎「夷酋列像―痛恨の肖像」『白い国の詩』五二三号（二〇〇〇年三月）

鎌田　二〇〇七：鎌田純子「寛政度御所造営における賢聖障子の製作過程について」『鹿島美術研究年報』第二四号別冊

（二〇〇七年）

鎌田　二〇〇九：鎌田純子「賢聖障子の研究―寛政度を中心に―」『尾陽：徳川美術館論集』五巻（二〇〇九年）

川本ほか　一九七九：川本重雄・川本桂子・三浦正幸「賢聖障子の研究（上）（下）―仁和寺蔵慶長度賢聖障子を中心に」『国華』一〇二八号・一〇二九号（一九七九年一一月・一二月）

菊池　二〇一三：菊池勇夫『アイヌと松前の政治文化論―境界と民族』校倉書房、二〇一三年

河野　一九〇七：河野犀川「北海画家の泰斗蠣崎波響」『北鳴新報』一九〇七年一月一日号（『波響論集』［波響論集刊行會、一九九一年］所収）

榊原　一九九〇：榊原悟「『帝鑑図』小解」町田市立国際版画美術館編『近世日本絵画と画譜・絵手本展〈Ⅱ〉―名画を生んだ版画―』町田市立国際版画美術館、一九九〇年

佐々木　二〇〇四：佐々木利和『アイヌ絵誌の研究』草風館、二〇〇四年

佐々木　二〇一五：佐々木史郎「北東アジアの中のアイヌ」北海道博物館編『夷酋列像―蝦夷地イメージをめぐる人・物・世界』「夷酋列像」展実行委員会・北海道新聞社、二〇一五年

佐々木・谷本　二〇一七：佐々木利和・谷本晃久「『夷酋列像』の再検討に向けて―シモチ像と叡覧と―」『北海道博物館アイヌ民族文化研究センター研究紀要』第二号（二〇一七年）

武田　二〇〇八：武田庸二郎「寛政度禁裏御所造営における絵師の選定について」武田庸二郎・江口恒明・鎌田純子共編『近世御用絵師の史的研究―幕藩制社会における絵師の身分と序列―』思文閣出版、二〇〇八年

千葉市美術館　二〇〇一：千葉市美術館編『江戸の異国趣味―南蘋風大流行』千葉市美術館、二〇〇一年

永田　一九八八：永田富智『松前絵師　蠣崎波響伝』北海道新聞社、一九八八年

藤岡　一九八七：藤岡通夫『京都御所』中央公論美術出版、一九八七年

藤田　一九九一：藤田覚「寛政内裏造営をめぐる朝幕関係」『日本歴史』第五一七号（一九九一年六月）

北海道博物館　二〇一五：北海道博物館編『夷酋列像―蝦夷地イメージをめぐる人・物・世界』「夷酋列像」展実行委員会・北海道新聞社、二〇一五年

松尾　一九九二：松尾芳樹「寛政度造営における清涼殿壁画について」京都市立芸術大学芸術資料館編『土佐派絵画資料目録（三）内裏造営粉本』京都市立芸術大学芸術教育振興協会、一九九二年
松前町史　一九八四：松前町史編集室編『松前町史　通説編　第一巻上』松前町、一九八四年
三浦　二〇一五：三浦泰之「幕末の志士・松浦武四郎とクナシリ・メナシの戦い」北海道博物館編『夷酋列像―蝦夷地イメージをめぐる人・物・世界』「夷酋列像」展実行委員会・北海道新聞社、二〇一五年
宮島　一九八五：宮島新一「三都における南蘋画風の流伝」『大和文華』第七三号（一九八五年）
八木　一九〇二：八木奘三郎「蝦夷の鍬先」『東京人類学会雑誌』第一九七号（一九〇二年）

【史料】

『画乗要略』（木村重圭編『［定本］日本絵画論大成』第一〇巻、ぺりかん社、一九九八年）
木村蒹葭堂『蒹葭堂日記』（水田紀久ほか編『完本　蒹葭堂日記　木村蒹葭堂全集別巻』藝華書院、二〇〇九年）
『古今著聞集　日本古典文学大系八四』岩波書店、一九六六年
高山彦九郎「寛政京都日記」（萩原進・千々和實編『高山彦九郎全集』第四巻、高山彦九郎遺稿刊行会、一九五四年）
新井田孫三郎『寛政蝦夷乱取調日記』（高倉新一郎編『日本庶民生活史料集成　第四巻』三一書房、一九六九年）
松前廣長『松前志』（板倉源次郎『北海随筆』［北門叢書　第二冊］北光書房、一九四三年）
『松前家記　附録共　完』（松前町史編集室編『松前町史　史料編　第一巻』松前町、一九七四年）
水野為長『よしの冊子』（森銑三ほか編『随筆百花苑　第九巻』中央公論社、一九八一年）
皆川淇園「松前候新製大砲記」『淇園文集』巻之八（高橋博巳編『淇園詩文集　近世儒家文集集成　第九巻』ぺりかん社、一九八六年）
皆川淇園「奉送源君世祐帰松前」「写本淇園文集（抄録）」巻二（高橋博巳編『淇園詩文集　近世儒家文集集成　第九巻』ぺりかん社、一九八六年）

楊守敬の借用──知的「発見」には誰が署名するか

多田伊織

二〇〇九年三月一九日、台湾故宮博物院図書文献館善本室で、日本鈔本からパソコンで文書を写していたわたしの手が止まった。それは甚だ読みにくい、独特の書体で書かれた楊守敬（一八三九―一九一五）の題記である。楊守敬は、日本で購入した書物で特に気に入ったものは装幀を改め、巻首に自分の写真を貼り、解題などを付している。目の前の『黄帝内経太素』に書き入れられた行文には、確かに見覚えがある。

日本の写本（鈔本）の複写はあまり許可されない。複写できたとしても全体の3分の1までだ。一冊が薄い鈔本の書入を写すような作業は自分の手で行うしかない。

善本室で一日に調査が許される時間は、世界各国どの図書館でも短い。善本室は遅く開き早く閉まる。貴重な調査の時間を割き、インターネットで検索すると、楊守敬の『日本訪書志』が引っかかった。なぜ、『日本訪書志』中の『黄帝内経太素』の解題とほぼ同文のものが、ここに書き込まれているのか。

故宮博物院図書文献館には、清代の書家で、金石学・歴史地理学家で蔵書家の楊守敬の「観海堂」蔵書が収められている。彼は、明治一三年（一八八〇）、駐日清公使何如璋（1838―1891、同治七／一八六八年の進士）の随員として来日、主な目的は日本で漢籍を購入することだった。

楊守敬は、次のようにいう(1)。

光緒六年（明治一三年）の夏、わたしは広東省大埔出身の何如璋公使のお召しに預かり、日本赴任の随員に加わった。日本の書肆では古籍を大量に手に入れた。日本の医師森立之と付き合うようになり、彼の書いた『経籍訪古志』を読み、遂にはその記録に従い、古籍を探した。たまたま貴州省遵義出身の黎庶昌公使が着任されたので、『古逸叢書』の刊刻を進言したところ、わたしに、力の丈を尽くして古籍を探し出すよう委嘱された。だが、古い物を愛する人間が所蔵する書物は、金銭では手に入らない。天が味方してくれたか、わたしは古い金石文字の拓本を持って来ており日本ではまだ誰も見たことがないものが多かったので、古籍と拓本とを交換した。こうして、日本の書目に著録された書物は手元に群がるように集まった。一書を手に入れる度にすぐ、ざっといきさつを考察し、別な紙に記した。しばらくすると、二〇冊あまりになった。帰国後に、古籍好きの人達と互いに考証しあう際、提要にするつもりでいた。帰国すると湖北省黄岡に教官として赴任したが、同好の士は一人もいなかった。この原稿は、とうとう棚ざらしで使われないままだったが、遠方に住む古いことを愛好する人が、手紙で、わたしが日本で手に入れた書目を探して見に行きたい、と言ってきたことがあった。そのため、旧稿を確認したのだが、書き直した文字があり分かりにくい。この時わたしは、湖北省武昌の両湖書院の教員となり、元の書物の大部分は湖北省黄州にあり、まだ完全には整理できていなかった。そこで、まず字画がはっきり分かるものから手を付けて記録していくと、一六巻を数えた。知識がお粗末で文章の形式が誤っているのは、すべて避けられない所だ。その上、この中の稀書を全部は挙げられず、人を驚かす秘籍もまだ多くは記録できていない。確かにかなり力が衰えており、助けてくれる人もいないため、このような欠陥が生まれ遺憾だ。もしも、ゆっくり休める年が来て、手に入れた異本も一緒に掲出するならば必ずや、世の人にすっかり知らせるだろう。

光緒二七年(一九〇一)四月湖北省宜都楊守敬　自ら両湖書院の東分教堂で記す。(2)

楊守敬はまず市場の漢籍・和刻本を買い漁り、次には愛書家に目を付け、売却を拒まれた珍書奇籍は中国の碑や青銅器の拓本と交換して手に入れた。これはと思う書籍には解題を書いた。原稿だけで二〇冊になったというのだから、どれほどの数の書物があったのか。もちろん、購入した書物は全て手元に置くのではなく、帰国後、かなりの量を売り払っている。(3)

所謂「蔵書家」について、清の詩人洪亮吉(1746—1809、号は北江)は「蔵書家にはいくつか等級がある」と題し、次のように指摘する。(4)

書物を一部手に入れると、必ずその根源を探り、欠けているところを正す、これを「考訂家」と呼ぶ。銭大昕・戴震などの人達がこれである。

その次は版本を識別して、その誤りを記録する、これを「校讐家」と呼ぶ。盧文弨・翁方綱などの人達がこれである。

その次は異本をさがし求め、上は朝廷の図書館に足りない書籍を補い、下は学問に深く通じた人物や朝廷に仕える教官の閲覧に供する、これを「収蔵家」と呼ぶ。寧波鄞県・范氏の天一閣、揚州銭塘・呉氏の瓶花斎、蘇州崑山・徐氏の伝是楼などの諸家がこれである。

その次は、ただ確かな版本の印刷がよいものを探し、宋本だけを好み、作者の意図などはわからなくとも、本を刊刻した年月だけはとてもよく知っている、これを「賞鑑家」と呼ぶ。蘇州呉門の黄丕烈、浙江鄔鎮の鮑廷博などの人達がこれである。

さらにその次は、旧家の没落したものの許へ行ってその蔵書を安く買い、裕福で本好きの者には法外の値で売りつけ、本物か偽物か見分ける目があり、古いか新しいかを判断できる頭があり、閩本か蜀本か決して騙されることはなく、宋版か元本か一目でわかる、これを「掠販家」と呼ぶ。呉門の銭時霽・陶蘊輝、浙江湖州の施漢英などの書店がこれである。

楊守敬のように、書物を集めコレクションを増やす一方、蔵書を売って利益を得る者は、洪亮吉の「賞鑑家」か「掠販家」に当たるだろう。蔵書家としては下位のランクに属する。

実は、楊守敬は、来日の年の三月、四二歳で六度目の会試を受験したが、不首尾に終わっている。意外な事実だが、来日以前から、楊守敬は書家として日本でも知られていた。会試は、官吏登用試験である科挙の実質的な最終試験で三年毎に行われ、合格すれば会試覆試を受けて皇帝が名目上の試験官となる殿試に進み、成績が決定、念願の進士となり、高級官僚の道を歩む。(5) 楊守敬は科挙合格の夢を帰国後も捨てず、明治一九年（一八八六）、四八歳にして、七度目となる清・光緒一二年の会試に臨む。しかしこれにも及第せず、科挙を諦め、学術の道を歩むことに決めた。この年、孫が生まれている。その科挙への執念には驚くのであるが、彼の方向転換は早くはないけれども、さして晩くはない。高齢に至っても科挙を目指す者はあり、七〇歳以上の会試受験者は特に「老生」として一般の受験生とは別に班を編制、たとえ合格に至らずとも学識を認められれば、会試を掌る知貢挙が特に奏請して、恩典を皇帝に仰いだという。(6)

「老秀才」の楊守敬は、得意とする金石学や書を武器に日本に乗り込み、放置されれば湮滅しかねなかった古籍を手に入れ、『古逸叢書』編纂に与り、大量の書物を携え帰国した。日本公使黎庶昌に協力し、楊守敬は中国からは失われた漢籍を集め、清の政府から官費を得、精緻に影写し、上質な紙に摺りだして出版されたのが『古逸叢書』二六部二〇〇冊である。もっとも会試に合格すれば来日しないため、明治十三年春にはじりじりしながら科挙の結果の知らせを待つ日本の文化人達がいた。(7)

楊守敬は自著『日本訪書志』序で次のように述べる。

わたしは辺鄙な地に生まれ、家には蔵書がほとんど無く、目録学の素養は皆無だった。光緒六年（明治一三〔一八八〇〕）末に東方の日本に来て、欧陽修公の「『書経』百篇がまだ残っている」という語を念頭に、中国から流失して失われた書籍を徹底的に探しだそうという気持ちが大いにあった。寄る辺のなさに茫然とし、どれが中国では亡佚して日本に遺る書物かまだ分からなかった。そこで、毎日、書店に足を運んだ。原版が中国ではとうに破壊されたものは全て買い入れ、一年足らずで、とうとう三万余巻にもなった。その内には、秦の焚書で焼かれなかった書籍（『書経』百篇のこと）はなかったが、入宋僧の奝然がわが朝廷に献上しなかった書物が実にたくさんあった。(8) そこで、諸家の書目を相互に考訂し、異同があり珍しいものは全てみな選び取って記録した。(9)

来日以前は蔵書家ではなかった楊守敬は、ただ同然で塵芥のように扱われていた漢籍や和刻本を買い漁り、その数、一年足らずで三万巻余りを数えたと自慢している。古籍値の廉さたるや、想像するに余りある。

ところで楊守敬のいう「欧陽公百篇尚存之語」とは、宋・欧陽修（1007―1072）の詩「日本刀歌」の一節、

徐福行時書未焚、逸書百篇今尚存。徐福行きし時　書未だ焚けず、逸書百篇　今尚お存す。（秦の始皇帝に派遣されて徐福が日本に行ったときは、焚書は行われておらず、失われた『書経』百篇は日本にはいまなお遺る。）

を指す。日本には焚書坑儒以前の古い書物が遺るという伝説を、楊守敬も信じていた。

楊守敬は、こうも述べる。(10)

日本は明治維新に際して、つとめて漢学を廃そうとした。旧家が長い間所蔵していた漢籍は、ほとんどが量り売りになっていた。その当時、我が清で販売された日本からの漢籍は、数千万巻をくだらない。今でも覚えているのは、数年前に蔡という姓の者がおり、書物を船一艘分載せ、宜昌に出した。友人饒敦秩は、南宋版の『呂氏読詩記』一部を手に入れた。彼がいうには、宋元版はとても多く、秘蔵された書物や天下の孤本

がその中に混じっているだろうと思うのだが、いま適切な場所にあるかどうかは分からない、と。今わたしは落ち穂拾いをしており、来るのが遅かったのも残念でならず、やはりまた、残念な気持ちも書かざるを得ない。

書物に限らず、塵芥として捨てられるようなものは、量り売りにされる。さすがに明治一三年当時は、最早塵の山に稀覯書は埋もれていなかったようだが、まだ古籍は廉かった。[11]

私が初めて日本に来たとき、書店は古い版本をまだそれほど大事にしてなかった。わたしが次々と買い込むようになってから、日本の好事家も遂にはやはり時には高い値を付け、競って買うようになった。従って、古い書物は日に日に少なくなり、本屋は明の嘉靖年間（一五二二―一五六六）の書物でさえ、秘蔵本と見做すようになり、わたしは力を使い果たした。しかしながら、わたし一人の愛書の情熱が、日本では言わば捨てられた肉のように顧みられなかった古籍を、再び俎上に載せ興味の対象としたのである。今後は、なにもかも無頓着に破り捨てて焼かれるようなことはないだろう。日本が、古籍を珍しく価値のあるものと見るならば、それはわたしの望むところである。（最近は、大事に所蔵されていた書物と聞けば、外国人には売らないという。）

楊守敬の情熱が、日本人に再び古籍への愛着を齎らしたというのはともかく、見捨てられていた日本のものが外国人に買われ、俄に注目されるのは、今でも時に起こることだ。

楊守敬が「茫然無津涯」[12]と嘆いた状況は、『経籍訪古志』とその著者である森立之との会遇で解決する。『日本訪書志』は続ける。

日本には以前、鈔本の『経籍訪古志』七巻があり、最近の人物、渋江道純・森立之の共著である。この書目に掲載されている書物は、今は行方知れずとなったものが多い。それでも、わたしが手に入れた書物は、この書目が記録してくれたおかげで、ほんとうにまた少なくない。今は昔のやり方は継承せず、目に出来なかった書物は別に『待訪録』とした。『経籍訪古志』が著録する明刊本は、日本では珍しいものとされるが、実は我が清ではよく見られる書物で、たとえば劉節の『芸文類聚』[13]、安国・徐守銘の『初学記』[14]、馬元調の『元白集』[15]のたぐいは、ここでは全く掲載しない。かえって日本ではよく見られるが、中国では現在ほとんど見当たらない本、さらに日本で翻刻した古い本でまだ中国に渡ってない本は、ここに全部著録して入れた。

楊守敬が「鈔本」と言っているのは、『経籍訪古志』は、明治一八年（光緒一一、一八八五）に駐日公使徐承祖の序を付し、清の援助で出版されたからである。幕末に江戸医学館の医官が中心となって、当時日本にあった漢籍の善本を調べ著録した目録が『経籍訪古志』だ。しかし、完成が安政四年（一八五七）と遅く、政治的文化的事情が重なり、出版されぬまま明治維新を迎えた。森立之と渋江道純は、森鷗外『渋江抽斎』で巷間にはその名が知られている、幕府医官で書誌学者だ。道純が抽斎である。医部を除く儒部、すなわち伝統的な中国の図書分類では経・史・子・集部の四部六巻の編集には、小島尚質（学古・春庵・宝素、1792―1848）の嗣子尚真（抱沖・春沂、1829―1857）が当たり、付録二巻の医部の編集には、幕府医官堀川舟庵も加わった。四部分類では医部は「子部」に属するが、医書の分量が多く、改めて医部を立てたのである。

『経籍訪古志』の稿本が完成した時のことを、森立之（1807―1885）の嗣子約之（1835―1871）は、巻六巻末の跋文に書き入れた[16]。

安政四年丁巳閏五月二三日、一度校正を終わる。いつものように父と向かい合って座り、丸山の駒込追分町速読書屋の南側の窓の下で記す。

そもそも、この『経籍訪古志』は、今年の春、小島春沂（尚真）先生と堀川舟庵の二人が原稿を書き上げ、この写本は、その完成後に書き写した。もっとも、最初の話をすれば、儒部も医部も両方大方は父が草稿を作ったのである。後ろに付録二巻があり、合計八巻である。棭庭石士森約之記す。

本編の儒部六巻は、すべて小島春沂先生が書き上げ、付録の医部二巻は堀川舟庵と共同して書いた。これは原本の話である。同日約之が重ねて記す。

渋江道純全善先生は、安政四年の十一月にわたしからこの本を借りて写し取り、半透明の紙も使って三冊とし、体裁はわたしのこの本に似せた。約之記す。

少し異様に感じるのは、「如常与家大人対坐」という文言だ。約之がかく言う理由は、日付を見れば分かる。安政四年閏五月二三日、『経籍訪古志』八巻を完成させた小島尚真は、すでにこの世の人ではなかった。溯ること二週間前の同月八日、結核性の痔瘻から肺癆を病んだ尚真は二九歳で急逝した。[17] 病は旧臘に兆した。[18] 約之の跋は『経籍訪古志』の完成を「今年春」とするから、尚質は病を押して堀川舟庵と編集作業に当たったのだろう。完成から間もない夏四月一九日、小島家は、兄弟二人の妻姉妹の実家麴町表六番町の和学講談所、塙家に引越している。[19] 小島兄弟は、『群書類従』の編者にして盲人の最高位に就いた塙保己一検校の孫娘姉妹を娶っていた。番町に移ったのは、尚真の看病に手を尽くすためだったが、二月も置かずに死は訪れた。約之は尚真の一〇歳違いの弟、尚絅の四歳年上である。尚真には兄事していただろう。

更に、安政四年一一月に渋江抽斎が『経籍訪古志』を借りて写したという記録も見逃せない。抽斎は翌五年、米使ハリスの艦船ミシシッピー号が齎らしたコレラに罹患、八月二九日に亡くなった。

こうして『経籍訪古志』所縁の人々は相次いで世を去り、稿本だけが遺された。約之が跋を記した時点では、原本、森約之鈔本、渋江抽斎重鈔本の三部があったことになる。

現在の日本では、漢籍の和刻本や写本、中国医書や漢籍目録などに関する書籍は国内出版が難しく、出版しても極めて高価なものとなり、中国で出版される例が少なくない。明治初期と平成末年の日本とは、古典漢籍の扱われ方がよく似ている。かつては衰退する清が日本の漢籍・和刻本などに民族的な文化的価値を見いだしたのだが、現在は、事情がまるで異なる。一つには経済成長を遂げ、日本を追い抜き、豊かになった中国では、国家や個人が貴重な文化財である漢籍の古籍や写本に惜しみなく資金を投入している。二つには二〇一五年ノーベル医学生理学賞を受賞した屠呦呦博士が中国古典医書の『肘後備急方』を参照したのが契機となり、中国政府が「普査（一斉全点調査）」の号令を発し、中国古典医書の悉皆調査をし、埋もれている治療法を掘り起こし、古典から新たな治療法を開発する計画を実行している。後者では、二〇二〇年までに掘り起こしを終え、二〇二五年までには新たな治療法を開発するのが目標だ。医書はまず高精細画像を撮影してｗｅｂで公開、テクストはＯＣＲで自動的に読み込む等の手段で一挙に電子化されている。ただ、電子化テクストの質はそれほど良くない。清代以前の漢籍には、自動的に翻字するだけでは解決しない、文字の書換等の問題があるからだ。それでも、大量の電子化テクストをＡＩで一気に解析して、治療法の発見等に繋げようとする研究が盛んに行われている。

ところで、楊守敬が「所載今頗有不可蹤跡者」としている『経籍訪古志』所載の稀書珍籍だが、最近、一部の行方が判明した。文化庁が買い上げ[20]、武田科学振興財団杏雨書屋に寄託した「旧福井崇蘭館本」に、三角家・伊良子家等、『経籍訪古志』が著録する蔵書家の書物が含まれていたのである。先の「其国之好事者」の一つが福井崇蘭館なのだ。京都の典医福井家は、明治維新後も経済的打撃を受けず、清人と競うように市場に出回る善本を買い漁ったのである。しかし、福井崇蘭館の書籍は明治以降ほぼ秘蔵され、蔵書の全貌は杳として分からなかった。代替わりで、福井崇蘭館の蔵書は少しずつ市中に出回るようになる。その中には近年中国へ流出した宋版『広韻』のような天下の孤本もある。

話を『黄帝内経太素』に戻そう。

楊守敬が題記を付けた[21]『黄帝内経太素』鈔本は複数存在する。管見の限りでは、一部は台湾故宮博物院図書文献館所蔵の観海堂に、一部は台湾国家図書館善本室に[22]、そしてもう一部は北京の国家図書館に[23]ある。これはどうしたことだろうか。

まずは題記を見よう。台湾故宮博物院図書文献館所蔵、故観011448『黄帝内経太素』の冒頭である。『日本訪書志』との異同部分は、題記にあって『日本訪書志』にない部分は〔 〕で、題記になくて『日本訪書志』にある部分は【 】で示した。（ ）は割注である。問題となる部分に下線を付した。

按、李濂『医史』徐春甫『医統』並云楊上善隋〔季葉〕【大業】中為太医侍御。〔顧〕述内経為太素。顧隋志無其書。新〔於〕『旧唐志』始著楊上善『黄帝内経太素』〔卅〕【三十】巻。『黄帝内経明堂』類成十〔三〕巻。『崇文総目』『郡斎読書志』『著録解題』皆不著録。知此書、宋代正佚。故高保衡・林億等不及見。宋志楊上善注黄帝内経三巻、未足拠也。

日本藤原佐世見在書目看此書。【蓋】当唐代所伝本。

文政間、医官小島尚質聞尾張藩士浅井正翼就仁和寺書庫鈔得〔廿〕【二十】余巻。亟使書手杉本望雲就録之。以帰自跋。乃有伝鈔本。【此本毎巻有小島尚質印楣上、又拠諸書校訂、亦学古親筆、蓋初影本也。】〔於黄帝素問、王冰所注次第与〕是書含霊枢素問纂為一書。【故】〔於〕其篇目次第与二書皆不合。而上足以証皇甫謐、下足以訂王冰。詢医家鴻宝也。

但楊上善爵里時代、古書無徴。拠其毎巻首題通直郎守太子文学臣楊上善奉勅撰注。

按、唐六典、魏置太子文学、自晋之後不置。至後周建徳三年置太子文学十人。後廃。皇朝顕慶中始置。是隋代並無太子文学之官。則上善当為唐顕慶以後人。

又按此書残巻中、丙主〔右〕【左】手之陽明。注云、景丁属陽明者。景為五月云云。唐人避太祖諱丙為景。則上善為唐人審矣。医史・医統之説、未足拠也。

〔隋全元起本不同説者。謂全本是原書真面。今以楊本校之、亦与全本不合。則知全之八巻、楊之卅巻、王

之廿四巻、均為尊所聞。均与漢志九巻之数不合。蓋術家之書、代有増損移易。不□究□□〔也か〕。〕
光緒癸未十二月　宜都楊守敬記

これを見るに、故観011448『黄帝内経太素』の題記は、『日本訪書志』中の『黄帝内経太素』解題の草稿に当たるようだ。光緒癸未は九年、一八八三年で明治一六年、楊守敬はまだ日本にいた。

問題は、下線を付した部分の

又按此書残巻中、丙主〔右〕【左】手之陽明。注云、景丁属陽明者。景為五月云云。唐人避太祖諱丙為景、則上善為唐人審矣。（この書物の残巻を検討すると、「丙主〔右〕【左】手之陽明。注云、景丁属陽明者。景為五月云云。」とある。唐の時代の人が太祖の諱を避けて、「丙」を「景」としたのであれば、楊上善が唐の時代の人物であることは明らかだ。）

という指摘である。楊守敬は、あたかも自分でこの「楊上善が唐人である」傍証を見つけたような書きぶりだが、事実は異なる。

写真は国会図書館蔵『黄帝内経太素残巻』の第六葉裏～第七葉表である。仁和寺に遺っていた『黄帝内経太素』写本の断簡零墨を貼り継いだ別巻で、小島宝素手鈔本を友人の幕府医官喜多村直寛が重鈔したものだ。七葉表には、わざわざ朱筆で

上文、故為陽明注云、甲乙景丁。又云景丁属□。又云、景為五月。案、唐人避太祖諱丙為景、可見上善是唐時人也。天保癸卯小春望前一日　記質（上文の「故為陽明」の注にいう、「甲乙景丁」と。又「景丁属□」という。又「景為五月」という。考えるに、唐の時代の人が太祖の諱を避けるために「丙」を「景」としたのだろう。上善は唐の時代の人物であることが分かる。天保一四年（一八四三）一一月一四日　小島尚質記す。）

と写している。これは、直寛が借り受けた小島宝素手鈔本の体裁をそのまま襲ったものだ。その傍に、直寛は

寛案、唐人避諱法、見廿二史剳記。（わたくし直寛が考えるに、唐の時代の人の避諱の方法は、清・趙翼『廿二史剳記』

に見える。）

と墨書している。元になった小島宝素手鈔本は台湾故宮博物院蔵。（故観003280）

「諱」とは本名で、辛亥革命に至るまで、中国の知識人層は直接本名で呼ぶことを忌み、字（あざな）を用いた。本名で呼ぶことが出来るのは、「絶対的目上」で、尊属・上司と師である。上司の最高位は皇帝であり、孝を重んじる中国伝統社会では、皇帝の尊属には更なる敬意を払う。従って、皇帝の諱はもちろん、皇帝の尊属の諱も用いてはならない。諱に似た文字や同じ発音の文字も避けた。これを「避諱」という。唐の避諱は比較的厳重で、直寛が言及する『廿二史劄記』では、唐代に編纂された史書は、避諱の文字を含む名の代わりに字を用いる、諱の部分を削る、似た意味の文字に書き替える、という三つの方法を用いる、とする。[24]「観世音菩薩」の「世」が唐太宗李世民の「世」を避けて削られ「観音菩薩」となったのはその一例である。

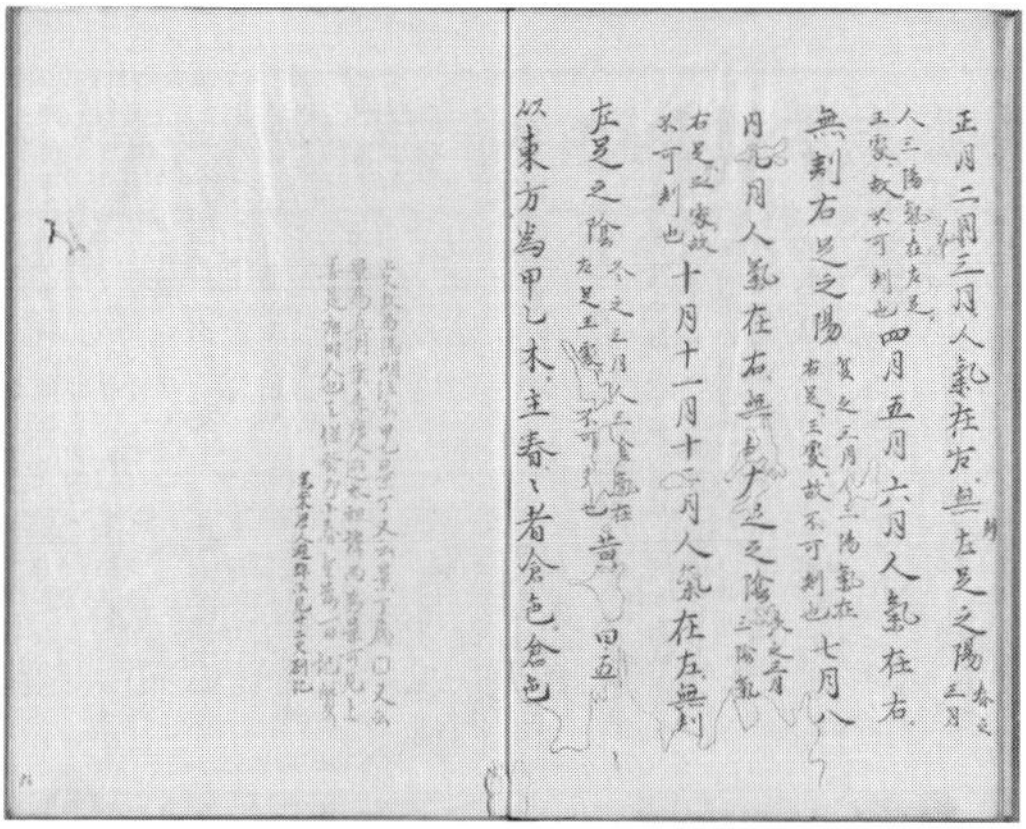

「国会図書館蔵『黄帝内経太素残巻』の第６葉裏～第７葉表」

問題は「丙」と「太祖の諱」とは直接関係ないことだ。唐高祖李淵の祖父「太祖」は「李虎」、父「世祖」が「李昞[25]」で、「丙」は「世祖」の避を犯す。小島尚質は「避諱で丙が景に改められた」ことに気付き、楊上善が唐人である傍証とした。しかし、「世祖」を「太祖」と書き誤った。楊守敬は、小島尚質の誤りそのままに、この事実を発見した人物が誰かは口を拭っている。「世祖」と正されていれば、楊守敬の「手柄」となったかも知れないのだが。

楊守敬題記のついた鈔本は、楊守敬が日本で日本人が写した鈔本から作られた重鈔本である。題記を付け、「日本鈔本」として売るつもりだったのかも知れないけれども、買う側も具眼の士であった。中国のいっぱしの知識人なら、唐代の皇帝の廟号を誤るはずもない。楊守敬が書き添えた「太祖」の語を咎め、楊守敬の題記のある本を重鈔本と見極め、手を出さなかったのである。

しかし、楊守敬の重鈔本は現代にこそ価値を持つ。年を経て、仁和寺本は傷み、読み難い箇所が増えた。そうした箇所を読むには、まだ今より傷みが進んでいなかった幕末の写本が役に立つのである。

【注】

（1）楊守敬『日本訪書志』自序

光緒庚辰之夏、守敬応大埔何公使如璋之召、赴日本充当随員。於其書肆頗得旧本、旋交其国医員森立之。見所著経籍訪古志、遂按録索之。会遵義黎公使庶昌按任、議刻古逸叢書、嘱守敬極力捜訪。而蔵在其好古家者、不可以金幣得。属有天幸、守敬所携古金石文字、乃多日本所未見者、彼此交易。於是其国著録之書麕集于篋中。毎得一書、即略為考其原委、別紙記之。久之、得廿余冊。擬帰後与同人互相考証、為之提要。暨帰、赴黄岡教官任、同好者、絶無其人。此稿遂束高閣、而遠方泥古之士、嘗以書来索観其目。因検旧稿、塗乙不易弁。時守敬又就館省垣、原書多蔵黄洲、未能一々整理。乃先以字画清晰者付書手録之、釐為十六巻。見聞之疎陋、体例之舛錯、皆所不免。又其中不尽罕見之書、而驚人秘笈尚多未録出者。良以勢力衰頽、襄助無人、致斯欠憾。倘天假之年、或当並出所得異本、尽以告世人也。

辛丑四月宜都楊守敬自記於両湖書院之東分教堂。

（2）この時、楊守敬は六三歳だった。

（3）多田伊織・武田時昌『小島寶素堂關連資料集』京都大学人文科学研究所　「楊守敬『鄰蘇園藏書目錄』內醫書摘要」五二―九頁。

（4）清・洪亮吉『北江詩話』巻三「蔵書家有数等」

得一書必推求本原、是正欠失、是謂考訂家、如銭少詹大昕・戴吉士震諸人是也。

次則弁其板片、注其錯謬、是謂校讎家、如盧学士文弨・翁閣学方綱諸人是也。

次則捜采異本、上則補石室金匱之遺亡、下可備通人博士之瀏覧、是謂収蔵家、如鄞県范氏之天一閣・銭唐呉氏之瓶花斎・崑山徐氏之伝是楼諸家是也。

次則第求精本、独嗜宋刻、作者之旨意縦未尽窺、而刻書之年月最所深悉、是謂賞鑑家、如呉門黄主事丕烈・鄔鎮鮑処士廷博諸人是也。

又次則於旧家中落者、賤售其所蔵、富室嗜書者、要求其善価、眼別真実、心知古今、閩本蜀本、一不得欺、宋槧元槧、見而即識、是謂掠販家、如呉門之銭景開・陶五柳・湖州之施漢英諸書估是也。

(5) 宮崎市定『科挙史』東洋文庫　一五九―一八一頁。

(6) 同上。

(7) 中村史郎「「大河内文書」にみる明治期の日中書法交流―楊守敬来日前後の事情をめぐって―」『書学書道史研究』二〇〇八　巻一八号　三一―四一頁。

(8) 奝然（938-1016）は日本の入宋僧。雍熙元年（984）入宋。釈迦像を将来し嵯峨清涼寺創建の契機を作った。太祖に中国で散逸した散逸した『鄭注孝経』『孝経新義』を献じた、とされる。『宋史』四九一 外国伝日本伝。

(9) 『日本訪書志』縁起　余生僻陬、家鮮蔵書、目録之学、素無淵源。庚辰東来日本、念欧陽公百篇尚存之語、頗有捜羅放佚之志。茫然無津涯、未知佚而存者為何本。乃日遊市上。凡板已毀壊者皆購之、不一年遂有三万余巻。其中雖無秦火不焚之籍、実有奝然未献之書。因以諸家譜録参互考訂、凡有異同及罕見者、皆甄録之。

(10) 同上　日本維新之際、頗欲廃漢学。故家旧蔵幾於論斤估値。爾時販鬻於我土者、不下数千万巻。猶憶前数年有蔡姓者載書一船道出宜昌。友人饒季音得南宋板呂氏読詩記一部。拠云、宋元槧甚多。意必有秘笈孤本錯雑於其中、未知流落得所否。今余収拾於残賸之後、不能不為来遅恨、亦不能不為書恨也。

(11) 同上　余之初来也、書肆於旧板、尚不甚珍重。及余購求不已、其国之好事者遂亦往往出重値而争之。於是旧本日稀、書估得一嘉靖本亦視為秘笈、而余力竭矣。然以余一人好尚之篤、使彼国已棄之肉、復登於俎。自今以往、諒不至拉雑

而摧焼之矣。則彼之視為奇貨、固余所厚望也。【近日則聞什襲蔵之、不以售外人矣。】

(12)　同上　日本旧有鈔本《経籍訪古志》七巻、近時渋江道純・森立之同撰。所載今頗有不可蹤跡者。然余之所得為此志之所遺、正復不少。今不相沿襲、凡非目睹者別為《待訪録》。《訪古志》所録明刊本、彼以為罕見、而実我国通行者、如劉節之《芸文類聚》、安国・徐守銘之《初学記》、馬元調之《元白集》之類、今並不載。亦有彼国習見、而中土今罕遇者、又有彼国翻刻旧本而未西渡者、茲一一録入。

(13)　『経籍訪古志』巻五　子部下　類書類

『芸文類聚』百巻（明刊小字本）求古楼蔵　胡纘宗重刊

劉節は『広文選』等を編纂した明の劉節（一四七六―一五五五）のことと思われるが、『芸文類聚』明刊本との関係は未詳。

(14)　同上　『初学記』　明刊仿宋本　宝素堂蔵〔静節山房蔵〕

これは安国桂坡館銅活字本（一五三一年刊）と徐守銘校、寧寿堂刻本（一五八七年刊）を指す。

(15)　『経籍訪古志』巻六

『元氏長慶集』六十巻、目録一巻、補遺六巻、付録一巻（明・万暦甲辰馬元調刊本　宝素堂蔵）

(16)　『経籍訪古志』　巻六

安政四年丁巳閏五月廿三日校讐比正一過畢、如常与家大人対坐員山北岐速読書屋南牖下誌。

夫此訪古志、今年春、小島春沂君及堀川舟庵二人謄稿、而此本其謄稿後伝写之。尤初者也、儒医共是太氏家大人作草稿矣。付録二巻在後、通計八巻也。棭庭石士森約之書。

本編儒部六巻、悉春沂君書、付録医部二巻共舟庵書也。是原本之事也。同日約之又書。

渋江道純全善、丁巳冬月借余此本而謄写、亦用流離紙為三冊、其体総倣余此本矣。約之志。

(17)　多田伊織・武田時昌『小島寶素堂關連資料集』「慶應義塾大學富士川文庫蔵　小島尚絅『日新録』注解」一八〇頁

安政四年閏五月八日戊子（略）曉、家兄遠逝。

(18)　同上　一五七頁。

安政三年十二月十一日甲午、（略）兄肛睾間腫起痛楚、加保摂、将為痔漏状。

(19) 同上　一七二頁　頭注朱書「榑正町より番町塙へ同居」

安政四年四月十九日庚子（略）午後挙家移于塙氏。

(20) 文化庁は、福井崇蘭館所蔵の三三〇冊からなる医学書を一括で買い上げた。評価額は九億五千万円と高価であったため、平成二五年より四年計画で買い上げた。詳細は「杏雨」第二二号及び増刊号二〇一九、公益財団法人　武田科学振興財団　杏雨書屋

(21) 故観011448

(22) 台湾国家図書館05880

(23) 中国国家図書館 rarecatx 0548857

(24) 清・趙翼『廿二史劄記』「唐人避諱之法」

如虎字・淵字、或前人名有同之者、有字則称其字。（略）否則竟删去其所犯之字。（略）否則以文義改易其字、凡遇虎字、皆称猛獣。

(25)『旧唐書』巻一　本紀第一　高祖

皇祖諱虎、（略）周受禅、追封唐国公、謚曰襄。（略）武徳初、追尊景皇帝、廟号太祖、陵曰永康。皇考諱昞、（略）襲唐国公、謚曰仁。武徳初、追尊元皇帝、廟号世祖、陵曰興寧。

偽作と傑作との〈あいだ〉

――一九二八と三一年の日華古典名画展開催の意義再考

範　麗　雅

はじめに

今日の情報化社会で、芸術史研究はすでに作品研究という狭い範囲を超え、視覚文化や物質文化というより学際的領域へと拡大しつつある。そのため、作品の真偽を見分ける研究は必要とはいえ、最重要ではなくなった。というのは、真筆は勿論のこと、贋作でさえ、情報の伝播、古代への想像、知識の構築において重要な伝達ツールの一つとなり、一国の社会生活史の研究と外国への文化伝播において大きな役割を担うようになっているからである。これを裏付ける事例の一つは、昨年台北故宮博物院主催の「偽好物：十六至十八世紀「蘇州片」及其影響」という展覧会であり（邱士華他二〇一八）、もう一つは、一九二八年と三一年の日本で開催された「唐宋元明名画展覧会」と「宋元明清名画展覧会」（以下それぞれ唐宋元明展と宋元明清展と称す）である。本稿は先行研究を踏まえ、この二つ中国古典名画展の内容を中心に検討する。展覧会の開催とその図録の刊行が、『国華』の主筆である瀧精一（1873―1945）の中国絵画史認識に変化をもたらし、同誌に発表した彼の中国絵画論が一九三五年のロンドンで開催された「中国芸術国際展覧会」（以下ロンドン展と称す）英国側主催者たちの中国絵画理解に寄与したこと、さらにはそれが戦中と戦後の欧米博物館の中国絵画の蒐集に及ぼした影響などを分析したい。ここから、本稿は両名画展に出展された偽作に言及しながら、これら展覧会の開催意義を再考する。

一　唐宋元明展の開催と日本人美術学者の中国絵画史認識

（1）唐宋元明展と日本人美術学者の中国絵画史認識

唐宋元明展開催のきっかけは、日本人画家・渡辺晨畝《じんぽ》（1867―1933）と北京政府の高官で北方画壇の重鎮でもある金城（1878―1926）の協力を得て実現した、五回にわたる「日華絵画聯合展」（一九二一―二九年）だった。なかでも特に一九二六年の第四回聯合展は、渡辺の奔走により本格的に外務省の「対支文化事業特別会計」から資金援助を獲得でき、これによって第四回展は日中民間芸術家同士の交流にとどまらず、政府介入の国際文化事業へと発展した。主催者も両国画壇重鎮のほか、徐世昌、熊希齢、牧野伸顕、近衛文麿といった日中政界要人も加わるようになり、それが大きな功を奏し、同展の規模と参加人数は前三回より遥かに上回り、大きな成果を挙げた。とりわけ近衛のような皇室とのつながりの深い華族の参加により、宮内省、各帝室博物館および華族から「古渡」、即ち一二世紀後半から一四世紀にかけて日本に渡来した中国絵画の逸品が二年後の唐宋元明展への出展に結びついたものと思われる。

ところが、展覧会終了後、金城は過労で倒れ、上海到着後に急逝した。それによって、聯合展の開催を司る東方絵画協会（正木　一九六五：358、406-408）北京本部の主導権をめぐって金城の長男・金開藩と、金の同僚で北京本部の責任者である周肇祥との間に軋轢が生じた。外務省は東京美術学校校長で同会会長を務めた正木直彦（1862―1940）を渡辺とともに中国に派遣し、両者の間に入って調停に努めたが、成功できなかった。[1]結局、翌年中国で催される予定の第五回聯合展は延期を余儀なくされ、その代わりに中国古典絵画を中心とする唐宋元明展の開催が決定された（鶴田　二〇〇四：1-33、Wong　二〇〇六：100-21、久世　二〇一四：143-89）。

唐宋元明展開催の経緯、内容、外務省の対支文化事業との関わり、各関係者の思惑および日本人の中国絵画観への影響などについては、久世夏奈子がすでに詳細な論考を発表している（久世：143-89）。本稿は同論文を参照しつつ、その概要をまとめた上で、以下に宋元明清展との継続性並びにロンドン展主催者の中国絵画観に与えた影響などを中心に検討し、二〇世紀の国際美術界における中国古典絵画の受容という視点から、同展開催の意義を分析する。

唐宋元明展は一九二八年一一月二四日から東京府美術館と東京帝室博物館で開催されたが、その内容と正式な日程は、東方絵画協会によって同年三月二日に華族会館での会合で決定された。会合に出席したのは、外務省文化事業部長岡部長景（1884—1970）、東方絵画協会会長で展覧会総責任者の正木直彦、および横山大観、川合玉堂、下村観山、結城素明ら画壇の重鎮兼協会幹事のほか、帝室博物館の溝口禎次郎、日本陸軍きっての中国通で聯合展の立役者でもある坂西《ばんざい》利八郎などであった。同展を成功させるために、外務省は渡辺・坂西らを二回にわたって中国に派遣し、清朝皇族、北京政府の官僚、および誕生したばかりの南京国民政府要人の間で出品と賛助を勧誘し、故宮文物をはじめとした中国の公的機関や個人蒐集家が所有する書画の優品を集めようと努めた（正木：593）[2]。その結果、同展の展示品は、これまでの聯合展と異なり、古くから日本にあった「古渡」と二〇世紀以降に流入した中国絵画群（「新渡」）、そして中国側からの出品も加わった三つのグループによって構成されることとなり、日本側のメディアからも熱い注目を浴びた[3]。特に日本側の出品者は宮内省、各帝室博物館、華族、新興財閥家など、政治的にも経済的にも力を持つ公的機関や個人蒐集家であったが、出品作全体の質が高く、逸品ぞろいであった。

それに対し、中国からの出品は玉石混淆で、日本側のものより一段劣っている。そこに北京政府から南京国民政府への政権交代という不安定な政治情勢に加え、この年に発生した済南事件によって引き起こされた中国国内の反日気運などの影響で、明清両朝の宮廷コレクションを所有する北平故宮博物院と古物陳列所が、同展への出品を拒否したという事情がある。宮廷書画コレクションが欠落した状況の中で、中国側の出展作は個人蒐集家の所蔵品からしか得られなかったからであった。

このような日中両国の出展作における質の落差が展示場所、展示形式およびメディアの注目度に反映されている。例えば、一部の評論家は、帝室博物館の表慶館に展示された日本側の出展作が時系列に沿って整然と並べられているのに対し、東京府美術館に展示された中国側の出品は雑然と陳列され、画家の名前と年代の表記にも間違いの多いことを批判している（溝口 一九二八：久木 一九二八）。なかには、フェノロサや岡倉天心の中国絵画観を受け継いだ評論家もいた。田中一松（1895—1983）はその代表である。彼は翌年に発表した展覧会評で、日本側が出展した「古渡」の道釈人物画・花鳥画・山水画を精彩な筆致で紹介し、とりわけ馬遠・夏珪・牧谿・李安忠ら南宋画家による山水画と花鳥画を高く評価したが、「新渡」と中国側の出展作についてはほとんど触れなかった（田中 一九二九：114-23）。その理由として、彼自身が告白したように、確かに中国は元来芸術の国でありながら、贋作の国でもあったため、見渡す限り茫々たる贋作の中からほんのわずかな真跡をいかに見分けるかという難しさがあったことが挙げられる（田中：115）。さらに日本伝存の唐宋時の文物を優位に据え、北宋および元明清代の文人画を見下した彼の目線の裏には、フェノロサと岡倉が『東洋美術史綱』『東洋の理想』で打ち出した見解、即ち中国芸術は唐宋で頂点に達したが、元明以降は衰退し、その後日本の室町美術に継承され、発展してきたとする中国絵画史認識が見え隠れしている（巫 二〇一二：87-132：範 二〇一八：117-70）。

とはいうものの、三三九点にも上る中国からの出展作の中には、徽宗帝、倪瓚、王蒙、沈周、文徴明ら北宋・元明文人画家による傑作も含まれており、その大半は日本で初めて公に展示されたものだった。なかでも特に北京政府の高官だった梁鴻志所蔵の唐・閻立本《歴代帝王図巻》は、その技法が大英博物館の《女史箴図巻》とす

図２　元・王蒙《泉声松韻図》、東京・山本悌二郎旧蔵、現在は所蔵者不明、軸・紙本墨筆、本幅51.4×60cm

図１　元・王蒙《青卞隠居図》（部分）、上海・狄葆賢旧蔵、現在は上海博物館蔵、軸・紙本墨筆、141×42.2cm

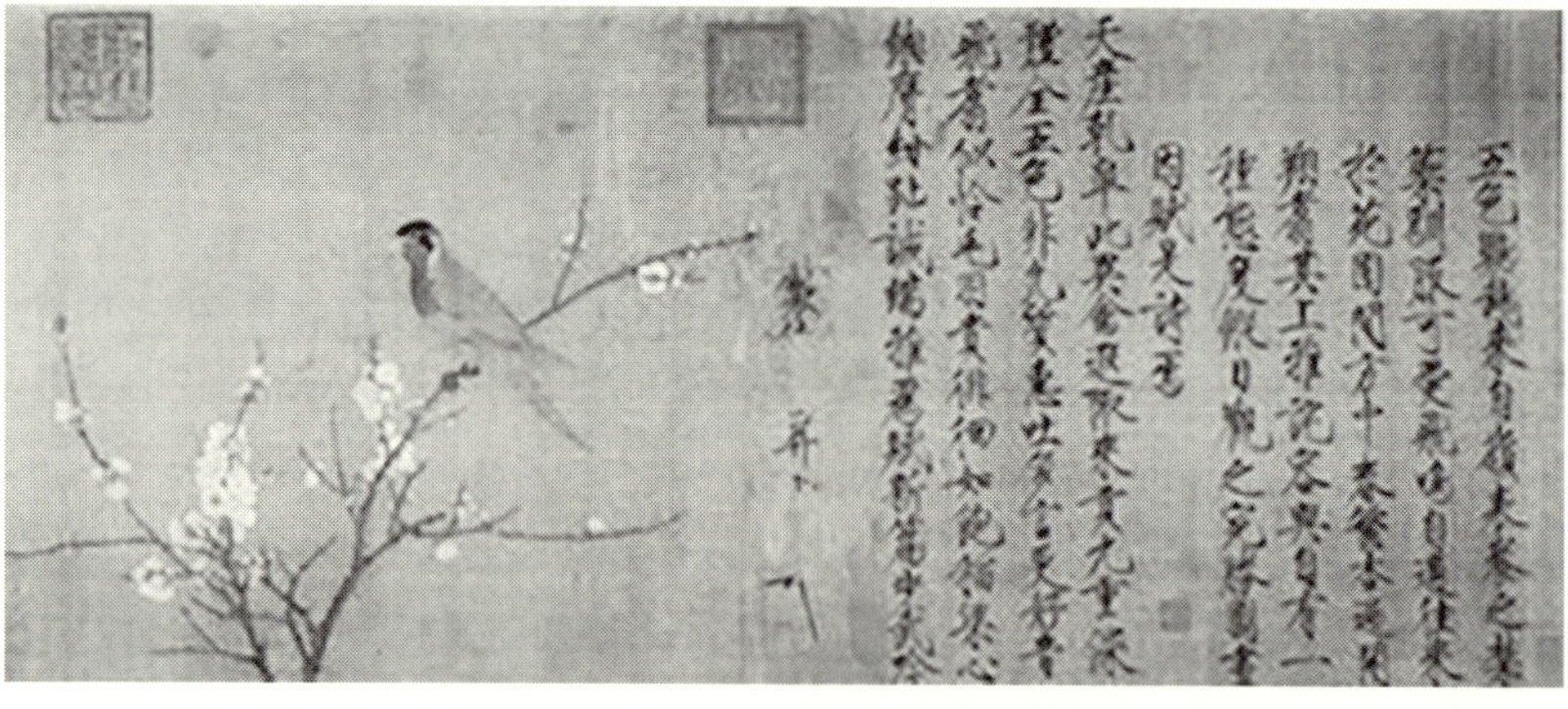

図３　伝北宋・徽宗帝《五色鸚鵡図巻》（部分）、東京・山本悌二郎旧蔵、現在はボストン美術館蔵、横巻・絹本著色、53.3×125.1cm

こぶる近いため、メディアに大きく注目された。[4] また上海の蒐集家・狄葆賢出展の王蒙《青卞隠居図》（図1）と山本悌二郎出展の同じ画家による《泉声松韻図》（図2）は、従来の日本「古渡」にはない、元末文人山水画の代表的な作品であるため、メディアのみならず後藤朝太郎や原田尾山など中国研究専門家からも高い評価を得た（後藤 一九二八：原田 一九二八）。一方、展覧会を訪れた瀧精一も『国華』に寄稿した文章で、山本氏出展の伝徽宗帝筆《五色鸚鵡図巻》（図3）を「珍中の珍」と絶讃している（瀧 一九三〇：63-64）。

（2） 中国古典絵画の受容史からみる唐宋元明展開催の意義

以上のように、一九二八年唐宋元明展の開催は中国側の出展作に対して日本のメディアに賛否両論があり、三一年の宋元明清展ほど、日本人学者の中国絵画史認識を大きく刷新してはいない。とはいえ、二〇世紀以降の日本と西洋における中国古典絵画の受容において唐宋元明展は大きな意味をもつと思われる。その理由は具体的に以下の三点に凝縮されている。

その一つは、清朝宮廷書画コレクションが出展されなかったとはいえ、日中両国公私所蔵の中国絵画を時系列に則り、同じ画家（例えば徽宗帝、王蒙）の作品を一箇所に並べることで、両国学者が画家の画風の変化や、また日本伝存の「宋元画」と中国の宋元画との差異をより明確に認識できるようになり、新たな中国絵画史を構築する契機が与えられた、という点である。このことは、内藤湖南の『支那絵画史』（一九三四）に最も顕著に表れている。久世によれば、同書の「支那絵画史講話」（初出『仏教美術』一九二六年五月―三一年一一月）では、二九年九月の「五代の絵画」以降の記述には、唐宋元明展の出展作を想定した記述が確認されるという（久世 二〇一四：18-89、n166）。唐宋元明展二つ目の意義は、刊行された図録がロンドン展の英国側主催者たちに対して、『国華』『真美大観』『東洋美術大観』に次ぐ、貴重な視覚と文献のリーソスを提供したことである。これを証明する一つの

図４　伝北宋・徽宗帝《鸜鵒圖》
上海・龐元済旧蔵、現在は南京博物院蔵、軸・紙本墨筆、88.2×52cm

好例をここで挙げておこう。

同展に出展された龐元済（字は萊臣、虚齋と号した。1864-1949）の徽宗帝筆《鸜鵒圖》（図４）は、もともと清朝宮廷の所蔵であり、龐が民国初期に購入し、以来龐氏コレクション中の一等品となった。徽宗帝は北宋期の最高の芸術家の一人であるとはいうものの、今日まで伝存された作品は画院画家の代筆によるものが多い。しかし軽いタッチで描かれた《鸜鵒圖》のような小景画は、徽宗帝自身の筆による可能性が高いと言われる。画面に捺された乾隆帝の鑑蔵印、咸豊帝と臣下たちによる題詩は、本図がかつて前清内府の所蔵だったことを物語る。だが、さらに注目すべきなのは、ロンドン展開催中に出版された『中国芸術』という公式の図録にも本作が転載されたことである。編集者は本図をこれまで瀧が『国華』で紹介した他の徽宗帝による作品と比べながら、そこに異なる画風が表れたことを、次のように指摘している。

　本図は、一般的に徽宗帝の名前と結び付ける厳格な写実主義的な花鳥画に欠けている、ある種の躍動感を伝えている。徽宗帝が（『国華』第105号、第386号と第472号に掲載された花鳥画に代表される）厳格なスタイルに別れを告げ、本図および中国に保存されている一部の山水画に見られるような、より自由な画風を発展させていったということはあり得る（Ashton & Gray 一九三五：174）。

これを読むと、唐宋元明展の影響力は遥かに海を越えて、遠く英国人東洋学者の中国絵画理解にまで及んだことがわかる。それだけでなく、時系列に則る同展の展示形式も、後にロンドン展主催者らが同展を企画した際に真似られたのである（範：22-26）。そして唐宋元明展三つ目の意義は、三年後の清朝絵画も正式に加わる宋元明清展の開催を促し、そこでの中国からの出展作が、瀧精一をはじめ日本人美術史学者の中国絵画観に大きな変化をもたらすことになる、ということである。

二　宋元明清展の開催と日本人学者の中国絵画観の変化

（1）宋元明清展の開催

宋元明清展が唐宋元明展をうけて開催されたことは、日華両国の言語で書かれた企画案に表わされている。それによれば、唐宋元明展は日中両国の名跡を集め一堂に陳列し、前古未曾有の偉観を呈しており、鑑賞に来た内外人士は後を絶たない。その図録も遠く欧米各国でも販売され、これによって日華両国の交流を深め、東方美術の精華を世界に発揚するのに役立った。しかし残念なことは、同展には清朝絵画が加わらず、また元明両代の名画も多く漏れた。そのため今回の宋元明清展は、弊国（日本）の収蔵家が競って所蔵を出品するのは言うまでもないが、中華縉紳諸公も秘笈を開き、所蔵の墨寶妙蹟を携え来日を切望するものであるという[5]。この計画を実現させるために、正木直彦は長男・篤三、渡辺晨畝、溝口禎次郎らと共に、自ら中国に出向いたのである。

正木は長年にわたって日本の美術行政と教育の枢要な地位を歴任し、絵画・彫刻や工芸美術の教育と発展に力を尽くしたのみならず、日本を代表して国内外で開催された数々の万国博覧会や美術展覧会の運営にも携わった（藤田他　一九六五：1695-1704：桑原他　一九七七：56-123）。また正木が活躍した明治・大正期では、中国で辛亥革命が勃発し、夥しい書画の名品が日本に流入し、彼はそれらを過眼する機会に恵まれたばかりか、これらを日本に持ち込んだ羅振玉、廉泉ら中国人官僚学者・蒐集家とも親交があった。さらに正木自身も清勁簡雅の書で美文を書き、東洋の伝統文学と芸術に精通している。こうした彼は、田中義一や幣原喜重郎など外務官僚から見れば、二つ中国古典名画展の総責任者としてうってつけの人物であろう（鈴木　一九九六：71-86：一九九九：41-53：杉村　二〇〇九：

37-62)。

正木と渡辺の中国旅行日記をつき合わせて読むと、彼は渡辺らとともに、一九三一年一月一五日に上海に到着、その後日本在外各領事館の協力を得て、宣統帝、熊希齢、徐世昌など清朝皇族や旧北京政府高官からの出品承諾を得たのみならず、蔣介石や胡漢民を中心とする南京政府要人からも、展覧会への政治的な支持をも取り付けたという。しかし、彼らの最大の目当てだった宮廷書画コレクションは、南京政府が一九二七年に制定した文物保護政策によって、前回と同様出展は叶わなかった（正木「旅行日誌」1-18：渡辺「旅行日誌」18-47：張碧恵 二〇一五：27-51）[6]。

とはいうものの、五回にわたる聯合展と唐宋元明展で培われた人脈と情報を土台にし、なおかつ正木の卓越した眼識もあって、彼らは《湖荘清夏図巻》をはじめ中国個人蒐集家が所有する門外不出の名画を日本に出展させることに成功した。例えば一月二七日、龐元済は、『虚斎名画録』『続・虚斎名画録』を正木に贈呈し、もし会場で虚斎名画の特別会場を設置すれば、同図録から展覧会への出展作品を日本側の要望通りに選んで出展すると、自ら正木にアプローチしてきた。このことは、前回中国からの出展作に対する日本側の低い評価を目にして、そこからの名誉挽回をしたいという龐の思惑を反映すると同時に、龐が正木の学識を大変信頼していた証でもある（正木日誌：5-6）。正木はそれを約束し、龐の出展作は期待通りに日本の新聞で大きな話題を呼ぶこととなった（後述）。

龐以外にも、当時江南地方に名を馳せた書画家・蒐集家の呉湖帆（1894―1968）は二月七日に正木を自宅に招待し、清末の金石学者・書画家である祖父・呉大澂から受け継いだ家宝の書画コレクションを見せた。正木は呉の書斎で南宋・高宗帝《臨虞世南真草千字文巻》、董其昌《画禅室小景四幀冊》、文徴明《書画便面冊》などの文人書画を鑑賞した。なかでも《臨虞世南真草千字文巻》に対し、正木は跋文を書き残すほどの愛着を示し、董の

《画禅室小景四幀冊》についても、日誌で「畫禅室小景冊ニテ始メテ董思翁ノ真蹟ニ接シタル感ヲナセリ」（正木日誌：18）と驚嘆している。

こうした正木の抜群な鑑識眼を通して選ばれた出展作に加え、日本の公的機関や個人蒐集家の所蔵をあわせて約四三〇点の中国古典名画を集める宋元明清展が、「満州事変」直前の一九三一年四月二八日から五月一九日まで東京と大阪で開催された。大塚巧藝社から同年七月に出版された『宋元明清名画大観』（二巻）には、正木が跋を、外務省文化事業部長だった岡部が序文を寄せた。同展は駐日公使・汪栄宝を名誉会長に、元内閣総理大臣・清浦奎吾を会長に据え、副会長には正木と岡部とがあたり、委員に日本側の横山大観、川合玉堂、小室翠雲ら画壇の元老と、中国側には徐世昌、蔣介石、張学良、葉恭綽など錚々たる政界名士が名を連ねている。また、北平から金開藩を代表に、上海からは書画家の王一亭を団長とし、張大千、呉湖帆、龐元済などを団員とする視察団も来日した。日本のメディアはこぞって彼らの訪日活動と展覧会の様子を報道し、殊に龐と呉所蔵の文人画に焦点を当てて、手放しで称讃している。[7] 例えば、『国民新聞』は正木の評価を引用し、龐氏の出品作を次のように評している。

今回展観に供せられるものは何れ劣らぬ名作で実に前古未曾有の壮観であるが、その中でも特に見事なのは元の四大家及び清朝初期の四王呉惲の逸品であろう、其他支那随一の所蔵家たる上海の龐莱臣氏が虚斎名畫録廿巻によってその名は世界に名高い虚斎名畫中の最優秀品を出品されることも本会の誇りの一つである。同氏のその御好意に対し本会は特に虚斎名畫室なる一室を設けてその陳列にあてる所存です。[8]

そして、龐と呉の出展作を鑑賞した美術評論家の外狩素心庵は、一九三一年五月二六日から『中外商業新聞』で中国文人画論を連載し始めた（外狩：一九三一）。例えば、初日の論説で彼は清初の画壇で異色な存在だが、「四王呉惲」よりも独創性を備えている八大山人と新羅山人（華喦）の作品が江戸の南画界であまり評価されなかったことを以下のように批判している。

八大山人といい、この新羅山人といい、何れにしても清代の畫家のうちでは最も異色ある存在だった。この頃になってこそ我が国の鑑賞家の間にもこれらの作家の作品がようやくちぐはぐなしに諒解されるようになって来た。いわゆる清代の四王呉惲――その辺の人達の作品に振向けられた我が国の徳川時代における鑑賞的熱意が幾分でもこの八大山人や新羅山人へも融通される事が許されたであろうならば、我が国の文人畫というものは、必ずやもっともっと面白い生き生きとしたものを余計に持ったであろう。[9]

以上の論説や記事から、龐、呉をはじめ中国人蒐集家の文人画コレクションと、辛亥革命以後、日本に流入し、山本悌二郎や阿部房次郎らに蒐集された中国絵画とが、両者セットで展示され、それによって会場を訪れた学者や評論家は、これまで文献上しか知られていない元末四大家や呉派など、本場中国で正統派とみなされる文人画に関する「生の情報」をつかむことができた、ということがわかる。それだけでなく、展覧会自体も大正期の南画復興運動に文献的にも視覚的にも大きな知見を与えた（千葉 二〇〇三：56-68；呉衛峰 二〇〇八：1-26）。しかし、この二つ古典名画展に関する論説に一通り目を通すと、やはり瀧精一が翌年一月に『国華』に寄稿した「北宋の畫跡」と題する中国絵画論は、最も示唆に富む文章である。それは、宋元明清展の会場で宣統帝出展の北宋・趙令穰《湖荘清夏図巻》（図５）を見て触発されたものだが、この論説を機に、瀧の中国絵画史に対する認識に大きな変化があったことが見て取れるからである。

《湖荘清夏図巻》に描かれたのは夏の湖畔の風景であり、画面全体がまるで映画のカメラワークのように展開している。湖の両岸に点在する蓮葉は点描で表されており、鴨がその周辺を泳ぎ、鳥が飛び交い、岸辺の樹叢にたなびく厚い霞の帯と、画面の遥か奥からジグザグに蛇行する水流は、鑑賞者にリズム感、奥行感、そしてぼんやりとした美しさを与える。このような叙情的な画風と優美な筆墨法で描かれた《湖荘清夏図巻》は、同じ作者

図5　伝北宋・趙令穰《湖荘清夏図巻》（部分）、天津・宣統帝旧蔵
現在はボストン美術館蔵，横巻・絹本著色、19.1×161.3cm

による日本伝存の《秋塘図》（大和文華館蔵）を見た日本人観客に親近感を引き起こしたものと想像される。中国絵画史における本図の重要性は、明清両代宮廷の所蔵を経たのみならず、明清の画壇における盟主的な地位を占めた董其昌の称讃を得て、現代の中国語圏および国際美術界で名画としての地位を獲得していったことにある（呉同 二〇〇三：21-22；塚本 二〇一六：595-623、章暉他 二〇一七：162-84）

瀧は「北宋の畫跡」の冒頭で、日本人批評家には、宋画に関しては中国に偽摹が多く、本場の中国よりも日本の方に多くの真跡名品を見ることができると考える者が多いとしつつも、日本所蔵の宋画は主に南宋期の絵画が多く、北宋のものはほとんどなく、しかも南宋画でも院体画や禅僧画ばかりであり、種類においては甚だしく偏っている、と指摘した（瀧 一九三二：3-4）。この見方は、基本的には瀧が一九一一年三月に『国華』に寄稿した論説の主旨を受け継いでいると見ても良い。だがこの時点で、瀧は日本所蔵の南宋画を数多く実見してきた自身の経験に左右されたのか、あるいは当時に流行った通説に影響されたのかは分からないが、いずれにせよ、端方の邸宅で実見した伝北宋・郭熙《谿山秋霽図巻》、伝五代・巨然《長江万里図巻》、伝東晋・顧愷之《洛神賦図巻》を、「日本に於て未だ其同類を見ざりしものにて而かも甚だ秀妙なる作法の古畫」（瀧 一九一一：231）として驚嘆しながらも、年代判定に関してはどれも南宋時代の作としていた。さらに同論説で瀧は、幾度の戦乱や異民族による破壊行為が繰り返されてきた中国には、真筆とされる北宋画が本当にあるかどうかでさえ、疑いの目で見ていた（瀧 229-32）。総じて言えば、唐宋元明展が開催されるまで、瀧の

中国絵画観は基本的に「古渡」的だったと言えよう。

ところで、瀧は「北宋の畫跡」でこのことを振り返りながら、《谿山秋霽図巻》などの絵画を実際に観て、「さすが支那には宋畫に善いものがある。宋初の畫も必ずなくてはならぬと考へた」（瀧　一九三二：5）と述べ、二〇年以上前の中国絵画史に対する自身の認識不足を大いに反省した。これを前提に、瀧は同論説で《湖荘清夏図巻》（《江郷清夏図巻》）を「稀覯の名品」と称讃し、本図の図版全巻を掲載した上で、宋元明清展に展示された他の宋元絵画にも言及しながら、九頁にも及ぶ紙幅を費やして詳しく解説した。

瀧は、《湖荘清夏図巻》がまさに趙令穰の欠点であると同時にその長所でもある「清麗にして柔嫩な筆意」で、北宋の都・開封郊外の閑逸幽遠たる自然の趣を写しながらも、その技法は極めて精密で一種の細密畫《ミニチュア》として見ることができると述べ、まずその芸術的な価値を高く評価する（瀧：6）。さらに彼は、『宣和画譜』や『画継』、董其昌の『容台集』という著録や文集に記載された評価、董と王時敏ら明清文人による題跋、および本画巻に押された乾隆帝の鑑蔵印などを解説し、絵画史における本図の重要地位をも紹介した上で、日本では見られない北宋期文人画の真筆をこの目で見た感動を、次のような文面に表わしている。

> 此江郷清夏圖の巻は、董其昌の裏書きもある有名な品で、大年の作としても類を絶するものと云って差支ないと思ふ。我國にも古く大年の畫と稱するものを傳へているとは云へ、果して真蹟疑なきものがあるであらうか、（中略）此巻の一たび出現するや、他は論ずるの要なきに至ったと云ふも不都合はあるまい。[10]

論説の終わりに瀧は、《湖荘清夏図巻》のような北宋画の優品が数こそまだ少ないものの、日本でも鑑賞できるのは実に慶すべきだと言いながらも、元来日本には北宋山水画四大家（李成、範寛、郭熙、劉松年）の絵画を中心にする純文人系の作例がほとんどなかったため、今日その真跡に接することは難しいが、今後その出現がないとは限らないという期待感を表わしている。と同時にこの論説を機に、中国絵画に対する瀧の評価は、これまで

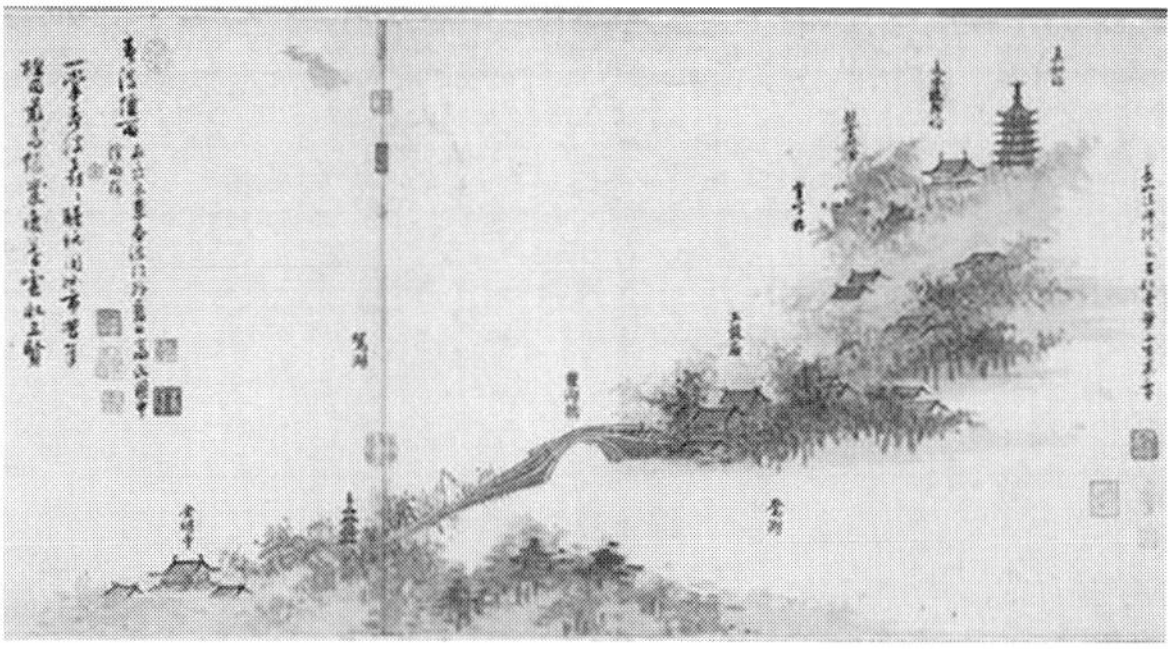

図6　元・呉鎮《嘉禾八景図》（その一：春波煙雨）、台北・林熊光旧蔵、現在は台北故宮博物院蔵、横巻・紙本水墨、本幅37.5×566cm

「古渡」への偏りから「新渡」へと転換し、さらには固より日本にはない北宋や元末四大家の作品をも重視するようになったことが、ここに映し出されている。宋元明清展開催後の翌年七月に『国華』に掲載された「呉鎮嘉禾八景圖巻に就て」という論説は、こうした瀧の中国絵画観の変化を映し出すもう一つの重要な文章である。

《嘉禾八景図巻》（図6）は、元末四大家の一人呉鎮（1280—1354）が《瀟湘八景》をモデルにし、故郷・浙江省嘉興付近の八つの名勝地を描いた作品であり、その後、項元汴や文徴明など、明代の名だたる蒐集家や書画家に所蔵されたことによって、文人画史における名画としての地位が確立された。近代に入って本図は、日本統治時代の台湾から日本にわたり、財をなした資産家兼蒐集家の林熊光（1897—1971）氏から宋元明清展に出展された後、元国立中央大学校長・羅家倫の収蔵を経て、一九九六年から羅の夫人により台北故宮博物院に寄贈され、現在は同博物院の元末文人画代表作の一つとなっている（台北故宮 一九九六：153-56；同二〇一五：158-61）。

展覧会場で呉鎮の真筆を目の当たりにした瀧は、その嬉しい気持ちを抑えきれずに上記の解説文で、「林熊光君所蔵の嘉禾八景圖巻に至っては稀覯の珍品であって、呉鎮の面目真に躍如たるものがある」（瀧 一九三二：194）と称讃している。次に、瀧は《湖荘清夏図》を紹介した時と同様、全巻図版を掲載し、さらに『図絵宝鑑』『容台集』などの文献を引用し、呉の画風を、「その描寫は水墨にして簡素を極め、全く意趣を以て見るの畫であって、疎略なる裡餘韻の嫋々として絶えざるものがある。其處に所謂南畫の源泉を物語りつつ、文人高士畫の特徴を現はしているのである」（瀧：203）と解説している。こうした元末四大家の作品に対する瀧の評価は、一九三四年一月の『国華』に寄稿した黄公望の山水画解説にも表わされている（瀧 一九三四：11-14）。ところで、一九〇一年一月から、瀧が同誌の主筆に就任して以来発表した中国絵画論を調べると、数多くの論説中に元末四大家に関するものは、唐宋元明展と宋元明清展の開催前後に発表された《嘉禾八景圖巻に就て》と《黄公望の江山勝覧圖巻に就て》のみだったことが判明した。そもそも、近現代に至るまで真筆とされる四大家の作例はほとんど日本に入ってこなかったのも主な理由だが、それでも両名画展が、《泉声松韻図》《嘉禾八景図巻》のような真筆とみなされる四大家の傑作を自分の目で確かめる機会を瀧に提供したことは、疑わないであろう。

以上、主に日中両国個人蒐集家の書画コレクションによって構成された唐宋元明展と宋元明清展は、今日の視点から見れば、確かに偽作も少なからず混じっていたとはいえ、その開催を契機に、瀧をはじめ日本人美術史学者は展示会場で、趙令穰《湖荘清夏図巻》、呉鎮《嘉禾八景図巻》、王蒙《泉声松韻図》に代表される、これまで文献上でしか知られていなかった北宋および元末文人画家の名画真跡を実見できた。この経験が彼らの中国絵画史認識に大きな変化をもたらしたのは、上述の瀧の代表的な宋元絵画論を見ても間違いないところであろう。

結び　唐宋元明展と宋元明清展開催の意義再考

中国絵画の受容史と国際展覧会史という角度から、一九二〇年代後半に日中合同で主催した唐宋元明展と宋元明清展の意義を検証すると、実に多層的なるものだったかがわかる。それらは主に以下の五点に要約できよう。

一つ目は、両絵画展の開催によって、「新渡」に対する新評価が近代日本に定着し、それがその後欧米の博物館界にまでも広げられていったことである。一九〇〇年の義和団の乱を発端に、清朝宮廷コレクションを含む貴重な古美術品は大量に欧米や日本に流出した。両絵画展は、唐代から近世・近代に至るまでに日本に渡来した「古渡」「新渡」の展示・紹介の集大成であった。従来「古渡」より評価の低い「新渡」が、展覧会開催中に瀧精一によって『国華』に掲載・紹介され、また展覧会後にその一部（出展作）が国宝や重要美術品として国により指定されたことで、近代日本で高い評価を得るようになったのである（久世 二〇一三：14）。さらに日本国内にとどまらず、《五色鸚鵡図巻》と《湖荘清夏図巻》のような出展作は、その後中国や日本からそれぞれ流出し、ボストン美術館に購入された。このことからも、両名画展を通して「古渡」とは異なる、中国本土に保存された絵画群（その一部は「新渡」として日本に流入）が戦後の欧米博物館界において評価されるようになった端初が窺われる（呉同：22-24）。

しかし私見では、これよりもっと重要なのはむしろ以下の二つ目の意義ではないかと思う。即ち日華両国がそれぞれ欠けている作例を展覧会に出展したことで、両国の芸術家と美術史学者に中国絵画史全体像を提供したことである。彼らが互い門外不出の逸品を一堂に鑑賞でき、これによって文人画の定義をめぐって中国絵画史に対する日本人美術学者の認識を一新させた一方、日本を訪れた中国人蒐集家もまた、これを機に書画鑑定の技量を磨く機会を得たと思われる。瀧精一が前者に当たるなら、後者の好例は呉湖帆であろう。

呉は前述したように、清末の官僚学者で蒐集家でもある呉大澂の孫で、祖父から受け継いだ膨大な書画と青銅器コレクションを守りながら、幼い頃から書画を学んだ。こうした家柄と素養をもつ呉は書画鑑定家としても近現代中国美術史にその名をとどめている。しかし、彼の鑑定家としての名声が確立されたのは、一九三四年に北平故宮博物院の委託を受けて、ロンドン展の上海予備展のために同博物院所蔵の宮廷書画コレクション中から優れた出展作を選考する仕事を通してのことであった（顧他、二〇〇四：3-234：湊二〇一六：13-42）。その詳細は、呉が書き残した二冊の鑑定筆記『目撃編』と『燭奸録』（手稿本、上海博物館蔵）に記されている。これらの記録は、呉は故宮博物院所蔵の夥しい数の書画を鑑定したことで、同博物院初めての海外展の成功に大きく貢献しただけでなく、その仕事は後に故宮博物院（台北と北京）の書画目録編纂の土台となったことをも裏付ける。ところで、呉は日本側に依頼されたのか、もしくは自身の興味からなのかが知らないが、日本で実物と図録両方を見た呉が宋元明清展に出展された日華両国の中国書画を鑑定した記録を残している（手稿本、同上蔵）。一一頁に及ぶ同記録では、呉は趙令穰《湖荘清夏図巻》を「真筆かつ精妙で国宝にあたる」（顧他、207）という高い評価を与え、瀧と同じ見識を示している（顧他、180-213）。ここから窺えるように、三一年の来日と宋元明清展に参加することは、書画家兼鑑定家の呉にとって、極めて重要な経験となったのである。

そして三つ目は、展覧会の開催に伴う図録の刊行が、日華両国の芸術家のみならず、ロンドン展の英国側主催者たちにも貴重な視覚的な資料を提供し、彼らの中国絵画理解にも強い影響を与えた、という点である。これは、前述した徽宗帝《鸜鵒圖》の図版が同展公式の図録に転載されたほかに、松平恆雄（1877—1949）日本駐英大使が一九三二年九月二日、岡部長景の後任である坪上貞二文化事業部長との間で交わした往復書簡によっても証明される。これらの書簡で、坪上部長は松平大使に、大使館の名義で『宋元明清名画大観』をパーシヴァル・ディヴィッド卿の自宅に送付するよう、指示している。おそらく当時外務省は、ディヴィッド卿らがロンドン展開催の計画を中英両政府に持ち掛け、中国駐英全権大使を相手に南京国民政府と交渉しているとの情報を摑んでいたのであろう(11)。

四つ目の意義としては、両絵画展が一国から他国への文化受容において、偽作の効能を再考させる起点となったことである。今日の情報化社会で情報の伝達に伴う可変性によって、作品の真贋を見分ける研究は博物館のコレクション形成には不可欠だが、美術史研究においては必ずしも最重要の課題ではなくなった。というのは、偽作が知識・情報の構築と伝播、異国への想像において重要なルートとなり、一国の社会生活史を研究するのに貴重な視覚史料となりつつあったからである。実際、日華両国から両展に出展された伝称唐宋元の巨匠による作品の大半は、「四王」をはじめ、後世の画家による仿古作である。これらについて、呉湖帆は前出の鑑定記録で、「精妙だが、必ずしも真跡ではない。他人あるいは後世の人による模作である。〔中略〕〔しかし〕もし巧みな贋作者によるものであれば、それも得難い作品である。」（顧他：199）という評価を残していた。呉の言葉を一言で言えば、これらの仿古作は、即ち北宋の米芾が言う「偽好物」であった。今後、こうした「偽好物」は中国美術史研究分野では　ますます重要視されるであろう。

そして最後に、両名画展を身近に見た中国人芸術家自身に、日本を見習い、いかに自国の文化遺産を保護・研究し、そして国際展を通して海外に向けて宣伝すべきなのかを考えさせる契機を与えたのである。金開藩が『湖社月刊』に寄稿した感想文は、それを裏書きする。彼は宋元明清展の開催模様を紹介した上で、展覧会に対して両国政府と民間芸術家とが異なる姿勢を示していることを比べつつ、伝存されてきた書画を含む数多くの貴重な文化遺産をきちんと守るよう、政府に強く訴えた。

このような日本の展覧会は、概ね政府が出資し行われたものであり、しかも日頃から一部の資金を〔展覧会用の〕予算に充て、経常の各種経費とする。これによって、各絵画団体はみな政府に保護され、奨励されている。彼らの資金が不足になると、〔政府〕が援助する。国の宝物や古今画にしても、各団体がこれらを観覧し互いに切磋琢磨するあらゆる便宜を政府が与えている。故にいざ展覧会が開催されると、政令が朝に出され、夕方にすぐ各方面に通達でき、物事が順次に運ばれていく。〔また〕展覧会は本国〔日本〕のみならず、遠い海をわたって海外でも開催される。〔中略〕我ら側はそうではない。政府が〔展覧会〕を奨励かつ援助する能力もないし、絵画界も反対派を排斥することばかりを得意がる。狭隘な地域主義を持ち、異なる学説を排斥する門閥主義が横行し、国際的な視野が全くない。たとえ無理に強がりで文明の古国と称し自慢してみても、その脳と脈がすでに停滞し活動できないのなら、いくら競って向上するべしと論じても意味がない。(12)

金開藩の訴えは、当時在野の芸術家たちの心をよく代弁し、役人の耳に届いたのか、あるいは「満州事変」以降、南京国民政府が国際展を通して、日本の侵略によって危機に陥った中国に対する国際社会からの同情と支持を獲得せねばならぬという必要性を強く感じ取ったのか。ともあれこれ以降、南京政府は美術品を媒介にしてロンドン展に代表されるような積極的な文化外交政策へと、イギリスなど国際連盟の主要な加盟国を相手に方向転換するように、顕著な変貌ぶりを見せていくこととなった。

【付記】　日本語文献から引用する場合、一部を除いて引用文中の旧漢字は原則として常用漢字に改め、年代表記も西暦を採用した。引用文中の〔　〕は引用者による補足説明で、日本語訳は訳者を明記しない限り引用者による。なお、本稿は執筆と修正する際、台北故宮博物院の王耀庭先生と中央研究院近代史研究所の羅久蓉先生より貴重なご教示を賜った。記して深く謝意を表したい。

【注】

（1）　東方絵画協会の成立経緯、北京支部との関係については、以下の資料を参照。渡辺晨畝「第四回日華聯合絵画展覧会ヲ日本ニ開催ニ付　渡支交渉報告書」「日華書画聯合展覧会籌備拡充弁法意見書」「東方絵画協会会則」北京駐在芳沢謙吉公使より田中外務大臣宛電報第一二八三号、一九二七年十二月五日、東方絵画協会東京本部「東方絵画協会北

京本部へ回答案」一九二八年四月四日【外交史料館所蔵（以下同）【H6『展覧会関係雑件・第一巻と第五巻』『東方絵画協会関係一件』所収】。
（2）正木日記のほか、以下の資料も参照。渡辺より木村淳文化事業部第一課長ほか一名宛書簡、一九二八年六月二日：坂西利八郎・結城素明・渡辺より岡部ほか三名宛書簡、六月七日：坂西・結城・渡辺より岡部ほか三名宛書簡、六月一八日：坂西・結城・渡辺より岡部ほか三名宛書簡、七月五日：坂西・渡辺より岡部ほか三名宛書簡、七月一九日：坂西利八郎・渡辺晨畝「上海ニ於ケル日誌」八月三日：坂西・渡辺より岡部ほか二名宛書簡、一〇月七日：渡辺より岡部ほか二名宛書簡、一〇月一五日：矢田駐上海総領事より田中外務大臣宛電報第六六三号、一九二八年九月二七日：坂西より岡部宛電報、九月二八日【H6『展覧会関係雑件・第四巻』所収】。
（3）これについて、【H6『展覧会関係雑件・第四巻』】に収録されている当時の新聞記事や論説の切り抜きを参照。
（4）【H6『展覧会関係雑件・第四巻』】に収録されている新聞記事や論説を参照。
（5）日華古今絵画展覧会「日華聯合展覧会呼びかけ」一九三一年一月：「日華古今絵画展覧会開催趣意書」二月四日（【H6『宋元明清展覧会雑件・第八巻』所収】）宋元明清展の正式名称は「日華古今絵画展覧会」であり、日中現代絵画も出陳された。本稿は論述の都合により、古典画のみに限定する。
（6）同上所収。
（7）宋元明清展の開催模様、展覧会評および王、金一行らの訪日活動については、【H6『展覧会関係雑件・第八巻』】に収録されている新聞記事や論説を参照。
（8）匿名「日華協会で名畫展覧会　二十八日から上野二ケ所で」『国民新聞』一九三一年四月一六日。
（9）外狩「日華展の後に誌す（二）」『中外商業新聞』一九三一年五月二六日。
（10）瀧精一（無外生）「北宋の畫跡」一四頁。
（11）松平駐英大使「宋元明清名画大観領収ノ件」一九三二年九月二日：文化事業部から在英大使館宛「宋元明清名画大観送付ノ件」一九三三年二月一日【H6『展覧会関係雑件・第八巻・宋元明清名画大観刊行』所収】：拙著『中国芸術というユートピア』一七〇―九〇頁。

(12) 金開藩（金潜庵）「金潜庵赴日感言 日華聯合展及宋元明清畫展之我見」『湖社月刊』第四十四冊、一九三一年七月、九―一〇頁。

【文献一覧】


巫佩蓉「二十世紀初西洋眼光中的文人畫：費諾羅沙的理解與誤解」『藝術學研究』第十期、二〇一二年五月、八七―一三二頁。

邱士華、林麗江、賴玉芝編『偽好物――十六至十八世紀「蘇州片」及其影響』台灣・國立故宮博物院、二〇一八年。

久木今作「唐宋元明畫展所感（一）（二）（三）（四）（五）」『都新聞』一九二八年一二月一〇日―一四日。

久世夏奈子「『國華』にみる古渡の中国絵画：近代日本における「宋元画」と文人画評価の成立」、「外務省記録にみる「唐宋元明名画展覧会」（一九二八年）」『日本研究』第四十七号、二〇一三年三月、五三―一〇八頁：第五〇号、二〇一四年九月、一四三―八九頁。

桑原実監修／磯崎康彦、吉田千鶴子共著『東京美術学校の歴史』大阪・日本文教出版、一九九七年、五六―一二三頁。

呉衛峰「内藤湖南の南画（文人画）論への一考察――明治・大正の時代背景との関連を中心に」『東北公益文科大学総合研究論集』第十四巻、二〇〇八年六月、一―二六頁。

顧音海、宗彦焱著『呉湖帆的芸術世界』上海・文匯出版社、二〇〇四年、三―二三四頁、
呉同編著／湊信幸翻訳監修『ボストン美術館蔵：唐宋元繪畫名品集』ボストン美術館、大塚巧藝社、二〇〇三年、図八、九、「図版解説」二二―二四頁。

章暉、白謙慎「《湖莊清夏圖》在晚明和清初的遞傳與意義流變」『国際漢学研究通迅』第十五期，二〇一七年一〇月、一六二―八四頁
杉村邦彦「正木直彦と『十三松堂観摩録』」『書道文化』第五巻、四国大学書道文化学会、二〇〇九年三月、三七―六二頁。

鈴木洋保「廉泉の日本における活動――収蔵家としての行跡をめぐって」「小万柳堂と澄懐堂法帖」『書学書道史研究』第六号、一九九六年五月、七一―八六頁：第九号、一九九九年五月、四一―五三頁。

國立故宮博物院編輯『羅家倫夫人張維楨女史贈書画目録』台灣・國立故宮博物院、一九九六年、「図版」四六―五三頁、「書画録」一五三―五六頁：同『天寶九如：九十年来新増文物選粹』同上、二〇一五年、二五八―六一頁。

瀧精一「徽宗皇帝筆桃鳩圖解」、（節庵）「支那畫に對する鑑識の變化」「傅郭熙筆渓山秋霽圖」「端方氏所蔵の古美術」、「徽宗皇帝筆水仙鶉圖解」、「徽宗帝御筆五色鸚鵡圖巻に就て」、（無外生）「北宋の畫跡」、「呉鎮嘉禾八景圖巻に就て」、「黄公望の江山勝覧圖巻に就て」『国華』第一〇五号、一八九一年二月、五六―五七頁：第二五〇号、一九一一年三月、二三一頁、二三九―四〇頁、二四九―五二頁：第三八六号、一九二二年七月、九―一〇頁：第四七二号、一九三〇年三月、六三―六四頁：第四九四号、一九三二年一月、三―四頁：第五〇〇号、一九三二年七月、一九四―二〇四頁：第五一八号、一九三四年一月、一一―一四頁。

田中一松「支那古名畫展を觀て」『中央美術』第一五八号、一九二九年一月、一一四―二三頁。

千葉慶「日本美術思想の帝国主義化：一九一〇～二〇年代の南画再評価をめぐる一考察」『美学』第五四巻第一号、二〇〇三年六月、五六―五八頁。

張碧恵「南京国民政府期における文物保護政策――「北平文物」の南遷を中心に」『次世代論集：早稲田大学アジア研究機構「次世代アジアフォーラム」研究成果報告論文集』第八号、二〇一五年三月、二一七―五一頁。

塚本麿充著『北宋絵画史の成立』東京・中央公論美術新社、二〇一六年、五九五―六二三頁。

鶴田武良「日華（日中）絵画聯合展覧会について―近百年来中国絵画史研究七」『美術研究』三八三号、二〇〇四年八月、一―三三頁。

範麗雅著『中国芸術というユートピア：ロンドン国際展からアメリカの林語堂へ』名古屋大学出版会、二〇一八年、二二―二六頁、一一七―七〇頁、一七〇―九〇頁。

正木直彦著『十三松堂日記』第一巻、東京・中央公論美術社、一九六五年、三八五頁、四〇六―四〇八頁：「正木直彦年譜」藤田圭雄、隈元謙次郎編『十三松堂日記』第四巻、一六九五―一七〇四頁。

溝口禎次郎「博物館四代畫展に就いて」『東京日日新聞』一九二八年一一月二一日：一一月二五日：一一月二七日。

凌利中「近現代書畫鑒定學科的奠基者――呉湖帆與二十世紀上半葉的書画畫鑒蔵活動」（上海博物館編『呉湖帆書畫鑒蔵

特集Ⅰ』上海世紀出版集団、二〇一六年、一三一—四二頁）。
Ashton, Leigh & Gray, Basil 1935: *Chinese Art*, London: Faber and Faber, p. 174, Plate 62.
Wong, Aida Yuen 2006: *Parting the Mists: Discovering Japan and the Rise of National-Style Painting in Modern China*, Honolulu, Hawai'i: University of Hawai'i Press, pp. 100-21.

【図版典拠一覧】

図1　唐宋元明名畫展覧會編輯『唐宋元明名畫大観』第三巻、東京・大塚巧芸社、一九三〇年、図十三。
図2　東京美術学校文庫編輯『唐宋元明名畫大観』第一巻、東京・大塚巧芸社、一九二九年、一八七頁、図四十五。
図3　前掲『唐宋元明名畫大観』第一巻、一九三〇年、図四〇。
図4　同上図四十三。
図5　日華古今繪畫展覧會編輯『宋元明清名畫大観』第一巻、東京・大塚巧藝社、一九三一年、図七。
図6　『国華』第五〇〇号、一九三二年七月、図三。

［コラム］文化伝播の経糸と緯糸——絣（かすり）織り文化の世界史における伝播経路

江口久美

本コラムの位置付け

筆者は、「うつわ」に汲まれつつ「うつり」ゆく情報の変質の問題に対して、情報化社会を迎えた現在、今一度新たな視線を向ける必要があると考えている。本コラムでは、「情報伝達の恒常性と可変性」の問題に対して、人類が古くから育んできた織物文化に焦点を当てる。織物は単なる衣類としての機能に留まらず、その伝播の歴史を通じて、技法や紋様といった情報を保存し、それらを変化させていった。本稿で対象とする絣は、その中でも特に特徴的な織り方と紋様を有し、世界的に伝播した歴史がある。まさに、「映しと移ろい・文化伝播、器と接触変性」を代表する存在であるとも言えよう。

本稿では、絣の伝播経路の整理と現地調査報告を行い、「情報伝達の恒常性と可変性」の実際に迫る試みを行う。

筆者を研究代表者とした共同研究チーム[1]は、二〇一七年度より絣文化の学際的な価値を、進化系統学・都市工学・心理学の新たな視点で再評価し、伝統文化の持続可能な発展に関する提言を行うことを目標として活動している。本稿は、筆者の研究担当部分における既往研究の整理及び現地調査から明らかになった、絣文化及び伝播経路の概要、現状に関する情報を整理したコラムである。

一　絣の定義と現状

絣とは、「経（たて）糸か緯（よこ）糸、あるいは双方の糸を染め分けて絣糸（まだらに染めた糸）をつくり、この絣糸で柄をあらわしながら織り上げたもの。

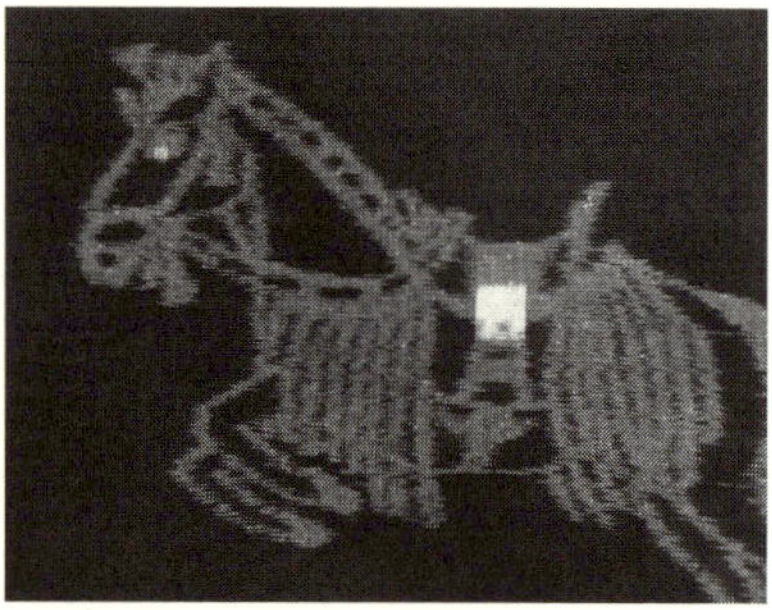

左図１：久留米絣の伝統柄雪降り（筆者私物を筆者撮影）
右図２：国指定重要無形文化財技術保持者森山絣工房の絵絣（馬の目と鞍の一部のみ経絣）（筆者私物を筆者撮影）

柄がかすれて表現されるのが特徴で、絣の美しさもそこにある。」[2]とあり、この技法により平織で織られた布のことである。平織とは、「経糸と緯糸とを一本ずつ交互に組織していく、もっとも単純な織り方」である（中江克己、二〇一三）。

絣には、経糸のみを染め分けた経絣（図1）、緯糸のみを染め分けた緯絣（図2）、経緯双方の糸を染めわけた経緯絣（図3）が存在する。経絣は、世界中多くの地域で見られる。技法の特性上、緯絣は、日本の絵絣に見られるように比較的自由に図柄を表現できることが特徴である。経緯絣の生産が現在のところ確認されているのは、日本、インドネシア、インド、中国、グアテマラである。[3]

日本民藝協會は、一九三一年から一九五一年にかけて発行していた雑誌工藝においても度々表紙に絣を用いており、[4]柳宗悦はその美しさについて「実際これらの絣類には醜いものが一つとしてないといい得るでしょう。」[5]と述べている。

一方、久留米絣を例にとると、絣産業は衰退している。昭和初期の最盛期には、年間約二二〇万反の生産量を誇り、その後、昭和二〇年代から三〇年代末にかけて、一二〇万反を超える最後の生産量のピークを迎

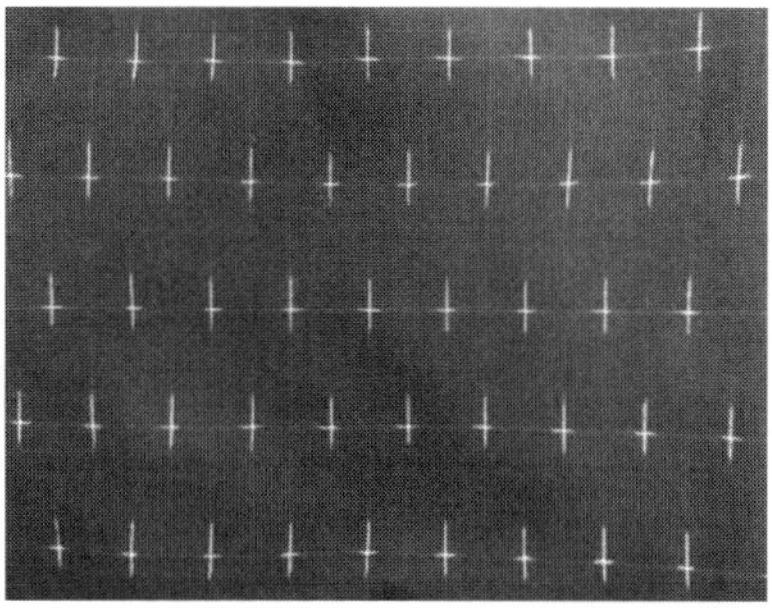

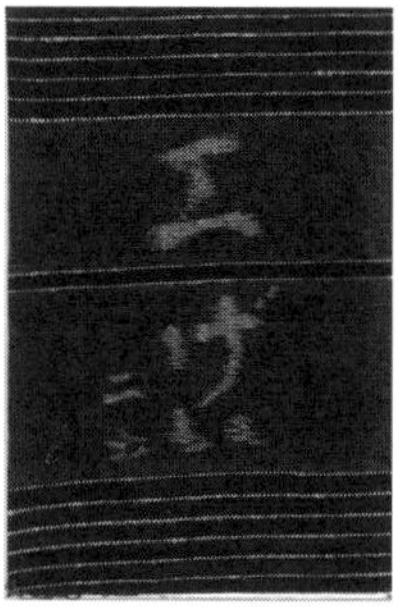

左図３：森山絣工房の経緯絣（筆者私物を筆者撮影）
図４：日本民藝協會、『工藝』、26、日本民藝協會（1933）、の表紙

えているが、平成にかけて減少の一途を辿っている[6]。当時の生産者の分布図を見ると、一九六九年の時点で一六一軒の織元が確認できるが[7]、二〇一七年現在では二六軒に減っている[8]。なお、経済産業大臣により指定されている伝統工芸品のうち、「絣」の名称がつくものは、伊勢崎絣、久留米絣、十日町絣、弓浜絣、琉球絣の五点である[9]。

二　絣の伝播ルートとアジア・日本

絣は、インドで発祥し[10]、インダス河流域で形を整えたと考えられている（図5）。インド北西部のラジャスタン州及びグジャラート州で格調の高い絹絣が織られており、パトラと呼ばれる経緯絣は、近世の重要な交易品であった[11]。

絣は、インド人の植民やヒンドゥー教及び仏教の伝播とともに東南アジアに広まった。スマトラ島北部のトバ・バタック族の木綿経絣が古い形態として知られている。また、カンボジアには、天然染料を使用した伝統絹織物として、森本喜久男氏のクメール伝統織物研究所（IKTT）により一九九六年より復興された経絣が存在する（図6）。

日本の絣の根幹は、一五世紀頃にジャワなどから琉

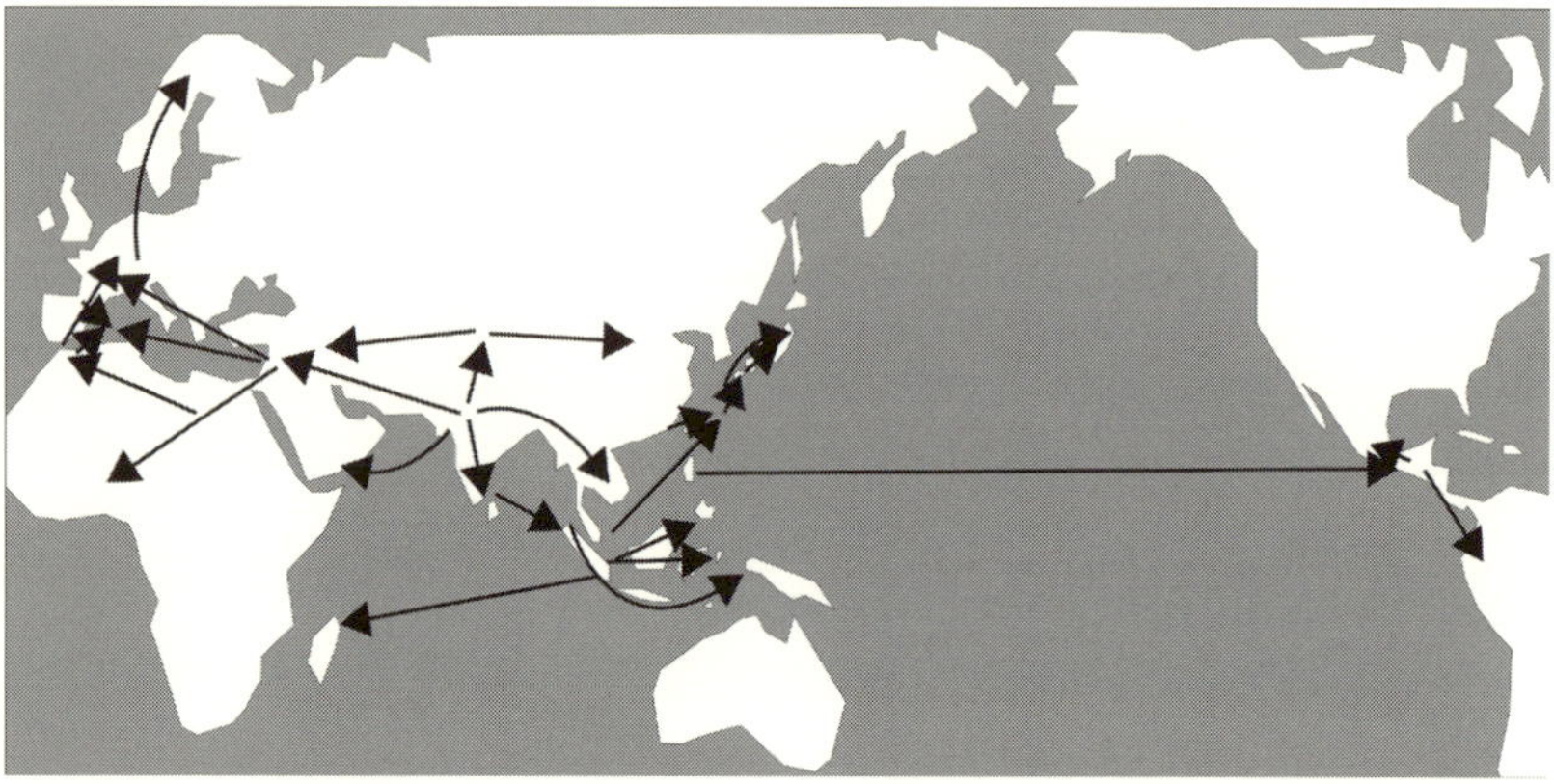

図５：岡村吉右衛門の構成による絣の伝播主要ルート想定図（出典：藤本均、『絣の道』、毎日新聞社、（1984）、岡村吉右衛門、「インドの染織／世界の絣」『染織の美』、初夏、京都書院（1984）、pp.85-86を参考に筆者作成）

図６：IKTT の絹絣（筆者私物を筆者撮影）

球にもたらされた絣である。[12] 一七世紀前半に琉球から貢納布として、本土に薩摩絣が伝えられた。その後、来歴には諸説あるが、一七九八年頃、久留米藩の井上伝が「加寿利（かすり）」を考案し、[13] 藍染の木綿絣の伝統が生まれた。これにより、昭和前半期にかけて民芸的な絣が流行したのである。現在でも、伊予絣、備後絣とともに日本三大絣として知られている。なお、久留米絣の標準的な生地幅は三八㎝である。

三 フランスのシネ・ア・ラ・ブランシュ

インドやトルコ、インドネシアなどで生産された絣は、一八世紀初頭に東インド会社によりヨーロッパに運ばれ、宮廷衣装として貴族婦人に流行した。[14] 特に、私的な集まりのサロン文化の発達に伴い、「軽い」イメージを持つ衣装の生地素材として人気を博した。こうした絣は、シネ・ア・ラ・ブランシュ（chiné à la branche）と呼ばれ、リヨンの織物工場で生産され、ヨーロッパで流行した。なお、ikat chaîne（経絣）、ikat trame（緯絣）、ikat chaîne et trame（経緯絣）という区別が文献上みられた。[15]

シネ・ア・ラ・ブランシュを好んでいた人物として、フランス国王ルイ一六世王妃、マリー＝アントワネット（Marie-Antoinette d'Autriche :1755-1793）が挙げられる。一七八二年の彼女の衣装の生地見本帳がフランス国立アーカイヴに残されている。[16] 見本帳は二五ページに渡り、各ページに数点ずつの生地見本が貼り付けられている。彼女が好んだパステルカラーの細かな柄の絣が施された生地が多く見られる。また、同じくフランス王族で、マリー＝アントワネットと親しかったエリザベート内親王（Élisabeth de France :1764-1794）の一七九二年の夏の生地見本帳も残されている。[17] 二二ページの見本帳の中には、やはり絣と思われる生地が散見される。

近年、久留米絣の製造販売を行なっている有限会社野村織物が、マリー＝アントワネットの生地見本帳の復刻版から生地二点を選出し、木綿の久留米絣として復刻した（図7）。現在この生地を使用したもんぺが、マリー・アントワネットの絣として筑後のアンテナショップうなぎの寝床より販売されており、彼女のセンスは現代でも十分に通用していることが伺える。また、この細かい柄を復刻するには高い技術が必要とされており、当時のリヨンの織物工場の技術の高さが伺える。なお、オリジナル版の生地は絹で製作されていた。

現在のフランスにおける絣の生産状況について概観

図７：野村織物により復刻されたマリー・アントワネットの絣の一つ（筆者私物を筆者撮影）

を述べておく。まず、二〇一八年一月二日から四日かけて、研究チームによりフランス・リヨン市において現況に対する聞き取り調査を行った。

一月三日のリヨン市一区のシルク産業アトリエ（L'Atelier de Soierie）における聞き取りでは、現在このアトリエにおいて製作される生地の主流は、シルクスクリーンであることが明らかになった。シネ・ア・ラ・ブランシュの技法で新規の生地が製作される機会は、ヴェルサイユ宮殿におけるインテリアの修復などでタシナリ・エ・シャテル社（Tassinari et Chatel）が行う場合などに限られることが判明した。同社の絹織物に詳しい文献にも、シネの技法として紹介されている。[18]

続いて、一月四日のリヨン市四区区役所における第一副市長アンヌ・ミニョット（Anne Mignotte）氏への聞き取りでも、リヨン市におけるシルク産業はほぼ衰退していることが明らかになった。同区に位置するクロワ＝ルス地区は、一九世紀にカヌ（Canut）と呼ばれる絹職人による産業で栄えていたが、現在はその産業も下火となっている。カヌは、クロワ＝ルス地区の手仕事の織物職人を指す名称であり、現在でもその名が知られている。一九七〇年に織物組合が設立した[19]カヌの家（Maison des Canuts）が現在も残されており、絹製

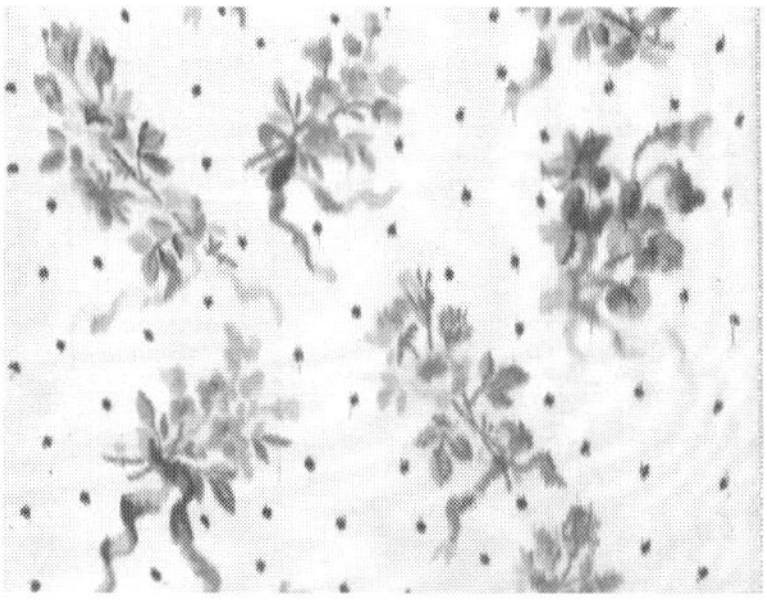

左図８：デッドストックのシネ・ア・ラ・ブランシュ（筆者私物を筆者撮影）
右図９：1980年代のクリスチャン・ラクロワのシネ・ア・ラ・ブランシュ（筆者私物を筆者撮影）

品の販売の他、資料や織機などの展示が行われている。

次に、いつ頃までシネ・ア・ラ・ブランシュがフランスにおいて生産されていたかを探るため、一月八日及び一三日にデッドストックの衣料・生地を扱うパリ一八区クリニャンクール蚤の市のシェ・サラ（Chez Sarah）において調査を行った。店内には、工場が倒産した時にまとめて買い取られた、リボンと呼ばれる多くの生地見本中にシネ・ア・ラ・ブランシュが散見された（図８）。店主のサラ・ローゼンバウム（Sarah Rozenbaum）氏への聞き取りでは、一九世紀末から二〇世紀初頭の生地がメインであることがわかった。様々な柄が見られたが、ほぼ経絣であり、マリー＝アントワネットの時代にもよく見られた水彩画のような花柄やバラの柄も散見された。また、刺繍などと組み合わされたものもあり、これが当時から続くフランスのシネ・ア・ラ・ブランシュの特徴であると考えられる。また、一九八〇年代に製作されたクリスチャン・ラクロワのスーツにシルクのバラ柄のシネ・ア・ラ・ブランシュが使用されていることも確認できた（図９）。

一方、シネ・ア・ラ・ブランシュの技法は、一八二〇年頃に生まれたアンプレッション・シュル・シェーヌ（impression sur chaîne）という糸を括らずに染める

図10：壁紙用のシネ・ア・ラ・ブランシュ（筆者私物を筆者撮影）

技法に一九世紀中頃に置き換えられ、完全に消滅したという記述もあり（Tassinari 2012）、今後さらなる調査が必要とされている。

最後に、一月一三日にパリ一八区のサン・ピエール市場において現在生産されているシネ・ア・ラ・ブランシュについて調査を行った。その結果、確認できた主なものは、壁紙用に刺繍と組み合わされたもののみであった（図10）。

四　メキシコのレボッソ

エルナン・コルテス（Hernán Cortés :1485-1547）によるアステカ征服後、スペイン人により太平洋を横断する黒潮を利用した航路が発見され、一六世紀から一九世紀までアジアとメキシコ間でガレオン船による交易が行われた。マニラからは肥前磁器などの陶磁器や絹織物[20]、メキシコからは銀が交易品となった。この交易により絣が南米にもたらされたと考えられている。

メキシコにおける絣はレボッソ（rebozo）と呼ばれる房のあるショールの形態を取っている。標準的な生地幅は約七〇㎝で長さは二ｍの経絣である（図11）。レボッソの中には、絣ではないものも存在する。なお、絣を示すハスペ（jaspe：スペイン語で大理石の斑紋様を意

左図11：レボッソ（筆者私物を筆者撮影）
右図12：工房周辺の町並みと張られた糸（筆者撮影）

味する）という言葉も存在するが、こちらはあまり使用されていないようであった。[21] レボッソはメキシコの伝統衣装であり、メキシコの独立記念日には女性がレボッソを身につける。また、日常的には赤ちゃんの抱っこ紐などにも使用されるとのことであったが、今回の滞在中に町で着用している人はあまり見かけなかった。

絣産業の現状を探るため、研究チームで二〇一八年二月二三日に産業の中心地であるメキシコ・メヒコ州テナンシンゴ・デ・デガジャド市のレボッソ・テナンシンゴ及びレボッソ工房において、聞き取り及び視察を行った。テナンシンゴはメキシコシティから約一〇〇km南西に位置する人口約一〇〇万人の市である。現在のレボッソの主要な産地であり、毎年九月にはレボッソ・フェスティヴァルが開催されている。

レボッソ・テナンシンゴのオーナー・マルガリータ・ハルドン・アギーレ（Margarita Jardon Aguirre）氏によれば、レボッソの生地部分は男性が製作し、房の部分は女性が製作する分業制が取られている。生地部分は産業のメインとしては足踏み式織機で織られ、一日にレボッソ六つ分に当たる一二mが織られる。一方、腰織機により織られる高価なレボッソも存在するが、この場合は二m織るのに三ヶ月を要する。また、房の柄が複雑になるほど、高価になるとのことである。視察した工房は、家庭内手工業の形態を取っており、街中で糸を干す工程が行われている点や（図12）、ディブホと呼ばれるローラー状の器具を使用して糸への墨付けの工程が行われる点が特徴的であった。ハルドン氏は、最近レボッソを利用したカバンなど新たな商品開発にも力を入れている。

五　おわりに

絣文化は長い歴史的に世界中に伝播したグローバル商品でありながら、現地の文化に適応しながら現在も様々な進化を遂げ、息づいていることが分かった。まさに、各地の文化を映し出しながらあいだを繋ぎ、文化伝播の器となってきた存在であると言えよう。しかしながら、今回訪問したフランスとメキシコで状況は全く異なった。メキシコではまだ昔ながらの文化が保たれながら、現代に適合した新たなレボッソのかたちを模索している状況が浮かび上がった。一方、フランスでは一八世紀に確立されていたシネ・ア・ラ・ブランシュの高い技術が、現代的な産業としてはほぼ失われ、修復のための技法として保存されているのみであった。

日本の絣文化の状況は、この二国のあいだに位置している様に思われる。伝統的な技術を凍結的に保存していくのか、それとも現状に合わせて柔軟に進化させて行くのか、伝播してきた文化の器の変容のあり方について、これから考える時期にさしかかっていると言えよう。

「情報伝達の恒常性と可変性」に関する理論的考察・理論的成果としては、絣という織物の「うつわ」に含まれた技法や紋様という情報は、交易を通じて「うつし」が世界各地に行われ、現地の材料や文化によって変容し、伝統文化として根付いてきたことが指摘できるが、その現状は、日本、フランス、メキシコで大きく異なっていることが明らかになった。今後、「うつわ」である絣を後の世代にいかに「うつし」ていくべきか、早急に考える必要があると言えよう。

「情報の恒常性と可変性」という見地からは、絣の例は、共通の技法によって支えられた情報は恒常性を保ちながらも、表現としての情報、すなわち柄に人の選択性が介入した際、および技法を支える植物染料などの変化が起こった際などに可変性を生まれるという認識上パラダイムを提案できると考えられる。

【注】

（1）平成二九年度九州大学QRプログラムより研究助成を受け、江口久美、久保裕貴、須藤竜之介、布施健吾、岡本真祐子により共同研究「絣文化の評価に関する学際的研究」を行ってきた。
（2）中江克己、『日本の伝統染織事典』、東京堂出版、（二〇一三）、一九一、二〇〇頁。
（3）岡村吉右衛門、「世界の絣について」、『絣の道』、毎日新聞社、（一九八四）、一七一―一七八頁。
（4）藤本均、「絣資料覚え書き」、『絣の道』、毎日新聞社、（一九八四）、二二六―二三〇頁。
（5）柳宗悦、『手仕事の日本』、岩波書店、（二〇一七）、二四〇頁。
（6）高向嘉昭、「九州伝統織物産業の生成と展開」、『九州産業大学商經論叢』、三七（3）、九州産業大学商経学会、（一九九六）、一―二五頁。
（7）久留米絣技術保存会、『久留米絣』、久留米絣技術保存会、（一九六九）、四二頁。
（8）http://www.jibasankurume.jp/
（9）三宅和歌子、『日本の伝統的織りもの、染めもの』、日東書院、（二〇一三）参照。伝統工芸品の中には、「絣」の名称を冠さないが、八重山ミンサーなど絣の技法を含むものもある。
（10）江口久美、久保裕貴、須藤竜之介、布施健吾、岡本真祐子、「絣文様の単位分類に関する一考察」、『天然の色―天然染料顔料会議報告二〇一七』、天然染料顔料会議（NDPC）（二〇一八）、一八―二七頁。
（11）岡村吉右衛門、「インドの染織／世界の絣」、『染織の美』、初夏、京都書院（一九八四）、四〇―八八頁。
（12）岡村吉右衛門、「日本の絣」、『染色の美』、初夏、京都書院（一九八一）、一―七二頁。
（13）中江克己、『日本の伝統染織事典』、東京堂出版、（二〇一三）、四三―四六頁。
（14）伊豆原月絵、「18世紀フランス宮廷衣裳の織物の復元に関する研究：シネの技術」、『大阪樟蔭女子大学研究紀要』、2、大阪樟蔭女子大学（二〇一二）、三―一四頁。
（15）Bernard Tassinari 2012: *La soie à Lyon*, Lyon: Editions Lyonnaises d'Art et d'Histoire, p.89, pp.115-117
（16）Éditions Réunion des Musées Nationaux 2007: *Gazette des atours de Marie-Antoinette*, Paris: Éditions Réunion des Musées Nationaux

（17）1792: *Gazette des atours d'été de Madame Elisabeth* (AE/I/6/3, Armoire de fer ; Carton n° 8: Louis XVI, Marie-Antoinette et Mme Elisabeth, Archive National)

（18）Jean-Pierre Planchon 2011: *Tassinari & Chatel*, Saint-Rémy-en-l'Eau: Éditions Monelle Hayot, p.451

（19）https://www.maisondescanuts.fr/

（20）野上建紀、「ガレオン貿易と肥前磁器」、『上智アジア学』、23、上智大学、（二〇〇五）、二三九—二六〇頁。

（21）吉岡常雄、「メキシコ　グァテマラ」、『世界の絣』、紫紅社、（一九七五）、三二—三七頁。

ここでビーヴァーのダムに戻ってみよう。木材を編んだダムは、この齧歯類が樹木を歯で切り倒し、それを素材に拵えた生態系ネットワークだった。その網の目は水流を完全には堰き止めず、あくまでダムの水量と流れだす流量とを適当に調節することを任務とする。ダムの木材のほうに実体を見るか、それともそこに貯蔵されつつ絶えず流出する水の側に実体をみるべきなのか。だがそのいずれも、ビーヴァーの営みを正確に理解したものとは言えまい。

器と内容といった発想は、ビーヴァーのダムを理解するモデルとしては、不適切である。かつてその不適切さを科学哲学者のカール・ポパーは「バケツ理論」と揶揄したはずだ。それに代わって、ここでは「ザル理論」を提唱してみたい。適当に中身が漏れる粗雑なモデル、という自嘲を込めた言葉だが、それだけではない。知識一般の形状、さらに知識の移転を語る場合、我々は無意識のうちにバケツ状のモデルに頼りがちだ。むしろネットワーク、ウェッブという比喩の可能性をさらに突き詰める必要がありはしないか。それもネットを形成する素材にばかり注目するのではなく、むしろネットの穴、ウェッブの隙間に着目したい。

稲賀繁美「器と中身」モデルから布状組織による転写モデルへ
知識の移転をめぐる異分野交流の実験より——ゲッティンゲンの会議から（3）
『図書新聞』三二三〇号（連載一五七）二〇一五年一一月一四日

第2部 《枠組》と選択的透過性——「バケツ理論」から「ザル理論」へ

ベトナム漆画の誕生——技術と美術の弁証法

二村淳子

ハノイの北西には、漆の里フートー（富寿）がある。この土地の漆を用いた絵画「ベトナム漆」は、一九四〇年代以降、ベトナムを代表する絵画ジャンルとなっており、ベトナム語ではSơn Mài（ソン・マイ）という。本来は「漆砥ぎ」という意味で、漢字標記では「磨漆画」、仏語ではlaque poncéeと訳される（Trân 1977）。異なる素材が重ねられ、それが研ぎだされることで独特の表現が生まれるので、この名称が選択されたわけだ。ベトナムの大地に根差した画材であり、湿度に弱い油画に比べて強い耐久性を持ち、作品を後世まで伝えられるという利点が漆画にはある。

このベトナム漆画に関する書籍や展覧会カタログには、判で押したように繰り返されている言説がある。それは、漆画が仏領時代にインドシナ美術学校の教師や学生たちが改良を重ねて現在のような形になったという「誕生物語」と、それまでベトナムに存在していた漆藝《ソン・ター》Sơn Taとは別もので、漆画《ソン・マイ》は美術作品であるという位置づけである。

だが、この漆画誕生物語は不完全に思われる。工藝作品ではなく美術作品であるという漆画の位置づけも再考すべきではないだろうか。なぜなら、漆画という存在自体が、工芸／美術と峻別でき得るものではなく、相互依存的な存在であるように思えるからだ。

このような観点から、本論は、ベトナム漆画の創出過程を記述しながら、工藝と絵画のあいだについて考察を行う。本書におけるキーワードである〈うつわ〉と〈うつし〉を、漆の技術面と美術面に当て嵌めつつ、新ジャンル誕生という一つの文化伝播現象について省察していきたい。

一　ベトナム漆画誕生史

近代以前のベトナム漆藝

ベトナムにおける漆（Rhus succedanea）の使用は古く（臺灣總督府中央研究所林業、一九三七）、その起源に関しては論者によって異なる。また、「漆」と言っても、日本・中国・朝鮮半島の主成分はウルシオール、ベトナムの漆の主成分はラッコールであり、日本や中国の漆工技術をそのままベトナム漆に適用するわけにはいかない。日本のものに比べ、ベトナムのものは、熱には弱いが透明感に富むと言われている。

後に紹介するト・ゴク・ヴァン（Tô Ngọc Vân, 1906-1954）の演説にもあるように、ベトナムにおける漆藝は、ベトナムの生活に根差した実用品としての面が強かった。そこに絵画的なものがなかったわけではない。伝統的なベトナムの漆装飾は、螺鈿・箔絵などの中国風のものが多く（加藤　一九九六）、貝象嵌の技術に関しては、細やかな職人技が施されていたという（石河　一九一六）。しかしながら、漆における装飾は、「定形化されたもの、象徴的意味を持つ工藝的モチーフが繰り返し描かれてきた」（Trân 1977）だけで、新意匠や創作意欲はほとんど見られることはなかった。

ト・ゴク・ヴァンの演説

ベトナム漆画の「誕生」において最も有名なものに、ト・ゴク・ヴァンが一九四八年の文化講演で行った次の演説がある。

ベトナム漆《ソン・ター》の技術は、中国漆《ソン・タウ》と同様、漢代までさかのぼる〔中略〕。この生漆は、わが国〔ベトナム〕ではフートー地方で非常に多く生産されており、中国や日本でも販売されている。一九三一年以前、ベトナムの漆藝は、中国の漆や日本の漆と同じく物の表面を覆うことでそれをより豪華にするためのものとして、お盆、小箱、下駄などの日用品、香炉置き台などの仏具、食器、対句や漢字の壁掛け、屏風などの装飾品に使用されていた。色彩は主に、伝統的な紅色、黒、茶、茶褐色、金、銀であった。つまり漆の用途は装飾のみに限られていた。〔中略〕どの国も、漆の原料を漆藝での伝統的な使い方以外に冒険的に探究・使用し、漆の更なる可能性を引き出すことで美術的尊厳を高める道を模索することを思いつかなかった。

しかし一九三一年以降、一部の才能ある画家たちが熱心に探究し、油彩を捨て、「ソン・マイ」に移行したことによって、ベトナム漆は束縛された世界を飛び出し、絵画という巨大な道に毅然と立ち、更に見知らぬ世界へと進んだ。小箱や下駄を超えて高価な額縁に入った絵画となり、物を装飾するための手段から藝術家の魂を表現する独創的な手段となり、油絵を圧倒するほどになった。過去の忘却と共に「ソン・ター」という控えめな名前は「ソン・マイ」に改められていった。（Tô Ngoc Vân 1948）

この演説には、漆画が工藝から純化したものであるということに焦点が当てられており、漆画誕生におけるフランスの貢献は一切語られていない。「一部の才能ある画家」が漆画を作りだしたとされているが、その画家の代表がベトナム漆画のパイオニアとして位置付けられているグエン・ザー・チー（Nguyên Gia Trí 1908-1993）（図1、2）だ。「Nhât Trí, nhì Lân, tam Vân, tu Cân（一番目はチー。二人目はグエン・トゥオン・ラン。三番目はト・ゴック・ヴァン。四番目はチャン・ヴァン・カン）」と言われるように、グエン・ザー・チーは、ベトナムが生んだ四天王画家の一人に数えられ、「ベトナム現代漆画の父」とも呼ばれている。彼が他の作家に比べて傑出した漆画家とされているのは、彼が、装飾ではなく、観賞されることを第一義とした自律的な絵画を志向したからである。当時ハノイにいたフランス人ジャーナリストのクロード・マウドは、一九四四年に「漆藝術家、グエン・ザー・チー」なる記事を書き、「漆を絵画の域に引き上げた」とグエン・ザー・チーの功績を称賛しているが、「引き上げる」というマウドの表現には、絵画のほうが漆藝品よりも格が高いという純粋造形志向が透けてみえる。

アンガンベルディの漆アトリエとジョンシェールの学校改革

だが、八月革命（一九四五年）以前は、漆画誕生の最大功労者は、インドシナ美術学校の教師ジョゼフ・アンガンベルティ（Joseph Inguimberty, 1896-1971）（図３）であるというコンセンサスがフランス側にはあった（太田 一九四一：23-40）。

アンガンベルティは、ハノイの文廟で漆の美しさに開眼し、漆研究会を二六年にインドシナ美術学校で開いたとされている（二六年ではなく、二八年という説もある）（Boi 2005: 124）。アンガンベルディの研究会に呼ばれた漆職人ディン・ヴァン・タン（Đinh Văn Thành, 1898-1977）の存在も忘れてはならないだろう。一九三二年に、ハノイのインドシナ美術学校の生徒だったチャン・ヴァン・カンの下絵に、最初の漆研ぎ出しの試みを行った人物がこの漆職人だったのだ（Viet Chung 1980:97）。ベトナム漆画の塗膜の透明感のある厚みは、松脂を漆に混ぜることを思いついた彼であった。

アンガンベルディは、漆の重要性に気付き、「漆アトリエ」を開いたものの、彼自身はプロデューサー的な役割を演じたのみに留まった。このアトリエで実際に漆を用いて作品を作っていたのは、アリックス・エイメ（Alix

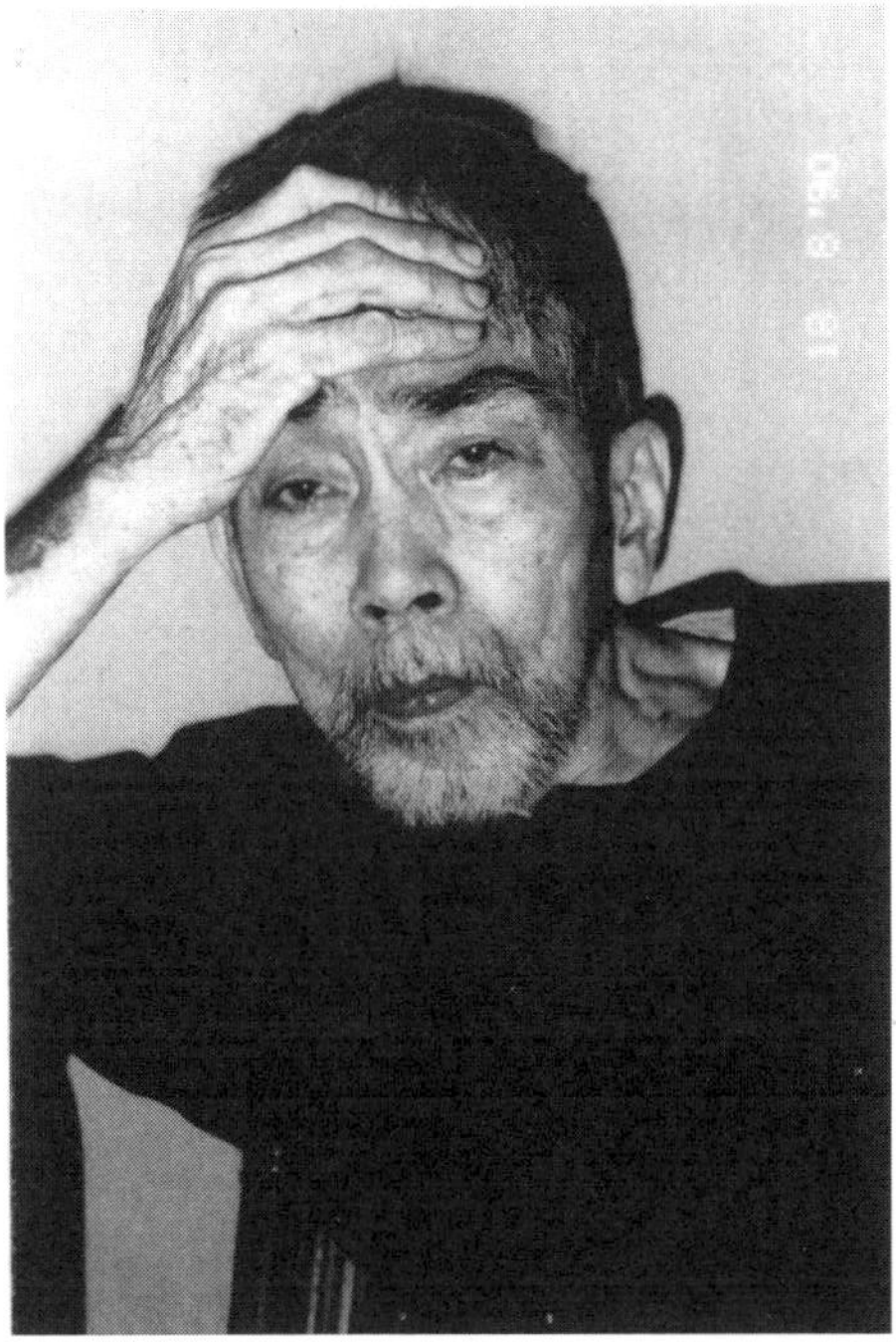

【図1】 グエン・ザー・チー

【図2】 グエン・ザー・チー《ホアンキエム湖の少女たち》1939年頃、漆、板、110×212㎝

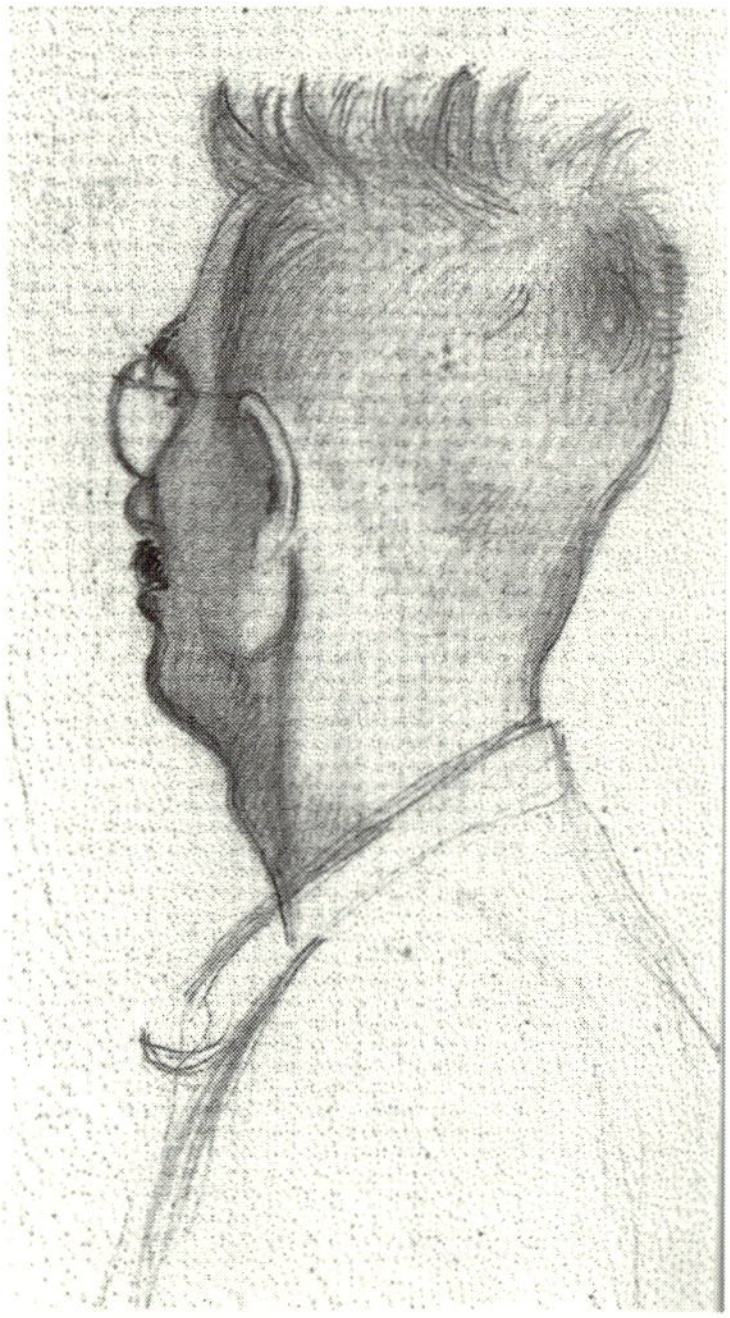

【図３】　ジョゼフ・アンガンベルティの自画像

【図４】　アリックス・エイメ（1920年）

Aymé, 1894-1989）（図４）である。（この人物エイメに関しては、次節に後述したい）。

一方、二代目インドシナ美術学校長のエヴァリスト・ジョンシェール（Evariste Jonchère, 1892- 1956）の功績も決して小さくない。彼は、一九三八年に漆を「必須科目」として制度化した。まず、ジョンシェールは、美術学校を「インドシナ美術・応用美術学校（École des Beaux-Arts et des Arts Appliquées de l'Indochine)」と改名した。当時のシラバスを読むと、ジョンシェールは「漆」を、「絵画」と「彫刻」と同格に配置し、漆科の生徒にきめ細やかなカリキュラムを用意している。解剖学、絵画、彫刻、図案、建築、それに美術史といった各分野の知識を漆科の生徒たちに吸収させたうえで漆制作を行うように構成されているのだ。漆の技術だけでなく、フランス人側から見て好ましいと感じられる意匠ができることを目標として五年間の漆コースは設計されている。炭研ぎ、蒔絵、平文、木屎漆、鹿の角粉磨きなどの技術のほか、極東の伝統的視覚資料と自然界の双方から下絵案を描くタスクが、コースの学生には毎日一時間課されていた（Giraud 1942 :146）。

また、三八年にジョンシェールとアンガンベルディは卒業生からなる「インドシナ美術家組合（La coopérative

【図５ａ】　ファム・ハウ《馬と山水》1939年頃、160×60×98㎝、漆家具、個人蔵

【図５ｂ】　ファム・ハウ《馬と山水》（右側）

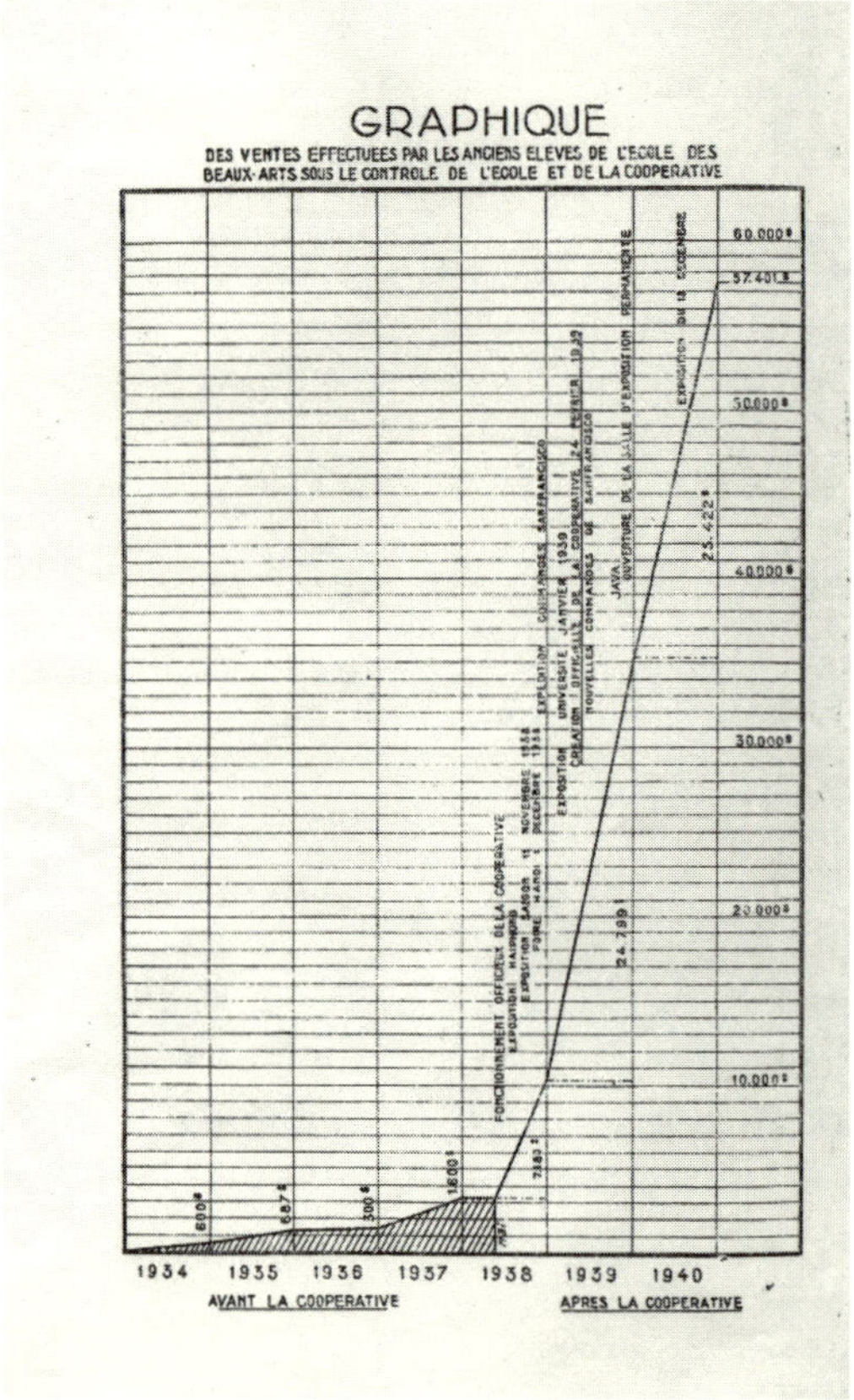

【表A】　インドシナ美術学校学生たちの売上グラフ

des artistes Indochinois)」を私財で作り、同年のサイゴンの展覧会で二十二作もの漆屏風を売り、翌年のサンフランシスコの国際見本市にも数点漆屏風を出展している（谷内 一九四三b、a :246）。一九四〇年に行われたハノイの美術学校での展覧会では、グエン・ザー・チーの室内装飾パネルや、山水表現で定評のあったファム・ハウ（Phạm Hậu, 1903-1995）の簞笥（図5、6）、ラック・クレールと呼ばれる新着色法の技術を駆使したグエン・ヴァン・バイ（生没年不明）のコロマンデル屏風などが展示されていた（GGI :1941）。これら作品はジョンシェールやアンガンベルティの監督下で作られたものである。ジョンシェールの改革は経済的には目覚ましい成果を上げ、漆作品の売上げは、一九三四年から一九四〇年の間で四十二倍にも膨れている【表A】。ファム・ハウの作品《馬と山水》（図5）は、家具の表面に書かれたものだとはいえ、色のバランスといい、構図にしろ、観賞するに申し分ない。

以上に述べた「ベトナム漆画史」から浮上するのは、インドシナ美術学校でベトナム漆画が誕生したというストーリーであり、これが現在流通されているベトナム漆画誕生史となっている。だが、実際には、インドシナ美術学校創立（つまり一九二五年）以前から、漆画の技術はベトナムにおいて研究・開発されていた[(1)]。また、フランスや日本においても新しい漆装飾や漆画の試みが行われており、こうした事実も考慮されるべきではないか。例えば、フランスでは、ベトナムの漆工をアトリエに抱えていたジャン・デュナン（Jean Dunand, 1887-1942）は、漆画の制作を既に一九二〇年代に行って世界的名声を得ている。日本では松岡太和らによる日本漆絵協会の活動もあった。そして、フランスと日本とベトナムの三点をつなぐように活躍していた女性漆画アリックス・エイメ（Alix Aymé, Alix de Fautereau, Alix Hava, 1894-1989）の存在もしかるべく考慮すべきだろう。次節では、漆工藝と漆画のあいだを再考するためにこれまでのベトナム漆画誕生史から抜け落ちていた人物や事象を補いたい。

二　アリックス・エイメ、石河壽衛彦、石河浩洋

ドニの弟子、アリックス・エイメ

アリックス・エイメは、まだ「学科」として成立していなかったアンガンベルディが開いたインドシナ美術学校の「漆アトリエ」で実験的な試みを繰り返していた女性教師である。女性作家であることや、インドシナ美術学校に常勤していなかったことで存在が過小視されているものの、漸く近年では再評価の動きがみられるようになった（Lacombe & Ferrer 2012）。

極東にやってくる前のエイメは、ナビ派のモーリス・ドニ（Maurice Denis, 1870-1943）の弟子としてドニの宗教美術画塾アトリエ・ダール・サクレ（Ateliers d'Art Sacré）[(2)]に所属し、シャンゼリゼ劇場の天井画制作をドニとともに手掛けている。彼女は、藝術のための藝術という自己目的としての絵画を疑い、藝術家と職人が枝分かれする以前の中世・初期ルネサンスにおける工房の在り方に共感していたようだ。美術の大伝統に反旗を翻したナビ

【図６】　アリックス・エイメ《ヴェトナム女性とその子供たち》制作年不明、漆、37×50㎝

派の精神を受け継ぎ、卑近な日常の一場面を愛情込めて描き、ボナールのような室内装飾としてのパネル画なども好んで手掛けた。また、ドニ同様に宗教画も手掛けている。

彼女は、一九二〇年に上海に、二一年にはハノイへと居を移し、三一年に小説家マルセル・エイメの実兄、ジョルジュ・エイメ将官と再婚した。彼女が一九四九年に執筆した「漆の技術」によれば、「インドシナ美術学校は、一九三〇年から手法と技術を模索し、漆工藝の新たな躍進を成し遂げた」(Aymé 1949 : 54-56) という。ここには、漆画という新技術が、集団的に、漸次的に発展していったという了解がある。そんな彼女の漆画作品は、どれもベトナムの子供や女性の姿が優美なタッチで描き出されている（図６、７）。なかでも《二枚扉の家具》（図８）はエイメの漆画技術の高さを裏付ける作品であり、蒔絵の手法と卵殻細工が重要な表現となっている。エイメは、漆という画材に反近代の精神を見出し、次のように述べている。

人間の居場所を機械がますます占める時代において、美しい漆というものは、物質と精神の素晴らしい共同作業を実現しようと厳格で気難しい技術に無視無欲で帰順できる人々の英知を証明してくれる。(Aymé 1950 : 73)

【図７】 アリックス・エイメ《安南の家族》制作年不明、漆

【図８】 アリックス・エイメ《二枚扉の家具》制作年不明、140×102×38㎝、漆、金、卵殻、個人蔵

気難しく、一筋縄ではコントロールできない漆画を作る行為は、エイメにとっては、経済至上主義に支えられている二〇世紀の物質文明への一種のレジスタンスであったわけだ。

一体、エイメは、どのようにしてこうした一連の漆画の技術を習得したのだろうか。エイメがモーリス・ドニに宛てた書簡には、ハノイの日本人を頼ったとある。

私は、［ハノイの］職能学校にて授業を一コマ担当してい

【図９】　松岡太和
松岡太和　《帯》1934年、漆、46.6×36.5㎝

ます。また、将来、生徒養成のために、ある日本人と一緒に、漆について研究をしている最中です。美しい、漆の装飾パネルができるでしょう。漆は安南の産物ですが、安南では、現在まで、非常に不適切に用いられています。その日本人は、私に木版とアクアチントについてのアドバイスもしてくれます[3]。

残念ながら、一連の彼女の手紙にはその日本人の名前は記されていないが、後述するハノイ在住の漆作家、石《いし》河《こ》壽《す》衛《え》彦《ひこ》（明治二九年蒔絵科卒）（吉田 二〇〇九：127）の可能性が高い。また、エイメは、仏印滞在中、筆者が確認できた限りだけでも少なくても三度は（一九二八、三一、三六年）は日本に足を運んでおり（Société des amis de Marcel Aymé）、「日本の漆装飾に夢中になっていた」（Shimizu 2012：54）という。

エイメが訪れた二〇年代後半から三〇年代までの日本は、漆藝界が最も大きく動いていた時期である。一九二七年に帝展に工藝部が設置され、「无《む》型《けい》」グループの台頭に代表される新たな様式と表現への試みがあった。松田権六が「照国丸」や「靖国丸」といった船の内装の一部に蒔絵を試みたのも、台湾漆器「蓬莱塗」なるものが発展していったのもこの頃である。漆の彩色技術も大きく発展し（白石 一九九六：120）、漆藝家の小岩俊が外国人向けの艶やかな光沢をもつ「玉虫塗」なるものを発明したのが一九三二年であった。

また、一九三五年には松岡太和（1894―1978）が「漆絵の独立宣言」を発表し、その翌年には日本漆絵協会を創立している（図9）。「漆絵こそ今後の日本で大成されなければならない、日本的な新画技」であり、「純正美術として漆絵を描くには、この彩漆を自分のものとして自在に扱えなければならない」と松田は述べている（松岡 一九三五：31-32）。純粋美術のためには技術をしっかりと体得することが条件であると強調する松岡の意見は、物質と精神の融合をめざすエイメの主張と共鳴する。ハノイと日本とほぼ同時期に純粋藝術としての漆画の試みが企てられていたのは単なる偶然なのだろうか。

ハノイの石河壽衛彦と石川浩洋

再び石河壽衛彦の話題に戻ろう。ドニに宛てたエイメの手紙には、エイメがハノイ職能学校（École professionnelle de Hanoi）でデッサン教師をしていたという証言がある。その学校には日本人が地盤を固めた漆科コースがあった（吉田 二〇〇九：127-128）。その日本人とは、東京美術学校漆科の卒業生、石河である。[4] また、石河と一緒にハノイに渡ったもう一人の日本人藝術家が石川浩洋（明治二七年鋳金科卒）である。石川も石河同様に東京美術学校の卒業生であるが、鋳造科の出身である。ロダンとの交友を持ち、岡倉覚三に推薦されて渡越した石川は一流の鋳造作家だったが、彫刻家としても知られ、ベトナムでは漆も手掛けていた。昭和十五年に執筆の回想録「佛印滞在四〇年」には「私は、向かうに行って、鋳物と漆器をやることになった」と書かれている（石川 一九四〇：126）。ただし、石川がどの程度漆藝を行っていたのかは不明だ。

フランスの海外文書館には、彼らがハノイ職能学校において欠かせない存在であったことを証明する資料「ハノイ職能学校の日本人藝術家に関して」が残っている（Harmaud 1903）。それによれば、彼らと学校との契約は当初二年間だったが、学校は予算枠外の高報酬を支払い、二人の任期を更新させることに成功させたという。その文書には、彼らの存在が「必要不可欠」であると記されている。

一九一〇年代に発行された『インドシナ年報』には、石河壽衛彦は、学校の「漆アトリエ長」と記されている。彼の正確な仏印滞在期間は不明だが、彼は教師の任期を満了した後もハノイに滞在し、一九一〇年に「南亜商会」なる会社を創り、蒔絵と髹漆の制作、及び一般美術品の輸出入に従事した（東京美術学校　一九一〇：9）。当時、石河には菊池市之介というアシスタントがいたようだ（湯山　二〇一一：376）。

大正五年（一九一六）に石河が執筆した「インドシナ地方の貝象嵌と髹漆」からは、ベトナム工藝に対する彼の愛情が伝わってくる。その中で、彼は「意匠」こそがベトナム工藝を前進せしめると述べている。そして、その「意匠」は作り手がやるべきだと言う。

近来は佛国人などの嗜好に依って、図のアッサリしたものや、所謂渋い細工をもするようになっては居るが、今一層進んで、意匠の方面に力を注ぐやうに希望するのである。之はもちろん製作者側に於いて、大いに意を用いなければならぬ筈だ（中略）仏国側から奨励するとか、或いは此の地方の工藝学校あたりで大に骨を折るとかしたら可からうと思ふのである。（石河　一九一六：21）（下線は筆者による）

また石川のほうも、「図案」は作り手本人がやらねばならぬと、石河と同様の主張をしている。

且中々に図案の潮勢すさまじき由、新聞などにても見受け申候得共是等図案家としての奨励は、真に慶すべく、不可慶様側観愚考致申候、如何にとなれば、事実工藝家に非ざる図案家の図案なるものは、誠に製作上に困難なるのみならず、元来自分自身にて立案致候ものすら、尚実地製作に当たりて意の如くなるものに非ず、況や他人の立案せるものをや。迚も図案科の意匠即精神は吾人が取りて以って之を見はずこと能はず、所謂皮想のものと相成り候。是を以て若し工藝発達の為に、図案業の盛大となれば、是れ即工業美術家は、一の機械的職工となり、自分の精神感情も見はすこと出来ざるのみならず、又図案科の精神感情も見はす能はざる様に立至り申間敷哉と疑ひ居申候。〔中略〕請ふ美術家としての我同窓諸氏よ、各自の取る所の技藝に向ひて、各自の能力と思想とを以て、図案を専攻せられむことを。（石川 一九〇二：82）（下線は筆者による）

重要なのは、石河も石川も、デザインと技術は切り離せないと主張している点だ。そんな彼らがハノイで最初に取り組んだことは、日本の漆とは性格が異なるベトナム漆の研究と新技術の獲得だった。

一九四二年のベトナムにおいて漆調査を行った谷内治橘によれば、ハノイには日本人によって伝習された漆の装飾技術が普及しており、ハノイの漆工たちの間中で共有されていたという。それは、「乾燥を迅速にするため」、砂糖水、グリセリン、アニリンをある一定の量、漆の中に混入させ、その後に「透明漆（スン・ジャウ）を濾過して後蒸気で加湿したスン・テプ（Son thep）と称する漆を含ませた細筆で」絵付けをし、「この漆が乾燥せぬうちにピンセット様の鋏で金箔、銀箔、錫箔などで被ふ」方法だという（谷内 一九四三：203-204）。

この装飾技術が石河の発見であることを示す直接の証拠はないものの、次に述べるマルセル・ベルナノーズの証言とすり合わせると、やはり、石河の業績であろうと思われる。

ハノイに居を構える日本の漆師による新たな指導によって、必然的に漆作品は産業藝術になりえた。漆の日本人教師たち［石河ら］は、数年間、ハノイ職能学校で教鞭を握っていた。学校を離れてからもハノイに残り、現地人漆師が働くアトリエを開いた。ある種類の東京《トンキン》の漆作品すべてが純日本的な性格を有するのはこのような理由からである。その「種類」とは、あらゆる漆箱、象嵌と漆塗［装飾］パネル、漆の画である。

（Bernanose 1922：124）

「ハノイに居を構える日本の漆師」といえば、当時湖街45番（45, rue de Lac）（石河 一九一〇：36）に住んでいた石河のことであろう。この「日本人漆師」によって、「漆の画」がハノイにもたらされ広く流布していたということがベルナノーズの文章には明言されており、同様の証言がアンリ・グルドンの記事「安南藝術について」にもある（Gourdon 1914：561）。ベトナム漆画に最も詳しい研究者カン・ヴェトは、インドシナ美術学校においては、日本の蒔絵研究が行われていたと証言している（Quang 2006：176）。

三　工藝と美術の屈曲点

漆藝と漆画のあいだ

ここまでの議論で、漆藝が工藝から絵画作品へと移行するその「あいだ」に、以下のことが確認できた。

まず、ハノイ職能学校に招聘された石河によるベトナム漆のための蒔絵技術開発があった（来越した一九〇二年から一九一〇年の間と推定される）。この石河が考案した蒔絵技術は、一九一〇年代にはハノイの漆工の間で「日本式」として普及していた。

そして、一九二〇年代にその蒔絵技術を受け継いだエイメが絵画に限りなく近い箪笥や室内装飾パネルや室内漆画を制作していた。日本とフランスとベトナムを往来したエイメは、フランスや日本の漆の造形の趨勢をベトナムに持ち込んだと考えていいだろう。

その一方、インドシナ美術学校のアトリエでは漆職人ディン・ヴァン・タンが、彩色に適した塗膜の改良を行い、一九三四年にチャン・ヴァン・カンとともに最初の研ぎ出しの試みを成功させた。さらにジョンシェールの漆藝プログラムによって、明るい色の漆技術（ラック・クレール）やコロマンデル技法（款彩）[5]などが定着していき、エイメ同様、ファム・ハウらが箪笥や家具などに表現力溢れる画を描くようになる。そして、一九三九年、グエン・ザー・チーが個展を開き、絵画としての漆画を披露する。「漆画の父」であるチーの存在は、このような一連の実験と経験の上にあるわけである。

また、漆画は、グエン・ザー・チーに代表される純藝術への志向と、エイメに代表される装飾藝術への志向が交差する中で生まれたことも判明した。エイメはアカデミーの枠にはまらない、日常空間に彩りをあたえる実用物としての装飾パネルや屏風を意識的に制作した。タブローから装飾へというフランス美術の「近代化」の流れのなかに身を置いていたエイメに対し、ベトナム画家たちは、装飾からベトナム民族の精華としての絵画へという、その逆の流れの「近代化」を作りだす冒険の真只中にいた。

手仕事の思想

同じアトリエで、異なる志向のベクトルが交じわる中、思想や国境を越えて、彼らが共有していたものがある。それは、複雑で長い時間を費やす地味な手仕事に向き合い、漆技術を自らのものにするという営為だ。

かつて、石河は「製作者側に於いて意匠を工夫せよ」と説き、石川も「各自の取る所の技藝に向ひて図案を専攻せられむ」と訴えた。エイメは、糸紡ぎするガンディーやクラフトマンシップを説くウィリアム・モリスのように手仕事に哲学的価値を見出した。また、ファム・ハウやグエン・ザー・チーは、初期には職人ディン・ヴァン・タンに支えられながらも根気強い研究を重ね、漆技術を身体に染み込ませた。

矛盾しているように感じられるが、純粋美術に比べて劣るとされていた手仕事の術を究めることが、職人と美術家とのボーダーを越えるための「鍵」になっていたわけである。グエン・ザー・チーは、手探りによる地道な技術開発を何度も繰り返すことによって、装飾から画家への道を渡った。エイメは、手仕事に精通することによって、知的エリティスムを越えようとした。グエン・ザー・チーもエイメも、それぞれの制度から解放されようとして、手仕事に向っていた。

なぜ、手仕事なのか。そこには、近代化・効率化がもたらしたモノに対する価値の変遷が時代背景としてあったはずだ。安価な大量生産物の流通や、国策としての工藝の産業化。使いやすさや丈夫さではなく、趣味良いデザイン（石川や石河の言葉では「図案」や「意匠」）というものが購買を左右するようになり、デザイン発案者と作り手との分業化も進む。刹那的な利益が目的となってしまった大量生産時代、手仕事や工藝の価値がみるみるうちに希薄になっていく。そのなかで、漆という大地に根差した自然物——しかも、その工程は油画とは比べられないほどに手間も時間もかかる——と向き合うことは、藝術家として自らを意識する者たちの挑戦的な営みであったのではないか。モダニスム進行中のベトナムの一九三〇年代において、合理化や西洋化に遡航するかのように、試行錯誤を繰り返して漆の技術を体得していくことは、科学文明や西洋中心の価値に頼らない自分だけの感覚と美意識を鍛える行為だったのではないか。眼や頭にではなく、手にこそ創造力が宿るという信念が、彼らの矜持となっていたはずだ。

おわりに

一九四〇年代のト・ゴク・ヴァンやマウドがそうだったように、現在においても、ベトナム漆画における工藝からの純化を賛美する傾向がみられる。だが、実際に画家たちの戦術となり、境界線を揺るがしたのは、着想や理想といったイデーでも、アカデミックな古典的秩序でもなく、むしろ、卑下されていた手仕事や職人的な技術であったのではないか。

職人の領域とされていた技術的な手仕事と、人文学の領域としてみなされてきた精神的な美術。本来、この二つには優劣はなく、その対立によって互いに分かち難く結び付いている存在だ。漆画と呼ばれるものは、どこからが美術で、どこまでが漆工芸なのか。どこまでが本質で、どこまでが装飾なのか。彼らの漆画は、カントの理論を脱構築したデリダのように、本質的なもの（エルゴン）と、非本質的とされるもの（パレルゴン）の関係や、「白を計りて黒を当つ」という書論の概念を彷彿とさせる。墨がないところも字の一部であるという「計白当黒」

の構造的理論に即すれば、「装飾」とされている部分も、当初から本質としてデザインされているということになる。ファム・ハウやエイメの箪笥には確信犯的な白と黒の領域侵犯的な転換があったわけだが、グエン・ザー・チーの作品では、黒が主役となっていた。だが、彼の作品もまた、真っ黒ではなく、技術にしっかりと裏打ちされたものであった。

「ベトナム漆画」という新しい絵画ジャンルの誕生という現象は、「過去を忘却」（ト・ゴク・ヴァン）したのでもなく、「絵画に引き上げられた」（マウド）のでもない。実際は、工芸的なもの（手仕事の領域）と、絵画的なもの（美術の領域）の領域の反転関係に由来するのではないだろうか。それは、圧力差から流れを作りだす砂時計のオリフィス（流体を流す小さな穴）を介して繋がりながら、永遠に反転を繰り返すことができる関係でもあるだろう。

【注】

（1）一九一〇年にはトゥーザウモットの職業学校で漆職人の養成が行われていたことも付記しておきたい。

（2）アトリエ・ダール・サクレに関しては、次の書籍に詳しい。味岡京子『聖なる藝術　二十世紀前半フランスにおける宗教芸術運動と女性芸術家』ブリュッケ、二〇一八年。

（3）手紙には投函された年が記されていないが、Alix de Fautereau の名でサインされており、一九二三―三〇年頃と想定される。

（4）石河は、一九四〇年代に日本商人たちが安価の安南漆を求めてベトナムへと進出する基礎を築いた人物でもある（湯山、二〇一一年、三六五―三八五頁）。

（5）コロマンデル技法とは、漆を下地に達するまで彫り、その凹みに顔料を充填する方法。

【出典文献】

Aymé, Alix 1949 : 《Technique de la laque》, *France-Illistration,* n°190 .

Aymé, Alix 1950 : 《L'art de la laque》, *Tropique,* n°327, décembre, pp.53-60..

Bernanose, Marcel 1922 : *Les arts décoratifs au Tonkin,* Paris, Henri Laurence.

Boi Tran Huynh 2005 : Vietnamese aesthetics from 1925 onwards, Ph.D. thesis, University of Sidney.

de Fautereau, Alix. : Lettres de Alix de Fautereau, adressées à Maurice Denis, Archive du centre de documentation du musée Maurice Denis（cote 3935）.

Giraud, F.R.1942 : *Université de Hanoi, Livret de l'étudiant Indochinois,* Direction de l'instruction publique de Hanoi, 1942-1943.

Gourdon, Henri 1914 : 《Sur l'art Annamite》, *Revue Indochinoise,* pp.547-562.

Gouvernement générale d'Indochine（ed.）1941 : *Exposition de la coopérative des artistes Indochinois,* à l'École des beaux-arts de Hanoi, du 20 au 28 décembre 1940, extrait du Bulletin économique de l'Indochine. Fasc. 1.

Harmaud 1903 : Lettre de M. Harmaud adressée au gouverneur général du 21 mars 1903, Rapport au sujet des Artistes japonais engagés à l' École professionnelle de Hanoi 1901-1906, Centre des archives d'outre-mer（cote Indo GGI// 21161）

Lacombe, P. & Ferrer, G. 2012 : *Alix Aymé, une femme artiste dans l'Indochine des années 1920-1945,* Paris, Somogy éditions d'Art.

Mahoudeau, Claude 1944 : 《Nguyen-Gia-Tri, artiste laqueur》, *Indochine,* n° 217, Hanoi, 26 octobre.

Mahoudeau, Claude 1943 : 《La peinture française et son influence en Indochine》, *Indochine,* n° 171, 9 décembre.

Quang Viêt 2006 : *Hội họa sỏn mài Việt Nam,* Hà Nội, Nhà xuất bản Mỹ thuật.

Scott, Phoebe 2012: Forming and reforming the artist : modernity, agency and the discourse of art in North Vietnam, Ph.D. thesis, University of Sydney.

Shimizu, Christine 2012 :《Alix Aymé》, *Du fleuve Rouge au Mékong*, Musée Cernuschi, Paris Musées.
Société des amis de Marcel Aymé (ed.), Biographie.
http://marcelayme1.free.fr/marcel_ayme/biographie/periodes/1930_1939.html (cited 2018-07-10).
Tô Ngoc Vân 1948 :《Sơn mài》, Hà nôi , *Văn Nghê*, sô 5 tháng 9. pp.18-21.
Trân Văn Cân 1977 : *Laque et peinture sur laque au Viet Nam*, Hà Nôi, Foreign Language Publishing House.
Viet Chung 1980 :《Des matières traditionnelles》, *Etudes Vietnamiennes*, n° 62, pp.86-109.
石河壽衛彦　一九一〇：石河寿衛彦氏よりの短信『交友会月報』東京美術学校編、九巻二号（明治四三年一一月）三六頁。
石河壽衛彦　一九一六：「印度支那地方の貝象嵌と髹漆」『建築工藝叢誌』（五月号）二一―二三頁。
石川浩洋（巳七雄）一九四〇：「佛印滞在四〇年」『新亜細亜』（五月号）一二八頁。
石川浩洋（巳七雄）一九〇二：八月二五日付石川巳七雄からの来簡『交友会月報』一巻五号（明治三五年二月）八一―八二頁。
稲賀繁美　一九九九：『絵画の東方』、名古屋大学出版会。
太田正雄　一九四一：「安南、柬埔寨見談」『国際文化』十五号、八月。
加藤寛　一九九六：「タイ・ヴェトナムの漆芸」、大西長利・フジタヴァンデ編『アジアのうるし日本の漆』東京美術。
工藝ニュース（編）一九四三：「佛印工藝美術展覧会」『工藝ニュース』十二巻六号（昭和一八年八月五日）。
白石和己　一九九六：「近現代の漆芸」大西長利・フジタヴァンデ編『アジアのうるし　日本の漆』東京美術。
松浦作次郎　一九三七：『佛領印度支那に於ける安南漆』臺灣總督府中央研究所林業部。
松田（記者）一九四三：「佛印工藝界は指導者を求めている」『工藝指導』一二巻八号（昭和一八年一〇月一〇日）三八六―三八七頁。
谷内治橋　一九四三ａ：『安南の漆』交通展望社。
谷内治橋　一九四三ｂ：「佛領印度支那の漆工藝」『工藝ニュース』一二巻六号（昭和一八年八月五日）。

東京美術学校（編）　一九一〇：『交友会月報』九巻一号、明治四三年一〇月、九頁。
松岡正雄　一九三五：「漆絵の独立」『アトリエ』（昭和一〇年一月号）。
湯山英子　二〇一一：「仏領インドシナにおける対日漆貿易の展開過程」『經濟學研究』、七七巻　三号、三六五―三八五頁。
吉田千鶴子　二〇〇九：『近代東アジア留学生の研究』ゆまに書房。

【図版出典】

【図1】 Lý Quang Mai (ed.), *100 peintres et sculpteurs vietnamiens du XXe siècle*, Hanoi, Thè Giói, 1996, p.54.
【図2】 『ベトナム近代絵画展』（展覧会カタログ）、産経新聞社、二〇〇五年、三八頁。
【図3】 Giulia Pentcheff, *Poésie de Joseph Inguimberty*, Musée Regards de Provence, 2017, p.85.
【図4】 Lacombe & Ferrer, *Alix Aymé, une femme artiste dans l'Indochine des années 1920-1945*, Somogy éditions d'Art, 2012, p.5.
【図5a】 *Paris, Hanoi, Saigon : L'aventure de l'art moderne du Viêt Nam*, [Catalogue d'exposition, Paris], Pavillon des arts, du 20 mars au 17 mai 1998, Paris Musées, p.57.
【図5b】 Gouvernement général d'Indochine（ed.）1941 : *Exposition de la coopérative des artistes Indochinois*, à l'École des Beaux-arts de Hanoï, du 20 au 28 décembre 1940, extrait du *Bulletin économique de l'Indochine*. Fasc. 1.
【表A】 Gouvernement général d'Indochine（ed.）1941 : *Exposition de la coopérative des artistes Indochinois*, à l'École des Beaux-arts de Hanoï, du 20 au 28 décembre 1940, extrait du *Bulletin économique de l'Indochine*. Fasc. 1.
【図6】 Le Voyage, [Catalogue d'enchère, St.Germain-en-laye] SGL Enchère par Frédéric Laurent de Rummel, au 3 avril, 2016, p.31.
【図7】 Aymé, Alix《L'art de la laque》, *Tropique*, n°327, décembre, 1950, p.57.
【図8】 *Du fleuve Rouge au Mékong*, [Catalogue d'exposition, Paris], musée Cernuschi, Paris Musées, p.62.
【図9】 『松岡正雄1849―1978　油絵から漆画への歩み』（展覧会カタログ）奈良県榛原町編　一九九七年三月、六四頁。

太鼓台が地域社会の意識を刷新する——「新居浜太鼓祭り」探訪

倉田健太

はじめに

日本の祭りと述べるとき、人々は祇園祭をはじめとする、ユネスコ無形文化遺産に登録された「山・鉾・屋台行事」の諸祭礼を真っ先に想起するであろう。しかし当然ながら、それら山・鉾・屋台を使用した祭礼は他にも全国的に行われており、廃絶したものをあわせると一五〇〇件に及ぶといわれる（植木・福原 二〇一六：10）。

本論ではそのうち、東予地域に位置する愛媛県新居浜市（図1）で例年、一〇月一六、一七、一八日の三箇日に行われる「新居浜《にいはま》太鼓《たいこ》祭《まつ》り」を事例にする。同祭礼で使用される新居浜地方の「太鼓台《たいこだい》」と呼ばれる屋台について、厳格にその名称として記録上に現れるのは、一八三三年の「太鼓入用帳」（大島中之町所蔵文書）である（越智 一九九〇：226）。明治期以降も現在に至るまで、この太鼓台を使いながら祭礼の大規模化が進行してきた。以下では、この歴史のうち一九五〇年代から始まる、祭礼の担い手から構成される運営組織に焦点を当てる。とくに七〇年代以降に顕著となった、祭礼実践における統一演技と運営組織の変化に着目する。

そして、統一演技の実践前後で、担い手は自らの所属する地域社会をどのように意識するようになっていったのか、次の分析視角を用いて考察を試みたい。一つは、担い手が抱く「地域アイデンティティ Local Identity」[1]

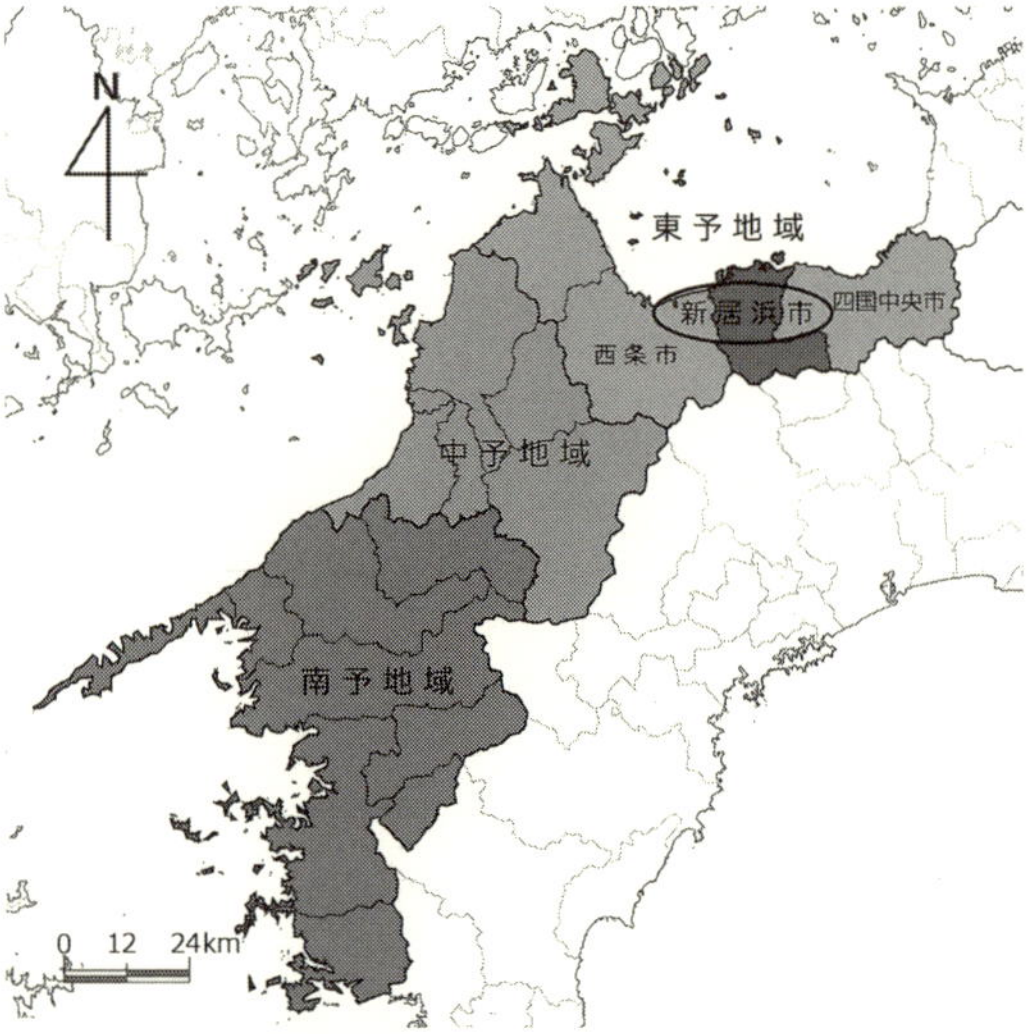

図１　愛媛県新居浜市の位置
出所：「国土地理院地図」にもとづき筆者作成

の具体化、もう一つは、運営組織における「信頼の発展」という動向である。これらに従って本論では、後述する市内各地区のうち、上部《じょうぶ》地区《ちく》における運営組織の発足と体制、統一演技の成功という転機、運営組織の再編と方針転換、この三つの場面から三節を立て、同祭礼に関する新聞記事や会則等資料および関係者に対するインタビュー調査から論じていく。

簡潔に、両概念を説明しておく。第一に、地域アイデンティティという概念には「特定の地域の独自性を表す集合的表象」（野入 二〇一七：449）、または「「その地で生きる」個人の実感と捉え、単に所属しているという知識ではなく……自己肯定的な感情、発展的な感情を含めた概念」（宮本・古川 二〇〇七：84）など、当該地域のイメージに関する定義がある。意識される範囲は一様ではないが、増田研が「異なるアイデンティティの層が重ね合わされている」（増田 二〇一四：41）と指摘した点が重要であることは、出身地・居住地を話題とした日常会話を引き合いにだすだけで十分に理解できるだろう。

加えて、大堀はこの概念の使用にあたって「形成されるもの、更新されるものという注釈が必要」（大堀 二〇一〇：156）と論じているが、祭礼研究上でも、「変化の可能性を秘めた現在形のもの」（金 二〇一三：260）が地域アイデンティティだと述べられている。本論で射程に収めるのも、祭礼実践の過程で異なるアイデンティティの層が立ち現れる様子である。そのため、地域アイデンティティを「重層性を保ち、加えつつ絶えず変化していく意識」と定義し、使用する。

第二に、信頼の発展という概念である。[2]この信頼には、打算型、知識型、一体型の三タイプがある。[3]打算型とは、罰則による抑止と違反しないことがもたらす利益、いいかえるとコントロールにもとづく信頼、知識型とは、抑止ではなく情報に依存し、相手の行動の予測可能性にもとづく信頼、一体型とは、相手の願いや意図への同一化による信頼を指す。その関係性が深まり、移行の条件を満たすと信頼が段階的に発展する（Lewicki & Bunker 1996 : 119-124）。川崎は、組織間の信頼形成段階から維持段階への移行プロセスについて、先の三タイプを組み込み、打算型を短期的利益志向が働く形成段階に、知識型と一体型を、長期的な関係を視野に入れた維持段階に位置づけ、相手組織との取引回数や時間の経過につれて関係性が変化すると論じている（川崎 二〇一一 : 28-29）。

このように、信頼の発展とは、組織間関係の形成や構築を捉えようと試みる概念になる。ただし、以下で中心的に論じる上部地区の運営組織は、同地区に組み込まれている四つの地区（船木地区、角野地区、泉川地区、中萩地区）それぞれに属する各太鼓台団体の集合体である。従って、その場に発生するやり取りを組織間関係として扱う視点を採用し、組織構成や運営方針の変化を通して、この四地区における信頼が発展する様子を把握していく。

この祭礼実践による地域アイデンティティの具体化と、運営組織における信頼の発展を手掛かりに、祭礼とその担い手（太鼓台団体）から構成される運営組織の変遷について検討する。それは本論集の主題「映しと移ろい」に即していえば、祭礼がどのように人々の目に「映り」、どう「移って」いったのかを考察することになる。本論を先取りすると、太鼓台という「器」を使う祭礼は、喧嘩をしなければ終わらない「喧嘩祭り」と伝えられてきた。その太鼓台は戦後、喧嘩を行わないことをスローガンとする「平和運行」という価値観と接触するなかで、どのように蝕変をきたし、それは新居浜という地域社会にいかなる意識の刷新をもたらしたのか。この過程を明らかにしていくことを目指す。

一　運営組織の発足と体制

一―一　「新居浜太鼓祭り」の概要

あらかじめ、「新居浜太鼓祭り」の概要に触れておく。この新居浜太鼓祭りは、先述した一〇月一六、一七、一八日の三箇日にわたり、新居浜市内の各神社の祭礼日にあわせて出される、「太鼓台」をメインにした祭礼行事の総称である。その市内を構成する地区は、「川西《かわにし》地区」、「川東《かわひがし》地区」、「上部地区」の三つに大別される（図2）。

まず、この三地区を念頭に置いたうえで、同祭礼の会場案内から、祭礼期日中の地区分けをみていくと、二〇一八年時点で、それは九つに分かれている。順にあげると、「①川西地区」、「②川東地区」、「③川東西部《かわひがしせいぶ》地区」、「④下郷《しもごう》・又野《またの》・松神子《まつみこ》地区」、「⑤船木《ふなき》地区」、「⑥角野《すみの》地区」、「⑦泉川《いずみがわ》地区」、「⑧中萩《なかはぎ》地区」、「⑨大生院《おおじょういん》地区」である（図3）[4]。そして、市内には五四台の太鼓台があり、各太鼓台にはそれぞれ所属する地区がある。この各太鼓台が、以上の九地区に分かれて集まり、実際に会場運営を担う組織である「運営委員会（協議会）」が構成されている。

太鼓台についても簡潔に説明すると、その名の通り太鼓を乗せ

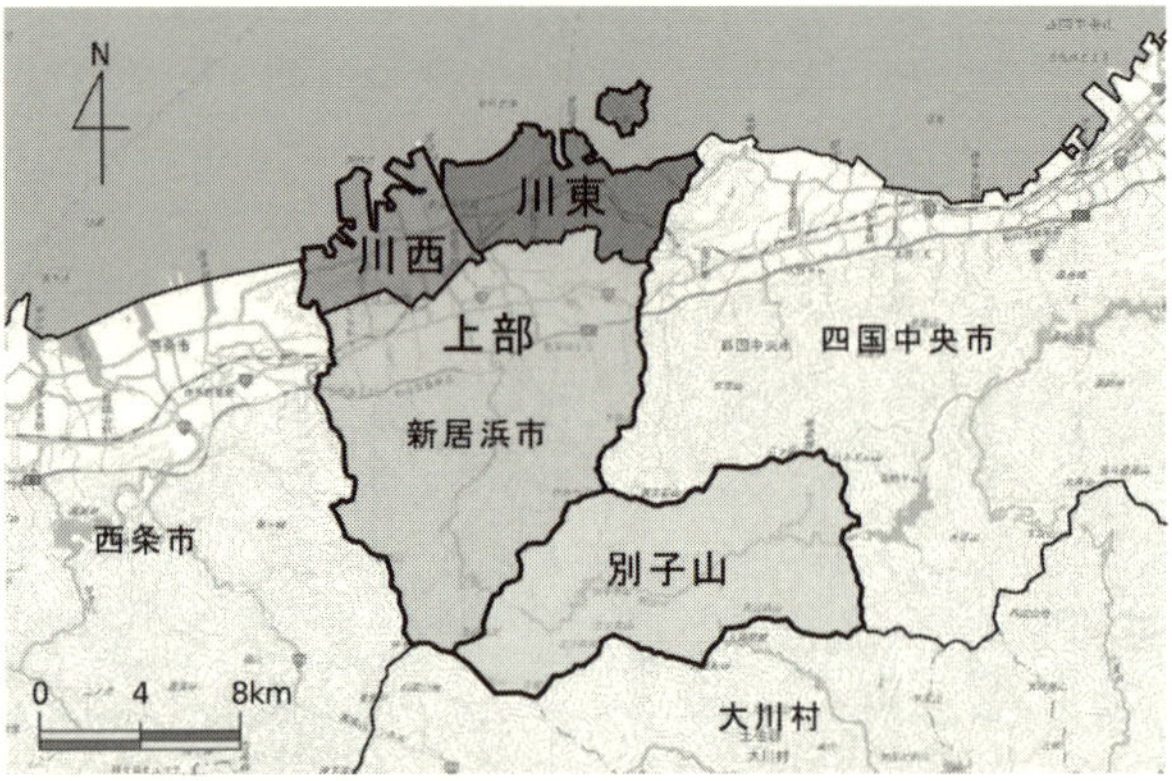

図2　市域を構成する三地区
出所：「国土地理院地図」にもとづき筆者作成

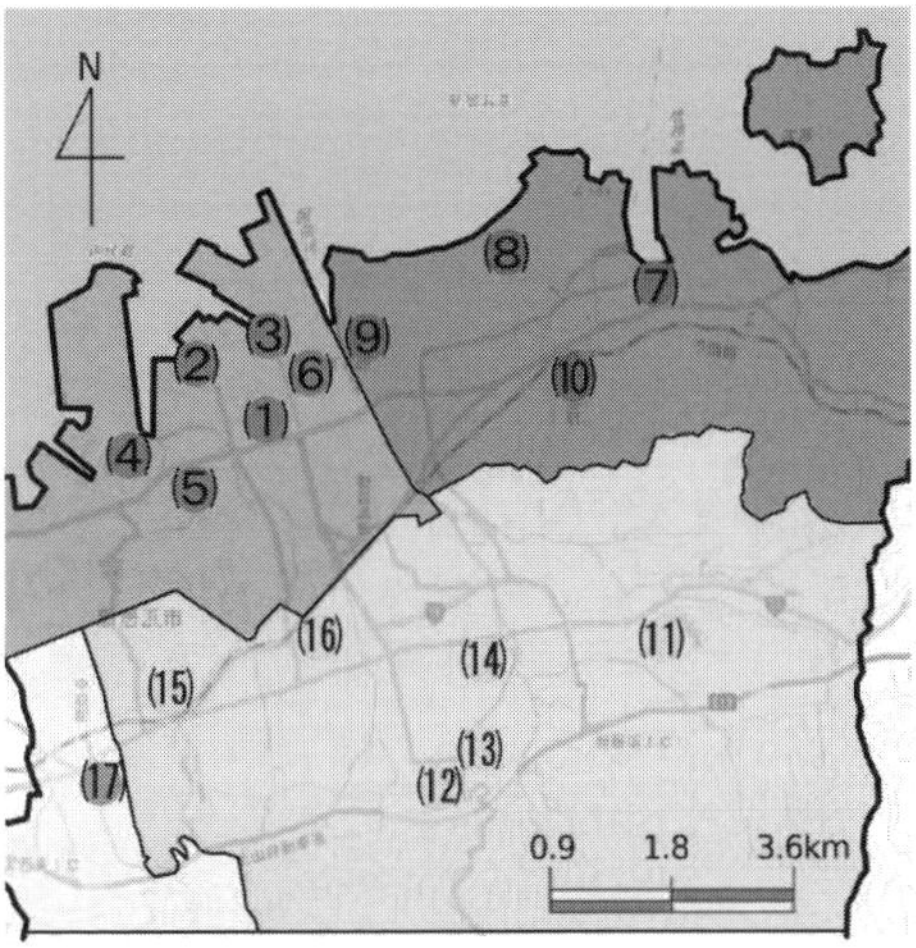

地区名	会場名
① 川西	(1) 一宮神社
	(2) 船御幸（隔年）
	(3) 大江浜
	(4) 工場前
	(5) イオンモール新居浜
	(6) フジグラン新居浜
② 川東	(7) 天神浜通り
③ 川東西部	(8) 八幡神社
	(9) 河川敷公園
④ 下郷・又野・松神子	(10) 多喜浜駅前
⑤ 船木	(11) 池田池公園
⑥ 角野	(12) 内宮神社
	(13) 山根公園（グラウンド）
⑦ 泉川	(14) マルナカ新居浜本店
⑧ 中萩	(15) 萩岡神社
	(16) フジ本郷店
⑨ 大生院	(17) フレッシュバリュー大生院店

図３　新居浜太鼓祭りの会場図（2018年）
出所：「新居浜太鼓祭りパンフレット（2018年）」と「国土地理院地図」にもとづき筆者作成、他の地区と合同で開かれる会場もある

図４　新居浜太鼓祭りで使用される太鼓台（上部船木地区：池田太鼓台）
写真撮影：筆者

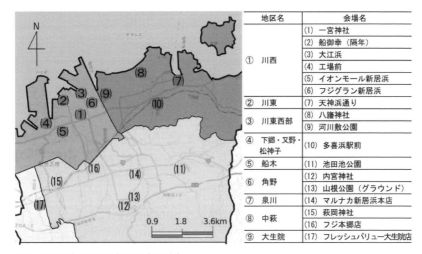

た台を指す。形状は様々だが、同祭礼で使用される太鼓台に関していえば、櫓状の木製の台座に、金糸に彩られた豪華な立体刺繍が施された屋台である。これらが市内各神社の祭礼時に奉納され、神輿渡御の際にお供となる役割をもつ。冒頭で触れた江戸後期以降、明治初期にかけて現在の姿に近い太鼓台の記録がみられるようになる。その後も、時代を経るにつれて大型化が進み、また装飾も華やかになっていく（図４）。現在、三日間の運行にかかる費用は、一台あたり百万円を優に超える。各演技の遂行にも百五十人の担ぎ手（舁《か》き夫《ふ》）が必要だが、この太鼓台を豪快に扱う様をもって、同祭礼は勇壮華麗な「見せる祭り」として瀬戸内海沿岸地域のみならず、全国的な知名度を誇る。それは、対内的には地域住民に楽しみの場を提供し、対外的には市の観光資源として位置づけられるものである。

しかし過去にさかのぼると、川西、川東、上部いずれの地区の祭礼でも、漁場や水利を巡る争いに端を発する、各太鼓台を所有していた集落間での喧嘩が行われていたという。新居浜における喧嘩には、担い手間の諍いと、集落の象徴的な存在である太鼓台をぶつけ合う「鉢合《はちあ》わせ」と呼ばれる行為があげられる。この鉢合わせをもって、同祭礼は「喧嘩祭り」としても知られており、それを防止するために、戦後の祭礼運営組織が発足していく。祭礼の舞台となる新居浜市、そして各運営組織では、喧嘩祭りに対するスローガンとして「平和運行」が唱えられている。とくに、鉢合わせの防止が強く意識されているわけだが、今も平和運行をいかに達成するかの議論は絶えない。

この「平和運行」を巡り、先にあげた市域のうち、川西、川東という海沿いの地区と、上部という山沿いの地区では、とりわけ一九九〇年代以降、喧嘩祭りの傾向にある前者に対して、後者では平和運行化という対照的な祭礼実践の分岐が見受けられる。本論で確かめるように、この上部地区における実践の変化は、次節から扱う同地区の主要会場「山根グラウンド」での統一演技と密接な関係にある。

祭礼の運営組織に話を戻すと、二〇一八年時点で、先ほど述べた九つの組織があげられる。組織目的はいずれも、喧嘩も怪我もなく、円滑に祭礼を行うことである。各運営組織の発足をたどると、その時期は戦後の市町村合併で、現在の新居浜市域が構成されていく一九五〇年代に重なると考えられる。(5) 新聞記事では、五一年に旧市(現・川西地区)で「新居浜市太鼓台運営協議会」、角野町、泉川町、船木村の東新三ヶ町村(現・上部地区)を単位とした「太鼓台運営委員会」、六〇年には川東地区で「川東太鼓台運営委員会」の名がみられる(愛媛新聞、一九五一年一〇月二二日：東予新報、一九五一年一〇月二二日：愛媛新聞、一九六〇年一〇月一四日)。つまり、川西、川東、上部という新居浜市域における主要な三地区で運営組織がまずつくられた。

この主要な地区による運営組織の発足後も、あわせて確かめておきたい。図3の会場図でも触れている、九地区による運営体制に至る経緯である。紙幅の都合上、時系列だけ簡潔に押さえると、「大生院地区⑨」は二〇〇一年から加わる(愛媛新聞、二〇〇一年九月二日)。「川東地区②」は、一九九一年に「川東西部地区③」、二〇一一年に「下郷・又野・松神子地区④」と三地区に運営委員会が細分化されている(愛媛新聞、一九九一年一〇月一五日：愛媛新聞、二〇一〇年九月一九日)。(6) 上部地区では、今述べた東新三ヶ町村の太鼓台運営委員会が、一九五八年には「上部地区太鼓台運営委員会」と呼ばれていた(愛媛新聞、一九五八年一〇月一九日)。それ以降に、船木、角野・泉川、中萩という現在の上部各地区の太鼓台が出揃い、二〇一二年に「船木地区⑤」、「角野地区⑥」、「泉川地区⑦」、「中萩地区⑧」それぞれの運営委員会と、これら四地区から成る「上部地区山根グランド統一寄せ実行委員会」に再編される(愛媛新聞、二〇一二年六月一二日)。川西地区でも、新居浜市太鼓台運営協議会から、一九六〇年に「川西地区太鼓台運営委員会」、九四年に「川西地区太鼓台運営協議会①」への改組・改称があったが(愛媛新聞、一九九四年八月一〇日)、川東、上部両地区のような細分化はしていない。

また、これらの各地区運営委員会・協議会とは別に、市長、市議会議長、商工会議所会頭を発起人に、祭礼時

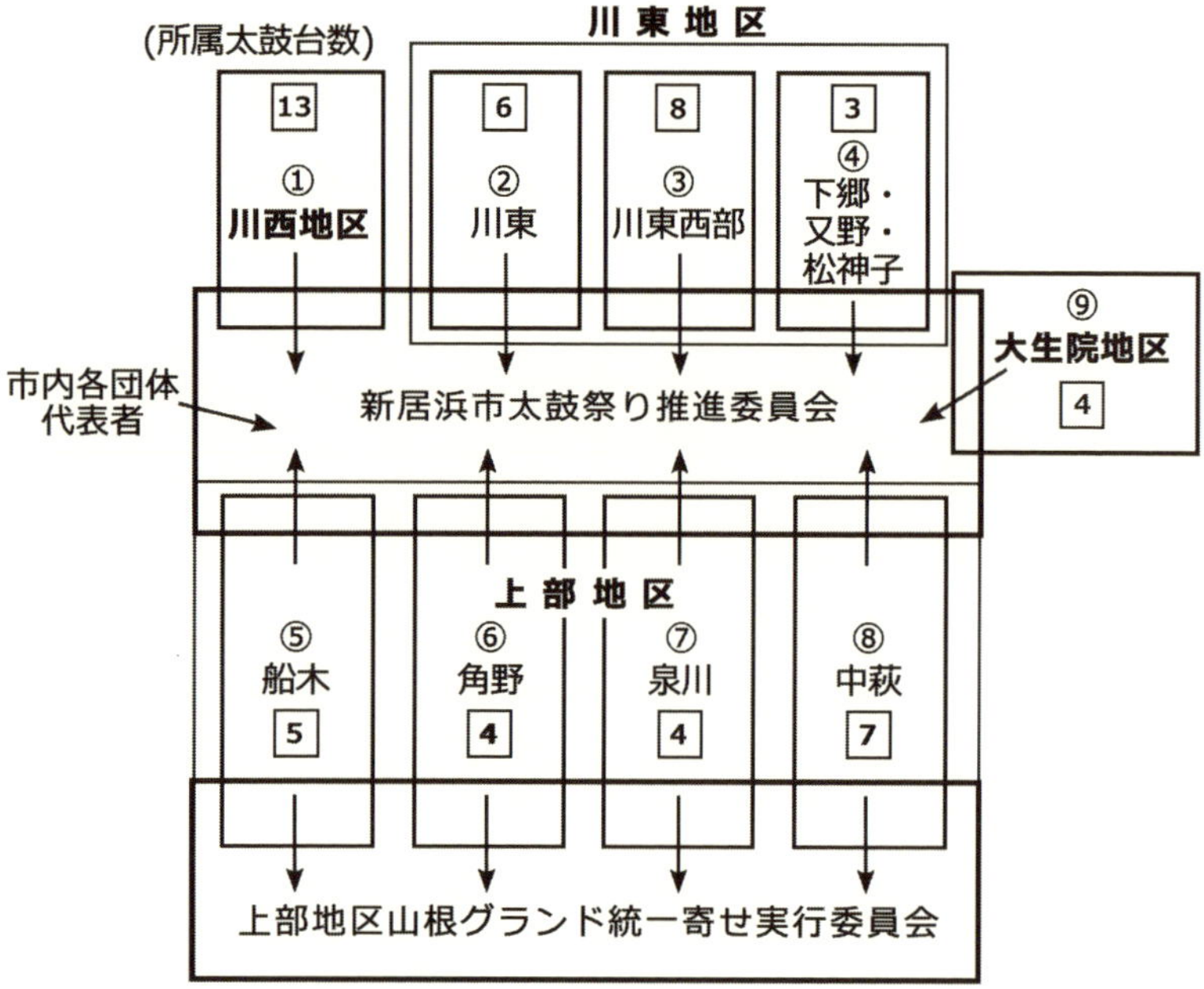

図５　新居浜太鼓祭りにおける組織構成（2018年時点）
作図：筆者

の事故防止、太鼓台運営や市民意識のありかたの改善を目指し、一九五五年「新居浜地方祭改善委員会」が発足する（愛媛新聞、一九五五年一〇月一一日）。この改善委員会という全市的な会合をもって、六六年に川西、川東、上部と、三地区に分かれていた祭礼期日を現在の三箇日に統合することが試みられる（愛媛新聞、一九六六年八月一七日）[7]。そして、期日の統合が七〇年に決定したことを機に、平和運行と祭礼の観光推進を図るため、七一〜七二年にかけて「新居浜市太鼓祭り推進委員会」に改組・改称された[8]。

改善委員会は、各太鼓台総代（代表者）、青年団幹部、自治会長、婦人会幹部等の委員で構成されていた（愛媛新聞、一九五六年一〇月二日）。後身といえる推進委員会の「新居浜市太鼓祭り推進委員会委員名簿」をみても、各地区太鼓台運営委員会・協議会会長、市連合自治会長、連合婦人会長等、

表1　上部地区の祭礼に関する年表

節	年代	出来事
1	1951	東新三ヶ町村で太鼓台運営委員会が発足
	1952-53	「東新上部」や「上部四ヶ町村」等、上部という名称の散見
	1955	新居郡泉川町、中萩町、船木村、大生院村を編入
	1958	上部地区太鼓台運営委員会の名称で申し合わせ
	1959	新居郡角野町を編入
	1966	川西地区、川東地区、上部地区の祭礼期日統合の試み
	1970	祭礼期日統合の決定、10月16、17、18日の三箇日になる
2	1974-75	上部地区における統一行動（統一演技）の模索
	1976	山根グラウンド統一寄せの初回が開催、統一演技の場で定着
	1984	角野地区で内宮神社かきあげの初回が開催
	1994	船木地区と角野地区の全太鼓台による鉢合わせが発生
	1995	上部運営委員会執行部の委員構成が変更
3	1999	誓約書に「喧嘩をしかけた太鼓台は五年間の出場停止」の記載
	2001	上部地区太鼓台二台で鉢合わせ
	2002	中萩地区で「寄せ太鼓」演技が導入される
	2004	上部地区太鼓台二台で鉢合わせ
	2007	鉢合わせに「200万円～500万円の罰金を科す」ことの記載
	2011	上部地区太鼓台二台で鉢合わせ
	2012	上部運営委員会が解散、現在の運営体制に再編
	2017	上部四地区太鼓台による「寄せ太鼓」演技の成功

作表：筆者

市内各団体の代表者が記載されており、委員構成が踏襲されていることがわかる。この現在の推進委員会と各地区運営委員会・協議会の関係性を踏まえて、新居浜太鼓祭りにおける組織構成をまとめると、右のようになる（図5）。

一―二　「上部地区太鼓台運営委員会」の発足期

以上の組織構成をもって、一九五〇年代以降の新居浜太鼓祭りが行われてきた。これからは、冒頭で提示した、担い手が抱く「地域アイデンティティ」の具体化と運営組織における「信頼の発展」という変化が、新居浜市内で最も顕著に確認できる上部地区に焦点を当てていく。あらかじめ、本論で触れていく上部地区の祭礼に関わる出来事を年表化しておく（表1）。そこからまず、図5にある上部地区の運営体制に移行する以前の、一九五一年の発足から二〇一二年の解散に至るまでの六〇年間、同地区の祭礼を担ってきた「上部地区太鼓台運営委員会」を取りあげる。新居浜市への編入前後で、地区の総称が「東新」から「上部」に移り、地区を構成する「各町村」もまた「（上部）各地区」に再編された点が重要である。

はじめに、この上部地区における祭礼組織の役員の構成とその選出方法を確かめる。上部地区運営委員会の舵取り役になる「執行部（本部委員）」は、会長、副会長、事務局長、会計、監査、各地区長・顧問等で構成されており、そこに「太鼓台（運営委員）」の代表者として委員長、副委員長、青壮年部長が加わる。

太鼓台の代表者には一貫して、現場責任者とでも呼ぶべき、運行上の統率を取ることができる人物が選出されてきた。その他方で、発足当初から二〇一二年の解散に至るまでの執行部には、例えば企業家や学校長に代表的な、上部各地区（東新各町村）をまたいだ交流を行い信望がある、いわゆる「名士」と呼ばれる人物が選出されていた。

とくに会長職は、名士格の人物を「船木」、「角野・泉川」[9]、「中萩」の順で、まわしていく「輪番制」を原則とするものだった。その任期は、二〇一〇年度の「上部地区太鼓台運営委員会会則」では一年となっている。ただ、同委員会に発足期から携わって、八〇年代に会長職も務めた経験のあるA氏は、一期二年だったと振り返っており[10]、どの時点から一期一年に改正されたのかは明確ではない[11]。

しかし重要なことは、新居浜市域に編入される以前の上部地区、つまり各町村単位で分かれていた時代からの祭礼を知るA氏が、「上部は一つでやらなんだらね、必ずトラブルが起きる」[12]と語った箇所に求められる。つまり、祭礼組織を一つに統一することである。現在の上部四地区（船木、角野、泉川、中萩）は、新居浜市域への編入の過程で、「東新上部」や「上部四ヶ町村」といった表現が示すように、「上部」と総称されるようになってきた経緯がある（東予新報、一九五二年九月二五日：愛媛新聞、一九五三年六月一六日）。A氏の発言は、それまでの独立性を踏まえた内容だったといえよう。

各町村単位に分かれていた時代も含む発足期において、その連帯感を育み、円滑に祭礼を進めるためには、何らかの枠組みが必要だったと考えられる。ここで、冒頭に取りあげた「地域アイデンティティ」という分析視角に即して、各町村を束ねる枠組みとしての「上部地区」が登場する。その下で、別々の町村であった地区間の平等性を確認しあうことを目的に、各地区の代表者を輪番で「上部地区太鼓台運営委員会」の会長職に据える、そうした計算が働いたということもまた、想像に難くない。

しかしさらに、輪番制という方法がとられたことの裏には、いかなる事情があったのだろうか。もう一つの分析視角である「信頼の発展」からは、コントロールを重視する、打算型信頼による関係構築の段階にあることをうかがえる。同委員会の発足期は、互いの考えかたをよく知らない段階で、平時ではあり得ない逸脱が起こる祭礼の場を運営する必要に迫られていた。その舵取り役となる執行部において、地区間の意見を調整しつつ、申し合わせ事項を作成できる人物は必要不可欠だったであろう。そこで各地区では、その力をもつ名士格の人物を執行部に選出し、かつ代表性も担保されている人物を会長職に据えて、平等にまわすことで連帯感の醸成を図ることが、強く求められていた。同時に、その達成を阻む各太鼓台間の喧嘩行為に対しては、抑止力になる罰則をもって対抗する統制がなされていくといった仮説が導かれる。この仮説がどこまで有効か、統一演技の成功をはさんだ次節以降の祭礼の変遷をたどりながら実証したい。

二　統一演技の成功という転機

二―一　「山根グラウンド統一寄せ」会場の創出

同委員会が発足して二〇年以上が経過した一九七〇年代に、上部地区として太鼓台が集まり、主要な会場を創ろうとする動きが起こってくる。それは「川西地区に比べ今ひとつ盛り上がりに欠けていた上部太鼓台は、昭和五一年（一九七六年）はじめて九台の統一寄せを山根グランドで行い」（愛媛県生涯学習センター 二〇〇〇：119）と記述されている。確かに一九六六年の祭礼期日統合の後、船木小学校や山根大通りなどを会場に、上部地区でだされていた、いくつかの太鼓台を集めた統一行動は運行コース上で確認できる（愛媛新聞 一九六六年一〇月一九日・一九六九年一〇月一六日）。とはいうものの、川西地区の一宮《いっく》神社、川東地区であれば八幡《はちまん》神社での統一行動に相当する、上部地区の全太鼓台を一カ所に集めた統一行動は催されていなかった。

七四年に船木地区の旧ボウルオオクラ前、七五年に中萩地区の萩岡神社前と、会場を模索する形で全太鼓台を一カ所に寄せた統一行動への取りくみが始まり、七六年には角野地区の山根グラウンドが会場に選ばれた。とはいえ、七〇年代に入っても、上部地区は依然として一枚岩とは言いがたく、A氏は「統一（行動）したらみんなが、喧嘩あるけんいかんいうて[13]」と回想する。申し合わせ事項の遵守や連帯感の醸成には、まだ時間が必要だった。

そのため、初回の山根グラウンド統一寄せでは喧嘩を防ぐことが目指された。例えば、グラウンド入場後の各太鼓台の距離を一〇メートル引き離し、人同士の諍いからの鉢合わせの誘発を阻止する会場の設営が試みられた。この試みは、突発的な喧嘩を防ぐために有効に機能したようであり、初回は無事に「成功」をおさめ、そして同年以降、この「山根グラウンド統一寄せ」が定着した。

だが、喧嘩の防止とともに重要な点がもう一つあった。山根グラウンドに集まることの意義が担い手に見出されたことだ。グラウンド自体、三万人を超える収容能力を有し、その観覧席は太鼓台の入場に始まり、演技が行われる舞台を一望できる構造になっている。つまり、観客の「見る」視線が強力に働く構造をもつ、山根グラウンドという場で演技することは、担い手に「見せる」祭りを喚起するものでもあったからだ（図６）。

統一寄せの成功を受けて、上部地区の祭礼実践は大きく変化していく。その変化は「太鼓台が一番多いところ、

図６　山根グラウンド統一寄せの様子（1980年10月17日、９台の太鼓台が掲げた幕には「愛郷の心高く地域の融和と団結を誇る上部地区太鼓台」と記されている）
出所：上部地区山根グランド統一寄せ実行委員会役員Ｂ氏提供資料より

まじめに平和で安全に太鼓台をかき、決められた運行時間を守るところ、太鼓台が一番見物しやすいところ」（愛媛県生涯学習センター、二〇〇〇：119）という上部地区のキャッチフレーズに集約されている。いずれも、今日の「上部地区山根グランド統一寄せ実行委員会」に踏襲されている内容であろう。以後の会場設営と担い手の意識に注目し、上部地区の祭礼がこの頃からどのように変遷したのか。それを確かめると、二つの基調が浮かびあがる。

一つ目は、「平和運行」が推進された点である。執行部は、太鼓台間の間隔を五メートルに詰めるものの、引き続き太鼓台間の距離を念頭に置いた、喧嘩を防ぐ設営に気を配る。ただ、当時の太鼓台についてA氏は「（山根グラウンドでの喝采を受けて）太鼓台自身もやっぱり、喧嘩をしてはならないというような気持ちになった[14]」と推測する。他方、同時期から太鼓台に長年携わり、二〇一二年以降の「上部地区山根グランド統一寄せ実行委員会」で会長を務めたC氏は、自身の体験を交えつつ次のように語る。「（入場時の観客席をみて）これはすごいなあ思って。やけん、そういう一つの「見せる」というか、お客さんにやっぱりみてもらういう、そういう意識が強かったんじゃないだろうか[15]」と。そこには、「見せる祭り」にするために喧嘩を抑えるという意識が、山根グラウンド統一寄せを契機に、各太鼓台の担い手に芽生えていった点が示唆されている。

もう一つは、「演技の洗練」がなされたことにある。「翌五二年（一九七七

図７　内宮神社かきあげの様子（上部角野地区：新田《しんでん》太鼓台、社殿に向けて差しあげている）
写真撮影：筆者

年）にはかき比べもぐっと上手になり、観客も増えて」（愛媛県生涯学習センター 二〇〇〇：119、括弧内は筆者補足）とあるように、まずは山根グラウンドでの統一行動を通して、各太鼓台の演技が「洗練」されていく。そして今日、会場で最も注目を集める演技が、上部四地区のうち中萩地区の太鼓台によって導入された「寄せ太鼓」である。元々は大生院地区で行われていた、太鼓台同士を二台以上寄せ合い、一斉に差し上げる演技で、二〇〇二年に中萩地区の太鼓台四台によって山根グラウンドで行われ始めた。「（新しい演技をみた）お客さんのどよめきというかね……本当、それ（演技）でやっぱり鳥肌が立つような、そんなんが今につながってきとるんじゃないんかな」[16]という、統一寄せ実行委員会役員Ｄ氏の語りとあわせて、演技の洗練と上部地区の祭礼実践が分かちがたく結合していることがわかる。

以上の基調を踏まえて、上部地区の他の会場に目を移すと、一九八四年には角野地区で、太鼓台の祭礼への参加を氏神に報告し、祭礼期日中の運行の無事を願う「氏参り」を会場化した「内宮《うちのみや》神社かきあげ」が始まる（図７）。開始時刻は一六日早朝で、現在は午前四時に設定されている。新居浜太鼓祭りの各会場を見渡しても、とくに早い時間に行われることから、その開幕を告げる神事として注目を集め、各太鼓台はその勇壮さを競い合う。

この上部地区の祭礼実践を、新居浜太鼓祭り全体のなかで考えるうえで、次にあげる見解は示唆に富む。まずＡ氏が語った「浜と山とは違う[17]」という言葉があげられる。浜とは、海側に位置する川西、川東両地区を指しており、山とは山側に位置する上部地区である。その浜（川西・川東）で行われる喧嘩祭りと、平和運行を進めている山（上部）の祭礼実践は違うという意味である。しかし逆の立場となる川西地区ではどうだろうか。元・川西地区運営委員会役員のＥ氏は次のように表現している。川西地区の祭りはこれまで通りの「普段着祭り」、上部地区の祭りは集団演技を人々に披露する「余所行き祭り」であると[18]。新居浜太鼓祭りの観光推進が強まる一九七〇年代以降、実践内容とともにその価値基準も市内で分岐していったものといえよう。

ここで改めて、観光対象として新居浜太鼓祭りを捉えたとき、上部地区の特色が、まさに観光振興と結びつくなかで推しだされていく様子がみてとれる。山根グラウンド統一寄せとして定着した、統一演技を行う会場を創出する際に、競争意識をもたれていた川西地区からの語りをあげると、Ｅ氏の「（祭礼の大規模化は）上部が一番目覚ましい[19]」、住民であるＦ氏からの「山（上部）を意識しだしたのは最近[20]」という見解があった。実際、上部地区の祭礼実践は、この会場が創りだされて以降、観光という観点からも平和運行という観点からも、今日の新居浜太鼓祭り全体のなかで重要な位置を占めるに至ったといってよい。

二―二　執行部役員の変化――名士の後退

統一演技の成功は、先に指摘した祭礼変遷の基調をもたらした。それが、新居浜太鼓祭りの観光推進とも結びつき、上部地区の祭礼にとって一つの転機となったことは疑いようがない。しかしながら、その成功から二〇年を迎えようとしたとき、「喧嘩祭り」は突如としてその姿を現す。

一九九四年は、新居浜太鼓祭りが大荒れとなった年である。最終日の一八日、午後三時一〇分に川西地区で鉢合わせが発生し、死者を出す事態に至った。午後四時過ぎ、上部地区でも船木、角野両地区の太鼓台が衝突し、担ぎ手と観客をあわせ一九名の重軽傷者を出した（愛媛新聞、一九九四年一〇月一九日：愛媛新聞、一九九四年一〇月二〇日）。

七〇年代から八〇年代を通して、上部地区では目立つ鉢合わせこそなかったものの、太鼓台の担ぎ手同士の小競り合いは依然続いていた。その運営体制は、執行部で決めた申し合わせ事項を、太鼓台代表者を含めて協議する総会・代表者会に下ろし、各太鼓台に周知するものだった。ただ、その周知を各太鼓台の担ぎ手まで徹底させる点で、当時の上部地区運営委員会の体制には不足があったように思われる。

元々、各町村単位で行っていた祭礼を、上部地区としてまとめるうえで適任とされたのが、地区間（編入以前の町村間）をまたいだ交流があり、その調整役となれる「名士」であったことはすでに述べた。彼らは、執行部内での意見は円滑にまとめるが、太鼓台運行の段になると話は別になるという。祭礼の現場に、名士格の人々はいわば設計者として関わる。実際に太鼓台が、会場でどう動かされるのかを熟知しているわけでは、必ずしもないからだ。

現場への認識が十分ではない状況下で、九四年の鉢合わせが発生し、申し合わせ事項を太鼓台の担ぎ手まで周知徹底する難しさが、同委員会内で改めて認識された。加えて、同年の祭礼が終わった後の委員会の場で、執行部にいた人物の一人が「喧嘩して面白かったやろうが」と発言したことが、大きな問題になったという。当時の上部地区でも、「昔の喧嘩の再現でよかった」と喜ぶ古老がいたと報じられた通り（愛媛新聞、一九九四年一〇月二〇日）、喧嘩に面白さを感じる人々は多かったように思われる。だが、その人物の発言は、重軽傷者一九名を出した出来事に対する言葉として、あまりに不謹慎であった。

この九四年を境に、同委員会で発足期から続いた、執行部の委員構成に変化がみられるようになる。それは、名士と呼ばれる層が後退する一方、長年太鼓台に携わり、各会場でどう運行されるのかを知る人々が増えていくものだった。運営上の取り決めがなされる執行部に不足していた現場の意見を、その内部に汲みこむ対応だったといえよう。

本節のまとめに、前項まで論じてきた上部地区における祭礼の変化とあわせて、名士が後退したことの意味を、分析視角に据えた「地域アイデンティティ」と「信頼の発展」に照らして考えておきたい。

今述べた、新しく執行部に選出されてきた人々の職業は、会社員や自営業者である。祭礼以外の場においても、地区間をまたいだ交流を行っている名士では必ずしもない。その彼らに期待された能力は、新居浜市編入以前の「各町村」を念頭に置いた調整というよりは、編入後の「各地区」という枠組みの下で築かれてきた祭礼の現場で、太鼓台に携わった経験であろう。委員構成を変える狙いは、その現場で培われた手腕をもって、より円滑に祭礼を運営することにあったのではないか。

表現を変えるならば、担い手自身が居住し、所属する地区に対する捉えかたが変化したことで、そこで営まれる祭礼の運営組織にも変化が生じた。つまり、担い手の地域アイデンティティの前提が、船木村、角野町、泉川町、中萩町という「東新地区」の「各町村」ではなく、船木地区、角野地区、泉川地区、中萩地区という「上部各地区」と、それらを包括した「上部地区」に求められるようになった。各町村の事情に精通する名士格の人物が築いた、上部地区という新たな地域アイデンティティの層が、祭礼の基礎単位として機能するなかで、名士の役割は次第に薄れ、代わって、実際に太鼓台を運行してきた人々に、祭礼の運営を任せていく流れがあったように思われる。

しかしこの対応が、運営組織の抜本的な見直しにつながったのか、その点には疑問が残る。まず、執行部内で申し合わせ事項を徹底させる効果はみられたが、担ぎ手までの周知徹底に至るものではなかった。そして祭礼をどう運営するかについて、地区間での意見が割れることもあり、名士の手腕が必要な場面は残されたままだったからである。四地区が平等であることを示す、会長職の輪番制も依然続いていた。

「信頼の発展」に従うならば、七〇年代から九〇年代までの上部地区運営委員会の変遷は、前節の終わりに述べた、コントロールを重視した打算型信頼にもとづき、地区間の関係を形成する段階から抜け出る変化ではなかった。だが、打算型からの発展に対応する、知識型信頼に移る兆しはみられた。知識型の基礎にあたる互いの情報は、祭礼中の太鼓台運行において蓄積されていたからである。その太鼓台運行の従事者を、執行部に組み入れた点をもって、長期的な関係を目指す維持段階が、同委員会に携わる人々の視野に入る時期でもあったと総括できよう。各地区間の信頼関係について、打算型と知識型、形成段階と維持段階のあいだにある状態から、上部地区が駒を進めるためには、さらに二〇年ほどの時間が必要であった。

三　運営組織の再編と方針転換

三―一　喧嘩への罰則強化がもつ抑止力の限界

一九九〇年代以降、新居浜太鼓祭りが掲げてきた平和運行の雲行きが怪しくなる。九四年の出来事は先述の通りだが、九七年の市制施行六〇周年事業の場で、川西地区の太鼓台による鉢合わせが起こり、同年、川東西部地区の鉢合わせでは、観光客が巻き込まれて死亡する事態となった（愛媛新聞、一九九七年一〇月一八日：愛媛新聞　一九九七年一〇月一九日）。とくに二〇〇〇年に入って、川西地区、川東各地区での鉢合わせが頻出し、一二年以降は、七年連続で平和運行が未達成となっている。二〇一八年現在、全市的な会合である「新居浜市太鼓祭り推進委員会」では、「太鼓台平和運行に向けた実施計画案」が検討されており、鉢合わせの抑止が中心的な議題として扱われている。

しかし、平和運行達成に向けた取りくみはそれまでにも各地区で行われてきた。図５にある、九地区の各運営委員会が設定する会則・申し合わせ事項を確かめてみたい(21)。一六年、一七年の会則・申し合わせ事項で概ね共通していう項目をあげると、鉢合わせをした太鼓台への罰金、運行停止処分、その他にも太鼓台のかき棒の長さの制限や、喧嘩に用いられる道具の規制、舁き夫（担ぎ手）の登録制、貸し出す法被の番号制・登録制、泥酔者の排除等がある。いずれも、一九五〇年代の運営組織の発足期から、祭礼を実践するなかで喧嘩に結びついてきた事柄を取りのぞこうとする内容である。

二〇一二年に解散となった、上部地区運営委員会の会則・申し合わせ事項にも同様の項目があげられている。ただし、同委員会で特筆すべきは、実際に鉢合わせが行われた場合の厳罰化が、とくに二〇〇〇年代以降、川西、川東各地区に比べて強く推し進められたことである。解散直前までの罰則を確かめると、「鉢合わせ行為の明確な基準を定め、二百—五百万円の罰金を科し」、「山根グランド統一寄せの日、秋祭りのなか日に鉢合わせ、事故があった場合は、両太鼓台は更に三年間の運行停止、計五年間の運行停止とする」内容であった（愛媛新聞、二〇〇七年一一月二四日：愛媛新聞、二〇〇九年一〇月二八日）[22]。

これらの罰則規定がいかに厳罰となっていたか、実際の太鼓台の活動から確かめると、まず二百万円から五百万円という罰金は、各太鼓台の二年分の活動費に相当する金額になる。太鼓台の活動費は、「太鼓割《たいこわり》」と呼ばれる自治会費や、祭礼中にまわる家々や企業から受ける御祝儀（御花《おはな》）によって賄われている。だが、活動費を大きく超える金額とはならず、追加で罰金をおさめることは限りなく困難である。そして、最長五年の運行停止処分が下された場合、その太鼓台を構成する担い手の離散を招くことが確実視されるという[23]。つまり、上部地区運営委員会が設定した罰金と運行停止処分の罰則は、それが発動した際には太鼓台の運行を継続する目途が立たなくなることを意味するもので、抑止力としては絶大な効力をもつ設定だった。

ただ、先ほどは川西地区、川東各地区での鉢合わせに触れたが、上部地区も例外ではない。頻度こそ低いものの、二〇〇一年、〇四年、一一年に鉢合わせが発生している（愛媛新聞、二〇〇一年一〇月一八日：愛媛新聞、二〇〇四年一〇月一八日：愛媛新聞、二〇一一年一〇月一六日)。とくに一一年の出来事は、同委員会の解散とも関係しており、罰則強化による抑止に限界があることがうかがえる。

事実、先述した厳罰化が進み、会則上の抑止力を高めたとしても、完全に防ぐことは不可能だというのが、現場責任者側での共通認識である。山根グランド統一寄せ実行委員会役員のD氏、G氏は、太鼓台運行に長年携ってきた。その彼らも、鉢合わせという事態に対しては「(仲裁の)権限もあるし、入ります。けれども、最終的には「やれ」としかいえれん」[24]、「動きだしたら暴動と一緒で、止めるのは無理や」[25]と口をそろえる。

人々の対抗関係が成立する祭礼の場では、「因縁を踏まえて大きな喧嘩が起こることを期待する」(武田 二〇一七：276)動きがみられる。とりわけ川西地区に顕著な動向だが、そうなるとますます喧嘩がエスカレートする状況を抑え込むのは難しいとの認識が現場にはある。そして「太鼓の世界で喧嘩、絶対にないとは僕らも言い切れん」[26]とG氏が話すように、上部地区でも喧嘩が突発的に発生する可能性は十分に考えられるものだった。

三―二 上意下達の行き詰まりと新たな模索

再び、九〇年代以降の上部地区運営委員会に話を戻すと、その執行部(本部委員)は、調整役を務める名士と太鼓台運行の経験者で構成されるようになっていた。とはいえ、その体制はG氏によって、「役職になるのが、各地区からね、選ばれ、選任された人がなるわけなんですけども……太鼓のことを何もわからんやつがでてきて」[27]と回想されている。これは、執行部での取り決めかたに向けられた語りである。

執行部会のなかで出された議案は、「船木」「角野・泉川」「中萩」三票の多数決にかけられる。この議案には、先ほどの罰則にみられる現場と乖離した内容が含まれることもあったが、それが執行部会を通り、各太鼓台代表者(運営委員)を交えた総会・代表者会で話し合われる。ただ、総会・代表者会の前に多数決で決められた議題として降りてくるため、執行部の意向が競り勝つ形で、上部地区の決定事項として扱われてきたようである。このトップダウン式に決定していく方針に対して、現場責任者でもある太鼓台代表者の不満は募っていったようだ。執行部と太鼓台代表者の溝が深まるなか、二〇一一年に鉢合わせが発生し、その亀裂が決定的となる。抑止力だったはずの罰則を発動せざるを得ない状況が起こったことで、同委員会における議論は紛糾した。具体的には、今回の鉢合わせに至った太鼓台に限らず、今後もこの罰則を受け入れた太鼓台は潰れてしまう。となれば、そのような規定を守るよりも、むしろ鉢合わせが起きないように、太鼓台が所属する上部四地区における組織力の強化が必要なのではないか。このような異議申し立てが、太鼓台代表者からあがってきたからである。

鉢合わせに至った太鼓台について、早急に求められたのは罰金だが、その納付を巡っても同様に、「できる、できんで、そななんでできんようなもんをそういう会則のなかに含めたって、もう全然意味ないでしょう」[28]と、当時の太鼓台代表者だったC氏から、これまでの厳罰化とあわせて、執行部に対して厳しい批判が向けられる。そして、もはや上部地区運営委員会が立ち行かなくなる事態にまで発展し、解散に至ったのが翌一二年のことであった。

以後は、従来の運営体制を教訓化しながら、太鼓台運行に関するノウハウをもつ現場責任者を中心に取り決めを進めるように、組織の構築そのものが新たな方針で目指されていくことになる。そして同年、図5で示した現在の体制、すなわち上部四地区（船木、角野、泉川、中萩）それぞれの運営委員会と、その各地区の運営委員会から選出された委員から成る「上部地区山根グランド統一寄せ実行委員会」として運営組織が再編されることとなった。

再編後の運営組織からは、二つの特徴が読み取れる。一つ目は、運営組織の「機能特化」である。上部四地区の代表者から構成される、山根グランド統一寄せ実行委員会が、その名の通り、「山根グラウンド統一寄せ」という、上部地区での統一演技を成功させることに目的を集中する組織となったことが当てはまる。

二つ目は、祭礼を運営するうえでの「組織力強化」である。先述の通り、統一寄せ実行委員会とは別に、上部四地区で「運営委員会」を正式に立ち上げた。その各地区の運営委員会では、現場責任者を中心にした委員構成をとっている。いわば太鼓台に精通した人々から成り立つ組織が新たに発足したわけである。これは、四地区における祭礼運営の基礎を固めるだけではなく、各地区運営委員会の代表者が選出される、統一寄せ実行委員会の組織構成にも通じており、根本的な組織力強化が図られていることがわかる。

まとめると、罰則による抑止によって、トラブルを防ぐのとは異なる仕組みで祭礼遂行能力を向上させようとするように、二〇一二年以降の運営体制が変化していった。

とりわけ、統一寄せ実行委員会における会長職の選出は、上部地区運営委員会という体制からの転換を象徴している。それまでの上部地区運営委員会では、船木、角野・泉川、中萩という各地区から推薦された人物が会長に就任して、任期がくれば次の地区の人物にまわす輪番制をとっていた。これに対して、統一寄せ実行委員会という二〇一二年以降の新たな運営体制では、輪番制は廃止されている。

「上部地区山根グランド統一寄せ実行委員会会則」より、同委員会の運営責任をみると、上部四地区のうち「角野地区太鼓台運営委員会」が負うものとすることが明記されている。これは、上部地区運営委員会が解散するとき、山根グラウンドが位置する角野地区を中心に協力体制を築く旨で、上部四地区の合意があったからである。そのうえで、角野地区運営委員会会長が、統一寄せ実行委員会の会長を兼務している。同委員会の運営方針についても、角野地区運営委員会が提案した議案を四地区で協議、検討する制度に切り替わった。

以上の変革を踏まえて、「地域アイデンティティ」と「信頼の発展」について、もう一度考えてみたい。

地域アイデンティティに関して、本節で注目すべき変化は「上部四地区」という枠組みに求められよう。変化を捉えるうえで、四地区の平等性を表現する制度でもあった、会長職の輪番制を廃止した点がとくに重要になる。これは、制度による担保を取り払っても、四地区が互いの平等性を自明視していることの裏付けとなるからである。そのうえで、上部四地区による枠組みを新たに形づくろうとする段階に移行した点を、一二年以降の運営体制から指摘できる。

そして、この新しい運営体制への移行を、祭礼を円滑に行うためのコントロールを重視した打算型信頼にもとづく「信頼の形成段階」から、上部四地区で祭礼を営むうえでの長期的な関係を視野に入れた知識型信頼にもとづく「信頼の維持段階」への移行と把握することができよう。今はみられなくなった会長職の輪番制とその座につく名士、その影響下で策定された罰則は、祭礼とは必ずしも符合しない名士という代表性を使わなければ組織が統率できず、また連帯感を醸成する段階にあたる上部地区運営委員会の時代には必要だった。だが、一九七六年の統一演技の成功によって、太鼓台運行という現場に携わる人々のあいだで、地区をまたいだ祭礼実践が行われるようになった。九四年以降は、名士が後退する代わりに現場に携わる人々が執行部に入り、変化の兆しが表れだした。そして、二〇一二年の体制転換によって、祭礼運営に直結する太鼓台運行に精通した人物を選出し、組織を統率する段階に移行した。上部地区の運営体制は、現場の太鼓台運行で培われ、醸成された地区間の連帯感に基礎をおく段階にあたる、統一寄せ実行委員会と四地区運営委員会の体制へと、発展的に解消されたわけである。そこには、抑止力である罰則を推し出した「統制」方式から、上部四地区の現場責任者が納得する「取り決め」方針にする運営方針の変化も確かめられよう。

おわりに

本論では、祭礼とその担い手から構成される運営組織の変遷について、地域アイデンティティの具体化と、運営組織における信頼の発展という観点から考察してきた。整理すると、一九七六年の山根グラウンド統一寄せ以降、統一演技による「見せる祭り」に意義を見出した担い手によって、「平和運行」と「演技の洗練」を基調にその実践が整えられた。それが、「浜と山」という言葉に象徴される山、すなわち上部地区の祭りとして語られるようになる。この上部地区の名の下で、実践上の価値基準がさらなる平和運行と演技の洗練に見出されていく。そして、顕在的だった喧嘩祭りは鳴りを潜め、潜在的なリスクに転じていった。

その展開上で、上部地区太鼓台運営委員会という運営組織の果たした役割は極めて大きい。だが同委員会において、祭礼実践の改善と上部四地区の関係構築を目指しつつ、リスク軽減を推し進めるうえで採用された、輪番制と厳罰化を柱とする方針は、とくに厳罰化が強化された二〇〇〇年代以降、次第に旧態依然の手段とみなされていく。名士を中心に申し合わされた事柄を下達する「統制」方式という、組織の運営方法が有効性を失っていったわけである。

前節でも述べたように、統一演技の場で太鼓台運行を続けることは、執行部会という場だけではなく祭礼の現場でも、上部四地区間の信頼感を醸成することにつながっていた。その現場で培われた信頼感に、組織の基礎をおく段階に至ったことが明確に示されたのが、二〇一二年に起きた、上部地区山根グランド統一寄せ実行委員会ならびに上部四地区による運営委員会への再編だった。組織の運営方法も、上部四地区の現場責任者で意見交換を行い、合意した内容を各太鼓台に伝達する「取り決め」方式にするほうが、さらなる平和運行と演技の洗練を目指すうえでの有効性を増してきたと考えられる。

以上を、信頼の発展という分析視角、いいかえれば第二部の主題となる理論的「枠組」に沿って、第一節の終わりに立てた打算型信頼にもとづく仮説から検討していくと、一二年には限界を露わにしながらも、即座に知識型信頼という新たな枠組に修正されている。川崎らの議論に従えば、それもやがて移行期を迎え、相手の願いや

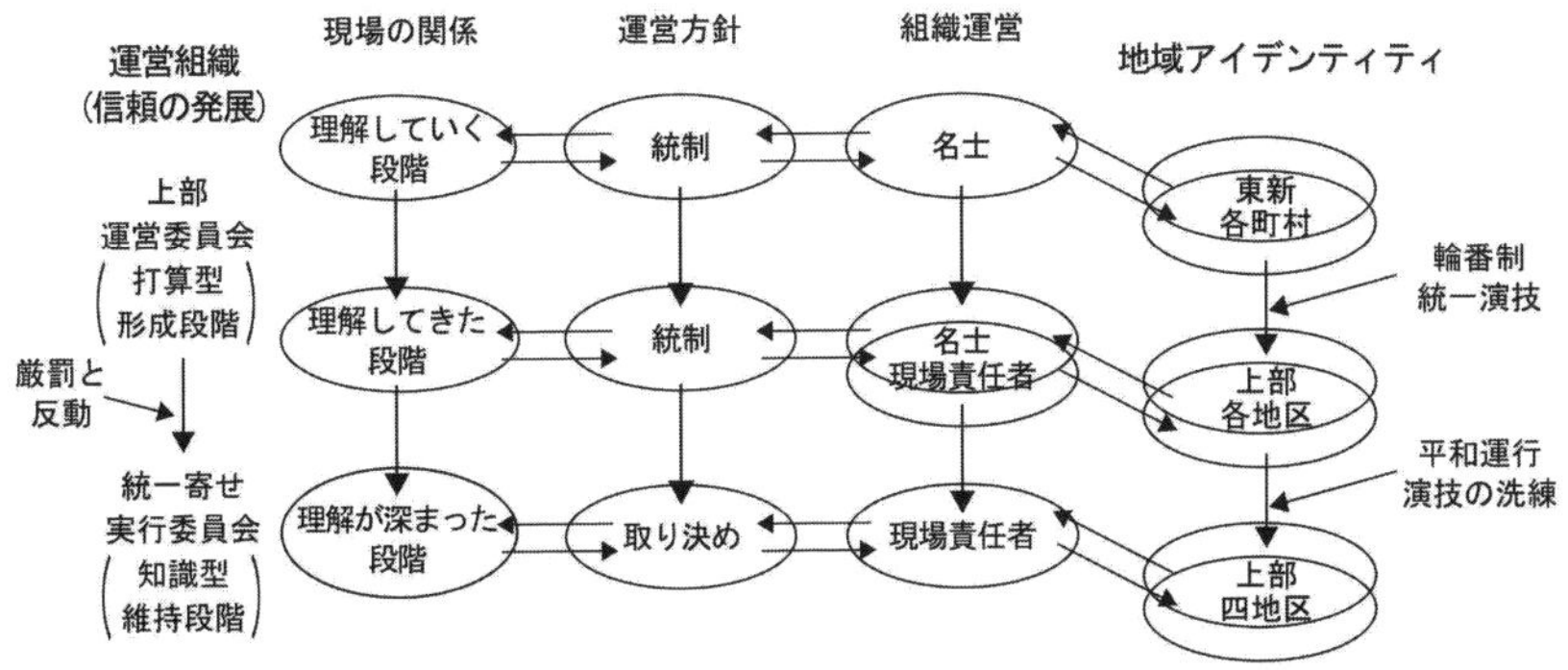

図８　上部地区における運営組織の変化
作図：筆者

意図への同一化による「一体型信頼」に至るものと考えられる。ただしそこでは、打算型から知識型、また信頼の形成段階から維持段階への跳躍を、厳罰化の反動と捉えることしかできない。バケツのような機密性をもつ枠組では肝心な、一体型に至るために共有されている、信頼維持の安定化に働く要因としての担い手の意識を逃している。ここで発想を、ザルのような選択的透過性をもつ枠組に転換したい。すると、信頼の発展というザルでは逃したその要因を、もう一つの分析視角に据えた地域アイデンティティというザルがすくいあげたことがわかる。それは、上部四地区の議場が「上部地区山根グランド統一寄せ実行委員会」として残った事実から確認できる。この統一演技に機能特化した運営組織へ、上部地区という名の下で四地区が集まる構図が維持される、つまり築かれ、共有されてきた地域アイデンティティの層が保たれることで、地区間の関係が安定化し、さらなる発展が見込まれるわけである。この、二つのザルによって、運営組織の変化を捉え、まとめたものが上の図となる（図８）。

ところで、運営組織再編の契機となった厳罰化は、その根拠を鉢合わせという喧嘩行為の抑止にもつ。ただ、現在の上部地区における喧嘩とそれに対する意識については、「昔からのしこりというのがあると思うんですよ。それで今でも船木と角野がね、平成六（一九九四）

図９　龍鼓祭・第二部で行われた寄せ太鼓（上部四地区による合同演技）
写真撮影：筆者

年に（鉢合わせを）やっとるんですよね……けれども、今の若い子いうのはそれ知らんのですよ……やっぱり地区で協力してね、和気あいあいとやりゃあええやろうと[29]」、こうＧ氏は話す。

Ｇ氏の語りから、今ひとつ、祭礼がどのように人々に「映り」、それがどう「移って」いったのか、この「映しと移ろい」という現象を考えたい。喧嘩をしなければ終わらない祭礼から、そうではない祭礼が人々の目に映しだされていくなかで、太鼓台という「器」には、喧嘩への意識を昔に置き去り、移ろいでいく世代の信頼感が盛られてきた。その器が、上部地区の祭礼を紡ぎだしてきた、そう述べることができよう。そして、喧嘩への意識が後退した今、上部四地区のもつ信頼関係の源は「罰則」ではなく「結束」に求める必要がある。この意識の具現化こそ、一二年に起きた運営体制の変革ではなかったのだろうか。

新たな運営体制の下で、二〇一七年一〇月一七日、市制施行八〇周年記念事業「あかがねの上部龍鼓祭」が、山根グラウンドを舞台に開催された。この龍鼓祭で最も注目を集めた演目が、上部地区に所属する太鼓台、計二〇台中一二台による寄せ太鼓であった。この演技を、上部四地区が合同で行うことは初の試みであり、またそれは新居浜市を含めた東予地域でも最大規模となる実践だった。半年前から入念に打ち合わせ、練習を積み重ねたものの、演技開始直前まで降り続けた雨の影響もあり、実際の演技は困難を極めた。しかし、上部地区という地域アイデンティティの下で培われた、上部四地区の信頼にもとづく祭礼実践は、その始まりの場である山根グラウンドを会場に、新居浜市の節目を祝賀する龍鼓祭においてまさに結実に至る。「新しい時代への一ページ」とは、この寄せ太鼓成功の瞬間に流れた現地実況だが、それは上部地区のみならず、新居浜太鼓祭りの記憶にも刻み込まれる、極めて鮮烈な光景であった（図9）。

謝辞

本稿の執筆にあたって、多くの方からご助力をいただいた。筆者の指導教員であるジョン・ブリーン教授からは、執筆上のご指導と示唆に富むご助言を賜り、稲賀繁美教授は、本稿を執筆する機会を与えて下さった。そして、上部地区山根グランド統一寄せ実行委員会の方々をはじめ、調査地である新居浜市の方々には、筆者の拙いインタビューに快く応じていただき、その都度、貴重な資料をご提供いただいた。調査の過程では、励ましのお言葉も何度となく下さった。とくに「また今年、祭りに来れるんやったら来んかい」とお声かけいただいたことは、今でも強く印象に残っており、それらが心の支えとなって本稿に実ったと確信している。この場を借りて、皆様に心からお礼を申し上げる。

【注】

（1）本論では、地域の固有性・個性といった観点から、地域をLocalに対応させている。そこで「地域アイデンティティ」も「ローカルアイデンティティ」の訳語として用いる。

(2) 本論で主に引用する川﨑千晶は、「信頼」の一般的な捉えかたとして相互関係のなかにおける特定の「期待」をあげる（川﨑 二〇一一：22）。本論での「信頼」についても、この意味でもちいる。

(3) 原文のcalculus-based trustは、計算にもとづく信頼とも訳せるが、川﨑の議論では打算的信頼と訳されているため（川﨑 二〇一一）、これを採用した。

(4) 大生院地区の氏神は、西条市内の飯積神社になるが、行政区では新居浜市に属する。従って、新居浜太鼓祭りにも参加するものの、その祭礼日は一五、一六、一七日と、他の八地区とは異なったスケジュールで運行されている。

(5) 正確には二〇〇三年に宇摩郡別子山村を編入し、構成されているのが現在の市域になる。ただ、旧別子山村は新居浜太鼓祭りと直接の関わりがなく、本論では省略している。

(6) 各紙面には、運営組織が分かれた正確な日付は記されていないが、「川東西部地区太鼓台運営委員会」、「下郷・又野・松神子地区太鼓台運営委員会」それぞれの会則施行日は、その分離・発足時期に対応していると推測できる。

(7) 祭礼期日統合の決定時の詳細は一九六六年九月一日付『新居浜市政だより』の記事を参照のこと。

(8) 改組は一九七一年九月一日付『新居浜市政だより』、改称は一九七二年一〇月一日付『新居浜市政だより』の記事を参照のこと。

(9) 泉川地区では、戦後から平成に入るまで、太鼓台が運行されていない期間があった。二〇一八年時点で、泉川地区には四台の太鼓台が所属しているが、その運行開始年は各太鼓台によって異なる。そのため上部地区運営委員会では、運行開始にあわせて、角野・泉川地区として扱ってきた経緯がある。

(10) 元・上部地区太鼓台運営委員会役員A氏（80代男性）への聞き取りによる（二〇一八年九月二〇日）。

(11) この語りに即して、会長職を一九九六、九七年に務めた神野利三郎氏、九八、九九年に務めた明星新一郎氏の例があげられる（愛媛県生涯学習センター　二〇〇〇年、一一七―一一八頁）。しかし、それが一期か二期かという点については触れられていない。

(12) A氏への聞き取りによる（二〇一八年二月一四日）。

(13) A氏への聞き取りによる（二〇一八年二月一四日）。

(14) A氏への聞き取りによる（二〇一八年九月二〇日）。
(15) 上部地区山根グランド統一寄せ実行委員会役員C氏（60代男性）への聞き取りによる（二〇一八年一月二三日）。
(16) 上部地区山根グランド統一寄せ実行委員会役員D氏（50代男性）への聞き取りによる（二〇一八年一月二三日）。
(17) A氏への聞き取りによる（二〇一八年二月一四日）。
(18) 元・川西地区運営委員会役員E氏（80代男性）への聞き取りによる（二〇一八年六月二七日）。
(19) E氏への聞き取りによる（二〇一八年六月二七日）。
(20) 川西地区住民F氏（50代男性）への聞き取りによる（二〇一八年六月二七日）。
(21) 大生院地区の会則・申し合わせ事項については確認が取れなかった点を断っておく。
(22) 運行停止処分については、一九九九年の時点で「五年間の出場停止」とあり（愛媛新聞、一九九九年一一月一日）、二〇一〇年度の申し合わせ事項にも記載されている。
(23) 推進委員会で検討されている、先ほどの実施計画案のなかでも、各地区運営委員会・協議会会則の改定に踏み込んだ、運行停止処分の複数年化が重要な位置を占めていた。最長三年の停止処分という案だったが、九地区全ての運営委員会・協議会代表者が、担い手の離散を理由に反対を表明し、二〇一八年九月時点での計画案のなかでは削除されている。
(24) 上部地区山根グランド統一寄せ実行委員会役員G氏（60代男性）への聞き取りによる（二〇一八年一月二三日）。
(25) D氏への聞き取りによる（二〇一八年一月二三日）。
(26) G氏への聞き取りによる（二〇一八年一月二三日）。
(27) G氏への聞き取りによる（二〇一八年一月二三日）。
(28) C氏への聞き取りによる（二〇一八年一月二三日）。
(29) G氏への聞き取りによる（二〇一八年一月二三日）。

【出典文献】

欧文

Lewicki, R. J. and Bunker, B. B, 1996, "Developing and maintaining trust in work relationships," in Kramer, R. M, and Tyler, T. R. eds., *Trust in Organizations : Frontiers of theory and research*, Sage Publications, pp.114-139.

和文

植木行宣・福原敏男　二〇一六：『山・鉾・屋台行事――祭りを飾る民俗造形』岩田書院：Yukinobu Ueki and Toshio Fukuhara, *Yama, Hoko, Yatai, float festivals; Folk Art shaping the festival*, 2016.

愛媛県生涯学習センター　二〇〇〇：『愛媛の祭り（平成11年度地域文化調査報告書）』愛媛県生涯学習センター：Ehime Prefectural Lifelong Learning Center, *Regional Culture Survey Report of 1999 (Ehime no Matsuri (Heisei 11-nendo Chiiki Bunka Chosa Hokoku-sho))*, 2000.

大堀研　二〇一〇：「ローカル・アイデンティティの複合性――概念の使用法に関する検討」『社會科學研究』61（５・６）：143-158; Ken Ohori, "The complexity of local identity: an examination of the direction for uses of the concept," *The journal of social science, Shakaikagaku Kenkyu*, Institute of Social Science, The University of Tokyo, Vol. 61, No. 5-6, 2010, pp. 143-158.

越智廉三　一九九〇：「史料に見る新居浜太鼓台の歴史」新居浜市立図書館編『新居浜太鼓台』新居浜市立図書館：Renzo Ochi, "History of Niihama Taikodai in Historical Records, "*The Niihama Taikodai (Niihama Taikodai)*, Niihama City Library, 1990, pp. 219-232.

川﨑千晶　二〇一一：「組織間における信頼のメカニズムと移行プロセス」『早稲田大学大学院 商学研究科紀要』（72）：21-32；Chiaki Kawasaki, "The Formation of Inter-organizational Trust, "*The bulletin of the Graduate School of Commerce, Waseda Daigaku Daigakuin Shogaku Kenkyuka kiyo*, No. 72, 2011, pp. 21-32.

金賢貞　二〇一三：『「創られた伝統」と生きる――地方社会のアイデンティティー』青弓社；Kim Hyeonjeong, *Living with 'Invention of Tradition' ; The identity of local communities ('Tsukura reta Dento' to Ikiru; Chiho Shakai no Aidentitī),* Seikyusha, 2013.

武田俊輔　二〇一七：「都市祭礼における対抗関係と見物人の作用――長浜曳山祭における「裸参り」行事を手がかりとして」『社会学評論』68（2）：二六五―二八二頁；Shunsuke Takeda, "The Relationship between Conflicts and Audience in Local Community Festival ; The Case of "Praying Rally"（hadakamairi）in Hikiyama Festival in Nagahama, Shiga," *Japanese Sociological Review, Shakaigaku Hyoron,* Vol. 68, No. 2, 2017, pp. 265-282.

野入直美　二〇一七：「越境と地域アイデンティティ――沖縄県金武町を事例として」『社会学評論』67（4）：四四八―四六五頁；Naomi Noiri, "Transborder on and Local Identity ; Focusing on Kin-Town in Okinawa," *Japanese Sociological Review, Shakaigaku Hyoron,* Vol. 67, No. 4, 2017, pp. 448-465.

増田研　二〇一四：「「長崎地元民」の構築――東濵町の竜宮船における担い手の継続性とアイデンティティの層」『文化環境研究』（7）：四〇―四八頁；Ken Masuda, "Construction of 'Nagasaki locals' ; The continuity of the players and the layer of identity in Ryugufune in Higashihamanomachi," *Studies of cultural environment, Bunka kankyou kenkyuu,* No. 7, 2014, pp. 40-48.

宮本節子・古川典子　二〇〇七：「地域アイデンティティの形成に果たすケーブルテレビの役割――旧神崎町コミュニティ・チャンネルを事例として」『兵庫県立大学環境人間学部研究報告』（9）：八三―九二頁；Setsuko Miyamoto and Noriko Furukawa, "The Function of Cable Television in the Formation of Community Identity: A Case Study of Kanzaki Community Channel," *Research reports, University of Hyogo, School of Human Science and Environment, Hyougo Kenritsu Daigaku Kankyou Ningen Gakubu kenkyuu houkoku,* No. 9, 2007, pp. 83-91.

《間―日本の時空間》展――「こと」としての日本の美学

寺本　学

プロローグ――展示という文化装置

一九七八年一〇月から翌年一月にかけてパリの装飾美術館で開催された《間―日本の時空間 *MA : Espace-Temps du Japon*》展は、その展示内容はもとより、同展が成立した状況を含めて、それ以前の海外における日本現代美術に関する展示とは一線を画した。展示を組織した建築家・磯崎新（1931―）は、時間と空間それぞれにおける間隔、あいだを意味する「間」という、日本古来の概念を主題とし、当時日本に見られた多様な表現形態を動員して展示会場を構成した。「間」という概念が古代から今日に至るまで日本に遍在するならば[1]、その風土で育まれた造形表現は日本独自の性質を持つことになる。そうした「間の芸術」の総体を通じ、「間」の概念を浮かび上がらせることが展示の目的であった。とはいえ《間》展以前にも、フランスにおいて日本の伝統芸術ではなく現代美術に焦点を当てた展示は存在した[2]。だがそれらの展示が扱ったのは絵画・彫刻作品のみであり、したがって領域横断性はなく、ましてや展示によってある概念を表象するという狙いを持つ企画などはそれまで存在しなかった。

ではなぜこのような展示が当時のフランスで成立したのだろうか。《間》展はフェスティバル・ドートンヌ（直訳では「秋の祭典」。本稿では以下、「フェスティバル」と記す）という、一九七二年以来毎年秋にパリで開催されている、舞台芸術を中心とした芸術祭の枠組みにおいて開かれた。そのため《間》展開催の背景を探るにあたり、当時フランス側にとって日本美術を展示することがどのような意味を持ったのか、に触れることも必要になるだろう。《間》展に関して、《間》展のこうした文化交渉における出来事としての側面は、これまで掘り下げられてこなかった。しかし、フランス側がことさら同時代の日本の造形表現を見せようとしたことに、ある力学の存在を見て取るべきではないだろうか。

本稿では、《間》展をめぐる日仏両国の関係者の交錯する眼差しを検討しつつ、フランスにおいて日本の造形芸術がどのように受け止められたかを明らかにしたい。なお著者は日本美術の受容を異文化間の接触・摩擦現象であると見なし、その舞台として、フランスの美術館で開催された《間》展に着目する。というのも、展示という行為によって可視化するのは、展示された作品・モノにとどまらず、企画側の意図、さらにはその美術・社会・美学的背景にまで及ぶからである（Kirshenblatt-Gimblett 1998）。

一　《間》展誕生の背景

一九七〇年代のフランス美術シーンにおいて、日本の現代美術に触れられる機会はなお皆無に等しかった。そうした状況下で、《間》展はいかにして組織されるに至ったのだろうか。まず、《間》展が開催された一九七八年のフェスティバルでは、日本が大きく特集されたことに留意しよう。日本の造形芸術を紹介する《間》展に限らず、作曲家・武満徹（1930―1996）の構成による音楽プログラムをはじめ、舞踏公演、映画上映、さらには書道展などを通じて日本の創造性が注目された。《間》展を分析する前に、まず本章では同フェスティバルの特徴を検討し、その中で《間》展がどのような意味を持ったのかを考察したい。

「外部」への眼差し

フェスティバルの創始者であり、後に文化大臣を歴任するミシェル・ギィ（1927―1990）は、《間》展開催から数年経った一九八二年、戦後パリの美術シーンを次のように回顧している。「パリが、創作分野において戦前以来ほぼ失ったといえる国際的役割を、取り戻さなければならなかった」（Guy 1982 : 13）。五月革命の余韻が残る中、ジョルジュ・ポンピドゥー大統領（任期一九六九―一九七四）から指名され美術シーンの刷新を引き受けたギィは、当時、フランスの文化関連施設のほとんどが戦前と変わらぬ体制に甘んじていたことを察知し、とりわけ舞台芸術での遅れを痛感する。そのためフェスティバルにおいて舞台・造形芸術の創作機会を設け、同時にそれらを発信する場となることを目指し、さらには関係者が活動するために必要な環境を整備することに尽力した。

また、フェスティバルの方針として領域横断性と参加者の多様性が掲げられたことに注目しよう。前者の領域横断性については、フェスティバルには同時代性を旗印にジャンルを問わない表現が結集した。参加者の多様性というもう一方の柱に関して特筆すべきは、国外の芸術家の存在が重要視されたことである。つまり欧米中心ではなく、それ以外の文化背景を持つ芸術家も召集された。世界規模でパリが再び芸術文化交流の中心となるだけでなく、国内外の才能を紹介し、さらには育む器になること。フェスティバルには文化政策における国をあげた野心が現れていたといえよう。

このような背景から、かつてフランスで紹介されてこなかった非西洋地域の作品が扱われ、アフリカや近東をはじめ、特にアジア地域が注視された(3)。美術史における地理的ヒエラルキーを相対化し、西洋中心主義からの脱却を掲げたフェスティバルの基本路線は、当時の美術シーンにおいて画期的なものだった。とはいえ、非西洋圏の舞台芸術の演目が伝統芸能のみであったのに対し、アメリカからはイヴォンヌ・レイナーやマース・カニンガムといった現代舞踊家が招聘されていた。こうした対照性から判明するのは、西洋とそれ以外の地域の表現における違いを示すことで、双方の断絶を強調する意図があったということに他ならない。

異国趣味という矛盾

とすると、反・西洋中心主義を唱え、フェスティバルの国際性を標榜したミシェル・ギィだが、彼が欧米とその外部にそれぞれ異なる役割を与えていたことは明らかだ。プログラムから見て取れるのは、〈西洋＝同時代性〉、〈非西洋＝伝統・永続性〉という構図である。また、それまで欧州で上演される機会のなかったアジアやオセアニアの公演であるだけに、それらがパリにおいて異国情緒を誘うのはなおさらであった。文化の違いを越えた異なる価値観の共存を訴えたフェスティバルだが、こうしたプログラム構成が非西洋地域のイメージを著しく限定してしまうことには、必ずしも自覚的ではなかった。

同時代性を追求した芸術祭である以上、非西洋文化圏側の演目についても同時代のものを見せるべきではなかったか。そう問うこともできるだろう。しかしながら、ミシェル・ギィの文化政策における以上のような矛盾は表面的なものにすぎない、と小説家ギィ・スカルペッタは擁護する。西洋から東洋を見る場合、本質的にエキゾチズムを避けられないと断った上で、むしろそうしたエキゾチズムがフェスティバルにおいて顕在化することの「価値」について次のように述べる。スカルペッタによればまず、欧米人はフェスティバルの異なる文明の芸術・文化表現を通して他者性を学ぶことができるという。また、スカルペッタは一九三一年のパリ植民地博覧会でアントナン・アルトーがバリ島演劇に感銘を受けた例を示しながら、西洋の人々が異国の舞台表現に接することで創作に関して新たな着想を得られる、とも書いている（Scarpetta 1992 : 117）。これらは一見普遍的観点からの意見だと思われる。とはいえ、西洋の歴史文脈と相いれない非西洋の作品は、その新奇さのみが注目され、最終的には西洋が形成してきた芸術という範疇から疎外化される恐れがある。このことをスカルペッタは意識していたとはいえないだろう。

以上から見ても、非西洋の「芸術」から感じられる異国情緒、違和感、奇怪さ、神秘性といったあらゆる「隔たり」の要素がフェスティバルにとって好ましいものと見なされていたことは明白だ。西洋外部の表現形態は、西洋の芸術文化の価値観では計り得ない、との前提が西洋において共有されていた以上、初めて見る非西洋の作品がどれほど衝撃的であれ、「別の何か」としか受け止められ得なかった。そうした圧倒的に異なる表現を前にしても、西洋の文化芸術は全く脅かされることなく優位の立場にあり続け、その価値体系が揺らぐことはない。このような前提がここには象徴されていた。

「日本年」開催へ

一九七六年に初来日したミシェル・ギィは、その二年後の日本特集に向けて、造形芸術部門に磯崎新、音楽部門に武満徹を起用する。「間」の概念を扱う展示をギィに提案したのは磯崎だった。(4) パリで日本の現代表現を見せるにあたり、そのプログラム内容の選定を日本人に任せたことは、オリジナル作品の制作・発表の場となるよう努めたフェスティバルの意志の表れだった。

また企画段階においてフェスティバル主催者側が、国際交流基金（一九七二年に誕生し国外における日本の芸術文化の振興を担っていた）のような日本政府関係機関の支援を受けず、ロラン・バルト（1915—1980）らの助言を得つつ、独自に構想を練っていたことは特筆に値する。《間》展の構想に関して、磯崎は一九七〇年に出版されたバルトの『表徴の帝国』（宗左近訳、新潮社、一九七四年）の影響を認めるが、フェスティバルにおける「日本年」の誕生も同書の存在が決定的だった。三度の日本滞在を経て、バルトは日本の伝統それ自体ではなく、その伝統が知覚される当時の日本の表象を分析した。記号学を用い、日本社会における断片的イメージを論じた同書は、一九七〇年代当時斬新な日本文化論であった[5]。フェスティバルもそうしたバルトの眼差しに倣い、伝統ではなく同時代の日本についての全く新しい言説を打ち立てようとしたのだった。

一九七八年の「日本年」は単にフェスティバル主催者側の東洋に対するエキゾチズムから生まれただけのものではなかった。確かに、プログラムにおいて、日本をはじめとした非西洋地域の存在が、あらかじめ西洋側から見た「他者」として、西洋の芸術とは異なる土俵に置かれていたことは否定できない。だがその一方で、『表徴の帝国』刊行によるフランスにおける日本文化への関心の高まりがあり、さらにはフェスティバルが地理的、社会的、宗教的隔たりを越えた表現形態の領域横断性を重視し、非西洋圏の表現を積極的に紹介しようとしていたという事情も加わった。こうした要素が有機的に結びつき、《間》展が組織されるに至ったのである。

二　外《よそ》から来た言語

ma という謎めいた、異国の香り漂よう語。二文字一音節の簡素な語に、あろうことか時間と空間という二つの次元が内包されている。はたして西洋から見ると、*ma* という概念が息づくとされる日本は「未知の国」と映るのだろうか。とはいえ洋の東西を問わず、各々の文化に時間と空間の概念の把握の仕方が存在するはずだ。こうした前提から出発した磯崎新は、「間」という概念の特異性と、日本の現代表現におけるその影響を、巧みな空間構成によって感知させようとした。すなわち、全体の展示空間を九つに分け、それぞれに「間」と響きあう「道行 *michiyuki*」や「数寄 *suki*」といった日本の古典的な概念を配置した（図1）。「間」と同様、西洋の鑑賞者にとって馴染みのないこれらの言葉は、日本の神秘性を増幅させただけでなく、日本において「間」の影響があまねく行き渡っているとの印象を与えることに貢献した。

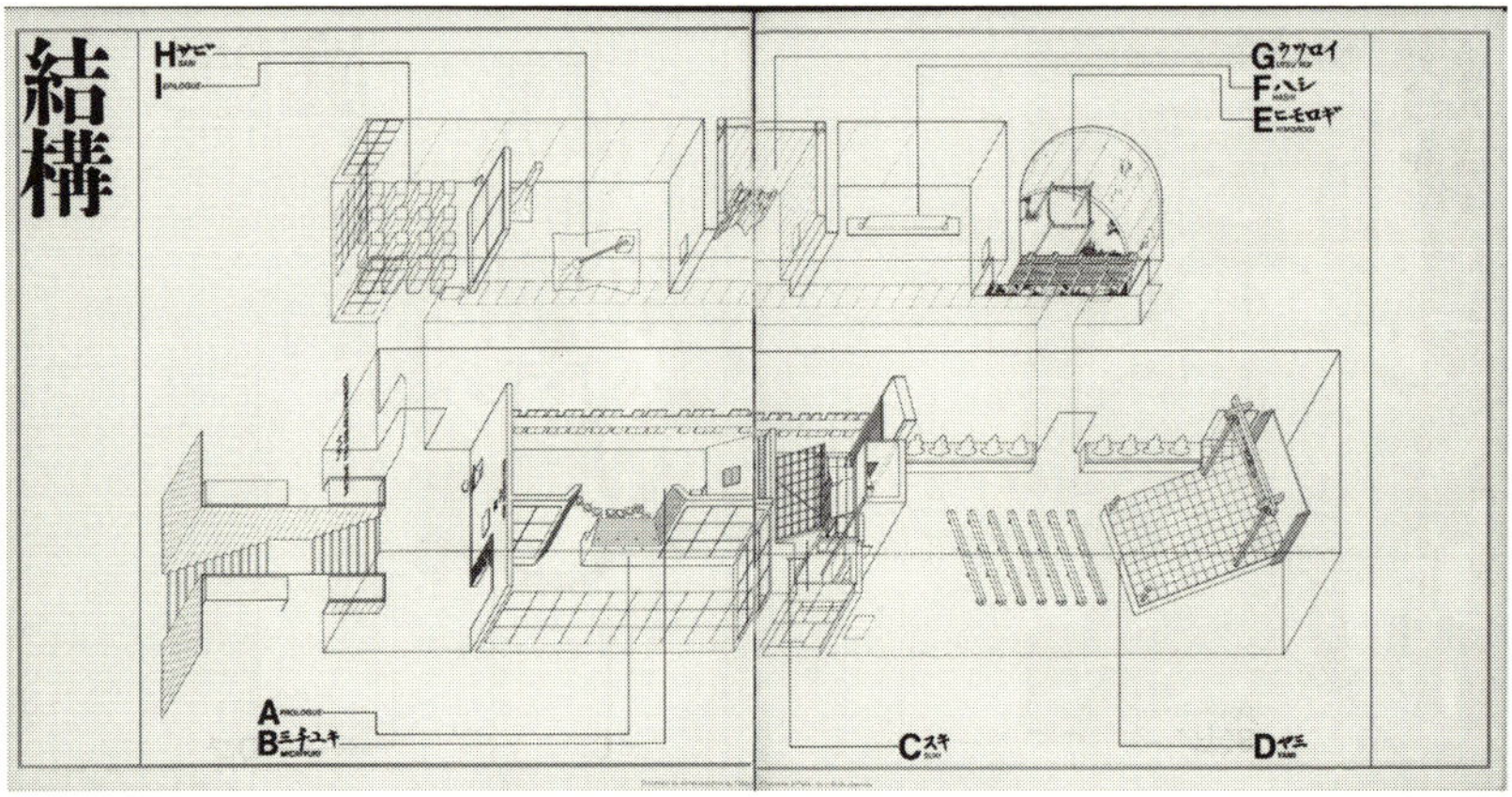

図1:「道行（みちゆき）」、「數寄（すき）」、「闇（やみ）」、「神籬（ひもろぎ）」、「橋（はし）」、「移（うつろい）」、「寂（さび）」に、プロローグとして「現身」、エピローグとして「結」。《間》展カタログ（頁なし）*Ma : Espace-Temps du Japon* 1978, cat. exp., Musée des Arts décoratif et Festival d'Automne à Paris

戦略としての *ma*

《間》展来場者は、時空間という二つの次元が「間」というひとつの言葉で包括される以上、日本人は西洋人とは異なった方法で時空間を認識しているのではないか、と推測したのではないか。つまり磯崎新は、時間と空間という西洋においてもごく身近な問題を取り上げながらも、「間」という不確かで計り知れなさを纏った語を通し、日本の美学の独自性・深淵性を浮上させようとした。さらにその際、「間」の論理的把握ではなく、来場者の身体感覚を介して「間」を知覚させることこそが目指された。展示カタログ中で磯崎は、「間」が日本人の日常生活から芸術活動にまで及んでいるとし、であるからこそ「間」の存在が日本と西洋の表現形態の違いにおける最たる要因なのだと言う(Isozaki 1978)。とすると「間」の概念を摑むことが、日本の芸術文化を鑑賞する上で欠かせないことになる。つまり磯崎がとった戦略とは、西洋の美学概念では容易に把握することのできない東洋美学の存在を前面に押し出すものであった。

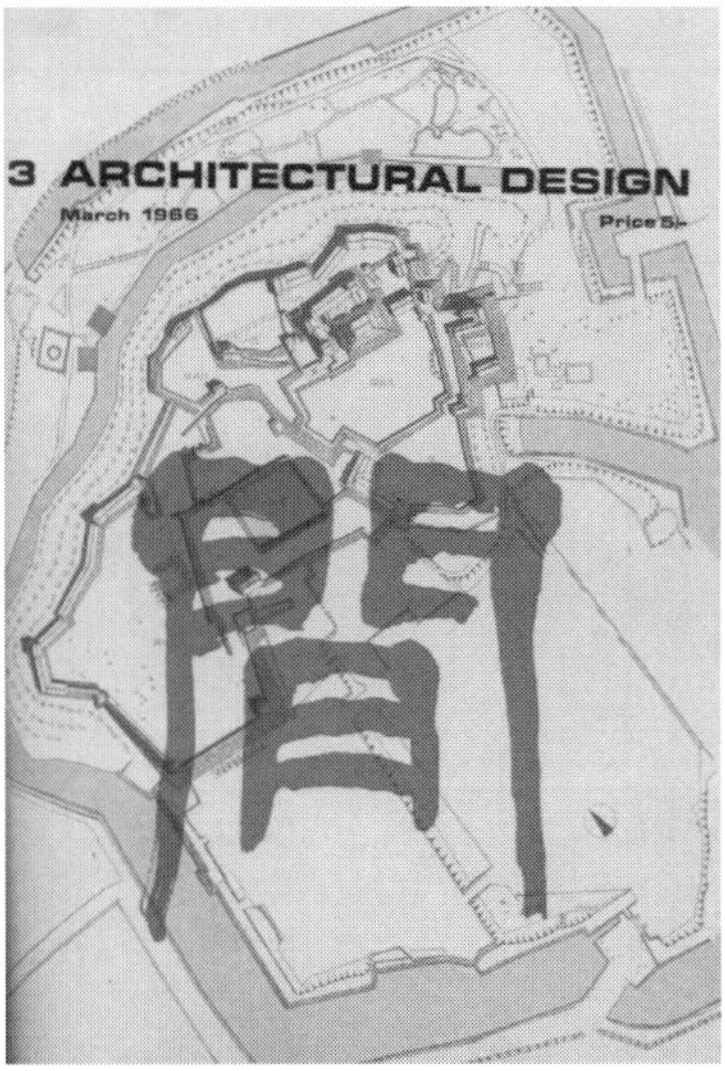

図2：*Architectural Design,* March 1966 表紙

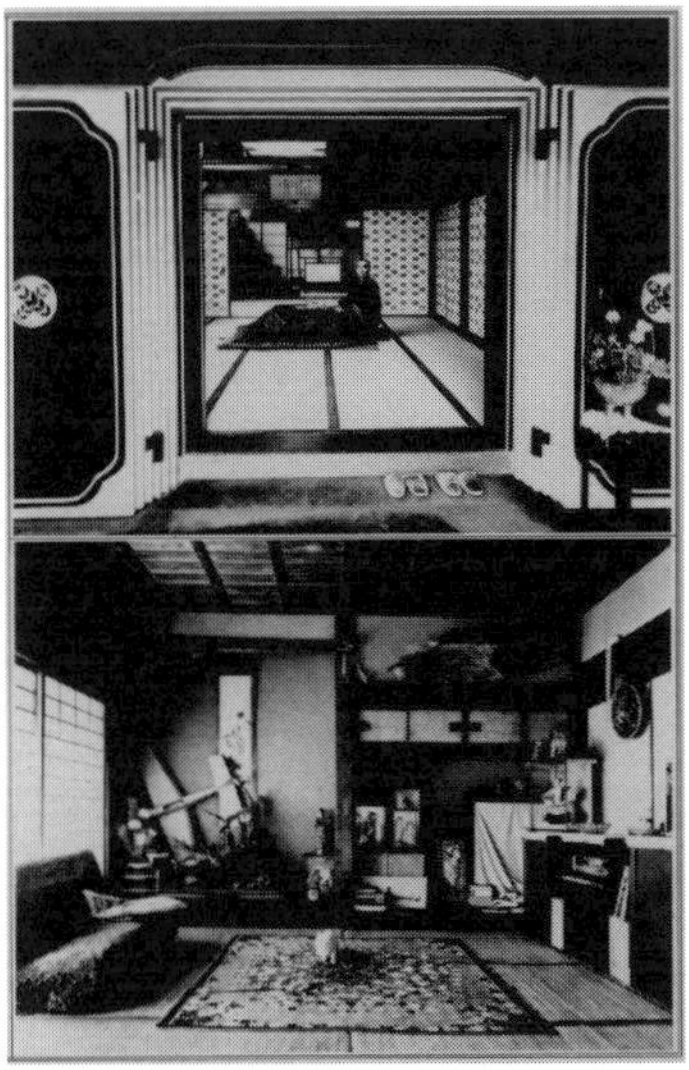
図3：《間》展カタログに掲載された（頁なし）、篠山紀信『家』（一九七五年）。

ところで「間」の概念は、《間》展以前に国外でどのように認識されていたのだろうか。一九六〇年代、すでにドイツの建築家ギュンター・ニチュケにより紹介されている（Nitschke 1966 : 113-156）（図2）。彼は論考「〈間〉―場所、空間、空[6]」で、客観、主観、形而上という三つの領域における「間」の性質を考察し、「間」を西洋の概念体系で捉えようとしている。また当時、建築分野で日本における時空間概念―とりわけ「間」―への関心が高まっていたという（Lucken 2014 : 53）。

分類の不在

「間」の派生語としての九つの概念、展示空間、そしてそれぞれの作品はどのように共鳴し合うのだろうか。プロローグ（「現身 *utsushimi*」）では、写真家の篠山紀信による日本列島の住居記録、『家』（一九七五年）に収録された一連の写真が壁に敷き詰められた（図3）。日本では居住形態の違いによらず各部屋を「間 *ma*」と呼ぶ以上、空間単位の基準として「間」が日本の生

図４：《間》展の会場風景。フェスティバル・ドートンヌのホームページより（https://www.festival-automne.com/edition-1978/arata-isozaki-exposition-espacetemps-japon）。

活に深く根ざしている。つまり、「間」は単なる哲学的概念ではなく、日本人は実際に「間」を生きていることが理解できる。日本人の暮らしの場としての「間」とその多様な様相を提示することで、「間」と日本の風土との親和性を印象付ける導入であった。

ここで注意を引くのは、芸術作品としての写真表現を見せるというよりは、写真記録を介して日本における「間」の遍在性を示すことこそが意図されていることだ。つまり、日本人の住まいにおける「間」の概念を形象するために最適な媒体として、写真が選択されている。日本の伝統表現とされる何らかの分野（書道、陶芸、日本画、生け花など）に関する従来の展示とは異なり、《間》展では展示作品のジャンルそれ自体は必ずしも問題になっていない。事実、表現媒体は写真、建築、文学、モード、彫刻など多岐にわたっている。

導入に続く「道行 *michiyuki*」部では、歌川広重の『東海道五十三次』、歌舞伎役者・坂東玉三郎を収めた篠山紀信の写真が飾られた他、展示室中央には日本庭園の飛び石を模して石が組まれ、石を辿ると特設の茶屋へ通じるようになっている（図4）。「〈間〉は動きの分節を組織する」（Isozaki 1978）と磯崎が説明するように、『東海道五十三次』では江戸と宿場の物理的な間が人物の移動によって具象化される。また、歌舞伎では道中を描く舞台を「道行」と呼ぶだけでなく、登場人物の調子のとれた身振りは独特の間を刻んでいる。時間の側面に関しても、動きが必然的に時間の推移を伴うため、例えば鑑賞者は飛び石の間を移動しながら確かな時間の流れを感知することができる。様々なメディアを共存させつつ「道行」を解釈し、共時的に「道行」を顕在化させるべく空間設計がなされていることが見て取れる。

ここには、単に展示作品を見ることで「間」を理解するのではなく、展示空間を漂うことで鑑賞者自ら「間」を知覚するという、展示空間と鑑賞者との相互性を提供しようという意図があった。日本では「間」が観念的なものではなく、何よりも生きられた概念であるという前提があった。そのため、多様な表現形態の共存は展示の目的ではなく、あくまで「間」と九つの概念に形を与え、来場者の知覚に訴える展示空間を構成するための最適な方法だったといえよう。

空《うつ》の美学

磯崎新は、「間」という多義的概念を形式的・論理的に定義することを避け、空間体験において把握させるための展示構成に挑んだ。つまり、鑑賞者各々の方法で「間」を体験、解釈、そして内在化することが目指され、そこではむしろ鑑賞者の主観性こそが重要視されたのである。ロラン・バルトはこの点に、西洋における展示にはない独創性を見出した。《間》展開幕直後、バルトは「苦悩と愛の間で」と題した展評を地元紙に寄稿する。(7) バルトは同展が単に「様式化された日本、民俗的あるいは現代的日本、芸術的あるいは工業的日本」（Barthes 1995 : 840）を見せようとはしていないことを認めた上で、美術作品の陳列に終始する欧州の展示に特徴的な「客観性」ではなく、「嗜好、恐怖、郷愁といった主観性」（Barthes 1995 : 840）が問題になっていると展開する。鑑賞者の理性よりも感情に訴えるという、バルトが注目した《間》展の特徴は、「間」の概念が時代や分野を越えて、日本美術全体に浸透していたからこそ知覚され得たのだろう。磯崎によって選び抜かれた「間」は、日本の芸術表現において伝統と現代を繋ぐだけでなく、展示空間自体を日本の美学体験の場に仕立てる役割を果たした、と評価できる。

同展評においてバルトは、日本の風土に古代から今日にまで息づく「間」の概念が、西洋の伝統的な理論体系に風穴を開け得る、と捉えている。バルトが「東洋」という語を用いなかったことに鑑みても、ミシェル・ギィには依然として残っていた欧米中心主義の態度が、バルトには窺えない。そもそも、バルトという西洋的主体にとっては、「間」の概念が、西洋が絶えず自己更新していくために参照すべき〈外部〉、日本という「東洋」から来た装置だった、とは言えないだろう。なぜならバルトにとっての日本は、自らの存する西洋、その「他者」として相対化された実在の対象ではなかったからだ。この点に関して稲賀繁美は、学術的考察を欠いているといった類の安易な批判を退ける『表徴の帝国』において、バルトにとっての日本とは、西洋の理論体系から切り離されており、西洋における意味に束縛されていない〈虚構〉であったのだから、と指摘している。（稲賀、二〇〇四）。一九六六年から翌年にかけてバルトが実際に訪れた日本では、彼の目に映る表象の多くが、意味を逃れた記号として存在していた。バルトを日本へ招聘したモーリス・パンゲがいみじくも証言したように、バルトにとって日本という「欲望をそそるあらゆるもののユートピア l'utopie du désirable」（Pinguet 2009 : 29）は、西洋の「他者」としてではなく、むしろ〈彼方〉として想定されるのではないか。バルトは『表徴の帝国』を執筆した後、自身の内部に息づくそのユートピアのイメージを決して損なうことがないよう、二度と日本の土を踏むことはなかった、とパンゲは推測する。

美術史家ミカエル・リュケンによれば、バルトにとっての「間」とは、対象物の主体性そのもの identité même du sujet に適用されるものではない。つまり、バルトの言説において「間」は、「西洋」「東洋」のような存在論的側面を持たず、あくまで主体と客体の関係に対して具体的に適用されるものであると言う（Lucken 2014 : 50）。では「間」の概念が主体と客体の関係性に適用されるとき、「間」の特徴はどのように現れるのだろうか。地理学者のオギュスタン・ベルクの思索に依拠するならば、彼は、「間」の概念は、例えば日本の音楽においてはっきりと捉えられる、と指摘する。ベルクによれば、「間」は余白、静寂、停止、小休、といった「空 vide」と、その「空」を意味上で担う「ずれ décalage」の組み合わせで構成される。「ずれ」は、「空」に、ある厳密な規則性から予想できる内容を与えもすれば、無限の可能性をもたらしもする（Berque 1982 : 65）。

《間》展において、この「空の美学」はあくまで具体的に知覚することができた。例えば、日本絵画における余白が空間（例えば白地）へのこだわりであるとすれば、筆使いやその速さとなって現れるのは律動への関心である。また、歌舞伎や舞踏において、一瞬の静寂が鑑賞者の感情に作用する一方、突如の運動停止は滑らかなリズムを壊し、舞台の様相を一変させる。このように、「間」の体験において時間と空間は相互に作用し合流する。しかしその時、「間」の体験は決して均一には定義できず、ひとりひとりの美的感覚によって全く異なるものになる。であるからこそ「間」の本質は「もの」にあるのではなく、「こと」という主体と客体の関係性に存在する。

「間」の概念はこのようにして鑑賞者と展示空間・作品の媒介としての役割を果たす。つまり「間」は、表現における間主観的な領域（絵画の白地、演劇の無言、ダンスの停止など）となり、鑑賞者という主体と展示空間・作品という客体の関係性を構築する。言い換えれば、ベルクが指摘するように、「間」は鑑賞者自身とその外部との、特定の形体に限定されないコミュニケーションが生じる場となるのである（Berque 1982 : 65）。《間》展は、「間」の息づく作品を巧みな空間解釈によって設置し、鑑賞者の感性との相互作用において「間」の概念を体験させようとした。展示作品の意味があらかじめ規定されているのではなく、そうした鑑賞者個々の展示空間における内省を通して、主観的に内容が受け止められることが目指された。

《間》展の反響

以上のように、《間》展は日本の時空間概念を西洋の人々の感覚に訴えることで把握させることを意図した展示だった。バルトは、磯崎のこうした企てを充分に感じ取り、その印象を展評として鮮やかに書きつけた（Barthes 1995 : 841）。しかし当時の批評の多くを見るかぎり、《間》展はその新奇さによって、日本の芸術文化が西洋からはるかに隔たったものであり、とても同じ土俵で測り得ない別の表現だ、との印象と共に受け止められた。例えばル・モンド紙のあるジャーナリストは次のように書いている。「《間》展は明らかに展示ではない。それは橋、ひとつの文明からもうひとつの文明への最初の一歩だ」（Edelman 1978）。ここで《間》展は、日本という「他者」を理解するための装置として捉えられている。フェスティバルのディレクター、ミシェル・ギィでさえ《間》展を「反・展示」（Guy 1978）と苦し紛れに形容しただけで、内容に関する具体的な言及をしていない。このように、日本の芸術表現それ自体は顧みられず、日本とフランス文化、さらには東洋と西洋の決定的な違いに関心の焦点が当てられるという結果を招いた。それを「誤解」とみるべきか否かはとにかく、ギィの記事に散りばめられた「衝撃 choc」という言葉は、「間」展の発する美学が西洋美術とその従来の展示形態とどれほど隔たったものだったかを物語っている。

エピローグ

一九七〇年代、戦後美術シーンでの復活を期したパリ。そこでは、フェスティバルに非西洋側の存在を演出する工夫は、「芸術の都」パリを彩るためにも不可欠な作業だった。しかし、日本の風土に根付く「間」の概念に着目し、多様なメディアを用いて展示空間を組み立て、「間」という日本の美学を表出させたこの類い稀な試みも、当時はその意図を充分に汲み取られることはなかった。その原因として、一つには、バルトが指摘したように、《間》展が、それまで欧州で一般的な展示のように、作品を「見る」ことに中心を据えた形態とは、明確に一線を画したことが挙げられる。また、フェスティバルを包含する西洋美術シーンにおいて、なお日本美術という西洋の外部の表現は、西洋美術をその内部から批判的に更新していくための装置にすぎないものとして位置付けられていた事実を否定できまい。

「間」の概念が時空間を同時に包含する、という点を拠り所に展示を企画した磯崎だが、ベルクは、そもそも時間と空間が渾然一体となるような概念は、何も「間」に限られたものではない、と《間》展の数年後に反応している（Berque 1982 : 62-63）。近年では稲賀繁美が、磯崎とベルクの「間」に類縁性のある様々な概念を世界規模の枠組みで吟味し、その形態の豊穣さを描き出している（稲賀 二〇一六 : 176-179）。《間》展以降に発表された、「間」の概念の唯一性とその広がりの可能性とを学術的に再検討するこうした指摘を踏まえると、「間」を *ma* とし、西洋の人々へ宛てて日本古来の概念として仕立て上げた磯崎の洗練された手法に、彼が当時の美術シーンにおける「日本」の立ち位置を鋭敏に察知していた様を窺い知ることができる。

その後の展開

《間》展から四〇年後の二〇一八年七月、パリのサロモン・ド・ロスチャイルド館において《深みへ―日本の美意識を求めて *FUKAMI, une plongée dans l'esthétique japonaise*》展が開催された。《間》展がアルファベットの MA をタイトルとして用いたように、《深みへ》展も「深み」を翻訳することなく直接 FUKAMI として使用

図５：《深みへ》展ポスター

している。あえて「深み」の翻訳不可能性を暗示することで、《間》展同様、日本の美意識の神秘性を強調する戦略をとっている（図５）。分野の枠を超えて古代から現代まで（展示ポスターには「一万年」と記されている）―つまり縄文土器から北齋の『富嶽三十六景』、現代美術家名和晃平のインスタレーションまで―受け継がれてきた日本の美学とは何か。この問いを立てた今回の展示企画は、日本の芸術文化の独自性を「引き算の美学―ミニマリズム」、「〈主体化〉する風景／軽みの哲学」といったテーマを通じて表出させる試みであった。

キューレーションを行った東京都現代美術館参事・長谷川祐子によると、対立項を統合して発展させるのが西洋の弁証法だとすれば、極東の美学はそうした異なる要素をそのままに受け入れ、その共存の内に漂うことにこそ存するという。個人の感覚や直感といった主観的な要素が紡ぐ関係性を「ゆらぎの弁証法 dialectique du flottement」（Hasegawa 2018）として提案し、展示作品を通してその「深み」へと来場者を誘うことに主眼が置かれた。

現地でFUKAMIと表記された「深み」という概念への思索が、《間》展における「間」の概念のようには充分に吟味されていると言えまいが、《深みへ》展のコンセプトは、西洋の分析的・説明的な、つまり客観性重視のアプローチの逆を行く点では《間》展を踏襲している。一方で、《間》展が「間の芸術」を介して日本の美学という「こと」を顕在化させた展示として傑出していたならば、《深みへ》展は、従来の西洋における日本イメージを「複数の日本」に増幅させ、時代の枠を超えた作品の相互干渉のうちに見せようとした展示だった、と言えるだろう。《深みへ》展は、日仏国交樹立百六十周年にあたり、「ジャポニスム二〇一八—響きあう魂 *Japonismes 2018 : les âmes en résonance*」と冠した日本主導による大規模な文化芸術イベントのオープニングとして企画された展示だった。「ジャポニスム」という一九世紀ヨーロッパで起こった現象を換骨奪胎し、今度は二十一世紀の日本側からヨーロッパへ、日本の美意識を「複数のジャポニスム Japonismes」として「提案」する。とはいえ、こうした狙いがこめられた当プロジェクト名称は、日仏両国の研究者から批判を受けている（大西、二〇一八）。

《深みへ》展は、一九八六年にポンピドゥー・センターで開催された《前衛芸術の日本 *Japon des avant-gardes —1910-1970*》展をも乗り越えようとしている。西洋の規範で理解不可能なものは異文化固有の「伝統」と見なし、逆に理解可能であればそこに西洋の「影響」を見出すという二分法、「西洋」と「日本」を常に固定して分け隔てるという態度が《前衛芸術の日本》展にはあったのではなかったか（Inaga 1988 : 50-52）[8]。《深みへ》展では、ピカソと円空の木彫り彫刻が並置されたが、客観的または学術的観点からすると、その意図は二つの形象の類似によってしか正当化され得ないだろう。また、田中一村の奄美とポール・ゴーギャンのタヒチを呼応させようと試みた「生命力の根源を求めて—南へ」のセクションで、異なる時代背景を生きた二人の画家を、新境地を求めて「南」へ向かったという一点を足掛かりに括ることに、いかなる歴史的価値があるのだろうか。「深み」という「日本の美学」を核とした同展には、恣意的な解釈とも受け止められかねない危うさがある。だが、《前衛芸術の日本》展で鍵言葉となった「現代性 modernité」が、「西洋」「東洋」といった枠組みを前提としたことを想起するならば、長谷川は、「周縁」や「外部」を伴うそうした対立項を無効化すべく、リスクを承知の上、「ゆらぎの弁証法」を構想したのではなかったか。

＊本稿は、二〇一八年六月にパリ第一大学に提出された、ドミニク・プロ Dominique Poulot 教授の指導の元に執筆された修士論文（Ｍ２）、*La réception des arts plastiques contemporains japonais en France : des expositions temporaires au musée, 1978-2017* の第一章を大幅に圧縮し、加筆したものである。また、注記がない場合、本稿におけるフランス語・英語の日本語訳は筆者による。

【注】

（１）「間」という概念が今日の日常生活にどれほど浸透しているかについて、例えば「間がいい」、「間が抜ける」といった日本語表現を思い起こそう。

（２）*Arts japonais d'aujourd'hui*, Musée Cernuschi, 1970. *Exposition d'art contemporain du Japon, 1976*, Grand Palais, 1976.

（３）バリ（一九七二年）、韓国（一九七三年）、インド（一九七四年）、チベット（一九七五年）。日本に関しても一九七八年の「日本年」開催の前に、一九七三年には声明公演が実現していた。同フェスティバルと日本の関係については、Toula-Breysse 2013 : 3-4

（４）磯崎新はいくつかのインタビューで《間》展について話している。例えば、磯崎、日埜 2014 : 178-184 ; 198-208

（５）明治学院大学教授・ジャック・レヴィによれば、当時、日本の知識人の間で『表徴の帝国』の評判は芳しくなかったという（Vaulerin 2015 : 25）。

（６）一九七六年（《間》展開催の二年前）にコーネル大学で行われた講演をもとに一九八八年に発表された（Nitschke 1993 : 48-61）。

（７）バルトによる原題は、「間」を意味する《L'intervalle》であった（Barthes 1995）。

（８）長谷川祐子は二〇一七年秋から翌年三月までポンピドゥ・センター・メスで開催された《ジャパノラマ——一九七〇年以降の新しい日本のアート *Japanorama : nouveau regard sur la création contemporaine japonaise*》展も担当して

いる。

【参考文献】

大西若人　二〇一八：「パリ注目「ジャポニスム2018」」『朝日新聞』、十一月一日朝刊、二七頁

磯崎新　日埜直彦　二〇一四：『磯崎新インタヴューズ』LIXIL出版

稲賀繁美　二〇〇四：「ロラン・バルトあるいは「虚構」としての日本」『表象としての日本』山内久明他編、放送大学、二四一—二五七頁

———　二〇一六：「美術史は全球化しうるか？」『ゲンロン3—脱戦後日本美術』、vol.3、一六九—一八六頁

———　二〇一八：「海賊史観、輪廻転生、そして華厳」『GA JAPAN』、154、一二六—一三一頁

『間—20年後の帰還』二〇一〇、展示カタログ、東京藝術大学大学美術館協力会

Barthes, Roland 1995 : 《L'intervalle》, *Le Nouvel Observateur*, 23 octobre 1978, repris dans *Roland Barthes. Œuvres complètes* : t. 3, Seuil, pp. 840-841

Berque, Augustin 1982 : *Vivre l'espace au Japon*, Presses Universitaires de France

Edelmann, Frédéric 12 octobre 1978 : 《La chute d'une feuille à l'automne》, *Le Monde*, p. 13

Guy, Michel 12 octobre 1978 : 《L'avant-propos》, *Le Monde*, p. 13

——— 1982 : 《PREFACE. Dix ans et la suite》, dans Léonardini, Jean-Pierre *et al.* (éd.), *Festival d'Automne à Paris 1972-1982*, Temps Actuels, [n. p.]

Hasegawa Yuko 2018 : 《Note de la commissaire》, dans *Fukami*, brochure d'exposition, Fondation du Japon, [n. p.]

Inaga Shigemi 1988 : 《L'invisible avant-garde au Japon — essai d'une redéfinition》, *L'écrit-voir*, n° 10, pp. 38-54

Isozaki Arata 1978 : 《La notion d'espace-temps au Japon》, dans *Ma : Espace-Temps du Japon*, cat. exp., Musée des Arts décoratif et Festival d'Automne à Paris, [n. p.]

Kirshenblatt-Gimblett, Barbara 1998 : *Destination Culture : Tourism, Museums and Heritage*, University of California Press

Lucken, Michael janvier 2014 : 《Les limites du *ma*. Retour à l'émergence d'un concept "japonais"》, *Nouvelle revue d'esthétique*, n° 13, pp. 45-67

Ma : Espace-Temps du Japon 1978, cat. exp., Musée des Arts décoratif et Festival d'Automne à Paris

Michel, Marcelle 12 octobre 1978 : 《L'énergie dansée》, *Le Monde*, pp. 17-18

Nitschke, Günter March 1966 : 《'Ma' — The Japanese sense of 'place' in old and new architecture and planning》, *Architectural Design*, pp. 113-156

——— 1993 : *From Shinto to Ando : Studies in Architectural Anthropology in Japan*, Academy Group

Pinguet, Maurice 2009 : 《Le texte Japon》 [1982], repris dans *Le texte Japon*, introuvables et inédits, réunis et présentés par Michaël Ferrier, Seuil

Scarpetta, Guy 1992 : *Le Festival d'Automne de Michel Guy*, Éditions du Regard

Toula-Breysse, Jean-Luc 2013 : 《Le Japon au Festival d'Automne à Paris》, dans Dossier de presse sur l'exposition de Hiroshi Sugimoto, *Accelerated Buddha*, Festival d'Automne à Paris, pp. 3-4

Vaulerin, Arnaud 12 novembre 2015 : 《Le Japon, un archipel conquis par Barthes》, *Libération*, p. 25

「あいだ」から見る「もうひとつ、これから書かれる歴史」
――杉本博司の「歴史の歴史」とその周辺の論考

近藤貴子

For what you really collect is always yourself.
― Jean Baudrillard

一　杉本博司の現し（うつし）

語源を辿ると英語の「Translate」は、「ある場所からある場所へ移す」ことを意味する。[1] 翻訳とはつまり、ある言葉や文章を起点言語から目的言語へ「移す」こととも考えられる。しかしながら、この置き換えという意味での「移し」は同時に翻訳不可能な概念を目的言語において理解可能な概念に変換する過程とも言える。言い換えれば、その過程から意味的な透明性が生まれることになる。この透明性は、起点言語と目的言語間に距離が無いことを想定させ、それにより異言語間に存在する認識上の「あいだ」の空間を消去し、その空間のみに可視化するはずのズレを修正してしまう。例を挙げれば日本語での「美術」においては、翻訳を通じ英語の「art」として語られることにより、その二つの概念の間にある認識上の食い違いが消し去られることを指す。文化、芸術の概念はその齟齬を見過ごすことにより異文化間での伝播を容易にし、また文化触変も往往にしてその看過から生じてきた。結果として、翻訳という「移し」を通じて起点言語の概念は目的言語内で「空（うつろ）」となるのである。本稿ではその「空ろ」に異文化間における概念の不整合を看取し、またそれを基に書かれてきた歴史の偶さかさを露呈すべく、自身の著述、作品制作、及びキュレーションを通じそれらに切り込んでいる杉本博司の『歴史の歴史』展とその周辺の哲学的思考に焦点を当てる。杉本は翻訳に代表される透明性に疑問を投げかけるように、そこで掻き消される「あいだ」を―現し（うつし）により―顕在化させている。[2] 本稿では「現し」を杉本の哲学的手法と捉え、「あいだ」から垣間見える「もうひとつの歴史」の可能性を検証し、それを art の概念と関連させて考察する。

二　「驚異の部屋」としての『歴史の歴史』展

最初の展示室である第七展示室に足を踏み入れると、先ず陳列された三葉虫、アンモナイトやウミユリの化石の標本群に目を奪われた。二〇〇八年に開催された金沢21世紀美術館での『杉本博司　歴史の歴史』展でのことである（図1）。そこではまず「美術展」と言う枠組み、と同時に何が「美術」なのかを思案せざるを得なくなる。この展覧会は今までの杉本博司の写真展とは一線を画していた。と言うのは、これは杉本の作品展ではなく、歴史や美術に対する杉本の世界観を展観する展覧会なのだ。ここでは自然史、考古学、民俗学の標本や古美術品等の杉本の蒐集品が、蒐集家である杉本自身の写真作品と並列されている。この博物学的展示は蒐集者の世界観を体現した小宇宙である一六世紀から一八世紀まで欧州の王族、権力者、富裕な商人や知識人が築き上げてきた権力と叡智の象徴としての「驚異の部屋」の現代版のように思われた。

杉本博司の『歴史の歴史』展は二〇〇三年から二〇〇九年の間に国内外で七回開催され、毎回趣向の違う展開

図1　展示風景：化石群と《石炭期》、『杉本博司　歴史の歴史』展（2008年）、金沢21世紀美術館、撮影：木奥惠三

を見せてきた同展の金沢での開催は六回目に当たった（図2）。初回の二〇〇三年東京銀座のメゾンエルメス8階フォーラムで開催された『L'Historie de l'histoire』展で配布された小冊子に杉本は「歴史の歴史」ついてこう記している。

> 歴史には書かれた歴史と書かれなかった歴史とがある。また書かれた歴史にしても常に加筆訂正が行われてきた。（中略）それからもうひとつ、これから書かれる歴史がある。ここにご紹介するのは歴史のほんの少しの断片であり、あなた自身が組立てる未来の歴史の組立キットの為のパーツである。[3]

『歴史の歴史』展で杉本はまず「書かれた歴史」と「書かれなかった歴史」の他に「もうひとつ、これから書かれる歴史」と言う歴史の発展性の足掛かりの設定を試みる。ここで展示される物品、及び作品は「（今まで書かれてこなかった）歴史のほんの少しの断片」として展示され、観覧者にはそれらを元に「もうひとつ、これから書かれる歴史」を構築する

図２　金沢21世紀美術館における『杉本博司 歴史の歴史』展のポスター（2008年）

可能性が提示されている。しかし、それを暗に試みているのは紛れもなく杉本自身であろう。

同じ『L'Historie de l'histoire』展の小冊子の文章で杉本は続いて「もうひとつ、これから書かれる歴史」の断片、つまり「未来の歴史の組立キットの為のパーツ」を「闇の中にちらばった光り輝く微粒子」と表現する。[4] また、「闇」とは人類の歴史において学問や信仰が知の獲得を追求してきたにも関わらず、そこから否応なく滑り落ちていった部分であると述べている。[5]『歴史の歴史』展はこの知識生産の様式や枠組みからこぼれ落ちた闇に焦点を当て、それを「歴史の歴史」の概念の活動域としている。更に、過去と現在を繋げる歴史の不確実性を露呈しながら、杉本はその不確実性が生み出す潜在性を芸術との関係について語る。杉本によれば、芸術家とは闇の中に散りばめられた「微粒子」を拾い集め、それらの内部を分析する為の「装置」を造る者であり、芸術とはそこで造られる「暗号解読装置」であると言う。[6]

「暗号解読装置」の解釈を拡げて、暗号を解き明かす（試みの）為の仕掛け、または場、特にそれに想いを馳せる潜思の場として解釈を広げれば、『歴史の歴史』展は「驚異の部屋」と通底しているように思う。確かに広く知られる「驚異の部屋」は、蒐集者の権威と品格を象り、有力な人々に対しそれを誇示する道具であり、また蒐集者自身の悦楽の為の空間であり、見返りの不明な投資であったことは否定できない。[7] 更に「驚異の部屋」が欧州で築かれて来た背景には神への信仰という存在があった。百般の知識を網羅する（ことを目指した）「驚異の部屋」は天地万有を映し出す鏡であり、蒐集者が造物主である神の創造物との対話を通じ、神の摂理―暗号―の解読を図る崇高な黙想の場であり、仕掛けであった。

杉本は暗号解読の過程を「空想に遊ぶ」と表現する。[8] しかしながら、その対象を神の創造とは捉えていない。杉本の解読の対象は歴史である。そしてその対象には化石、隕石、月の石など人間が創造した以外のものが含まれる。つまり、対象は所謂人類が作り上げてきた歴史という枠には収まらない。しかし、これらの対象物だけに焦点を当てれば、全てを神の創造物と捉えていた「驚異の部屋」の所有者の視点との共通点を見いだすことも可能であろう。が、そこには大きく異なる視座がある。杉本は蒐集品を「そこから何かを学び取り、その滋養を吸収し、私自身のアートへと再転化する為」の「必要上やむを得ず集められた私の分身、いや私の前身」であると記している。[9] この主張が「驚異の部屋」と大きく隔たる点は、蒐集物を杉本自身と重ねている点である。杉本が「過去が私の作品にどのように繋がってきたのかを類推し、その現場を検証する」と言うように、歴史は自分との距離を測る空想の対象ではなく、杉本自身の「前身」なのである。[10]

つまり、「驚異の部屋」において確立されていた蒐集する者と蒐集される物、神の創造物について沈思黙想する者とその対象と言う、主体に対する客体の二項対立の構造がここでは崩壊している。これを主客未分と表現するよりは、主客一体と表現する方が妥当だろう。これはまた、もう一つの点においても同様なことが言えると思う。「驚異の部屋」が蒐集者／所有者の知性と権力を象徴する装置であったことに対し、杉本は杉本自身の作品を『歴史の歴史』展に組み込みことにより、その展覧会を杉本自身の為に表象する対象として提示する可能性を閉ざしている。そして『歴史の歴史』展に杉本自身がキュレーターとして携ったことを考慮しても、主客関係は合一している。この二元論からすり抜ける2＋1への転換が杉本の提示する「もうひとつ、これから書かれる歴史」に結びついてくる。具体的には、ここで言う「2＋1」は二項対立的な思想をあくまでも否定することなく、杉本がその二項間の間に「もう一つ」を造出していることを指し、それは既存の二項対立的な思想を否定し「もう一つ」により取って代わる事と理解できる「２＝１」とは意を異にする。

本稿では、第一にこの二項対立＋１、あるいは二項対立から擦り抜ける「あいだ」に介在する概念を杉本博司の思想から考察する。そして、第二に杉本博司が「あいだ」から提示する主体の概念を中心に考察し、そこから世界美術史が提示する art の概念を支える主体との不整合性を浮き彫りにし「もうひとつ、これから書かれる歴史」の可能性を問いてみたい。

三　闇、或いは「あいだ」

「もうひとつ、これから書かれる歴史」について考察を続けるに当たり「歴史の歴史」の解釈についても触れておきたい。杉本博司が「歴史の歴史」を展覧会名に選択したこと自体まず、史学史、または歴史学的視点から歴史の叙述に対して問題意識を呼び起こす試みの言明であったことが読み取れる。しかし、そこからもう少し掘り下げて行くと、他言語で表記された「歴史の歴史」の意味に隠された意図が見えてくる。杉本は日本語で書かれる展覧会、または出版物の表題を他言語で表記する場合、いわゆる言い換えとしての一般的な翻訳をしないことが多い。二〇〇五年に出版された評論集『苔のむすまで』の英語での表題を『Time Exposed』とした事から始まり、これは現在でも繰り返し見られる杉本の思想理解の糸口へ繋がる粋な悪戯とも取れる。

「歴史の歴史」における悪戯は、他言語で書き換えられた時に付加的な意味が加わってくる所に見え隠れする。例えば、『歴史の歴史』展がメゾンエルメス８階フォーラムで開催された時にはフランス語の『L'histoire de l'histoire』が展覧会、小冊子と図録の表題に使われ、日本語での表示は副次的であった。フランス語で「l'histoire」は、日本語に訳すと「歴史」だけでなく「物語」、「出来事」を意味する。従って日本語での表題は「歴史の歴史」だけでなく「歴史の物語」、「物語の歴史」、「出来事の歴史」にも「出来事の物語」にもなり得る。杉本が歴史は常に「加筆修正」されてきたと強調する点を考慮すれば「歴史という物語」とも取れる「歴史の物語」を指していたとも考えられる。

また、二〇〇五年にニューヨークのジャパンソサエティでの開催以降、アーサー・M・サックラー・ギャラリー（二〇〇六）、トロントのロイヤルオンタリオ博物館（二〇〇七）、サンフランシスコ・アジア美術館（二〇〇七―二〇〇八）の三館においては『History of History』が表題となり、そして金沢21世紀美術館、大阪の国立国際美術館での開催の際には、日本語に英語の『History of History』が表題として併記された。英語の「history」は、欧米では「his story」ともしばしば解釈される。[11] この「his」は敬虔なキリスト教信者にとっては象徴的に「神」を意味し、フェミニズム的視点からは男性優位主義を揶揄する意味で「白人男性」と捉えられる。しかし「his」に内在する意味を深読みせず、「彼の」と訳すことで杉本は「彼の物語」、つまり「杉本版の歴史の物語」として提示した可能性はないだろうか。このように日本語の表題だけに向き合った時には見えなくとも、日本語と他言語との比較により展覧会の表題からも杉本の言う「こぼれ落ちる闇の部分」が垣間見えるように思う。

しかしこの「闇」は翻訳が作り出すものというよりは、翻訳が消去する「あいだ」であろう。酒井直樹が述べるように、翻訳の概念は「翻訳を均質化のプロセスとして提示し、同等性を確立すること」であり、つまり翻訳が提示するのは起点言語と目的言語の間に隙間がないとする構造そのものだからである。[12] 酒井はこれを「翻訳の問題性」と呼ぶ。[13] 杉本はこの問題性を悟ったように、時折展覧会や書籍の表題に使う二言語間のあいだにあえて隙間を作ることを試みる。先に例を挙げた日本語で書かれた評論集の表題『苔のむすまで』に関して、杉本は英語での副題を『Time Exposed』に置き換えた。『苔のむすまで』は明らかに所謂翻訳という過程を通じて「Time Exposed」に変換されていない。「苔のむすまで」は、苔が生すほどの悠久の時間を指し、それに対し「Time

Exposed」は晒された時間、とでも訳せようか。この二つの時間を結びつけるものは、杉本がこの評論集で繰り返し語る全ての物／者に不可避に流れる時間、また過去から現在まで途切れることなく続く時間である。しかし、日本語の表題を読む者には永続的な普遍の時間について語り、それに思いを馳せさせる。英語の表題を読む者にはそのような時間の存在を顕にするのみである。日本と米国の両国に住み、二カ国語の間に棲む者にこそ見えてくるズレから杉本は「あいだ」をこうして照らし出す。

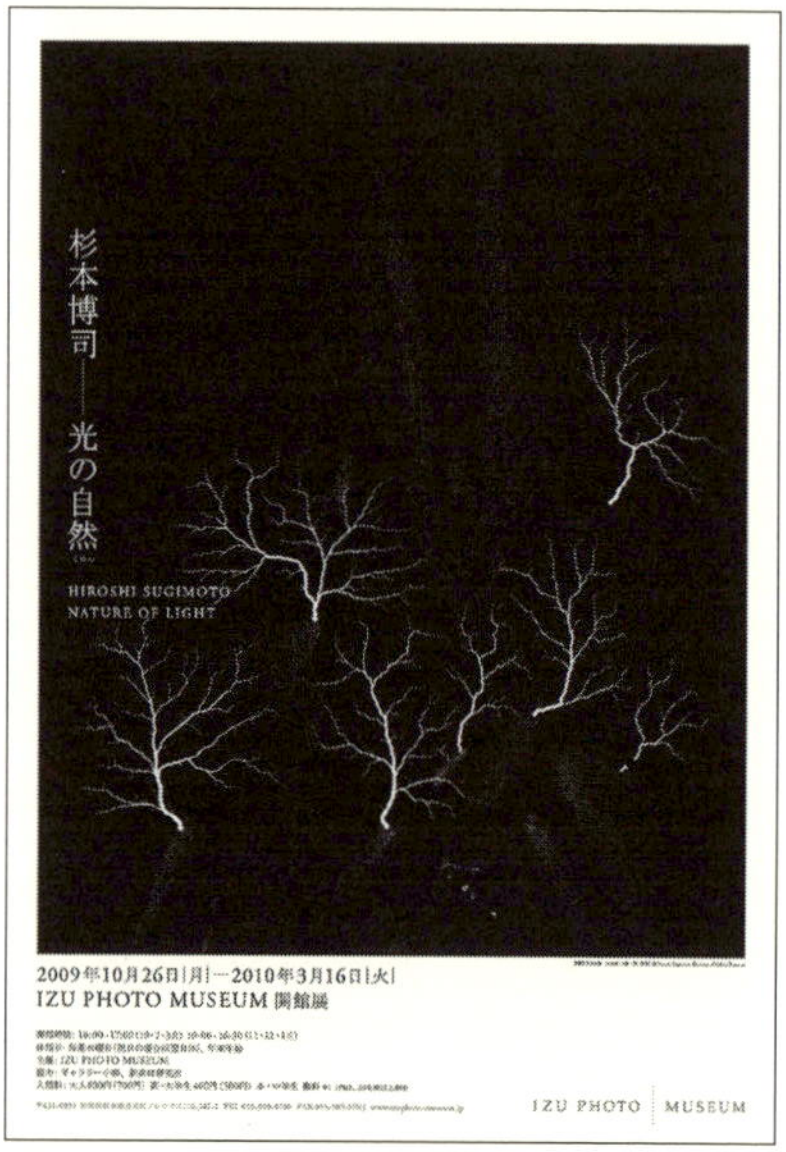

図３　IZU PHOTO MUSEUM 開館展『杉本博司 光の自然《じねん》』展ポスター（2009年）、図版提供：Izu Photo Museum

　更に二〇〇九年に杉本自身がキュレーターを務めたIzu Photo Museumの開館記念展『光の自然《じねん》』展での日英二言語で表記された表題の意の隔たりにも注目したい。この展覧会においては日本語の表題『光の自然《じねん》』に英語の『Nature of Light』が併記された（図３）。一見何の問題もないように見えるこの二カ国語表記は、通常「しぜん」と読まれるであろう「自然」を「じねん」と読ませ、通常「自然《しぜん》」の意の影に隠れてしまう概念に焦点を当てた。広辞苑（一九九八年）によると「自然《じねん》」は「おのずからそうあること」とある。[14] また、哲学者の三枝博音は「自然《じねん》」は仏教思想に由来し、「存在する体」を示す語ではなく、「存在のあり方」を表現する語であるとし、よって欧州のnatureの概念とは異なると述べている。[15] つまり、natureは自然《じねん》の翻訳ではないと考える方が正しいであろう。しかし、ここで露わされるのは単純な意味の差異ではなく、認識論的自然と人間との関係性の相違になる。言い換えれば、自然《じねん》では人間がその一部であると捉えられるのに対し、natureにおいては人間との類別を前提とし、natureは人間の外的環境として、また従属する対象として捉えられ、人間である主体とnatureと言う客体の二項対立構造に基づいて認識される。これに関し柳父章は、人間は「作為の主体」であり、「nature」は「知識の対象」であると説明する。[16] 従って、杉本は「自然《じねん》」を用いることによりこの人間対natureの二項対立関係から距離を置き、表題が日本語で読まれる時のみにこの展覧会の本質的な命題を解き明かす切掛けを提供した。

『光の自然《じねん》』展は具体的には『《光子的素描：フォトジェニック・ドローイング》（二〇〇八—二〇〇九）と《放電場：ライトニング・フィールド》（二〇〇六—二〇〇九）の二つのシリーズから成り立っていた。《光子的素描：フォトジェニック・ドローイング》は杉本の蒐集品であり、一八三九年にウィリアム・ヘンリー・フォックス・タルボットが英国王立協会で発表した《フォトジェニック・ドローイング》と呼ばれる硝酸銀溶液を塗った感光紙を太陽光に当てることで像を映し出した最初期の写真技術により生まれた陰画を基にした作品群である。杉本はこのタルボットの紙の陰画を現像することで一九世紀に記録された潜像を陽画として浮かび上がらせた。

また偶然か否か、米国ニューメキシコ州にあるウォルター・デ・マリアの大規模なランドアート作品と同じ名を冠す《放電場：ライトニング・フィールド》は、タルボットが行なっていた放電実験に想を得たとされる。[17] デ・マリアの作品《The Lightening Field》（一九七七）は広大な半砂漠の平原に格子状に立てられた四〇〇本のステンレス鋼の柱から成るが、直撃雷を受けることにより作品が完成する、というよりもそれを想像しながら待つ鑑賞者の時間が作品の一部とも取れる作品である。これに対して杉本の作品群は、カメラを用いず暗室でフィルムに直接放電することによりフィルム上に立ち現れる奇異な形象、または杉本の呼ぶ「生命の始原のような形」をイメージの核としている。[18] 杉本は「放電の姿は帯電したフィルム面と塩水面との瞬間的な邂逅によって決

図４　展示風景：雷神像、《放電場 電飾》と《放電場》、『杉本博司　歴史の歴史』展（2008年）、金沢21世紀美術館、撮影：木奥惠三

まる。そこに私の意思が入り込む余地は全く無い」と述べており、杉本は作品を創造する唯一の主体と言う立場をここで放棄している。[19]この２つのシリーズは、像を描いた主体が光と言う自然に委ねられている点において共通している。だからこそ、この展覧会の日本語での紹介文では写真を「自然が自ずから描く自画像」と表現し、自然の能動性を「写真の起源」と設定している。[20]ここでは西洋的概念であるnatureと言う永遠の客体を入り込ませる余地は与えられていない。

『光の自然《じねん》』展に関する記述が長くなってしまったが《放電場》は実際、『光の自然《じねん》』展に先駆け二〇〇八年に金沢21世紀美術館で開催された『歴史の歴史』展で初めて公開されていた。また、その後の大阪の国立国際美術館での同巡回展でも展示される。『歴史の歴史』展での《放電場》の作品群は放電により発生し記録された形状が白地に黒く浮かび上がった陰画フィルムをライトボックスに嵌め込んだ《放電場 電飾》と、印画紙に焼かれた黒地に放電が残した形跡が白く残された陽画の《放電場》の二種から成り、それらが見上げる様な高さの古材の柱の上に飾られた鎌倉時代の雷神像一体を囲むように展示されていた（図4）。この《放電場》と雷神像の組み合わせは、二〇一〇年から二〇一一年に渡り丸亀市猪熊弦一郎現代美術館で開催された四部から成る『杉本博司―アートの起源』展のうちの『科学』展、二〇一四年に開催されたパリのパレ・デ・トーキョーでの『Aujourd'hui, le monde est mort [Lost Human Genetic Archive]』展、また二〇一六年に東京都写真美術館で開催された『ロスト・ヒューマン』展の三展でもその様相を変えながら繰り返し用いられている[21]。

上記の三つの展覧会において《放電場》の数点は常に雷神像の背景を形成するように設置されていた。この展示空間で目にする《放電場》に写し取られた光の痕跡は、中央に設置された「光の神」でもある雷神が落とした雷光の様に見える。このインスタレーション全体を雷という自然現象を主題とした作品と捉え、その制作者を杉本と読み取ることも可能であるがその解釈には違和感が残る。それにしてはこの展示の中核を形成する雷神が象徴的に展示され過ぎている様に見えるからだ。従ってこの展示をインスタレーションとしてではなく、雷神を取り巻く舞台装置と考えることはできないだろうか。これにより杉本の立ち位置はアーティストではなく展示監督、演出家や舞台美術家の様な裏方の役割に回る。だからと言って、この舞台の上に立つ者／物は雷神ではない。雷神はあくまで見えざる主人公を誘導する最重要な小道具である。なぜなら主人公である主体は自然の能動性、と共に杉本を含む人間の受動性であり、それは舞台を見る鑑賞者の想像力の中で再生されるからである。

四　主体の置換から「もう一つ、これ書かれる歴史」へ

二一世紀に入り間も無く世界美術史と言う美術史研究の新分野に注目が集まり始め、数多くの関連書籍が出版され始める。これは、ヨーロッパ中心主義を源流とし非西洋圏の芸術的創造物を排他的に、或いは専ら欧米の芸

術の運動や動向の触媒として扱って来た西洋美術史の伝統を省み、非西洋圏の美術を取り込む全世界的で包含的な美術史の方法論の確立を目指す学問である。しかし、その野心的な新美術史構築の規範として導入されるのは、西洋の美学、哲学を基盤とするartの概念であり、またそれを支える西洋美術史の因習であり、何を世界美術と認識すべきかと言う議論は見過ごされてきている。そこにはハンス・ベルティングが「所謂美術史とは限定的な用途の為の、また限定的な美術の概念の為の言説である」と観取しているような西洋固有の美術史の特殊性への自省的認識が欠落しているのである。[22]そして、世界美術史は西洋美術史からの根本的な改革がないまま、西洋美術史が過去に時間を軸とし直線的に紡がれてきた代わりに、その枠組みを地理的空間的な軸—西洋美術史を中心に配備し、それと並存させながら非西洋圏の国や地域から集めたartの概念に適う芸術的創造物を集積する事による規模の拡大—に求めている。

世界美術史の必要性の論拠は、例を挙げれば『World Art Studies［世界美術学］』の編者でもあるライデン大学のキティ・ゼイルマンス教授がartは「人類史上全体」に及ぶ普遍的な表現形態であるとしているように、全人類に共通する制作行為、及びそこから生まれる作品であり、時間、空間に囚われず研究されるもの、としている。[23]が、実はこの「人類史上全体」に及ぶ表現形態という概念こそが問題性を孕んでいるのではないだろうか、との問題意識から本稿は出発している。なぜならこの「人類史」を作り上げてきた「人類」、または人間の解釈そのものが西洋思想に基づいており、それ故普遍的でないと疑われるからである。近世以降西洋世界において「人間は自然natura の解釈者」と理解されてきたと三枝博音が指摘するように、西洋哲学において人間は自然と二項対立する関係にあるとされてきた。[24]それに対し先にも述べたような仏教思想に影響を受ける日本思想において自然と人間は元々対立していない。つまり、ここには懸隔がある。

本稿が杉本の哲学的思想に注目するのは、このような人間の解釈のズレを洞観したかのように主体の再考を試みているからである。しかし、杉本は西洋思想に対抗する意味で日本の自然観を提示している訳ではない。愛国主義的、国粋主義的な「日本」、またはネオ・オリエンタリズム的な西洋から求められるイメージを満たすと言う意味での括弧付きの「日本」の提示に杉本は興味は示さない。この点においても杉本はartの概念を支える西洋哲学的思想と所謂「日本的」と理解される文化の「あいだ」と言う「闇」に焦点を当て、自然との対立関係にない人類を美術／アートの主体として構築しようとしているのではないだろうか。しかし、これは何を示唆するのか。

《放電場》と雷神の創り出す場景において、杉本のアーティストとしての主体はその場で鑑賞者の想像による自然と言う主体へ明け渡されたかのように、裏方として舞台裏に回っていた。ここでは人間と自然が融合した主体を可能にする思考そのものが、書かれて来た美術史、書かれて来なかった美術史のあいだ／闇の中に浮遊する「微粒子」として現（うつ）される。これは杉本の西洋世界に深く根付く、特に芸術を理解するときに離して考えることの出来ない人間中心主義への抵抗と考えるべきなのだろうか。

図5　Hiroshi Sugimoto, *PPTRD 005* (2008), Platinum palladium print　© Hiroshi Sugimoto / Courtesy of Gallery Koyanagi

しかし、杉本はここに留まらず、さらに先に進む。制作者と言う主体を主客合一体とするだけでなく、一見人間の制作者としての役割の完全な放棄とも読める極端な形で体現しようとするのだ。それは金沢の『歴史の歴史』展の第七室にも陳列されていた化石の概念化によるものである(図5)。杉本は化石を「前写真、時間記憶装置」、英語では「Pre-photography Time-Recording Device(PPTRD)」と呼び、以下のように説明する。

写真はアートの媒体としては絵や彫刻に比べると新参者である。しかし写真が発明された19世紀初頭以前にも、過去を正確に記録しておくことのできるすばらしい媒体があったのだ。この、「前写真、時間記録装置」とは化石のことである。もしこの技術をアートと呼ぶならば、これは間違いなく世界最古のアートと言えるだろう。(中略)私は写真とは現在を化石化する行為であるということに気づいた。[25]

つまり、化石を写真の前身と捉え、芸術の幕開けはそこから、とする考えである。[26] この発言はある一つの視点から捉えた時に非常に興味深く映る。それはヴァルター・ベンヤミンが『複製技術の時代における芸術作品』(一九三六)で説いた美術史の伝統を作り上げてきたのはアウラ、つまり芸術作品の持つ一回性、世界で唯一のものであると言う概念との比較である。[27] 言うまでもないが、化石には同じものが二つと存在しない。この芸術の一回性という論点から「前写真、時間記録装置」を解釈すれば、それは複製可能な写真という表現媒体以上に古典的な美術の形態であると言える。しかしそれだけでなく、杉本が「前写真、時間記録装置」とは「アートを意識化することのできる人類の発生以前の、ずいぶんと昔の話ではあるのだが」と述べるように、人類史、美術史の伝統をも遡る。[28]

実は二〇〇八年に金沢の『歴史の歴史』展の図録に掲載された日本語での「化石」と言う文章は、少々内容が違えども二〇〇六年にジャパンソサエティで開催された際に配布された英語版のパンフレットにも掲載されていた。ニューヨークでの『Hiroshi Sugimoto : History of History』展を訪れ、そのパンフレットに書かれた杉本の論述を読んだシカゴ大学の文学理論の教授であるワルター・ベン・マイケルズは自身の論文「Photographs and

Fossils」の中で「芸術は人間なしに如何に芸術たりえるのか」と疑問を投げかける。[29] その返答に至るにあたりマイケルズは、杉本の化石の解釈は写真媒体の象徴である撮像と言う表現と比較可能であるが、同時に化石が写真たるべき条件に問題性を抱えているのではないかと問い、その二側面から考察を試みる。まず、写真媒体とは作因である被写体を刻印するものであり、それにより「指標性（indexicality）」を備えもつという点を挙げ、その点に関し化石の写真としての関与を擁護し、だからこそ架空の一角獣の写真は存在せず、それ故写真は絵画とは意を異にするのだと説明する。[30] この点において化石は非常に写真的であると言えかもしれない。それに対し写真たるべき条件に関しては、正にその「指標性」により芸術には成り得ないのではないかと問いかけ、写真の表象性の確立に目を向ける。そこでマイケルズは表象性とは製作者の「意図」の有無に依るものであり、化石には「製作者の意図」が欠如しているが為に「表象」は不可能であるとし、つまり、そこから製作者（という人間）の不在を表面化することで問題性を明らかにしようとする。[31] そして、この問題はマイケルズが指摘するように写真だけに限らず「芸術作品を正にそれたらしめる概念」とは何か、と言う問いに直接結びついて来るのである。[32]

そこでマイケルズは制作の意図の在処に焦点を当て、後者の考察に切り込んで行く。特に「By Photographing these fossils … I was making another set of fossils」と言う杉本の一文を挙げ、化石を写真と捉える行為を彼の意図に基づいた表象とすることで「前写真、時間記録装置」を芸術作品に転化しているのだ、と主張する。[33] 言い換えれば、マイケルズのこの考察により制作者としての人間という主体「I」は見事に復活する。

しかし、ここでマイケルズは極めて重大な点を見落としているのではないかと思う。それは、化石という写真／芸術が記憶したにとどまらず、正にそれを創生した「時間」である。杉本にとって化石は単に視覚的に、または美的に魅力的な作因でもなければ、彼の理論的、哲学的構想を体現するための表象の媒介物でもない。また《放電場》の展示について考察してきたように、杉本はアーティストとしての単独の主体の構築を目指している訳で無いのである。化石を「世界最古のアート」と捉える杉本の思想において「時間」は主体である。しかし、それは唯一の主体では無い。写真と言う「現在を化石化する」行為者としての主体、またマイケルズの考察と同様に化石の写真を「化石の化石」と捉える思想者としての主体があるが、それらが時間という主体と合一しているのである。[34] 杉本が他の作品においても体現しようとしているのは、人間が自然と主客関係にあるのが原則の二元論的西洋の思想から、人間を含む自然、天地万有との主客一体への開放なのではないだろうか。

人間を中心とする西洋思想に基づく唯一無比の美術の概念に接収されるのを避けるように、杉本は三葉虫、アンモナイトやウミユリが化石化してきた時間と、全人類が歩んできた時間の最先端にいる杉本自身の融合としての主体を構築しようとしているように見える。しかし、この人間と自然という二元論の「あいだ」に設定される杉本の主体は、世界美術史でその原理的基盤とされる人間を唯一の主体とする美術の概念と不整合である。それ故、世界美術史は杉本の提示する主体を受け入れた場合、その体裁を保つことができなくなる。また、世界美術史の提示する「世界」に居場所を見つけられない杉本の美術／アートはどこへ行くべきなのか。否、その行方が見えないからこそ「もう一つ、これから書かれる歴史」の可能性が見えてくるのではないだろうか。

【注】

（１）英語の「翻訳」の意である「Translate」は語源的に「Remove from one place to another」を指す。T. F. Hoad, ed., 1996. The Concise Oxford Dictionary of English Etymology の「translate」の項を参照。

（２）「現し（うつし）」は本来「現実である」、「現実に生きている」を指す形容詞であるが、ここでは名詞として用いる。「現し」は杉本博司自身の著書名『現な像（うつつな像）』（二〇〇八年）の「現（うつつ）」と同語源である。『現な像』の12章に及ぶ著述の中で杉本は、独自の複文化的視座に基づき仏像、古美術、考古遺物、絵画、写真、雑誌の表紙等の物、イメージの挙げ、それら（またはそれらのモチーフとなった物／者）を取り巻く歴史の相対的真実性について展開する。本稿では歴史的解釈に動じない「像」の有様、存在性を描きながら、それとは対照的に歴史は千変万化であると語る杉本の意図を受け、歴史の揺らぎの隙間を顕在化させる哲学的手法を「現し」として捉える。

（3）杉本博司『L'Histoire de l'histoire —歴史の歴史』（Hermès、二〇〇三年、頁表記なし）。

（4）同右。

（5）同右。

（6）同右。

（7）Roelof van Gelder, "Noordnederlandse Verzamelingen in de Zeventiende Eeuw," in: Ellinoor Bergvelt, Debora Meijers & Mieke Rijnders, eds., *Verzamelen : van Rariteitenkabinet tot Kunstmuseum* (Open Universiteit/Houten: Gaade Uitgevers, 1993), p. 137-9.

（8）杉本博司『歴史の歴史―杉本博司』（新素材研究所、二〇〇八年）五頁。

（9）同右。

（10）同右。

（11）『歴史の歴史』の解釈に関し、亀田和子が違う視座から二〇一三年にHistoryをhis storyと捉えた考察を行っていることを明記しておきたい。亀田和子「『日本美術史』冷戦ジャポニズムという時代背景」（金沢21世紀美術館学芸課編『Я（アール）：金沢21世紀美術館研究紀要』金沢21世紀美術館、二〇一三年、第5号、六六―七九頁）。

（12）Naoki, Sakai, "Translation," *Theory, Culture & Society* 23, no. 2-3 (January 5, 2006)：71.（筆者翻訳）。

（13）*Ibid.*

（14）新村出編『広辞苑（第五版）』（岩波書店、一九九八）「自然《じねん》」項。

（15）三枝博音『世界大百科事典13』（平凡社、一九五七）「自然《しぜん》」項。

（16）柳父章『翻訳の思想』（岩波書店、一九八二年）四三頁。本稿で触れていないが、柳父の論点は「自然」と「nature」

の意味の違いを明確にすることではなく、明治期に日本語に翻訳された「自然《しぜん》」に特定の意味が確立しているのではないことを指摘しながら、思想的背景が複雑に交錯する翻訳の問題性を明らかにすることである。

(17) Izu Photo Museum（2009）「IZU PHOTO MUSEUM 開館展 杉本博司—光の自然 じねん」〈http://www.izuphoto-museum.jp/exhibition/5331237.html〉二〇一八年六月二五日アクセス。

(18) 杉本博司「魔の差す場」（『杉本博司—光の自然《じねん》』Izu Photo Museum、二〇〇九年、七七頁）。

(19) 同右。

(20) Izu Photo Museum 前掲注（17）。この美術館のウェブサイトは日英二か国語で提供されているが日本語の「自然が自ずから描く自画像という写真の起源」の部分は「the original means by which photography portraits were made」と英語に訳されており、自然《しぜん》は「the original means」という「手段」に書き換えられ、自然《じねん》を主体と捉える展覧会の意図そのものが英語の翻訳では消去されている。

(21) 二〇一四年に開催されたパリのパレ・デ・トーキョーでの『Aujourd'hui, le monde est mort [Lost Human Genetic Archive]』展と二〇一六年に東京都写真美術館で開催された『ロスト・ヒューマン』展は本質的には同じ展覧会だが、東京では東京で入手した素材を用いる等のバリエーションが加えられている。

(22) Hans Belting, *Art History after Modernism*, translated by Caroline Saltzwedel, Mitch Cohen, and Kenneth Northcott (Chicago and London : University of Chicago Press, 2003), p. 67.（筆者翻訳）。

(23) Wilfried van Damme, Kitty Zijlmans, "Art History in a Global Frame: World Art Studies," in: Matthew Rampley et al., eds., *Art History and Visual Studies in Europe Transnational Discourses and National Frameworks* (Leiden: Brill, 2012), p. 221.

(24) 三枝前掲注（15）。

(25) 杉本前掲注（9）一四頁。ここでは便宜上、写真はアートなのか否か、という議論は避ける。

(26) 但し、杉本博司は二〇〇八年の金沢で開催された『歴史の歴史』展の図録の「歴史の歴史」（五頁）と名付けた文章の中で、また二〇一〇年から二〇一一年にかけて開催された『アートの起源』展、及び同名の著書の中で「アートは技術のことである。眼には見ることのできない精神を物質化する為の」（九頁）とアートを定義づけている。つまり、杉本はアートの起源は人類（の精神）史とは切り離して考えることはできないと主張しており、この点において化石を「前写真、時間記録装置」としてアートの最初期の形態と捉えることにより一見矛盾が生じているように見えることは明記しておく。

（27）Walter Benjamin,"The Work of Art in the Age of Mechanical Reproduction," in: *Illuminations*. ed. Hannah Arendt, trans. Harry Zorn (London: Pimlico, 1999 [1968]), p. 211-244.
ベンヤミンの主張は周知のように伝統的な芸術作品とアウラの関係性ではなく、アウラの消滅により生じる芸術の伝統的な役割からの解放である。

（28）杉本前掲注（9）一四頁。

（29）Walter Benn Michaels, "Photographs and Fossils" in *Photography Theory*, ed. James Elkins (New York: Routledge, 2007). p. 432.（筆者翻訳）。

（30）*Ibid.*

（31）*Ibid.* 435. 442-3, 446-7.

（32）*Ibid.* 436.

（33）*Ibid.* 447.

（34）「化石の化石」はマイケルズの「fossils of fossils」から。Micheals 前掲注（27）四三二頁。

［コラム］〈あいだ〉をとりもつ仕事——京都芸術センターの取り組みから

山本麻友美

二〇一七年の夏に行われた「東アジア文化都市二〇一七京都——アジア回廊　現代美術展——」[1]という展覧会で、私は、夜の二条城二ノ丸御殿台所の中庭に一人留まることになった。その夜、数十年ぶりに京都を直撃する予報の台風によって、すでに展覧会の開催に向けて設置した作品が破損、倒壊しないか見守るためである。雨雲レーダーを追いながら、静かに中庭に座っていると、私はいつの時代のどこにいるのだろうと不思議な気分に襲われた。その時もっとも倒壊が危険視されていた蔡國強[2]の《盆栽の舟》は、大きな庭石を立たせて組み上げ、その上に舟をのせ、さらにその舟に五本の松を植えた作品である。白砂の上のディストピアよろしく、座礁した舟に長い年月を経て植物が自生したと見えなくもないが、どちらかというと、盆栽を大陸的な力強さとユーモアで再解釈したと感じられる作品だった。二条城の厳しい規則の中で作品の設営を完了してくれた造園屋さんや大工さんに、台風到来直前の日中にもう一度来てもらい、倒れないように松に井桁をつけ他の樹木に固定し、水を吸って重くなった土で舟が破裂しないようベルトで縛り、舟が傾かないように補助材を設置する等、もうこれ以上できることはない、でももう少し高い保険に入っておくべきだったかな……等と考えながら、この仕事、夜の二条城に一人で泊まったりできるんだなとぼんやりと考えた。一六〇三年に築城されてから、このような機会を得た人がいただろうか。二条城の中は、思ったより風を防ぐ造りになっているのか、それほどの強風はなく、その後、無事に展覧会は開幕を迎えることができた。

京都芸術センター[3]では、芸術の創作活動を支える人材としてアート・コーディネーターという専門職員を雇用している。近年、フリーランスではしばしば、この肩書きを名乗る人を見かけるようになったが、日本における公的文化施設でのこの職種での採用は、本センターを除くとほかにはない。一九九九年、最初にアート・コーディネーターの募集が始まった時に、何をする仕事であるか判然とせず、そこはかとない不信感が募ったことを覚えている。それは、インテリア・コーディネーターのように、部屋等にアートをコーディネートさせることを想像させるからかもしれない。（今もそのような意味で使用している人もいる。）その不信感を払拭すべく、採用試験において、面接官に具体的に何をする仕事かを尋ねたら「連絡調整係」だと告げられた。その後、私は、めでたくアート・コーディネーターとしての人生を歩みはじめ、コーディネーターという何かと何かのあいだに位置し、調整を行う仕事の魅力に取り憑かれた。ここではその理由を考えてみたいと思う。

コーディネーターとは、co- 共に、ordi は整理（ラテン語 ordinem 整理に由来）、ate～するで、「共に整理する人」が元来の意味だ。コーディネーターという言葉が、日本で認知されていったのは、インテリア・コーディネーターや移植コーディネーターが最初であったように記憶しているが、インテリア産業協会がインテリア・コーディネーター資格試験を始めたのは、一九八三年。移植コーディネーターは、一九九七年に臓器移植法が施行された後から、その知名度は格段にアップしている。一九九〇年代終わりから二〇〇〇年代にかけての人材派遣の隆盛によって派遣コーディネーターや、一九九五年の阪神・淡路大震災後からボランティア・コーディネーターの必要性が説かれたことは記憶に新しい。他にもコーディネーターはどこにでもいて、表となり裏となり、世間で、日々、調整に明け暮れている。

ではアート・コーディネーターはどうか。アートという言葉に対するイメージが多様である日本社会において、その認知度は高くもなく、多くの人にとっては何をする人かも認識されていないだろう。ただ、京都芸術センターでこの職種がつくられた経緯には、少なからず、日本における学芸員に対する批判、反省、期待がこめられていたようだ。それは、学芸員の仕事の中でも、展示の企画を行なうキュレーションではなく、外部や内部、関係各所とのコーディネートに焦点を絞った業務の重要性を認識し想定していたということだ。近年、学芸員という概念を、キュレーター、レジストラー、コンサヴァター、マネージャー、コーディネーター、エデュケーターなど、専門性に合わせて解体してはという議論があることからも、その先見性が見て取れる。

現代芸術、とくにまだ評価も定まらず、ジャンルも判然としない、あるいは新しいジャンルを切り開こうとしている人の側で一緒に、筋道を立て、実現に向けて調整を行うというのが、アート・コーディネーターに期待されていることだ。ともに整理をし、調整する相棒や相手先が、アーティストであり、市民であり、ときには行政の人という場合もあれば、規則や常識、慣例など調整の仕方から考えなければならないものまで、何層かになって日常の業務の中に立ち現れる。多ければ多い程、困難で複雑になるが、それは、アーティストとは異なるセンスと創造性が必要とされる仕事だ。そのセンスと創造性は、芸術家も含めた様々な人の立場や考え方を理解した上で、最適なアウトプットを導き出す方程式、すなわちプロセスとしてのみ存在する。それぞれの立場を想像し、最高のポテンシャルを引き出す。そのための創意工夫はマニュアル化できない、それぞれのコーディネーターのオリジナリティだと考える。

仕上がった作品そのものではなく、創作や発表のプロセスにおいて、選択的透過とも言える判断を行うコーディネーターの仕事は、外からは見えないワッシャー（ボルトとボルトを隙間なく締めるための座金）のようだと自虐的に表現した人がいたが、どちらかというと、シグナルを伝達するシナプスに近いのかもしれない。そしてそのシナプスは、意思を持っているので、何を伝えて何を伝えないか等の情報の取捨選択を恣意的に行なっている。主導権を取り過ぎず、かと言って流され過ぎず、意見をのべながらもうまく調整を行なう存在が、実は物事を大きく左右する場合が多いのはそのためだ。いつ、どこで、誰に何をどうしてもらうか、とそれに付随する細部の調整を、いかに効率的に、かつ最良と思う環境で行うことができるのか。シナプスを通して、たくさんの情報や人が行き交う方が、熱量のある活発でスムーズな動きをもたらす。外から見えるか見えないかは問題ではなく、知恵のあるコウモリ、あるいは賢い八方美人になることができるかどうかが、その適性のポイントと言えるかもしれない。実際には、どっちつかずの状況が嫌になり、巨匠を妄信したり、権力におもねる方がどれほど楽かと思うときもあるが、そうはせず中動であり続けることは、すなわち自ら考え続けることだとも感じている。考えることを諦めた時、人は、何かに取り込まれ流されてしまう。アート・コーディネーターが働く芸術を創造する現場は、考え続けることの豊さと尊さを、もっとも身近に体感できる場所なのかもしれない。

主体性を持ち、客観性を保ちつつ、中動でありつづけることの矛盾の中で、誰かと一緒に物事を整理しひとつずつ整えていくという作業は、とても難しく正解がないからこそ、心地好い。〈あいだ〉をとりもつ仕事には、そういう魅力があるのだと思う。

【注】

（1） 日本、韓国、中国の三ヶ国間の文化的な国際交流を目的として国と地方自治体が主となり実施される事業。毎年、国内で一都市が選ばれ、中国、韓国の二都市と合わせ三都市で開催される。日本では、二〇一七年は京都市、二〇一八年は金沢市、二〇一九年は東京都豊島区が選出されている。「アジア回廊　現代美術展」は、京都市でのコア事業であり、二条城と京都芸術センター等を会場に、日中韓の二五組のアーティストによる作品が展示・発表された。芸術監督は建畠哲（京都芸術センター館長）。筆者はキュレーターの一人であり、全てを調整する事務局の担当課長を務めた。

（2） Cai Guo-Qiang（1957〜）

現代美術家。一九五七年中国福建省泉州市生まれ、ニューヨーク在住。一九八五年まで上海戯劇学院で学んだ後、一九八六年末から一九九五年まで日本に滞在、筑波大学で学ぶ。主な受賞歴に、ヴェネツィア・ビエンナーレ（一九九九年）国際金獅子賞、ヒロシマ賞（二〇〇七年）、高松宮殿下記念世界文化賞（二〇一二年）、国際交流基金賞（二〇一六年）。東洋哲学や社会問題などから着想を得て制作を行い、火薬や花火を用いた壮大なインスタレーションで知られる。

（3） 京都市の芸術創造拠点。旧明倫小学校という番組小学校（明治初期国による学校制度の確立の前に京都の町衆たちにより設立された日本で最初の小学校）をリノベーションし、二〇〇〇年に開設。単に出来上がった作品を鑑賞する場所ではなく、意欲的な芸術家と創作を行う現場として、多様な事業に取り組む。美術、演劇、ダンス、音楽、伝統芸能、工芸など既存のジャンルだけではなく、新しく実験的な表現も積極的に取り上げている。

【参考文献】

松本茂章　二〇〇五：『芸術創造拠点と自治体文化政策――京都芸術センターの試み』水曜社。

槇田盤・萩原麗子編　二〇一四：『継ぐこと・伝えること』京都芸術センター。

小林真里編　二〇一八：『文化政策の現在2　拡張する文化政策』東京大学出版会。

京都芸術センター　撮影：表恒匡

蔡國強「盆栽の舟」2017
Photo by Tatsumi Masatoshi, courtesy Cai Studio

［コラム］　書画と絵画のあいだ

――富山の「竹久夢二画会」と美術ジャーナリスト

九里文子

1　新しい気分の絵

大正四年（一九一五）三月七日、富山県富山市で開催された「竹久夢二作品展覧会」では、発表された作品に注目が集まった。

夢二氏の絵は何処迄も新しく且独創の天地を開拓している処は他人の模倣を許さないそして何物か人をチャームする魅力の有る処で未だ絵の趣味の極古い土地に此の新しい気分の絵を見せられた事を喜ばしく思った。(1)

展覧会開催の翌日三月八日付の富山日報には、「夢二作品展覧会」を取材した劉（記者の号）の署名記事が掲載されている。この劉記者とは、早稲田大学出身の文芸畑を得意分野とする富山日報の敏腕記者原潤一郎（1879―1961）で、後で取り上げる富山では草分け的な文芸雑誌『北星』(2)の執筆者のひとりでもある。前年大正三年に開催された芸術座公演では、原を始め新聞各社の記者が文芸団体紫風会を結成し大々的に報道に乗り出した。この「竹久夢二画会」では夢二付き番記者の役割を果たしていたそのことは、竹久夢二（1884―1934）から劉記者に宛てた書簡(3)や後年「富山へ来た夢二畫伯夫妻」「高志人」（翁久允発行）でも富山の夢二を述懐していることからこの記事を執筆したのは原以外には考えられない。展示された夢二作品に対して「新しい気分の絵」が「何物か人をチャームする魅力の有る」と評し、劉記者が実際に観て味わった深い感動が伝わってくる。その他紙面には、「珍しい画風」「絶倫の妙技真に稀観」などと、新しい絵画表現の潮流を夢二の作品の中に敏感に感じ取っている状況が見て取れる。

この「新しい気分の絵」を示す用語もまだ定着しておらず、とりあえず劉記者は「新画」と区分している。が、他の紙面では「自由画」などとも呼んでいる。この「新画」に対して、対極に位置するものとして「旧画」或いは「普通画」があるが、それは何を指し示していたのであろうか。現代のわれわれは、一世を風靡した所謂抒情的な「夢二式美人画」とは別種の夢二の個性、即ち画風と感じる。だがそれを、「新画」と呼ぶ彼らの認識とは、われわれの感じているところとは食い違っているのではなかろうか。このことを同時代に共有された多様な価値観をもとに明らかにしたい。

それまでの自然や対象をありのままに写実する表現方法から、画家自ら表現したいものを創造するという大きな表現技法の刷新を進める運動が欧州では一九世紀前半に起こった。その波は、日本国内にも明治時代の終わりから波及し、高村光太郎が「緑色の太陽」(『スバル』初出、一九一〇年)の中で主張したように芸術家の自我の主張、個性の尊重という主観主義が台頭した。洋画、日本画ともに表現方法の大きな転換期を迎える。北陸でも、また都市からは遠く離れた地方においても、伝統的な書画から脱皮する変革の波はつぎつぎに押し寄せてきた。「竹久夢二画会」は、美術を鑑賞する新たなシステムの中で、「新画」を富山へもたらす一つの波となり画期的な機会となった。それがここで見える「新画」ではなかったのか。この小論では、富山県の美術ジャーナリストの先鞭となる劉記者の仕事を〈うつわ〉とみなし、言説など富山に残る貴重な資料を紹介し、伝統的な書画と「新画」作品との〈あいだ〉を探りその〈うつし〉(移し)を探ってみたい。

2　南画の流行

大正時代の富山で、「書画会」は新聞でもたびたび報道され、話題となった。この「書画会」は、主に表具師が周旋屋を務め、席主は画会を生業としている「旅絵師」といわれる画家や、東京を中心に文展等で活躍する現役作家が顔ぶれとなる。この画会の発起人には、地元の名士が名を連ね、地元新聞社はこの画会の開催予告、趣意書発表、開催当日と、報道も慣例化しこのブームを後押ししている。この画会の会場は、料亭など高級飲食店での幾つかの催しから構成され、その催しにもその都度趣向が凝らされている。そのひとつに「島崎其郁画会」がある。「竹久夢二画会」と会場も互いにすぐそばで、期日も前後して三月五日に開催されたものである。因みに、劉記者は別稿で其邨の仕事を「富山で相当佳作を残している」[4]と評価している。まずこの会について具体的にみてみよう。

この「島崎其邨画会」の開催当日の日程は、昼過ぎから夜半まで、半日以上の時間を要している。まず、午前中には会場の富山ホテルの大広間に作品が展示され、午後一時より予め申し込んだ会員を招き入れ、午後六時まで作品を展覧し、会員は頒布される作品を品定めする。その次には、煎茶席が別室に設けられ、作家其邨自らの手前で会員は煎茶を喫して道具談義に耽り、風雅の世界に浸るひと時を過ごす。その後、午後七時には宴席が開宴となり、芸妓を交えて盛会となったところで、恒例の福引によって景品の其邨他の色紙が会員に贈呈されて散会となる。このように画会は、作品鑑賞、作品購入、その他の催事を併せて文人たちが一日かけて教養を高め合うサークル的な催しであった。

この其邨画会の参加者は、経済的にも裕福な人に限られ、漢詩や漢文を学び、煎茶道にも通じる豊かな教養の持ち主で、限られたエリートだけに許されたサークルであったことが窺われる。この画会の会員は三十人前後を定員とする。富山の明治時代の「書画会」には一部の豪農や豪商の地方文人によって支えられていたが、大正時代に入って広く自作農、教員や中小工業者やサラリーマン層までその幅を広げていると伝えられる。とはいっても、まだまだ特権階級に限られた企画という点では変わっていない。

この席主の島崎其邨（1852―1932）は県内魚津市の出身で地元や京阪を中心に活動してきた円熟の旅絵師である。越後の画家富取芳斉（1809―80）に就いて南画を学び、その後京都にでて小林卓斉（1831―1916）に就いて詩文を研究した経歴を持つ。この画会に出品された其邨の作品はどのようなものであったのであろうか、みてみよう。三月七日『富山日報』には、「絵は淡彩の山水と花鳥で特に花鳥には注目すべき作品が少なくない。例えば水仙、枇杷、牡丹など氏独特の壇場で雀は一般に評判が宜かった。番外の米峰山水、夏山雨齊、青緑山水、竹外風灼□秀色などは、場中□巻なるべく、景品中八大山人（推定1626―1705）に擬した蘆中のめだかは逸品として推奨すべきものであった。」[5]と画題から花鳥画と山水画と推定される。また、其邨が模したとされる八大山人は明代末期から清代初期の画家、書家、詩人で、水墨花鳥画の形式を基本とする画家である。現存する八大の枯淡の魚図から、其邨の画風が想

図１　島崎其邨「無花果也」紙本淡彩
年代不明　富山県魚津市蔵

像される。また、現存する作品から特徴を探ってみると、《漢高士松下図》（「富山書画文人名鑑」掲載）は、松の樹下に、高人が冥想する場面を、水墨淡彩によって描かれている。松の樹勢が描かれ賛が賦されている。さらにもう一点（富山県魚津市蔵）には「無花果也」と賛が認められ、無花果と草花と雀が、水墨淡彩によって描かれている（図１）。いずれも、強い墨線が目を惹く。その他現存する其邨の掛け軸や扇面には、同様に山水画と花鳥画や中国の故事を題材として賛が賦される。

　それでは、この日本の南画とは何だろうか。飯尾由貴子[6]によると、南画の定義は諸説あり捉えることが難しいことを前置きして、「南画は江戸時代後半に、南宗画を中心とする中国絵画を源流として起こった、様式的に広い領域をもつ一つの画派」と位置づけている。南画の理論は、万物の生命が生き生きと張っていること「気韻生動」、詩と書と画が一体となって相互に相互に補い合って一つの世界を作る「詩書画一致」、俗を脱した作家の自由な精神を重視する「自娯の境地」に集約されると指摘している。初期の南画家としては、祇園南海、柳沢淇園などが挙げられ、日本的な詩情や情緒を取り入れ大成したのが池大雅、与謝蕪村であるとしている。江戸末期、明治時代に入って引き続き一般化によって興隆を保っていたが、気韻生動の南画本来の精神が一部で失われ、フェノロサの講演がきっかけで「つくね芋山水」と揶揄されるようになった。その後、一九一〇～二十年代に新南画が登場する。写生に基づく詩的感情を瑞々しく表現した新しい南画で、内面の表現としての芸術を主張したと述べている。

　富山における南画の現状について、劉記者は『北星』[7]の中で「骨董屋に教育された南画趣味が非常に普及しておって、ある部門の人たちは南画以外に絵はないものだと心得ている人も少なくない」、他には「富山で流行るのは南画であるが。…」とその興隆を伝えている。このことに劉記者は続けて、富山在住の画家に対して、「どの絵を見てもどこかで拝見した構図と筆つきで、ほとんど全部借り物に生命を与えて自己のものにしようと努めない」と新南画の動向を視野に警鐘を鳴らしている。

また「北星」の別号で、[8]愛玩者に対しても同じで「日の出鶴を描けとか、大黒天を描けとか、七福神を描けとか蓬莱山を描け」と画家への無体な注文は嘆かわしいと述べ、「趣味改良をして古画なり、新画なりの展覧会を催ほして一般地方民の趣向に変化を与え、幾分にても趣味の向上に至らしむべく努めねばならぬ。」と書画を消費する側の努力も説いている。

3　プロジェクト「竹久夢二画会」

富山で開催された「竹久夢二画会」は、画会と銘打って今までの書画会の常識を覆し、一つのプロジェクトとして展開されている。この事業は、まず泊町小川温泉で頒布だけを行う画会を開催し、この画会の頒布作品を一時借り受けて、その作品を利用して二会場において「竹久夢二作品展覧会」を開催した。画会に引き続き小川温泉の同じ会場で、そして日を改めて富山市渦巻亭でも開催した。この渦巻亭では、夢二の作品では超大作の六曲一双の屛風《一力、炬燵》をはじめ約二百点を展示している。

また、この画会の企画運営には早稲田実業時代の親友で米国留学から帰国直後の松田新右衛門（1884—1964、富山県泊町在住）が参画していたため地域社会と深く関係しながら展開されている。この「竹久夢二画会」は富山県下をエリアとし、町の首長が発起人となり、周旋屋など介在しないで、文学趣味の青年たちが実務を担う素人組織によって展開される革新的な活動であった。

このプロジェクトは、誰でも参加可能な事業である。鑑賞者の枠組みを大幅に変革することがこの事業の重要な眼目だった。まず、頒布においては、青年子女など対象にした安価な小品部門なども設け、また、二回開催した作品展覧会では、新聞報道で「縦覧は随意たるべしと[9]」や、「何人も参観随意なりと[10]」などと、繰り返し報道し、従来の画会とは異なり、会員になることもなく無条件で入場できることを最大限に呼びかけている。

この「竹久夢二作品展覧会」は、その後長く語り継がれる。その成果が作品販売では順調だったことは筆者の調査で判明しているが、実際にその会場となった渦巻亭の観客動員には失敗している。この当日は、多数の作品を展示し大掛であったが、会期は一日限りで、しかも、会場が決定せず開催告知が直前というハプニングも起こり、客入りは期待外れであった、と同行した妻他万喜は後に述懐している[11]。要するに、展覧会の入りは良くなかったが、約二か月にわたる多数の新聞報道が発火点となって、展覧会の報道による二次的な効果によって人々の心に深く印象付けられたと推測される。「竹久夢二画会」開催が決定してから、画会と比べて新聞報道が二紙で三十七回、その中で夢二の作品（美人画とスケッチ）が一四回掲載され、この掲載の多さは書画会の報道に比べ突出している。また、展覧会開催後、北陸タイムス「風牛馬」の紙面では、夢二の評判となった作品についてその魅力を伝えているが、その記者も実際には会場には行かないで夢二作品の実物を見ないままに、紙面に掲載された夢二作品だけを取り上げ、如何に評判になっていたかを述べているにすぎない。

４　夢二「新画」の位置

富山市の作品展覧会ではその看板作品となった《一力、炬燵》（図２）は、紙面で何度も取り上げられた。《一力》は、歌舞伎忠臣蔵の一力茶屋の場を連想させる目隠しをした侍らしき男と、三人の茶屋の女が描かれ、「炬燵」は、茶屋の三人の女が炬燵で寛ぐ場面である。女性たちの自然なしぐさは、極端にデフォルメした型によって表現され、それぞれの女は美しさに溢れているが、謎めいていて見る者の心を強く惹きよせる。伝統的な画題から離れ、「夢二式美人」と称される独自の美人画の世界観を感じさせる。

図２　竹久夢二「一力」「炬燵」1915年　紙本着色屏風
夢二郷土美術館蔵

スケッチ画は、富山県内の《小川温泉と馬鬣山》や《泊町宮崎海岸》（図3）、富山市の《桜橋付近》（図4）とタイトルが入れられている。これまでの「名所絵」や「山水画」とは異なり、無名の風景とは言え、富山県民にとっては生活に密着した風景画は好感度が高かったであろう。また、この風景画は、奥行きを感じさ

図３　竹久夢二　「泊町宮崎海岸」1915年1月24日　『富山日報』

図４　竹久夢二　「さくら橋付近」1915年1月21日　『富山日報』

せ西洋の風景画の技法で遠近法によって自然を画面に再現しようとする姿勢に加え、その風景に対峙する夢二の視覚的感動が伝わる作品である。この夢二の作品は、伝統的な浮世絵を基盤に西欧の美術思潮が強く影響していることから、これまでほとんど観たことがない洋画という未知の表現手法は、観る人々に強く印象付けられたに違いない。因みにこの富山に洋画を伝えたのは、若松基によれば、明治末に師範学校や旧制中学の図画教師として赴任した画家であったが、彼らは画家としての足跡を富山に残してはいないと述べている。[12]また、富山の洋画史の起点とされる北国洋画協会の結成は、「夢二画会」開催後の大正六年（一九一七）で、新聞紙面においても洋画的なものは皆無に等しい。

この時期、夢二は、大正元年（一九一二）年に京都府立図書館で開催した「第一回夢二作品展覧会」を手始めに挿絵作家からタブロー作家として転身を図ろうとしていた。制作への姿勢をこの画会の趣意書の中で、次のように述べている。

自己の思想情緒感覚を文字にて表現するとき余は詩人なり絵画の形式にて発想する余は美術家なりその表現する一字一画が余の細胞の一末に相呼吸し相共鳴して作品をなすなりされば余の作品は余の全人格にして単なる趣味技功の末にあらざるなりその名の詩人なると美術家なるとは余の係り知らざる所なり自然そのものには美もなく醜もなく人生そのものはまた悪にもあらず善にもあらずただ芸術家がそのうちより△カンバス再現して発想するもののみが真にして美なるものなり……[13]

夢二はここで詩を書く時は詩人、絵を描くときは美術家、どれも等しく自己の創造によって制作された作品は、自画像とも云うべきものであると、「表現の刷新」の言説そのままに説いている。そして、南画の作家を意識してか、それとは異なる考えであることを強く主張している。この時期の、夢二の書簡や日記の中で述べられているのは「作品の創造的な表現」への傾注であって、まるでその他の事は眼中にないことが伝わってくる。

５　自己の生命なる作品

劉記者は、この展覧会の開催された前年大正三年（一九一四）の「北星」創刊号の中で理想とする絵画について紙幅を割いて考えを述べている。

絵画の理想は模造品でなくて創造品である何等か自己の新発見と新特色新生命を発揮することが真

の絵画である。（中略）さらに、絵の構図など凡てが新しからずともよろしい、在来の作品でも画家が精神を込めて生命ある絵を描いたもの[14]

即ち、描写の技法や画題を近代化あるいは西洋化することを求めるものとは異なり、模倣ではない自己の創造とする制作上の精神性が重要であることを力説している。そして、狩野芳崖の「子持観音」（悲母観音像）と菱田春草「落葉」「黒き猫」を理想の絵画と位置づけた上で、これらの作家がこの傑作の習作と思しき作品を数多く残していることや、芳崖が観音像の古画研究の膨大な積み重ねによって作品が完成したことを紹介し、「或研究の精神を以て静かにかつ真摯の態度」と県内の作家たちに奮起を促している。

この劉記者が注目する画家のひとりが日本美術院の異色作家冨田渓仙（1879―1936）である。高岡市で開催した「冨田渓仙作品展覧会」の状況を伝える中で、「相当立派な作品三百点[15]」と高く評価している。また別稿「線の絵色の絵（上）」で　この渓仙作品の線について言及している。「外国に日本の線描が後期印象派が盛んに線描き法を用いるに至ったが日本でも洋画から得たかと思わるる中村不折と冨田渓仙の画法はこの線に一種の気格をもっているが、結局するに線か色か無線が有線か、その区別を無視せんとするのは近頃の自由画を主張とする人々であるまいか。[16]」と、南画、文人画を退けていた日本美術院にありながら、自由闊達な表現で新南画を標榜した渓仙の作品こそが、自己創造の作品ではないのか、と自問自答している。

また、劉記者は別稿で、この渓仙が三年前に北陸を回遊した折に富山で画会を開いて以来、屏風など大作を含めて四百点以上の作品が販売済で県内の俳人たちに特に人気であることを紹介している。この人気は、この大正時代北陸の俳句会を牽引したといわれた俳人筏井竹の門[17]（1871―1925）が影響している。この竹の門は、渓仙に後に門下になるほどに私淑していたことが影響を及ぼしていたと推察される。この美術市場の先行した動向は夢二の場合と同じで、斬新な表現の絵画に対して愛好者が敏感に反応していると捉えることができよう。

これまで、劉記者は「絵を買う人で無く名を買う人であろう[18]。」と県内の愛好家について絵画を観る眼の不見識を酷評してきたが、事態は異なる方向へ進展しつつある。

この小論において新たな文化の運び手として、報道、解説、評論と〈うつわ〉の役を担う劉記者の活躍を通して、富山の書画と絵画の〈あいだ〉の〈うつし〉の一端を明らかにした。

【注】

(1)『富山日報』富山日報社　大正四年三月八日。
(2)『北星』は『北陸タイムス』を退職した舟木香州が大正三年二月二〇日創刊。毎月五日と二〇日に発行。
(3)長田幹雄編「夢二書簡1」一九二頁　三月五日消印『富山日報社』原学兄宛。
(4)劉伯「画界漫語」『北星一八』北星時報社　大正三年（一九一四）十一月二十五日。
(5)『富山日報』大正四年（一九一五）三月七日。
(6)飯尾由貴子「近代の南画をめぐる一考察」『南画って何だ?!　近代の南画―日本の美と心』兵庫県立近代美術館二〇〇八年二三一―二四五頁
(7)劉伯「画界漫語」『北星十五号』北星時報社　大正三年（一九一四）十一月二十五日北星時報社。
(8)劉伯「画界漫語」『北星一号』北星時報社　大正三年二月二〇日。
(9)『富山日報』大正四年（一九一五）三月七日。
(10)『北陸タイムス』大正四年（一九一五）三月七日。
(11)原枕雨（潤一郎）「富山に来た夢二画伯夫妻」『高志人』高志社　一九五八年。
(12)若松基「あとがきにかえて」『富山の洋画史入門編』図録　富山県立近代美術館　二〇〇五年。
(13)『北陸タイムス』・『富山日報』大正四年（一九一五）一月二十五日。
(14)劉伯「画界漫語」『北星一号』北星時報社　大正三年（一九一四）二月二〇日。
(15)劉伯「画界漫語」『北星八号』北星時報社　大正三年（一九一四）六月五日。
(16)劉伯「画界漫語」『北星一六号』北星時報社　大正三年（一九一四）一一月五日号。
(17)筏井竹の門は、正岡子規の日本派に影響されて俳句の世界にはいる。石川県出身で富山県高岡市に在住した。
(18)劉伯「画界漫語」『北星一号』北星時報社　大正三年（一九一四）二月二〇日。

第3部 《インドラ網》——因果律から縁起へ

感性界は同一律と矛盾律の王国である。しかるに叡知界に於いては、個は個でありながら、しかも直ちに全体であり、全体は全体でありながら、しかも直ちにそれぞれの個である。換言すれば、ここでは至るところに全体がある。まさにそれは「一粒の砂に全宇宙の宿る」世界なのである。「あらゆるものが透明で、それを礙《さまた》げる翳りだにない。一切がことごとく互いに底の底まで透き通って、あたかも光と光と相透徹し合うごとく、各々が皆自己のうちに全体を包蔵し、また互いに他のうちに一切を見る。

井筒俊彦『神秘哲学』第二部、一九五〇年、慶應大学出版会、二〇一三年、五四三頁

炎の試練：反植民地主義思想の往還
――A．K．クーマラスワーミと柳宗悦との〈あいだ〉を繋ぐもの

稲賀繁美

アナンダ・K・クーマラスワーミ（1877―1947）（図1）はインド美術史研究の基礎を築いた学究として知られる。ヴェーダをはじめとしてインド古典にも深い造詣をもち、晩年には「永遠の哲学」philosophie pérenniale に接近した（葛西 一九八四）。その軌跡は、中世主義や工藝への関心において、日本の柳宗悦（1889―1961）と好対照をなす。ブレイクやホイットマンへの参照も両者に共通する。だが両者を比較した研究はなお限られる（久慈 二〇〇五、金谷 二〇〇五）。両者を隔てる〈あいだ〉とは何か。そしてそれを埋める鍵は存在しなかったのか。第一次世界大戦後のアジアにおける反植民地主義の高まりという時代背景のなかでの、大英帝国治下のインドと、大日本帝国に併合された朝鮮と。その対比を手がかりとして、ふたりの〈あいだ〉を司る媒介項を思想と工藝の具体相に探り、「用と美」「東と西」との〈あいだ〉に燃える「炎」をめぐる思索の跡を追跡したい。

図1

A.K.Coomaraswamy in 1916,
photograph by Alvin Langdon Coburn

一　「アジアはひとつ」とアドヴァイタ

一九二九年、最期となる来日を果たした詩人ラビントラナート・タゴールは、岡倉覚三の回想を漏らしている（Tagore 1929: 1996: 605）。一九〇二年にベンガルに滞在した覚三は、農民が使う安価な素焼きのランプ壺を買っては、恍惚としてそれを愛でたのだという。インド人たちがそこに美の本能など感じることもできなかったのに、と。日本の茶匠は外国では無名の器を、その元来の文脈から外すことで茶器として美的に利用する。岡倉はその伝統を、陶磁が高く評価はされないインドで演じてみせた。高級藝術と低級藝術との区別も、欧米の価値観だ、と覚三は認識していた。その覚三がインドで原稿を脱稿した英文著作『東洋の理想』（okakura 1903）は、本稿の中心人物となるスリランカ出身のアナンダ・K・クーマラスワーミ（以下ＡＫＣ）にも感化を及ぼす。スワデシ運動の高揚期にカルカッタで「国産商品購買運動」にも関与した若き日のＡＫＣは、覚三の著作からの引用も見える国民主義的な論文「インド美術の目的」（AKC 1908）でこう述べる。インドのあらゆる藝術の流派には一本の黄金の糸のように、ウパニシャッドの理想主義がつらぬいている。そしてこの統一原理も理想主義である。なぜならインドの思想の総合は「二」であって多ではないのだから、と。「理想主義」idealism が覚三の「理想」Ideals と響き合うなら、「二」は advaita と呼ばれる。

この「不二」の思想は覚三の『東洋の理想』にも見える術語で、直接にはベルールで面会したヴィベカーナンダの思想を取り入れたもの、とされる。だが、それは覚三にとってインド滞在以前から親しい思想だった。というのも彼は室生寺の真言僧侶で「不二真教」を唱えた丸山貫長に帰依していたのだから。「日本美術の歴史はアジアのもろもろの理想となる。なぜなら日本の岸辺にはそれらの理想が次々と打ち寄せ、日本国民の意識にはその波紋が渚にひとつひとつ刻まれているのだから」（Okakura 1903/2007: 13）。「アジアはひとつ」、この覚三の信念は『東洋の理想』に序文を寄せたシスター・ニヴェディタによって「単一だが複合した生命を呼吸する、統一された生きた有機体」とも形容された（1903/2007: 6）。そして一九三〇年代末を迎えると、「アジアはひとつ」のスローガンは、覚三とは別人格の「岡倉天心」像に結び付けられ、英文著作の日本語訳により、大東亜共栄圏思想「八紘一宇」の理念への先駆けへと変貌を遂げる（Murai 2018）。それは日本敗戦後になると「天心」の「超国家思想」を危険視する、思想史的なイデオロギー批判の根拠となって継承されてゆく（Inaga 2012）。付言すれば ultranationalism はGHQによる、日本敗戦後の後付けの思想規定概念である。

ＡＫＣにとっても「アジアはひとつ」は根本を為す思想だった。「セイロン改革運動」に関与していた当時、ＡＫＣはイギリスで『中世シンハラ美術』（1908）を刊行する。ここにも岡倉の著作からの引用が散見するが、同書で彼はこう宣言する。「シンハラの生活、宗教ないし藝術において、インドを参照することなくして十分に理解できる部分など、ほとんどない。シンハラはインドであり（中略）セイロンなきインドは不完全である。というのもセイロンという窓を通じて眺めやると、インドはより完璧なのだから」（1908/2003: 18）、と。カーゾン提督が導入しようとした悪名高い「ベンガル分割令」が、イギリス統治下の現地では、南アジアの「統合性」integrity を鼓舞する潮流を生み出していた。そしてこの「汎インド主義」は岡倉の「汎アジア主義」と共鳴しつつも拮抗する。第一次世界大戦の最中、インドの大英帝国への支援関与による参戦に対して執拗に反対したＡＫＣは、シェイクスピア没後四百周年記念行事に寄せた文章に、こう綴る。欧州が戦火に包まれたなか、「アジアの思想はここでふたたび、すべての生命の統一 unity と相互依存 interdependence とを肯定する。分割 division に基礎を置くような社会では〈生命の果実〉Fruit of Life が容易には手にはいらないことを欧州が悟り始めた、この時に」と（AKC 1916/1924 DS: 114）。

Interdependence とあるが、当時「独立」independence は政治的な文脈では、大英帝国による統治を否定する体制転覆を意味し、禁忌に等しかった。アジアの統一と相互依存を旗印とするこの宣言は、同時に美術をめぐる言説にあっては、欧州側のインド認識への反駁を含んでもいた。とかく欧州側はインド美術をギリシア美術によって説明しようとする。だが、「ガンダーラの女々しく、さして重要でもない藝術作品」に欧州の注目が集まったがために、そこへのギリシアの影響が「無用にも目立つこととなった」。「なんらかの偏見ゆえに、欧州の探究者たちは、ギリシア古典があらゆる藝術の源泉であり、西洋のみならず東洋においても古典美術が永遠に重要だ、などという考えへと靡いていったのである」、と（1908/2003: 256）。この一節は、覚三の著作に序文を寄せていたニヴェディタが、本書『中世シンハラ藝術』への書評に、原著からそのまま引用した箇所でもある（1909: CWSN vol.3 : 51）。

さらにこのＡＫＣの発言に触発されて、カルカッタ美術学校の校長エルネスト・ビンフィールド・ハヴェルは、ギリシアの影響を排除した「本質的インド性」なる観念を発案し『インド美術の理想』（1911-12）などの著作で喧伝することになる。ＡＫＣは『シヴァ神の踊り』（1918/1924）に収めた「始原の仏教徒」と題する文章でも、持論を堅持する。「ガンダーラ彫刻は仏教藝術の始原 primitive にして土着な要素とは見做せない。ガンダーラの仏や菩薩のツンと取り澄ました顔立ちや、物憂く女々しい柔和な動作が、どれほど仏教思想の雄々しさや、帰依の激情と無縁であるかも、わざわざ言い立てるまでもなかったことだ」と（DS : 54）。

二　日本におけるＡＫＣ受容

覚三が逝去した一九一三年の翌年、それより二年前に世を去っていたニヴェディタの遺著『ヒンドゥと仏教徒の神話』（図2）が刊行される。その共著者でもあったＡＫＣは序文でこう述べる。「ニヴェディタの本書は、あらたな種 race をなすインドの学徒にとっての霊感となる。かれらはもはや英国化 anglicise されることに不安な

図3

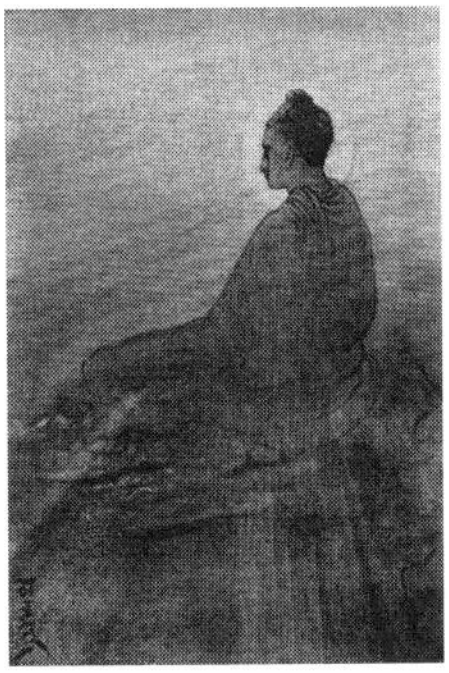

アバニンドロナート・タゴール《仏陀の勝利》
Abanindro Nath Tagore, “The Victory of Buddha” , Frontispiece, *Myths of The Hindus and Buddhists,* 1914

図2

A.K.C., *Myths of the Hindus and Buddhists,* 1914

ど抱かず、あらゆる真の進歩は、つまらぬ政争などとは無縁に、国民としての理想のうえに基礎づけられ、すでに宗教や藝術において鮮明に表現された意図に基づくものであることに、確信を抱いている」と(Nivedita & AKC 1914: v-vii)。実際本書には、神話叙事詩への原色挿絵の複製挿絵が多数含まれる。アバニンドロナート・タゴール［ベンガル音ではオボニンドロナト・タクル］(図3)、ナンダラル・ボース［ノンドラル・ボシュ］ら、新世代の画家たちの手になる水彩のワッシュ技法による作品であり、「ベンガル・ルネサンス」文化運動の記念碑をなす。「文盲だが賢い農民や女性たちは、(物語が浮彫となって飾られた)寺院を訪れて、朗唱や朗読を聞き、あるいは民謡や聖史劇などから、プラーナスについての知識を獲得している」(v-vi)。その神話の知識が、「宗教や藝術」ともどもここに集成され、ニヴェディタ晩年の遺志そして夢を成就する出版物となった(Inaga 2004)。

一九一三年には、そのクーマラスワーミの大著『インドとセイロンの美術および工藝』が『印度美術史』として、蘇武緑郎と岩崎真澄の名で日本語に訳出されている。序文でAKCはこう述べる。インドの藝術は近代欧州の如き「藝術のための藝術」ではなく、むしろ欧州中世と同様「愛の藝術」であり、聖俗に区別はな

図4
瀧精一 (1873-1945)

く、また「最大多数の最大幸福」といったジェレミー・ベンサム流の功利主義理念にも毒されず、愚かにも「美の理想」を追うことなど試みず、ひたすら明晰な本能とともに、生と死のありさまを表現しようとするものである、と（AKC 1908: 4-5）。こうしたAKCの信念は、日本語訳序文でも忠実に翻訳されている。

一九一七年には、東京帝国大学の美術史教室創設者、瀧精一が『書画骨董雑誌』に「健駄羅藝術の批評に就て」と題する文章を発表する（瀧 一九一七）。ここで瀧はクーマラスワーミとハヴェルに言及し、これら「新ナショナリスト」たちによって、ガンダーラ美術への信憑性に対して疑問が付され、研究の主軸が「真正なるインド美術」へと向きを転じ始めたことを報告する。ここで、同時代に至るまでの推移を、簡単に確かめておこう。一方で、一九〇二年、岡倉のインド滞在初期の一月三〇日に、日本は日英同盟を締結していた。日露戦争での日本の戦勝により、日本は世界の帝国主義勢力の仲間入りを果たした、と自負するに至る。岡倉はインド滞在中にインド国民との連帯による独立決起をうながす政治的扇動文書を草していたが、もはやこれを英語で公刊できるような時代ではない。一九一三年の岡倉の没後、四半世紀にわたり、この草稿は、岡倉遺品の櫃底に眠ることになる。ちなみに、このひとたびは忘れられた草稿が『東洋の覚醒』として日の目をみるのは、日中戦争が激化する一九三〇年代末のこと。また第二次大戦末期にはAKCの主著（AKC 1927）も、高野山大学の山本智教訳によって、昭和一九年五月に『印度及び東南亜細亜美術史』として二〇〇〇部の刊行がなされている（クーマラスワーミ：一九四四）。「大東亜共栄圏」建設下ならではの出版だが、高度な学術的達成である。

他方、岡倉が創刊した美術研究誌『國華』の編集主幹として実権を握るに至った瀧精一（図4）は、一九一三年、岡倉の逝去の折に、同誌に無記名ながら、岡倉とその率いる日本美術院を公然と中傷する記事を載せる。『東洋の理想』に見られる岡倉の学識への信憑性は、ヴィンセント・スミスら、英国の学究たちによって、すでに疑問視されていた（Smith 1912: 129-130）。とりわけ漢籍に依拠してか、ガンダーラにギリシアの、ではなく、むしろ中国の影響を見ようとする岡倉の説は、岡倉晩年には（岡倉自身も自覚していたとおり）、歴史認識としてはすでに決定的に時代錯誤な謬見、暴論となっていた。瀧はそうした英国の権威筋による岡倉批判を、自分の論説に目聡く引用し、鋭意紹介にこれ努めている（瀧 一九一七：Inaga 2012）。

官学における美術史研究の権威者の地位を築きつつあった瀧は、第一次世界大戦が終結を見るや、原三渓に資金援助を頼み、アジャンター壁画模写の調査隊派遣を実現する（Inaga 2009）。瀧は、ベンガル近代の絵画ルネサンスを、日本美術院同様に無価値なものと否定的に論評する一方、法隆寺金堂壁画のフレスコ技法とアジャンター壁画との技法的類似を根拠に、日本の学術調査が欧州のそれを凌駕するとの、国粋主義的な優位性を主張する（瀧 一九一八）。調査地の古代の栄華を寿ぐ一方で現代の停滞と没落を憂うる尊大な態度は、当時主流の帝国主義的言説の日本版に他ならない。と同時に瀧は『國華』英語版の編集出版により、中国絵画論の古典の英訳紹介にも努める。世界大戦終了後のパリでの国際美術史学会でも瀧はその一班を披露する。ロンドンの東洋学者アーサー・ウェイリーのみならず、ボストン美術館でいわば岡倉の後を襲ったＡＫＣも、これら瀧が紹介に努めた漢籍英訳の東洋画論から裨益するところがあった（AKC 1974: 186; DS:41; 藤原 二〇一八：範 二〇一八）。

三　ヴェルサイユ体制下の植民地状況における「アジアはひとつ」

ＡＫＣは本稿で扱う日本側関係者と、いかなる交流があったのか。現在の『岡倉天心全集』には、覚三がロンドンでＡＫＣへの面会を希望した一九一一年一月二五日付の書簡一通が採録されている（岡倉 vol.7. No169）。両者

図5

柳宗悦（1889-1961）

は実際に面談を果たす機会に恵まれたのか？　その後ＡＫＣは一九二〇年に東京で講演をなした折、重要な日本の審美家に会っている。将来、民藝の創始者となる、柳宗悦である（柳一九八九 vol.21-1：233：638-40）（図5）。両者は親密に会話を交わす余裕はもたず、その先も、とりわけ交友が深まった痕跡はない。とはいえ、ともに若き日にウィリアム・モリスのアーツ＆クラフト運動からも感化を受けていた両者は、英国モデルの中世主義やゴシック復興をそれぞれの文化圏で独自に彫琢するうえで、看過できない並行性を示す。両者における「民藝」理念の比較は先行研究に委ねたい（金谷 二〇〇五：140-163）。ここから本稿はようやくインドと極東の〈あいだ〉の探索という主題へと接近する。

ＡＫＣの『中世シンハラ美術・工藝』は、ケルムスコット・プレスの出版であり、ウィリアム・モリスの影が濃厚に窺える。そこにはＡＫＣの最初の英国人の妻、エーテルの影響も顕著だった。ＡＫＣのインド工藝史研究は英国統治下で遂行されたが、同様に柳宗悦の「民藝」の発見も、宗悦の朝鮮経験を抜きには語れまい。日本は一九一〇年に朝鮮を併合していたが、第一次世界大戦が終了するや、アジア各地で民族主義が高揚する。一九一九年、朝鮮では「三・一独立運動」と呼ばれる蜂起が半島全土を揺るがす。中国では五・四運動が、日本の二一ケ条要求への反発として展開する。その間インドではアムリットサルの虐殺として著名な事件が、四月一三日に発生する。インドでは、発砲事件の現場だけで千五百名以上の死傷者を数えた。朝鮮では、日本側による公式記録でも七千五百名を超える死者が確認される。そしてアジア各地で突発した反植民地暴動は、決して偶然でも互いに無関係でもない。

図６

光化門
当時の写真　絵葉書

当時日本では「万歳事件」と呼ばれた朝鮮での騒擾の直後、柳宗悦（1889―1961）は朝鮮の民への同情を表明したことで知られる。「朝鮮人を想ふ」（柳　一九二〇）で柳は朝鮮人の憤慨は当然であり、「独立の理想」はかれらの「抵抗」「憎悪」「分離」の必然の帰結だと述べる。さらに柳は審美家として「宗教と藝術」への「親愛なる理解」こそが「他国民をもつとも深く理解するため」に不可欠との認識を示す。柳が朝鮮陶磁の「線」のうちに「悲哀と悔恨の印」を見たことはよく知られる。宮廷の前面に位置する光化門（図６）が総督政府の命で解体されるとの決定が下されたおり、柳は門に「汝」と呼びかけ、あたかも死刑執行に臨んでの弔いのような言辞を残している。汝の運命は朝夕に迫っている。だが汝の命を死から救おうとする者は、反逆罪に問われるのだ、と（水尾　二〇〇四：123-144）。雑誌『改造』掲載の柳の手記は、日本では検閲で伏字だらけの悲惨な状態でしか刊行できなかった（Inaga 1999）。だがそのハングル訳や英訳は早くに巷に流布していった（Yanagi 1919）。

柳宗悦の主観的な思い入れには、植民者側の尊大なる優越感が潜んでいる――。そのような批判や指弾は、韓国側からのみならず、何度もなされてきた（Inaga 1999）。それはグーハ・タクルタがインド近代美術を分析する文脈で、イギリス人だったエルネスト・ビンフィールド・ハヴェルについて述べた見解とも重なる。「たしかにハヴェルはインド現地の美術史を擁護し再解釈したが、それは支配者が被支配者に寄せる家父長的温情主義の義務感とない交ぜになっている。なるほど彼は、インドにおける大英帝国の行政府に何度となく反対し、西欧側のインド美術に関する学識にも楯突いたが、対案として彼がなした関与もまた、帝国体制の枠組を逸脱するものではなかった」と（Guha-Takurta 1992:

182)。ここで「大英帝国」を「大日本帝国」に置き換えれば、このハヴェル批判は、そのまま柳宗悦の置かれた制度的・政治的限界にも当て嵌まる。

とはいえ、柳が「朝鮮人を想ふ」の末尾に書きつけた、「日本の同胞」に向けた警告は、考慮に値する。「剣にて起つ者は剣にて亡びるのだ」と（水尾　一〇〇四：128）。聖書に由来する語句だが、これと同じ警告をＡＫＣも発している。ＡＫＣはスリランカの高位カーストの父とイギリス人の母をもち、イギリスで成長した。「若きインド」と題する文章は、事実上の亡命状態にあった北米で、第一次大戦末期に執筆されたものだが、そこにはこうある。「アジアの荒廃が究極的には欧州の社会的理想主義の安寧を危うくしかねない、という深刻な危険」は無視できまい。「欧州起源の帝国主義の工業主義が東洋において確立され、ついにはそれによって欧州の脱‐工業化主義者が敗北を喫するとなれば、これはおかしな天罰 nemesis と言えるのではあるまいか」と（DS: 135）。帝国日本は、その植民地支配において、大英帝国のインド支配に範を仰ぐ擬態を不器用に演じることで、植民地行政と軍事拡張政策の両輪で、まさにＡＫＣの指摘する「天罰」の製造に邁進しつつあった、と見て、なんら誤謬あるまい。

「勝利は憎悪を育む。なぜなら征服されし民は不幸なればなり」とはＡＫＣが『ダーンマプダ』から引用してみせた警句だった（DS: 123）。〝The Iron hand crushed the tyrant's head/And became a tyrant in his stead〟も、同じ文脈でＡＫＣの口をついて出た詩句。明記はないがウィリアム・ブレイクが出典。「暴君の頭蓋を砕いた鉄腕は、ついには暴君に成り代わる」、というわけだが、軽妙な脚韻が痛烈な皮肉となっている。さらに〝Battles are lost in the same spirit in which they are won.〟（DS: 118）こちらはウォルト・ホイットマンだが、「勝って兜の緒を締めよ」といった教訓とは違う。戦の勝者は、自らの敵愾心を分かち持つ次なる敵によって破られる。ここにはこの冷厳たる事実が、籠められているだろう。これを要するに「抑圧された国民は、必ずやほかのいずれかの国民を抑圧し、さもなくば階級による別階級の抑圧を抱え込む」（DS: 123）。それがアナーキズムに染まっていたニューヨーク時代のＡＫＣの教訓だった。そして朝鮮人への弾圧を前にして、柳が日本人同胞に説くのも、それと別のことではない。「自らの自由を尊重」するなら、なぜ「他人の自由を尊重し」ないのか。「若し此の自明な人倫を踏みつけるなら、世界は日本の敵となるだらう。そうなるならば亡びるのは朝鮮ではなく、日本の國だ」と（柳 一九二〇：水尾：二〇〇四：128）。これはＡＫＣが欧州に対して述べた警告と入れ子細工の構造をなしている。「アジアが欧州に与しないならば、アジアは欧州に敵対することとなり、そこでは理想主義の欧州と物質化したアジアとのあいだで、恐るべき葛藤が生ずるだろう、経済的のみならず軍事的にも」（初出 1915; DS: 16）。軍国化した日本は近代化成功のツケとして「物質化したアジア」という倒錯を具現する一方、朝鮮半島や「外地」に向けてその抑圧を二重に転写する傍ら、帝国領土の内地でも「階級闘争」を内攻させ、悪化させせつつあった。ここからは、ひとつあらたなアジア像が提起される。

実際皮肉にも、岡倉覚三の「アジアはひとつ」が社会的現実として実感されたのは、第一次世界大戦終了直後の一九一九年のこと、アジア各国で連鎖反応のように、帝国主義支配に対する蜂起が勃発したがゆえ、ではなかったか。ヴェルサイユ体制の確立によってはじめて「アジアはひとつ」の呼び声は、世界市民的な訴えとして、アジアの国境を超えた知識人たちによって共有されうる環境が整った。日本は、アジア地域内の帝国主義勢力として、いわばその狂言回しを演じる役廻りとなったが、その破局は、黙示録的にも、二〇年後には現実のものとなる。そしてアジア各国の独立達成とともに（バンドン会議の非同盟連帯の夢ものかは）、「アジアはひとつ」の理想は、冷戦構造下、民族分断の熾烈な戦争の裡に解体する。

四 「中世主義」と民衆的工藝の理想

「インドは世界でもっとも悲劇的な光景を呈している。なぜならそこには中世欧州によく似た、しかしそれより無限に完璧な、生きた壮大なる有機体が存在し、それが壊滅する途上にあるのだから。（中略）一世代の英国式教育さえあれば、それで伝統の絆を断ち切るには十分であり、そこには根という根を失った、曰く言い難い皮相な存在が創りあげられている――一種の知的な不可触選民で、西にも東にも属さず、過去も未来もない。インドにとっての最大の危機とは、その精神的な高邁さ integrity がもはや本来の統合を失調することにある。」（DS: 127）

一九一八年にインドについてAKCの語ったこの言葉は、そのまま柳宗悦が朝鮮の美術教育の現状を視察して下した観察を思い起こさせる。朝鮮の高等女学校で日本人教師の指導のもと、大作の刺繍が織られている。「朝鮮固有の美」を認めえない「半西洋化された趣味もなく気品もない愚かな図案」に柳は怒りを隠さない。「誤まれる教育の罪」、「強いられて固有の美を失つて」行く朝鮮の喪失を「淋しく」思う柳（Yanagi 1919:『全集』vol.6: 20-29）。「無理やり鋳型に嵌め込んでも何ら達成することはできない」とは「インド女性の地位」と題する文章でクーマワスワーミが披歴した述懐である（DS: 101）。とはいえ、この両者を並列することで柳を植民者の立場から救出しようというのではない。実際、土着の復権を願い外来の影響を嫌う柳の見解は、インド植民地工藝を司る行政官だった、ジョージ・バードウッド卿の見解に極めて近い（金谷 二〇〇五：144-145：橋本 二〇一一）。だがむしろこの皮肉な事態にこそ「民藝」理念の原点を問う必要があろう。植民地体制下の朝鮮とインドとの〈あいだ〉に、手工藝の分野でいかなる藝術的な対話が可能だったのか。久慈（二〇〇五）や金谷（二〇〇五）の先行研究を踏まえつつ、それらとは異なる角度から探索を試みるのが、本章の意図となる。

AKCは中世の欧州と類比することで、インドのギルド体制を高く評価し、擁護しようとした。とかく植民地行政官によって批判されがちだったカースト制をも、ＡＫＣは「社会が職業集団ごとに（分離ではなく）統合される」靭帯であり、そこに「職人魂の直観と適性の遺伝」とが基礎付けされると主張する（DS: 125）。論敵だった筈のジョージ・バードウッド卿でさえ『インドの工業藝術』で「非競争社会において普及する」「ギルド社会主義」に言及していることを奇貨として、ＡＫＣは「職工（シラパン）は競争や賃金カットから保護されている」とその利点を強調する（DS: 26）。同様の論旨は柳宗悦が理想視する中世の職人組織論にも容易に見つかる（Yanagi 1972: 208）。

柳は仲間とともに「日本民藝美術館設立趣意書」を一九二六年に公表する。関東大震災を機に京都の上賀茂に移住した柳は中世の修道院に模範を頼み「修行、帰依、協団」を指導理念にして民藝協団を設立する。そこで柳は、ウィリアム・モリスの工藝改革運動は「民藝」という理念の把握に失敗しているとして、自分の立場を鮮明にし、日常生活の実用に職人たちが用いる道具の大切さを説く（水尾 二〇〇四：197-198）。「資本主義が手工藝を殺した以上、残る唯一の道はギルド制度にある。（中略）美しい工藝は職人たちの協働の結実である」。そして「用と美」との調和ある結びつきにこそ、工藝の本質を捉えようとする。『工藝の道』で柳はつぎのように説く。器の美はそれを用いる人の役に立つことにあり、用いる人の愛情と熱意のお蔭で意味をもつ。この相互の愛から工藝の美が生まれる。職人は、自我や個人意識から自由であるがゆえに工藝の美に達することができる。著名な個人藝術家よりも無名な職人こそが無意識のうちに優位にたつ。職人の無我こそが救済への道を示す。そして工藝は「没我」の専心、他の職人たちとの「協力と相愛」のうちに、はじめて実現される。だが資本主義は労働を苦痛へと貶めた。創造の自由と仕事への誠実を回復しよう。手仕事は賃労働ではなく、再び価値と意義とに満たされねばならない…と。（柳 一九二八：水尾：189-211）。

以上を前提として、ＡＫＣ（cfDS: 85）と柳の理論的交錯の可能性の核へと分析を進めたい。

五　「善悪の彼岸」：親鸞とニーチェ

『工藝の道』の結論で柳は親鸞を引く（水尾：二〇〇四：217）。「善人なおもて往生を遂ぐ、いわんや悪人をや」とは有名な逆説だが、同様の常識転倒がＡＫＣのニーチェ解釈にも見られる（AKC 1918: DS: 115-121）。「汝の欲するところを為せ」。このニーチェの教条は、ＡＫＣに言わせれば、常識的な解釈とは異なり、およそ「利己でも利他でもない」（DS: 118）。「真のそして理想的な利己とは、魂を監視の下に置き、それを抑制することにある。そうすれば我らの生産能 productiveness は美しい完遂に至りうる」（DS: 121）。「ニーチェや他の神秘家たちが賞賛する利己というものは、およそあらゆる行動は賞賛に値する、などと信ずる輩の見解に沿ってそれを解釈するなら、決して腑に落ちるものではないだろう」（DS: 120）。もとより親鸞の謂う「善人」とは、自らが罪びとではないと確信している限りにおいて、まさに「賞賛に値する」ことになお囚われている。だが親鸞の「悪人」は、自らが「賞賛に値する」などとは思っていないが故に、すでに「善悪の彼岸」（DS: 116）にある。とすれば「理想の利己」とは「いかなる利他主義よりも、さらに寛大な」（DS: 120）態度だといえるだろう。

それゆえ「みずからを甘やかすような教義」doctrine of self-indulgence（DS: 121）であるどころか、ニーチェの「理想の利己」とは「禁欲あるいは熱情（タパス）のひとつのかたち」だ、ということになる、とＡＫＣは敷衍する。これはほとんど柳宗悦の言う「無名の職人」の境地ではないか。「天才の活動は規則を遵守することではなく、たとえそれが他のすべての人々には邪悪と見えようとも、内奥からの命に生命を捧げること」（DS: 119）だとＡＫＣは続ける。柳もまた工藝の理想を「美醜の彼岸」に位置づける。「無我」と「無心」の技であればこそ、日常の雑器すなわち「下手物」は善悪の彼岸にあり、「自然」（じねん＝おのづから）そのものの表象となる。誰かしら個人の意志の産物ではない、誰か「他」なるものの「意志」すなわち「他力」の具現である、と（Yanagi

1972: 212-215)。ここで「天才」は通常の含意を裏切っている。「天才」と認知されたがるような者は、この理想にはけっして到達できない。なぜなら「人類最高の達成にして目標とは、自己肯定的な心の持ち主にとっては、もっとも把握し難いもの」（AKC「ニーチェを世界市民的に見る」: DS: 120）なのだから。そうした自己主張に欠け、自分を甘やかすこととは無縁な人格のうちにこそ、柳はかれの理想とする「無名の職人」unknown craftsman を見出した。

ここまで柳とクーマラスワーミの思索の類似を縒り合わせてみた。両者において唯一著しく対照をなす違いがあるとすれば、柳には日本仏教に特有の「諦念」が支配的であり、それは少なくとも表面的にはニーチェの「超人」志向、「力への意志」とは対極と映る。とはいえAKCは「インド女性の地位」で「自我肯定 ego-assertion は本来の〈自己〉Self 実現のための王道ではありえない」（DS: 86）と釘をさす。なぜなら「空虚」な命、生死の淵において「我々にとり最善のものは、自ずと手に入る。だがもしそれを力づくで手に入れようとすれば、それは永遠に我々の手から滑り抜ける」のだから、と（DS: "Sahaja"-「おのづから」: 109）。

図7

舞踏の主　シヴァ（ナタラジャ）　銅に鍍金
Shiva as Lord of Dance (*Nataraja*), Copper alloy, Indian (Tamil Nadu), The Metropolitan Museum of Art

六　土から作った器をめぐる思索

「シヴァ神の踊り」（図7）でAKCはさらにこう述べる。「シヴァは破壊者であり、燃える大地を好む」（DS: 61）と。その脚注には陶磁職人の諺として、こうある。「汝の魂や他の者たちの魂のために場所 room をあけよ。破壊せよ、なぜならおよそ創造は破壊から発するのだから。およそ建設は残骸からなされ、世界の何ものも形骸

図8

浅川巧がグルチャラン・シンに謹呈した肖像写真，1920年８月31日の年記あり，《青花辰砂蓮花文壺》18世紀後半　高44.3㎝　安宅英一氏寄贈、大阪市立東洋陶磁美術館蔵，Former Collection, G.Singh

でしかない。そして形骸は永遠に破壊されねばならない。汝がそこから飲む椀を叩き割れ」(DS: 62 note 2)と。陶工が土塊から作った器は最後には割れるものだが、人々の命とてもそれと変わらない。この熾烈なる破壊の命令は、岡倉覚三が『茶の本』で賞賛した「ひと椀の人間性」a cup of humanity を湛える茶碗(1906/1964: 1-9)とは、なんと隔たってみえることか。たしかに炎は陶器を打ち砕く。だがその炎なくしては陶磁の器は形をなさない。そして器に穿たれた空虚 vacuum-void こそが、そこに魂を宿す「場所」room を保証する。

『茶の本』で岡倉覚三は空虚の大切さを縷説した。空虚はすべてを宿しうるからこそ全能の潜性を秘めている。空虚なくして運動はありえない。自らを空に出来る者だけが、あらゆる状況へと対処できる、と(1906/1964: 24)。「シヴァの踊り」に見えるクーマラスワーミの破壊への誘いと、岡倉覚三の「空虚」への誘いと。その両者の〈あいだ〉にこそ、両者の隔たりに架橋する契機を見出すことはできまいか。第一次世界大戦の惨禍を眼にしたＡＫＣが「欧州の若き精悍さと東洋の老いの静寂さ」(DS: 135)との〈あいだ〉を「結びつける」秘訣を探そうとしたのと同様に。この文脈で朝鮮陶磁研究の草分け、浅川巧を召喚したい。

浅川巧(一八九一—一九三一)は柳宗悦を朝鮮陶磁研究に誘った人物として知られるが、シンと名乗るインド人と収まった写真がある(図8)。照影には一九二〇年八月三一日の日付が書き込まれている。シンと巧とのあいだには朝鮮白磁の大壺が置かれている。柳らが催した朝鮮民族美術展でも展示の中心に据えられた著名な品であり、現在では大阪の東洋陶磁美術館の所蔵に帰している。白いターバンを頭に巻いた人物は、近年、橋本順光氏(二

○一二）らの調査で、グルチャラン・シン（一八九六―一九九五：以下ＧＳ）と判明した。インドにおけるスタジオ・ポタリーの草分けである。プリンス・オヴ・ウェールズ大学で地質学を専攻したのち、陶磁の徒弟修業を積む。アムリットサル虐殺の発生した一九一九年に来日して東京高等工業学校に籍を置いたことも、分かってきた。彼が英国ではなく日本を留学先に選んだ理由はどこにあったのか。

シーク教徒であったＧＳが虐殺事件に大きな衝撃を受けたことは、想像に難くない。その彼が朝鮮の三・一事件に無関心だったこともあり得まい。柳は一九二〇年十月三一日のバーナード・リーチ宛の書簡で「朝鮮問題」に言及している（柳　一九八九：vol.21-1: 639）。婉曲な表現は検閲を考慮してのことだろうが、そこにはひとりのインド人 Singh が会話に加わった事実も付記されている。グルチャラン・シン以外ではありえない。二二年に帰国したＧＳは柳が朝鮮民族美術館を創設したおり、けっして裕福でもないなかで、金壱百円という、個人献金としては最高額となる、破格に近い献金をインドから送金している（橋本　二〇一五）。

東京滞在中、ＧＳは同じくインドから来日した詩人、ジェイムズ・カズンズの慫慂もあり、神智学協会に参加している。カズンズは英字新聞 *Japan Advertiser* に寄稿したひとつの詩「実現―ある陶の藝術家へ」（一九一九年七月二一日付）で、陶磁製造を賞賛している（Cousins 1919）。曰く―聖書によれば神は土塊から人を創造した。被造物はすべて死して土に還る。陶工はそうとは意識することもなく、これと同じ輪廻転生の技を繰り返している。とすれば陶工の仕事はこの世で最も崇高だとは言えまいか。成形と破壊の円環はまた、聖書の創世記をも想起させる。土塊は魂の入れ物でもあれば、魂を含むための素材でもあるが、それもまた時代から時代へと変成を遂げる。ここでキリスト教と仏教とは手に手を取り、神聖なる創造を寿いでいる…と。

この詩を託された Artist in Clay は、他ならぬＧＳその人。カズンズはＧＳの日本での作陶を高く評価し、そこに陶磁制作におけるインドと朝鮮・日本の総合を見出していた。ＧＳは特高警察や内務省の観察下に置かれつつも、瀬戸で作陶に打ち込み、我楽多宗を自称する好き者集団にも仲間として遇され、「鷲龍寺獅子梵刹シング」などという名前まで頂戴していた（橋本 二〇一五）。

七　シヴァ神の踊り、あるいは焼窯のなかの陶土

「シヴァ神の踊り」でＡＫＣは「ウンマイ・ヴィラカム」からこう引用する。「（過去現在未来）の三世の煩悩を断ち切る沈黙の聖者たちは、おのが「己」を滅するところに立脚する。そこで彼らは聖なるものを眼にし、祝福に満たされる」（DS: 62）と。解脱は自己滅却なくしては成就しない。シヴァ神の踊りは破壊の炎。「自我が破壊された場所こそが、迷妄も事象も焼き尽くされる状態を意味する。それが火葬、スリ・ナタラージャが躍る、燃える大地」。さらに「ティルヴァータヴラール・プラーナム」もこう伝える。「我らが主は踊り手なり。薪に籠った熱と同じく、彼はその力を物心のうちに伝え、今度はそれらを躍らせる」（DS: 59）と。これらの聖句に沿えてＡＫＣは欧州中世の神秘家、マイスター・エックハルトの言葉を呼び覚ます。「炎は乾いた木材に精髄と清澄さとを注ぎ込む。それと同じことを神もまた人に為す」（DS: 59）と。

これはまた陶工の窯の比喩でもある。焔の精髄の洗礼を浴び、土塊は堅い器の形状を帯びて成形される。真言の学僧、岡本貫瑩（一八九九―一九四八）はその（今日では忘れられた）名著『印度美術の主調と表現』（岡本 一九三二／一九四三：182）（図９）で、ＡＫＣが引用したこの箇所に触れ、そこに明らかなニーチェ主義の響きを聞き取り、それは世界を「悲観主義と楽観主義とを同時に打ち越した」彼方へと開き、そこには「破壊を経て永遠に変わる物質の喜び」がある、と解説する。先立つ章でも岡本は『マハーバーラタ』から引用し、戦いに臨んで逡巡するアルジュナに対するクリシュナの有名な忠告に言及する。曰く「汝が仕事に専心し、それが齎す結果に心を悩ますことなかれ。不作為の誘惑に屈することなかれ。なんとなれば、内なる解脱を成就するほどの者どもには、も

図9

岡本貫瑩『印度美術の主調と表現』 畝傍書房1943（箱と表紙），
Okamoto Kan'ei, *Indian Art, Its Dominants and Expressions,* Unebi Shobo, 1943,

図10

《アルジュナに教えるクリシュナ》 スレンドロナート・カール
“Krishna instructing Arjuna,” By Surendra Nath Kar, in *Myths of Hindus & Buddhists,* 1913, p.188.

はや善も悪も存在しないがゆえに」（岡本：138; cf. Nivedita & AKS 1914: 189）（図10）と。いうまでもなく、これはニーチェが『善悪の彼岸』で暗に依拠したインドの古典に他ならない（ニヴェディタの遺著では、検閲を厭ってか、翻訳はこの直前の箇所まで）。

ＡＫＣは「シヴァ神の踊り」で“the fire which ‘changes’ not ‘destroy’”（DS: 66）とも記していた。岡本はこれを敷衍して「彼の踏む旋律は、吾々の魂から永劫の幻を打消して、吾々を真実の世界に送る。而して又吾々の魂に、不滅の燈火を点すのである」（163）と語る。ＡＫＣも言及するとおり、ロシアの作曲家スクリャービンはこれに感化を得てこう作詞した。「汎ろい大きな炎（Maha-pralaya）によって、宇宙（Samsara）は押し包まれ／精神は最高の存在に在り／而して聖霊は、自由意志の浄き力（sakti）の絶えることなき湖を感知する」（DS: 62-63；岡本：163）と。

いささか驚くべきことに、柳宗悦も朝鮮の三島手（粉粧青沙）の絵付けの「刷毛目」に触れた文章で、こう回想していた。「これらは生命の鼓動であり、吹く風の自然の旋律を、ゆく河の流れを、空へと立ち昇る雲を、思い起させる。それは自然界の生命の直截な表明であり、器を作った人々によって生きられ、それらの器が自然との調和のうちに、そのなかで立ち上がり横たわる平穏

図11

グルチャラン・シン　滞日期の白磁炻器 ca.（1919-20）
Stoneware pot with celadon glaze made by Gurcharan Singh in Japan in the early twenties, in *Pottery and the Legacy of Sardar Gurcharan Singh,* 1998, p.155.

なる心の炎の現れなのである」と（Yanagi 1954; 1972: 173. ここでの日本語は *The Unknown Craftsman* に掲載の柳自身の英文から日本語に反訳したもの）。そしてこの朝鮮の窯の火をインドへと持ち帰ったのが、ほかならぬグルチャラン・シンであった。

＊

浅川巧とグルチャラン・シンとの肖像写真の間におかれた白磁の壺には、蓮の花の文様が描かれている。同じモチーフは帰国前後のＧＳの作例にも散見される（図11）。植民地行政官バードウッドはギリシア起源のパルメット紋がガンダーラに頻出することを根拠に、インド美術ギリシア起源説に固執した。だが朝鮮に花咲いて延命を遂げた仏教図像は、蓮華文の東方伝播を証する。その蓮模様をインドに持ち帰ることで、ＧＳはアジア文明圏に往還を実現した（橋本 二〇一一）。蓮華経に依拠した「水の図像学」にはＡＫＣも宮殿建築を巡る論文で言及することとなる（AKC 1956: cf.Chandra 1983: 52-53）。

アジャンター壁画が七世紀の法隆寺金堂の壁画にまで影響を及ぼしていた——と当時は信じられていた——とするなら、それとは逆方向の連鎖が、陶磁器の炎を通じて一九二〇年代に模索された。グルチャラン・シンはある意味でＡ・Ｋ・クーマラスワーミと柳宗悦との〈あいだ〉に遺された「間隙」room を陶藝の炎によって結びつけたとはいえまいか。それはまた文明史的な意味で「東西を隔てるものと思われた深淵」（BS: 135）、その跨ぎ越し難い〈あいだ〉を、植民地下のアジアにおいて、「ひとつ」に結び付ける使者の役割をも果たす、そうした「炎の舞」の姿だった。

【出典文献】 紙幅制限超過のため、注は主要な出典注に限定し、本文割注は節約を旨とする。詳しくは本稿英語版を参照されたい。

なおクーマラスワーミは以下本文割注ではＡＫＣと略記する。

Chandra, Pramod 1983- *On the Study of Indian Art,* Harvard University Press

Coomaraswamy, Ananda K. 1908：“The Aims of Indian Art,” Essex House Press

——1908/2003: *Mediaeval Sinhalese Art,* 1908/ second edition, Munshiram Manoharlal Publisher 2003

——1915: “What has India Contributed to Human Welfare?” *Athenaeum,* 1915; D.S.

——1916: “Intellectual Fraternity,” in *The Danse of Siva,* 1924.

——1918/1924/1985 *The Dance of Siva, Essay on Indian Art and Culture,* New York: Sunwise Turn/ Dover Reprint,1985（DSと略記する）

——1931：“Bodhigparas Palaces,” *Eastern Art,* Vol.3, pp. 181-217

——1956: “Christian and Oriental Philosophy of Art,” in *The Transformation of Nature in Art,* N.Y., Dover Publication

——1974: “The Theory of Art in Asia,” in *The Transformation of Nature in Art,* Munshiram Manohlal Publisher

Cousins, James H. 1919: “Lines（To an Artist in Clay）,” *The Japan Advertiser,* Sunday July 6, p. 6

Guha-Thakurta, Tapati 1992: *The Making of a new ‘Indian’ art, artists, aesthetics and nationalism in Bengal, c.1850-1920,* Cambridge University Press

Havell, Ernest Binfield 1911-12: *Ideals of Indian Art,* New York : E.P. Dutton

Inaga Shigemi 1999: “Reconsidering the Mingei Undô as a Colonial Discourse: The Politics of Visualizing Asian ‘Folk Craft,’” *Asiatische Studien, Zeitschrift der Schweizerischen Asiengesellschaft,* Vol. LIII, Nr. 2, SS. 219-230

——2001: “Okakura Kakuzô’s Nostaligic Journey to India and the Invention of Asia,” Susan Fisher（ed.）, *Nostaligic*

Journeys,Literary Pilgrimages Between Japan and the West, CJR Japan Research Series, University of British Columbia, pp.119-132

――2004: "Sister Nivedita and her *Kali The Mother, The Web of Indian Life,* and Art Criticism: New Insights into Okakura Kukuzô's Indian Writings and the "Function of Art in the Shaping of Nationality," *Japan Review,* No.16, pp.129-159

――2009: "The Interaction of Bengli and Japanese Artistic Milieus in the First Half of the Twentieth Century (1901-1945)," *Japan Review,* No.21, pp.149-181

――2012: "Okakura Kakuzô and India, The Trajectory of Modern National Consciousness and Pan-Asian Ideology Across Borders," *Review of Japanese Culture and Society,* Vol.XXIV, pp. 39-57

Kikuchi, Yuko 2004: *Japanese Modernisation and Mingei Theory, Cultural Nationalism and Oriental Orientalism,* Curzon Routledge

Kumar Das, Sisir (ed.) 1996: *The English Writings of Rabindranath Tagore,* New Deli: Sahitya Akademi, vol.1-3.

Lal, Anupa (ed.) 1998: *Pottery and the Legacy of Sardar Gurcharan Singh,* New Delhi : Delhi Blue Pottery Trust

Nivedita, Sister 1903/2007: "Introduction,", *The Ideals of the East,* 1903; Stone Bridge Classics 2007

――1909: "*Mediaeval Sinhalese Art*" (Review) *The Modern Review,* Dec. 1909; *Complete Work of Sister Nivedita* (CWSN) vol.3, pp. 44-52

―― & A.K.C. 1914: *Myths of the Hindus and Buddhists,* preface, pp.v-vii.

――1967-68 *Complete Work of Sister Nivedita* (CWSN) Advaita, Ashrama, in 6 vols.

Okakura Kakuzo1903/2007: *The Ideals of the East,* 1903/ Stone Bridge Classics 2007

Okakura Kakuzo 1906/1964/2007: *The Book of Tea,* 1906/ Dover reprint 1964/ Stone Bridge Classics 2007

Singh, Gurcharan 1979: *Pottery in India,* New Delhi: Stosius Inc/Advent Books Division

Smith, Vincent 1911: *A History of Fine Art in India and Ceylon,* Oxford: Clarendon Press

Tagore, Rabindranath 1929-1996: "On Oriental Culture and Japan's Mission," Address to the member of the Indo-Japanese Association, Tokyo, 15 may, 1929; Kumar Das 1996, vol. 3.

Yanagi M. 1919: "An Artist's Message to Koreans. Japan's Mistaken Policy and Korea's Sad Fate," *The Japan Advertiser,* wed. 4 August, 13. p.4

Yanagi Muneyoshi 1954/1972: "Hakeme (1954)" *The Unknown Craftsman-A Japanese Insight into Beauty,* adapted by Bernard Leach, Tokyo: Kōdansha International

【和文】

岡倉　一九七九―八一：『岡倉天心全集』平凡社

岡本貫瑩　一九三二／一九四三：『印度美術の主調と表現』六文館（一九三二）；畝傍書房（一九四三）

葛西実　一九八三：「A・K・クーマラスワーミの東西思想の比較と危機意識」『比較思想研究』Vol. 10, pp. 81-189

――一九八四：「時と永遠―A・K・クーマラスワーミの比較宗教学」『比較思想研究』Vol. 11, 1984, pp. 142-149

――一九八五：「ヒンドゥ教と仏教―A・K・クーマラスワーミの比較宗教学」『比較思想研究』Vol. 12, 1985, pp. 143-146

金谷美和　二〇〇五：「民芸的なるものの誕生―アーナンダ・K・クーマラスワーミーとの比較を契機として」熊倉功夫・吉田賢司（編）『柳宗悦と民藝運動』思文閣出版、pp. 140-163

久慈達也　二〇〇五：「反近代の思想家が描いた美術館―A・K・クーマラスワーミと柳宗悦を中心に」『国際文化研究』11巻、Vol.11, 2005, pp. 235-249

クーマラスワミ　一九一三・一九一六：『印度美術史』蘇武緑郎・岩崎真澄（共訳）向陵社

クーマラスワーミ　一九四四：『印度及東南亜細亜美術史』山本智教訳、北海出版社

瀧精一　一九一七：「健駄羅藝術の批評に就て」『書画骨董雑誌』vol. 103, Nov. pp. 1-8

瀧精一　一九一八：「印度美術研究の必要に就て」『大阪朝日新聞』14-18 April

野村良雄　一九五九「クーマラスワーミ『キリスト教と東洋の芸術哲学』『自然の芸術への変化』」『美学』pp. 65-68

橋本順光 二〇一一：「ジョージ・バードウッドのインド工芸論」『ヴィクトリア朝文化研究』no.9, 2011, pp. 73-77
——二〇一一：「浅川巧とグルチャラン・シン：インドに伝えられた朝鮮陶器の美」『時代の国境を超えた愛：浅川巧の林業と韓国民族工芸に関する研究』Korean Press Center, 2011, pp. 126-7
——二〇一三：「アイルランド神智学徒のアジア主義? ジェイムズ・カズンズの日本滞在（1919-1920）とその余波」藤田治彦（編）『アジアをめぐる比較芸術・デザイン学研究：日英に広がる21世紀の地平』（大阪大学）、pp. 27-43
——二〇一五：「インドの陶芸家グルチャラン・シン」『民藝』No 247 to No 250, March to June,（No 247: pp. 52-56, No 248: pp. 56-60; No249: pp. 54-59; No 250: pp. 52-57）
範麗雅 二〇一八：『中国芸術というユートピア：ロンドン国際展からアメリカの林語堂へ』名古屋大学出版会
藤原貞朗 二〇一八：「天心の子供たち：日本美術史の思想はいかに継承されたのか」井上章一（編）『学問をしばるもの』思文閣出版、 pp. 53-70
水尾比呂志 二〇〇四：『評伝 柳宗悦』筑摩学芸文庫版
村井則子 二〇一八：「翻訳により生まれた作家—昭和10年代の日本における「岡倉天心」の創出と受容」河野至恩＋村井則子（編）『日本文学の翻訳と流通』勉誠出版社、2018, pp. 164-186
柳宗悦 一九八九：『柳宗悦全集』筑摩書房 Vol. 21-1
——一九二〇：「朝鮮人を想う」『改造』六月号（一九二〇）：水尾二〇〇四
——一九二八：『工藝の道』、ぐろりあそさえて
渡邊たまき 二〇一一：「A・K・クーマラスワーミの解釈学」『宗教研究』、Vol. 84, No.4, 2011, pp. 249-251

生と死の間——賢治の刹那滅とライプニッツのモナド的時間を思う

金子　務

風花雪月はもともと「閒《かん》」にして、「労攘の者」がみずから「冗《わずらわ》」しくしている、と『菜根譚』にある。「労攘の者」とは忙しさにかまけるものの意味である。「閒」は「間」の先字で、後代の「労攘の者」たちによって、もともと戸の隙間から漏れてくる月の光から出てきた味わい深い意味が失われて、いつのまにか忙しい陽日の光になってしまったようだ。学問をやるにも、実はこの「閒」、「ま」が重要なのかも知れない。人と人との間、人と自然との間、人と書物や記録類との間、である。ところで時間は時の間と書く。テレビの映像は一秒の三〇分の一ずつ静止齣を流して動きを再現している。いまここで、間断なく（間などはなくなる！）生滅する刹那滅の問題、広く言えば生と死を巡る時間論の認識問題に、賢治・華厳経・大森荘蔵・ライプニッツらの知見を点検しながら、迫ってみたいと思う。

一　賢治の因果交流電燈と刹那滅

宮沢賢治（1896—1933〔明治29–昭和8〕）は代表詩集『春と修羅』の序で、

私といふ現象は
仮定された有機交流電燈の
ひとつの青い照明です
（あらゆる透明な幽霊の複合体です）

と、「有機交流電燈」が放つ青い照明に自分の幽鬼の姿を喩えている。さらに序をつづけて、

風景やみんなといつしよに
せはしくせはしく明滅しながら
いかにもたしかにともりつづける
因果交流電燈の
ひとつの青い照明です

と、有機交流電燈を「因果交流電燈」とも言い換えている。「因果交流」とか「透明な幽霊の複合体」とか、大正期の当時の耳目にはさぞや奇異に映ったことだろう。しかしこうした表現も、賢治が知っていた交流発電所や、アインシュタイン訪日ブームでファッションになっていたミンコフスキーの四次元時空の構図に、これを解く鍵があることは、間違いないと思う。

交流は向きも大きさも時間的に変わる電流である。『春と修羅』第二集には「銀河の発電所」で、賢治は、山間の水路式水力発電所で作り出された「三万ボルトの交流」を「けいれん」と呼んでいる。この交流を送電塔か

ら送って幾列もの「清冽な電燈」を灯しながら、さらに高圧送電線で青白い風や川を渡って真っ黒な工場の夜の屋根から火花の雲を吹き上げるさまを歌う。高圧送電は低圧よりも電力損失を小さくできるため有利である。わが国では賢治の数字よりも一桁大きい二七万五〇〇〇ボルトが普通であった。これを市街地近くの変電所で三三〇〇ボルトほどに落として工場などに送り、家庭用にはさらに電柱などに設けた変圧器（トランス）で一〇〇ボルトに落とすのである。日本の大型発電はすべて交流発電であり、そのほうが変圧もしやすい利点がある。

また、『口語詩稿』の「来訪」では電灯の明かりが鳥には灯台、虫には誘蛾灯になる。賢治の時代、交流ラジオ受信機が売られていた。「化け物丁場」下書き稿は広告裏に書かれているが、その広告には「高級交流ラジオ受信機　二十九円より／豊沢町　宮沢商会」とある。(1)

『春と修羅』序の有機交流電燈が「せわしく明滅する」というイメージは、私たちの根源的存在を「刹那消滅」あるいは「刹那滅」と見る仏教に通じるものである。賢治はナムアミダブツの浄土真宗で育ち、ナムミョウホウレンゲキョウの法華経世界に転じたのだが、華厳経にも通じていて、いずれにしても熱心な仏教徒だった。仏教では、刹那とはきわめて短い時間を指す。『倶舎論』によれば、一刹那とは、一昼夜二四時間を120×60×30×30をもって除したもの、すなわち一秒時を七五分した極小時間をさす。さらに『仁王経』では「一念の中に九〇刹那あり、一の刹那に九〇の生滅を経る」とあり、一瞬毎に現在は過去に、未来は現在にと変わり、一瞬が過去世・現在・未来世の三世を含むとされる。またこの一瞬には、「刹那始終一念の因果」というように、瞬間の一念・生命の中に仏因と仏果を具有しているともいう。しかし昔ならいざ知らず、こんな計算よりも、コンピュータ時代の仏法としては、一瞬毎に現在は過去に滅し、未来は現在にと生れ変わり、一瞬が過去世・現在世・未来世の三世を含むという意味だとしておけば、十分かと思う。信は行の始めだから仏因であり、行は信の終わりだから仏果である。「いまここ」という一瞬の現存在はそこへと無数の過去が集中し、またそこから無数の未来へと発散する因果的存在でもある。

賢治の短編「インドラの網」ではこう華厳経の一節が語られている（旧仮名遣いを現代仮名遣いに改めた）。

その冷たい桔梗色の底光りする空間を一人の天〔人〕が翔けていくのを私は見ました。

（とうとうまぎれ込んだ、人の世界のツェラ高原の空間から天の空間へふっとまぎれこんだのだ。）……

天人はまっすぐに翔けているのでした。

（一瞬百由旬〔由旬はインドの距離の単位、一説に一由旬は一五キロとも〕を飛んでいるぞ。けれども見ろ、少しも動いていない。少しも動かずに移らずに変わらずにたしかに一瞬百由旬ずつ翔けている。実にうまい。）

私は斯うつぶやくように考えました。……

天の子供らは夢中になってはね上がり真っ青な静寂院の湖の岸珪砂の上をかけまわりました。そしていきなり私にぶっつかりびっくりして飛びのきながら一人が空を指して叫びました。

「ごらん、そら、インドラの網を。」

私は空を見ました。いまはすっかり青空に変わったその天頂から四方の青白い天末までいちめんはられたインドラのスペクトル製の網、その繊維は蜘蛛のより細く、その組織は菌糸より緻密に、透明清澄で黄金で又青く幾億互に交錯し光って顫えて燃えました。

二　善財童子とミンコフスキー時空

『華厳経』の教主は盧舎那仏だが、ゾロアスターの最高神アフラ・マズダに比定されている。その仏教的説話に、この一念の因果の重要性が示されている。『華厳経』最後の章「入法界品《にゅうほっかいほん》」に出てくる善財童子の話である。ここでは文殊と普賢の二菩薩の手引きで善財童子が善智識に出会う旅を描いている。童子は頭も心もよい人間で、先覚の善知識五三人を訪ねる旅をする（一説ではここから東海道五十三次が起ったともされる）が、その旅は、まず獅子吼する文殊菩薩への「信」に始まり、最後に堅忍不抜な普賢菩薩の「行」へと至る旅である。つまり信は行の始めだから仏因であり、行は信の終わりだから仏果で、釈迦仏の両脇侍の菩薩として、左に獅子に乗った文殊、右には白象に座す普賢を配しているのも、この因果の信行を表している。

善財童子が菩薩行によって、みなともに入るのを願った「法界」とは、『華厳経』によれば、影も心象もない清浄な霊性的光明世界で、鈴木大拙は「個の堅い外郭が溶け去り、有限性の感じがわれわれを悩ますことが無くなったときに、初めて法界は実現する」と言っている。(2)

「いまここ」という一瞬の現存在はそこへと無数の過去が集中し、またそこから無数の未来へと発散する因果的存在だが、仏教的にはブッダの広大な知恵によって、一瞬にしてその光網で過去・未来の世界を摂取・表出することでもある。

善財童子は法界に入るのに、仏因の信から仏果の行に至る長い苦難の旅時間をかけたのだが、ブッダにかかれば一刹那の一念で十分である。すべてがすべてのものと関連しあい、全体の網構造像の中にある、という思想が、井筒俊彦が指摘するように、華厳教学の事事無碍《じじむげ》に表れている。(3)

仏教では、刹那滅にもかかわらず、いや刹那滅のお陰で、「刹那始終一念の因果」により仏道に発心できるのだと、道元禅師も言っている。瞬間の一念・生命の中に仏因と仏果を具有していて、ために生命は不生不滅だという。「五蘊生滅すれども、凡夫、かつて不覚不知なり。覚知せざるが故に、菩提心をおこさず、仏法を知らず」(4)と。

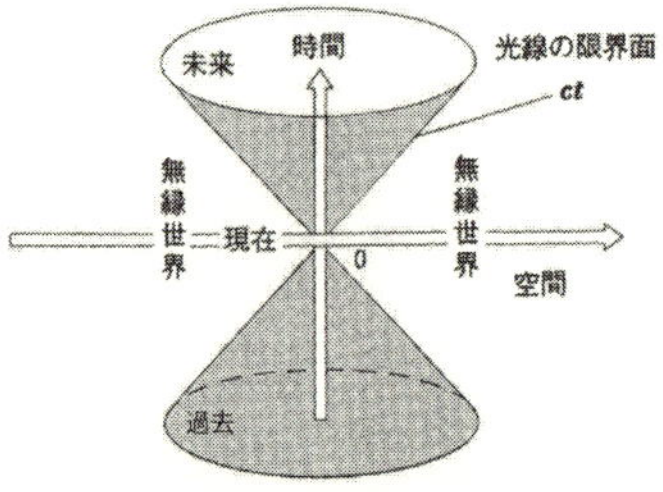

第1図　ミンコフスキーの四次元時空（三次元空間を二次元面として表記）と過去現在未来の光円錐図。
（金子務原図）

科学的観点から言っても、「私」という身体は、アトミック・ダンスをする微細粒子の集合であり、原子のレベルで見れば絶えず入れ替わり、一瞬ごとに新たなり、が真実である。最後の原子までそっくり入れ替わるのに一年もかからないが、それでも私たちは意識の上では連続して自分は自分であると思っているのも現実である。

ここで賢治に大きく影響を与えている相対性理論の、ミンコフスキー時空について点検しておこう。

アインシュタイン的世界は、「ミンコフスキー解釈」（一九〇八年九月ケルンで開かれた記念講演「時間と空間」でミンコフスキーが提示）によって、きわめて簡潔な四次元時空の幾何学的世界に整序された。[5] ミンコフスキー（Hermann Minkowski, 1864-1909）はロシア生まれのドイツの数学者である。「数の幾何学」を専攻分野とするミンコフスキーはケーニッヒスベルク大学で学位を得、各地で教職に就き、チューリッヒ工科大学でも教えたが、口ごもり、はにかみやの講義で学生のアインシュタインは良い印象をもたなかったようである。ここでいう次元はdimentionの訳語で、ある空間の次元とは、数学的には、その空間における任意の点の所在を確定するために必要な座標軸の数に等しい。例えば直線や曲線を一次元というのは、その上の点の所在は原点を定めておけば1本の座標軸で同定できるからであり、平面や曲面を二次元というのは、その上の点はどれも2本の交差する座標軸によって同定できるためである。われわれが住む世界は三次元空間である。縦・横・深さ（高さといってもよい）の三方向の座標軸があれば、すべての点の位置決めができるから、いかなる立体形状のものでも三次元構造として描くことができる。

賢治はこの意味での、三次元の空間軸に時間軸を加えた四次元時空における時間軸にこだわり続ける。「つめたい風はそらで吹き」の下書き稿に「時間の軸を灰いろ錫の光とします／見給へここに地質時代の各紀の爬虫が集まってゐる」とある時間軸は、進化の軸であり、豊穣な生き物たちの生をつなぐ祝祭軸でもある。第2集補遺にある「葱嶺先生の散歩」にある「遠く時軸を遡り／幾多所感の海を経て」も、下書き稿では「時間の軸」であった。

いま表現上、便宜的に空間をX軸、Y軸の二次元で考え、時間軸として光速に時間をかけた距離 *ct* をZ軸方向にとれば、光速度一定という大原理によって、光速度を超えては情報も何も伝わらない「因果の地平」が設定され、座標軸の原点に頂点をあい接する上下二つの円錐状（この表面が因果の地平面になる）に世界が区切られる（第1図）。その頂点が「いま、ここ」（now, here）という原点、つまり「現在」で、そこにこの自分がいて、そこに「過去」という円錐世界からの見えざる情報を伝える光線が、賢治の言うように「透明な幽霊」のように無数に集まって「複合体」となり、さらに「現在」の点に集約し、点としての現時点である「現在」から「未来」へと、円錐世界に向けて光に載せた情報が広がっていくのである。円錐世界の外側は、光速度の限界を超えた（だから無縁、われ関せず、の）「無縁世界」（elsewhere）であるが、自分のいる現時点の「現在」は瞬間ごとに新たになって、時間軸を未来へと移動していくから、何十億光年も昔の星たちが、いま現在の地上で観測されるように、無縁世界の多くが、つぎつぎに過去世界となって「現在」に立ち現れてくる、というわけである。

三　大森哲学の「刹那仮説」とライプニッツの書簡

論者の恩師である哲学者大森荘蔵（1921—1997）[6]も、晩年、随所にこの刹那滅を論じてきた。たとえば、論考「過去は消えず、消えゆくのみ」[7]や「刹那仮説とアキレス及び観測問題」[8]である。

大森哲学では、世界が非連続で刹那刹那に生じては消えるという「刹那仮説」を、とんでもない「庶民的なパラドックス」だと呼ぶ。だれもが身近な体験世界から生じたと言いたいのであろう。

映画フィルムやテレビの走査線などから、風景や場面が刻々と交替するのを、みな見知っている。過去は前のコマとともに消えて存在せず、在るのはいま現在のコマのみ、と。世界は確かに刹那滅的なようで、ここでは刹那滅が肯定されるように思える。といってしかし、だれも刹那滅の世界を信じない。刹那滅では、自分の人生や歴史が空無になってしまうからである。「した約束も犯した罪行も、預金も借金もいまは存在しない、と考えることになるからだ」と言う大森先生の笑い声が聞こえてくる。それはわれわれにとっても大いに困る。刹那滅は否定されねばと思われる。こうして刹那滅は肯定と否定と相矛盾するパラドックスになる。

では刹那滅によって死者は存在しないのか、と別の視点から大森哲学は畳みかける。死者は亡き者で生前の姿で存在するわけではないから、イエス、である。しかし、死者が亡き者だとすれば、死者生前の所行も、さらには歴史もすべての過去が亡き者になるのでは、と。それは困る、こんどはノーである、と答える。私たちは一回りして、死者の存在を肯定する。またもやパラドックスである。しかしこう考えるのは、「在る」とは現在に在ることを言うのだ、という固定観念に振り回されているからで、過去もまた思い出されることによって在るのだ、という大森哲学の「過去＝想起」説の主張になる。これに立てば、刹那仮説は有効である。刹那に消えゆく過去もただ過ぎゆくだけで、現在同様、想い出されることによって在るのであって、記憶のうちに存在するからである[9]。

うれしいことに、大森哲学は刹那仮説が量子論と相性がよいことを指摘している。軌道電子が異なるエネルギー準位に量子飛躍するのも非連続な刹那に起こるわけだし、難解な観測問題（ある物理系の物理量を観測すると、その状態関数がある固有関数に非連続的に瞬時に収縮する）も、観測がその都度、刹那滅で生滅する固有な状態を観測しているだけ、といえば済んでしまうからである。なぜこうもたやすく難問が消えてしまうのか、と問い直して、じつは、一次元連続な物理学的時間観が科学者たちを縛ってきたために生じた難問、であったことを示していく。大森氏はそのような時間観を「線型時間」ともいっているが、アキレスと亀の難問も、運動の連続性、連続的な移行を前提に議論することから起こっていることである。

じつはこういう刹那滅と線型的時間の指摘を、三〇〇年以上も前のライプニッツ（Gottfried Wilhelm Leibniz, 1646―1716）が先取りしていたといっても、大森哲学の名誉を傷つけることにはならないだろう。微積分の学理を確立したライプニッツの著作の中でも、ここで取り上げるのは、ライプニッツがハノーファー選定侯妃ゾフィーに宛てた、一七〇五年一〇月三一日付けの書簡である。[10] ちなみにゾフィー侯妃はライプニッツにとって、誠実で鋭い哲学的理解力を備えた無二の女友達であった。

ライプニッツはこの哲学書簡で、時間も空間も、ものの間にある秩序の関係性の原理で、時間は継起的なものの秩序に、空間は共在的なものの秩序に関係する、と明言している。一方、空間は点から合成されず、時間は瞬間から合成されず、また運動はモーメント（運動量、質量に速さを掛けた値）から合成されない、とも述べている。現実に合成されるものはすべて、連続体ではなく離散的な量であるためで、逆に現実の物体や時間をいくら分割しても数学的点や瞬間という刹那にするわけにいかず、ある大きさ、離散的な量をもつ。しかしそれをわかった上で、われわれは空間・時間・運動などをたとえば「線型時間」のように、数学的に連続体として処理するのである。

どうしてそうするのか。「数学的な連続体として捉えざるを得ないのは、［神の知性の光に比べれば］、われわれが不完全なものだからであり、われわれの感覚が不備なものだからです」と、ライプニッツが断っている。これは重要な指摘だと思う。もうここには、七〇年ほど前の宗教裁判で、ガリレオが「内包的に［質的に］数学的知は神の知に劣らない」と豪語した知のヒュブリス（傲慢）は、影を潜めているのも注目点である。

そしてライプニッツは感覚の不備の例をあげている。「白大理石の粉末を火にかけると連続した流体のように見えたり、ギザギザの歯車が高速回転すると、半透明の連続したものに見えたりするのです」、と。このような議論の末に、結論として、ライプニッツは利那滅の思想をこう述べている。

「ものの持続すなわち瞬間的諸状態の多とは、神の無数の閃光にほかならず、この閃光はそれぞれがまさにその瞬間ごとに、一切のものの創造もしくは再創造なのです。ですから厳密に言えば、ある状態から次の状態への連続的な移行などというものはない、ということになります。」大森哲学で言う「時は流れず」である。

そして言葉を継いで、ライプニッツは、「ものが時間のうちでもっている現実の持続を分析することによって、論証的に神の存在にたどり着くことができた」と言っている。

このライプニッツの述懐は、大森哲学と共鳴し、先に示した仏教的利那滅や信行の思想にも重なっていくと論者は思うのだが、如何だろうか。

四　ふたたび賢治の微塵とモナドの思想

賢治は詩集や童話で、微細だが微妙な相貌をもつ「微塵」や「原子」や「モナド」という言葉を、その表現によく使った。賢治はモナド的なものを直覚的に理解していたと思う。

賢治の「モナド」の用例を見ると、空や煙や雲に関係して頻出している。

銀のモナドを燃したまひ
日輪そらにかゝります（「冬のスケッチ」）。

宗谷海峡を越える賢治は妹とし子の死を思って、

おもては軟玉と銀のモナド
半月の噴いた瓦斯でいっぱいだ（「青森挽歌」）

しばしば月光は、鈍く冷たい光を放つ銀の希薄なモナドのイメージである。したがって、賢治のよく使う「微塵」や「原子」も、このモナド的存在として、考察されねばならないと私は思う。

空の鋼は奇麗に拭はれ
気圏の淵は青黒ぐろと澄わたり
一つの微塵も置いてない
（童話「柳沢」）

の場合もそうだが、賢治は「数［し］れぬ玻璃の微塵のやう」（童話「四又の百合」）など、天界に係わる宗教的意味で「微塵」を使っている。

まづもろともにかがやく宇宙の微塵となりて
無方の空にちらばらう。

(『農民芸術概論綱要』)

という有名な宣言でも、「宇宙の微塵」になることで「銀河を包む透明な意志」への合一を目指していて、微塵は単なる塵芥ではない。微塵は天空あるいは光と連句をなしているのである。

ところでライプニッツは、「モナド」に、その形而上学のすべてを注入した。

若きライプニッツは、中世からルネッサンスにかけて支配してきたキリスト教的スコラ哲学から脱却しようとした改革派の一人であった。こういう改革派には三派ある、とライプツィヒ大学時代の信頼する師トマジウス宛の第四書簡のなかで言っている。[11] すなわち、アリストテレスを排斥した「愚かな哲学」(パラケルスス、ヘルモントら)、古きも新しきも疑い捨てた「大胆な哲学」(デカルト)、アリストテレスとの調和を計る「真の哲学」の三つである。もちろんライプニッツは「真の哲学」を目指す派であるが、その上で、聖書・理性・経験によって証明される全キリスト教的真理を示すことだ、と述べている。先述した選帝侯妃ゾフィー宛て一七〇五年の書簡には、モナド論によって「真の哲学を樹立した」とも自負している。

モナドはギリシア語の monas(単位、一なるもの)に由来し、英独仏語では monad、Monade で、日本語では「単子」と訳される。古代ギリシアのピュタゴラス派やプラトンも使ってきた。しかしこれをキリスト教神学と結びつけて論じたのは、クザーヌス以降で、宇宙を写す個体的一者の意味で使われ、とくに一七世紀のライプニッツの登場によって、モナドはモナドロジー(単子論)として、形而上学的な根本概念となった。

単子であるモナドは、物質的な最小要素で離散的な原子ではない。デカルトやニュートンら原子論者の原子(微少な硬いパチンコ玉のイメージである)とは大違いである。真の単一体モナドは非物質的、不可分不滅な魂であり、一即多を表現する実体とされる。原子論者は「神は無為」とするが、ライプニッツにとって「神は魂の建築家」

なのである。

モナドは意識的、無意識的な独立の実体的存在であり、生物・無生物を問わず、すべての存在がモナドからなり、モナド的表象でもって、互いに映しあう関係にある。生命・非生命を通して、すべての存在が有機的連携にあり、神の予定調和によって、それぞれが存在の充足理由（そのものがそこにあるだけの大義がある）をもつと主張される。

これは、驚くほど華厳的世界に似ている。東大寺などの奈良仏教の根本教理になった華厳経の世界そのものだと思われる。華厳の教理で言えば、個的存在はたがいに映発する関係で、それを「相即相入」とするが、唐代、華厳宗第三祖の法蔵がかの則天武后に、この「相即相入」の極意を灯火の回りに鏡を並べて説明したという有名な話がある。灯火は鏡にその像を映し、鏡はたがいに鏡同士の像を映すが、灯火が無くなれば鏡の像もすべて消える。灯火は根源の無礙の光、ブッダであり、諸々の個的存在はその透徹する法網に即応して包摂され、同時に、それ自体のなかに他のすべての個的存在と相即し相入するのである。現代アート作家、草間彌生のミラー・ルームはこの相即相入の現代版であろう。まるで「あいみたがいの世界」である。

賢治は童話その他でこういう世界を描いた。

すべてがわたしの中のみんなであるやうに
みんなのおのおののなかのすべてですから

『春と修羅・序』

というのは、まさにモナド的世界、華厳的世界ではないだろうか。私という存在も含めてすべてがそういうモナド的存在であるから、賢治は「すべてわたく［し］と明滅し／みんなが同時に感ずるもの」を心象スケッチすることに、この詩集『春と修羅』を出す意味を見出していたのである。そういう意味で賢治は「微塵」も多用する。

ひがしぞら　うかぶ微塵のそのひかり　青み惑ひてわが店に降る（歌稿A）
あやしい光の微塵にみちた　幻惑の天がのぞき（「雲とはんのき」）

などである。

微塵（みじん）は非常に微細なもので、仏教用語である。その量は最小で、その数はなはだ多いと考えられた。『大智度論』第三十六に、微塵には大中小の三種あり、大は遊塵で眼に見える最小のもの、中は諸天には見えるところのもの、小は上聖人の天眼にしか見えないものだが、なぜ見え難いかといえば、その性は実は無だから、とされている。賢治愛読の『法華経』如来寿量品には、世界の広がりがとてつもなく大きいとの譬喩に、五〇〇万もの無数の世界をすりつぶして微塵となし、五〇〇万もの無数の世界を過ぎ去ったら微塵一個ずつを置くことで、ついに微塵がすべてなくなるほどの広さ、と説明されている。

同様にアトムまたは原子の用例もある。『春と修羅』にある「月はいましだいに銀のアトムをうしなひ」（「風林」）や「夕立やそこらの銀のアトムに溶け」（「風景とオルゴール」）などだが、科学的用例でも、賢治の場合、仏教的世界に裏打ちされている。

『疾中』の「一九二九年四月」に、「われとは畢竟法則（自然的規約）の外の何でもない／からだは骨や血や肉や／それらは結局さまざまの分子で／幾十種かの原子の結合／原子は結局真空の一体／外界もまたしかり」とあるが、そういう法則自体が「われ」であるから、「われ死して真空にきするや」と問いかけ、そこにあるのは一つの法則のみ、「その本源の法の名を妙法蓮華経と名づくといへり」、と記している。

おわりに——科学と宗教の結節点としての間

科学と宗教は、賢治の直観にもあるように、互いに排斥するものではないと思う。宗教的直覚で指摘される信行の仏因仏果的「刹那滅」世界と、科学的理解で摘出される相対論的「因果の地平」や量子論的「飛躍・収縮」の世界は、あるいは共通の世界をそれぞれの手法で捉えているのかもしれない。

ライプニッツがデカルト説を批判して、霊魂と身体という科学と宗教にまたがる問題、「実体たるモナドである魂は多を表現する身体と合一する」ことを説明するさい、中心をもつ扇形の図形を示して、中心点が一である実体的モナド、霊魂で、二直線の広がる傾き角が多である延長的性質、身体を表現するが、扇面の中心と中心角が合一するように心身一如になる、と述べている。ライプニッツはこのような数学的例解を多用して、「原理は単純、表現は多様」な神の建築術を説き、魂は死なず、今生の記憶も保存、想起されるとした。その点でも、大森哲学に共通すると思う。

このライプニッツ哲学も大森哲学も、賢治世界を支える仏教の根本教理、華厳思想と通底することを見てきた。法蔵曰く、「処は毛端をもって法界を該《か》ね、時は刹那をもって劫海を尽くす」というように、一即無限、相即相入、事々無礙の華厳的世界は有と無の二元を超えた因果の世界とされる。神の一撃でビッグバン宇宙が始まったのか、多世界が存在するのか、宇宙創成の瞬間は特異点になるが、それ以前の虚数時間の世界を考えることで特異点を消すホーキングの「無境界理論」が正しいのか、宇宙論は科学と神学のせめぎ合いの場になっている。ここが科学と宗教の間断なき結節点の一つになるのかもしれない。

ここでわれわれの存在が意識と無意識を束ねた存在であることを確認する必要があろう。意識的主体である

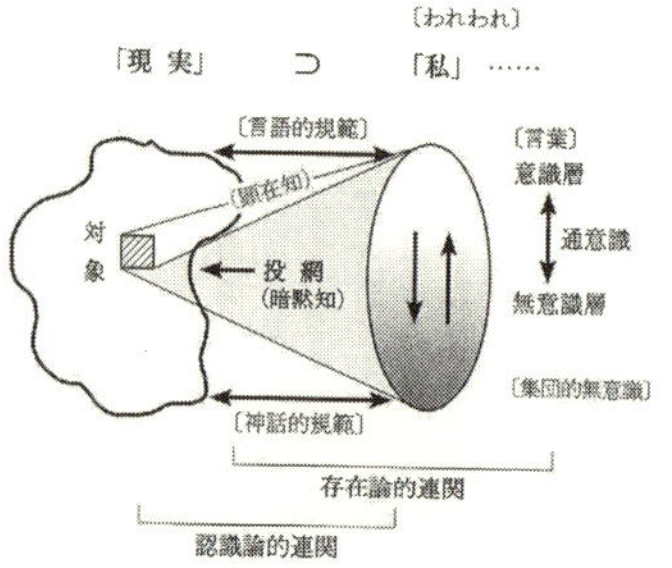

第２図　認識論と存在論にまたがる無意識の図式　いま、「私が○○を知る」という認識構造における「私」は単なる主観ではない。同時に対象も単なる客観ではない。意識的主体である「私」は、無意識的深層心理の大海に浮かぶ氷山にすぎない。顕在知は従縁的（subsidiary）な「暗黙知」（tacit knowledge）という強力な縁どりを得て獲得される。仏教はとうからこの暗黙知を、仏陀の説く「縁起」から見抜いてきた。「私」が言葉を記号として発するとき、無意識の層から想念が泡のごとく浮かんできて、意識の層で社会的規範を担う言葉として記号の形を与えられる（現行）。また意識の層で受けとめられた記号は、無意識の層へと解体されて沈下していく（薫習）。

（金子務原図）

「私」は、デカルト主義と違って無意識的深層心理の大海に浮かぶ氷山、意識・無意識にまたがる多層な心的過程を束ねた動的な身体的存在、なのである。このことは、フロイトやユングが出てくる一〇〇年も前に、ゲーテも気づいたことでもある。[12] 存在論のみならず、認識論でも科学哲学者マイケル・ポラーニィ（Michael Polanyi, 1891—1976）のいう、従縁的（subsidiary）な「暗黙知」（tacit knowledge）という強力な縁どりを得て、顕在知が獲得されるのである。[13] 仏教はとうからこの暗黙知を、仏陀の説く「縁起」から見抜いてきた。

長安仏教の主流をなした唯識思想では、一切の現象世界のもとになる「種」には、人間の深層心理にある潜在的な自我意識に当たる「末那識《まなしき》」や、それを突き抜け、宇宙万有の一切がそこから開展する根源的な生命「阿頼《あら》耶識《やしき》」があるとされる。ある行為をすると、善悪に係わらず、意識の層で受け止められた意識の断片が解体されて阿頼耶識という無意識の大海に染め付き蓄えられる。この過程を「薫習《くんじゅう》」という。ポラーニィのいう「離遠的（distal）」な過程に当たろう。蓄えられたこの種子は因縁によって意識の世界に現れる。これを「現行《げんぎょう》」という。ポラーニィのいう「焦点的（focal）」な過程である。「薫習」と「現行」はあわせてL・L・ホワイトのいう「通意識」（perconscious）になる[14]（第２図）。

暗黙知が認知行動に先立って働くと言うことが、認知科学の世界でも認識されてきた。情報科学の雄、マーヴィン・ミンスキー（Marvin Minsky, 1927—2016）は、意識は今の瞬間に起こっていることを表現できず、ほんの少し前のことを少し表現できるだけ、つまり心の働きは無意識によることを認めている。[15] 近年、カリフォルニア大サンフランシスコ校の生理学者リベットによる自由意思に関する実験がある。「指を曲げる」という単純な行為について、脳運動野に電極を刺して調べた所、「指を曲げよう」という意識下の自由意思よりも、指を曲げる無意識下の運動準備電位が約〇・三五秒早いことを確かめた。「リベットの実験」にもとづいて、無意識過程が意識的な過程に先立つという仮説を、認知科学者の前野隆司は「受動意識仮説」と呼んでいる。[16]

以上、本稿では華厳経に関わる生と死の間を巡る利那滅の問題を宮沢賢治とラプニッツを中心に論究した。大森荘蔵が唱えたように、時は流れず、過去は想起されることによって存在するのである。

【参考文献】

宮沢賢治については、『〔新〕校本宮沢賢治全集』全一六巻＋別巻、筑摩書房、一九九六〜二〇〇九年、および論者が共同編纂した天沢退二郎・金子務・鈴木貞美編『宮沢賢治イーハトーヴ学事典』弘文堂、二〇一〇年、華厳経については『口語全訳華厳経』上・下二巻、江部鴨村訳、国書刊行会、一九九六—九七年、を参照。その他は注に示した。

【注】

（1） 日本産の竹で世界的な事業化に成功したエジソンの白熱電球は、さしづめ和洋折衷の一例、「洋魂和材」の産物であった。真空中で細い白金線に電気を通すと、その電気抵抗で白熱光を発することを見つけたのは、イギリスの化学者ハンフリー・デーヴィー（Sir Humphry Davy, 1778—1829）だが、これを電球にしようと、多くの発明家が参入した。高価な白金の代わりに、安価な植物繊維の炭化物が求められた。ヤナギの枝や木綿糸を炭化フィラメントにして光らせることはできても、長続きしない。アメリカの発明王エジソン（Thomas Alva Edison, 1847―1931）が、弟子たちを世界各地に派遣して、樹脂成分が少なく、丈夫な並行繊維をもつ植物を探させて、結局、京都男山の石清水八幡宮裏の真竹（マタケ）が最適であることを突き止める。こうして一八八〇年（明治一三）、カーボン電球の実用化に成功する。日本産真竹フィラメントを使った白熱電球時代は、本格的なタングステン電球登場まで約5年つづいた。竹の本家であるわが国では、工部大学校出身の実業家藤岡市助（1857―1916〔文政3―大正5〕らがまずアーク灯を点して六年後の一八九〇年（明治二三）、エジソン式竹電球一二個を作るのだから、エジソンに後れること一〇年である。

電球や真空管のフィラメントとして長期にわたり君臨した金属が、タングステンである。英仏系ではtungustenというが、この原鉱がスウェーデンで見つかって「重い石」を意味するスウェーデン語tungstenに由来する。ドイツ語圏ではWolfram「むさぼり食うオオカミ」の原意である。目的とするスズ冶金でタングステンが目的のスズを奪い取ってじゃまをするもの、だからであった。タングステンは高融点で加工が難しかったが、二〇世紀に入って粉末冶金法が見つかり、細い線に仕上げられた。タングステン白熱電球は多くの人に長きにわたって愛好されたが、やがて明滅し始め黒くかすがたまりだし、最後にぷつんと切れる。因果交流電燈の寿命を賢治もよく知っていたはずである。

（2）『鈴木大拙全集』第五巻「華厳の研究」。
（3）井筒俊彦著『意識と本質』（井筒俊彦著作集六）一九九二年：同『存在認識の道』（同著作集一〇）一九九三年、中央公論新社。
（4）『正法眼蔵』第七十発菩提心（岩波文庫）。
（5）ミンコフスキー解釈については、アインシュタイン著『特殊および一般相対性理論について』（金子務訳）白揚社、参照。
（6）『大森荘蔵著作集』全10巻、岩波書店、一九九八～一九九〇年。
（7）大森荘蔵著『流れとよどみ』産業図書、一九八一年、所収。

（8）同著『時間と自我』青土社、一九九二年、所収。
（9）この大森哲学の「過去＝想起説」によって死者が存在するという主張を、東大教養学科の科哲教室創始者の玉蟲文一先生の葬儀の席上、大森氏が追悼の辞の中で「先生は生きておられます。皆さんの記憶にある限りは」と述べていた状況とともに、思い出している。
（10）書簡はライプニッツ著作集『哲学書簡―知の綺羅星たちとの交歓』（第Ⅱ期1、酒井潔・佐々木能章監修）工作舎、二〇一五年に所収。
（11）同上著作集に所収。
（12）金子務「造形的思想の脈絡―ホワイトとゲーテ」『モルフォロギア（ゲーテと自然科学）』第一〇号、一九八八年、参照。
（13）マイケル・ポラニー著『暗黙知の次元』（佐藤敬三訳）、紀伊國屋書店、一九九六年。
（14）L・L・ホワイト著『形・生命・創造―科学と宗教を超える「体験」の宇宙』木村雄吉訳、学会出版センター、一九八九年。
（15）マーヴィン・ミンスキー著『心の社会』安西祐一郎訳、産業図書、一九九〇年。
（16）前野隆司著『脳はなぜ「心」を作ったのか―「私」の謎を解く受動意識仮説』ちくま文庫、二〇一〇年。

文学における境界（あいだ）と詩的狂気

テレングト・アイトル

一　境界と融合

近・現代において、通常①和歌や俳句、あるいは②五言七律の漢詩、③ダンテやシェイクスピア、ゲーテ、フローベールの作品、④英雄叙事詩『ジャンガル』、⑤森鷗外、夏目漱石の小説などは一括りして文学だと定義されている。しかし、それらの起源や発生（創作の心象風景・心状を含め）を突き詰めていくと、少なくとも以上の作品や作家たちは、それぞれまったく別の起源やルーツ、境界画定（あいだの設定）から来ていることは明らかである。つまり、和歌の起源は日本の神話に遡ることができ、漢詩は中国『詩経』から由来し、イタリア、イギリス、ドイツ、フランスの作品は、ギリシア・ローマ神話などから水脈を引き、ジャンガルは、モンゴル神話に属し、明治以降の日本の小説は、欧米を背景にして育んできたものだ。たしかに、これらを一括りにして近・現代において文学だと定義したのは知の布置や認知において革新的な意味がある。しかし、その概念が運用されているうちに、いつの間にか相互にそれぞれ違ったルーツからきた（あいだ）柄が忘却され、その諸起源のあいだに玉石・神俗の境界があったことは、もはやほとんど意識されなくなり、あるいは意識しても取り立てて意味を成さないこととして無視されているのが現状であろう。

二　境界の画定

このように認知されている文学には、その起源においていったい何があったのかを改めてもう一度想起することが必要であろう。すなわち、文学の創出・創作に対して、神話を起源とする文学の伝統には、神秘的・詩的狂気的、超人間的な語り手の存在を擁護して解釈する考え方があったが、その一方、そうではなく、それとは対立的な関係をなして、神的な物語を含め、すべての物語を現実とし、実在の事実として解釈して理解しようとする見方もある。後者は、文学とは人間の模倣（ミメーシス）の所産だと主張してきたのである。言い換えれば、文学とは、最初、選ばれた人が神々に取り憑かれて吹き込まれた詩的狂気の歌であったのか、それともそれは単なる人間が現実や事実をリアルに模倣した結果だったのか。ここには起源から対立してきた関係（あいだ）があった。

史上、初めてそれらを問いかけて、その混沌の状態から脱して、両者を対立的なものとみなして明確な境界（あいだ）を画定したのは、西欧哲学におけるソクラテス（あるいはプラトン）である。しかもその「あいだ」を有機体として曖昧な（アンビバレンスの）ままに、あるいは一種の解決不能なパラドックスとして後世に提示したのである。

ソクラテスは詩人を「軽い、羽の生えている聖なるもの」（534b3-4）だと称え、彼らはミューズの女神から最高の詩歌をわれわれの前に運んでくれるものだと称賛して言葉を惜しまなかった。しかしその一方、詩人はまるで手に鏡をもって回りを映し出すような模倣的な行為をする人であり、かつ鏡は決して真実を模倣して反映することができないので、詩人は単なる詐欺師にほかならず（596b-599b）、しかも彼らの語った神話には近親相姦や殺戮の話に満ちており（378a-e）、青少年教育にとって危険なので、「国家」からそれらの詩を追放しなければならないとまで主張しようとした。

しかし、その神秘的、詩的狂気的なものと、理性的、現実的なものとの両者は、ソクラテス（あるいはプラトン）という一人の思考を起源にしており、その対立的な両者に対する解釈と理解は、未だに未決着で、係争中のあいだ柄である。ただし、文学における詩的狂気と理性のみを取り出して考えてみると、一人の思考において相互に置換しうる関係をもつに至らないことはない。その置換しうる関係性について、現代の論者ミシェル・フーコーは、一種の定義を示して解決を許ろうとした。フーコーはいう。その両者は互いに可逆的な関係であり、「どんな狂気も、判断し制御してもらえる理性をもち、どんな理性も、理性がそのなかに自分のわずかな真理を見出すような狂気をもつことになる。一方が他方の尺度であり、この相互的な照合の動きを通じて、両者はともに相手を否認しあうが、相手に根拠をおいている」のである。そしてさらに「狂気は理性の一部になって、その秘密の力の一つ、あるいは理性のあらわれの契機の一つ、あるいは理性が自分を自覚する逆説的な形式の一つを構成する。いずれにしても、狂気は、理性の領域そのものにおいてしか、意味と価値を持たないのである」[1]。

しかし、プラトンの後継者アリストテレスは、その相反する二つの考えには距離（あいだ）をおき、回避をしながらもその模倣（ミメーシス）の概念を継起し、模倣（ミメーシス）とは、人間が幼いから真似をし、自然に模倣する行為であり、かつその結果を楽しむのを本能的にもとめているので、それは人間の本能に沿った自然な能力の一つだと定義したのである（1448c1-5）。

かくして、神話を起源とする文学作品の創作・創出について突き詰めていくと、文学とはプラトンの霊魂論に従って、神秘的、詩的狂気、超人的な行為として見なすか、それともアリストテレスに従ってリアルな現実・事実を真似し、理性的な模倣（ミメーシス）する行為と見なすか、後世は、そのどちらか、一方に属して考えるようになってきた、とみることができる。

現にわれわれは文学作品を読んだり解釈したり、分析して理解しようとする場合、多くの批評や研究と同じように、現代文学理論に従って分析方法も細分化されている。文学の社会性、政治性、歴史性、娯楽性などを探求したり、あるいは心理学、生物学、美学ないし哲学からアプローチをしたり、その方法論においても多様に分かれている。だが、いずれにしてもわれわれは右に触れた二分法の考えを継起し、それに依存し、そこから演繹しており、そこに因果関係において関わっているのだ。つまり、有形無形にしながら大方のところ、ソクラテスが提示したものと、アリストテレスが定義したものとの境界（あいだ）に、振り子の如く行き来しているのである。

ところが、漢文学は、それらの問いかけなどとは殆んど関係がなく、まったく別の伝統システムをもっていたようである。少なくとも孔子が『論語』において主張して方向づけた『詩経』を起源とする主流の文学観は、西欧文学観が介入してくる一九世紀末まで、殆んど揺るがされたことはなかった。孔子の文学観とは、もっぱら文学の社会や政治ないし道徳などにおける効用・機能・役割に重点をおいたものであり、西洋文学のように誕生の起源や創出者について、あるいはソクラテスのように、相反する思考の関係性について、関心をもつことは殆んどなかったのである。

そのように特徴づけられた漢文学とその感性を受容した日本は、九一三年勅撰『古今和歌集』を世に送り出すが、編者の一人紀貫之は、敢えて漢文学と境界を引くようにして、和文学を主張し始める。紀貫之はいう。日本の和歌は神の子である「須佐之男尊」によって歌われた「八雲」という三十一文字の歌によって初めて人間界に降りてきたものだったという。ここで和歌の起源が明記し宣言されたことによって、和歌の伝統には初めて漢文学との「あいだ」に境界を置くこととなり、漢意と大和心のあいだには、距離や差異が成立したわけである。

以来、漢文学とは際立って一線を引く系譜として、『源氏物語』に語られた「生霊」や「物の怪」などの「異界」に始まり、吉田兼好が取り憑かれて「奇しうこそ物狂しけれ」まで、また松尾芭蕉の「そぞろ神の物につきて心を狂はせ」から、本居宣長の「もののあわれ」まで、日本文学は中国文学と境界を引き、それとは違う独自の「物狂おしい」(狂気)の伝統、いわゆる詩的狂気の系譜を継承してきたと見て取ることができる。

もし、文学が人々の基本的な美意識、喜怒哀楽となる感情や心象風景などの扱い方の基礎を形作って継承するジャンルであるとするならば、日本文学において、まず無視できないのは和歌に表象された神話の伝統、いわば神話的、超人間的、詩的狂気の系譜であろう。

三　境界の境界

ところが、日本文学のジャンルが形成のプロセスにおいて、以上でみてきたように、実際、少なくとも二回ほど大きく劇的な変化を強いられてきたと言える。つまり、一回目は大陸の漢文学の渡来によって形作られ、二回目は明治期の欧米文学の受容によってさらに新たに形作られたのである。前者については神話などに基づいて、中国との境界(あいだ)の画定が比較的に明確に検証可能だったが、しかし後者は一見、境界画定や検証が容易に達成できそうにみえたものの、実際、西洋文学の受容それ自体は、思考様式、物差し、ことばの意味論ないし美的感受性などをも含め、すべてが受容それ自体に組み込まれたシステムとなっているので、その境界を突き止めることは殆んど不可能に近い。

というのも、明治期の西洋文学の受容とは、いわばそれまで中国から受容した漢文学を和文脈に取り込んできてそれを混淆しさえすればよい、と済むような事態ではなかった。つまり、和漢混合のような文学ではなく、それは美的感受性から内面世界(心象風景)、ことばの意味論からプロット、モチーフ、ジャンルまで、すべてが別の公準からなるシステムが導入され、それによって文学は測定され、判断されるようになったからである。つまり、欧米文学システムを導入することは、いわゆる和漢洋の重ね合わせる混合だけではなく、受容の方法・在り方ないし受容した後の行方に至るまで、西洋の知を継起し、それに組み込まれることになる。たとえ西洋を拒否しようとも、拒否の仕方ですら西洋文学と共通し、それを共有せねばならいようになる。

言い換えれば、冒頭で挙げた全く違っていた五つの源泉をもつ文学作品が近・現代に入ってくると、徐々にではあるが、一括りにして文学と定義され、均一的に測定され、判断され、西欧の近・現代的な作法で変容され、継起されるようになる。

その変化のプロセスについて、ここで具体的な文学作品を例にしてその経緯を分析するよりも、もっと簡明な指標として、文学とその心象風景に深く関わる教育システム、基礎教養を育成する教科書を概観した方がよりわかりやすいかもしれない。

四　新たな境界

周知のことだが、江戸末期まで教育は、主として藩校、寺小屋、私塾で行われ、教科科目と教科書は、大よそ中国古典教養システムを基礎と背景にして施されていた。例えば、『孝経』、『唐詩選』、四書（『大学』『論語』『孟子』『中庸』）、五経（『詩経』『書経』『春秋』『礼記』『易経』）、『史記』、『漢書』、『大日本史』、『日本外史』などがあったが、そのなか、『唐詩選』、『詩経』、『史記』は文学、感情教育に分類され、心象風景を形作ることにかかわる。しかし、明治維新以降、打って変わって例えば「開成学校（東京大学の前身）」（一八七四年）の教科科目は、「語学」、「数学」、「歴史」、「物理学」、「博物史」、「経済学」、「羅甸語」（ラテン語）というように刷新される。そのなか、「語学」科目には「文典（西欧古典）、修辞（レトリック）、英文学、英作文」があり、「歴史」には「万国史、英国及植民地歴史、合衆国史、仏蘭西及日耳曼歴史、開化史」があり、「羅甸語」という科目には「文典及英文の反譯」が設けるようになる。

のちに、文学教育において、一八七七年に発足した東京大学の文学部には、第一科（史学、哲学、政治学）、第二科（和漢文学科〈英文学、和文学、漢文学〉）が設けられ、一八八六年に発足した帝国大学の文科大学には、哲学・和文学・漢文学・博言学が設置され、その後また史学、英文学、独逸文学科も設立された。とくに注目されたいのは、「和文学」という科目の誕生と、その科目にはすでに『古事記』、『日本書紀』、『万葉集』、『源氏物語』などが教科書として採用されていたことである。

かくして、明治初期、一八八六年まで約二〇数年間のあいだ、和文脈と漢文脈の古典基礎教養が急速に欧米の教育システム、あるいはその構造的なカリキュラムにとって変わり、刷新され、シフトされ、再編成され、西洋化されていったのである。実際、その刷新、混合が進んでいくなか、明治期には、まず文学の礎となる、思考の材料を組成する言語と、ものごとの範疇の境界（あいだ）が再画定化され、新たなシステムが形成されていったのである。それはまず、民間における言語改革への乗り出しから始まり、言語の近代化として進められる。例えば、「漢字御廃止之議」（一八六六年）、「修国語論」（一八六九年）、「日本語廃止・英語採用論」（一八七二年）、「文法会」（一八七七年）、「かなのとも」（一八八二年）、「羅馬字会」（一八八五年）、「言文一致」（一八八六年）などさまざまな提案と改革を掲げるグループが現われる。そのなかで象徴的な例としては、当時最もラディカルな雑誌『明六雑誌』（一八七四年）の第一号の冒頭で言語の問題が取り上げられ、西周の「洋字を以て国語を書するの論」と、西村茂樹の「開化の度に因て改文字を発すべきの論」というエッセイが掲載されたことに注目したい。

このような「洋学」との急激な融合が進んでいくなか、文学の表現・表象も多様化されていく。それは文体において最も顕著に表われ、翻訳文体、直訳体、漢文直訳体、漢文体、和文体、文語文体、雅文体、雅俗折衷体、言文一致体、口語体など多様な文体がほぼ同じ時代に表象され、かつ互いに対立しながら流布していく。しかし、まさにこの文体・美意識・感情システムの混乱のさなかで育ったのが尾崎紅葉、幸田露伴、坪内逍遥、森鷗外、島崎藤村、北村透谷、与謝野晶子、樋口一葉、夏目漱石、永井荷風、上田敏、北原白秋、石川啄木など一連の明治と明治以降の文学者たちであろう。彼らは和文・漢文と欧文において、それぞれ違った感性・教養・造詣をもち、違った心象風景をみながら、それぞれ違った情緒の世界・文学に精通していた。そしてそれぞれ違う読者層をリードしながら、それぞれ違う和漢洋の趣向から作品を創作し、互いに競争し、刺激し、また批評・批判し合って、次から次へとそれまでなかった新鮮な作品を生み出し、文学の近代化を押し進めていったのである。そのなかで、新しい文学思潮・流派・スタイルが生み出され、例えば、写実主義、ロマン主義、写生文、自然主義、耽美主義、などのように展開していく。しかし、いずれも西欧の知の地平において解釈されるものであり、そこに組み込まれた新しいジャンル・境界の画定は複雑だが、きわめて明白である。

かくして、日本文学はまるで「和心」と「漢意」と西洋文学との受容の器・空間となり、より豊かな感情・感性をもつようになってきたと言える。しかしその一方、明治以降、三千年の漢文学に千三百年の日本文学の感情システムは、それまでなかった文学観に直面させられ、介入・融合・構築を強要させられ、それに伴った快楽と苦痛をも味わわされてきたと言える。いわば明治期を境界に、自然発生的な神話から語られてきた諸々の物語は、新たに習得した作品ないし感性と互いに軋み合いながら融合していくが、もともと互いに境界の画定されうる別々のルーツから派生してきた作品が、混合され、軋みあい、吸収しあって、互いに融合しあった結果、起源における心象風景までも互いに混ざり合うようになる。しかし最も肝心な受容の仕方・在り方・予想できるビジョンまでも欧米文学の知を継起し、翻訳して再編成して、そのなか（あいだ）、日本文学の新たな空間（伝統）が形成されてきたと言えよう。

五　境界の欠陥

以上のように、明治期から日本は苦難ともいうべき膨大な西洋文学のシステムへの変換を成し遂げてきた。事実、新たに創作された文学作品は、明治期から現在まで未だかつてなかった勢いで豊かになってきたのである。しかし、改めて現在から振り返ってみると、これほどの豊富な文学作品に面して、現に日本文学教育・研究は、いったいどのように応答しているのであろうか。前に言及したところだが、いわば文学作品とは、そもそも神秘的、詩的狂気的、超人的な要素が含有するものなのか、それとも専ら事実の模倣だけによるものなのか。あるいはそういった問いかけを背景にした文学教育・研究は、いったいどのように推進してきたのであろうか。事実、いうなれば、現在、ありとあらゆるところ、隅々までリアルな模倣、模写、客観描写、事実の所在の確認を追求する思考ばかりが徹底されるに至っているのであろう。すなわち、客観性、実証性のみを求め、文献蒐集、記録整理、分類保存が文学教育と研究において主流となっているのである。しかも、それらがいったい何のためなのか、という基本的な問いかけすらなく、殆んど目的喪失の状態になりつつある。これに伴い、とりわけ文学一般の解釈、鑑賞、批評、理論研究の全体が殆んど事実の確認、因果関係の証明、作品と現実との照合・実証のみに明け暮れいる傾向にある。そして、文学教育は、いわゆる実証的な方法のみに依存し、事実確認だけに集中し、硬直した方法一点張りで、あるいは専ら写実・模倣・リアリティばかりを追求し、目に見えるものしか信じない浅薄な態度が主流となっている。

その結果、文学の研究において、事実それ自体の意味を読み取って解釈して、文学本来の意味を認知する研究が貧弱になり、創造的な思考や直観、寓意ないし形而上学的発想などへの羽ばたかせる想像力の働きが抑制されるようになってきた。従って観察のみに縛られる偽科学的、「客観的」と称する方法に偏った教育と研究が幅を効かせるような状況をもたらしたのである。そして、古来の神話に対する研究方法ですら、ひたすら実証的なアプローチしかなく、それも人間の知の探求の一つの方途という美名のもと神話の解体をしようとする。しかし、それだけにかえって、人間それ自身と生そのものにとってかけがえのない本質的な部分を、どれほどまで見失っているか計り知れない。

こういった傾向は、批評と研究における想像力と創造力を萎縮させるばかりか、それが文学教育の現場においても、学生たちの発想力・想像力・創造力を衰退させ、精神的な萎縮をもたらしかねない。杞憂だが、プラトニズムの霊魂論の影響下で想像力を羽ばたかせた、あの神秘性に富むウィリアム・ブレイクの詩と版画への解釈や理解においてすら、イギリスから日本、日本からイギリスへ文献資料の運搬屋の役割さえ果たせば事が済むという霊魂抜きの研究者が教育の現場で学生に「愚行」を施しているほどである。

ところが、いわゆる理性が尊ばれる西欧において、実際、その実証主義や「目に見えるものしか信じない浅薄な態度」は、一九世紀半ばから一時的に流行り出したもので、二〇世紀初頭から早くも批判が浴びせられるようになる。そして、冒頭で言及したような、ソクラテス（あるいはプラトン）によって画定された境界（あいだ）は、人文学において実際、現在までたとえ一度たりとも途絶えて消失したことはなかった。それどころか、神的な、霊的な力によって語られた文学は、初めから人間のイマジネーション、創造力ないしインスピレイションを与え、刺激し、それらを育み、人間の合理性、理性への偏向によって引き起こされた病までも癒す役割を果たしてきたのだ。事実、古代ギリシアの例だが、エピダウロスの円形劇場は、かつて医学の神アスクレピオスと共に文芸の女神を信仰する聖地であり、神的なものと人間的なものとのあいだを縮める場であった。そして、周辺の各地から患者がきて叙事詩、抒情詩、悲劇や喜劇を鑑賞して、「カタルシス」（アリストテレスによる文学の浄化作用の概念用語）の効果によって実際に病気を治していたという。現代でいえば、その劇場はサナトリウムに匹敵するものだが、奇しくもその「カタルシス」の概念がフロイトによって再び復帰させられてきたのである。フロイトはこのマジックのような「カタルシス」を念頭に置いて、神経症患者たちとのあいだにコミュニケーションをとり、患者たちに語らせることによって「カタルシス」の効果を発揮させ、患者のこころに鬱積されたものを浄化するような治療効果をもたらしたという。現在、心療内科で行われるカタルシス療法となっているが、実際、そこには、まさしく文学・詩を物語るという元来の「語る行為」が介在されており、「文学・言葉を語る」ということを媒介にして、その「語ること」・言霊それ自体によって治療が施されているのである。

このように、ソクラテスから始まり、神話や文学について施されてきた「精神（魂）の世話」を主張する言説、あるいはそういった「反実証的」な文学観の伝統の系譜は、残念ながら日本文学の批評と研究ないし教育においては（数少ない専門家を除き）ことごとく無視され、殆んど市民権を得ていないのが現状である。

六　弊害と治癒

過去の一世紀のあいだ、近・現代化・合理化が進み、徐々にではあるが、日本にとっての欧米はすでに他人事ではなくなってきた。高度に管理化され、合理化された社会が形成されていくにつれ、文学教育までも理性と論理性の名のもとで徹底され、内面世界・情念・精神世界までも合理的に説明され、認知され、実証的な手段で検証するのが普通となってきた。これは古典的な意味で、人間の理性と感情とのあいだのバランスが崩れてきたあらわれであろう。その傍ら、人々はその理性と感情とのアンバランスによる不安定さをさらなる合理的な諸治療方法によって治癒しようと努力する。いわゆる社会学、心理学に基づいたカウンセリング・心理療法などが中心となり、論理的な治療手段に頼るようになってきた。もちろん、これは何も、日本だけが起こっていることではない。すべての西欧システムを受容した先進国において見られる共通の現象だ。

現に進行している一例をあげるが、京都大学の保健診療所神経学科を訪れる学生数が年々増え、年間診療学生延べ人数は一九七三年の九三一名から一九八五年二、二三五名へ大幅に増加し、学生懇話室も同時期には、四七二名から二、三三二名へと増加の一途を辿っている。そして長期のカウンセリングを必要とする心理的な重度の適応問題に悩む若者が増えたことについて、多くの専門家によって指摘され、しかも、それは決して京都大学だけに起こっていることではない。(2)

一九世紀ならば、このような心理的な問題を抱えていることに対して、恐らくは別の対応方法に頼っていたのでもあろうか。かつて、イギリスの哲学者、経済学者J・S・ミル（1806—1873）は、一〇代頃からすでに一九世紀のトップの哲学者、経済学者に肩を並べるような知識と見識をもつに至っていたが、二一歳の時、意欲の減退と鬱状態に陥ったという。そして、友人の推奨でワーズワースなどロマン主義の文学を読み出し、その「精神の危機」を乗り越えたという。そのような治癒を体験したためであろうか、晩年一八六五年、セント・アンドルーズ大学の学長就任講演では、学生に対して理性と感情にかかわる「こころのバランス」についてこのように指摘する。

科学教育はわれわれに考え方を教え、文学教育はわれわれに思想の表現の仕方を教えると言って何の差支えもないとするならば、その両方を必要としないなどと、どうして言えるでしょうか。もしそのどちらか一方を欠く人がいたならば、その人は、精神的に貧弱で、片輪な、調和のとれていない人間性の断片しか持ち合わせていないことになるでしょう。（中略）文学には、魂を高揚すると同時に魂を平静にし、高揚した感情のみならず穏やかな感情をも涵養するという偉大な力があります。（中略）文学はわれわれに真剣に人生を考えさせ、そしてわれわれの前に義務として置かれているものすべてを引き受けさせる素地を与える厳粛な、いわば瞑想的な感情を、われわれの胸底に深く刻み込みます。ダンテやワーズワースの詩、またはルクレティウスの詩やヴェルギリウスの「田園詩」を一通り学んだあとで、あるいはグレーの「哀歌」やシェリーの「知的美に寄せる賛歌」をしみじみと味わったあとで、自分がよりよい人間になったように感じない人が果たしているのでしょうか。(3)

実際、ミルはその「精神の危機」を乗り越えて『論理学体系』『経済学原理』などを著し、会社に奉職し、多くの公職をも勤め、生涯にわたって文学から恩恵を受けただけに、また合理性を追求する分野に携わっただけに、感情や文学とは何を意味していたかをよく理解していたことであろう。

一九世紀イギリスで表出された精神的な現象が、もし現在の日本においても同様に進行しているならば、人間の理性と感情のアンバランスは、むしろミルに従って文学的な教養によって治癒されることを習うべきではないであろうか。少なとも社会学・心理学に基づいた論理的な治癒方法には、さらにあのアリストテレスが言及した、あの古代ギリシアのエピダウロス劇場で発揮された文学による「カタルシス」の治癒効果をも加えるべきではないであろうか。もし人々の心には理性と感情のバランスが必要とされるならば、あのプラトンが示したパラドキシカルな自分——超自我的な神秘性と、正確に現実を模倣しようと努力する自我とのあいだを行き来する「自己」をどのようにして、避けることができようか。これは何も単に理性と感情とのあいだのことだけではない。写実主義・事実追求を主とする文学と、それとは相反する文学との間の関係性のことをも示唆しているのである。いうならば、人々にはもっと神秘性のある文学が必要とされており、詩的想像力ないし幻想力が発揮された文学こそが「精神の危機」を乗り越えるには不可欠なことであり、かつ、人々のこころにとって、現実と神秘的な文学とのあいだを自由に行き来することが必要とされているのである。

ところが、想定外の未曾有の大災害や歴史的衝撃事件に突然直面すると、人々は精神的、心理的にどのように対応するのであろうか。あるいはどのような精神的な風土が備えられたら、勇気・忍耐強さ・強靭さ・気高い精神をもって、一個人のみならず、集団的に想定外の大災害、困難・危機・悲劇に立ち向かえるのであろうか。時代と地域によってまちまちだが、まず冷静沈着かつ理性的、合理的に対応する知性が必要とされよう。しかし何よりももっと必要とされるのは、怯むことなき生への信頼、あるいは熱狂に満ちた生の情念や幻想的な感情ではなかろうか。

二〇一一年三月一一日東日本大震災と津波が発生し、世界中の人がテレビに釘付けられた。映像に映ってきた荒波の鉛色の海は、人々に悲観的な感情と無力さをもたらした。さらに人々は無防備に日毎に襲いかかってくる恐怖に満ちた映像とニュースに晒され、海には恐怖を感じ、精神の危機に直面していたのである。その悲観的な雰囲気のもとにあって、ある高校の国語教員は、卒業生に向かって、「時に海をみよ」という次のような文学的なエッセイをネット上に送って、彼らを勇気づけた。

（かつて）私の脳裏に浮かんだ海は、真っ青な大海原であった。しかし、今、私の目に浮かぶのは、津波になって荒れ狂い、濁流と化し、数多の人命を奪い、憎んでも憎みきれない憎悪と嫌悪の海である。（中略）しかし、私は今繰り広げられる悲惨な現実を前にして、どうしても以下のことを述べておきたいと思う。（中略）悲惨な現実を前にしても云おう。波の音は、さざ波のような調べでないかもしれない。荒れ狂う鉛色の波の音かもしれない。

時に、孤独を直視せよ。海原の前に一人立て。自分の夢が何であるか。海に向かって問え。（中略）いかなる困難に出会おうとも、自己を直視すること以外に道はない。いかに悲しみの涙の淵に沈もうとも、それを直視することの他に我々にすべはない。

海を見つめ。大海に出よ。嵐にたけり狂っていても海に出よ。

船出の時が来たのだ。思い出に沈殿するな。未来に向かえ。別れのカウントダウンが始まった。(4)

このエッセイは、目の前の憎悪・嫌悪の海に挑み、敢えて「海を見つめ。大海に出よ。嵐にたけり狂っていても海に出よ」と呼びかけ、悲劇をもたらした海に直面して、悲しみを希望に変えようとしていたのである。その眼差しと思いは、現実からの逃避ではなく、逆に敢えて神秘に富む海と悲惨な現実とのあいだのギャップを清々しく自由に行き来しているのである。たしかに、この目の前の悲劇的な現実は変えられない。しかし直面した精神的な危機が救われるのだという勇気を示しているのであろう。

短いエッセイだったが、当時、すぐに「感動的すぎ」、「勇気をもらった」と、大きな反響を呼び、それが全国に広がり、マスコミにも取り上げられた。震災のあいだ、恐怖の海を見よ、大海に出よ、と呼びかけるのには、勇気と想像力が必要である。のちにその著者は内容をさらに充実させて一冊の本にまとめ、出版した。

事実、筆者の確認したところ、震災の発生時から翌年の二〇一二年三月まで、このような被災の人々を勇気付け、あるいは人々を宥め、心を慰めるような、そういった文学作品は、ほかには一冊も発見できなかった。本来ならば、「震災文学」というジャンルまでも即時に誕生すべきだったはずである。しかし、事実確認を追求して現実を模倣しようとする既存の主流文学は、ほとんど為す術はなかった。そういう慰めの文学の欠如の（あいだ）には、震災の年末に、珍しくも「生き残るということ」というタイトルの希少な散文詩が綴られていた。それは災害というより、むしろより自由に生と死を見つめようという超越的な心境を表現したものであった。

いま生きているものは、すべて生き残ったものたちだ。
その陰には、生き残らなかったものたちが潜む——膨大に。
生は氷山の頂きにすぎない。水面下は、死者たちの闇の領分。
その見えざる陰によって、われわれは生かされている。
生かされていることに感謝を捧げよう。なぜならそれは、
生き残らなかった仲間たちを誉め讃えることだから。
己が生き残る確立に右往左往するのは、やめにしよう。
最後に生き残るのは、いま生ける「私」ではないのだから。

生き残らなかったものたちが譲ってくれた海の場所にのみ、
光が射し、闇が払われ、あたらしい命が生まれてくる。
採伐された森や、焼き払われた野原には芽吹く、蘖のように。
死は生の敵ではない。死は生の苗床、死は生の揺り籠。
死者から賜った活力に拠って、我々は偶然に活かされている。
（中略）
ことばを失う体験のなかから、ことばは生まれ、紡がれてゆく。
その言の葉も、やがて腐敗土となって海に降り積もるだろう。
（中略）
個体の生死を超えた命の連環――そのなかに魂の尊厳が宿る。(5)

ここでは生と死が氷山の一角と海に喩えられ、作者は敢えて「死は生の敵ではない。死は生の苗床、死は生の揺り籠」と死のほうを謳う。そして海と死を生の揺り籠と凝視した作者は、同情よりもむしろ勇気、憐憫よりも抱擁、死の恐怖よりも「生死を超えた命の連環」「魂の尊厳」を謳歌し、生と死のあいだを自由に行き来しているのだ。悲劇に苛まれた精神的な危機には、いかに乗り越えるべきか、日本神話を寓意的に示した、文学より発せられた慰めの声である。

いうまでもない、あらゆるジャンルの文学、あるいはすべての作品がミルのいうように、同じく「カタルシス」の効果をもたらすことができるというのではない。またなんでも手当たり次第勝手に読みさえすれば、精神的、内面世界のバランスが取れるという保証はどこにもない。むしろ文学教育の現場での取捨選択とバランスの配慮が必要であろう。あるいは西欧システムを受容した以上、現代の文学教育・研究・批評においてソクラテス（プラトン）に習って、合理性・理性のみならず、神話的、詩的狂気、超人間的な文学の復元をして、それに対峙するものも必要であろう。実際、人間は現実に直面している事実よりも遥かに多くを感じ取って生きている。文学も人間と等しく、それ自体には神秘的で、パラドックスに充満しているのである。それは、かつてソクラテス「詩人は技術によるのではなく、神的な力によるもので」（533d2）、「ミューズの女神に憑かれたことによるものだ」（533e4）と言ったところからすでに対峙が始まっており、紀貫之の和歌起源の宣言からもすでに始まっているのである。人々の精神的な、内面世界のバランスをはかることは、まずそこから着手すべきではないだろうか。

アリストテレスも文学の創作・解釈において、愚直にミメーシ（模倣・再現）のみに依存してプラトンを継承したのではなかった。彼は『ニコマコス倫理学』において美徳の感情と行動について語ったところがあるが、それは文学教育の授受関係においても的を射った言葉で、作品の取捨選択、判断においても示唆的である。

さて、私が今論じているのは、性格・特性の美徳のことである。つまり、性格的美徳は、感情と行為にかかわるが、その感情と行為には超過と不足、そして中間（あいだ）があるからである。たとえば、恐れること、大胆であること、欲求すること、怒れること、憐れむこと、総じて快楽を感じたり苦痛を感じたりすることには、「より多く」と「より少ない」という程度があり、この両者は「よく」ということから外れているのである。つまり「然るべきときに」、「然るべきことがらについて」、「然るべき人に対して」、「然るべき目的のために」、「然るべき仕方で」、こうして感情をもつことが中間でありながら最善であるが、それは最善においての固有のことである。(6)

現代流に言い換えれば、グローバル化の時代に、合理化によってアンバランス化されたこころについて、人々や学生に対して、人間性の復権のために、文学の教育を通じて、バランスがとれた人間それ自身を感じさせること、それが「最善」のことであり、それは「最善において固有のこと」でもある、ということになるだろうか。
文学には様々な役割があるが、戦後長く無視されてきた心の治癒という文学の伝統が、いまや復権されるべき時期に差し掛かっているのではないか。

【注】

（1）ミシェル・フーコー著、田村俶訳『狂気の歴史――古典時代における』新潮社、一九七五年（四九頁）。
（2）猪木武徳『大学の反省』NTT出版、二〇〇九年（五四頁）。
（3）J.S.ミル著、竹内一誠訳『セント・アンドルーズ大学名誉学長就任講演「教育について」』お茶の水書房、一九八三年（八一―八二頁）。
（4）渡邉憲司『時に海をみよ――これからの日本を生きる君に贈る』双葉社、二〇一一年。
（5）稲賀繁美「生き残るということ」『環――歴史・環境・文明』（49号）藤原書店、二〇一二年（五二―五三頁）。
（6）アリストテレス、神崎繁訳『ニコマコス倫理学』岩波書店、二〇一四年（八〇頁、1106b18-23）。（神崎繁訳を参照したが、訳し直したところがある）。

仏教とキリスト教の〈あいだ〉の象徴——太平洋のマリア観音像を巡って

君島彩子

硫黄島、レイテ島、グアム島、サイパン島、アジア太平洋戦争の激戦地だった島々に「マリア観音」と呼ばれる彫像が存在している。「マリア観音」とは、密かにキリスト教を信仰し続けたキリシタン信徒が、聖母マリアに見立て崇拝した観音像として知られる。だが近年ではその母性的な姿が普遍的な母性信仰や、キリスト教と仏教の融合とも捉えられている（若桑、二〇〇八）。

歴史的にも新しい太平洋の島々の「マリア観音」は、隠れキリシタンによる信仰とは異なる文脈から生み出されたものである。従来の仏教にはない新しい尊格が異なる場所で生み出された背景はなんだったのか。そして「マリア観音」という新しいイメージはそれぞれの地域でどのように捉えられてきたのか。

本論文では四つの島の「マリア観音」の事例について制作年に沿って論じる。硫黄島の像は一九五八年頃に制作され、一九七九年に《マリア観音》という名称となった。レイテ島の像は一九七七年にマリア観音として建立され、現在は《Madonna of Japan》と呼ばれている。グアム島の《マリヤ《ママ》観音》は一九八二年に平和寺へ、サイパン島の《慈母観音（マリア観音）》は一九九〇年に南溟堂へ安置されている。

個々の事例において、「マリア観音」はどのような背景から誰によって発願されたのか、そして誰が制作し、どのような宗教儀礼が行われたのかを検討する。彫像を中心とするため、その造形と設置空間や他の造型物も検討対象となる。さらに民間人が渡航できない硫黄島以外では、現地で「マリア観音」がどのように捉えられているのか調査を行った。以上の検討から仏教とキリスト教の〈あいだ〉の存在として「マリア観音」はどのような意味が込められたのか明らかにする。

一　硫黄島の《マリア観音》

硫黄島は小笠原諸島の南端に位置する東西八キロほどの小さな島である。戦前は硫黄の採掘、農業、漁業などが行われていた。一九四五年二月から三月にかけての「硫黄島の戦い」では、日本軍約一万八千人、アメリカ軍約七千人が戦死する激戦が繰り広げられた。敗戦後、硫黄島はアメリカの領土として軍の基地が置かれていた。一九六八年に日本に返還されたが、村民の帰島は叶わず、現在も硫黄島には海上自衛隊と航空自衛隊の基地が置かれており、慰霊巡拝や遺骨収集以外での民間人の立ち入りは制限されている。

硫黄島の特殊な状況下で、早い時期から「仏教による死者供養」という大義名分によって遺骨収集の中心的な役割を果たしたのは、元海軍大佐の和智恒蔵であった。和智は、硫黄島警備隊司令の任で硫黄島に海軍中佐として赴し、大佐に昇進した。しかし陸軍の栗林忠道中将と対立し、アメリカ軍上陸前に内地に転属になり敗戦を迎えている。自分だけが生き延びたという自責の念もあり、戦後すぐに得度し天台宗の僧侶となった。海外勤務経歴のある和智は語学力を生かし、硫黄島を慰霊訪問したいとGHQの要人やアメリカ大統領へ手紙を送っている。和智の交渉は戦後六年目に叶えられ、遺骨収集と慰霊のため硫黄島渡航の許可を得た。

一九五二年一月、和智は僧侶の姿で観音像を抱かえアメリカ軍の戦車揚陸艦に乗船した。この観音像は、吉井芳純（清水寺住職）と関口慈光（巣鴨プリズン教誨師）が発願し、建築家の古宇田実監修のもと、法隆寺の《夢違観音》を模して一〇八体のブロンズ製の《平和観音》を鋳造したうちの一体である。

　和智は、日本軍が拠点として活動していた摺鉢山の麓を「南観音」と、硫黄島の戦いにおける日本軍最後の抵抗地点である最北部を「北観音」と名付けた。南観音には和智が抱えて持参した《平和観音》を安置した。しかし《平和観音》はアメリカ兵によって盗難されたため、日本復帰後、一〇八体の《平和観音》のうち、別の一体が同じ場所に納められている。北観音には、彫刻家の島村亮明が制作した石製の《聖観音菩薩坐像》が安置された。しかし《聖観音菩薩坐像》もまたアメリカ兵によって破壊されている。

　戦争終結後も激しい戦闘が繰り広げられた硫黄島では、アメリカ兵の日本兵に対する感情は決して良いものではなく、蠟燭立てなどに使う土産として日本兵の頭蓋骨がアメリカに持ち帰えられていた。慰霊の観音像も遺骨同様に粗末に扱われていた。このような状況を目の当たりにした和智は「硫黄島協会」を設立し、硫黄島の戦いにおける犠牲者の遺骨収容、遺骨返還、そして慰霊事業を開始した。さらに観音像が破壊されたことをアメリカ大使館参事官に対して抗議した。この際に、参事官から「アメリカ側で善処するので任せて欲しい」という返答があった。

　一九五八年、和智が硫黄島を訪れると破壊された《聖観音菩薩坐像》の厨子に、アメリカ側が用意した新しい像が安置されていた。和智がこの像を「得体の知れない像」と呼んでいるように、一般的な仏像とは異なる造形をしていた。像容は巻子を持つ白衣観音坐像であるが、化仏や宝冠装飾がないため観音像というよりも、ローブを被った人物像といった雰囲気である。さらに東アジア人のステレオタイプとも言うべき、つり目でエラのはった顔つきは、仏像のイメージとは異なるものとなっている。この像の制作者は分かっていないが、アメリカ側が仏像制作の経験がない彫刻家に制作を依頼したものと予想される。いずれにしても限られた観音の情報によって作られた、アメリカによる「善処」の結果であった。

破壊された《聖観音菩薩坐像》は日本に持ち帰り修復され、一九七七年に元の厨子に戻された。そして約二〇年間にわたり《聖観音菩薩坐像》の代わりとなったアメリカ製の「得体の知れない像」は、その功績をたたえ、付近に台座を作り安置することとした。一九七九年一月、和智はこの像を《マリア観音》と名付け、台座に十字架を刻み「マリア観音」と揮毫した。《マリア観音》はアメリカ沿岸警備隊の下士官の手によって厨子へ納められた。自衛隊とアメリカ沿岸警備隊が臨席するなか天台宗の作法で和智による開眼供養が行われた。和智は英語による法話で以下のように語っている(1)。

Eye witnessing these two statues representing Christianity and Buddhism standing side by side, I sincerely wish and pray that our departed soldiers, both Americans and Japanese,(1) on the island may rest in permanent peace under the guidance of your God and Buddha.

和智はアメリカ側が用意した「得体のしれない像」を、「マリア観音」と名付けることによって、キリスト教徒の多いアメリカ軍の戦死者の慰霊を行う象徴としたのである。開眼法要に出席したアメリカ沿岸警備隊ロラン局のハルトン中尉は、「マリア観音がキリスト教と仏教との合作した像であることが分かった。私はタイ人の女性と結婚しているので、自分はキリスト教徒、妻は仏教徒なので自分の家庭はこのマリア観音みたいなもの」と述べている（硫黄島協会、一九七九：265）。和智もまた妻がカトリック信徒であったことから、このような個人レベルでの仏教とキリスト教の融合が念頭にあったのかもしれない。

和智の硫黄島での活動は「名誉の再会」という形として実を結んだ。一九八五年二月、アメリカ退役軍人と遺族約二七〇人、日本側の戦友と遺族約一〇〇人が、硫黄島で一堂に会し合同慰霊祭が行われた。和智と牧師のパサネムによる慰霊が行われ、軍楽隊が両国国歌を吹奏し、大統領からのメッセージが読み上げられた。その後、両国の遺族の女性が互いに近寄って抱き合い、身につけている物などに思いのたけを託して交換しはじめた。それを見て元軍人の男性同士も近づき、最初はやや躊躇しがちに握手していたが、やがてがっちり抱き合うと泣き出した。

「名誉の再会」はアメリカでも大きく報道され、日本でも高校の英語の教科書に紹介される平和教育の題材となっている。この感動の再会は和智による演出が大きかった。和智とパサネムは事前に打ち合わせをし、まず僧侶と牧師が象徴的に抱擁することで、双方の出席者が歩み寄るきっかけをつくったのである（上坂、一九九三：242-243）。

硫黄島の戦いによって戦後も両国の間にわだかまりは残っており、日本兵の遺骨や慰霊の観音像に対しても敬意がはらわれることはなかった。仏教僧となった和智は日本軍とアメリカ軍、双方の戦死者の供養を《マリア観音》によって実践しようとした。そして両国の友好を仏教とキリスト教という二つの宗教の習合という形で象徴したのである。

二　レイテ島の《Madonna of Japan》

レイテ島は多島海国家であるフィリピンの中央部、ビサヤ諸島の東ビサヤ地方に位置する南北一八〇㎞の細長い島である。レイテ島最大の町タクロバンの市庁舎前の海を望む公園の高台に「マリア観音」は立っている。約二・五mの御影石製の像は、地元の人々から《Madonna of Japan》と呼ばれ親しまれている。像が設置された公園自体の名称も「Madonna of Japan」と表記され、タクロバンの名所のひとつである。

フィリピンはスペイン植民地化でカトリックの信仰が根付き、米比戦争を経てアメリカの植民地となった。アジア太平洋戦争が勃発すると、南方作戦の一環として日本軍がフィリピンに上陸、一九四二年五月にアメリカ軍が降伏を宣言し、日本の支配下となった。一九四四年一〇月、「I shall return」という言葉を現実のものにしたダグラス・マッカーサーが、タクロバンの砂浜に上陸し、戦いの口火が切られた。アジア太平洋戦争の大きな転換点となった「レイテ島の戦い」である。終戦までに、アメリカ軍は二〇万人以上の兵力を上陸させた。日本軍は充分な準備もないまま、アメリカ軍だけでなくゲリラ兵と戦うことになった。最終的に日本軍は、レイテ島北西部のカンギポッド山での立てこもり、八万人以上の日本兵が亡くなったとされる。

戦後、慰霊巡拝や遺骨収集が行われるようになると、日本軍の支配地域であったレイテ島北西部のビリヤバやオロモックに、日本軍関連の慰霊碑や記念碑が多く建立された。一方、東部のタクロバンは、アメリカ軍司令部が置かれていたアメリカの支配地域の拠点であった為、マッカーサーランディング記念公園の《マッカーサー像》などが建てられ、アメリカの勝利を記念する色彩が強い。現在、タクロバン市内に建立された日本関連の碑は、《Madonna of Japan》と一九九五年に東京都遺族連合会とフィリピン観光局によって建立された《平和記念碑》だけである。

では《Madonna of Japan》はいかにしいてタクロバンに建立されることになったのであろうか。中心的な活動を行なったのは兵庫県に住む主婦の坂本啓子であった。坂本は叔父と義理兄がフィリピンで戦死したため一九七六年から六回にわたってフィリピン各地での慰霊巡拝と遺骨収集に参加した。フィリピンを訪れる中で、タクロバン市長と話す機会を得て親しくなった。坂本は、悲惨な戦いを繰り返すことのないように、友情と平和を誓い合う平和祈念のシンボルをタクロバン市に建立したいと市長に申し出た。そして日本人だけでなくカトリック信徒の多いフィリピン人の慰霊を行うためには、仏教とキリスト教双方の意味をもつ「マリア観音」が最適であると考えた。市長はこの意見に賛同し市庁舎前の五、〇〇〇㎡の用地を無償で提供することになった。(2) 市長が坂本に宛てた契約書は以下の文章で始まる。

Please be informed that we have located and reserved an ideal site where you may erect the monument of the Goddess of Peace "Maria- KANO"(3)「マリア―カノ」になっていることから坂本から聞いた言葉をそのまま記載したことになるが、二人の話し合いの当初から「マリア観音」を建立すること決まっていたと考えられる。当初の計画では「マリア観音」の他に日本庭園を整備する予定であった。市長が無償で土地を提供した背景には、慰霊観光によって多くの日本人が訪れる期待もあったのかもしれない。

坂本は、彫刻家の谷井信市に「マリア観音」の制作を依頼した。完成した御影石の「マリア観音」は、手に十字架をもった女性像である。ベール部分は白衣観音と同様に髻によって盛り上がるが、通常、阿弥陀如来の化仏がつけられる宝冠部分には、翼を広げた小鳥が表されている。他方で顔の表情や衣紋など随所に仏像的な表現も見られる。

《Madonna of Japan》(2015年3月7日筆者撮影)

一九七七年一一月、海路でレイテ島に運ばれ、海の見える公園へ建立された。地元のカトリックの司祭によるミサと地域の子供達の合唱とともには像が除幕された。このようなミサを経て住民から「日本から贈られた聖母マリア」として受け入れられ、像は《Madonna of Japan》と呼ばれるようになった。

二〇一三年一一月、巨大な台風がレイテ島を直撃し二万人以上の命を奪った。長くレイテ島で遺骨収集を行なってきた「戦没者追悼と平和の会」は、台風によって失業した人々への雇用支援として、破壊された公園の修繕工事と十字架が失われた《Madonna of Japan》の修復を行なった。像が元の姿に戻ると子供が「友達のママに似ている」と抱きつくなど、地域の人々に好意的に受け入れられているようになった。(4)

レイテ島においても当初は仏教とキリスト教の融合した「マリア観音」によって、すべての戦死者の慰霊と日本とフィリピンの両国の友情を象徴することが目的とされた。多くの日本兵が亡くなったレイテ島北西部とは異なり、タクロバンでは「慰霊」が意識されることは少なかったこと、仏教僧が関わらなかったこと、そして強いカトリック文化圏に建立されたこともあり、「観音」の要素は薄れ、「日本の聖母マリア」として受け入れられた。だが日本から贈られた像であることが強調されることで、両国の友好の象徴としての役割を担っていると言えるだろう。

三　グアム島の《マリヤ観音》

グアムは、長さ約五〇㎞ほどの古代からチャモロ人が住む島であった。その後、スペインの植民地を経て、アメリカの植民地となった。一九四一年一二月、日本軍がアメリカ軍を放逐し、島名を「大宮島」と改名、二年七ヶ月にわたり日本領土とした。グアムは敵に占領された唯一の有人のアメリカ領土であることから、アメリカ本土におけるグアム戦の衝撃は大きかった。

一九四四年七月、アメリア陸軍と海兵隊が上陸し激しい戦闘が開始された。最終的にグアム島北部の又木山で指揮官が自害し日本軍の組織的な抵抗は停止した。日本側の戦死者約一万九千名のうち半数以上が戦闘終了後にアメリカ軍と地元民兵によって殺された。戦後のグアムはアメリカ軍の太平洋戦略上重要な基地となった。一九六二年にようやく島が一般開放されると、グアム知事は「Guam Tourist Commission」を設立し、観光開発を開始した。

一九六五年七月、日本遺族会と日本仏教文化協会の共催で参議院議員植木光教を団長とする「南太平洋戦没者慰霊団」がグアムを訪れた。この慰霊団には遺族だけでなく多くの宗教者が同行していた（植木、一九六五）。慰霊団をグアムで出迎えたのがカトリック神父、オスカー・カルボである。カルボはグアムの先住民チャモロ人神父として著名な人物で、現地の精神的指導者であった（カマチョ、二〇一一、二〇一六）。

慰霊団の帰国から数カ月後、カルボは来日した。グアム島内に放置されている戦死者の遺骨収集や慰霊公苑を計画し、日本の各界に協力を要請した。[5] カルボはジョンソン大統領にも手紙を書き、アメリカ側の協力を取り付け、日米合同で日本人戦死者の慰霊公苑を建設することになった。カルボ、植木のほか、厳谷勝雄（祐天寺住職）、高橋隆天（平間寺貫首）が中心となり、慰霊公苑の整備を行う日米合同の法人「南太平洋戦没者慰霊協会（South Pacific Memorial Association）」を設立、一九六六年七月から仏教とキリスト教合同の慰霊祭を開始した。

慰霊協会は、かつて又木山と呼ばれたジーゴの土地を買い取り、慰霊公苑の計画を進めた。現地の人々の日本軍に対するイメージは決して良いものではなかったが、カルボは「死者を平等に扱わなければならない」という言葉を住民に伝え、慰霊公苑をつくる説得を行った。[6] 公苑の整備が進み、公苑中央に遺骨を納める慰霊塔を建立することが決定した。

当初、慰霊塔は日本人だけでなく、アメリカ人の戦死者も慰霊し、ふたつの国家の協調を願うため「合掌」と「十字」を象徴する塔の前に、日米の子供が手をつないでいる像を設置する予定であった。しかしグアムは敵に占領された唯一の有人のアメリカ領土であることから、アメリカ本土の退役軍人から反対運動が起きた。当初、慰霊公苑内には日本庭園や売店を完備することで、日本人の慰霊観光の中心となる予定であったが、計画は変更され、抽象的な合掌形の慰霊塔が中心に立つ静かな公苑が完成した（山口 二〇〇七：72-74）。一九六九年四月、慰霊塔の上棟式が行われた。塔内にはグアム島内で収集された日本兵の遺骨と矢崎虎夫作の《平和観音》が納められた。

一九八二年、南太平洋戦没者慰霊公苑内に慰霊施設、「我無山平和寺（House of Prayer for Peace）」が建設され、本尊として《マリヤ観音》が安置された。《マリヤ観音》の制作者の彫刻家、芝良空は、南太平洋戦没慰霊団に参加した際にカルボに面会している。この時カルボから「仏像を作り安らかに皆が眠れるようにしてあげよう」と言われ深く感動した。カルボの思いに答えるため芝は童子を抱く《マリヤ観音》を制作した。一・七m、クスノキの一木造りの像は、顔や手の表現は伝統的な仏像の写実表現を意識し、腕に抱く童子はイエス・キリストをモデルにしたという。台座部分には「慈母観音 Saint Mary」と刻んだ。(7) 完成した《マリヤ観音》は、平和寺落慶の式典でグアム知事夫妻の手で除幕された。真言宗智山派管長の上野頼栄が導師を勤め開眼供養がなされ、カルボ神父によって祝福が行われた。

この式典について報じた地元新聞は、《マリヤ観音》を「Statue meant to represent the Blessed Virgin Mary of Catholicism and Jibo Kannon of Buddhism」(8)と解説した。またグアム総領事が代読した鈴木善幸内閣総理大臣（当時）からの祝辞では以下のように述べられている。

> この平和を祈る家は、マリア観音を御本尊として、諸宗教者共同で礼拝する場としており、一つの御本尊に向かって、異なる信仰をもつ者が共に平和を祈り、英霊を追悼するという本日の式典は、まさに世界最初の行事と思われます。(9)

平和寺はステンドグラスのある白い空間に《マリア観音》だけが祀られており、教会的な雰囲気であった。一九八七年、駐在していた平和寺の住職が金色の《釈迦如来坐像》を安置し、上部に天蓋が取り付けられたことで、仏教的な色を強め、《マリヤ観音》は、《釈迦如来坐像》の左手に移動した。さらに遺骨収集や慰霊巡拝で訪れる人々のために、写真によるグアム戦等の解説、遺骨収取の際に発見された食器や武器などの遺品が展示されるよ

落慶直後の平和寺堂内と《マリヤ観音》（1982年9月3日芝良空撮影）

うになった。空間が仏教的に変化しただけでなく、平和寺は戦争に関する資料室としての役割を担うようになったのである。

平和寺の住職死去後は無住の寺院となり、現地で働く日本人や地元スタッフ、ベトナム人のボランティアによって管理されている。グアムは日本人観光客が多く、平和寺にも一日平均一〇〇名ほどが訪れる。歴史的な観光地の少ないグアムにおいて、平和寺は戦争について知ることの出来る数少ない場所である。近年では修学旅行で訪れる高校生も増加しており、多い時には一ヶ月に七〇校が慰霊公苑を訪れている。他方で仏教施設が無いグアム島において、平和寺は仏教寺院としての役割も担っている。中国やベトナムからグアムへ働きに来ている人々にとって《釈迦如来坐像》が中央に置かれた平和寺は、仏教的な礼拝の対象である。[10]

現在の平和寺は日本人のための資料館的な役割と、グアム在住仏教徒のための寺院というふたつの役割を担っている。彫像としての《マリヤ観音》の存在は薄らいだが、二〇〇七年から合同慰霊祭に「マリヤ観音フェスティバル（Mary Kan-non Festival）」という名称が使われている。グアム島では現地のカトリック神父が中心に慰霊計画が進められ、仏教とキリスト教の双方がお互いに敬意をはらい、合同で活動を行ってきた。仏教僧とカトリックの大司教による合同慰霊祭の名称として引き継がれた「マリア観音」のイメージは、仏教とキリスト教、日本とアメリカ・グアムの友好を象徴するものとして重要な役割を果たしてきた。

四　サイパン島の《慈母観音（マリア観音）》

長さ約二〇㎞のサイパン島は、アメリカ自治領北マリアナ諸島となっている。グアム同様にチャモロ人の住む島であったが、スペイン統治、ドイツ統治を経て、第一次世界大戦後の一九二〇年、日本の委任統治領「彩帆島」となった。二四年間にわたり日本統治が続いたため、グアム以上に日本から多くの移民が移住した。第二次世界大戦中、サイパンには日本軍司令部が置かれた。一九四四年六月にアメリカ軍が上陸。日本軍は七月に総攻撃を行いほぼ全滅した。島の北部へ逃げた民間人を含む約一万人が自決したことは、現在でも「バンザイクリフ」や「スーサイドクリフ」などの名として記憶されている。

戦後、戦跡を隠しリゾート開発を進めたグアムに対して、サイパンでは慰霊巡拝が重要な観光資源となった。ジーゴ地区以外にほとんど慰霊碑等がないグアムと異なり、サイパンには、各所に戦跡が残され、慰霊碑が建立されている。特にサイパン島北部のマッピィ周辺には多く慰霊碑が並び、その中には数体の観音像も見られる。

一方で、リゾートホテルが並ぶガラパンを有する西側は、戦跡や彩帆島時代の遺構が残るが、慰霊碑の数は北部ほどは多くない。ガラパン中心部から徒歩一五分ほどにあるシュガーキングパークは、かつて香取神社境内の彩帆公園と呼ばれた公園である。一九九〇年、シュガーキングパークの一番奥に「サイパン国際礼拝堂（The Saipan International House of Prayer）」、通称「南溟堂」が建立された。この南溟堂の本尊が《慈母観音（マリア観音）》である。

《慈母観音（マリア観音）》は、曹洞宗の海外布教師であった秋田新隆によって発願された。ハワイのヒロ大正寺で長く住職をしていた秋田は、リゾート開発によって変貌したサイパンを見て「ここで多くの血が流されたことを知ってもらい、戦争を知らない世代に平和の尊さを知ってもらいたい」と感じていた。また、サイパンには多くの慰霊碑が建立されているが、全ての慰霊碑が屋外にあるため、屋内で静かに死者を供養する場所が必要であると考えていた。

秋田はグアムの平和寺を参拝した際に、本尊として《マリヤ観音》を祀り、全ての戦争犠牲者を慰霊していることを知った。秋田と平和寺の関係者に面識はなかったが、《マリヤ観音》の造形や思想が素晴らしいものであると感じ、仏教徒だけでなく、全てのマリアナ連邦地域で戦死した日本兵、アメリカ兵、そして住民を含む民間人の冥福を祈る施設の本尊として「マリア観音」を建立するのが良いだろうという結論に至った。

また「マリア観音」は、ひとつの宗教を超えた存在であると同時に、母性的な像であることも重要であった。戦争経験者から、バンザイクリフやスーサイドクリフで自決した人々が、母の名前を叫び自決したという話を聞いた秋田は、亡くなった人々が母の胸に抱かれ癒されることを願って、本尊に《慈母観音（マリア観音）》を選んだ。秋田は、知人を通じて《マリヤ観音》の作者の芝に連絡し、「サイパンの平和のシンボルを作って欲しい」と、グアムの《マリア観音》と同じ形状の像の制作を依頼した。[11] 基本的な造形はグアムの《マリヤ観音》と同じであるが、《慈母観音（マリア観音）》はブロンズ像で、ややふくよかで女性的な姿となっている。

南溟堂は、基礎部分以外は木造、六角形の寺院風の建築で、仏具等も日本の寺院と同じものを使用している。関係する僧侶の多くが禅僧だったこともあり、坐禅ができるよう一部が高床の畳敷きになっている。更に天井には梵鐘がつりさげられ、参拝者は鐘をつくことができる。

一九九〇年一〇月に行われた落慶法要では、大導師を谷耕月（正眼寺住職）が勤め、導師を秋田と嶋野榮道（ニューヨーク大菩薩禅堂金剛寺住職）が勤めた。この落慶法要の様子を地元の新聞は以下のように伝えている。

Maria Kannon is equivalent to Catholic "Virgin Mary" who reflects the principle of love and just as the

Buddhist reflects the principle of Mercy. With her Love and Mercy. Maria Kannon stands in harmony with both religions and salvation to all peoples.(12)

落慶から数ヶ月後、スリランカ出身の僧侶コンダーニャが南溟堂に駐在するようになると、現地の人々が南溟堂を訪れ《慈母観音（マリア観音）》に手を合わせた(13)。その後、秋田がハワイからサイパンに移り住み南溟堂の住職となった。英語が堪能な老師に会うため、仏教に関心のあるサイパン在住者が南溟堂を訪れた。さらに戦友会や遺族会、そして梅花講など曹洞宗の関係者が日本から訪れている(14)。

《慈母観音（マリア観音）》（2014年11月13日筆者撮影）

二〇一〇年、仏師の栗原嘉一が制作した木製の《梅花観音》と《阿弥陀如来》が脇侍として祀られた。《梅花観音》は、曹洞宗の御詠歌の講である梅花講霊場の番外霊場がサイパンに作られたため安置された。また岐阜県の遺族関係者から、岐阜県は真宗門徒が多い事から要望があり《阿弥陀如来》が安置された(15)。現在の南溟堂は、《慈母観音（マリア観音）》を本尊に《梅花観音》と《阿弥陀如来》を脇侍とする独自の三尊となっている。

二〇一一年、八三歳になった秋田は日本に帰国した。現在、南溟堂は無住の寺院となっており、マリンスポーツの仕事を行なっている波上華子、スケッシュ・バーマン夫婦が管理を行なっている。シュガーキングパーク自体は、北マリアナ自治政府の土地であるため、周辺の樹木や芝の手入れを行政が行っているほか、近隣の住民もボランティアで掃除を行っている。

グアムと比べてサイパンは年々日本人観光客が減少して

いる。芳名帳で確認する限り、南溟堂の訪問者は一ヶ月に数名だけである。だが芳名帳には、日本語だけでなく様々な言語によって平和を願うメッセージが書き込まれている[16]。観光客の少ない南溟堂であるが、地域住民から好意的に受け入れられ、聖母マリアのように子供を抱く母の像が中心に置かれていることから、日本人が建てた日本様式のカトリック教会であると思っている者もいる[17]。

鍵の管理を行なっている波上、バーマン夫妻も、戦争死者慰霊施設というよりもスピリチュアルな場所として南溟堂を捉えている。波上は、南溟堂を管理していることで「神様との繫がり」を感じるようになったと述べている。またバーマンはインド出身で、ヒンドゥー教徒ではあるが、南溟堂について「とてもスピリチュアルな場所で、あそこに行くとパワーが満ちている」と語っており、ヒンドゥー教寺院よりも南溟堂で瞑想することが多いという[18]。

現在、サイパン島の北部には韓国系の仏教寺院があるため、仏教的な祈りの場を求める人々は仏教寺院を訪れる。無住となった南溟堂は、特定の宗教の文脈ではなく、個人的なスピリチャリティや、普遍的な平和に対する祈りの空間として捉えられ、母性的な姿の《慈母観音（マリア観音）》はその中に位置づけられている。

五　おわりに

近代以降「マリア観音」という言葉が定着したことによって、「聖母マリア」と「観音」のダブルイメージが生み出され、アジア太平洋戦争の激戦地であった島々に「マリア観音」が祀られた。フィリピンやマリアナ諸島などカトリック信仰が強い地域で受け入れられるためには「聖母マリア」の図像を取り入れた姿が重要であった。特にレイテ島の《Madonna of Japan》は、建立された当初からカトリックによる儀礼が行われ、地域の人々から日本の聖母マリアとして受容され、日本とフィリピンの友好という意味合いが強くなった。

結果として「マリア観音」となった硫黄島においても、アメリカ兵の慰霊を強調し、敵味方を問わず戦死者を平等に慰霊する像となった。グアムでは、地元の神父の働きかけによって《マリヤ観音》が完成したこともあり、仏教とキリスト教の協力が強調され、その友好のイメージは「マリヤ観音フェスティバル」という名称に引き継がれている。多くの民間人犠牲者を出したサイパンでは、「子供を抱く母の姿」が重要視された。現在の《慈母観音（マリア観音）》は、個々の信仰や思想の中に位置づけられているが、地域住民から好意的に受け入れた背景には、母子像であることも重要であったと言えるだろう。

グアム島の《マリヤ観音》を模したサイパンの《慈母観音（マリア観音）》を除けば、それぞれの「マリア観音」の素材や形状は大きく異なっている。さらに宗教者の関わり方や参拝者も異なっている。だが四つの事例の共通するのは、敵味方の区別なく全ての戦争犠牲者を慰霊するために「マリア観音」という尊格が選ばれたということである。

全てのキリスト教徒が聖母マリアを信仰対象としておらず、さらに仏教徒とキリスト教徒以外の宗教を信仰している者も多く「マリア観音」では全ての戦争犠牲者を慰霊するには不十分である。だが日本人が海外に建立した慰霊碑の中で、日本人以外の戦死者を慰霊するものは少ない。かつての敵も慰霊を行いたいという強い意思が、仏教とキリスト教の〈あいだ〉にある新しいイメージの像として「マリア観音」を生み出したことは重要である。

戦争の記憶を明確に伝えるためには具体的な記録を残す必要であり、「マリア観音」のような形像が後世に伝えることには限りがある。だが「マリア観音」は、立場の異なる人々が同時に祈る場所を提供することで、広い意味では、発願当初の思いが引き継がれ「友好」や「平和」に貢献していると言えるだろう。

【注】

（1）硫黄島協会、一九七九『会報』（10）に全文が掲載された。また《マリア観音》の台座に同じ文章が掲示されている。
（2）『朝日新聞（阪神版）』（一九七七年三月八日）
（3）契約書は谷井信一氏より拝見させていただいた。
（4）タクロバンで行なった地域住民四名からの聞き取り（二〇一五年三月一一日、一三日）
（5）『読売新聞（夕刊）』（一九八六年六月七日）
（6）『読売新聞』（一九六八年一二月一四日）
（7）芝を特集したテレビ番組『終戦五〇年記念、仏像を刻み平和を思う』（サンテレビ、一九九四年八月七日放送）を参照。
（8）『Pacific Daily News』（一九八二年九月三日）
（9）「平和寺落慶式典式次第」（芝良空遺品より）
（10）財団法人南太平洋戦没者慰霊協会グアム側事務局長、青木一美氏から聞き取り（二〇一四年一一月九日）
（11）秋田新隆氏からの聞き取り（二〇一四年一二月六日）
（12）『Marianas Review』（一九九三年三月一四日）
（13）『静岡新聞』（一九九〇年六月一四日）
（14）『SOTO禅インターナショナル』（45号、二〇一一年一月、五頁）
（15）岡崎照代志、一九九三『嗚呼南溟堂』（私家版）
（16）二〇一一年～二〇一五年の芳名帳を全て確認した。
（17）南溟堂周辺で行なった作業員および近隣住民五名からの聞き取り（二〇一四年一一月一一日～一三日、二〇一五年一二月一三日～一五日）
（18）波上華子氏、スケッシュ・バーマン氏から聞き取り（二〇一五年一二月一三日、一四日）

【参考文献】

新井隆　二〇一六「グアムにおける追悼・慰霊の空間「想起の場」としての戦跡を考える」渡辺尚志編『アーカイブズの現在・未来・可能性を考える』法政大学出版局
石原俊　二〇一三『〈群島〉の歴史社会学――小笠原諸島・硫黄島、日本・アメリカ、そして太平洋世界』弘文堂
硫黄島協会　一九七八～一九八〇『会報』（9～11）（私家版）
井上亮　二〇一五『忘れられた島々――「南洋群島」の現代史』平凡社
植木光教　一九六五「緑の島サイパンに玉砕兵士を弔う」『あそか』（55）pp. 6-10
岡崎照代志　一九九三『嗚呼南溟堂』（私家版）
カマチョ，キース・L・二〇一一、著畠山望訳「マリアナ諸島で大戦を記念する日本人」矢口祐人・森茂岳雄・中山京子編『真珠湾を語る――歴史・記憶・教育』東京大学出版会
――二〇一六、西村明・町泰樹訳、『戦禍を記念する――グアム・サイパンの歴史と記憶』岩波書店
上坂冬子　一九九三『硫黄島いまだ玉砕せず』文藝春秋
中山京子　二〇一二『グアム・サイパン・マリアナ諸島を知るための54章』明石書店
平塚柾緒　二〇一五『玉砕の島々』洋泉社、pp. 84-131。
山口誠　二〇〇七『グアムと日本人――戦争を埋立てた楽園』岩波書店
若桑みどり　二〇〇八『聖母像の到来』青土社

ヤノベ・ケンジ——変容する情報と移り行く形態と

デンニッツァ・ガブラコヴァ

一 《太陽の島》

ここに小型の立体モデルがある（図1）。緑の木が生え、等間隔に青の魚眼形の窓や風車が設置された滑らかな黄土色の段々が山をなし、その甲羅を被った亀の造形——。その亀の甲のてっぺんには大理石色の「勝利の女神」が立っている。太陽を高く持ち上げ、背中の羽を広げた姿は、ギリシア神話のオリンピアを思わせる。中国神話の蓬莱山がオリンパスの山に変形している。とはいえ鮮やかな緑と青が埋められた黄土色と大理石の色の組み合わせは、彫刻というより、むしろ玩具かフィギュアを思わせる。このモデルは《太陽の島》と題され、二〇一五年に現代アーティスト、ヤノベ・ケンジが、五年先の東京オリンピックの募集企画のために作成したものだ。想定された利用目的は、浮き型文化施設あるいは多目的スペース。巨大な国際的な催しであるオリンピックの際に、風力や太陽光エネルギーのみに頼る自給持続可能（sustainable）なプロジェクトの一環をなし、環境保護や現代の神話性を体現する構築物として構想された。結果的に次期の東京五輪には採用されなかったものの、ここには、大規模な国家レベルの祝祭に対する一つの〈介入〉の姿勢が見て取れる。その限りでこれは、文字通り「色鮮やかな企て」である。

東京五輪は、ヤノベ・ケンジの芸術的出発点となった一九七〇年の大阪万国博覧会と並んで、国民国家的イデオロギーや文化表現を受け止める、ひとつの〈うつわ〉であり、そのような空間へのかかわりを求める芸術的意欲は、〈うつわ〉を形成する非日常性や大規模記念碑主義（Monumentalism）に直面して、それを映しながら、それに対抗し、変容をもたらす。

万国博覧会やオリンピック・ゲームは、近代において国家あるいは行政が主催し、一般民衆を動員する祝祭的企画である。それは先進国主導のもとで行われ、主催国の経済力が展覧空間を通して「世界」をひとつに取りまとめる「近代における古典的儀式」として一般的に知られている。日本の文脈では、オリンピック開催の意義は二〇世紀における非西洋国・日本の国際的地位向上の表現でもある。このようなメガ・イベントは、戦前と戦後をつなぐための「復帰」の言説のひとつとしても機能していた。そうした歴史性は、吉見俊哉や椹木野衣の研究にも取り上げられている。一九六四年の東京オリンピックや一九七〇年の大阪万国博は、戦前に企画段階で挫折したイベントが、延期の末に実現されたものとして演出されたからである。とりわけ大阪万博は、関西を一つの経済的中心として位置づけた。そのことは、東京・大阪をつなぐ新幹線にも象徴され、吉見も指摘しているように、「開発」イデオロギーの全面的な露出としても理解できる。その意味では、大阪万博は博覧会の展覧会場を越えて、日本列島全体を「高度成長」や「中流階級生活様式」の「展示空間」へと変容

図１　ヤノベ・ケンジ《太陽の島》模型、2015

された企画としても捉えることができる。さらに大阪万博で重要なこととしては、芸術家の関与によって、単純な「開発イデオロギー」を複雑化する、いわば「不調和」といってよい要素まで持ち込まれたことも、指摘しておくに値する。例えば、象徴的なランドマークである岡本太郎作の《太陽の塔》。それはテーマたる「人類の進歩と調和」を表現しながらも、その「調和」のコンセプトに、いわば〈雑音〉を吹き込んでいたからである。この事態が大変複雑である。椹木の考察が示しているように、戦後の前衛芸術が、「環境」という概念を手がかりに、大幅の戦時下破壊（核戦争）のヴィジョンを取り巻きつつ戦争画というプロパガンダ・アートと形態的親近性を持つ、一つの「万博芸術」として形成されたのである。一九五〇年代から一九六〇年代にかけて、建築・都市計画・前衛美術が「環境」という新しい言葉によって脱領域化されたのは、椹木の調べによれば、公園「こどもの国」をデザインした浅田孝の思想を通してである。（椹木、21）浅田の影響は磯崎新をはじめ、万博に関わる重要な建築家・芸術家の表現にも見られる一方、個別の催しとしての万博を越えた意味で、都市などという人工環境を開発の尺度で問い直されるべき問題に及ぶ。椹木はヤノベ・ケンジの作風をタイム・スリップ的な、磯崎（や岡本太郎）との対話として位置づけ、一九四五年と一九七〇年が「焼け跡」や「廃墟」によって表象的につながることを指摘している。（椹木、152-157）一方、小田マサノリは、ヤノベ・ケンジや一九六〇年代生まれの同世代の芸術家を一九三〇年生まれの写真家東松照明の世界観とを、無意識が宿る「閉ざされた部屋」という経路で結び付けている。その系譜は、技術に魅せられる姿を演じることによって、外部からの東洋趣味的な抑圧と呼応関係を築いているのである。

ヤノベ・ケンジのアート世界は、復帰としての高度成長の開発主義をひとつの決定的な背景として、成立した。ヤノベ的表現には、アニメーションやサブ・カルチャー的な様式やモチーフ（例えば鉄腕アトムや終末論的な内容）が取り込まれているが、それらの様式やモチーフもまた、同じく高度成長の開発主義を背景にしている。そのためこれらの組み込みには、相互に必然性が付与される。ヤノベの作品世界の特徴としては、作品のひとつひとつが完成されず、作品の準備と実現の間の境界線が移動し続けることが指摘できる。派生的な作品が増殖するため、原作と模写の関係が不安定となり、様々な既存要素の組み換えが発生することは、サブ・カルチャーの作品に頻発する現象だが、同様の傾向がヤノベの作品にも顕著である。ヤノベが作品化している幼年期の記憶としての大阪万博は、「開発」を肯定する強力なメディアであったが、それと同時に、実際の地理的環境に対しても開発の論理を貫徹した。吉見の研究からも明らかなように、博覧会のための適切な敷地を確保すべく、元来の生態系や地形には大規模に手が加えられたのだから。

ヤノベの作品世界の原風景となる「未来の廃墟」は、解体中の博覧会サイトに他ならない。それはヤノベの幼少の記憶でもあれば、アーティストの自己神話化の背景ともなっている。SF的な感受性を醸し出す「未来の廃墟」という表現は、進歩主義に胚胎する虚構性へのアーティストの側の反応であり、また開発に対する、無意識の憧れと違和感の吐露でもある。この廃墟の、一種の明るい不気味さは、そもそも未実現の暫定的な構想が解体されていること、つまり解体が完成に先立っていることに由来する。ヤノベはこの人工的な廃墟に突入し、その風景の喚起力を求め続けている。その世界は、大規模な公的記念碑の寸法でもあれば、私的な箱庭のような極小でもある。

二 《アトム・スーツ》

ここで時代を遡り、ヤノベの著名な《アトム・スーツ》プロジェクトを紐解いてみたい。そこにはコスチュームやパフォーマンスがあり、さらに写真や録画による記録作品あるいは「環境芸術」に萌芽を見せる参加型ミクスト・メディア作品が上乗せされている。狭義の《アトム・スーツ》の中の「スーツ」は黄色の防御服を指すが、同じく黄色のヘルメットには二本の黒い角がついている。角の位置から、この作品が手塚治虫の「鉄腕アトム」へのオマージュだと分かる。このような構成的引用は、アニメーションという娯楽文化を連想させると同時に、原子力による開発事業をめぐるテーマにも及ぶ。現在なお進行中の《アトム・スーツ》という作品は、ヤノベの創造的活動最初期の作品に、その原型を持っている。直接的に連想できるのは、一九九一年の《イエロー・スーツ》である。《イエロー・スーツ》は、美浜原子力発電所の事故直後に構成され、鉛、鉄などを素材に用いることによって、放射能防御の機能を備えた防御服・鎧という趣向になっている。重金属からなるスーツが自重で潰れることを防ぐために、天秤のような仕掛けで、片方ではスーツが上方へと吊り上げられ、その反対側には、錘として、植物の光合成を利用した酸素発生装置が置かれている。ヤノベ本人は、自身の芸術上の旅程を語るなかで、「生還＝survival」に言及するが、彼の創造活動の前半を集約するこのコンセプトが、《イエロー・スーツ》の場合にも、この酸素発生装置という姿で、前面に押し出されている。

ただ、《イエロー・スーツ》は、支えの必要が強調されているように、中に入っている人間の動きをそのままでは反映できない。その点でこれは、その前年の一九九〇年に発表された、ヤノベの処女作たる《タンキング・マシーン》とも共通性を保持している。《タンキング・マシーン》には、生理的食塩水で満たされたタンクが登場する。参加型のコンセプトをもつこの作品は、タンクの中に浸っている者に擬似的胎内体験もしくは瞑想体験をさせるための〈器〉でもある。しかし、タンクの天辺を飾るガス・マスクのような頭部や、塩水を温めるために設置されているプロパン・ボンベが人間の両手を思わせる位置を占めるなど、タンクには動物型ロボットないしは、モバイル・スーツを思わせる容貌を与えている。《タンキング・マシーン》と《イエロー・スーツ》を比べると、作品形態上の特徴は共通しているものの、後者の《イエロー・スーツ》には、技術と人間の関係や、環境への原子力の適用が、問題意識としてより鮮明に現れている。前者から後者に移る間の時期には、福井県美浜原子力発電所で事故が発生している。その〈外部〉記憶がこの作品〈内部〉に投影されているだろう。

美浜原発の事故は、ヤノベの原風景である大阪万国博覧会に、より具体的な発展の肉付けを与えるうえで、ひとつの決定的な契機ともなったはずだ。なぜならば、美浜原発は日本最初の実用発電所であったが、その最初の試送電が、大阪万博の電光掲示板の電源だったからである。

数年後には《ラディエーションスーツ》及び《ラディエーションスーツ・ウラン》（一九九六年）と呼ばれる男物や女物の「放射線感知スーツ」が発表される。両者は色こそ異なるものの、形態のうえでは《アトム・スーツ》に近づいている。婦人用のスーツに「ウラン」という名前がつけられているが、それは否応なく、鉄腕アトムの妹「ウラン」を意識させる。やや膨らんだ腹部は、先行する《タンキング・マシーン》や《イエロー・スーツ》の輪郭を残しているが、翌年に発表された《アトム・スーツ》はよりスリムになり、先ほど触れたとおり、鉄腕アトムの角のような髪型が、黄色いヘルメットの上に表現されている。

三　チェルノブイリ体験

次のアトム・スーツは二〇〇三年に発表されるが、この《ミニ・アトム・スーツ》と原《アトム・スーツ》との間には、美浜原発事故に匹敵するような、今ひとつ別の出来事が介在している。これも〈外部世界〉からの影響といってよかろうが、それはヤノベ自身によるチェルノブイリ訪問である。ヤノベは、一九九七年には黄色いアトム・スーツを身にまとい、チェルノブイリ原発事故により封鎖された立ち入り禁止区を、写真家同伴で訪問した。《アトム・スーツ》は狭義の防御服の製造にはとどまらず、そのスーツを着たヤノベ自身による、特殊な環境を巻き込むパフォーマンスへと展開する。ヤノベが訪れたのは、擬似の「未来の廃墟」ではなく、住民の退避により、現実に廃墟と化した町である。その町はしかし、原子力発電所を中心に発展し、明るい未来に対する強力なメッセージの名残を様々に含んでいた。そのためチェルノブイリは、大阪万博の人工都市と感覚上、何らかの共通性を体現している。後にヤノベはそれを、いみじくも「妄想未来都市」と呼ぶことになる――。

ヤノベは、いまや廃墟になったが、かつては人々の笑い声や未来への希望に満ちていた場所に惹かれている。例えば、ヤノベが好んで写真に収めているのは、廃園になった遊園地や保育園である。広範に及んだ放射能汚染の影響や、危険と知りつつもやむを得ずそこに残っている現地の人々の暮らしを、目の当たりにすることによって、ヤノベはある意味で自身のこれまでの創造活動への反省を迫られた。しかしながら、虚構と現実とを意図的に混合するにしても、それは大阪万博に象徴される日本と、大規模な被曝の犠牲となったチェルノブイリとの間に、あえて明快な線引きをなすものではない。たしかに、《アトム・スーツ》プロジェクトは、それぞれ異質だったはずのふたつの空間を跨いでいる。そこにヤノベ作品の核心をなす「虚構の過激性」を認めることはできよう。だが、チェルノブイリの廃園となった保育園は、ヤノベがそこにその後も幾度となくも「創造的」に戻っていることからも分かるように、もう一つの「未来の廃墟」として、大阪万博解体サイトと二重写しになってゆく。

そのチェルノブイリの「未来の廃墟」から、ヤノベが持って帰った記念品としては、壁に飾ってあった独特なデザインの太陽と床に落ちていた玩具が知られる。廃園で拾った人形をモチーフにヤノベは二〇〇一年に《Viva Riva Standa》プロジェクトを発表する。それはアルミニウムの人形が、壁に飾っている太陽へ向かって自動的に立ち上がる、といった構想になっている。太陽は、大阪万博の美学的象徴となっていた《太陽の塔》と響き合い、両者は当時未来のエネルギーとして想像されていた「第二の太陽＝原子力」を呼び起こす。さらに、チェルノブイリの近くに位置する、避難対象地区のプリプリャート村でヤノベが出会った三歳の男の子を思い描きながら作成された《ミニ・アトム・スーツ》（二〇〇三年）は、ヤノベ自身の三歳の息子への思いをも重ねて現わしながら、もうひとつの人形を作品世界へと招く契機ともなった。

この人形は、ヤノベの実父が所有する腹話術用の人形、「トらやん」をそのモデルとする。「トらやん」という名の人形が《トらやん》という作品に転じたのは、それがミニ・アトム・スーツを身にまとわされた時である。さらにその後、アトム・スーツは二〇一一年以降の作風を象徴する彫刻の《サン・チャイルド》へと受け継がれてゆく。《トらやん》の導入から《サン・チャイルド》までの展開を考える上では、チェルノブイリ訪問以降の大阪万博回帰や、二〇〇五年に開催された愛知万博への関与を視野に入れる必要がある。

まず興味深いのは、ヤノベが大阪万博回帰の後に、二〇〇〇年に発表した《アトム・スーツ》プロジェクトの一環として《大地のアンテナ》において行なった、チェルノブイリ訪問記録の展示である。その展示会場では、地面に埋め込まれたスクリーンの上にチェルノブイリ訪問の時に撮影された写真が写され、その上にヤノベの自画像風の彫刻が立っている。ヘルメットを外し、それを片手で持っている等身大人形は、目を閉じ、口を少し開いている。その口からは、一列の小さな人物が吐き出されている。独特の表象だが、それが平安中期に念仏による救済を唱えた空也僧であるのは、一目瞭然だろう。中心に設置されている等身大の像の足元に、正確な間隔を置いて小さい黄・白・黒のアトム・スーツ姿の人形が並んでいる。小さい人形の秩序にリズムを作り出しているかのように、人形のいくつかは杖を持っており、それが充電装置につながっている。等身大の人形が吐き出している小さい人形も、アトム・スーツをまとっている。民衆に極楽浄土への救済を唱えた空也上人をここに重ねて考えると、どうだろうか。芸術家の体験と表現、さらに構想の増殖・複製が、いかにひとつの形態へと凝縮され、放射能汚染の危険を映し出しうるか――それを問う作品となっている。

そこには、記録価の高い内容の受け止め方として、〈展示という器〉の問題が浮上してくる。展示が〈器〉であるというのは、必ずしもそれが〈外〉から材料を抱え込むから、というだけには限らない。しかし、身体を守るための装置（タンク、防御服、避難所など）は、開発事業や化学技術の刷新に関わる経済・社会・政治的力学を、ひとつの〈外部〉として、その作品が持つ〈写す力〉によって〈映し出され〉ている、といえるのではないか。しかしながらその構造は、中立であるはずの展示空間という〈器〉を、突如、物質として色濃く意識させる。安全に囲い込まれる〈内部〉という構造は、妄想や虚構とも繋がりを維持しているが、「危険」からの現実逃避ではなく、むしろ「危険」な境域や「敏感」な領域へと突入できるための装置として働いている。《大地のアンテナ》はアトム・スーツの仲間たちを演出することによって、中心になっている芸術家自画像を囲む「部隊」のように見えてくる。言うまでもなく、大量生産により「本物」と「偽物」や「複製」との境界線が曖昧になる「複製時代の芸術」において、虚構作品に基づくコピーやフィギュアが普及・増殖している事実も、一面では指摘できよう。あるいは深読みに過ぎないかもしれないが、このような構成は、大阪万博の面影をもひそかに隠し持っている。科学技術の先端や、あるいは終末論的なモチーフを生かした現代的なデザインが、チェルノブイリ訪問の写真という形での破壊の風景と隣り合わせにされている箇所は、当時《太陽の塔》に展示された、「人類の進歩」がもたらした矛盾の写真パネルの展示をも想起させる。さらに、大衆を動員し、彼らを魅了させる見世物的な要素も、そこではどこかしら、潜んでいるようである。

四　「MEGALOMANIA」（巨大妄想狂）

ヤノベの作品制作は、未来像を中心に据えて大衆を動員したひとつの展示空間を絶えず追求し、再現しようとしている。そのことがもっとも明快に見えるのは、チェルノブイリ経由の彼の大阪万博への故郷帰りだ。解体される展示空間がもつ、展示空間の外部との「不気味」な直接性を露呈させているのは、《アトム・スーツプロジェクト》が展開した「大阪万博」（一九九八年）「タワー・オフ・ライフ」（二〇〇三年）など、万博のサイトにおけるアトム・スーツを着た芸術家によって組み立てられながら鑑賞される万博の破片の展示である。そこでは《大地のアンテナ》にあったような写真の展示と、立体作品の配置とがヤノベ自身によって組み合わせられ、それを通じて「熟れた果実」に見立てられたエキスポ・タワーの部分が、ひとつの「種子＝胚芽」となり、新しいタワーを「芽吹く」夢あるいは妄想が、演出されている。万博という展示空間は、このようにしてヤノベ作品に継承されながら、〈外部〉の世界がいかに展示の〈内部空間〉として受け止められているかを示唆している。その意味でヤノベの作品世界は、視野に収まりきれないほどの大規模な展示の一部に焦点を当て、常に要素の組み換えやスケール変更によって、新しい展示空間を提示しようと試みている。

端的には、二〇〇三年にヤノベは、大阪万博跡地にあった移転される直前の国立国際美術館で「MEGALOMANIA」(巨大妄想狂)という個展を開く。万博博覧会という構想を的確に表現できる名称だ。その際、《アトム・スーツ》プロジェクトと合わせて、自身の過去の作品を同じ空間に密に収めるような、まさに祝祭的な空間を再現したのである。展示空間の〈中〉の展示空間という仕掛けは、妄想狂の〈外部〉を意識させる。なかでも、岡本太郎作《太陽の塔》の黄金の太陽の顔の目玉にアトム・スーツ姿のヤノベが佇むパフォーマンスは、ヤノベ自身の言葉によれば、「封じ込められた未来への出口」を求めるべく挑んだ冒険である。だが、その「出口」というのは、具体的には展示空間が覆い隠し、排除しながらも、垣間見せる〈外部〉を追い求める行為である。ヤノベの冒険といえば、構築物老化による危険のため、立ち入り禁止にされていた《太陽の塔》に違法侵入したことが顕著であるが、その伏線をなす芸術表現としては、大阪万博開催当時に、万博への異議申し立てとして太陽の塔の目の場所を占拠した過激派の青年の行動をなぞり、三十年以上を通過した後に、その当時の青年の行方を尋ねる企てもなされている。曖昧な情報だけを頼りに、北海道まで捜索の足を延ばしたヤノベは、これにより、彼の芸術のさらなる一面を顕わにした。それが取材的な行為であり、それはチェルノブイリ訪問以来のふるまいである。そこには「妄想」的な要素に対して、「立ち入り禁止地区への取材」が、細い糸として潜み、絡んでいるのである。

身体を守る作品。そこに顕示する〈器〉のような構造は、一方では、安全であり調和や快楽に満ちた小宇宙として包まれた〈内的〉な時空間（博覧会、遊園地、保育園）を作品世界に取り組み、他方では、絶えずスケールを変えながら、危険であり矛盾や苦悩に満ちた〈外部〉との接続を問い続けている。

五　愛・地球博と《マンモス・プロジェクト》

博覧会という特殊な行事、ひとつの非日常の時空間が映し出すこの構造に対して、ヤノベは並みならぬ敏感さを示している。その志向は、愛知自然万博に関する彼の参与ぶりからも明らかである。環境保護という万博のテーマ自体は、構想のレベルにおいても、実行のレベルにおいても、深い矛盾をはらんでいる。吉見俊哉の考察からも明らかなように、「人類の進歩と調和」という大阪万博のいささか単純かつ能天気なテーマを、参加していた知識人はより複雑なメッセージ表現の場へと奪回しようと努力した。だがそうした努力も、結局は開発至上主義の方向へと回収された。万博会場の敷地そのものには、自然破壊と見紛うほど大規模な手が加えられたのだから。吉見は、大阪万博、沖縄の海洋万博、筑波の科学万博に続く日本開催の万国博覧会である愛知万博を取り上げ、「海上の森」という会場地域の扱いに関する主催者と市民の間の闘争に着目する。そして、博覧会という構想自体が一九世紀後半から二〇世紀前半の思考の産物であり、それがいかに二一世紀においては廃墟的で時代錯誤的な面を露出しているかを指摘している。

そうしたなか、ヤノベが愛・知地球博で提案したのは、シベリアの永久氷土で発見されたマンモスの遺跡の陳列に、比喩としての産業主義とを接合する《マンモス・プロジェクト》（二〇〇四年）である。ヤノベは巨大なマンモス型ロボットを構想した。そのマンモス・ロボットが産業主義の記念碑としてシベリアの永久氷土に象徴的に埋葬される—という彼が思い描いていたシナリオは、実際には実現に至らない。だが実現こそできなかったものの、そこにはヤノベ固有の着眼点が感じられる。開発精神を、見世物的な驚異をもたらし、辺境の処女地を探検して経済論理へと組み込むスペクトラムの一環と看做し、ヤノベはその変動領域（スペクトラム）を、自動車の部品などを含む廃棄物をはじめとする素材を動員することによって、表現しようとする。さらには、それをタイム・カプセルとして氷土に埋める—という発想は、地球誌的な年代を走破する発掘作業を、芸術作品へと〈移し／写し〉つつ、「危険」や「汚染」といった意味を背負わされた廃品彫刻を、永遠性の展示へと変容させようとする企てだった、ということになる。マンモス・ロボットの埋葬は、地下に穴を掘るという行為で、椹木が指摘しているところの日本の戦後芸術に見られる戦時中的な身振りを想起させつつ、放射線廃棄物の処理のモチーフをも抱え込んでいる。

「氷漬け」のマンモスの展示は《子供の都市計画》（金沢、二〇〇四年）という、愛知万博と平行した企画の中心部分を占める企画だった。「子供の都市」は、子供を対象に構想された参加型芸術工房のような企画であり、ヤノベの代表作品も大いに活躍することとなる場でもあった。「子供の都市」企画は、大規模な企画としては、大阪万博のヤノベの過去の作品の集大成を試みた《Megalomania》に続くものである。子供の参加をアイディアの中心に据えており、それはいわば、大人向けの愛知万博への「アンチテーゼ」としても理解できる。その企画に対して、評論家、椹木野衣は、より深い次元における大阪万博と子供の都市の間の「都市計画」というコンセプト上の共鳴を指摘している。

「都市計画のなじまない」そんな日本にも、都市や都市計画を可能にするかのような「更地」が、一瞬、登場することがある。自然災害による都市の崩壊、そして侵略により仮想的な大地の設定である。（中略）したがって、日本で都市計画という時には、その中立的で科学的主義的な語の響きにもかかわらず、実際にそこに漂っているのは、血がこぼれ、肉が焦げ、火がすべてを焼き放つような不吉な匂いにほかならない。（中略）屯田兵政策、関東大震災、植民地都市計画、東京大空襲、ヒロシマ廃墟、東京オリンピック、大阪万博、バブル経済…都市計画が前提とするのは、このように、つねに破壊と殺戮といってよい。（椹木、77-78）

このように、椹木の解釈によれば、《子供の都市計画》は、直接的に愛知万博とばかりではなく、さらにその原型でもあった大阪万博とも重なりあい、さらにおそらくは、郊外を含む人工的なテーマ・パークのような空間が各地で急増した「バブル経済」という、大阪万博と愛知万博の〈間〉にまでも入り込んでいく。バブル経済の象徴的な疑似都市空間として、東京湾の「夢の島」でヤノベが一九九三年に第五福竜丸展示館で作品を並べたことも視野に入れるならば、そこでヤノベの創造的理解が何を志向していたのかも、如実に察しうるだろう。

「まっこうから矛盾する「子供」と「都市計画」」（椹木、80）。この両者を再編集したヤノベの世界は、椹木も示唆しているように、浅田孝が元軍事施設区の上に子どもの国という公園を設計したように、「廃墟」の上に「デザイン」として成り立っている。いうまでもなく、その「廃墟」のデザインには、チェルノブイリの立ち入り禁止市区をも加えてもよいのだが、その廃墟がより切実に「廃墟」として受け止められているのは、それが「子供」や「未来」に関わる空間としてデザインされている、という事実によってである。《子供の都市計画》が「廃墟」として浮かび上がらせているのは、《マンモス・プロジェクト》に象徴されていた産業至上＝市場主義による「破壊」への言及である。だがそれと同時に、実際の子供の参加を促すこの新しいアプローチは、遊園地や保育園のような「環境」の再生をも含んでいる。この企画から結晶化しているのは、すでに《子供の都市計画》のために作製された一部の作品を取りまとめた《Kindergarten》（二〇〇五年）に他ならない。

六　《子供の都市計画》と《Kindergarten》

《Kindergarten》では、チェルノブイリの保育園で見た玩具の馬を、「ロキング・マンモス」として再現し、大きい黒板を壁に設置し、そこに未来に向かって書かれる明るいメッセージとチェルノブイリの保育園の壁で見た太陽の図とを、ネオンで再現している。そして、アトム・スーツを着ている「トらやん」人形の巨大ロボット版「ジャイアント・トらやん」も加わっている。このようなコンセプトは、ヤノベ作品世界における、さらにもうひとつの要素を浮き彫りにしている。それは、再生する「物語」である。物語は、一つの幻想としてそれを聞きに集まった人たちの共同体験を紡ぎだす。二〇〇七年と二〇〇九年にヤノベは二冊の絵本を出版し、二〇一〇年には球体の画面に物語を投影し、さらに同じく二〇一〇年に《ミュトス》という企画を開く。それに共通しているのは物語という要素による非日常・祝祭的な空間の再現である。

『トらやん大冒険』（二〇〇七年）は展覧会の一要因として構成されているが、ヤノベのドローイングで「トらやん」というキャラクターが拾った小さい太陽から始まる冒険が語られている。小さい太陽を大きいロボットに入れると、ロボットが多くの氷を溶かし、トらやんが仲間と一緒に作った船で洪水を免れ、新しい世界を切り開く。『ラッキードラゴンのおはなし』（二〇〇九年）には、おとなしい主人公の男の子はトらやん人形に導かれ、（ヤノベの彫刻でもある）黒い太陽の中へドラゴンと化した船に乗って、不思議な街の大変身を体験する。被曝した漁船と同名の船に乗って、冒険に出かける話は、今度は絵本形式で万博開場を空想の中の旅として再現している。《ミュトス》は序章、第一章「放電」、第二章「洪水」、第三章「虹のふもとに」から構成された仕掛けインスタレーション展示である。序章はヤノベ自身の解説による「ある物語」と呼ばれた物語だが、それが、チェルノブイリで撮影した写真を編集して、球体スクリーンのうえに映されている。放電と洪水という力強くも破壊的な人工・

自然現象の最後に、チェルノブイリで拾われた保育園の人形が現れ、虹に向かって瓦礫の山を登っていく。球体画面に流される「ある物語」は、チェルノブイリで拾った人形が《トらやん》へと変身を遂げる物語である、それはいわば、ヤノベの作品構想の見返しである。

＊

《アトム・スーツ：大阪万博》を始め、《子供の都市計画》や絵本『ラッキードラゴンのおなはし』からは、何が再確認できるだろうか。一言でまとめるならば、ヤノベがいかに自分の作品の集大成を組み換えや再配置しながら、そこに万国博覧会を再現しようとしている、ということである。しかも彼の初期作品から、原子力への関心は、進歩あるいは開発と破壊、さらには汚染などの観念と結びつきながら、彼の展示空間において様々に変奏される。博覧会という、すでにその構想のうちに「人類の進歩」や「開発」といった物語を孕んだ展示空間が、ヤノベの想像力の〈器〉である。その〈器〉とそれを構成する様々な疑似体験の〈器〉とは、祝祭的な場ならではの方法で政治、経済、社会的な現実を〈映し〉出す。ヤノベが固執している祝祭的な展示空間に対して、再生への「ある物語」を「吹き込もう」とする inspiring の姿勢──。それは彼の芸術家としての自伝的発言に発端を置き、その作品展示を映画撮影の現場のような方向へと導いていった。

《アトム・スーツ》の最新の変容である《サン・チャイルド》は、ヤノベの福島への度重なる訪問（立ち入り制限エリアへの取材）の過程で構想されたものである。トらやん人形のように《サン・チャイルド》にも仲間がおり、それらが大阪万博や夢の島の《第五福竜丸展示館》などを訪れている。図像的な表現としては、鉄腕アトムのような愛らしさ、健気さ、子供らしい決心力が漫画様式で描かれている。手塚治虫風アニメーションやいわゆる「おたく」的な趣味の描き方がいかに軍事主義的過去との複雑な関係の上に成り立っているのかは、大塚英志や東浩紀によってすでに指摘されている通りだが、そうした〈移ろい〉ゆく現象を、ここにも確認することができ

図2　ヤノベ・ケンジ『ラッキー・ドラゴンのおはなし』より

る。それは、「開発」を背景に、転倒から立ち直る「再生」という「ある物語」を端的に現しており、防御ヘルメットを脱いだ状態で、福島第一の二〇一一年の原子発電所炉心融解事故という圧倒的な〈外部〉へと踏み込んだのである。

二〇二〇年オリンピックの《太陽の島》構想は、亀の形をしたシャンデリアや「トらやんの大冒険」にある洪水を免れた船が持ち上げられた島としても、その姿を見せている。絵本ではそのてっぺんにあるのは、本物の太陽と化した小さな太陽である。亀のモチーフはシャンデリアとして「ファンタスマゴリア」という『トらやんの大冒険』を再現した展示にも現れている。さらに、『ラッキー・ドラゴンのおはなし』にある、男の子とトらやんが訪れる大変身した街＝博覧会開場にも小さい太陽を降り注ぐ同じ亀がお祭り騒ぎの場面に加わっている。(図2) オリンピック企画の際、亀の甲羅の頂点は「オリンピア」の女神像に変えられているのだが、そこにはなお太陽のモチーフが残っている。その水上展示空間の構造は、エネルギーの自給自足という理想郷を訴え、ヤノベ自身の解説では未来に浮かぶ移ろいの島日本の姿に重ねられる。絵本の内容に照らし合わせると、それは洪水との戦いの長い夜の後に訪れる朝という物語の反映にもとれる。国際秩序に支えられている国民国家的イデオロギーという〈器〉に基づくメガ・イベントの構成を受け継ぎながらも、そこには別の意味の国家の出現が提示されてもいるのではなかろうか。新しい意味での博覧会やお祭りという〈器〉への〈移し〉とも同様に。

【参考文献】

東浩紀『動物化するポストモダン　オタクからみた日本社会』（講談社、二〇〇一年）

大塚英二「日米講和と鉄腕アトム：手塚治はなぜアトムを武装解除したか」『環』二二号（二〇〇五年）

椹木野衣『戦争と万博』（美術出版社、二〇〇五年）

椹木野衣「「子供の国」から「大阪万博」へ、「大阪万博」から「子供都市計画」へ、「子供都市計画」から「子供の国」へ」、ヤノベケンジ／子供都市計画研究所（編）『ヤノベケンジ：ドキュメント子供都市計画』（グラフ株式会社、二〇〇五年）

ヤノベケンジ／子供都市計画研究所（編）『ヤノベケンジ：ドキュメント子供都市計画』（グラフ株式会社、二〇〇五年）

『ヤノベケンジ1969-2005』（株式会社青幻舎、二〇〇五年）

『トらやんの大冒険』（長澤章生、二〇〇七年）

『ラッキードラゴンのおはなし』（サンリード、二〇〇九年）

『ウルトラ　ヤノベケンジ　アートプロジェクト二〇〇八―二〇一三』（株式会社青幻舎、二〇一三年）

吉見俊哉『万博幻想　戦後政治の呪縛』（筑摩書房、二〇〇五年）

Oda Masanori. "Welcoming the Libido of the Technoids Who Haunt the Junkyard of the Techno-Orient or The Uncanny Experience of the Post-Techno-Orientalist Moment." Bruce Grenville (ed.) The Uncanny: Experiments in Cyborg Culture, Arsenal Pulp Press an Vancouver Art Gallery, 2001.

イラスト1：《太陽の島》模型（Cinematize 展示様子、高松美術館、二〇一六年）

イラスト2：『ラッキードラゴンのおはなし』所収ドローイング

＊本論執筆に当たって、一部鹿島美術財団研究助成金を受けている。

［コラム］ Porosité ポロジテ

糸永・デルクール 光代

空間とは虚であって実ではなく、空間が生き呼吸するためには[1]、私たちの自由なイメージ「うつわ」の展開に委ねられる。住まいの空間や都市の形成は、その「うつし」ではないだろうか。あるいはその逆かもしれない。

I ポロジテとは

「Porosité」（多孔質・空隙率）は、ラテン語の poros (passage) と sitas (spaces) を語源とし、主に産業・科学分野の用語ながら、フランスでは最近、人材マネージメントやデザイン、都市計画の分野で日常的に使われている。本稿では各分野における「ポロジテ」の定義と新しい解釈を試みる。関連する社会文化的な現象がマーケティングによる意図的なものであれ、デジタルネイティブのミレニアム世代による自発的なものであれ、従来は閉ざされ対峙していた二つの世界に透過性がみられ、新しいコミュニケーションが生じているようだ。また、都市計画において「ポロジテ」をコンセプトにどのような提案がなされ具体化しているのか、そして「ポロジテ」という空間が、これからの都市生活に与える可能性を探る。

ポロジテとは、固体物質が小孔や割れ目、粒子間空隙などの空間を含む量を表す尺度であり、物質の全体積に占める空間の体積の割合で示される。また、理論的には環境における空白と充満の関係を指し、同義語は「perméabilité」（滲透性）、「transparence」（透明）。英語圏の建築・都市計画用語「porosity」または「porousness」は、ヴァルター・ベンヤミン[2]が一九二六年のエッセイで、ナポリを多孔質な街と呼んだ事に由来するという。昼と夜、喧騒と寛いだ時間、戸外の光と室内の陰影、通りと家の境界が曖昧で、街は全てが予想外に展開する舞台となり、即興性があると描写した。

日常におけるポロジテ現象は、インスタ・フェイスブック・ツイッターなどソーシャルメディアの発達によって、憧れの人たちの日常を垣間見ることができ、自分の日常にその人たちの日常が入ってくることがあげられる。

ポロジテという言葉が科学、産業分野以外で使用されることを発見したのは、バスティーユのデザインセンター「Lieu du Design」の講演会においてである。二〇一六年の夏まで、デザイナーと企業の連携・交流を目的として、月一回「parcours de designer」(デザイナーの軌跡)と称する講演会が開催されていた。二〇一三年一一月の講演会では、若手デザイナー、ノエ・デュショフール＝ローランスが、モンパルナスタワー56階にある展望レストラン「Ciel de Paris」の改装について、ポロジテという言葉を象徴的に使って説明した。パリの夜景がガラス窓を通して内側に反映される印象を強調するために店内の天井に多孔性を思わせる鏡を幾つも施し、内と外の境界をなくすことを意図したという。通常、眺望レストランでは外の風景が注視されるが、デュショフール＝ローランスは、レストランの内部空間の豊かさを楽しんでもらう、というアイデアを展開した。

Ⅱ　ポロジテ現象

企業の人材マネージメントにおける使用例として、フランス最大の民放TF1局では「Performance & mixité」(業績と混合)をテーマとする人材養成の枠組みに porosité があるとし[3]、それは proximité(親近性)、fluidité(流動性)および flexibilité dans l'espace et dans le temps(時空間の柔軟性)という類似語を使用して説明がなされる。具体的には、従業員同士のコミュニケーションを容易にするために、オープンスペース、快適なカフェテリアなどの共有・交流スペースを充実し自宅勤務システムや女性社員を対象とするメンタリング制度を導入し、男性の占める割合が高い管理職に風穴をあける形で女性の参加を促進する[4]。

マーケティングの分野におけるポロジテ例として、スペイン国境に近くフランスのチョコレート発祥(一七世紀）の地、バイヨンヌのアトリエ・デュ・ショコラがある。店内に透明なガラスで仕切られたチョコレートづくりのデモコーナーがあり、客は商品を選びながらチョコレートが作られていく過程を垣間見ることができる。アトリエをブランド名に取り入れた理由は、手づくりのチョコレートであることを強調し、デザートやチョコレートのワークショップを開催して顧客にチョコレートの世界を身近に感じてもらうと同時に、ブランド特製の製品を特別価格で提供して顧客ロイヤルティの向上を図ることだという。

銀行・金融分野にもポロジテ現象がみられる。過去一〇年間に、フランスで広告表現が最も変化した分野の一つは銀行である。その背景には、二〇〇八年のリーマンショックを境に、銀行に対して顧客の不信感が募ったことが挙げられる。同時にローコストのデジタル・バンクが市場参入し、「最低価格であなたを守る銀行」、「クレジットカードの無料発行」などのキャッチフレーズで、機能的、柔軟なサービス価格を提供するようになり、競争が激化した。従来の銀行は、それに対抗して顧客と同等のレベルで対応・取引する姿勢を示すため、透明性と身近な存在を強調する広告を展開するだけではなく、店内改装に着手した。壁の向こうで何が起こっているかが見えない、という不信感を軽減すべく、入り口のバリアー的なカウンターを排除し、居間のような寛ぎの待合室を設け、二つの世界の境界は残しつつ、顧客が銀行の世界を「垣間見れる」店舗レイアウトを取り入れた。

一例として創立一八九四年、フランス農業従業者の80%を顧客とするクレディ・アグリコル銀行、イル・ド・フランス地方の新店舗に関する顧客向けメッセージは、「あなたと築きたいと思っている関係を表現した、友好的で透明な空間」である。デジタル化により銀行店舗を訪れる回数が減少していく中で「顧客は銀行に親近性・信頼、エキスパートとしてのサービス充実をこれまで以上に期待している」という同行の顧客インサイトを、店舗レイアウトに反映したわけである。同時にクレディ・アグリコルは、二〇一一年から、ボランティアで志願した顧客を広告に起用している。モデル代・版権に係るコストの削減は別として、「実在の顧客」が語る信憑性、身近な銀行としての存在を強調する意図が読み取れる。

食の分野におけるポロジテ

欧州市場では、食の危機が相次いでいる。一九九六年の狂牛病、二〇〇〇年の鶏肉ダイオキシン汚染、二〇一二年は挽肉から大腸菌検出、二〇一三年は冷凍食品メーカーがルーマニア産馬肉を牛肉と偽りラザーニャに使用し、二〇一七年にはベルギー・オランダで発生した殺虫剤フィプロニル混入の卵汚染があった。今までは一方的に受け入れていたが、食の危機により信頼を喪失したという意識が消費者アンケートに反映されている。食品に危険性があるとしたフランス人は、一九九五年の25％から二〇一八年72％に増加した（Team Creatif 調査）。こうした中、欧州連合は「農場から食卓まで」を原則とし、食品・飼料供給の全行程を対象とするトレーサビリティ、HACCPシステムの促進などの政策を進める。自分が食べているものは誰が作り仕入れたのか、という消費者の疑問は、情報を自分自身で把握し自分の行動に社会的な意義があるという認識へ導いている。農薬の食品汚染による子供たちの病気に対処し、オーガニック食品の給食運動を推進する村のドキュメンタリー映画[5]には大人を覚醒する効果があった。インターネットを利用した生産者と消費者との参加型取引が進んでおり、こうした直接取引は農業従事者にとって、収入確保手段の1つになっている。現在、欧州連合予算の約40％が農業助成金に充てられているが、EU予算の拠出額が約12％のイギリス離脱により、予算縮小は免れない。

若手シェフのレストランには客席から厨房が「垣間見える」つくりが多くみられる。「閉ざされた空間である厨房と客席との間には緊張が生まれる。客のテーブル番号で注文された料理を用意するのではなく、お互いの顔が見えるコミュニケーションの場にしたい」という意図が具現化している[6]。

二〇一八年八月に亡くなったフランス料理の大シェフ、ジョエル・ロブションは、銀座の鮨店「すきやばし次郎」の小野二郎氏との三〇年にわたる親交を通して、調理人が顧客の反応を見ながら料理を作るのが本来の姿であると思い始め、二〇〇三年にパリと東京にカウンター式の店「ラトリエドゥジョエル・ロブション」を開店したという[7]。以前、フランス料理店の厨房の多くはトイレの隣や地下にあり、ある意味で修羅場だった。

ポロジテ現象は、異なる分野における危機に対する問題意識と解決策から生じたといえる。デジタル化、グローバル化の影響があり、境界の一部解放による人間関係の変化、そして境界は保ちつつも相互間の繋がり、やり取りが可視化している。

Ⅲ　建築におけるポロジテ

原広司の有孔体理論[8]、アメリカのスティーブン・ホールの porosity 論の様に、フランスにもポロジテコンセプトを展開してきた建築家がいる。一九三三年生まれのアンリ・ゴダン（Henri Gaudin）は、パリの南に位置するチャルレティ競技場の建設やギメ東洋美術館の改装を担当した建築家として知られる。都市空間において、身体の延長にある住居と戸外の境界を解放する「ポロジテ」[9]空間に注視してきた。

「全ての建築は通路を課題とし、本質的に敷居（壁のないところ）について考察する」とし、住む人を迎える空間、異質の人々や要素が共存する都市づくりを提唱する。異質のものが混在する街づくり思想の背景には、地方出身者・移民・低所得者そして経済的に恵まれたボヘミアン的ライフスタイルのボボと呼ばれる人たちが雑多に暮らすメニルモンタン地区[10]に住んでいたことも影響したようだ。都市が思想や行動を形成する一例ではないだろうか。アンリ・ゴダンは、フランソワ・チェンの「Vide et Plein」（空白と充満）の影響を受け、空白が可能性を創出すると前述の著書で述べている。

クリスチャン・ド・ポルザンパルク（Christian de Portzamparc）は、パリ13区のマセナ地区改造（一九九五―二〇一二年）に当たって一九七〇年代に発想した「îlot ouvert」（開かれた小島）コンセプトを展開した。建築家として駆け出しの頃、アンケートによって住民の意見を取り入れる心理社会学の経験をしたことから、住みやすい建築を心がけているという。建物と建物の間、光、眺めを解放し、全ての建物に日当たりを確保するために南西方向の建物を低く設計し、均質を避け、異なる素材・形態を使用した。異なる小島でモザイク型に形成される都市空間は、不確実で偶然性を内包し、ベンヤミンがナポリについて描写した即興性に通じるものがあるようだ。

アンリ・ゴダンとクリスチャン・ド・ポルザンパルクとの共通点は、二人とも、建築と通り形成の関係性を重要視していることだ。通りを往来する人々が都市の表情を創るからである。ド・ポルザンパルクは、都市には3つの時代があると説明する。第一期は一九世紀のオスマン都市計画にみられる、閉じた通りに密接し閉塞した建物群、第二期は一九七〇年代の都市計画に象徴される、通りの形成が見られない街、そして第三期は小ブロックが解放された形で形成される多孔質の都市である。[11] ド・ポルザンパルクは、老子の「虚に暮らす」に影響を受けたという。過去から未来への重なり合った時間の流れに生きている私たちにとって、虚の空間・隙間が将来の需要や変化を可能にすると述べる。[12] その思考には、日本の建築・都市計画家、大谷幸夫が、一九七九年に「空地（くうち）の思想」において、都市の中に「あそびの空間」をつくり、人々の交流や活動のベースとなる場所を構想したことに通じるものがあるのではないだろうか。

戦後、特に一九七〇年代から都市の急激な過密化によって空間が飽和していく状況に疑問を持った、異なる国の建築家たちが東洋思想を取り入れ、それぞれ独自のコンセプトを展開しながら、都市における呼吸空間、つまり隙間の必要性を説いていることは興味深い。

二〇一三年に公表されたグラン・パリ・エクスプレス計画は、パリ首都圏の公共交通網を充実し、パリを通過せずに郊外間を行き来し、また郊外とパリ間の通勤を容易にすると共に、パリへの集中化を避け、郊外の各地域における雇用の創出を目的とする。グランパリ〝Le grand Pari（s）〟とは「大きなパリ」と「大きな賭け」を意味する。持続可能な社会に向けて、市民に車の代替移動手段を提供するとともに、大気汚染と交通渋滞を軽減し、環境にやさしく住みやすい大都市圏を構想する。具体的には既存の地下鉄路線を延長し、郊外をつなぐ新メトロ線（15／16／17／18線）を敷設する。総工費三五〇億ユーロ、全長二〇〇km、68の新駅が二〇三〇年までに完成予定である。プロジェクトを指揮するフランス政府・交通通信省は、建築・都市計画家、計10の事務所（フランス国内6、国外4）にエコロジー、交通網の再編、郊外開発を軸とする提案を要請した。二〇〇九年二月までに一〇案が提出されたが、中でもイタリアのパオラ・ヴィガノとベルナルド・セッキ（二〇一四年没）の《スタジオ09》による「多孔質の街」（La ville poreuse）提案は、京都議定書後の首都圏をテーマにし、二一世紀の都市問題としてエネルギーと安全な水の確保、モビリティ・雇用・格差修正に焦点を当てたものである。

パリを中心に放射状にインフラ整備をするのではな

く、郊外に幾つもの経済・住宅地を形成し、ネットワーク化する構想である。また、河川流域（セーヌ川、マルヌ川）を拡大・整備し、水辺・湿地ゾーンを再形成することにより新しい居住区と雇用の創出を図るとともに、四〇年以上経った工業地帯の活性化を目指す。セーヌ川は、河川輸送を容易にするために、一二〇の小島・中洲のうち約一〇〇が削除されるなど、人工的に改修されてきたが、戦後の都市化と車社会の発達により、一部の河川流域は廃棄された空間となった。

緑のある水辺に暮らせるように川岸の周辺を再開発し、新しい都市空間・住居と雇用を創出するプランがフランス国内で具体化した例に、ローヌ川の河川輸送で栄えたフランス第二都市のリヨンがある。ロンドンやハンブルグ港の環境・都市施策を参考に一九九〇年代に廃れた工業地域を、商業・レジャー・住宅・公園をモザイク的に設置した形で再開発中である。ソーヌ川とローヌ川が「合流」する河岸地帯にあり、「Confluence」長期プロジェクトとして、リヨンの新名所となったコンフリュアンス博物館（コープ・ヒンメルブラウ設計）、キューブ・オランジュ（キューブ型オレンジ色の建物）や旧砂糖工場を改造したアート・イベントスペースのラ・シュクリエールなどの建造物によって魅力的な都市づくりがなされている。

過密都市パリでは、持続可能な環境づくりの一環として、かつてパリ周辺の庶民地区を連結していた環状線路（Petite ceinture）沿いを再利用し、散歩道、野生の動植物が生息可能な緑地スペースを整備・拡張中だ。廃線後に一時は遺棄されていた空間の清掃・緑化管理を4つのアソシエーションに委託し、雇用創出にも役立てている。また、旧環状線のマセナ駅は、都市の農園と市場を兼ね備えた建物に改造される予定である。

日本の都市空間には隙間が点在しているが、それが柔軟性につながり、新しい環境への対応を可能にする余地を作っているのかもしれない。土地には建築規制がかかっているものの、土地の所有者はそれを守れば敷地内に自由に建物を建てられ、増改築が可能だ。敷地にはそのサイズに応じて空地が設けられ、隣地との境界は少なくとも0.5m離さなければならないという法的制限により必然的に隙間が生じる。個々の土地の建物はゆるやかに繋がる。建物のファサードが通りに面し、ほぼ均一的な景観の保存が重視されるヨーロッパの都市と異なり、個人のライフスパンと意思によって建物が変化し都市の風景が変容する。「見えがくれする都市[13]」に、「西欧の都市づくりでは絶えず全体と部分との関係が早くから重要視されてきた一方で、日本の都市づくりは、僅かな小空間の中にも自立した宇宙を見いだし、部分は実は全体であるという認識を早くから強めてきたのではないか。一個の家屋に対応するのは、風土、気候を含めた、大げさにいうならば大自然」という記述があるが、こうした自然観は、グローバル化する時代にあって、東西を問わず広がっていくだろう。

藤本壮介が設計した大分県の住宅HouseNは、敷地内に入れ子状に重なる穴だらけの三つの箱によってできている[14]。内部と外部のあいだの「ぼんやりとした境界」に包まれて小宇宙が形成される。三つの入れ子状の箱の重なりによって、家は単に壁によって囲まれた閉じた場所ではなくなり、「だんだんと」変化していく内部から外部への領域の変化の場となる。それが拡大した形で、クリスチャン・ド・ポルザンパルクの小ブロックを幾つも形成することによって、場所の豊かさが拡張される。都市の圧迫感・閉鎖感に対して通気性が生じる。そして開放性を組み入れた空間づくりと演出によって、新しい形のコミュニケーションが生まれる。多孔空間によって将来の需要に応じて改築や変形が可能になる。単なる通過動線としての通り路ではない人の動きが生まれて、気がつけば偶然と発見がある。それが、都市に「Mieux vivre ensemble」（共によりよく住まうこと）に繋がっていく。

ポロジテは、有機的な隙間を生かし、職場やレストラン、住居など日常の様々な場所での風通しをよくする創意・演出がみられる空間であり、より魅力的で暮らしやすい生活への可能性を秘めている。

【注】

（1）坂崎乙郎、一九七一「空間の生命―人間と建築」鹿島出版会。

（2）ヴァルター・ベンヤミン　一九九七「ベンヤミンコレクション〈3〉記憶への旅」筑摩書房、The Guardian: https://www.theguardian.com/cities/2015/sep/21/walter-benjamin-marseille-moscow-cities, http://www.naplesldm.com/benjamin.php

（3）フランス民放ＴＦ１局　取締役社長 Gilles Pellison（ジル・ペリソン）の「企業における女性の地位・進

六日）。

出」をテーマとする講演会（パリ、二〇一八年六月

（4） フランス企業の経営層・幹部職の多くは男性が占めている。男女職業平等法では、五百人以上の従業員、年収五千万ユーロ以上の企業は、ボードメンバーの40％が女性でなければならないが、現状では平均して24％にすぎない。

（5）「Nos enfants nous accuseront」（未来の食卓）二〇〇八年。

（6） 人気テレビ番組「トップシェフ」の優勝者（二〇一〇年）ロマン・ティシェンコ談。

（7） 読売新聞オンライン記事：巨匠二人の絆…ロブションを笑顔にした「次郎」の鮨（二〇一八年九月二一日）

（8） 京都駅の開口部は空に広がり、マチュピチュの両翼を広げるコンドルの岩を思わせる。当初（一九六七年）の皮膜に穴（窓）をつけるという二次元的発想から、三次元的な広がりに発展した。

（9） Henri Gaudin 2003「Seuil et d'ailleurs」（敷居とどこか）Imprimeur 社。

（10） 日本通で若者を対象に無料の調理師養成学校を経営し、二〇五〇年（世界の人口が九八億人に達すると予測）に向けて食糧安全保障をテーマに大学で研究を行う社会派のシェフ、ティエリー・マルクス（Thierry Marx）もメニルモンタンで育った。

（11） 多孔質の都市として知られているのは、バルセロナ旧市街だ。活性化都市計画として過密街区のあちこちに穴を開けるように公共空間を創り出す「多孔質化」という手法で語られるその政策は、大規模再開発とは全く異なる方法によって、魅了的な界隈を創出した。

（12） Christian de Porzamparc《les dessins et les jours》2016, Somogy édition d'Art

（13） 槇文彦他「見えがくれする都市」一九八〇　SD選書。

（14） 隈研吾「境界」二〇一〇年　淡交社。

モンパルナス・タワー56階の眺望レストラン《Ciel de Paris》
© Noé Duchaufour-Lawrance

Îlot ouvert コンセプトのイラスト
© Christian de Portzamparc architecte

都市の３つの時代

・第１期:19世紀のオスマン都市計画にみられる、閉じた廊下のような通り（rue–corridor）に密接し閉塞した建物群（îlot fermé）

・第２期：1970年代の都市計画に象徴される、通りの形成が見られない街（open planning）

・第３期：小ブロックが独立し、ほぼ自由に解放された形（îlot ouvert）で動的、開かれた通り（rue ouverte）を形成する多孔質の都市

リヨン　コンフリュアンス再開発地区

コンフリュアンス博物館　© Laurence Danière 2018

コンフリュアンス（ローヌ川とソーヌ川の合流地区）鳥瞰図　© Desvigne Conseil 2018

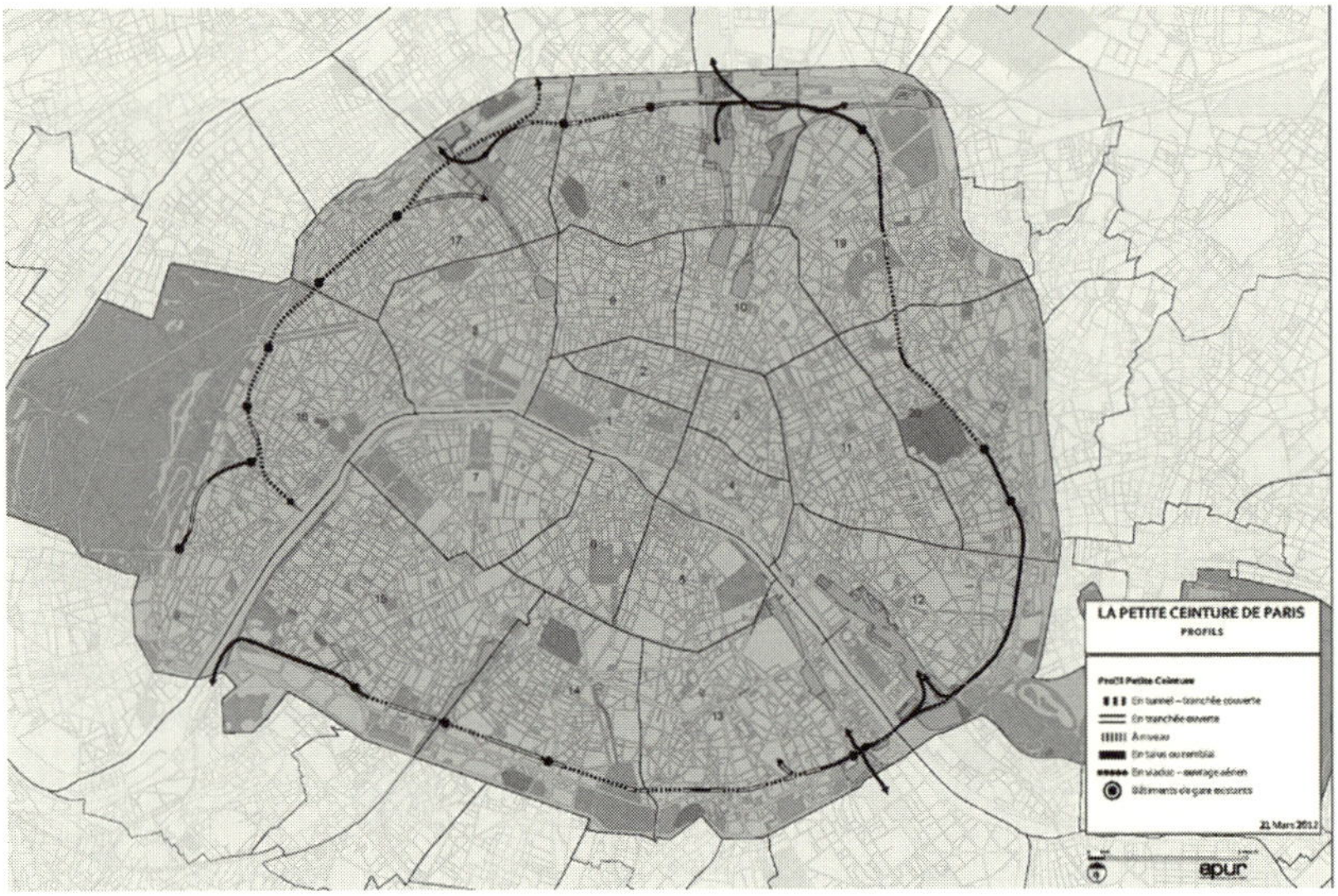

パリの旧環状線路　プチット・サンチュール（Petite ceinture）　©APUR
1862年から旅客用に開通し庶民の足となっていたが、他の交通手段（地下鉄・車）の発達により旅客輸送は1934年、貨物輸送は1993年に廃線

Petite ceinture 沿いのコミュニティ共有庭園
《jardin partagé-rue de Coulmiers》　© vert-tige
Vert-tige は、パリの共有庭園を全体管理するアソシエーション。

万物一如体験の主体は、個的自我を棄失するとともに、自らあらゆるものに成るのである。この体験の渦中にあっては、人の霊魂は野獣とも草木とも、また海波に躍る魚類とも、地上を匍う爬虫類とも、その他ありとあらゆるものと渾一不可分に合一融合することを親しく味得する。もとよりこのような体験は、超時超空の絶対的境域に於いてのみ成立するものであるが、「永遠の今」に於けるこの「一即一切」も、これを体験の主体が、後から反省的に追求検察しつつ時間の一線上に展開すれば、幾万却の期間にわたって霊魂が転々と一から他へ生れかわり変形して行くという輪廻転生の形をとらざるを得ないのである。

井筒俊彦『神秘哲学』一九四九年、慶應大学出版会、二〇一三年、二二〇—二二一頁

第4部　《輪廻転生》

——時代錯誤から自己同一性の再定義へ

東洋人アメリカ発見説とその転生——日本の写しとしてのインカ帝国幻想

橋本順光

日本におけるインカ帝国への関心の高さは、諸外国でも類を見ない。太陽の子と称する王による神権政治と高い文明、スペインによるあっけない滅亡と黄金の略奪、そして今も愛好される古拙な織物や陶器。定期的に開催される展覧会は多くの観客を集め、インカ帝国をめぐる書籍や物語も枚挙にいとまがない。そもそも、こうしたインカ帝国熱は一九二〇年代に始まる。かねてから南北アメリカの先住民は、アジア大陸から渡来したといわれてきたが、その副産物として、インカ帝国は日本人が建国したというもっともらしい説が生まれ、折からの北米との対立とあいまって人気を博したのであった。人類の大移動を言うならば、起源として無視できないのはむしろ中国大陸であるはずだが、インカ帝国は一五世紀頃に成立したため、直接、日本からの影響があったかのように論じるのに好都合だったのである。ちょうどインカの古陶が日本の陶磁器の写しと考えられたように、インカ帝国は太平洋の向こう側のもう一つの日本であったかのようにとらえられた。そして日本のインカ帝国幻想もまた、実のところアメリカ大陸の「発見」をめぐる議論を写しとったものだったのである。こうした幻想は戦後も転生を続け、その副産物として現在のインカ帝国への高い関心があるといってよい。以下、インカ帝国に映し出された幻想とその移りをたどっていきたい。

一　アメリカ大陸と中国古代史の交錯

始まりは、アメリカ大陸の「発見」をめぐる混乱だった。誰がアメリカ大陸を発見したのかという問いは、今日において不毛な試みでしかないが、この問題は、長くアメリカのあるべき姿を問うことと重ねられてきた。アメリカという大陸を支配するのは誰が適切なのか、その正当性を裏付ける一つの神話として発見の歴史が構想されたからである。その際に躓きの石となったのが、いわゆる先住民族だった。実のところコロンブスが発見した「人々」は、当時の聖書に基づく世界観と大きく衝突するものであった。人類の先祖は、セム、ハム、ヤペテというノアの三人の息子のうちのどれかにたどれるはずという前提では、説明がつかなかったからである。それゆえに彼らは人間ではないという暴論まで生まれ、この議論は、アメリカの植民地化を正当化する根拠にまでなったのだった。こうした聖書を悪用した容赦ない征服と搾取に対して、ドミニコ会のラス・カサスが敢然と反論したことは、日本でもルイス・ハンケの古典的名著『アリストテレスとアメリカ・インディアン』（一九五九）が翻訳されて以降、染田秀藤氏の一連の翻訳と研究によって知られている通りである。

こうしたアメリカの「発見」と同じくらい聖書に基づくヨーロッパの世界観を揺るがせたのが、中国の「発見」であった。一七世紀を中心に、布教のために中国を訪れたイエズス会士により、中国の歴史が系統的に紹介され、その綿密に記録された歴史は、欧州に大きな衝撃を与えた（Kley）。当時、アジアの人々はヤペテの末裔と考えられていたのだが、その切れ目なく続く中国歴代王朝の歴史書には、あるべきはずのノアの大洪水が記録されていなかったのである。聖書の記述に従って、天地創造の年を算出し、そこからノアの大洪水を経て現代にいたるまで、すべてが連続するような年代記がヨーロッパでは整備されてきた。特に有名なのは一七世紀アイルランドのジェイムズ・アッシャー大司教による計算で、彼によれば天地創造は紀元前四〇〇四年に、ノアの大洪水は紀元前二三四九年に起こったという。イエズス会士の方も、中国の伝説上の皇帝を勘定していたので、どうしても両者の年代記は衝突するのであった。アメリカの「発見」と異なり、文書の記録に基づく中国の歴史と聖書の矛盾は深刻で、伝説の禹の治世で起きた大洪水と治水とをノアの大洪水に比定しようとする試みや、ノアにあたる人物を中国の皇帝から探し出す作業など混乱と議論が続き、その結果、聖書に基づく年代記の権威はゆっくりと失墜していった。余談ながら、こうした聖書年代記は皮肉にもアメリカのキリスト教原理主義者の間で生き延びることとなる。例えば進化論を学校で教えるべきかどうかをめぐる一九二五年の通称スコープス裁判では、アッシャーによる紀元前四〇〇四年天地創造説が言及され、この騒動を日本でいち早く紹介した牧逸馬は、『世界怪奇実話全集』（一九三二）最終話「白日の幽霊」でアッシャーの奇説を冗談交じりに登場させている。

実際、信じるかどうかは別として、アッシャーらが作り上げた年代記で、アメリカと中国という二つの「発見」を矛盾なく説明することは可能だった。そんな弥縫策の一つこそが、アメリカ文明中国起源説である。ノアの息子ヤペテの子孫が中国の基礎を築き、さらにそこからアメリカ大陸に移住することで、インカやマヤの文明が生まれたというわけである。この説を展開したのは、一八世紀フランスのイエズス会士ジョセフ・ド・ギーニュであった。彼はまた中国文明はエジプトからの移民によって始まったのであり、漢字はヒエログリフにほかならないと主張したことでも知られる。奇矯に響くものの、地中海を中心とする聖書の世界観で、すべてを説明しようとする姿勢は一貫しているといえるだろう。一七六一年、ド・ギーニュは、『梁書』にある九世紀の僧侶慧深の記録に注目し、彼が仏教を布教したという扶桑国はメキシコを指すのではないかと考えたのである（App: 2010: 207）。日本では扶桑は自国を指すと考えられ、日本の美称ともなっているが、この扶桑をド・ギーニュはメキシコと主張したのであった。

ただし、聖書年代記の権威が絶対ではなくなっていた一八世紀にあって、ド・ギーニュの説は、かつての強引な編入という色彩を強く残しており、時代錯誤の感がぬぐえなかった。「俯瞰して観察し、中国からペルーまで人類を総覧せよ」と、印象的な冒頭の対句で「人間の望みの空しさ」（一七四九）という詩を歌ったのは、同時代の英国を代表する文人サミュエル・ジョンソンであった。当時のヨーロッパから最果てと考えられていた二つの地域を組み合わせた“From China to Peru”という語句は、以降、世界の隅から隅までという意味の慣用句となる。そんな新世界からの珍奇で商機あふれる情報に夢中になっていた時代にあって、文字通り「中国からペルーへ」と文明が伝播していったというド・ギーニュの主張は、さして注目されることはなかった。

しかし、この説は一九世に入って転機を迎える。きっかけはドイツの高名な博物学者であるアレクサンダー・フォン・フンボルトであった。今でもペルーの海流やペンギンにその名を残すように、フンボルトは一七九九年から五年に渡って南米を調査し、図版を含め詳細な記録を発表する。同時に彼は、メキシコ盆地の文明をアステカと名付けるなど、中南米で栄えた文明にも強い関心を抱いていた。その一八一〇年の南米探検記で、中南米の文化には中国や日本と共通する点が多いとして、ド・ギーニュに言及しながらアジア起源説を唱えたのである。インカについては、世俗と宗教双方の権力を兼ね備えた祭司王が太陽の子と称して統治する点で、日本やチベットと共通することに注目している（Humboldt: 2012: 293）。さらにメキシコの「十二宮」にもとづく暦は、日本や中国の十二支と類似しているとしてアジアからの伝播を推定し、この説は、例えば第十一版『ブリタニカ百科事典』（一九一一）の「十二宮」の項目にも記載されるなど、長く話題を呼んだ。こうしたフンボルトの枠組みにそって日本について研究したのが、一八二三年にオランダ人と偽ることで来日を果たしたシーボルトである。日本を孤立した文化ではなく、環太平洋的な移動と交流のなかで位置づけようとする大著『日本』（一八三二―一八八二）は、しばしばフンボルトに言及しながら、その向こうを張ろうとした試みにほかならない。シーボルトもまた、インカと日本の政治体制の類似や、アステカの女司祭がいまの日本人そのままに「膝の上に身を沈めて休息する」といったフンボルトの指摘を引用し（357-8）、それらを自説と結び付けている。シーボルトによれば、日本語と満州語はいちじるしく類似しており（339）、ペルー人は日本人とよく似ていることから（355）、旧大陸と新大陸の住人を結びつける「巨大な鎖の一本」（356）があるのではないかというのである。こうしたシーボルトの試みは、日本が帝国化した一九世紀末に、移民や植民を正当化するとしてもてはやされることになる。シーボルトは『日本』で義経＝ジンギスカン説に言及したが、それは日本と満州とが密接につながりあっていた前史ゆえの関心ながら、この奇説は、日本の大陸への雄飛を喧伝する物語として流通していく（橋本：二〇一八）。日本からペルーのとりわけインカへの伝播も、植民の先駆として注目されるようになったのであった。

フンボルトの示唆したアジアから南米への文明の伝播説は、一九世紀以降、多くのアマチュア研究家をひきつけ、続々とアメリカ文明中国起源説ないし中国人アメリカ発見説を発展させることになる。早い例では、一八二七年にモンゴル軍インカ創建説を唱えた英国のジョン・ランキングがいる。彼によれば、一三世紀の元寇の際、モンゴル軍は実は暴風雨で沈んでおらず、ペルーまで漂着して中南米に帝国を築いたという。こうした奇抜な書物は当時、数多く書かれたが、その一つであるヴァイキング北米発見説は一般読者だけでなく専門家も賛同する者が現れ、一大ヴァイキング・ブームを引き起こすこととなった。これはそもそも、デンマークの古物愛好家カール・クリスチャン・ラフンが一八三七年に、ヴァイキングこそグリーンランドやアメリカを発見したと主張する書物を書いたのが始まりである（Wawn）。ラフンはサガに登場するヴィンランドを北米に同定したのだが、以降、同様の手法が東洋学の成果を使って援用されている。キリスト教と仏教は同じ起源をもつというのが持論だった英国のアーサー・リリーのように、こと英語圏では、東洋人アメリカ発見説の証明と提唱に熱心だったのは、いささかエクセントリックな民間の歴史愛好家たちだった。その情熱を駆り立てた影の立役者はラフンの華々しい登場といってよい。

図1
左　ヴァイニングの紹介するメキシコのブッダ
右　ヴァイニング説を紹介する『海外仏教事情』の挿絵

その最たる例が、アメリカのエドワード・ヴァイニングである。彼は大冊『無名のコロンブス』（一八八五）で、ド・ギーニュよろしく『梁書』にみる扶桑をメキシコに同定し、僧侶の慧深こそがアメリカを発見したと主張したのであった。豊富に図版を引用しながら、中国や仏教の痕跡がメキシコなどの遺跡にみられると述べ、例えば世界遺産として知られるパレンケ遺跡に残るレリーフをとりあげ、これぞ結跏趺坐するブッダ像だと述べたのである（図1）。『無名のコロンブス』という題名は、おそらくトマス・グレイのエレジー「墓畔の哀歌」（一七五一）にある「無名のミルトン」にちなんでのことだろう。機会がないまま人知れず田園の墓地に埋もれていった人々に思いをはせる詩にならい、コロンブスに先んじてアメリカを発見した無名の先駆者たちを顕彰しているわけである。これはまた、『ハムレットのミステリー』（一八八一）でハムレットは女であると提唱して苦笑を買ったヴァイニングのような在野の書き手にとって、自身と二重写しになったであろうことは想像に難くない。「グリーン」ランドは元来「暗い」土地の意味だといったように、すべての起源を日本に求める平田篤胤や邪馬台国の所在をめぐる著作にも似て、『無名のコロンブス』は雑誌や新聞などで面白おかしく紹介はされたものの、ラフンのような成功を収めるにはいたらなかった。

しかし、二つの大戦を経て、この奇妙な説をめぐる状況は大きく変化する。第一次世界大戦後、文明とその調和というキーワードが流行したのと軌を一にして、欧米のアカデミズムでは伝播説に光が当たり始める。西洋文明は独立独歩の存在ではなく、エジプトや西アジアとの接触や刺激の中で誕生したととらえるような歴史観が流行したのである。それゆえ英国のエリオット・スミスのように、世界のすべての文明はエジプトに起源を持つといった極論を提唱する研究者まで現れた。もともとスミスは、今日でいう帰還兵のＰＴＳＤを記録した医学者であり、太古に人類共通の文明があったと仮定する彼の主張が一定数の共感を得たのは、戦争による外傷を補償する作用でもあっただろう（橋本：二〇〇九：90）。彼はヴァイニングではなくフンボルトに多くを依拠しながら、南米にエジプトと同じピラミッドを見出し、インドの象頭の神ガネーシャがパレンケのレリーフに描かれていると主張したのである（Smith: 52）。なにぶん現地調査が容易に行えず、不鮮明な図版に頼らざるを得ないこともあって、こうした伝播論は、その後も一部ではあるが、アカデミズムでも継続して提唱されることになる。

移動が容易かつ安全になった第二次世界大戦後には、独自の調査に基づき、新旧の大陸をめぐる伝播論の研究が相次いで刊行されていった。大戦中に米国に亡命していたハイネ＝ゲルデルンはその代表で、ウィーン大学に戻り、中国から渡来した人々が中南米の文明を築いたという自説を展開した。しかし、調査が進めば進むほど、明らかになってくるのはむしろ相違点の方であった。そもそも往古の技術で太平洋を船で航海することは不可能という批判もあり、そんな批判にこたえて、トール・ヘイエルダールのように自ら筏の船に乗って検証するような冒険家が登場することとなった。その記録『コンティキ号漂流記』（一九四八）は日本でもよく読まれ、同様の実験は今も形を変えて繰り返されているが、これもエリオット・スミスの説と同様、分断され戦いの場となった海に、かつての交易と交流とを読み込もうとする一種の補償作用といえるかもしれない。当初、ヘイエルダールは、インカからイースター島への伝播を想定していたのだが、否定的と判明して後には、スミスそのままにアステカ文明のエジプト起源説にとびつき、一九六九年に再び漂流実験を始めた。一九五〇年代に一時、隆盛した伝播論は、こうして急速にアカデミズムで失墜する一方、六〇年代以降は冒険への郷愁やムー大陸といったオカルティズムの文脈でセンセーショナルに再利用されることになるのであった（橋本：二〇〇九）。

二　東洋人アメリカ発見説からインカ帝国日本起原説へ

こうした欧米の文脈とは異なり、東洋人アメリカ発見説は、日本で独特の受容と転用とを遂げることになる。ことにヴァイニングは、学説として注目された。おそらく日本で最初に紹介されたのは、雑誌『海外仏教事情』（一八九〇）に掲載された「亜米利加洲古代仏教の事」である。アメリカの仏教雑誌からの転載であるが、『無名のコロンブス』（一八八五）を写したパレンケのブッダ像がここでも引用されている（図1）。一八七五年に創立された神智学協会が秘教的仏教という太古の叡智の復権を説き、世界各地で話題になっていた頃のことで、『海外仏教事情』など当時の仏教雑誌には、関連する記事がしばしば紹介されていた。そうしたなか一八九九年から一年半にわたって、正式な派遣としては仏教界から初めて薗田宗恵が北米で布教活動を行っている。この浄土真宗本願寺派の高僧は、『海外仏教事情』で知ったのか、ヴァイニングに共感し、仏教の痕跡を残すマヤ文明を一目見ようと望んでいた。おそらくは、パレンケのブッダ像あたりのことだろう。サンフランシスコを去ってドイツへ向かう前、一九〇〇年一一月に薗田はメキシコを旅したが、時間切れで念願のユカタン半島まで足を延ばすことはできず、日誌からも確信を抱いたのか失望したのか知る由はない（蘭田）。

ただし、どうやら蘭田はヴァイニング説を信奉していたらしい。カリフォルニア大学東洋学の教授であったジョン・フライヤーが、仏教徒アメリカ発見説を紹介する蘭田について肯定的に紹介しているからである（Fryer: 1901）。長く中国に滞在していたフライヤーは、『仁学』（一八九六―七）の著者である譚嗣同との交友で知られ、ニュー・ソートという霊性運動に深く共感していた。『仁学』で神智学協会が言及されているのは、フライヤーから聞いてのことであろうし、実際、フライヤーが上海で出版したおそらくは講義用の中国の哲学と宗教についての教科書には、神智学の流行について同様の記述がある（Fryer: 1900: 73）。同じ著書でフライヤーは、キリスト教を仏教から発展したと主張する一方で、中国はエジプトによって植民されたと記している（Fryer: 1900: 5）。蘭田経由で知ったヴァイニング説に、フライヤーが飛びついたのは容易に想像できよう。中国での受容をフライヤーのみに帰せられないのはもちろんだが、以降、中国でも中国人アメリカ発見説がしばしば登場するようになる。例えば革命家の学者章炳麟は、一九〇八年にフランスの『現代評論』から着想を得て、同年に法顕アメリカ発見説を発表している。ちなみにこの「法顕発見西半球説」をほぼそのまま紹介したのが、幸田露伴である。「晋の僧法顕南アメリカに至る？　日本に来る？」（一九二九）で、露伴は章炳麟が利用した『現代評論』の漢字表記を人名と勘違いし、かつて京都帝大の文学部で同僚だった東洋史学者の桑原隲蔵に「この荒唐不稽なる章炳麟の珍説に半ば誘惑（？）された」「某博士」と名を伏せて、揶揄されている（桑原：一九六八：230）。露伴は、一九二〇年代頃から思わぬ無知を考証随筆でさらけだすことがあり、これもその一例といえるかもしれない（橋本：二〇一九）。

とはいうものの桑原は、法顕はエクアドルまで行ったという章炳麟の主張を退けているのであって、ヴァイニング説については積極的に賛同している。一方、桑原と並んで東洋史学の基礎を築いた東京帝大の白鳥庫吉は、

「扶桑国に就いて」（一九〇七）という講演で、ド・ギーニュ以降の学説を簡潔に整理しながらヴァイニングの扶桑メキシコ説をはっきりと否定している。さらに白鳥は一〇年後に執筆した「扶桑国に就いて」（一九一七）で、扶桑での見聞を書き記した慧深は「巧妙な詐欺師」に過ぎず、「批評眼の最も発達している西洋の学者に至るまで」その虚言に一杯食わされたのだとまで述べたのであった（白鳥：一九七一：90）。しかし、桑原は依然として「可なり根拠のある学説」と考えていた。一九二一年秋、雑誌『日本及日本人』が、「若し日本人がアメリカを発見して居たら、アメリカ大陸は今日如何に変化して居るだろうか」という質問を各界著名人に送った際、桑原はヴァイニングを紹介しながら、それは「仮定ではなく学説」だと回答している。さらには「ヴィニングの『無名のコロンブス』」（一九二九）という長文まで草し、白鳥の慧深捏造説に理解を示しつつも、関連の資料を博引傍証しながら、この奇矯なアマチュア研究者の主張には、たしかに牽強付会なところもあるが依然としてこれは「学説」と譲らなかったのである（桑原：一九六八：212）。

その際に桑原は、東洋人アメリカ発見説を紹介した自分の回答が『日本及日本人』の編集者を感心させたようで、巻頭に掲載されたと誇らしげに記している。これは『日本及日本人』の中心に志賀重昂がいたからかと思われる。志賀は、一八九三年に榎本武揚が創立した移民奨励を目的とする殖民協会に早くから協力していた。いずれも成功はしなかったが、殖民協会は、一八九七年にはメキシコ、一八九九年にはペルーと、主に南米へと移民を送り込んでいる。内田魯庵の『くれの廿八日』（一八九八）は、殖民協会に触発されてメキシコに理想郷を作ろうと大志を抱くものの、渡航を中止する男の小説だが、奇しくも計画の方も企画倒れに終わったのであった。一八四八年、エティエンヌ・カベがアメリカでイカリアというユートピア建設を試みて失敗したことについて魯庵も言及するように、北米であれ南米であれ、かつて先住民たちが営んでいたと考えられた私有や支配のない社会をアメリカに再現しようとする試みは、一九世紀にしばしば行われていた（リシュタンベルジェ：386）。とはいえ、移民計画の失敗後も志賀は南米への関心を抱いていたと思しい。『続世界山水図説』（一九一六）で、志賀は「東洋人の墨西哥発見」と題し、ド・ギーニュからヴァイニングまでの扶桑＝メキシコ説を紹介しているからである。さらには「日墨同人種説」に触れて、榎本からの交渉に応じたディアス大統領は、「日本人の血を有てり」とメキシコでは知られていると追記している。あくまで伝聞としての言及であり、パレンケのブッダ像についても「東洋的の所もあり、東洋的ならざる所も大にあり」と記すなど、憶測としての説明にとどめてはいるものの、浅くない因縁を強調したい意図は明確だろう（志賀：一九二九：118-120）。それから五年後、アメリカでの排日移民運動がますます強まるなか、アジア人アメリカ発見説にお墨付きを与えた桑原の回答に、『日本及日本人』の編集部が飛びついたのは当然だった。

榎本らがメキシコやペルーに注目したのは、一八九八年の米西戦争に象徴されるように、フィリピンや中南米に対して勢力拡大を進めるアメリカをにらんでのことだった。メキシコはアメリカの南部と隣接し、領土問題でも対立するなど、太平洋を挟んで日本とは利害を共有すると考えられていた。帰化不能外国人といった名称など人種主義が吹き荒れていた米国に対抗して、どこまで信じていたかはともかく、言語や身体的特徴から日本とメキシコの共通点が過剰なまでに強調されたのである。すでに一八九一年の段階で、榎本からメキシコへの植民について調査を命じられた在米特命全権公使の建野郷三は、アステカ文明は日本人と同じ人種が築いており、メキシコと日本ではいくつか共通の単語があると考えていた（Ashmead: 1891: 512）。榎本の計画は失敗したものの、メキシコや中南米は、対立する日米の駆け引きの場となり、東洋人アメリカ発見説は、俄然、政治的な色彩を帯びることになる。日露戦争後には、米国大西洋艦隊が一九〇七年か末から一九〇九年まで一年以上をかけて世界周航を行うなど、米国は太平洋での覇権で機先を制した。その後、一九一一年に練習艦隊の浅間と笠置を率いてメキシコを公式訪問した八代六郎提督は、ディアス大統領による公式晩餐会でメキシコと日本とは「人種的には兄弟」であり、「同じ血が流れている」とスピーチしたのであった（Tuchman: 2004: 30）。志賀が述べた「日墨同人種説」そのままの内容ではあるが、影響関係はともかく、共通の敵であるアメリカに対して共闘を呼び掛けているのは明らかだろう。事実、こうした報告が米国側公文書に残っていることからもわかるように、中南米に対する日本からの接近や宣伝に、アメリカは常に目を光らせていた。

インカへの親しみが日本で生まれるのはこの頃である。『くれの廿八日』でメキシコ移民計画を描いた内田魯庵は、妻の兄弟が南米航路の船で働いており、土産物のインカの古陶を大事に集め、愛玩してやまなかった。魯庵の「秘魯古陶『鳴壺［ホヰスリング・ジャー］』」（一九一五）は、インカ帝国とその陶器の魅力を一般向けに記した最初期の一文である。魯庵は、丸い二つの壺がつながり、その鸚鵡の口から水を注ぐと音が鳴る自身の愛蔵品を、口絵とともに紹介したのだった（山口：二〇〇一：446-7）。さらに二年後のエッセイでは、南米の文明は東洋と酷似しており、なかでもインカは太陽の子と称する皇帝への崇拝や石垣の組み方がまったく日本と同じであり、新旧の大陸に何らかの交通があったことは間違いないだろうと推論している。そうして魯庵は、インカの「古陶を撫摩して数万里外の上古の気分を偲ぶは我家の貧しき書屋の“From China to Peru”である」と結び、英語の慣用句にならって東洋の陶器が南米まで渡っていったことを示唆したのだった（内田：一九八七：92）。しかし、魯庵も苦々しく記すように、インカの古陶はおそらくは「南米移民業者」あたりからすでに日本に入っていた。ちょうど魯庵が自身の「鳴壺」を紹介する一年ほど前に、陶工の坂高麗左衛門九世が、おなじような壺を千鳥形夫婦徳利として萩焼で作り替え、新聞などで広告を出し売りさばいていたのである（山口：二〇〇一：447）。

魯庵の「鳴壺」の方も、紹介した一文からまもなくそれを写した作品が複数登場したという。その一つが、河井寛次郎の「鳴壺」だった。「藪にらみ」（一九二四）で魯庵がいうように、「ホヰスリング・ジャー」を「鳴壺」と訳したのが魯庵をもって先蹤とするならば、語るに落ちるというべきだろう。魯庵がどの作品を指しているのかは不明だが、東京国立近代美術館が所蔵する河井寛次郎の「鳴壺」(一九一八)は、確かに形は魯庵の愛蔵品とよく似ている。口絵を参考にして写したせいか色合いは異なっており、魯庵はそれゆえに寛次郎の鳴壺は似て非なる模倣でしかないと断じている。寛次郎の器用さは認めつつも「君は陶磁器の標本館でも作るツモリ乎」(内田:一九八七:473)と揶揄するのである。しかし、寛次郎の作陶は、まさに"From China to Peru"よろしく、「数万里外の上古の気分を偲ぶ」ものだったといえるだろう。最高峰といえる中国の宋磁を写すだけでなく、そこから派生していった陶磁器の道をたどるように、寛次郎は作品を写しているからである。「窯界の新人」として華々しく登場した一九二一年の高島屋での個展でも、その様子を伝える五月八日付の読売新聞の記事には、日本や中国の陶磁器を写しただけでなく、「コルマラサワミイ氏蒐集のセイロンの写真に拠って印度仏を倣い作った「澱彩像」」までその幅広さは特記されている。おそらくアナンダ・K・クーマラスワーミの邦訳『印度美術史』(一九一六)か、原書の『仏陀と仏陀の福音』(一九一六)あたりを参照して、「鳴壺」同様に実物を見ずに口絵だけで再現したのだろう。ここで寛次郎がクーマラスワーミを参照しているのは、東京高等工業学校窯業科の後輩グルチャラン・シンの陶芸活動と無縁ではあるまい。宗主国の英国ではなく、あえて日本を選んだシンは、朝鮮半島からインドへとつながる陶芸の道を再現するような作品を発表していた(橋本:二〇一五)。直接の交流を示す文書は残っていないものの、シンは寛次郎について、柳宗悦や濱田庄司、富本憲吉との交遊のなかで言及しており、お互いに見知っていたことは間違いない(Singh: 1979: 101-3)。いわばシンは中国からインドまで、寛次郎はインドからペルーまで壮大な陶磁の変遷史を作品で写し取ったわけである。

インカ皇帝日本人説が生まれるのは、同時期のことである。桑原が「仮定ではなく学説」(一九二二)を『日本及日本人』に回答した際、そこには桑原同様に日本人がアメリカ大陸を発見していたならば、太平洋はもっと平和だったであろうという回答がしばしば見られた。そんな日本が中心だった過去を仮定し、壮大な物語に仕立て上げたのが、出口王仁三郎である。機を見るに敏だった出口は、桑原あたりを参考にしたのだろう、その長大な『霊界物語』の八巻（一九二二）で早くも南米こと高砂島に言及し、ペルーはかつてヒルの国といって日本人が作り上げたと語っている。インカは六九巻（一九二七）で登場し、清彦という男が創建したとあり、いわばアメリカのような新天地で王道楽土が築かれたものの、衰退してしまい、スペインのピサロに滅ぼされたというのである。荒唐無稽なご都合主義といえばそれまでだが、一種のユートピア小説という点で、マルモンテルの『インカ帝国の滅亡』（一七七七）と比較することは可能だろう。事実、インカ帝国を一種の共産主義的なユートピアとして描いたマルモンテルの末裔こそが、魯庵も言及したカベのイカリア国建設にほかならない（リシュタンベルジェ：96, 319, 386）。

一方、王仁三郎が南米の物語を語っていた頃、ペルーの首都にはインカ皇帝像が建てられていた（図2右）。米国外交官のジョン・K・エマーソンによれば、一九二二年にペルーの日本人会が寄贈し、除幕式でレギーア大統領は、インカと日本の太陽崇拝に触れながら、ペルー人との日本人は共通の祖先を持つと述べたという（Emerson: 129）。エマーソンがどのような資料に基づいて、この建立を一九二二年と述べているのか詳細は不明だが、レギーアは大統領に就任する前、日本からの移民を田中貞吉とともに積極的に推進しており、日本との結びつきが強かったのは事実である。実際、レギーアの就任を慶事として顕彰本まで刊行されており、田中との交遊や、移民の紹介と奨励、さらにはペルーに土地を購入した星製薬の星一の偉業などが触れられている（富田：一九二四：200-205）。はっきりとインカ帝国の日本起原を唱えたのは、ペルー出身で東京に十年間駐在した後に、『マンコ・カパ』（一九二六）をブラジルで刊行したフランシスコ・ロワイサである（図2左）。ロワイサは、インカ帝国は日本人による建国にほかならないとして、ヴァイニング同様に、太平洋を横断して彼らはペルーまで流れ着いたのだろうと主張した。根拠としてインカのケチュア語と日本語には意味が同じ単語が二〇〇以上もあると並べている

図2
左　ロワイサの『マンコ・カパ』
右　福中又次『インカ帝国と日本人』口絵「インカ皇帝マンコ・カパック銅像」

が、およそみな語呂合わせでしかない。インカの皇帝が太陽神であるのは天照大神信仰の名残にほかならず、初代皇帝マンコ・カパは「眼河童」の意味であり、チチカカ湖は「父母」が訛伝したというのである。いささかお粗末にすぎるが、エマーソンは、ペルーと日本との紐帯を強調することで反米感情を煽るゆえ、ロワイサは日本政府の宣伝の片棒をかついでいるのではないかと疑っている。

現段階では日本の関与について不明ながら、いわゆる排日移民法が一九二四年にアメリカで制定された結果、ロワイサの主張が日本における南米への関心を高めたのは間違いあるまい。実際、彼の『マンコ・カパ』はブラジルでの自費出版であり、英訳も邦訳もないにもかかわらず、その主張は刊行後まもなく日本で紹介されていた。例えば『読売新聞』の一九二八年五月二一日朝刊には、「ペルーの著名な考古学者ローイザ博士の学説」として、「インカの伝説に有名な同帝国の建設者「日輪の子」マンコー・カパー」は「日本人」という記事が見られる。横山茂雄氏のご教示によれば『世界地理風俗大系』という一般的な啓蒙書でさえも、ペルーの説明のなかで「永年横浜に駐箚し、日本語を研究した元ペルー総領事フランシスコ・ロアサ」に触れ、その語呂合わせには「われわれ日本人から見ると、いささか苦笑を禁じ得ない」としつつも、インカは日本人が作り上げたという説を紹介しているくらいである（一九三〇：258）。同時期にベストセラーになった高垣眸の小説『豹の眼』（一九二八）も見逃せまい。主人公の黒田杜夫は、インカ帝国の王統を引く母から生まれた、インカ唯一人の子孫である。この黒田少年が、インカ伝来の秘宝をめぐって、ＫＫＫを思わせる秘密結社を相手にアメリカ大陸をまたにかけて争奪戦をくりひろげるのである。その財宝はいわばお家再興の資金にほかならず、「白人」に圧迫され虐げられている不幸なインカの末裔を救い、アメリカ大陸にかつての帝国を復活させる（つまりは黒田が皇帝となる）ことを黒田は使命としているのであった。いわば『豹の眼』は、エマーソンが危惧したような、同祖論を背景に日本と南米とがアメリカに対して共闘する物語だったわけである。

こうした日本起源説は南米の日系移民にとって深く因縁を感じさせたものであっただろう。例えばペルーを皮切りに南米を踏破し、アルゼンチンで飲食業を営んでいた山岸晋齋は、アマゾンは「天孫」にほかならず、その高天原の民が創建したのが太陽崇拝のインカ帝国であり、チチカカは「父母」、アシオは「足尾」など地名にその足跡が残されていると考えていた（山岸：29-30）。ロワイサを参照したのか、どこで見聞きしたのかは不明だが、こうした語呂合わせに似たインカ日本人説が邦人たちの間で半ば冗談交じりに話題になっていたことは想像に難くない。山岸は藤田嗣治のコルドバでの個展に際し、その歓迎会を自分のレストランで開催しているのだが、宴席で持論を語ったのかどうか、後に藤田はロワイサの著書そのままの説を語っている。一九三三年一一月一九日付の『読売新聞』朝刊によれば、「インカ人種は吾々東洋人種の先祖で其証明は医学上また風俗習慣からも可能」であり、「言語にしてもペルーには既に日本語は三百もある」とあり、滞在中に山岸に限らず藤田は誰かから聞きかじったのであろう。『南米雑録』として日本で刊行する前に、山岸から手記を受け取ったと思われるのが、島崎藤村である。一九三六年にブエノスアイレスでの国際ペンクラブ総会に向かった藤村は、その記録『巡礼』（一九四〇）のなかで、Y君から寄贈された『南米雑録』を紹介している。チチカカ、アシオ、アマゾン（天孫）、太陽崇拝などの類似点から、インカは高天原民族ではないかと推定した手記について、藤村は「因縁も浅くないように思われる」と述べている（藤村：202-3）。稲賀繁美氏が詳述したように、こうした晩年の藤村の活動は単なる国粋主義への接近ではなく、「日本移民の寄る辺なき境涯に身近に接し、文学や藝術を拠り所に励ましと労わりの志を伝えること」にあった可能性が高い（稲賀：439）。山岸の主張を強引な語呂合わせですべての起源を日本の古代に求めるような平田篤胤の二番煎じと一笑に付すのは容易だが、そんな平田派国学を拠り所にせざるを得なかった父の世代について『夜明け前』（一九二九—三五）で活写した藤村は、「兎にも角にも」現在の移民との符号は「興味深」いと、丸木舟か徒歩で南米まで渡った天孫民族に自らを重ねる筆致に注目している。

そんな藤村の寄り添うような態度とは裏腹に、インカ帝国日本起原説は日本ではしばしば政治的に利用された。先の『世界地理風俗大系』には、「太平洋の波打際に住んでいた先住民族の廃址から出てくる土器に、形象文字様のもの見る時、それが東洋人でないとは誰が断言できよう」（一九三〇：258）という一節があり、無文字社会のインカに漢字の残響らしき土器があるかのようなことを示唆している。そしてその五年後、チリ公使の矢野真がペルーで発掘された遺品に「漢字に酷似した文字」を見つけて、一躍、話題となる。一月一三日付の大阪毎日新聞が写真とともに報道し、漢民族が黒潮に流されて漂着したのでは、という考古学者の鳥居龍蔵による談話も掲載された（図3左）。鳥居は一九三七年には、外務省の文化使節として南米に派遣されるが、調査により東洋的とされるインカとの相違点にむしろ気づくことになる。件の謎の漢字が記された遺物についても、同様の偽物をペルーで見つけており、こうした遺品を偽造して売りさばくのが流行していると警告したのである（鳥居：3）。魯

図3
左　大阪毎日新聞の報じた南米出土の謎の「漢字」
右　田多井の紹介するインカ出土品の「漢字」（右図と全く同じ文字が左の台座に書かれている）

庵のように中国からペルーまで「数万里外の上古の気分を偲」ぶ古陶趣味に、いわば過剰適応して生まれた副産物といえるだろうか。帰国後の鳥居と対談した幸田露伴は、親しかった魯庵の著作で見知ったのだろう、インカの石組は日本と似ているのかどうかを確認し、注ぐと音がする「鸚鵡とかの形の面白い徳利などがありますネ」と発言している（露伴：401-2)。日本と関係があると考えたい露伴に対して、鳥居はあくまで表面的な類似に過ぎず、実際に会ったロワイサにしても、信じ込んでいるだけで裏付けはないことを明言したのであった。

　しかし、こうした鳥居の指摘は往々にして無視された。横山茂雄氏によれば、神武天皇以前に存在したというウガヤフキアエズ王朝や神代文字に関わった田多井四郎治は、「南米インカ帝国遺跡出土」という触れ込みで「天越根［アメコシネ］神字」なるものを紹介しているという（田多井：一九三九：39）。その文字が記された遺品は同じではないが、その文字は、実のところ鳥居が偽物と指摘した「漢字」にほかならない（図3右）。田多井は、「西洋人の研究した文献」を見ても、インカやマヤの文明が東洋民族によってもたらされたのは明らかであり、インカには文字がないという鳥居の調査報告に反論して、そこでは日本の神代文字が使われていたと主張している（田多井：一九四〇：35-6）。ヴァイニングあたりを参考にした素人の暴論にすぎないものの、以降、田多井は、インカで神代文字が使われていたという際にしばしば出典として参照され、その後も、こうした主張は繰り返されることになる。例えば同時期には美術商の福中又次が『インカ帝国と日本人』（一九四〇）を刊行し、ロワイサを引用しながら、インカの日本起源論を詳しく紹介している。巻頭に林銑十郎の書を掲載するほか、外務省文化事業部や国際文化振興会、出先官憲からの配慮に感謝し、ペルー政府から叙勲も受けたという福中の書物は、おそらくは広義の宣伝活動であったろう。明言こそしないものの、福中がいうインカ研究の急務と現代の課題というのは、つまるところ小説『豹の眼』での黒田少年の使命と共通するものといって差し支えあるまい。

似たような使命と成果は蘭郁二郎の人気小説『地底大陸』（一九三九）で誇張気味に強調されている。日本のモンゴル探検隊がインカ帝国の末裔が支配する地下のユートピア世界に遭遇するのだが、彼らの先祖はかつて漂着した日本の武士に助けられ、ピサロの虐殺を逃れて地下世界に逃げ込んだのだという。内田魯菴も『くれの廿八日』（一八四八）で言及するプレスコットの有名な『ペルー征服史』（一八四七）に、前述のランキングのインカ元寇モンゴル軍起源説は紹介されているので（Prescott: 7）、このあたりから着想したのだろうか。物語はロシアと思しき大国の空襲に際し、地下のインカ帝国の秘密兵器によって日本は難を逃れ、モンゴルからペルーまで太平洋の地下に広がる広大な大陸を譲渡される。文字通り中国からペルーまでの土地を獲得するわけで、榎本が計画したメキシコ移民の企図を帝国主義的に拡大した点で、一つの帰結といってよいだろう。

三　『豹の眼』とインカ帝国幻想の転生

このようにインカ帝国幻想は、日本と北米との緊張関係の中で、主にアメリカのヴァイニングを転用することで生まれている。中国からペルーまでの陶磁の道は、往時の民族の移動を幻視し、『霊界物語』や『豹の眼』がそれらを物語で描き出した。こうして南米の「人種的な兄弟」と共闘を図り、王道楽土を築くという幻想が強固になっていったといえるだろう。実はこの構図は、形こそ違え戦後にも継承されている。戦後日本のインカ研究は一九五八年の東京大学アンデス地帯学術調査団を端緒とするが、その団長でロングセラー『インカ帝国』（一九五九）を書いた泉靖一が南米に興味を持ったのは、少年時代に『豹の眼』を読んで以来のことだという（増田：193）。たしかに泉は、インカのアジア起源には触れず、ハイネ＝ゲルデルンのような南米の中国起源説にもにわかに実証できることはないが、「ますます多くの資料が提出される可能性」はあると慎重な姿勢は崩していない。その一方で、「ケチュア族」の男性の写真に「顔つきをみてください。似たような人が日本のあちこちにいませんか？」（泉：155）といったように、インカと日本の血がどこかで入り混じっているかのような印象を与える説明を加えてもいる。なお、このアンデス地帯学術調査団には、作家の林房雄も加わっていた。林は「見物」のためと称しているが、ロワイサや『豹の眼』にみるような同祖論を確かめたいのが動機だったであろうことは、その時の南米行きについて記した『神武天皇実在論』（一九七一）からも明らかだろう。林は、ヴァイニング流のモンゴロイドの大移動と、田多井のようなウガヤフキアエズ王朝という偽史とを組み合わせ、インカの日本起源が事実であるかのように主張したのである。さすがに田多井のようにインカでは「天越根神字」が使われていたと言い張りはしないが、インカも古代日本も縄を結んで文字の代わりにしていたことを強調し、調査団員だった大林太良の論考を引いて、ハイネ＝ゲルデルンのアジア起源説を援用しているのである（林：48, 94）。

『豹の眼』の主題を小説でもっとも継承しているのは、星新一の商業誌デビュー作「セキストラ」（一九五七）であろう。これはインカ帝国の太陽神の末裔である日本の青年が、ヨーロッパの容赦ない征服と支配をくぐりぬけ、ずっと南米に隠されてきた先祖伝来の機械を入手し、それによってアメリカをはじめとして世界を征服する物語である。いわば『豹の眼』が描かなかった黒田による王道楽土が、星らしい皮肉な視点で描かれるのである。特にその秘密兵器というのは、人体に特殊な電流を流すことで性的な快楽に勝る満足感をもたらす機械であった。男はこれを応用してセキストラという商品を売り出し、世界を一変させてしまう。人口爆発は解消し、地上からは戦争はおろか凶悪犯罪までもが姿を消す。穏やかな平和に包まれた世界は一つとなり、男はその世界連邦の初代元首に選ばれ、首府を南米の先祖の地に定めるのである。ここでインカが選ばれているのは、『豹の眼』もさることながら、前述したように父の経営する星製薬がペルーに広大な土地を購入していたこととも関係があるだろう。戦後、そのツルマヨ地区の所有権がいまだ残っていることが判明し、土地売却によって会社を更生させようとして、父の星一は一九五〇年に客死したのだった（最相：141-3）。なおツルマヨは、今も昔もコカインなどの薬物で知られる土地である。星がセキストラの着想を得たのは、こうしたドラッグからであったかもしれない。

いずれにせよ、泉やその弟子たちによって、日本のインカ研究はこれまでになく盛んとなる。一方で、星の「セキストラ」以降も、『豹の眼』の主題はインカなど南米の文明を着想源にしてポピュラーカルチャーで幾度となく語り直されていった。例えば山川惣治の『太陽の子サンナイン』（一九六七）は、UFOという当時の流行を取り入れているが、インカ皇帝の血を引く日本の少年が、インカ帝国の生き残りの一族とともにKKKのような悪の組織を倒すという点で、物語はほぼ『豹の眼』と同じである。星と同世代の手塚治虫が、一九七〇年代のオカルトブームなかで発表した『三つ目がとおる』（一九七四―七八）も、古代に栄えた三つ目族の末裔が、インカやマヤに隠された先祖伝来の悪魔的な発明品を復活させて、世界征服を図ろうとする点で、ダークな要素が強調されてはいるものの、基本の物語は『豹の眼』といってよい（橋本：二〇〇九）。東洋人アメリカ発見説は、アメリカと中国の「発見」をめぐる矛盾を解消するため、当初、ヨーロッパで生まれた。それがアメリカ経由で日本に紹介され、そのアメリカとの対立から、日本からペルーまでの陶磁と移動の道が手始めとなり、ひいてはいわば日本の写しとしてインカ帝国幻想が作り上げられるにいたったのである。

『豹の眼』以降、「セキストラ」や『サンナイン』に至るまで、インカ帝国の復興を考えればアメリカ大陸に転生する方が合理的なものだが、いずれもインカの末裔がなぜ日本にのみ生まれてくるのか、その理由については何ら説明がなく、理由が問題になることもない。にもかかわらず、類似した主題が繰り返し現れるのは、インカと日本は共通の民族であり、輪廻転生が起こったとしても不自然ではないという前提がどこかにあるからだろう。実際、欧米世界に征圧された帝国とその末裔へのシンパシーゆえ、インカは戦前から一貫してもう一つの日本として描かれてきた。例えば和辻哲郎は、インカ帝国の滅亡と同時期に日本は、ザビエルらの宣教師との衝突を幸いにも回避できたと「日本の臣道」（一九四四）で特記し、『鎖国』（一九五〇）では、プレスコットに拠りつつ、スペインによるインカ征服を日本でもありえた事例として詳細に記した。インカ帝国日本起源説にしても、インカにたどりついた日本人が活躍する物語は『霊界物語』をのぞけば皆無に等しく、生み出したのはむしろ逆にインカが日本に転生する物語ばかりである。泉が『インカ帝国』の写真で「似たような人が日本のあちこちにいませんか？」と何気なく記した説明も、そんな生まれ変わりの意識が共有されている現れといえるかもしれない。

【参考文献】

泉靖一：一九五九『インカ帝国―砂漠と高山の文明』岩波書店
稲賀繁美：二〇一四『絵画の臨界―近代東アジア美術史の桎梏と命運』名古屋大学出版会

内田魯庵：一九八七『内田魯庵全集』第8巻、ゆまに書房
『海外仏教事情』：一八九〇「亜米利加洲古代仏教の事」13、八月三一日、一―二一頁
桑原隲蔵：一九六八『桑原隲蔵全集』第1巻、岩波書店
幸田露伴：一九五八『露伴全集』第41巻、岩波書店
最相葉月：二〇〇七『星新一―一〇〇一話をつくった人』新潮社
シーボルト，フランツ・フォン：一九七九『日本』第6巻　加藤九祚ほか訳、雄松堂書店
志賀重昂：一九二九『志賀重昂全集』第2巻　志賀重昂全集刊行会
島崎藤村：一九六七『藤村全集』第14巻、筑摩書房
白鳥庫吉：一九七一『白鳥庫吉全集』第9巻、岩波書店
『世界地理風俗大系』：一九三〇　22巻「南アメリカ（下）」新光社
薗田香勲編：一九七四『薗田宗恵米国開教日誌』法蔵館
田多井四郎治：一九三九『日本神代文字論』田多井四郎治
――：一九四〇『日本神代文化と東亜新秩序』神代文化研究所
富田謙一・影山知二：一九二四『南米秘露―大統領レギーア・秘露と日本』日秘協会
鳥居龍蔵：一九三八「秘露発見漢字彫刻遺物に就て」『東方文化』4
橋本順光：二〇〇九「デニケン・ブームと遮光器土偶＝宇宙人説」吉田司雄編著『オカルトの惑星』青弓社
――：二〇一五「インドの陶芸家グルチャラン・シン」『民藝』247号―250号
――：二〇一八「義経＝ジンギスカン説の輸出と逆輸入―黄禍と興亜のあいだで」河野至恩、村井則子編『日本文学の翻訳と流通―近代世界のネットワークへ』勉誠出版、一二九―四五頁
――：二〇一九「欧亜にまたがる露伴―露伴の参照した英文資料とその転用」『大阪大学文学研究科紀要』59、五五―九〇頁
林房雄：一九七五『神武天皇実在論―よみがえる日本古代の英雄』光文社

増田義郎：一九六一『インカ帝国探検記—その文化と滅亡の歴史』中央公論社
山岸晋齋：一九三八『南米雜録』信濃海外協會
山口昌男：二〇〇一『内田魯庵山脈—「失われた日本人」発掘』晶文社
リシュタンベルジェ、アンドレ、：一九八一『十八世紀社会主義』、野沢協訳、法政大学出版局
App, Urs, 2010: *The Birth of Orientalism,* Philadelphia: University of Pennsylvania Press
Ashmead, Albert: 1891: "Pre-Columbian Syphilis", *The Medical News,* 59 (31 Oct.), 511-512
Emmerson, John K., 1978: *The Japanese Thread: a Life in the U.S. Foreign Service,* New York: Holt, Rinehart and Winston
Fryer, John, 1900: *The Philosophies and Religions of China,* Shanghai: Kelly and Walsh
———— 1901: "The Buddhist Discovery of America: A Thousand Years before Columbus", *Harper's Monthly,* July, 251-258
Humboldt, Alexander von, 2012: *Views of the Cordilleras and Monuments of the Indigenous Peoples of the Americas: a Critical Edition,* Chicago: University of Chicago Press
Kley, E. van, 1971: "Europe's "Discovery" of China and the Writing of World History", *American Historical Review* 76. 2, 358-385
Loayza, Francisco A., 1926: *Manko Kapa: El Fundador del Imperio del Los Inkas Fué Japonés,* Pará: F.A. Loayza
Prescott, William H., 1908: *History of the Conquest of Peru,* London: Dent
Ranking, John, 1827: *Historical Researches on the Conquest of Peru, Mexico, Bogota, Natchez, and Talomeco, in the Thirteenth Century by the Mongols,* London: Longman
Singh, Gurcharan, 1979: *Pottery in India,* New Delhi: Vikas
Smith, G. Elliot, 1924: *Elephants and Ethnologists,* London: Kegan Paul
Tuchman, Barbara W., 2004: *The Zimmermann Telegram,* London: Folio Society, 2004

Vining, Edward Payson, 1885: *An Inglorious Columbus; or, Evidence that Hwui Shan and a Party of Buddhist Monks from Afghanistan Discovered America in the Fifth century, A. D.*, New York: D. Appleton.

Wawn, Andrew, 2000: *The Vikings and the Victorians: Inventing the Old North in Nineteenth-century Britain*, Cambridge: D.S. Brewer

すべてはいまもそこに
——オーストラリア先住民族美術と転生する祖霊のソングライン

中村和恵

一　祖霊譚の類比

地上でもっとも長い歴史を持つアートのひとつであるオーストラリア先住民族絵画の、いまやもっとも知られ、流通している様式は、一九七〇年代に出現したドット・ペインティングだ。これは中央砂漠の民が儀礼の際に岩絵の具や血、羽毛のペレットなどで身体や大地に描く、点（ドット）をひとつの特徴とする文様を、白人が持ちこんだアクリル絵の具で、ボードやキャンバス、コミュニティの壁や扉に描くことから始まった。ギャラリーの壁の上では抽象絵画のようにも見えるこうした絵の購入者はたいてい、画家の所属する言語グループや出身地、絵の表す「物語」、アートセンター管理者のサイン等が入った、「ほんもの」のアボリジナル・アートであることを示す証明書を渡される。しかしこれで絵がすっかり手に入ったと考えるのは間違いだ。ひとつの絵には多重の意味がこめられている。しかるべき資格のない人間に深層の物語は明かされない。誰でも見ることができる説明書きや美術館のパネルに、それは書かれていない。初期のドット・ペインティングでは不用意に描かれた明瞭に神聖な図柄もあったが、抽象的な文様に置き換えられたり、意味を秘匿されるようになった（Kimber p. 125-126）。

さらに、購入した絵を雑誌や図書に掲載しようなどという場合、購入者は基本、画家やコミュニティに許可を得るべきと考えられている。絵の購入者は絵の「物語」の所有者ではないからだ。絵のデザインは神聖な物語と一体であり、物語は関連する聖地と一体である。これらに関する権利は分割できない。ゆえにコピーライトは永遠に不可侵である。モノとしての絵は「物語」のうつわにすぎない。うつわは譲れても、「物語」は譲渡不可能なのだ（中村 二〇〇四）。

大陸の北端、赤道に近く湿潤で大木の生える地域では、絵画のかたちも砂漠の民とは異なる。ドット・ペインティング以前のアボリジナル・アート市場において主流の様式だった樹皮画（バーク・ペインティング）は、二〇世紀初頭に文化人類学者らが雨期用の簡易住居の壁に描かれた絵を切りとって運んだことに始まる。樹皮画も元来は簡易住居とともに遺棄される消耗品であり、物語のうつわでしかない。

砂漠の民が描く文様も、樹皮画のデザインも、かつては美術館ではなく博物館に属する、画家の名前など不要な「部族民」関連蒐集物だった。美術館や愛好家が美術としてこれらに注目し、関心が高まり始めたのは二〇世紀中頃である。社会人類学者R・M・バーントは、一九六〇—六一年に開かれたかつてない規模のオーストラリア先住民族美術展を契機に出された論集の前書きで、出品作品についてこう説明している。「いくつかの際だった例外はあるが（たとえばT・G・H・ストレローが第四章で論じているチュルンガ［tjurunga 聖なるオブジェ］）、これらは恒久的な保存が意図されたものではない。とくに儀礼関連の飾りや模様は、ほぼすべて保存されないものだ。ある一連の儀式のためのものは、その儀式が終われば壊されるか捨てられる。岩に刻まれるか描かれた図画と、チュルンガと彫刻入り板のような聖物だけが、長い間変わらぬ姿で保存されるべきものと考えられているようだ」（Berndt p.3）*。

ルター派の伝道者であったドイツ人の父とともに、アレンテ、アランダなどと呼ばれる（以下アレンテで統一）中央砂漠の民の地で育った人類学者ストレローは、秘匿されるべき儀礼に関わる「危ない」オブジェや映像資料のコレクションにより、評価もされ批判もされた人である。文様を刻んだ石や木のチュルンガは、本来は大切に岩の間や洞窟に隠しておかれ、見る資格のない人、とくに女性にはけっして見られないよう注意が払われた。ストレローはアレンテのウィチティ（食用芋虫）物語を解釈した文章で、チュルンガについてこう書いている。

「物語られる虫、祖先の男たち、そして物語の最後で祖先が変身したものとして示されるチュルンガ、これらは「完全に同一視されるもの」「偉大な祖先の豊穣さの一部を具現するもの」であり、物語中の祖先は「芋虫の精髄（エッセンス）を合算したもの」だ。（…）祖先は当然、不滅の存在として考えられている。生命ある人と動物の豊穣性の、目に見える、手で触れられる、有形の表れが消えて無に帰すなどということは、ありえないことなのだ。これらの神話の祖先はわれわれがいうような意味で「死ぬ」ことはない。その体はただ変容し、あらゆる時間や変化、腐敗に耐えるものとなる。今日でも原住民たち［natives］は互いに、先祖の身体をその内に保つ変容した不死の魂を示しあうことができる。いまやかれらは岩や木、そしてチュルンガになっているのだ」

(Strehlow 1947: p.17)

輪廻転生という語はほとんどの日本人にとってまず仏教の概念であり、ついでヒンドゥー教やギリシア神話の変身譚にも思い至る、といったものだろう。ストレローはその主著『中央オーストラリアの歌』(Strehlow 1971)で繰り返しギリシア神話に言及している。しかし類比は、ことにこのことを日本で考える場合、さらに一歩進められるべきではないか。オーストラリア先住民族の美術について考えるとき、うつわ、うつし、といった和語が想起させる文化とその伝承のモデルが、西洋起源の美術史、歴史、人類学等が提唱してきた、現在この分野に関する記述でもっとも頻繁にもちいられるモデルと用語よりも、適切に思われる場面がある。アレンテの祖霊の永遠の命について日本語で説明しようとするわたしには、投げたブーメランが手元に戻ってくるように、たとえば『古事記』からほの見える大和朝廷以前、文字以前の日本の風土と神々の物語を、新たな目でとらえる契機が生じる。祖霊でありその永遠の豊穣性の精髄でもある神話のウィチティは、木花之佐久夜毘売と表裏をなすその姉、石長毘売を想起させる。イワの音をもつその名はアレンテの祖霊が変身した岩山やチュルンガのように、大地と一体化した永遠の命を示唆している。豊穣の精髄は死なない。岩山や水場、チュルンガと一体化した祖霊は神話世界のものでありながら、いまもそこにあって、人々に影響しつづけている。神々がこぞって出雲に行くので一〇月は神無月と呼ぶべしという俗信を長く暦に保ちつづけた人々にとって、これはよくわかる話ではないか。

直接の影響関係が認められないローカルな知の間に見いだされる類似性は、普遍をめざす知の特殊なローカル性を照らし出す。西洋近代とはなにか、という問いに、われわれを異質とみなすもの、と答える側に自分が立つことができる、という発見に、この確信は根ざしている。いったんそのように立場を分けながら、足下の土壌をつぶさにみれば、彼我はいつのまにか分かちがたく混交し互いの根へと養分を運んでいる、という事実を忘れることはできない。「彼」がけっしてひと色ではなく、それぞれに異なる複数であることも。そうした事実はしかし、いかなる偏向もなく公平公正であるはずの学問的文化記述がとりあえず棚上げしなくては開始できない主語の内実、すなわちいわゆる科学的ないし客観的言説の依拠する世界観そのものへの疑念を、まず認めた上で、論じられるべきだろう。editorial we がもはや成立しない多元的世界で学術世界が標榜してきた理念がまだ有効であるためには、この疑念が傍注や脚注の位置ではなく、冒頭に冠たるものとして置かれなくてはならない。

二　『オーストラリア未開美術』

ランス・ベネット著、泉靖一編、原ひろ子訳になる『オーストラリア未開美術』が講談社から限定六〇〇部で刊行されたのは一九六九年。一九世紀後半から二〇世紀前半に社会進化論者から「滅びゆく人種」とみなされていた先住諸民族の人々が、差別的待遇の撤廃や土地権を求めてようやくまとまって主張を始め、認められだした頃である。海外におけるアボリジナル・アートの本格的な紹介としてはとても早い、先駆的な本だ。英語原本がいまだ刊行されておらず日本語訳しかないこの興味深い本が出版されたきっかけは、日本初のオーストラリア先住民美術の展覧会「オーストラリア原始美術展」（一九六五年）だった。そしてこの展覧会を可能にしたのが、著者ランスの母ドロシー・ベネットがアーネムランドを中心に周辺諸島やキンバリー地方などオーストラリア北端部で集めた、樹皮画・彫刻・儀礼用具等のコレクションだった（松山 p. 149）。ベネット親子の経歴、ドロシーの父方の祖母が「純血の先住民族」だったといわれていること（Goon p. 34）、日本との関係等については別の機会に述べたい。ここではなぜこの本の著者が、一九五〇年代から湿地帯をトラックで駆け回って作品を集め、作家と作品に関する情報を携帯タイプライターで打ちつづけたドロシーではなく、息子のランスだったのか、この点についての推察のみ記しておこう。母に協力して最初は都市部で資料調査や展示販売を担当していたランスは、一九六四年以降現地調査も行うようになっていた。まえがきでドロシーは「男性である彼が実地調査をすることは、女性の私よりもずっと有利」だったと書いている（「メッセージ」、ベネット p. 13）**。男性の秘儀に関することは女性には明かされないからだ。ランスが著者になったことには、他の事情も考えうるが、この禁忌が関係していたことは確かだろう。

展覧会は大変好評であったようだ。読売新聞は「現代の生活からは想像もできない創造力とロマンチシズムにあふれた美術品」が「客を驚嘆させた」と報じ、展示品を眺める岡本太郎の写真を載せている（「あふれる想像力」）。大江健三郎は文化欄の写真入り八段記事で文明論を展開、「優美きわまる武器をふりあげ疾走しつづけている」アラフラ湿地の先住民族の姿を想像している（大江）。

つぎの日本における大規模なアボリジナル・アート展は、一九八六年の「狩人の夢　オーストラリア・アボリジニの世界」まで待つことになる。それからは「オーストラリア・アボリジニ――狩人と精霊の5万年」一九九二年、「オーストラリア・アボリジニ現代美術展 精霊たちのふるさと」二〇〇三年、「エミリー・ウングワレー展――アボリジニが生んだ天才画家――」二〇〇八年、「ワンロード：現代アボリジニ・アートの世界」二〇一六年と断続的につづく。数多くのより小規模な展覧会や展示会も行なわれてきた。しかし、日本におけるオーストラリア先住民族とその創作物に関する理解は、一九六五年段階からどれほど深まっただろう。早すぎたともいえる『オーストラリア未開美術』を前に、「すべてのアボリジナル・アートには意味がある」というバーントのよく知られた文章を、いま一度引用せずにはいられない。「すべての絵の背後にはなんらかの物語があるのだ（…）このことについてなにか知識がないかぎり、アボリジナル・アートを理解したというふりなどできない」(Berndt p. 10)。日本の展覧会では天才のキャッチフレーズがつきまとったエミリー・ウングワレーも、いきなり彗星のように現れた孤立した才能ではない。彼女の絵の重要なモチーフであるブッシュの自然薯のように、絵はかれらが日々暮らす社会、そしてその奥につねにある神聖な精神文化と、しっかり根がつながった成果だ。

『オーストラリア未開美術』はいまではありえないタイトルがつけられた半世紀前の本であり、「今まさに消滅しようとしている一群の未開人の、おそらく最後の記録」（泉靖一）、「ほろびゆく文化」（ランス・ベネット）といった二〇世紀前半の人種主義的運命論から脱しきれないことばも散見する。にもかかわらず、この本はその構成と解説が示すひとりひとりの作家への共感と敬意、作品の背後にある物語／儀礼／価値観、さらにはコミュニティの現状への細やかな関心と配慮ゆえに、いまも新鮮だ。すべてではないが多くの作品に作家の写真、名前、言語グループ、クラン、半族等の情報が付され、作品の意味や細部の内容、本人や周囲の人が語る制作エピソード等が書き添えられている。アボリジナル・アーティストの個展がめずらしくなくなった一九九〇年代以降ならいざしらず、この時代こうした個人別の作家・作品紹介はめずらしい。作品づくりの過程をコマ割りマンガのような写真の連なりで示した頁には「長いこと考えこむ」「気のりせず、ひっくりかえる」「つと立ちさる」といったユーモラスなキャプションもあり、書き手がかれらと結んだ親しい関係が感じられる。

たとえば「46. グナビビの秘儀」(同 p. 66-7)の頁では、作者マガニについて以下のように書かれている。「マガニは55年ほど前、マルワルナダラで産れた。「アゴヒゲのはえるまえの少年」だったころ、彼は父に連れられてマッカサル人［Makassan スラウェシ島マッカサルからナマコ漁のためオーストラリア北岸を訪れた人々］の宿営地を訪れた」。その後彼はある事件に関係して服役、多くのエピソードを持つ一種の有名人になったらしい。「まったく彼はまれに見るずるさを持った男で、彼の仲間をまきこんでいようが、白人をまきこんでいようが、自分の利益のためには、いつも油断なく立場を変える。それなのに、どんな意地悪な奴にも、恨みを抱かせない魅力を彼は持っている」。そういわれて顔写真を見ると、この「ミルジンギ氏族の長」はたしかに油断のなさとたくまざる愛嬌をあわせ持った人物のように見える。こうした主観的な紹介を否定的に評価する研究者もいるかもしれない。しかしこの解説からはたしかに、文明にとり残され「滅び行く民」の烙印を押された顔のない集団ではなく、知恵と個性と誇りを持っていまを生きる画家個人の姿が立ち上がってくる。

作者紹介につづく「絵にまつわる儀式」「図版の解説」(同右)では、神話上の生物/祖霊グナビビ(ないしクナピピ、虹蛇)に関する儀礼が簡潔に紹介されている。これは「すべてのマライアン(秘密で聖なる)儀式のうちで、最も長く、最も神聖なものの一つ」で、各地でバリエーションがあるという。「グナビビは、巨大なヘビの蛇「ママ」ユルルングルに呑まれたワウィラクの姉妹を、象徴的に再現したものである」。ワウィラクシスターズの話もこの地域でひろく語られ描かれる物語だ。儀式のクライマックスは「ワウィラクないしワギラグ・マ」ユルルングルに呑まれたワウィラクの子宮その他を象徴するといわれている三日月型の溝(…)を掘るところ」だという。創世を語る神聖な儀礼にふさわしく、生殖の象徴が中心に置かれるわけである。絵のモチーフをひとつひとつ確かめていくと、儀礼の詳細がほぼすべて盛りこまれていることがわかる。両端に伸びるジグザグの線は「単に美的効果をねらったものではなく、聖なる広場に至る「門」であると作者はいう」。装飾にみえる線にも重要な意味がある。絵が秘儀を描いたものである徴なのだ。

やはりマガニの作である「47 A．イリジャのランガ、雲の棒」(同 p. 68-9) には鯨が描かれているが、これを描いたのはマガニではなく、別の「部族」ワラミリの男だったそうだ。鯨は彼のドリーミング (後述) なのだという。なぜこんなことを、と訊かれたマガニやみんなは「彼は金がほしかったのだと思う」と答える。「自分の氏族の秘密の文様を物質的な代償とひきかえに他の氏族の人に教える」ことがあるのだそうだ。マガニはやむをえず「多量のタバコを支払うことになった」という。この成り行きにマガニは「明らかに不安を抱いており」、あまり質問すると不機嫌になって、へたをするとワラミリの男は「殺されて」しまうと強調したという。デザインや名前は神聖で、危険でさえあるが、お金のように交換されるトークンにもなりうるのだ。この本にはこうした具体的で興味深い詳細が数多く見いだされる。

オーストラリア先住民族の伝統的世界観について考えるとき、しかるべき資格のないものが秘密の物語や歌、図像等にどう接近するべきか／しないべきかという問題が大きく立ちはだかることがある。この本は異なる文化に育った人間が、直接画家や長老たち (この二つはしばしば同じ人々のことである) に話を聞き、対話を重ね、その全部ではなくても概要を外部に伝えること、それを読む者が受けとり理解することは可能なのだと、実践を通じて証明している。信頼できる語り手に丁寧に話を聞き、細部に可能な限り注意をはらって学び、対話し交渉する。時空を飛び越える荒技のようにみえてじつは地道なこうした異文化間の作業は、翻訳者に求められる努力に似通っている。ドリーミングという重要な概念について人々が重ねてきた説明や解釈は、まさにそうした異文化翻訳の作業である。

三 いまここに生きるドリーミング

先に引いた展覧会についての記事で、大江健三郎はつぎのように述べている。「かれらの文明には、〈夢の時代（ドリーム・タイム）〉というイメージがあるということだ。それは、かれらの人間世界が創造された古代である。そして現在、かれらはトーテム像をつうじて、かれらの古代と交流をつづけているわけであろう。すなわち、かれらオーストラリア原住民の今日の文明は〈夢の時代〉以来の、かれらの民族の全時代にわたって総合的にとらえられる、いわば全体像をそなえた文明、首尾一貫した文明である。このような文明ほどにも、われわれの嫉妬（しっと）をそそる文明があるであろうか？」「われわれはいま、どのようにして、われわれの〈夢の時代〉にいたることができるだろう？」

ドリーム・タイムということばは誤解を招きやすい。「夢の時代」ということばに引きずられてオーストラリア先住民族の世界観を時間軸に沿って理解しようとすることには決定的な欠点がある。それはつねに生きてそこにある現象なのだ。

ドリーミングと「超訳」された概念を示す語は、数百を数えるオーストラリア先住民族の言語で当然それぞれに異なる。一九世紀末にこの語の元となるドリーム・タイムズという語を最初にアレンテ語のアルチュリンガ［alcheringa］の英訳として提案したのは、アマチュア人類学者フランシス・ギレン（Francis James Gillen）で、これをひろめたのが彼とともに現地調査を行い、二〇世紀初頭のオーストラリア先住民族の姿を記録する貴重な写真資料や著書を遺したイギリス出身の人類学者ボールドウィン・スペンサー（Sir Walter Baldwin Spencer）だった。T・G・H・ストレローの父カールはこの訳語を批判する。しかしこうした話に立ち入るには紙幅が足りない。ひとまずオクスフォード版アボリジナル・アート事典のドリーミングの項を要約してみよう。1．古代的な、しかし永遠のものでもある、祖先による創世の時代。2．特定・個別の祖先の物語やトーテム、それらを具現するあらゆる種のモノ。3．いわゆる夢、睡眠時に現われるヴィジョン（Morton p. 577）。もちろんこれは出発点にすぎない。ことに旅する祖霊の行為や変身により造形された聖地、地図上に実際いまもマークされる場所が発揮しつづける力とこの語の関わりは、根源的なものとして強調される必要がある。それは大地に関する物語とそのあらゆる表象、すなわち岩山やデザインや歌／物語の継承者に与えられる名前、これらすべてを守るための法、あらゆる精神活動に関連する意味のネットワークだ。垂直に動く時間ではなく、水平に広がる地理において理解されるべき世界観に、この語は属している。

アレンテの土地の西にあるマルトゥ、アナング、ピチャンチャチャラ、ヤンクニチャチャラ、ンガアナチャラの土地にまたがって伝えられてきたドリーミング、これらの土地のことばではジュクルパ［jukurrpa］ないしチュクルパ［tjukurrpa］がある。呪術師の男に追われ、西から東へと逃げてゆく七人姉妹、プレイアデス星団の話だ。近年、この物語の継承者である女性たちが、七人姉妹が旅した（ときには上空を飛んだ）土地を実際に訪れて物語を描くプロジェクトが行われた。そう、物語は語られるだけではない、歌われ、踊られ、描かれるものだ。『ソングラインズ　七人姉妹を追って』（Neale）はこのプロジェクトの記録であり、展覧会カタログでもある。ちなみにブルース・チャトウィンの小説の題として世に広まったソングラインという造語も、ドリーミング同様、移動する祖霊の物語／歌について説明するために異なる語族の人々が共通に用いるようになったことばである。

七人姉妹のソングラインをなぞるプロジェクトの意味を、「ロー・ウーマン」すなわち聖なる法に通じた長老格の女性であるクムパヤ・ギルギルバはマルトゥ・ワンガ（西部砂漠の複数のアボリジナル言語のクレオール）で語り、年長の画家で通訳でもあるノラ・ンガランカ・テイラーはこれを英語でこう解説する。「みんなは旅を始めた、でもこの旅はただ家を離れて出かけるだけじゃない……ただの旅じゃない、みんなはあのジュクルパに戻っていくの、物語の場所に、物語を再生［recreate］するために、ジュクルパを保護し、七人姉妹が移動したり立ち寄ったりした場所についてほかの人たちに教えるために。それが彼女［クムパヤ］の責任だから…」（Taylor in Neale p. 27）

中央砂漠で育ち、その地最大の言語集団であるワルピリの人々と長年親しく接してきた作家／アーティストのキム・マフードは、同じことをつぎのように説明する。「ジュクルパ、あるいはドリーミングは、いわば活動をつづけ継続する時間であり、生命を吹き込む大地の中の存在であり、同時に演じられる歌や儀式でもある。ジュクルパの物語は物事をつなぐ糸であり、土地を場所や出来事からなる一枚のタペストリーに織り上げる、物語のひとつひとつの要素を特定の場所に位置づけ、歌にそれらを記録し、知識を記憶に留めてゆく。（…）すでにそこに在るもののまわりに、創世のドラマが、セックスが、暴力が、復讐が、戦いが、そして生存が、織りこまれている」（Mahood "The seething landscape" in Neale p. 32）。ジュクルパは、先住民族の側から語られた歴史、古代史であると同時に現代史、ドキュメンタリー、地理学であり、あったもの、あるもの、さらにはあるべきものについて語る知恵の書、文字でなく記憶によって綴られた聖典だ。マフードの説明をそう解釈しながらわたしは、オーストラリア先住民族の地で歴史の多様化について考えていた保苅実の「歴史実践」を想起しているのだが、その話の前にマフードの別の文章に言及したい。メモワール、と付記された小説とも随筆ともいえる掌編「ソングラインとフォルトライン（歌の道と断層線）」（Mahood, 2010）で彼女は、先住民族文化のロマンティックな神秘化とはほど遠い、ユーモアとアイロニーと痛みが混じりあった口調で、ジュクルパの現在を語る。

マフード自身と思われるKは、中央砂漠のある農場のマネージャーに、これからそっちへ行くと電話して、「おまえがここにきたら射つってあのジャカマラがいってたわ」といわれる。ジャカマラとは、ワルピリ男性のスキンネーム［婚姻システムの基本となる部族内集団名］のひとつだ。「なんかおまえが会社と一緒に戻ってきてじいさんのカントリーを奪うつもりだと思ってるんだわ」というマネージャー。問題はKが従事しているジュクルパ地図の作成が、この土地の金鉱の採掘権、つまり鉱山会社から金をもらえる正統な土地所有者は誰か、という論争の核心をついてしまうことにあった。都市からも遠い親戚がやってきて権利を主張するしまつで、子どものときからこの土地で暮らしてきたカリチャ（白人）のKにもなにか魂胆があるのではと、そのジャカマラは考えている。少年時代に歩いて鉱山へ行き初めて白人と会ったときの記憶を持つ彼は、子どもの頃から知っているKをタクシーがわりに使っては聖地を訪れ、先祖伝来の歌を歌う（ちなみに彼の歌は感動的だ）。その聖地には新しい金鉱脈の噂がある。この土地はおれともう一人のジャカマラのものだ、権利があるというほかのやつらは嘘つきだ、と彼は怒り、「若いころはおれのカントリーにだれか知らないやつがきたら、おれらは槍を投げたよ、カンガルーと同じさ」と古き良き時代を懐かしむ。

横暴なごうつくばりにも見える彼は、聖地が損なわれていくことを心から嘆いてもいる。それにジュクルパは神聖であると同時につねに水や資源についての地理学であり、現実的なサバイバルのための知恵だった。聖なる水場のジュクルパを採掘権の証明書とみなすのは、堕落どころか正当な行いなのだ。よそ者にはただの荒野に見えるワルピリの地が、ジュクルパでびっしりと意味を読みこまれた土地であることを、マフードは知っている。部外者とみなされつづけるカリチャの彼女にとっても、ここは故郷なのだ。「毎年彼女は戻ってくる。毎年どうして戻ってきてしまうんだろうという質問もまた戻ってくる。毎年砂漠の光と色に出会い、空が驚くほど広く感じられ、背の高い蟻塚とスピニフィックスの茂みの対称性、慣れない目にはただ同じ風景のように見過ごされてしまうものの中にある微妙な変化に気づくとき、ここは太古の物語がすこし手を伸ばせばすぐ届くところに書きこまれた土地なのだと思う」。ジュクルパを魔術的、霊的、宗教的世界と説明することで、それを現実ではないものとみなし、比喩や寓意の世界に片づけてしまうのは的外れ、ワルピリにしてみれば無知なカリチャの勝手な横暴なのだ。

中央砂漠の北端にひろがるグリンジの土地に滞在し、人々の話を聞く歴史学者の保苅実は、フィールドワークの「対象」とみなされてきたインフォーマントこそ地元の歴史を編む歴史の実践者ではないか、と考え、かれらが語る超自然的な物語を「歴史」としてみることを提唱する。グリンジの土地への白人入植は一九世紀後半に本格化し、長年そこで暮らしてきた人々は牧場の被雇用者になった。しかし一九六六年、かれらは土地返還を要求し、これに成功する。この「史実」と、このときグリンジの長老が水を司る神聖な虹蛇に依頼したために洪水が起こり牧場が流された、あるいはアメリカのケネディ大統領がグリンジ・カントリーにきて協力を約束した、というグリンジ側の「史実」は、どのように両立しうるのか（保苅 p. 11, 15, 17）。比較文学研究の立場からわたしはこれらを異なる「物語」あるいは「世界観」として両立可能なものと考えるが、間違いのない史実、唯一の物語として提示されるべき歴史を求める歴史学者は、ここで壁に直面することになる。

だがジミー・マンガヤリのようなグリンジの長老に直接話を聞く保苅には、たしかに歴史の多元化は、なしうるもの、なされなくてはならないものと感得されている。ポスト・セキュラリズム、歴史の再魔法化といった発想の実現可能性が、長老たちのことばと行動により見えてくるのだ。マンガヤリは祖霊の物語は西から東への移動の物語であり、これが「正しい道」、大地の法なのだ、カリヤ（白人）は南北に正しい道を切断して行った、彼らは法を犯したという。「入植者の地理的な移動の方角が、そのままオーストラリア植民地主義の不道徳性の説明となっている」のだ（同 p. 140）。マンガヤリが砂に描く説明図は、中央砂漠の民が描くドット・ペインティングのエスキスのようである。

彼はイングランドをグリンジの土地の南に、正しい道（西→東）から外れた場所に描く（「許可が必要だ」次頁上左図）。別の図では鉱山会社も同様に、道から外れた場所に描かれている。両者はこの地を訪れるにあたって土地の人々に許可を求めず、乱暴狼藉を働いた。かれらの道は正しい道ではない。そのことが地理的方位により示さ

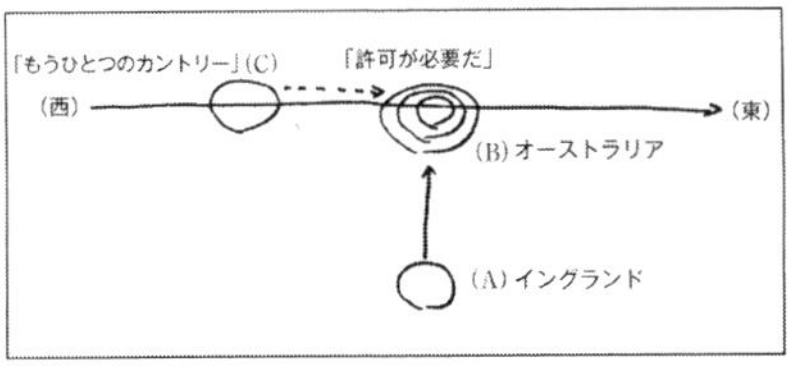

「許可が必要だ」

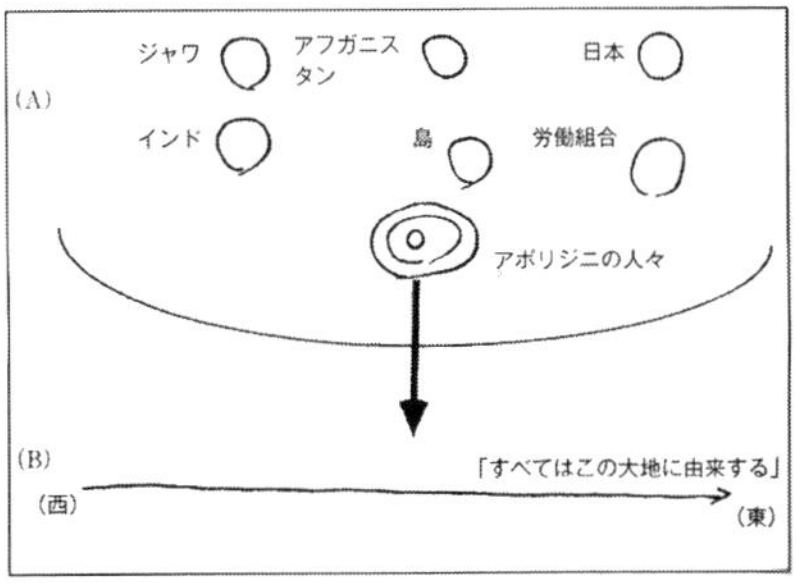

倫理の世界地図

（保苅 p. 141, 147）

れるのだ。近代的合理主義しか信じない人々の耳に、イングランドや鉱山会社は「許可を求めるべきだ」というマンガヤリのことばは、マフードが描いたあのジャカマラの聖地所有権主張ともども、経済的利益を追求する声にしか聞こえないかもしれない。だが、なによりまず聖なる価値の世界における大地の重要性を認めなくては、マンガヤリのいうことは意味不明になってしまう。マンガヤリの「倫理の世界地図」（上右図）においても、すべての由来である大地とその上にある正しい道は西→東の方角を指している。この大地の法の上に正しくあるものとして、七つの丸が描かれる。三重丸が「アボリジニの人々」、六つの丸はそれぞれ、ジャワ、アフガニスタン、日本、インド、島（「もうひとつの島」だというがどこだろう?）、労働組合（!）。ここでの労働組合の承認は、グルンジが闘った権利運動に根拠がありそうだ。つまりカリヤにも正しい道は見いだしうるとマンガヤリは考えている。しかし道を外れたカリヤの存在理由が、彼にはわからない。予定調和的にすべてを正しい道の上に位置づけているはずの大地の上で、ありえない行いをするカリヤは、不変の法を変え、世界を破壊してしまう。

　人類学者・環境哲学者のデボラ・B・ローズは、ドリーミングについて説明するために、北部カーペンタリア湾のヤヌワの男性、ムッソリーニ・ハーベイのことばを引用する。ハーベイいわく、白人はいつも新しい政府や法律をつくっては法を変更していくが、われわれの法は変更できない、「それはわたしたちがつくったものではないからだ。法ははるか昔にドリーミングによってつくられ、祖先に与えられ」たものだ（ローズ p. 18）。ジョン・ラダーはヨルングと自称する北東アーネムランドの人々（複数の語族を含む）に、バランダ（白人）はいつも物事を変えるといわれ、その意味がなかなかのみこめなかったという（Rudder p. 113）。ヨルングには日常的な「アウトサイド」の世界だけでなく、常にそこにあるが通常は見えない「インサイド」の世界があり、両方がわからなくては世界は理解不可能だと彼は教えられる。ヨルングのインサイド世界は儀礼や物語だけに関わる限定的なものではなく、移ろいゆくアウトサイドの背後に恒常的に存在しているとラダーはいう。

「変化と見えるものはなにか／誰かの外形が変容しただけで、その内実［inside identity］は同じでありつづける、あるいは不変の内的現実［immutable inner reality］の新しい顕現とみることができる。（…）この内的現実を説明しようとする白人は時間志向のパースペクティヴにより、インサイドの世界を明かす物語をかれらがドリームタイムと名づけた創世記の出来事とみなしてきた。だがこれはにせの理解を築いてしまう（…）ヨルングはこうした出来事を不変の内的現実の特別な側面を明かすものとみなす。重要なのはそれらが明かされた時代ではなく、出来事、役者［actors］、そこで確立される関係性なのだ」（Rudder p. 114）。ヨルングの世界で動植物、季節、人間それぞれの分類法と、分類された集団それぞれが従うべき法は、すべてインサイドの秩序に則ってあらかじめ定められていることをラダーは説明する。構造主義理論のモデルとしてしばしば引き合いに出されてきたかれらの婚姻システムは、その典型例だ。「人々はただ結婚して夫と妻になるのではない。むしろ最初から夫であり妻（子どもたちの母）であるから結婚するのだ、それぞれが所属する場所の間に結ばれている関係によって」（同 p. 126）。

それぞれの集団が祖先から引き継いだ土地を意味するカントリーという英語も、オーストラリア先住民族の世界観を表すため言語グループを越えて用いられる共通語のひとつである。クニという和語で呼べばそのいわんとすることは自明だ。ローズはこのカントリーが「固有で侵されることのない完全体（a unique and inviolable whole)」であるといい、それぞれのカントリーがつながっているようすを、つぎのように説明する。「(…)こうした同盟関係がまとまり、ドリーミングの道や儀礼がつながり、交易ネットワーク、風の道、そして動物たちの移動などをつうじて、さらに大きな統一体を共同でつくり上げるのです。このように体系全体の機能は、それぞれのカントリーをはるかに超えたところに存在しています。しかし、知識というものは必然的にローカルなので、その全体像を知るものはいません。知識が地方化されているという事実それ自体が法なのです(The fact of localised knowledge is itself Law)。この体系は、人々がすべてを知ることができるとか、すべてを知るべきだとする発想をもっていません」(ローズ p. 37-8; Rose p. 13)。七人姉妹のソングラインにくわしい長老格の伝統的土地所有者であるベルナード・ニューベリーは、七人姉妹の旅を描くプロジェクトに関するインタビューで、自分が話せる物語はいま自分がいるワナーン地域のこの場所から始まる部分だけだ、と強調する(Newberry in Neale p. 159)。別の場所では別の部分が、別のかたちで語られる。異なる物語と交錯することもある。彼はそうしたことをよく知っている。だがある聖地の物語は原則、そのチュクルパの保持者が語るべきなのだ。

人はすべてを知ることはできない、そうすべきではないと考える知のありかたは、世界のすべては人知の及ばない力によりあらかじめ与えられたものとしてあり、かくあらしめた力は過去もいまも今後も、変わらず畏れるべきものとみる。合理的普遍をめざす知は、グルンジやヨルングやアレンテのインサイド・ストーリーを神話、伝説、比喩、迷信と呼び、その限界、非現実性を指摘するが、クニごとのインサイド・ストーリーは、合理的普遍知などというものはありえないこと、自らのローカル性/限界を認めずクニから離れ空虚になっていく知の覇権主義の暴力性を指摘する。

この対立を動力として「わたしたちのドリーミング」を現代にとり戻すこと、大地から生じ大地へ還る転生の物語を再生し、いま新たに土地を読み直すことは可能なはずだ、とわたしは考える。グローバル化する世界でグルンジの、日本の、またアイヌの、沖縄のインサイド・ストーリーを同時に成立させ維持しながら、物語の恣意的な改竄や排他的な捏造に閉じこもることなく、互いの尊重によってつながるグローバルなソングライン、国境を越えて語りつづけられる事実と解釈のつながりに向けて開いていく、というモデル。これを成立させるために、土地ごとの神々は交渉に入る必要がある。それは突飛な空想／理想であるどころか、ヨルングやアレンテ、また日本人が、古代からやってきたことの延長線上にある、じつは現実的で実践的な知への試みなのではないだろうか。

【参考文献】

「あふれる創造力　オーストラリア原始美術展開く」『読売新聞』一九六五年五月二三日
大江健三郎「オーストラリア原始美術展によせて」『読売新聞』一九六五年六月二二日
中村和恵「「絵の所有者」――知的財産としての現代アボリジナル絵画における「物語」の意味」『明治大学教養論集』三八一号、二〇〇四年、一九―六九頁
ランス・ベネット、泉靖一編、原ひろ子訳『オーストラリア未開美術』講談社、一九六九年
保苅実『ラディカル・オーラル・ヒストリー　オーストラリア先住民アボリジニの歴史実践』岩波現代文庫、二〇一八年
松山利夫「「オーストラリア原始美術」展とその民族学的背景――日本最初のアボリジナル美術展をめぐる資料の紹介」『国立民族学博物館研究報告』32（2）、二〇〇八年、一四九―二三六頁
デボラ・バード・ローズ、保苅実訳『生命の大地　アボリジニ文化とエコロジー』平凡社、二〇〇三年
R.M.Berndt ed. *Australian Aboriginal Art*. N.Y. and London: Macmillan, 1964.
Kay Goon "Dorothy Bennett – A Dreaming," *Northern Perspective*. Vol. 19, No. 1, 1996. pp. 23-35.
R.G. (Dick) Kimber "Politics of the Secret in Contemporary Western Desert Art," Christopher Anderson ed. *Politics of*

the Secret. Sydney: University of Sydney Press, 1995. pp. 123-142.
Kim Mahood "Songlines and faultlines," *Griffith Review.* 28, 2010（digital publication）.
John Morton "Dreaming," Sylvia Kleinert and Margo Neale ed., *The Oxford Companion to Aboriginal Art and Culture.* Melbourne: Oxford University Press, 2000. P. 377
Margo Neale ed. *Songlines: Tracking the Seven Sisters.* Canberra: National Museum of Australia Press, 2017.
T. G. H. Strehlow *Aranda Traditions.* Carlton: Melbourne University Press, 1947.
---- *Songs of Central Australia.* Sydney: Angus and Robertson, 1971.
Deborah Bird Rose *Nourishing Terrains: Australian Aboriginal Views of Landscape and Wilderness.* Canberra: Australian Heritage Comission, 1996.（digital publication）
John Rudder "The World of the Yolngu: The People of North-East Arnhem Land," Djoh Mundine et al. *The Native Born: Objects and Representations from Ramingining, Arnhem Land.* Sydney: Museum of Contemporary Art, 2000. pp. 113-126.

＊　日本語訳が右に記されていない英語文献の翻訳は引用者による。オーストラリア先住民族諸語のアルファベットおよびカタカナ表記は文献によりばらつきがあるがいずれにせよ便宜的で不十分でしかありえないことをお断りしておく。

＊＊　『オーストラリア未開美術』のまえがき「メッセージ」を実際に書いたのはランス・ベネットであったとランスの同僚で伴侶だったバーバラ・スペンサーはいう（二〇一九年三月二日面談）。ドロシーの名で掲載したのはランスが、この本がドロシーなくして成立しえなかったことを強調したかったからではないかと推察される。

両大戦間のエドゥアール・マネ――生誕百年記念展の転生とアナクロニズム

藤原貞朗

ヨーロッパの近代美術の世界では、一九三〇年頃から美術家の生誕百年を記念する回顧展が開催され始め、百年を節目に特定の美術家を巨匠として歴史化する恰好の機会となっている。生前には不遇だった画家が回顧展で蘇る場合もあれば、生前は著名だったが回顧展が開かれず忘却されることもある。また、回顧展を国立機関で行うのか、地方か、あるいは私的な商業施設かという違いでも、美術家の地位が微妙に異なってくる。いずれにせよ、生誕百年展は美術家没後の運命に関わる重要な機会であることは間違いない(1)。

本稿ではこの種の展覧会の初期の成功例となったエドゥアール・マネ（1832―83）の例を取り上げ、生誕百年展が果たした歴史的役割を分析したい。というのは、この《オランピア》の画家は、生前は反体制の革命分子とみなされて美術アカデミーから敵視されたが、生誕百周年の一九三二年には、一転して保守派として知られる学芸員の肝煎りでパリの国立美術館で記念回顧展が開かれ、フランス美術史を代表する巨匠として迎えられるという奇妙な転生を果たしているからである。いかなるプロセスと操作によって、反体制革命家が真逆の保守的巨匠として迎えられたのか。主として一九三二年周辺の学芸員や美術史家の研究論文や批評家の展評を読み解くことで明らかにしたい。

一　「マネの勝利」と「満場一致の承認」

生誕百年記念「マネ 1832—1883」展（図1）は、一九三二年六月一三日から一〇月一二日まで、国立オランジュリー美術館で開催された。油彩画八七点、パステルとデッサン三四点、版画二九点、資料二点、計一五〇点の展覧会は半世紀ぶりにマネの作品を一望できる機会となり、約七万人の入場者を集めた。この数字は当時のパリの特別展では二番目の記録で、当時としては成功した展覧会だった（Callu 1994）。展覧会に関連して各種新聞・雑誌に発表された論評は三三二本を数える。夏のバカンスの時期に大衆紙『フィガロ』に寄稿された記事によれば、マネ展は前年の「パリ国際植民地博覧会と同じく国民の義務」のごとき祝祭で、「荷物一杯の自動車」で来た「旅行者」等、普段は「ルーヴル美術館へ行こうと夢にも思わない人々」も「押し寄せた」という（Blanche 1932）。

図1　1932年の「エドゥアール・マネ 1832-1883展」ポスター（©RMN − Grand Palais／Stéphane Maréchalle）。

展覧会の成功について、美術雑誌『芸術と芸術家』の編集長は次のように報告している。「勝利、大勝利だ。絶望の中で社会的成功を求め続けたマネが没後五十年を経て、勝利を手にした。（中略）満場一致の支持が嘲笑され拒絶され続けた彼の名に与えられたのだ」（Dayot 1932）。ここに現れる「勝利」と「満場一致の支持」という言葉は展覧会のキーワードとなっていた。展覧会カタログの冒頭を飾ったヴァレリーのエッセイは文字通り「マネの勝利」と題され、「満場一致の支持」という言葉は、展覧会を組織した学芸員ポール・ジャモが『ガゼット・デ・ボザール』誌に寄稿した文章でも反復されている。(Valéry 1932, Jamot 1932d)。

生前のマネは美術アカデミーから敵視され、保守系の批評家によって非難され続けた。一方、急進的左派の批評家や政治家はマネを「革命的」画家と評価し支持を表明した。稲賀繁美の『絵画の黄昏』によれば、マネをめぐる美学的かつ政治的な対立はマネの没後も続き、急進的左派の批評家テオドール・デュレは一八八四年の没後回顧展と没後売り立てから一九〇二年のマネ伝『エドゥアール・マネとその作品の歴史』の刊行まで、精力的にマネを支持する活動を展開し、「印象派の父」というイメージの形成に奔走した(稲賀、一九九七)。こうしたマネをめぐる闘争がようやく一九三二年に終止符を打ち、「マネの勝利」が「満場一致の支持」によって実現した……。一見したところ、生誕百年の勝利宣言はそんな風に解釈できるように思える。

しかし、事実はそう単純ではない。なぜなら「マネの勝利」を宣言したのは保守派の国立美術館の学芸員たちだったからだ。展覧会を組織したのはポール・ジャモだが、彼は一九一〇年代にはアクション・フランセーズの文化活動にも参加した保守的美学を信条とする人物である。(2) 後述のように、彼はマネを「古典的」画家として評価し、左派の前衛的なマネ解釈を全否定している。生誕百年の「マネの勝利」とは勝利を目指して戦った左派グループの勝利ではなく、保守派学芸員の勝利だったのである。この奇妙なマネ解釈の転倒はいかにして成し遂げられたのか。ここには存命中のマネを知らない世代(一八六〇—七〇年代生まれ)と一九三〇年代に活躍する若い世代(一八九〇—一九〇〇年代生まれ)の学芸員のしたたかな保守的批評戦略が隠されている。

二 両大戦間の保守的マネ解釈(一) 古典主義者としてのマネ

展覧会を組織したルーヴル美術館学芸員のジャモは、この年、四本のマネ論を発表するとともに、ウィルデンスタインとの編著で『マネ　カタログ決定版』を刊行し、マネをめぐる言論空間を牽引した。ジャモは一八六三年生まれで、二〇歳の年にマネが没したので、生前のマネをほぼ知らない世代である。美学的には一八八〇―九〇年代の印象派以後の綜合主義（ゴーギャン）と新伝統主義（ドニ）の思想を共有しており、モリス・ドニとは親しい関係にあった。そんな彼はマネをいかに評価し、フランス美術史に位置づけたのか[3]。本稿では彼のマネ論の軸となる「古典」、「印象派との断絶」、「詩情とフランス性」の三つキーワードによって論点を整理したい。

展覧会カタログの序文でジャモはこう書いている。「マネは革命家でなかった（中略）。今日の我々が明確に理解するのは彼の根底にある古典だ。彼は独創的気質だが（中略）巨匠と伝統に深く関わっていた」(Jamot 1932c)。『ガゼット・デ・ボザール』誌への寄稿文でもジャモは、「（マネは）あたかも反逆者や危険な革命家だったかのように同時代の人々を憤慨させたが、根本において古典的であった」(Jamot 1932d) と繰り返し、マネを「第二のベラスケス」にして「フランスのベラスケス」と称えている。この視座が一九三二年の言論空間の基調をなし、ほぼ全ての展評者によって多少のニュアンスの差はあれ追認されている。例えば批評家カミーユ・モクレールは『フィガロ』紙に、「無意識に古典的なマネは（…生きていたなら）ポスト印象派と新セザンヌ主義の混乱ぶりを嫌悪したことだろう」といささか過剰な空想を交えながら筆を走らせている (Mauclair 1932)。

ジャモが記す通り、マネはアカデミーの古典主義への反逆者と理解されることが常だった。革命家でなく紳士だという証言は存命中からあったが、それを一歩進めて芸術的にも古典的とする見解はこの時代までなかった。一見したところ時代後れ（アナクロニズム）にみえる見解だが、じつは新しい解釈だったのである。だからこそ当時の批評家に歓迎され、一般の愛好者も惹きつける流行の解釈となったのである。先の『フィガロ』紙評にも「流行が選んだのはマネの一八六七―八〇年の刺激的な絵画、つまりパリ情景や戸外や印象派でなく、過去の巨匠に影響された作品だった」とある (Blanche 1932a)[4]。

図2　エドゥアール・マネ《草上の昼餐》、1863年、カンヴァス、油彩、2.08×2.64m、パリ、オルセー美術館所蔵（©RMN − Grand Palais／Hervé Lewandowskie）。

では、何ゆえにマネは古典的なのか。ジャモの解釈を支えとなったのは、おそらく二〇世紀初頭の美術史研究の成果であった。彼は一九〇八年発表のグスタヴ・パウリの論文「ラファエロとマネ」を参照し、マネの《草上の昼餐》（一八六三、図2）がルネサンス時代の複製版画《パリスの審判》（ラファエロ作）に由来することを特筆した。一九二〇年代にはジャモ自身が他のマネの作品の源泉を追跡する研究を深め（Jamot 1927a）、一九三二年には美術史家のジェルマン・バザンが集大成となる論文「マネと伝統」を発表する（Bazin 1932）。ラファエロ、ティツィアーノ、ベラスケス、ルーベンスなど、西洋絵画のオールドマスターを引用するマネの制作態度が「マネ研究」のクライテリアとなった。これは今日なおマネ研究の主要な一分野であり、マネは美術史家の大好物であり続けているわけだが、その起源は一九三〇年頃にある。

マネを古典とする解釈には、言うまでもなくジャモ自身の古典主義的な美学嗜好が作用していると考えられるが、それのみでは他の学芸員がこれを支持した理由を説明できない。より広く一九三〇年頃のマネ解釈と美術史研究との親和性を読み取る必要があろう。じつは一九〇八年に「発見」されたとされる《草上の昼餐》の源泉だが、すでに一八六三年に批評家のエルネスト・シェノーが指摘していた。しかし、ジャモはこれを無視している。つまり、マネの存命中には引用に基づく彼の制作態度は、批評レベルで大きく注目されることはなかったのだが、二〇世紀の学芸員＝美術史家はこれをきわめて重大な事実としてあらためて受け止め直したのである。この時期の図像学研究の隆盛を背景に、批評界では顕在化してこなかったマネの引用の問題が、美術史学界で重大な問題と認識されたのだった。過去の図像の引用は美術の歴史の連続性という美術史学の根本理念を支える事実であり、この観点から古典を引用したマネがフランス美術史の連続性を保証するかけがえのない画家となったのだといえよう。さらに、古典絵画が並ぶルーヴル美術館において、マネは古典と近代を結ぶフックとなって美術館展示の連続性を保証しえたわけで、学芸員にとっては有難い存在となったに違いない。こうしたマネの絵画の特質を一九六〇年代にミシェル・フーコーは「美術館絵画」と呼んだ。このことはよく知られているが、この「美術館絵画」なる言葉もじつは一九三二年にバザンが先の論文ですでに使用している。マネを古典と定義した一九三二年の言論空間は、国立美術館学芸員＝美術史家によって形成されたこと、それが美術史学の理念と方法、およびフランス美術史編纂と深くリンクしていたことを確認しておきたい。

三　両大戦間の保守的マネ解釈（二）　マネと印象派との分離

マネを古典とする解釈は、言うまでもなく、マネを「印象派の父」とした急進派の解釈とは対立関係にあった。一八七四年に活動を開始する印象派との出会いを通じ、マネは《アルジャントゥイユ》（一八七五、図3）に代表される戸外の「明るい」絵画を描くようになったとするのが通説だった。七四年以前の古典の引用からなる「暗い」絵と印象派風の近代的な「明るい」絵のいずれを評価すべきか。これが一九三二年の言論空間の二つ目の話題となる。『デバ』紙に寄稿したリエージュ大学教授ポール・フィエランは、「誰もが明るいマネが暗いマネより

図3　エドゥアール・マネ《アルジャントゥイユ》、1874年、カンヴァス、油彩、1.49× 1.15m、ベルギー、トゥルネ美術館所蔵（© Ville de Tournai - Musée des Beaux-Arts）。

好ましいかどうかと自問し続けることだろう。マネ展を訪れ、選択するがよい」（Fierens 1932）と書いているが、前記の通り、「流行が選んだのは（…）印象派でなく、過去の巨匠たちに影響された作品」（Blanche 1932a）だった[5]。

　この「流行」を先導したのもジャモである。彼は「時間が経つにつれ次第にマネが若いバティニョールの仲間〔＝印象派〕と結んだ関係が重要でなかったように我々には思える」と書き、マネと印象派との関係を断ち切った（Jamot 1932d）。さらに同時期に『パリ評論』誌に発表した記事で面白い説を披露している。彼によれば、《アルジャントゥイユ》のような作品は「青が支配する」「明るい絵画への転向を示している」ようにみえるが、これは印象派への傾倒というより「フランスの象徴的な紺碧の主題、つまり青と白に捧げられたマリアの王国」の象徴であり、ゆえにマネは伝統に根ざした「最も純粋にフランス的な画家」にして古典的画家だというのである（Jamot 1932b）。

　こうした牽強付会な説を弄してまでもジャモがマネと印象派の関係を否定したかったのは、印象派を評価していなかったからである。マネ展の前年に開催されたクロード・モネ回顧展のカタログでジャモはこう書いている。「印象派の分析が生み出した過剰さ、溶け出しそうな軽さ、過剰なまでに知性よりも感覚を優先する態度は、遅かれ早かれ、堅牢さと秩序と構成の原理の再興を提案する反動を引き起こす運命にあった」（Jamot 1931）。既述のようにジャモは印象派以後の綜合主義と新伝統主義の美学を共有し、古典的絵画の「堅牢さと秩序と構成」を重視した。印象派の「軽さ」、「過剰さ」、「感覚性」は克服されるべき弱点でしかなかった。とはいえ、ジャモはモネを評価しなかったわけではない。主として一八八〇年代前半までの印象派時代を過小評価し、その後のモニュメンタルな作品を高く評価した。オランジュリー美術館にはモネが国家寄贈した《大睡蓮》の展示室が一九二六年に公開されており、モネの回顧展でも、印象派以後の一八九〇年代以降のモネの仕事が「主要作」として称賛されたのである――展覧会のポスターで使用されたのは晩年の《睡蓮》だった（図4）。印象派以前の古典的なマネを評価したジャモの美術史観は、印象派以後の古典主義的美学に基づいていたのである。

こうしたジャモのマネ理解は、同世代で親交があった画家モリス・ドニときわめて近い。ドニは一九二五年にプティ・パレに《フランス美術史》と題する天井画を完成させ、そこにマネの姿を描き込んだが、代表作として選んだのは印象派以前の《笛を吹く少年》（一八六六）だった。展覧会のポスター（図1）に選ばれたのもこの作品であり、両者には明らかな影響関係がある（これについては後述する）。先述のフィエランは「マネは印象派よりもフォーヴィスムに近い」と述べ、印象派の介在なく、古典的なマネが二〇世紀のモダンアートと結びつくことを示唆した。さらに興味深い例を挙げれば、

図4　1931年の「クロード・モネ回顧展」ポスター（Claude Monet. Expositiion retrospective, Musée de l'Orangerie, Paris, 1931.）

『新フランス評論』にマネ展評を発表した画家のアンドレ・ロートは、「ダイヤのジャック（トランプのカード）」と揶揄された《笛を吹く少年》は「常軌を逸したタロットカードの画家といわれるピカソの予告者だ」と嬉々として書いている（Lhote 1932）。一九三二年の言論空間では、フォーヴィスムとピカソから遡及的にマネを再解釈するというアナクロニズムによって、たとえ印象派との関係を否定したとしても古典的なマネとモダンアートを関連づけることは可能だったのである。[6]

四　両大戦間の保守的マネ解釈（三）　マネの「ポエジー（詩情）」とフランス性

ジャモがマネを印象派から切り離した理由はもうひとつあった。印象派を含む広義の自然主義や写実主義としてのレアリスムからマネを分離し、マネの作品に潜在する「詩情（ポエジー）」を顕在化させるためである。マネ展カタログの序文のタイトルは「現実か、詩情か」であり、これに先立って『芸術愛好』誌に発表した文章も「マネの詩情」と題されていた（Jamot 1932a）。『ガゼット・デ・ボザール』誌でも、ボードレールを引き合いに出しながら、「二人は日常生活の現実から偉大で繊細な詩情を抽出した」と書いている（Jamot 1932d）。彼によれば、マネの詩情は「真の意味での詩」で、「神秘的で謎めいた」、「誰も感じたことのないエレガンスと辛らつさの混成物」となっており、それが公衆を遠ざけたのだという。さらに『パリ評論』のエッセイでは、具体例に《フォリー・ベルジェールの酒場》（一八八二、図5）を挙げ、ここにマネの「現実を眺める唯一の詩的な手法」があると説明し、「女性の周囲には魔術のように夢幻境の世界が積み重なり、視線と認識を別世界へと連れてゆく。バレスなら『白日のもとの神秘』と呼ぶであろう世界だ」と解説した（Jamot 1932b）。ジャモにとってマネの絵画は、近代生活を写すリアリズム絵画ではなく、現実のなかに潜む神秘的で夢のような幻影なのであった。

同種の批評は先のフィエランの展評にもみえ、ジャモの影響力の大きさを伝えている。「《オランピア》は空間にメロディーを刻んでおり（中略）、古典的構成の中でファンタジーが花開いている。（中略）誰も認めることができなかったが、これは詩だったのだ」（Fierens 1932）。一方、ジャモとは出自も美学も異なり、マネの前衛性を評価していたドイツ人批評家マイヤー＝グレーフェも『フォルム』誌上のマネ論で、「マネのレアリスムは音楽である」と定義し、《オペラ座の舞踏会》（一八七三）を例に「燕尾服とシルクハットがリフレイン」を成し、「詩情が完全に支配している」と評している（Meier-Graefe 1932）。マネに「詩情」を見出し、その芸術的価値を説く批評は少ないながらも保守か革新かを問わず広く浸透していた。[7]

図５　エドゥアール・マネ《フォリー・ベルジェールの酒場》、1882年、カンヴァス、油彩、0.96×1.30m、ロンドン、コートールド美術研究所所蔵（© The Samuel Courtauld Trust, The Courtauld Gallery, London）。

　こうした批評の中にあって、ジャモの特異性は、マネの詩情に「フランス的な」特質を見出した点にあった。マネ展カタログで彼はマネの詩情を「美辞麗句もレトリックも過剰さもない」「フランス的レアリスム」と定義し、「自然を正確に観察して再現しようとする」態度が、「奇跡によって、力強く魅力的に、通常は奥深く隠れている神秘を翻訳」することになったと説明した。その上で、同様の「フランス的レアリスム」が一七世紀のル・ナン兄弟、一八世紀のシャルダン、そして一九世紀のコローにも見出しうると主張した。すでに、ジャモが《アルジャントゥイユ》の青に「フランスの象徴的な紺碧のテーマ」を読み取ったことに言及したが、マネの「古典性」にせよ「詩情」にせよ、その特徴は、ジャモに言わせるならば、「フランス性」と密接に絡みあっていたのであった。

五　ジャモのマネ解釈とモリス・ドニ作《フランス美術史》（一九二五）の親和性

先に触れたように、こうしたマネの保守的解釈は、モリス・ドニの天上画《フランス美術史》との深い親和性を示している。本稿の最後に、この天上画におけるマネの表象を分析し、新たなマネ解釈との関係を明らかにしておきたい。

天上画においてドニは一九世紀を代表する画家としてマネとその作品《笛を吹く少年》を描いている（図６）。まず、マネの位置に注目しよう。ジャモの解釈と同じく、マネは印象派のモネと切り離され、（あろうことかクールベやコローよりも前の）一九世紀前半に位置し、ドラクロワとアングルの間に挟まれながら、過去の方向に眼差しを向けている。奇妙な配置だが、ジャモの繰り広げた古典性と詩情の言論空間を考慮すれば合点がゆくだろう。マネの服装にも注目したい。ドラクロワとアングルと共にネクタイを締めた背広姿だ。一八七〇年のファンタン＝ラトゥールによるマネの肖像からの引用ではあるが、後続の作業着姿のモネとは対照的で、マネが「戸外の画家」ではなく、「古典的な」アトリエの画家であるという暗示となっている。

ドニがマネの代表作として《笛を吹く少年》を天上画に選んだ事実はきわめて重要だろう。この作品は一九三二年の回顧展のポスター（図１）にも選ばれ、展覧会の「顔」ともなった。ドニとジャモはなぜこの作品を取り上げたのだろうか。マチュー・レグリズは一九三二年のマネ展を分析したウェヴ論文で、このポスターが「世界に向けてのフランス美術の旗印」として機能したと解釈している。彼によれば「少年の上着はマネの作品では黒だがポスターでは青色に改変」されており、「フランス精神を示す青・白・赤を受肉化」してみせたという

(Leglise 2013c)。レグリズは実証的資料を示すことなく、トリコロールにすべく意図的に「改変」されたと断定しているが、これだけでは強引な解釈といわねばならない。彼は言及しないが、回顧展ポスターには異なるヴァージョンもあり(本稿が掲げる図1)、オリジナルどおりの黒い上着である。このことからも、上着の「改変」が「フランス精神」の「受肉」と言い切ることは難しい。

本稿では、この上着の色の変更を「改変」ではなく、「訂正」とみなすことによって新たな解釈を提起したい。《笛を吹く少年》はマネ自身の証言に従えば「第二帝政期の皇帝親衛隊の選抜歩兵の鼓笛隊」を描いたものだが、当時の親衛隊の軍服は黒ではなく青であった。つまり、マネは青の制服を意図的に黒に変えたのだった。だとすれば、一九三二年のポスターの作成者はトリコロールを意図して改変したと言うより、マネがあえて犯した間違いを正し、青に訂正したと考えるべきである。マネが公衆に受け入れられなかったひとつの理由は、彼があえて犯す間違いにあった。左利きのギター弾きに右手用ギターを持たせたり、闘牛士を可愛い靴をはいた女性にしたりして、マネは公衆を戸惑わせたのだが、一九三二年のポスターはこうした間違いを正し、公衆に受け入れられる図像に「訂正」してみせたのである。

同様の「訂正」はポスターというメディアにこの作品を用いたことにも認めることができる。この作品は、前記の通り「扉に貼り付けられたダイヤのジャック」と揶揄されたという伝説をもつ。絵画空間も構図もない平板でグラフィックなトランプのカードのようだというわけである。そう揶揄され

図6　モリス・ドニ《フランス美術史》(部分)、1925年完成、プティパレ美術館天井画、パリ(著者撮影)。

た作品をまさに「扉に貼り付ける」ポスターにしてみせたのである。マネの絵画に詳しい専門家なら、このポスターは意地の悪い冗談にしかみえなかっただろう。その意味で、このポスターは「革命的な」画家としてのマネの「過ち」を「訂正」し、一般に「満場一致」で受け入れられる「保守的な」マネを創出するという一九三二年の展覧会のみごとな比喩となっているといえないだろうか。

一方、レグリズの解釈はドニの天上画における《笛を吹く少年》の役割について考えるとき示唆的である。この少年が着る制服は明らかに青に「改変」されているからだ。ドニがトリコロールを意識したことは間違いない。天井画の依頼がなされたのは第一次大戦中の一九一八年七月のことで、当初、ドニは大戦の「勝利」を主題として構想していた（Collet 2008）。これは採用されなかったが、画面の基調となったトリコロールは完成作に引き継がれ、天井画の重要な部分で反復されている。とくに「勝利」の主題とトリコロールは一九世紀前半の場面に色濃く反映された。凱旋門を背景にフランスの擬人像「自由」（ドラクロワ）が三色旗を掲げた姿は、凱旋門を舞台に一九二〇年代に開始された第一次大戦の戦勝パレードを彷彿とさせずにはいない。その一員として《笛をふく少年》が登場するのである。制服は第二帝政期のものだが、第一次大戦の軍服ともよく似ていた。勝利のパレードにふさわしい登場人物だろう。そうすることで、ドニは大戦の「勝利」と「一九世紀フランス絵画の勝利」とを重ねて表現したのである。一九三二年の「マネの勝利」を分析する我々にとって重要なのは、このドニが描いた「フランス絵画の勝利」の場面にしっかりとマネの姿が描かれていること、フランス絵画史の栄光を表現する上でマネが不可欠な存在として位置づけられているという事実である。その意味で、この天井画は一九三二年の回顧展でのマネ評価を予言したものといってよかろう。

最後に忘れてはならないのは、《笛を吹く少年》が一八六六年のサロンに落選したという事実である。美術アカデミーが認めなかった落選作を、ドニはあえて一九世紀の場面の中心部に配置し、ジャモは一九三二年の回顧展の「顔」に選んだのである。ここには明らかにマネの「名誉回復」の意味合いが込められている。一九二七年に刊行した『ルーヴル美術館の絵画』で、ジャモは一九世紀のフランス絵画の解説を担当し、この作品を扉絵に選んでいる（Jamot 1927b）。そして解説でこの作品を「一八七四年以前のマネの手法を最も厳格に示す典型的作品」とし、「これ以上の単純さと筆致の流麗さ、新鮮さと色彩の輝き」を示す作品は他にはなく、「テクニックの完璧さ」をみせる傑作と絶賛した。ジャモは国立美術館の学芸員として、かつて落選した作品がじつは傑作だったと評価を覆してみせ、さらにその評価を広く知らしめるべく、戦略的にこの作品を展覧会のポスターにするという選択をしたのだった。[8] 折りしも、マネの回顧展が開催された一九三二年に、ジャモは碑文・文芸アカデミーの会員に、ドニは美術アカデミーの会員に選出されている。かつて、マネはアカデミーから激しく拒絶され続けたのであるが、生誕百年を迎えた年、アカデミー会員となったジャモとドニとに認められることによって、国家的な名誉回復を果たすとともに、保守的な古典的画家へと転生したのだといえようか。じっさい、ドニは、一九三二年一〇月二五日の美術アカデミーの定例会議において、担当するレクチャーの主題に「マネ展について」をわざわざ選び、アカデミー会員が全員出席する前で、ジャモと同じように「マネの勝利」と「満場一致の承認」を宣言してみせたのだった（Denis 1932）。

おわりに

フランシス・ハスケルは遺著となった『束の間の美術館』において、晩年のマルセル・プルーストによるフェルメール礼賛の文章に触れ、それが本質的には美術史とは関係のない「全く無意味な展覧会」によって生産され、結果的に歴史に棹さすことになったとシニカルに書いた（Haskel 2000）。プルーストは一九二一年にパリのジュ・ド・ポーム美術館で開催されたオランダ美術展でフェルメールの《デルフト眺望》の虜となり、小説のなかに登場させた。たまたま開催された展覧会がなければ、有名なあの小説の一節は生まれることはなかったのである。同じように、一九三二年のマネの言論空間も、生誕百年展という（美術作品の歴史としての）美術史とはほぼ関係のない「無意味な展覧会」によって産み落とされ、その後のマネの美術史的運命を決定づけたのだった。

本稿では紙面の関係から、保守的なマネ解釈に深くコミットしたジャモとドニらの世代に焦点を当てるにとどまり、彼らを継承する次世代――ルネ・ユイグやバザン、ロート、クリスチャン・ゼルヴォス、ヴァルデマール＝ジョルジュ、さらには戦後のジョルジュ・バタイユ、クレメント・グリンバーグ、マイケル・フリードら――によるマネ解釈の変転の顚末について分析することはできなかった。一九三〇年代のマネの転生についてちょうど半分を論じたにすぎない。残り半分については、あらためて別稿を用意したい。その際には、単純に時代の変化に応じて編年的にマネ解釈が変化したと考えるのではなく、各世代の特質を明確にした上で、前世代から継承した思想、逆に反動形成された思想、あるいは隔世遺伝やアナクロニズムによって形成された理念が重層化して複合的に絡み合い、ひとつの塊として現在のマネ像が結晶化してゆくプロセスを描出するつもりである。

【注】

（１） Haskel 2000によれば、この種の特別展の嚆矢は一八七五年にフィレンツェで開催されたミケランジェロ生誕四百年記念展だという。フランスでは個人に捧げられた生誕記念展は一九二〇年代後半まで確認できない。その嚆矢は一九二七年六月～七月のカルポー生誕百年回顧展（ヴァランシエンヌ美術館）であろう。

（２） ジャモ（1863―1939）は高等師範学校卒業の文学教授資格取得者（ノルマリアン）。エリートにして敬虔なカトリック信者。古代ギリシャ考古学・美術史を専攻し、フランス・アテネ学院へ留学。古代美術史の「正統派」として出発するが、大戦後の一九一九年（五六歳）よりルーヴル美術館絵画部副学芸員兼ランス美術館館長として国立美術館再編に尽力するとともに、近代フランスの絵画史編纂に深くコミットした。マネ展を開催した一九三二年にはアカデミー会員（碑文学）となっている。

（3）ジャモと一九三二年のマネ展については、マチュー・レグリズが修士論文を執筆し、現在、博士論文を準備中である（Leglise 2013a, 2013b）。本稿は彼の論文とほぼ重なる主題を扱うが、問題意識および結論はかなり異なっている。

（4）この論評を寄稿したのは画家のジャック＝エミール・ブランシュだが、マネを「古典的」と評した最初はおそらく彼である。一九一九年刊『絵画について』に「マネは後れてきたロマン主義者でも、ゾラの自然主義が歪めたロマン主義者でもレアリストでもなく、古典的な画家だ」と書いている（Blanche 1919）。

（5）ブランシュ自身も『フォルム』誌に寄稿した展評で「マネの最高の作品」は「苦労して描いた印象派風の作品」ではなく「アングルの肖像画のような堅牢さと冷徹さを有した」「力強い人物画」だと書き、印象派以前の古典的なマネを支持していた（Blanche 1932b）。

（6）マネ展が開催された一九三二年六月、パリのジョルジュ・プティ画廊では（マネ展以上の規模の）ピカソ展が開催されており、マネとピカソを比較するという従来なかった論評が、クリスチャン・ゼルヴォスを中心に展開されていた（Zervos 1932）。マネ展とピカソ展の偶発的な同時開催は、ピカソからマネを解釈するというアナクロニズムの批評を招来し、同時期に進行していたフランス美術史編纂にも影響を及ぼす。この点については別稿を用意してあらためて論じたい。（「ピカソからマネへ　一九三二年の生誕百年記念展とアナクロニズムの歴史編纂」、『茨城大学人文社会科学部紀要人文コミュニケーション学論集』五号、二〇一九年九月刊行予定。）

（7）マネの「詩情」を強調する批評は、一九三二年の言論空間において、マネとモダンアートに「精神の喪失」を読み取るヴァルデマール＝ジョルジュらの反近代批評（Waldemar-George 1932）と対をなしている。この点についても、あらためて別稿で論じたい。

（8）《笛を吹く少年》は旧カモンド・コレクションの作品で、一九一一年に国家寄贈され、一九一四年にルーヴル美術館の所蔵となっていた。偶然であろうが、第一次大戦開戦の年のことであり、この作品と二〇世紀フランスの愛国心との因縁を思わずにはおられない。

【参考文献】

稲賀繁美 1997.『絵画の黄昏　エドゥアール・マネ没後の闘争』、名古屋大学出版会。

Bazin, Germain. 1932 «Manet et la tradition» *L'Amour de l'art,* 13, 05/1932, 152-163.

Callu, Agnès. 1994. *La Réunion des Musées nationaux (1870-1940). Genèse et fonctionnement,* Genève-Paris.

Collet, Isabelle. 2008. «L'Histoire de l'art français : Iconographie du décor de Maurice Denis au Petit Palais», *Les Cahiers d'Histoire de l'Art,* n 6, 2008, 6-25.

Haskel, Francis. 2000. *The Ephemeral Museum: Old Master Paintings and the Rise of the Art Exhibition,* Yale University Press.

Blanche, Jacques-Emile. 1919. Propos de peintre, *De David à Degas, Première série : Ingres, David, Manet, Degas, Renoir, Cézanne, Whistler, Fantin-Latour, Ricard, Conder, Beardsley, etc.,* Paris, 1919, p.136.

Blanche, Jacques-Emile. 1932a. «Le public nouveau de Manet ou le Bayreuth de la peinture», *Figaro,* 04/08/1932.

Blanche, J.-E.. 1932b. «Les pastels de Manet», *Formes,* 24, 04/1932, 254-255.

Dayot, Armand. 1932. «La rétrospective Édouard Manet», *L'Art et les artists,* 129, 07/1932, 353-354.

Denis, Maurice. 1932. «A propos de l'exxposition Manet», Institut de France. Séance publique annuelle des Cinq académies du mardi 25 octobre 1932 : présidée par M. André Chaumeix, directeur de l'Académie française, n.16, Paris, Institut de France, 1932, 59-70.

Fierens, Paul. 1932. «L'Exposition Manet», *Journal des débats politiques et littéraires,* 19/06/1932.

Jamot, Paul. 1927a. «Etude sur Manet», *Gazette des Beaux-arts,* 01/1927, 27-50 et 06/1927, 381-390.

Jamot, P. 1927b. *La peinture au Musée du Louvre, École française, XIXe siècle, 3e partie,* L'Illustration,Paris.

Jamot, P. 1931. «Claude Monet», *Claude Monet. Expositiion retrospective,* Musée de l'Orangerie, Paris.

Jamot, P. 1932a. «La poésie de Manet», *L'Amour de l'Art,* 13, 05/1932,149-151.

Jamot, P. 1932b. «Manet», *La Revue de Paris,* 01/06/1932, 595-617.

Jamot, P. 1932c.«Réalité ou poésie», *Manet 1832-1883,* cat. expo., Paris, Orangerie, 06/1932, xvii-xxvi.

Jamot, P. 1932d. «Le centenaire de Manet», *Gazette des Beaux-Arts,* 50, 07/1932, 51-56.

Leglise, Matthieu. 2013a. *Edouard Manet en 1932, une «présence d'absence». Bilan historiographique et archéologie d'une réformulation idéologique,* mémoire de Master 2 s.d.d Pierre Wat, Université Paris 1, juin 2013.

Leglise, M. 2013b. «Manet après Manet : archéologie d›une réception critique». Thèses en préparation à Paris 1, dans le cadre de Histoire de l'art , depuis le 04-12-2013 .

Leglise, M. 2013c. «Edouard Manet par Paul Jamot, ou l'incarnation christique d›un art national», https://f-origin.hypotheses.org/wp-content/blogs.dir/2271/files/2017/07/LC3A9glise.pdf.

Lhote, André. 1932. «Exposition Picasso (Galerie Georges Petit) ; Exposition Manet (musée de l'Orangerie)», *La Nouvelle revue française,* n.227, 1 août 1932, 285-292.

Mauclaire, Camille. 1932. «Exposition Manet», *Figaro,* 18/06/1932.

Meier-Graefe, Julius. 1931. «Le centenaire de Manet», *Formes,* 24, 04/1932, 251-253.

Valéry, Paul. 1932. «Triomphe de Manet», *Manet 1832-1883,* cat. expo., Paris, Orangerie, 1932, v-xvi.

Waldemar-George. 1933. *Manet et la carence du spirituel,* Editions des quatre chemins, Paris, 1933.

Zervos, Christian. 1932. «Manet est-il un grand créateur?», *Cahier d'art,* juin-juillet, 1932, 295-296.

境界者の詩学と民族運動の〈あいだ〉
――サロジニ・ナイドゥの末弟ハリンドラナトを中心に

堀まどか

はじめに

二〇世紀転換期の、国境をこえて国際的に活躍した詩人たちの秘教や神智学への傾倒や民族運動への情熱、その国際的に繰り広げられた人的ネットワークの解明については、近年次々と解明が進んでいる。しかし、これまでも暗黙には了解されていたにも関わらず、なぜ公式に語られてこなかったのか。また未だに語りにくい要素があるのは何故か。本稿では、文化の伝播の「うつわ」としての「詩人」という存在に注目し、それが国家や政治イデオロギーのなかで触変するのかについて考える。詩人サロジニ・ナイドゥの末弟を例として紹介したい。国境や文化をまたぐ際に必然的に揺らぐ「宗教」「文学」の概念の〈あいだ〉、地域と時代によって忌避事項が生じる国際政治の〈あいだ〉という点について探り、詩人たちの自己同一性の再定義とその特性について考える。

一　宗教と文学（神秘主義と詩学）

一九世紀から二〇世紀にかけて、哲学研究や比較宗教学のなかに位置づけられた西欧のインド研究・サンスクリット研究は、秘教や神智学思想など神秘思想ブームや心霊研究ブームの勃興をうながし、それと連関する象徴主義の潮流は、様々な形のモダニズム芸術表現へと展開していく。

象徴主義詩人たちにとっての芸術表現とは、宇宙との一体化の模索であり、その詩学は文学、音楽、舞踊、舞台芸術、美術などの諸芸術を統合するものであった。彼等は、革新やモダニズム、そして新しい社会構造を求めており、神秘主義や東洋に関心を寄せて、伝統的なキリスト教的価値観や既存の社会システムを懐疑し批判し相対化しようとした。東洋や異国趣味に憧れ、異端主義や神秘主義としての仏教や東洋の宗教哲学に関心を持った。その理念や目論見には、西欧のアカデミズムやオリエンタリズムが色濃く反映していた。この潮流には、国際政治や民族独立運動が密接に結びついており、また、社会主義思想や社会改革運動・女性権利運動にも深い連関があった。二〇世紀転換期のロンドンは、まさにその中心であった。このような時代を背景に、インドからオーロビンド・ゴーシュ、サロジニ・ナイドゥ、ラビンドラナト・タゴール、また日本から野口米次郎のような英語で詩をかく東洋人が現れて注目を集めた。

この頃のロンドンには、神秘主義の会合やクラブ、秘密結社が数多く存在した。当時の詩人や文化人たちが心霊術や〈神秘〉の研究に打ち込んでいたのは、人間の精神内部に潜む〈宇宙の根元と同質のもの〉を科学として掘り起こそうとしていたからである。その現れ方や方法や組織形態は多様であるにせよ、超自然的存在、霊的体験、宇宙と個人の交感と融合を探求する欲求から起こっていた。五感を越えた全世界的な超感覚によって、さまざまな社会的境界を越えること、これを詩歌などの芸術表現に反映させようとしていたのである。歴史を俯瞰して考えるとき、「神秘主義」に心酔した近代の詩人たちが、とりわけ特異であったとはいえない。芸術体験の本質には、「神秘」や異世界への立ち入りといった要素が含まれるし、芸術家たち（特に詩人や音楽家や舞踊家）にとって「神秘」性への取り組みは、必然的に帰着する問題である。そして（日本では馴染まないが）詩人に、ナショナリズムや政治的プロパガンダを伝える役割、あるいは神の声を一般民衆に送り届ける預言者や指導者の役割をもたせる場合は、決して少なくない。「宗教」や「文学」や「詩」の概念に国家間・多文化間の差異があることをも看過できない。西洋社会の学問の中核は宗教にあり、その宗教と密接な「詩」や音楽があるが、そうした宗教観や宇宙観は東洋のそれと同じではなかった。[1]

インドのナイチンゲールと後に呼ばれるサロジニ・ナイドゥ（1879―1949）は、エドマンド・ゴスやアーサー・シモンズから評価を受けてロンドン詩壇でデビューするが、彼等から求められたのは、「純インド詩人」として、異国らしい大地に生きる人々や花、東洋的な寺院をうたうことだった。ゴスはサロジニが当初書いていた英詩に失望し、英国人的気質で書いたものやアングロサクソン的情調の模倣を棄てて、インド人の自覚を呼び覚まして《民族的熱情や、古代宗教の種々の主義》や、《西洋が心霊意識を夢想し始めた遙か以前に、心霊の探求を示した神秘的暗示等》について、詩にするようにとサロジニに要求したのである。そして《印度の大地》から生まれた熱帯的で原始的な情緒の芸術表現、《東方の暗所を照らす光》が発見できる詩として、サロジニの詩を評価していく。シモンズも、サロジニの詩に《基督教徒の信仰よりも遙かに古い自意識》を見て、東方の《智慧》や《魔術》があると評した。結局、サロジニは時を置かず詩作をやめてしまい、独立運動やナショナリズム運動に尽力することになる。

宗教哲学者もしくは神秘思想家で知られているオーロビンド・ゴーシュ（1872―1950）も、英国で英才教育を受けたベンガル教養人で、サロジニの詩人デビューよりも以前から英詩を書いていた詩人である。一八九三年にインドに帰国し、一九〇五年からは民族主義の革命家になって、一九〇七年からは刑務所に収監された。獄中で沈思瞑想し、一九一〇年からはフランス領ポンディシェリに避難して四年間のヨーガの修行を行い、以後、修養道場《アーシュラム》をつくって国際的な宗教活動を行った。オーロビンドは、宗教的精神の絆を通して身分階級を統合することを説いていた。

日本の野口米次郎はサロジニの詩については絶賛したが、オーロビンドの英詩についてはあまり評価していなかった。ただ、自分の友人のポール・リシャールやジェームズ・カズンズがオーロビンドを強く推薦していることに言及し、カズンズが彼の詩を《亜細亜的世界主義と欧羅巴的古典主義とが出會つて握手している形》であると好評していたこと、彼の英語はタゴールの英語よりも遥かに巧みで古典的正統派の英語であると評した。野口は、オーロビンドを読むと愛蘭詩人のA．E．を読んでいるような感じがすると述べ、彼の詩を翻訳引用した上で、A．E．にも似た語彙がある点を指摘している。また、インド式の概念に走りすぎるオーロビンドの詩は、日本人の情調に強くは訴えてこないと断定する一方で、日本にも彼のような《理哲派》の詩人が現れると良いとも述べる。

私共日本の詩界は餘りに抒情的一つに限り過ぎてはゐやすまいか。印度の批評家は『日本の哲學なし』といつて日本の内面的價値を軽く見てゐるが、これを他山の石として私共はもつと思想を練る必要が確にあると云はねばならない。（野口米次郎「今日の印度詩人」『詩神』一九二九年九月、四頁）

日本の近代詩に思想哲学が必要ではないか、インド詩人らのように詩の奥底に宗教哲学を盛り込む必要があるのではないか、と問題提起していた。

二　一九一〇年代前後の民族運動

一九〇五年のベンガル分割問題以降、インド（主にカルカッタ）には多数の革命的テロリストたちが出現し、一九一〇年前後に多くが海外に亡命していく。英国植民地下のインドから脱出して、活動拠点をつくって仲間をみつけ、祖国の革命をめざす必要があった。出版法に煩わされることなく革命を煽動する書籍を自由に刊行し、また武器を調達する必要もあった。ロンドン、パリ、サンフランシスコなどがテロリストたちの重要な拠点となり、その後、東京やベルリンも加えられた。

一九〇五年頃にはロンドンにも多くのインド活動家たちが集まり、インド学生たちのためのセンターを設立し、雑誌を発足させ、インド自治協会組織を発足させていた。しかし一九〇九年七月にインド省のウィリー・カーゾンが暗殺されて以降は、革命家たちにとってロンドンでの活動が難しくなる。英独関係が悪化するにつれて、ベルリンが重要な拠点になっていく。一九〇二年からロンドンで法学を勉強していたサロジニ・ナイドゥのすぐ下の弟ヴィレンドラナト・チャットーパッダーエ（1880—1937）も社会主義者・急進的革命家となり、一九〇九年以降はベルリンを本拠地に選ぶ。サロジニが第一詩集『黄金の閾《しきい》』*The Golden Threshold* を発表したのはこのような時期であった。

一方、アメリカ西海岸では、ララ・ラージパト・ライ（1865—1928）らインド革命家が活躍し、日本のアジア主義者たちと連携しはじめていた。のちにベルリンでヴィレンドラナトの恋人として知られるようになるアグネス・スメドレー（1892—1950）（三〇年代にはヴィレンドラナトと別れてベルリンから中国に渡ってゾルゲ事件にも関わった米国の女権運動家）は、その頃サンディエゴでライたちに協力して投獄されていた。新しい社会運動への覚醒が呼びかけられて、男性も女性も伝統的価値観や弊習から解放され、帝国主義や社会階級による搾取からの解放を求める動きが強まっていた。世界各地でその胎動が始まっていたのである。

そのような中での一九一三年のタゴールのノーベル賞受賞は衝撃であった。賞はイェイツが序文を付した英文散文訳の詩集『ギタンジャリ』に対して与えられたものだが、じつは同時代的な思想潮流の相互影響関係を考える場合には、タゴールがハーバード大学で行った連続講演をまとめた『サーダナ』（1913）などに示された思想が重要といえよう。宇宙生命論、宇宙と個人の調和、魂の意識、万物照応の理念、そして自我の滅却と自己実現を説いたものである。

日本からハーバード大学へは、宗教学者・姉崎正治が一九一三年から一四年にかけて招聘されて数回の講演を行っていた。（姉崎は一九〇二年七月にロンドンでアニー・ベサントの英国帝国主義批判の講演を聴いて感激していた。ハーバード大学のインド学者ジェイムズ・ウッズとは一九〇二年一〇月にロンドンで出会い、一二月から翌三月までは共にインドを旅して寝食を共にした仲である。姉崎は一九〇三年三月下旬にマドラスの神智学協会本部にベサントを訪問している。[2]）

姉崎がハーバードで講演した頃（一九一三年末から一四年）、英国のオックスフォード大学には日本詩人・野口米次郎が招聘されている。オックスフォード大学には、日本人やインド人のユニテリアンを受け入れた比較宗教学者のエストリン・カーペンターの所属するハリス・マンチェスター・カレッジ、また南条文雄や菅了法らが所属してマックス・ミュラーに学んだクライストチャーチ・カレッジなどがある。だが野口米次郎が桂冠詩人ロバート・ブジッリズから招聘され、講演をおこなったのは伝統的権威主義のつよい詩人たちが所属する厳格なモーダレン・カレッジであった。そこで野口は日本詩歌の音韻に特化した講演を求められた。（じつは、このオックスフォードの権威ある詩人といえるブリッジズらは、ロンドンの詩人らが称賛するタゴールには否定的であった。）

野口は、このオックスフォード滞在の後、ロンドン各地で講演している。神智主義者G．R．S．ミード（1863―1933）が主催するクエスト協会で講演したときには《ちょうどタゴールが多くの英国人にインド詩歌の見事さを突如あきらかにしたのと同じように、野口は、神の国の魔力と魅惑を詩のなかで知らしめた[3]》と評された。ロンドンでサロジニ・ナイドゥに十年ぶりで再会した野口は、神智学協会やインド社会との関係を構築し、その後、フランス、ベルリン、モスクワに一ヶ月程度滞在しながら、シベリア鉄道で日本に帰国している。このベルリンやモスクワ滞在時に、野口はどのような人々と接触していたか。民族運動家や神秘主義者、社会主義者の急進的活動を見聞きした可能性が高いが、英国滞在時の綿密な報告に比較して、ベルリンやモスクワの滞在についての記述は殆どないのが不思議である。

帰国後は、仏詩人ポール・リシャールや愛蘭詩人ジェームズ・カズンズら神智学者が来日してきて、野口と親交を深めた。彼等は、黒龍会のアジア主義者らと繋がって、例えばリシャールは、《私の霊魂は亜細亜の偉大なる霊魂と相結んで居る》と述べ、《人類の救済者は亜細亜から現はれる》といって《亜細亜の覚醒》を宣言している。(4) 黒龍会雑誌ではベサントの主張やその政治的動向は掲載された。(5) リシャールが神智学者なのかオーロビンドの信者なのか、日本主義者との関係なのかと線引きしようとするのは無意味である。彼はロマン・ロラン(1866—1944)との交流も深かった。野口米次郎は、神智学については《宗教といふよりは寧ろ哲學に近い協會で、人類愛と平和を以て一定不動の主義とした社会運動に宗教を加味したものだと思ふ》(6) と述べている。彼ら詩人たちにとって、詩学と宗教的理念は密接であり、平和主義と革命的行動も密接であった。

三 サロジニの末弟ハリンドラナト

さて、詩作を止めてインドに帰国したサロジニは、一九一五年から一八年にかけて、青少年の福祉事業や労働の尊厳、女子教育や女性解放(未亡人の再婚問題)、ナショナリズムなどについて講演するアニー・ベサント(神智学協会の二代目会長)と共にインド各地をまわる。(7) そして一九一八年からは、ガンディーとともに独立運動を展開してゆく。

政治活動家となっていくサロジニの英詩は、インドでは元々あまり評価が高くなかったが、日本では、サロジニは「詩人」として注目された。大正後期には既にサロジニは詩作をせず独立運動家としての行動に入っていたが、日本の詩壇では依然としてサロジニの詩と東洋詩の普遍的価値とを合わせて論じている。例えば灰野庄平のサロジニの詩の翻訳（「詩聖」一九二二年一〇月）や、矢野峰人の評論（『英語文学』一九二一年一〇月）等がそれで、幡谷正雄はインド女流詩史を解説した（『詩聖』一九二三年二月）。また中山昌樹は古今東西の詩人達を論じる著作の中で、サロジニやタゴール等のインドの詩の真摯な宗教性の深さは卓越しており、とくに女性詩人サロジニの詩はタゴールよりも感情の強度が勝っていると評した（『美しき魂』一九二六年九月）。神・自然・人間を一つに融合して考えること、宗教・芸術・生活を一つのものとして考えること、これが西洋人と異なる東洋人の特徴であるとし、つまり、東洋の文化的優位性や価値を主張する典型としてサロジニの紹介がなされている。

サロジニはタゴールに劣らぬ重要詩人としての扱いを日本詩壇で受けていたが、その彼女と直接の交友関係をもっていた日本人はほとんどいなかった。野口米次郎だけである。野口は大正初めより日本詩壇に詩人サロジニを紹介していたが、一九二九年には次のように書いている。

今日彼女は婦人解放論者として印度世界の政界の役者である。彼女の詩人としての仕事は終つたの感があるが、私共はさう思ひたくない。彼女の詩的熱情と技巧の見事なことは英詩壇に珍しいといっていい。私は随分以前からナイヅウ夫人に興味を持つてゐるので、彼女が黙して詩なき遺憾に思つてゐる。然し彼女の弟にハリエンドラナート・チヤトパジヤといふ最も有望な青年詩人がある。チヤトパジヤはChattopadhyayaと書く。彼も印度式に洩れず宇宙観を云々し過ぎる感があるが、流石は老年の詩人と違つて近代的意義が鋭敏に動いている。（野口米次郎「今日の印度詩人」『詩神』一九二九年九月、四頁）

ここで言及されたサロジニの十四歳年下の末弟ハリンドラナト（1898―1990）は、ハイデラバードに生まれ、姉と同様に英語で教育を受けて英語で詩や戯曲を書いた人物で、音楽や舞台、映画俳優としても活躍したマルチアーティストである。[8] 妻は、女権運動家で全インド女性会議を作った社会指導者となるカマラデヴィ（1903―1988）である。結婚直後の一九一八年にロンドンに渡り、英詩集『若さの饗宴』*The Feast of Youth* を出版している。ロンドンではローレンス・ビニョンらと文通して世話になり、[9] ケンブリッジ滞在中には次姉ムリナリニの世話になって「ウィリアム・ブレイクとイスラム神秘主義」"William Blake and the Sufis" の研究を行った。英国に数年滞在した後は、社会主義者で急進的革命家であった長兄ヴィレンドラナトが住むベルリンにも長期滞在している。

ハリンドラナトの英詩は、第一次世界大戦後に英詩壇の傾向が変わったせいか、サロジニやノグチのようには英国で評価されていない。ハリンドラナトの英詩を高く評価したのは、オーロビンド・ゴーシュであった。インドに帰国後、ハリンドラナトは、アディヤールの神智学協会やポンディシェリのオーロビンドの修養道場《アーシュラム》との関係を深くする。英詩集『古代の翼』*Ancient Wings*（1923）や『灰色の雲と白い夕立』*Grey Clouds and White Showers*（1924）は、神智学協会のアディヤールで刊行され、詩集『奇妙な旅』*Strange Journey*（1936）はポンディシェリ滞在時に編まれた。一九三〇年代後半は、ポンディシェリのオーロビンドも詩作を再開し、壮大な霊的な叙事詩を作った時期であり、詩人たちには相互の影響関係があった。

四　境界者が絡め取られる国際政治の轍

インドの有望な次世代詩人として野口米次郎から有望視されていたハリンドラナトだが、では、野口とハリンドラナトはどのような関係だったのだろうか。じつは、ハリンドラナトは、神智学者かつ詩人ジェームズ・カズンズを深く尊敬し、野口米次郎の熱烈なファンでもあり、自分の詩集に野口米次郎への献辞を掲げたこともあった。

野口米次郎が一九三五年秋から三六年二月にかけて、過密スケジュールでインド各地をまわった際[10]、サロジニ一族は野口を各地で歓迎した。インド旅行で帝国日本の政治的メガフォンの役割を担わされていた野口が、心から信頼を置いて語り合ったのは旧友サロジニ・ナイドゥである。ボンベイで、サロジニと二十三年ぶりに対面を果たしたとき、《私に對する彼女は政治家でも社会改良家でもなく、依然として女詩人であつた》と大喜びしている。このとき、弟ハリンドラナトもボンベイで野口を歓迎し、即興で歌や踊りを披露し、楽器を演奏している。マドラスでは、野口はハリンドラナトの妻カマラデヴィにも数回会っている。じつはその後、カマラデヴィは日本との関わりを強くし、一九四一年五〜六月に訪日した際には、早稲田大隈会館や東京鉄道ホテルなどで講演活動をしている。「ガンディーの片腕」として来日した彼女は、激しい帝国主義批判をおこなった[11]。国家間の政治状況と個々人の活動の思惑が複雑になっていたことがわかる。

その後のハリンドラナトは、ボンベイで政治やインドの社会主義運動に関わりながらも、『石の血族』*Blood of Stones*（1944）や『アダムの息子』*The Son of Adam*（1946）、『自由が来た』*Freedom Came*（1947）を刊行し、独立と解放をうたう詩人として詩作をつづけた。

一時期は野口を敬愛していたハリンドラナトだったが、独立後は詩に関する講演（一九五一年元旦）で、野口について“the Japanese poet Yone Noguchi, the war-monger”つまり「戦争業者」と批判的な言葉を残し、野口に刺激されて自分も愛国主義的な執筆が進んだのだと述べている[12]。ここには日中戦争勃発時に、タゴールと野口のあいだに国際政治論争が起こり、帝国日本の方針を弁明した野口が、タゴール側や連合国側から批判される対象となったことが関係していたことがあろう。（現在もインドでは、詩聖タゴールに比べて野口の帝国主義を主唱した詩人だというイメージは改善されないままである。）

ただ、ハリンドラナトが背負う記憶はそれだけの事情でもなかったはずである。たとえば、一九四〇年代の

「自由インド」(Azad Hind) と帝国日本の関係も、独立後のインド社会では公に支持できない問題である。ベルリンで革命のチャンスを狙い、その後日本と手を組んだスバース・チャンドラ・ボース (1879—1945) が率いた「自由インド」の活動と失敗を、いったい一九四五年以降のインド社会がどう評価し得るかという問題につながる。

チャンドラ・ボースらが独英の両言語で自らの主張と活動を掲載してドイツで刊行していた雑誌に『自由インド (Zeitschrift fuer Azad Hind (Freies Indien)』がある。(発行所はベルリンのリヒテンシュタイン通りで、一九四二年から一九四四年九月にかけて刊行された。) この雑誌に、ハリンドラナトの詩"The Fool"が掲載されるのは一九四二年である。

I am the ancient fool of earth.
When was I born, you ask? My birth
Dates back in time much further than
The birth-hour of the world's first man.
In fact my birth dates back as far
As the conception of a star,
A blade, a bird, a cloud, a wind
In the lone stillness of God's mind.
(抜粋 "The Fool"(*Azad Hind*,1942 no.3/4, p.25))

同号には、ボースとヒトラーとの面会の詳細や、ボースから日本の首相東条英機へ宛てた返答などが掲載された。また、雑誌『自由インド』最終刊行号には、《In the dawn of a new age》(新しい時代の夜明け) で始まるタゴールの短い詩（*Azad Hind*,1944,no.9／10, p.10.）も掲載されている。[13] 詩人たちの詩篇は革命家たちにとって、煽動的な意味でも哲学的な意味でも有用性が高かったといえるだろう。当時のロマン・ロランは、タゴールがムッソリーニや伊ファシズムに取り込まれたと理解しており、不満に思っていた。[14]

自由インド（Azad Hind）の問題は、日独伊のみならず、ソ連、中国との社会主義者ネットワークも複雑に絡む微妙な政治的争点である。ハリンドラナトのベルリンの急進的革命家らとの関わりや、カマラデヴィの日本訪問、日本側のヒンドゥ・マハーサバーとの連携といったテーマは、一九四五年以降のインドでは、政治的議論の余地があり、正史にしにくいのであろう。

さて、その後のハリンドラナトは、一九五二年から五七年に議会メンバーとなり、一九七二年には、民間人にあたえられる国家名誉勲章やB．C．ロイ国家文学賞を受賞している。執筆活動も続けており『仮面と別れ』*Masks and Farewells*（1961）を出版。一九七三年からインドラジオ放送局やテレビ局の名誉プロデューサーを務め、ヒンディー語、ベンガル語、英語の映画にも多数出演している。ベンガルの巨匠サタジット・レイの映画三本にも特別出演していることが知られる。過去の遺産とはほとんど無関係に、芸術に長けた文化人として長寿を全うした。

野口やサロジニが連携した英米の思想家たちや、イェイツやカズンズに代表されるようなアイルランドの〈脱植民地主義〉の詩人達、そして神智学協会やオーロビンド・ゴーシュの修養道場《アーシュラム》に連なっていた人々は、いわば欧米の反体制派（反帝国主義派であり、宗教的にも基督教のなかの異端）に属することになる。つまり、大英帝国に対抗するインド、アイルランドという構造には、「脱植民地」をめざすという観点で、複雑さやねじれは少なかった。だが、そこに、英国の敵国であったナチスドイツやイタリアのファシスト政権や大日本帝国と連携しようとしたインド亡命者たちの革命運動が絡んでいた場合には、戦後、それら敗戦国に対する評価と政治性を含む原理が入り込んで、きわめて複雑である。そして、ソヴィエトと社会主義思想の社会改良思想という構造が入ってきたために、戦後のそれぞれの国が新しくどの陣営に属するのかによって、冷戦下の「反共」のタブーが介在することになる。

東洋の芸術家たち（詩人も舞踊家も音楽家も）、西洋の先端的で社会改良的な思想を取り入れ、地域の伝統を探求し、神秘や宗教を探求して改良しようとした。これが国際的な思想潮流であった。そして、その動きは、一国内にとどまらず、国境を越えて繋がろうとしていた。ただ、そこには、個々人の正義や価値観のみならぬ、国家政治や体制の方針が出てくる。そして本人たちの使命感や倫理観を離れて、結果的に国際政治に組み入れられ絡めとられている。

つまり、インドの革命家たちなのかテロリストなのか、人的ネットワークなのか国際秘密組織かスパイ活動なのか、社会ジャーナリストなのかプロパガンディストなのか――そのような判断や評価は、時代や所属によって揺れ幅が大きい見解となる。オーロビンド・ゴーシュにしても、チャンドラ・ボースにしても、本稿で紹介したサロジニの末弟ハリンドラナトにしても（本稿では僅かに触れたのみの長弟ヴィレンドラナトにしても）、その歴史的活動については非公式的に記憶されて、それを表立って正面から論じるには、政治的なタブーや矛盾に抵触する危うさがある。どの立場から、どの時代に書いたものか、戦前の個々人の思想と国家や国際政治の動きをどう捉えるかという立場の選択を、結果的に突きつけられることになる。

おわりに

二〇世紀転換期、詩人は、あらゆる社会的・宗教的・文化的・人種的な境界を越えるユニヴァーサルな超感覚へ心酔し、これを詩歌や芸術の諸表現に対して反映させようとしていた。同時に、この神秘主義的傾向が社会思想の創出・再編とも密接に関わっており、国際政治問題にもつながっていた。ロマン・ロランは当時、インドにおける宗教と植民地支配の関係を俯瞰して捉えていたが、「宗教的」という点について次のように考えている。

いっさいの宗教から自由だと自ら信じている人々で、社会主義、共産主義、人道主義、国家主義――合理主義までも――一種の超合理主義の状態に浸って生活しているものがすくなくない。思想の出所素姓を決定し、それが宗教に属すべきものか否かを決定するのは、思想の対象そのものではなく、その思想の品質である。もしその思想がいっさいを賭し、完全に真摯な態度で、あらゆる犠牲を覚悟し、断固として真理の探究に向うものならば、わたしはそれを宗教的と呼ぶ。けだしそれは、一個人の生命にまさり、時には現在の社会にまさり、全人類さえもまさる人間の努力の目的への信仰を予測するものである。（ロマンロラン（宮本正清訳）「ラーマクリシュナの生涯」『ロマンロラン全集』一五巻、みすず書房、一九六二年二月、一二頁）

文化の伝播の「うつわ」であった詩人という存在は、――宗教家や神秘思想家、そして理想主義的革命家の多くが自らを「詩人」だと自己規定していたが――所属する国家と文化圏と時代によって、また政治学的イデオロギーの轍や評価枠によって、その自己同一性に触変を起こさざるをえない。「宗教」や「詩」という概念や、民族主義や社会主義思想を含めた二〇世紀の思想が、それぞれの「うつわ」にそれぞれどう盛り込まれ、理解され、変質しているのか。時代のうつろいにより、その触変による自己同一性は再編され再定義されるはずだが、またそこで新しい時代の国家と文化圏とその時代の政治原理に合わせて触変が起こるのであり、そのうつろいとは輪廻しているのだといえよう。

【注】

（1）日本の実情を考えてみても分かるが、詩と宗教の関係は、近現代詩とそれ以前では変化した。近代の西洋の影響をうけて一八八〇年代以降に成立してくる「新体詩」以降の近代詩をイメージし、そこに日本独自の宗教的要素をつなげる感覚は薄められている。だが、日本古来の和歌は、より宗教的要素が濃い。（これを説明するには、詩の概念の違い、言葉の使い方、コミュニケーションの文化の違いにまで言及が必要となるが。）雑駁にいって、一神教の神の予言者として存在した西洋的な「詩人」「詩」の概念と、東洋のそれら概念とは違う。たとえば、日本の詩は言霊をうたうもの、鎮魂をうたうものであり、（一般的に日本人はほとんど意識していないが、）自然を謳う中に十分に「神秘」的・宗教的な要素が含まれて和歌が存在している。

（2）「姉崎正治年譜」『近代日本における知識人と宗教—姉崎正治の軌跡』（磯前順一、深澤英隆編、東京堂出版、二〇〇二年三月二〇日）、二五一—二五二頁。

（3）F.Hadland Davis, "The Poetry of Yone Noguchi," *The Quest*, 1914,Jul.pp.727.

（4）ポール・リシャール「人種的差別撤廃問題と日本國民の天職」『亜細亜持論』一九一九年四月一四日、二五頁。

（5）一九一七年九月の黒龍会雑誌『亜細亜時論』には、ベサント「印度のわが兄弟姉妹よ」、シャーストリ「ベーサント夫人の拘禁に就いて」が掲載されている。

（6）野口米次郎『印度は語る』第一書房、一九三六年五月、二七三頁。

（7）アニー・ベサントはロンドン生まれの社会改革家で、一八八九年に神智学協会に関係する前には、フェビアン協会（Fabian Society＝イギリスの社会主義家たちの運動）に属してバーナード・ショーなどに近接する社会主義者であった。ベサント会長就任と共にインドに拠点を移した神智学協会が、以降、インドのナショナリズムの展開に少なからぬ貢献をし、英印両知識人たち（とくにアイルランド系英国人）の活動拠点となって独立運動の動向の中核に関与していた事実はよく知られている。また、この神智学協会は人種問題や民族問題を超えた思想の形成と流布にも関わった。（ベサントは、インド独立の指導者として、一九一六年の「全インド自治同盟（All Indian Home Rule League）」設立に尽力し、一九一七年にはインド国民会議の女性初の議長になる。サロジニが議長に選出されるのは一九二五年。）

（8）エジンバラ大学の博士号をもつ科学者の父と、ベンガル語の詩を書く母を持って、ベンガル＝ヒンドゥーのブラフミンの家系でハイデラバードで育つ。八人兄弟の第七子で、長姉サロジニ、長兄の革命家ヴィレンドラナト、次兄ブペンドラナト（Bhupendranath）、次姉ムリナリニ（Mrinalini／ケンブリッジ大学を卒業後、教育者として活躍、ラホールの女子大学の学長を務める）、三姉スナリニ（Sunalini／舞踊家）、三兄ラネンドラナト（Ranendranath）、そしてハリンドラナトの下には妹スハシニ（Suhasini）がおり、彼女は兄ヴィレンドラナトの影響で熱烈な社会主義活動家となり一九一九年にインド初の女性社会主義者となる。妻カマラデヴィは、十四歳の時に最初の結婚をして二年後に未亡人になり、友人スハシニの兄のハリンドラナトと再婚した。のちに彼等は離婚するのだが、インドの裁判所で承認された初の離婚事例である。カースト外の恋愛結婚をした姉サロジニもだが、このような婚姻形態からして当時のインド知識人や運動家たちの先端であった。しかし、カマラデヴィは、ベルリンの革命家である義兄ヴィレンドラナトが下層階級出身の米国人ジャーナリストのアグネス・スメドレーと付き合うことには猛反対し、また社会主義者を批判した。

（9）Letters to Laurence Binyon,from Cambridge, 13. June,1921.（Loan103. *Laurence Binyon Collection*, vol.2, Manuscript reading room, British Library（St.Pancras）.

（10）インドを周遊した野口は、タゴールやガンディーから歓迎を受けたばかりではない。マドラス・アディヤールの神智学協会本部を訪れたり、旧友の詩人ジェームズ・カズンズに再会している。ヒンドゥ・マハーサバー（ガンディーや会議派とは異なる方針で民族運動を担った右翼的傾向の団体で、日本軍部の対インド政策との協調性が高かった組織。一九一〇年代から日本の知識人は、日印協会や黒龍会などを介してこの団体の幹部と関係を深くしていた）の茶話会にも各地で招かれ、インド各地で独立運動家や経済界の重要人物や、大学や教育機関に携わるインド人知識人たちに次々と面会している。（堀、二〇一二年、三六二―三七四頁、二〇一七年、一九―三九頁）

（11） カマラデヴィが華族会館で日印協会主催の講演会を行ったときには、鹿子木員信から「英米のスパイ」と容疑をかけられ講演を中断させられている。（三角佐一郎『回想の日印関係：三角佐一郎談話録』史資料ハブ地域文化研究拠点研究叢書、二〇〇八年一月、九五‐九八頁。）

（12） Harindranath Chattopadyaya "Lecture on Poetry and Poets, on 1.Jan.1951" *Expention Lectures, Delivered by Sri Harindranath Chattopadhyaya, Dr.McBain, Dr.D.V.Subba Reddy, Dr.T.M.P.Mahadevan.* Osmania University Press, Hyderabad.May,1953.p.5.

（13） チャンドラ・ボースとタゴールは良好な関係であった。タゴールについてはインドを代表する「詩聖」として極めて詳細な研究が行われてきたものの、依然として、謎に満ちた部分も残る。タゴールの訪米や来日（一九一六年以降五回）、イタリアやドイツへの旅において、亡命者たちとの接触や神智学者たちとの関わりがある一方、当時の独裁政権への傾きを同時代のロマン・ロランは批判的に見ていた。タゴールの政治的な面での研究は、インドでは殆ど進まずタブー視される面もつよい。

（14） 一九二六年当時のロマン・ロランは、タゴールがファシズムに愛想やお世辞で対応していると批判し、《タゴールをムッソリーニの腕の中につれて行ったファッシスト仏教徒！》と憤懣を記す。（『ロマンロラン全集（インド編）』三一巻、一九五八年一一月五日、みすず書房、四三頁。

［コラム］　メディア技術に潜む精神性《スピリチュアリティ》と輪廻転生

大西宏志

一　〈うつわ〉と〈うつし〉とメディア技術

本稿は、筆者が研究分担者として参加した科学研究費助成事業『「うつわ」と「うつし」：情報化時代の複製技術・藝術の美的範疇刷新にむけて[1]』の一環として、ロンドン芸術大学で行った発表がもとになっている。筆者はそこで、日本が欧米から移入したメディア技術のいくつかを取り上げ、それらに潜むスピリチュアリティを紹介した。筆者はかねてよりメディア技術のスピリチュアリティが、芸術家や鑑賞者にどのようなインスピレーションを与えるのか興味があった。また、文化的な背景とインスピレーションの相関についても関心があった。筆者にとってロンドンでの発表は、こうしたことについて改めて考えを巡らせ、文化的背景が異なる聴衆から反応を得る良い機会となった。

メディア技術のスピリチュアリティを考えるに当たっては、〈うつわ〉〈うつし〉という日本語を思考の補助線として使った。これらの言葉はメディア技術との相性が良い。そのため日本では意図するしないに関わらずメディア技術を扱う際の枠組みになっているように思う。例えば、筆者の専門分野でもある映像では、外来の技術用語を日本語に置き換える際に〈うつす〉を多用する。例えば、shoot ＝撮す、project ＝映す、copy ＝写す／移す、といった具合だ。

ちなみに、〈うつす〉にあてられる漢字には当て字も含めて「写」「撮」「映」「移」「遷」「染」「現」などがある。ロンドンではこれらの漢字に対応しそうな英単語として、take, shoot, reproduct, copy, trace, project, reflect, move, transport, bring, infect, possessed, appear などを紹介した。一見するとカオスである。

だが、これらはすべて「ある所からある所へ何かが移動する（〇→〇）」語感を共有している。

そして〈うつわ〉は、何かが移動するときの「ある所（〇）」である。〈うつわ〉の意味を辞書で引くと、入れ物や容器といった意味に加えて個人の包容力を指す用法も出てくる。これは、何か（多くは困りごと）がやってきた時にそれらを受け止める人格的な能力を示しているのだと考えると腑に落ちる。

また、独自の漢字研究で知られる白川静（一九一〇—二〇〇六）は、「器」について興味深い指摘をしている。もともと「器」の真ん中にあったのは「大」ではなく「犬」という文字で、神々への生け贄を表していた。そして周囲の「口」も元は「𠙵」のような形で「サイ」と発音したらしい。サイは神々に捧げる祝詞を入れる容器で、「器」の元々の意味は神々へ生け贄を届けるための入れ物だという。

こうした事を知ってか知らずか、〈うつわ〉がもつスピリチュアリティは今も健在である。京都は器に関する催しが多い町だが、時々「器の中の宇宙」といったようなキャッチコピーが目に入る。字義的にはあり得ない表現だが、京都人の琴線に触れる言葉である。

ロンドンでは、〈うつわ〉には四つの用法、つまり、A: objective, B: personal, C: functional, D: spiritual があり、それぞれ A: vessel, bowl, container, receptacle, B: capacity of the person, C: medium, media, D: sacrifice to gods for purification などが当てられるのではないかと紹介させてもらった。

もうひとつ〈うつわ〉〈うつし〉に共通する〈うつ〉について。〈うつ〉は「空」「虚」など空っぽな語感と、これとは正反対の鬱蒼と閉塞した語感「鬱」を合わせ持っている。ある所からある所へ何かが移動して満たされたり空になったりすることが〈うつわ〉〈うつし〉のメディア論なのだろう。

二　写真と桐と魂

インターネットのソーシャルネットワークシステム（SNS）のひとつに、インスタグラムというものがある。写真の投稿を主とするSNSで、ユーザはこぞって見栄えの良い写真を投稿し、他のユーザーから高評価を得ようと頑張っている。「インスタ映え」なる言葉も誕生した。すっかり生活の一部になっている写真だが、日本に来たのは案外最近である。

写真術はペリー（Matthew Calbraith Perry, 1794—1858）に従って黒船でやってきた写真師によって広く知られるようになった[2]。日本では「写された真」と記すが、もとの英語は photograph、ギリシア語由来の photo（光）と graph（描かれたもの）が合わさって「光によって描かれた画」という意味である。日本に入ってきた当初は、直訳の「光画」なども使われていたようだが、開国後に西洋諸国から多くの写真師が訪れ、やがて彼らに学んだ日本人写真師が活躍するようになると「写真」が定着した。

当時普及していたのがアンブロタイプ（ambrotype, 1851）方式の写真だった。この方式は紙ではなくガラスの板に像を定着させるのだが、階調が反転したネガ像が定着する。そのためガラス板の下に黒い布などを敷き鑑賞した。ネガ像の下に黒いものを置くと階調が反転してポジ像に見える。だから当時の写真は一枚一枚、黒い布などを敷いたケースに入れておくのが普通だった。

さて、そのケースだが、西洋では革張で装幀した本のような形状であったのに対して日本では桐箱が使われた。桐は成長が早く軽くて丈夫。さらに防虫・調湿・耐熱性に優れた材料なので、その性能が買われて写真ケースとしても使われたと考えられるが、筆者は桐のスピリチュアリティにも注目している。中国由来の考えでは、桐は神聖な植物で鳳凰が棲むといい、「桐に鳳凰」は花札の画題にもなっている。また、筆者の親の世代には子どもの臍の緒を桐の小箱に入れて大切に保管する習慣があった。その上の世代は娘の嫁入り道具として桐箪笥を持たせた。桐はその霊性によって大切に扱いたいモノを入れる〈うつわ〉としての役割を担っていたのではないだろうか。

当時、写真は珍しい物であると同時に畏怖すべきモノでもあった。それは、写真を撮ると魂も取られると考える者がいたことや、三人で写ると真ん中の者が早死にするという迷信に現れている。写真は被写体となる者の姿と一緒に、それらの中にある大切なモノも移す。だから三人で撮るときは、写真館が用意した人形を抱いて四人ということにした（図1）。そして、できた写真は桐の〈うつわ〉に大切に納めた。photograph の訳語が即物的な「光画」ではなく「真を写す」意味の「写真」に落ち着いたのも頷ける。

三　映画と影とアニメーション

写真を納める〈うつわ〉が桐箱からインスタグラムになったように、映画も映画館から YouTube になったと言うのは少し大げさかもしれないが、映画館の暗

図１：人形を抱えて三人で写る写真（長崎大学附属図書館所蔵）

闇の中で赤の他人と一緒に一つのスクリーンに見入るという鑑賞スタイルは、いまや少数派になっている。

　映画術の発明は一八九五年にフランスのリュミエール兄弟によってなされた。彼らは自分たちの機械をシネマトグラフ（cinématographe）と呼んだ。こちらもギリシア語由来のkinématos（動き）とgraph（描かれたもの）の合成語だそうだ。シネマトグラフは実業家の稲畑勝太郎（一八六二―一九四九）によって日本に輸入され、一八九七年に京都で興行に掛けられた。これが本邦での映画の始まりとされている[3]。日本に入ってきたシネマトグラフは、省略して「キネマ」と呼ばれたり、英語で「映画」を指すmotion pictureを直訳して「活動写真」と呼ばれたりした。「映画」が定着したのは大正時代の終わりらしい。動きに着目した呼び方は消えて「画を映す」ことに落ち着いたのは、暗闇の中でスクリーンに映し出される映像を大勢で観る体験こそが映画だと受け取られたからだろう。ちなみに欧米では、cinema＝映画館（仏）／芸術映画（米）、film＝映像作品、motion picture＝映画（米）、movie＝娯楽映画（米）といった具合に微妙に使い分けている。それぞれ、文化的・歴史的な背景があっての拘りなのだろう。

　さて、その映画術だが、それ以前からあった三つのメディア技術、つまり、幻灯術（projection）＝画をスクリーンに映す技術と、アニメーション術（animation）＝動画像を生み出す技術、そして前述の写真術が合わさって出来たというのは、メディア技術史でも紹介される有名な話しである。

　幻灯術のルーツを遡れば、今もアジア諸国で盛んに行われている影絵芝居に行きつく。これらの多くは、スクリーンの後ろに人形を隠し人形の背後からスクリーンに向かって照明を当て影を投影する。いわゆるバック・プロジェクションである。だから人形や人形使いの実像は観客の目には触れず、スクリーンに映し出される影だけが鑑賞対象となる。アジアの影絵はヨーロッパにも伝わり、ロベール（Étienne-Gaspard Robert,

1763—1837）の幻灯劇ファンタスマゴリア（Fantasmatorie）やトレウェイ（Félicien Trewey, 1848—1920）らの手影絵となって人気を博した。同時代の日本でも影に触発されて描かれた浮世絵が残っている。中には幽霊や化け猫の影を描いているものもあり、投影された動く影がスピリチュアルなモノを表象していたことが分かる（図2）。

図2：豊原国周『小夜嵐 障子に化け猫の影』（絵葉書資料館蔵）

　影のスピリチュアリティと写真のそれとは、おそらく同じモノだろう。両方とも持ち主から写し（移し）取られた像が、持ち主とは異なる時空に存在してしまうことが、恐ろしくもあり神々しくもあるのだと思う。映画は写し取られた像が勝手に動き出すのだから、なおさら神秘的である。

　影が勝手に動くと言えば、アニメーションだ。カナダ国立映画制作庁（National Film Board of Canada, NFB）で初代所長を務めたマクラレン（Norman McLaren, 1914—1987）は、「アニメーションは絵を動かす芸術ではなく動きを描き出す芸術である」と言った。そのアニメーションの仕組み、つまり人が動く映像を認識する仕組みが解明され、娯楽に使わるようになったのは一九世紀の初めのことである。プラトー（Joseph Antoine Ferdinand Plateau, 1801—83）が発表したフェナキスチスコープ（phenakistiscope）がその始まりとされている（図3）。これは子どもの玩具となってヒットした。いつの時代も子どもは動くものが好きだ。現代でも子どもが退屈して大騒ぎしないようにアニメ映画を見せるのは有効だ。しかし、複雑な物語のものはダメで、『となりのトトロ』（宮崎駿、一九八八）の様にキャラクターが活きいきと動くものがお勧めである。[4]

　ところで、アニメーションの語源が、「生命」や「魂」を表すラテン語のアニマ（anima）であり、これから派生した他の言葉にanimalやanimismなどがあるのはご存じだろうか。人は動く物と魂（モノ）との間には深い関係があると考えているのだろう。まだ科

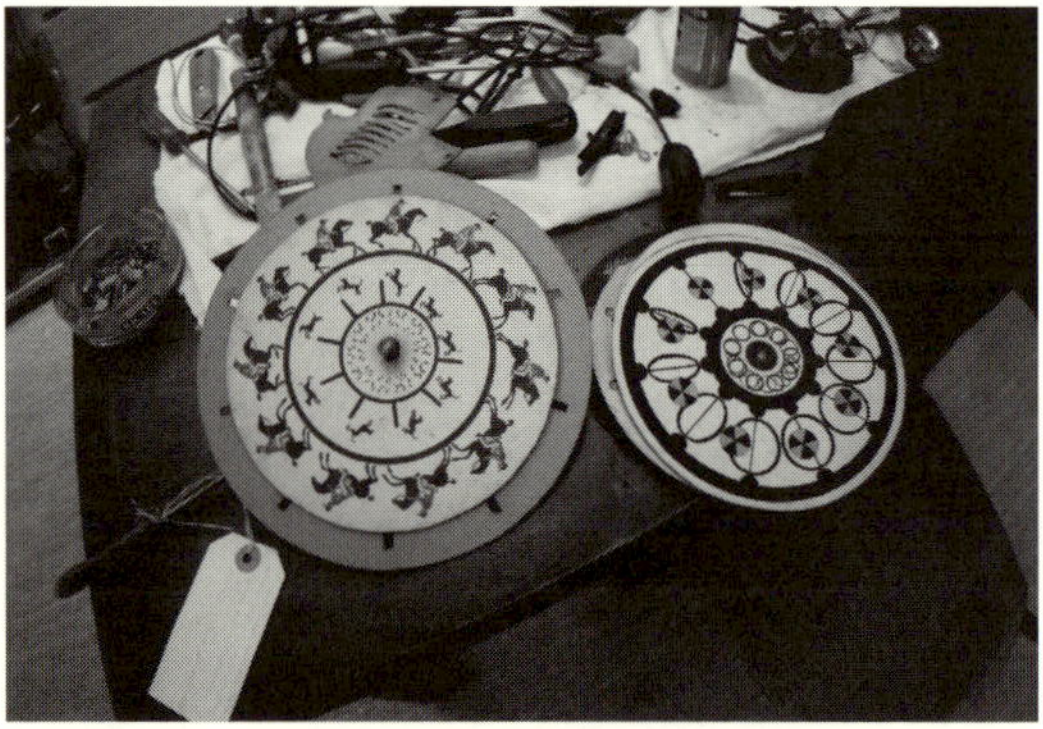
図3：フェナキスチスコープ（撮影：大西宏志）

学的な思考に染まっていない子どもたちが活きいきと動くアニメキャラに魅せられるも同じ理由からだと思う。幼稚園くらいまでの子どもは本当にトトロがいると思っている！

トトロに限らず、スピリチュアルなモノと映画との相性は良く、ホラーや超常現象を扱った映画が盛んに作られ、後述する『リング』（一九九八）のように大ヒットする作品も出てくる。映画は、スピリチュアルなモノを扱うメディアとしてかなり優秀な〈うつわ〉なのだと思う。

四　電話と電線と仮想の線

電話はすでに社会生活に欠かせないものになっている。テレビは無くても困らないが電話がなくなると少し不安になる。特にスマホは便利で手放せない。

ベル（Alexander Graham Bell, 1847—1922）が電話技術に関する特許を取得したのが一八七五年。日本では一八九〇年に東京と横浜を結ぶ電話が開通した。英語で「電話」はtelephone。ギリシア語由来のtele（遠く）とphone（音声）の合成語で、距離に関心があるのが分かる。一方「電話」は「電気＋話す」だから、新しい技術への関心がもとになっているように思える。しかし、当時のチラシや新聞の挿絵をみるとそうでも無さそうだ。それらを見ると、誇らしげに電話線が描かれている（図4）。「電話」は「電気＋話す」ではなく「電線＋話す」なのだ。人々の関心は、新しい技術よりも電線で繋がることの方にあった。電線はいまでは街の景観を損ねる悪の代表だが、当時は文明開化を象徴する物であると同時に人の繋がりを想起させるスピリチュアルなモノでもあったのだろう。

そもそも線で繋がるという感覚が、スピリチュアルなインスピレーションを刺激するのではないか。例えば、子どもの頃に遊んだ糸電話。ピンと張った糸で繋がると離れている友達の声が耳元で聞こえる。メディア技術が身体を拡張する時の驚きに加えて、繋がった相手と器官を共有して一つの生きものになったかのような不思議な感覚も味わっていた。

線で繋がることの神秘とそこから得られるインスピレーションは、マンガやアニメで花開き、ひとつの美的範疇をつくっていると言ってもよい。代表的なものに『新世紀エヴァンゲリオン』（庵野秀明、一九九五年）がある。いわゆるロボットアニメと呼ばれるジャンルの作品だ。主人公らが搭乗するロボットはアンビリカルケーブル（臍の緒の意味）という線で基地と繋がっていて、これで電力を供給してもらいながら動いている。

図４：【1892年】宮城前の電話線（ジャパンアーカイブズ）

また、サイボーグ警官が活躍するサイバーSFマンガ『GHOST IN THE SHELL／攻殻機動隊』（士郎正宗、1989）では、他者の記憶を探る際に自分の電脳（個人の記憶や意識が保存された機械の脳）と相手のそれをわざわざケーブルで接続する。無線通信では無くだ。この作品は一九九五年に押井守によってアニメ映画化されるが、その時のポスターデザインの主題はケーブルに繋がった主人公のサイボーグである（図５）。

ところで、日本発のSNSで世界的にも成功しているものの名前が「LINE」であるのが面白い。スマホのSNSアプリを使ったコミュニケーションには既に線など有りはしないが、これらのユーザーも仮想の線を感じながら他者と繋がっているのだろうか。線は繋がりを意識させ、繋がりは〈うつし〉〈うつされる〉

図５：(c)1995士郎正宗／講談社・バンダイビジュアル・MANGA ENTERTAINMENT

モノがあることを担保してくれる。ここに電線のスピリチュアリティが宿るのかもしれない。「スマホ」が普及したことで「電話」という言葉も徐々に使われなくなるだろうが、電話という〈うつわ〉の役割は、スマホとネットが受け継いでゆくのだろう。

五 テレビとビデオと不幸の手紙

最近のテレビ番組はつまらないものが多くてあまり観る気がしないが、社会的な影響力はまだまだ大きい。だからというわけでもないが、テレビのスピリチュアリティについても見ておきたい。

テレビジョン（television）という言葉も電話（telephone）と同様に、ギリシア語由来の tele（遠く）と vision（視覚）から出来ている。日本でテレビ放送が始まったころは、映画界から「電気紙芝居」と揶揄されたようだが、これは定着せずに英語の省略形が定着した。理由は良く分からないが、たぶん語感が良かったのだろう。テレビの「ビ」の音は「ビビビ」と何かが飛んでくる感じがしなくもない。

さて、そのテレビも映画と同様に複数の技術が合わさって出来ている。それらはどれも〈うつす〉ための技術、つまり「撮影（撮す）」「伝送（移す）」「表示（映す）」技術だ。

テレビジョンの「撮す」技術は写真術とは異なる仕組みから出来ている。最初にこの技術を完成させたのはニプコー（Paul Julius Gottlieb Nipkow, 1860―1940）である。ニプコーの円盤（一八八四年）は、螺旋状に穴を開けた円盤をぐるぐる回して対象の像をスキャンし、光の点に分解する技術だった。日本でも、一九二六年に高柳健次郎（一八九九―一九九〇）がこれを使ってテレビジョンの実験を成功させている。しかし、一九三三年にアメリカのツヴォルキン（Vladimir Zworykin, 1888-1982）が電子式撮像管アイコノスコープを開発すると、この方式に取って代わられる。

「移す」技術は、一八九六年にイタリアのマルコーニ（Guglielmo Marconi, 1874-1937）が電磁波を使って行った無線通信が基になっている。これはラジオの技術と同じで、鉄塔とアンテナとチューニングというスピリチュアルな組み合わせがあるのだが、テレビの話しから外れるので本稿では割愛する。

そして「映す」技術は、液晶や有機ELを使った薄型モニタが担っている。しかし、少し前までは大きく重いブラウン管が主流だった。ブラウン管は一八九七年にブラウン（Karl Ferdinand Braun, 1850―1918）によって開発された真空管の一種である。光の点に分解され、さらに電気の強弱に変換された画像を、電子ビームを使ってブラウン管の内側に塗られた蛍光体の上に描き出す。説明が難しい。だが、この説明のしにくさ、つまりブラックボックス化したブラウン管がテレビのスピリチュアリティの源泉になっている。物心つく前の筆者は、しばしばテレビの裏を覗いて何かいないか確かめていたらしい（図6）。

そんな感覚を上手く表現したのが、筆者が生まれた年に水木しげるによって発表されたマンガ『テレビくん』（一九六五年）だ。主人公の少年は、テレビの中の世界と現実の世界をブラウン管を通って自由に行き来できる（図7）。そして彼がテレビの中にいる時は、その姿が町中のテレビに映る。きっと、テレビの中の世界は一つに繋がっていて、A君の家のテレビから入ってBちゃんの家のテレビから出てくることもできるのだろう。テレビジョンの技術は人を〈うつす〉ことはできないの？ テレビという〈うつわ〉には何が入っているの？ という疑問に答えてくれた作品だ。

その後、テレビはどんどん家庭に入ってくる。一九八〇年代になると二台三台とテレビを持つ家庭も珍しく無くなりテレビの裏側を覗く子どももいなくなった。代わって子どもや芸術家にインスピレーションを与えたのがビデオである。

一九九八年に公開されたホラー映画『リング』（監督：中田秀夫、原作：鈴木光司）には、それを見た者が一週間で死ぬという「呪いのビデオテープ」が登場する。そのビデオテープには惨殺され井戸に遺棄された貞子という女性が映っているのだが、ビデオを見ていると

図6：テレビに見入る筆者

図7：テレビくん
初出：『別冊少年マガジン』（講談社）
1965年8月15日 ©水木プロ

貞子がテレビ画面から出てきて、見ている者を襲う。
もし、死にたくなければ「呪いのビデオテープ」をコピーして他の者に見せると良い。そうすれば自分は助かり、コピーを見た者が死ぬという仕組みである。その為か否か、映画に出てくる「呪いのビデオテープ」の画質は恐ろしく悪い。きっと何度もコピーが繰り返されたからだろう。複製すると劣化するのはアナログメディアの宿命である。

『リング』で使われた「取り憑いた呪いを他者に〈うつす〉」というアイデアは、「読んだら死ぬ。死にたくなければ同じ内容の手紙を××人に出せ」という「不幸の手紙」に見られるように昔からあった。こうしたことは平安時代の陰陽道にまで遡れるかもしれないが、ブラウン管テレビとビデオテープのコンビに代わるインパクトのある後継が出ていない。テレビが薄型になりビデオデッキがＨＤＤレコーダーに代わったこととどうやら関係がありそうだ。ブラン管の生産が終了したのが二〇一五年、ＶＨＳデッキの生産が終わったのが二〇一六年である。余談だが、YouTube のTube は真空管つまりブラウン管のことであり、角が取れた長方形のマークはブラウン管の面影を残している。YouTube のロゴマークの向こう側には、さて何があるのだろう。

六　コンピュータとインターネットと輪廻転生

コンピュータ（computer）の日本語訳は「電子計算機」。筆者が子どもの頃は省略して「電算」などと呼ばれていた。〇〇電算株式会社のように、電算を社名にする会社も登場した。特別な響きを持つ言葉だった。しかし、パーソナルコンピュータが普及した一九八〇年代以後は、「パソコン」や「コンピュータ」がそのまま使われるようになった。改めて英語の綴りをみると、ラテン語のcom（一緒に）とputate（「木の剪定を段取りする」が転じて「考える」の意味）から来ているらしい。なるほど、com という接頭辞がついている所が侮れない。computer はただの計算機ではなく「一緒に」計算してしまうのである。

コンピュータが他のメディアと違ってユニークなのは、特定の用途がないところだ。逆に言えば、０／１のデジタル情報に変換されてさえいれば、何でも扱えるところにある。[5] すでに文字、画像、音声はデジタルデータに変換して一緒に編集する技術が確立されている。身近なところでは、プレゼンテーションソフトのMicrosoft PowerPoint がそうだ。

さらに最近は、日付・時刻・位置情報などのメタ・データや、消費や健康など人の行動や状態に関するビッグ・データも一緒に集められて活用されている。これまで見てきた写真、映画、電話、テレビジョンなどのメディア技術も徐々にデジタル環境に移され、コンピュータのネットワークに統合されつつある。Harvard innovation lab が YouTube に挙げている動画〝visualizes the evolution of the desk〟が、この辺りの事情をうまく表現していて面白い(6)。

さらに、データがデジタル化すると物に依存する必要がなくなる。USBメモリでもHDDでもネット上のサーバーでも同じデータを記録しておくことができる。また、コピーをいくつ作っても何回してもデータは劣化しない。そのため、物体としての存在感もオリジナルとコピーのヒエラルキーも無くなってしてしまう。もし、「呪いのムービーデータ」があったとしても、画像は常にオリジナルと同等の高画質だ。それはそれで恐ろしいかもしれないが。

冗談はさておき、森羅万象の全てを写し取ってしまいそうなコンピュータネットワークだが、コミュニケーションメディアとなったのはごく最近のことだ。個人がパソコンを所有できるようになり、それらがインターネットで繋がってからである。日本では一九九四年にようやく電話回線をつかったダイアルアップ接続ができるようになる。モデムが奏でるピーガーという音を聞きながらパソコンがネットに繋がるのを待っているときは、なにやら神秘的な感じがしたものだ。これは、糸電話で友達と繋がったときの感覚やラジオの深夜放送を布団にもぐって聴いていたときの感覚と共通している。ある所からある所へ何かが移動する（○→○）ときの感覚であり、自分がそれをキャッチする〈うつわ〉になった感覚である。

デジタルデータとインターネット通信のスピリチュアリティにラディカルに向かい合った作品としては、前出の『GHOST IN THE SHELL／攻殻機動隊』（押井守、一九九五年）が挙げられる。この作品の主要な登場人物たちはサイボーグである。それぞれ固有の容姿を持っているが、それらが生まれつきの彼らの姿かどうかは分からない。生身の身体から義体と呼ばれる機械の身体に乗り換えるときに目的に応じて選べるからである。極端な話し、オリジナルは男性だった者が女性の義体に移ることもできるし、飽きたらまた男性に戻すこともできる。唯一継承されるのが電脳の中に保存されている記憶だが、デジタルデータになっている以上、外部から侵入したハッカーに改竄されるリスクがつきまとう。そんな、身体にも記憶にも自己同一性を求めることができなくなっているサイボーグたちが唯一の拠り所とするのが「ゴースト」である。あえて日本語にするなら「魂」になるだろうか。サイボーグ達は、電脳の中の記憶データよりも高次のモノとしてゴーストの存在を信じている。しかし、それが実在するか否かは映画の中では示されない。映画の後半、主人公は敵との戦いで義体を修理不能な状態にまで損傷してしまう。そこで新しい義体に移るのだが、物語はここでおわらない。主人公は「さぁて、どこへ行こうかしらね…ネットは広大だわ」という言葉を残してネットにダイブする。手に入れたばかりの義体を捨てて電脳のデータをネットにアップロードし、膨大なデータと融合してしまうのだ。これはデジタル時代の輪廻転生とそこからの解脱の物語として読めなくはないだろうか。

八　さいごに——輪廻転生とメディア芸術のアトリエと精神性《スピリチュアリティ》

以上のような話しをロンドンの聴衆を前にさせてもらった。筆者は英語が不得手なので、たくさんのビジュアルイメージを盛り込んだスライドを用意して説明につかった。それらが役に立ったのか、はたまた東洋の文化に興味がある皆さんが集まってくれたからか、案外こちらの言うことが伝わったようだった。

その人がもつ他界や異界のイメージは、宗教や文化によって異なる。筆者がイメージする他界は仏教やアニミズムの影響を受けている。スピリチュアリティの感じ方にもその枠組みが影響している。〈うつわ〉〈うつし〉という概念をつかってメディア技術のスピリチュアリティを説明してみようと思いついたのは、これらの言葉が筆者の世界認識の枠組みのひとつになっているからだろう。

一方、ロンドンの聴衆の殆どは、キリスト教の枠組みの中でスピリチュアリティを感じているのだと思う。キリスト教では世界の終末にイエスが再臨して死者をよみがえらせ、最後の審判を行うと考える。そのときまで死者はお休みである。輪廻思想が、生まれ変わり死に変わりを繰り返して幾つもの「生」を生きると考えるのに対して、キリスト教の死生観では「生」は一回限りで一直線に進むと考える。「私の死」は次の「誰かの生」にはならない。「私の死」はあくまでも私のものであり、「私」は「魂」を〈うつす〉ための

〈うつわ〉にはならないのだ。だから、死者を蘇らせようとするとゾンビになってしまう。朽ちようが壊れようが、自分の身体と最後までつきあわなければならないのだ。攻殻機動隊のサイボーグ警官の様に、身体を乗り換えてゆくわけには行かないのである。

しかし近頃は、日本の若者もゾンビ好きになってきたと聞く。近年、日本でも盛り上がりをみせているハロウィンでは、ゾンビメイクを施した若者が街に繰り出し大騒ぎする。彼らの世界観の枠組みにも変化が生じているのかもしれない。一方で、欧米人の中にも輪廻転生に共感するニューエイジと呼ばれる人達がいる。ただし、彼らが考えるゴールは仏教の教えとは少し違っている。仏教では天界でさえ苦に満ちていると考えるので、ゴールは六道輪廻からの解脱だ。しかし、彼らは現世を肯定的なものとして捉えられている。だから彼らにとって、輪廻は「永遠に続く生」であり「人生は何度でもやり直しできる」という解釈になる。[7] これは、一直線の「生」なので、本来の輪廻転生とは少し違うのかもしれないが、思想もまた社会という〈うつわ〉のあいだを〈うつし〉〈うつされ〉てゆくものなのだと思うと感慨深い。

もし、『GHOST IN THE SHELL／攻殻機動隊』をニューエイジの影響を受けた者が監督していたら、主人公が義体を捨ててネットにダイブするラストシーンはどうなっていただろうか、などと考えてみても面白い。

さいごに少しだけ筆者の創作活動についても触れておく。筆者は、映像を主なメディアとして制作を行っているが、制作の過程にコンピュータとインターネットが関わるようになったことで、いろいろな変化があった。もっとも顕著だったのは制作スペースの変化である。現在、筆者は中型のデスクトップコンピュータを27インチの液晶モニタに繋いで使っているのだが、それらが置かれているのは50㎝×90㎝程のローテーブルである。アナログ機材を使って制作していたころは四畳半の部屋いっぱいに機材やマニュアルが積まれていたが、Harvard innovation lab の動画のようにどんどんコンパクトになってしまった。画家や彫刻家が必要とするような一部屋丸ごとのアトリエはたぶんもう必要ないだろう。その一方で、制作用のコンピュータがネットと繋がっていない状態は考えられない。筆者のアトリエは、こちら側に広がっているのではなく向こう側に広がっているように感じる。テレビくんが住み、サイボーグ警官がダイブした向こう側の世界にである。

もうひとつの変化は物への興味だ。作品の最終形態がビデオテープだったころは、物の機能性に興味があった。新しい機能を搭載した機器が出れば、それが欲しくなった。パソコンも二年に一回くらいのペースで買い換えていた。しかし、皮肉なことに、そうやって機材やソフトウェアを買い換えていった結果、物の数がどんどん少なくなって今のようなスタイルになってしまった。

そして、制作過程から物が消えてゆくにしたがって、物の機能よりもスピリチュアルな面に興味が移っていった。調湿性や防虫性能よりも鳳凰が棲むというストーリーの方に桐の魅力を感じるようになったのである。だから、映像インスタレーションのような映像と物（あるいは空間）を扱う作品では、霊性の高い物（モノがやどりそうな物）と組み合わせて使いたくなる。[8]

身の回りの多くのものが次々にデジタル化され、コンピュータネットワークのなかで一元的に扱われる動きは、今後ますます加速してゆくだろう。人間の五感のうちまだ完全にはデジタル化できていない、触覚、味覚、臭覚も、器官とコンピュータのインターフェイス技術が確立すれば実用化はすぐだろう。『GHOST IN THE SHELL／攻殻機動隊』に描かれているような記憶や意識のデジタル化も視野に入ってきている。これが実現すれば、電脳とAIの境界も溶けて無くなり、今のようにAIを特別視することもなくなるのだろう。なにもかもが一緒に計算できるようになる。

その時、何が〈うつせ〉て何が〈うつせ〉ないか、〈うつせる物〉と〈うつせないモノ〉のあいだには何があるのだろうか。「私」の自己同一性は何が担保してくれるのか。興味は尽きない。

【注】

（1）科研番号：16H01919、基盤研究（A）、2016.04-2019.03、研究代表：稲賀繁美（国際日本文化研究センター教授）、研究分担者：大西宏志（京都造形芸術大学教授）、他、海外研究協力者：菊池裕子（ロンドン芸術大学上級研究員）、他。

（2）写真の機材はペリー来航以前にもオランダ船によって長崎や薩摩に持ち込まれていたが、すぐに持ち帰られたり、機材を手に入れても薬剤の調合が出来なかったりで、広まることはなかった。

（3）　映画の誕生と日本での最初の上映については諸説ある。最初の映画をエジソン（Thomas Alva Edison, 1847—1931）のキネトスコープ（kinetoscope）とする説では、映画の発明は一八九一年となり日本での最初の上映は一八九六年の神戸になる。しかし、キネトスコープはのぞき窓から一人で鑑賞するタイプのものであり、現在の映画の鑑賞スタイルとは異なる。そのため本稿ではリュミエール兄弟のシネマトグラフを最初の映画とする説に準じた。

（4）　宮崎駿が監督したアニメーション映画は、ストーリーテリングの巧妙さに加えて登場人物の動き（アニメート）にも定評がある。子どもを主な対象として制作した『となりのトトロ』には森の精霊トトロが登場するが、宮崎はそれらの動作や表情そして質感などを活き活きとアニメートしている。

（5）　デジタル（digital）の語源はラテン語で指を表すdigitusであり、指を折って数を数えたことから非連続で変化する量を示す言葉になった。比喩的に0と1で…と言われるが実際には0と1だけに限られるわけではない。反対語のアナログ（analog）は「相似」を意味するanalogyなどと共に、ギリシア語で「比例」を意味するanalogíaから派生している。

（6）　visualizes the evolution of the desk: https://youtu.be/HdOfIz-Rtb8

（7）　藤原聖子『三大宗教 天国・地獄QUEST—伝統的他界観から現代のスピリチュアルまで』（大正大学出版会、二〇〇八年）より。

（8）　鎌田東二は『モノ学の冒険』（創元社、二〇〇九年）の中で、日本語の「もの」には、三つの位相があると述べている。それらは、「物」＝物質的、「者」＝人格的、「モノ（魂）」＝霊的、の三つである。

アレントはここでの私の行為を、「私が暴力によって脅されてはいるものの、物理的には強制されずに行った行為」と形容した。そのうえで、アリストテレスのような考えでは、強制がない場合には自発的とされてしまうというかなり無理のある解釈を提示した（実際にはアリストテレスは、自発的とも非自発的とも言えるとの曖昧な解釈の可能性を残していたにもかかわらず）。
しかし、強制はないが自発的でもなく、自発的ではないが同意している、そうした事態は十分に考えられる。というか、そうした事態は日常にあふれている。それが見えなくなっているのは、強制か自発かという対立で、すなわち、能動か受動かという対立で物事を眺めているからである。そして、能動と中動の対立を用いれば、そうした事態は実にたやすく記述できるのだ。

國分功一郎『中動態の世界――意志と責任の考古学』医学書院、二〇一七年、一五八頁

第5部　《接触界面》屈曲・吸着・発散

明治期日本における学知の接近・遭遇・発散
――外山正一における社会学の位置を事例として

鈴木洋仁

はじめに

学問とは、何かを実証する営みである。と、書いた途端にわからなくなる。何をもってすれば実証なのか。あるいは、どのような態度が「実証的」と言われるのか。もちろん、教科書的な答えは用意されているし、また、一九六〇年代のカール・ポパーとテオドール・アドルノによる実証主義論争から学ぶことは、いまなお多いのだから、この小論で取り扱うテーマにはそぐわないかもしれない。

しかし、本章では、事実をベースに論じる＝「実証的」という用語を扱い、本書のタイトルである「映しと移ろい」の実相を探ってみたい。

本章は、日本語圏における「社会学」の名付け親でありながら、その学問を制度的に修めたわけではない「非専門家」であった外山正一を対象として、その受容を描きだす試みである。この試みを通して、明治期日本における米国や西欧の学知との（屈曲としての）接近・遭遇（と吸着）・発散の一端を探る。

西洋近代の内部観察としての社会学の日本への「映し」を試みた外山。他方で、後続世代、特に東京大学社会学教室の後継者たちが、彼を「実証的」と持ち上げることによって、外山の可能性の中心が「移ろい」、失われたのではないか。

具体的には、次の二つの問いを掲げ、そして、答えてみたい。ひとつめは、なぜ、外山正一が、オーギュスト・コントではなく、ハーバート・スペンサーの社会進化論を下敷きに「社会学」を唱えたのか、という問いであり、ふたつめは、外山について、後続の社会学者たちが、なぜ「実証的」と称したのか、という問いである。ひとつめの問いを裏返すと、一般的に考えれば、コントが社会学の開祖だからだ。また、ふたつめの問いを裏返せば、「実証的」とは、経験的事実に基づいて論証する態度であり、のちに見るように、外山を「実証的」と称することには、やや無理があるように思われるからだ。

本章の考察は、以下の手順で進められる。まず、第一節では、外山正一の生きた時代背景について教科書的な事実を確認した上で、本章の論点を明示する。第二節では先行研究を検討し、本章の貢献を明記する。第三節では、外山の書き残したものの中で「社会学」の占める位置を確かめる。そして、第四節では、外山を後世の社会学者たちが「実証的」と評価する理由を考察し、最後に今後の課題を提示する。

一 外山正一とその時代

外山正一は、嘉永元年（一八四八）九月二七日、幕臣・忠兵衛正義の三男として江戸・小石川柳町に生を受ける。英国赴任や静岡学問所の教授等を経て、外務官僚として、今度はアメリカ合衆国に赴任する。ところが、わずか二年で外務権大録を辞し、当地の高校に入り直した後、ミシガン州立大学で哲学、理学を学び、化学科を卒業し、「マスター・オブ・アーツ」の学位を得た（塩崎 二〇〇一：209）。その経歴から、明治九年（一八七六）の帰国後は、東京開成学校で化学の教授を務める。学制の変更に伴い東京開成学校は東京大学へと名を変え、外山は文学部唯一の日本人教授として英語、論理学、西洋歴史、そして心理学を講じ、「スペンサー輪読の番人」との異名をとった（三上 一九〇九）（宮永 二〇一一）。

この履歴から容易にわかるように、外山は、「社会学」はもちろんのこと、スペンサーについても専門的には学んでおらず、あくまでも化学を修めた人物として帰国し雇われた点で「非専門家」だったのである。加えて言えば、当時、「お雇い外国人」としてsociologyのみならずさまざまな学問を講じたアーネスト・フェノロサもまた、各分野の専門家ではなかったのである。

外山の経歴から得られる示唆は、1．外山と同時代の「社会学」そのもののゆらぎ、そして、2．外山がsociologyの訳語として「社会学」にこだわったこと、の2点である。

一点目は、外山がアメリカ合衆国で「社会学」やスペンサーについて学んだ時分、彼の国では、その学問を大学等の研究機関において専門的に修められる制度は整っておらず、その制度化は一八八〇年代を待たねばならなかった点である（奥村 二〇一四）。すなわち、学問の制度上で「社会学」が確立された現在ならば、大学での教育等を経て学位を取得した者を「専門家」と呼ぶことに何のためらいもない。これに対して、外山は、制度の外で学んだだけではなく、そもそも大学において社会学が制度的に講じられる以前に勉強した、という二重の意味において、「非専門家」だった。だから、通常とは異なり、社会学の日本への「映し」にあたって、その開祖であるオーギュスト・コントよりも先に、スペンサーの社会進化論、つまり、社会が生物有機体

と同様に成長するという考え方に、米国での流行に乗る形で接近し、遭遇し、そして、発散させていく。

素朴に言えば、外山は留学先の米国でのブームに乗ったゆえに、コントではなくスペンサーを「社会学」として持ち帰ってきたのである。

社会学の歴史をひもとくと必ず、その誕生をめぐって、フランスにおいて一八三〇年から一八四二年にかけて著されたオーギュスト・コントの『実証哲学講義』に言及される。神学的精神から形而上学的精神を経て、社会的事実を現実的に認識する実証的精神 positivism の重要性を、コントは説いたとされる（↓第四節）。

しかし、外山は、こうしたコントの社会学ではなく、スペンサーの社会学を持ち帰ってきた。市野川容孝が述べるように、「日本ではスペンサーの方がコントより前に順番が逆で紹介された」のであり、「コントにしても、スペンサーにしても、その受容には日本独自の屈折が生じたが、スペンサーに関して言えば、彼の自由主義的社会学を言語としても、社会としてもストレートに受容できたのはアメリカ」（市野川 二〇一二：114）なのである（大久保 二〇一八）。

山下重一によれば、外山の滞米時には当地でスペンサーブームが起きており、そして、「日本におけるスペンサーの受容は、ほぼ同時代、すなわち一八七七年（明治一〇）前後から、全く異なったいくつかの志向性をもって行われた点に大きな特色がある」（山下、一九八三：55）。その「志向性」とは、外山における「改良」に代表される、「次の産業型社会への移行は、漸進的、平和的に行われなければならない」（山下 一九八三：55）といった点に顕著だ（↓第三節）。

こうした「志向性」は、同時に、外山における sociology を「社会学」と訳すことへのこだわりにもあらわれている。それが、二点目に重要な要素である。

明治一二年にフェノロサが行った講義 sociology を外山正一が「東京大学法理文学部第七年報」に「社会学」

と記述し、そして、外山自らも歴史学の基礎科目として講じた事実であり、戸田貞三が、往時を次のように称揚している。

フェノロサが哲学の正課目として世態学を講授し、他方外山教授が史学の講義に於いてその基礎学として社会学を講授していた訳であった。内外二人の教授によって社会学の講義がにぎやかにも講述せられていた当時の状況は、これを想像するだに愉快である（戸田 一九四二：412）（原文ママ）

ここでわざわざ戸田が「世態学」と「社会学」を分けているところに着目したい。林恵海や齋藤毅が指摘するように、このことば、すなわち今日使われている意味で「社会」が登場するのは、明治八年一月一四日「東京日日新聞」の論説で、福地源一郎が「社会（ソサイチー）」とカタカナを付して使用したのが初出とされている（林 一九五五）（齋藤 二〇〇五）。同時に、明治一三年から一四年にかけて井上哲次郎は、sociology を「世態学」とし、編著『哲学字彙』でも同様に記している。

society や sociology の訳語は、外山が東京大学で「社会学」を講じ始めるまで、定まっていなかった（林 一九五三）から、東京大学では、同じ sociology を講じていたにもかかわらず、「フェノロサが哲学の正課目として世態学を講授し、他方外山教授が史学の講義に於いてその基礎学として社会学を講授していた」。一方では哲学のひとつとして、他方では歴史学の基礎として sociology が教えられていた背景には、江戸から明治へと時代が移り変わるころから、society の訳語が一定しなかった点が挙げられる。

さらに、『社会学事典』の「社会」の項目で見田宗介が整理するように、「社会」という概念それ自体は、次のような移り変わりの時期にあった。

集列態の意味合いを強めた（内部性を希薄化された）意味枝を肥大し、その方が主幹の観を呈するに至り、これを対象とする学としての sociology, Gesellschaftslehre とともに、この段階で日本に輸入された（見田 一九八八：388）。

集合としての「社会」は、「習慣や伝統に基づいた漠然としたあつまり」のみを指していた時期から、「個々人の意思とは独立した確固たる実体」への移行の途上にあった。後者は、同時代的には、エミール・デュルケムが打ち出した「集合表象」という拘束性と外在性を特徴とする「制度的＝構造的」な一種独特の（sui generis）実体である（宮島 一九八八：436）。しかもそれは、「社会的名目論と実体論的社会実在論を調整する第三の新しい立場」（中島 二〇〇一：38）であった。

オーギュスト・コントやスペンサーを批判的に継承したデュルケムの唱える society そして sociology とは、こうしたもの、つまり、「個人」か「社会」か、という二者択一を問う段階を過ぎて、まずは後者の独特な実在を前提として進められるようになった。まさにこのとき、日本語圏に society が、そして、sociology が導入されたのである。

秋山ひさが特筆するように、外山は sociology に対して「社会学」という訳名を意識的に推進した（秋山 一九七七：26）。その理由として、「世態学」のように旧来の言語感覚に近しいものではなかった点は注目に値しよう（→第四節）

これまでの日本語における術語にはなかった、新語としての「社会学」に外山が拘ったのは、sociology や society を、従来の語感では言い表せない、確固たる実体として捉えるようになったからではないか（→第三節）。本稿にとっては、その背景としての時代、すなわち、化学を専修した「非専門家」の外山が sociology を「社会学」と名付け、そして講じていた時代とは、日本語圏に確固たる実体としての「社会」とそれを探る「社会学」の概念が輸入される時期であるとともに、その society や sociology それら自体が概念の内実を変えつつある時だった点が重要なのである。

よって、現在の水準に基づいて外山の知識不足や不備をあげつらうのではなく、彼の捉えた「社会学」の内実をその仕事の総体に位置づけ直した上で、さらに、後続世代がどのように受け止めたのか、その意義を定位する営みが求められており、それが本稿の論点である。

二　社会学史における外山の位置付け＝先行研究の検討

では、こうした時代状況の中で、二重の「非専門家」であった外山における「社会学」の先行研究における扱いは、いささか心もとないと言わざるを得ない。

たとえば、清水瑞久は、「外山の社会学の特質は、歴史社会学にある」（清水 二〇〇三：251）とした上で、社会学の学説史における外山の位置は、「政府のヘゲモニーを補佐・追従する人物」（清水 二〇〇三：252）であると断罪している。

また、佐藤直由も、「受容した欧米の社会学的思考を縦横に駆使して、現実の秩序を肯定し、現実の権力を正当化するという思想的根拠を立論する立場をとる官学アカデミズムのイデオローグ」（佐藤 一九八七：56）と切って捨てる。

なるほど確かに、『明治文化全集』に収められている外山の代表的な著作は、明治一三年に自由民権運動の沈静化を狙って書かれた「民権弁感」である。こうした文献に依る限り、佐藤直由や清水瑞久の視角は、適切だと言えるだろう。

しかし、「社会学」の制度化よりも前にそれを学んだ「非専門家」であり、なおかつ、江戸幕府から明治政府へと政治体制が変わっても一貫して官吏を務めてきた外山に、イデオロギーと無縁な立場を求めるのは酷というほかない。加えて、「社会学」の内実そのものも変容を遂げていた時代においてそれを何とか咀嚼しようと試みつつ講じた外山に、正確な「社会学」の理解を求めるのは preposterous（割に合わない）要求と言わざるを得ない。それよりも、あくまでも「社会学」を制度化以前に修めたに過ぎない外山の多面性を捉えた先行研究の方が、明治期日本における米国や西欧の学知との接近・遭遇・発散の一端を探る上で、より多くの示唆を与えてくれる。

たとえば、外山の評伝の著者・三上参次は、「先生は学者、批評家、詞藻家としては勿論、その外の諸種の方面に於いても、事情の少なからぬ人であるが、なお私立学校の教育に就いても、注意するべき事がある。（中略）大学に於ける本務の余暇に、政治、並びに社会万般の事に、注意をせられて居った外山先生は、なお綽々として余裕があった（三上 一九〇九：160-61）と評する。

実際、外山は、明治二一年に日本で初めての博士学位授与者のひとりとなり、その二年後からは勅選貴族院議員となる。さらに東京帝国大学の総長、明治三一年にはわずか二カ月ながら文部大臣を務めるほどの名声を得ており、オピニオンリーダーとしてたくさんの言論を残した。

中でも、明治二〇年に、原田直次郎の絵画《騎龍観音》を外山が「日本絵画の未来」と題した講演で酷評し、森鷗外が激烈に反撃する論争は、『明治文化全集』にも収録されている。また、哲学者の井上哲次郎と植物学者の矢田部良吉とともに世に問うた『新体詩抄』でも、外山は知られている。同書について、比較文学者の亀井俊介は、「日本が維新を経て文明開化の方向に突き進んだ時代を反映し、むしろその時代を導く意気込みをもった教授たちの詩的実験の成果で、大きな欠陥を内包しながらも、日本近代詩の出発をしるす歴史的な詩集となった」（亀井 二〇一六：63）と評している（→第三節）。

美術史においても文学史においても現在もなお語り継がれるほどの論争的な議論を展開した外山の多面性をこそ、先行研究から受け継ぐべきではないか。

別言すれば、そうしたゴッタ煮や闇鍋のように、さまざまな分野に首をつっこんでいた外山のありかたから、明治期日本における米国や西欧の学知との接近・遭遇・発散の一端が垣間見えるに違いない。

三　外山正一における「社会学」の位置

二重の「非専門家」の外山が論じた「社会学」は、彼の多面性の中で、どのような位置にあったのだろうか。それを検証するためのひとつの手段として、彼の残した原稿をまとめた『丶山存稿　前編』『丶山存稿　後編』に所収の八四の論考の数から量的に概観する。

弟子の建部遯吾らによる分類は、「社会評論」、「議会演説」、「芸文観」、「詞藻」の四つであり、その数は、それぞれ、三〇、九、一二、三三編となっている。そして、「社会学」を掲げたのは、「社会評論」に分類されている「社会学上の問題」と、「詞藻」に分類されている「社会学の原理に題す」のわずか二編のみである。「社会」を題名に含む論考に広げてみても、「社会結合三大一統露西亜の大恩」や「社会改良と耶蘇教との関係」のわずか二編のみであり、外山の幅広い言論活動の中でも、「社会」の占める位置は、決して大きくはない様子がうかがえる。

さらに、東京大学総合図書館に所蔵されている外山正一の関係文書をまとめた「外山正一史料目録」（東京大学百年史編集室編　一九七七）に記載されている二〇八編のうち、「社会学」を含むものは、わずか二編（「社会学史原料」「社会学」）、「社会」を含むものもたった一つ（「社会結合三大一統露西亜の大恩」）しかない。

三上参次が言うように「社会万般の事に、注意をせられて居った」、あるいは、「アンシクロペディスト」「博識の学者」（福武　一九四二）と呼ぶ方が自然であり、「社会学」のプロフェッショナルと呼ぶには、その言論の体系を見る限り不適当とすら思われる。

では、こうした観点、すなわち、「社会学」の「非専門家」＝外山正一との観点から、彼の学門的立場を質的に概観する。

まず、最も早い明治一五年、『新体詩抄』に寄せられた「社会学の原理に題す」について、亀井俊介は、「文明開化を単に謳歌しているのではない。それを正しく導きたいという使命感を露骨に出している」（亀井 二〇一六：58）と述べる。だが、詩人の松浦寿輝は、「七・五調の反復で単調に続いていく音律は平板で美も雅趣もなく、またそれに乗せて語られてゆく内容もありふれた紋切り型の域を出ない」以上、「端的に言ってこれが笑止なまでにくだらない作品」と斬る。そして、「世界のすべての事象には普遍的な法則が貫徹しているという結局は一種の形而上学にほかならない命題の表明」であり「『学知による外圧』を受け止め、その内在化へと向かったこの時期の日本知識人の、もっとも素直な反応」（松浦 二〇一四：271-272）でしかないと松浦が断じるこの「詩」は、こう結ばれる。

政府の柁を取る者や　社会学をば勉強し
輿論を誘う人たちは
能く慎みて軽卒に　働かぬよう願わしや（外山 一九〇九b：227-228）

また、外山の講演「社会学上の問題」（明治二三年）は、次のように始まる。

年の暮と申すものはただでさえ誠に陰気なもので御座りまするが、殊更に数日前より雪が蒸々と降り続きましたような時には世間も殊の外寂寞く（中略）実にもの寂寞しい時は、年の暮の大雪の時節抔であろうかと思われます（外山 一九〇九c：三八〇）。

「今日此社会に我同胞であって吾と同じ知能を以て居り吾と同じ志しのあるようなものでも生まれの如何に依

って大なる不幸の地位に陥って居る者が沢山あります」（外山 一九〇九c：380）と頭を悩ませる外山にとっては、「重大なる問題にして今日歴史的の判断をせねばならぬ、社会学上で以て決しなければならぬと云う問題」は「今日の徳育」にほかならない。それは「唯道徳上からして考えずして又社会学上からして研究すべき問題」（外山 一九〇九c：391）なのである。果たしてその結論は次のような楽天的な希望にたどりつく。

私の考えでは今日の日本社会は色々不完全なことがある。固より不完全なことがあるけれども、之が研究を本当に遂げて然して其の事情の由来を探知して、而して之を補い、之を改良することを務めて行ったならば、我大和民俗は決して然う落胆すべきものではないと思われます（外山 一九〇九c：401）（傍線は引用者）。

この外山の「改良」こそ、木村直恵が抽出するように、「改良による対象化を通じてはじめて近代日本の〈社会〉はその内実を獲得することになった」のであり、「〈改良〉的実践の中心に、東京大学の社会学講座の初代教授である外山正一がいたことは、歴史的必然であった」（木村 二〇〇三：15）。

木村が述べる通り、〈改良〉の対象としての「社会」は、従来の日本語圏にはない概念であり、その実体性、外在性、対象性において、まさしく、外山の捉えた新語としての「社会学」の推進と通底するのである（秋山、一九七七）。

また、外山の「社会学」は、その草稿からも窺える。

「社会学史原料」の三頁には、次のように書かれている。

プラトンの社会起原（に関するプラトンの）説

「暫くの間は社会をなす事なく各自分散して生棲し未だ国家（cities）を興す事在らざりし」（原文ママ）

あるいは、三四頁には次のようにある。

「プラトンが論ぜし如き社会問題の近時欧羅巴諸国に起らざりしは之を起すべき事情が近時まで存せざり

しが故なり」

また、「社会学」との標題を付した史料には、次のような記述がある。

（五六）人間社会の始源を説明せんをは　社会学の問題に非らず　社会学は既に存在する種々の群衆の無数の者を以て始まる所なり。

こうした断片からうかがえるのは、先に引用した「社会学の原理に題す」や「社会学上の問題」での見解の基盤において外山は、プラトンの国家論に「社会」という観点を導入しており（宮永 二〇一一）、さらに「社会問題」という捉え方や、「群衆の無数の者」といった概念を、外山が見出していた様子である。

外山は、「社会学」を制度的に修めた専門家「ではなかった」ゆえに、期せずして、こうした概念に触れることができたのではないか。もし、外山がコント由来の「実証的」なスタイルを取り入れようとしていたならば、逆に、プラトンに「社会」を見出すといった、牽強付会とも思える議論には至らないのではないか。

少しずつ、そして、いつかは「改良」していくことができるに違いない、とする楽天的な「社会」観。これこそ、進化は普遍的な現象であり、社会もまた生物有機体と同じように成長するというスペンサーの社会進化論に基づいている。

そして、こうした社会進化論的な思考を「実証的」と評価することもまた、牽強付会なのではないか（↓第四節）

外山は、ほかにも、漢字廃止・ローマ字採用論をぶちあげてみたり（外山 一九〇九e）、中国語を称揚してみたりする（外山 一九〇九f）。あるいは、自らが sociology の訳語として「社会学」を提唱し使用しているがゆえに、「今日西洋諸国をして西洋諸国たらしむる所の彼の諸学術上に用うる所の語の如きは十に八九は我邦在来の語の中には適当なる訳語のなき者なり」（外山 一九〇九g：一四九）と批判し、「孔孟の教をして封建制度を助けしめたる如く耶蘇教をして今日の社会改良を助けしむるは決して失策にあらざるならん。夫れ風俗と宗教とは密着の関係あるものなり。（中略）西洋の人情風俗を慕い之を我が邦に輸入なさんことを願いながら、西洋人の宗旨を拒絶せんとする如きはヒトリ愚の至りのみならず到底得べからざることならん」（外山 一九〇九h：143-144（強調は引用者））と、キリスト教の輸入を主張する。

こうした外山の議論からは、「政府の柁を取る者や輿論を誘う人たち」に「社会学」の勉強を勧めたり、「我大和民俗は決して然う落胆すべきものではない」と励ましたりする、楽観が読み取れる。また、ローマ字や中国語、キリスト教を平和裡に取り入れようとし、また、それができるに違いないという漸進主義的な希望や見通しが浮かび上がる。他方で同時に、何らかの根拠をもって語っているというよりも、あくまでも外山の願望や思想をあらわしたにすぎず、「実証的」と評するには程遠い。

本節で見たように、外山における「社会学」は、その言論活動の中で、量的にも質的にも必ずしもメインとは言えなかった。加えて、それらの「社会学」的と受け取ることのできる議論は、コントが打ち出した「実証的」な態度というよりも、発展段階論的な思考、つまりは、スペンサー由来の社会進化論をベースにしている。

それゆえ、外山の「社会学」を「実証的」と評価するのは、かなりの無理があるように思われるのであり、次節では、その評言を検証していこう。

四　外山「社会学」の受容と評価

本稿で縷々論じてきたように、外山は、二つの意味において、「社会学」の「非専門家」であった。そして、前節で見たように、その「社会学」は、社会進化論的な議論であった。にもかかわらず、戸田貞三（1887―1955）は、次のように絶賛している。

> 外山教授がスペンサーに忠実に依頼するところがあったのは彼の社会哲学の思想よりも寧ろ彼の社会生活の研究に関する実証的方法にあったのである。この点は教授が当時のスペンサー追随者と全く異なる重点であった。社会学が科学として我が国に発達し而して我が国民生活に対して真に寄興するところの学問となるためには、社会学は実証的方針の下に育成さるべきであるとの確信があった。社会学は社会哲学に堕してはならないとの信念が厚かった。（中略）教授の主要な社会学的論作が総て日本に関する研究であったこと、而して之等が総て実証的方法に基づいていたこと、この二点こそは外山教授の学風を窺う際に決して見逃すことの出来ない事実であるとともに、右の二点こそは引いては本学の社会学講座が本邦において大きい特色をもつ学風を伝承している所の源泉でもある（戸田　一九四二：421-422、強調は引用者による）。

東京大学においては、外山がスペンサーの社会進化論に基づき「社会学」を講じた時期を経て、次に建部遯吾（1871―1945）がコントをベースに「実理主義」を講じた。その後、戸田が、一九二〇年に留学した米国から、個別インタビューや、しらみつぶしにしらべる悉皆調査といった社会調査の考え方を持ち帰り、家族研究に用いた。さらに、同じく農村研究にも社会調査の考え方を導入した福武直（1917―1989）が、戸田の後を継ぐ。その福武もまた、外山の歩みを次のように評している。

> 自然科学を修めたことからしても、文化科学を研究する場合思索に堕せず、実証に徹するフランス的な学風であった。外山の好んだスペンサーにしても、多数の事実を蒐集し、これにより人類の社会生治の普遍的な形式を帰納的に研究しようとするところが外山の共鳴を呼んだものと思われる（福武　一九五二：409、強調は引用者による）。

戸田や福武ばかりではない。戸田と同世代の林恵海（1895―1985）もまた、「博士の真意は、社会学の研究や理論構成は、実証的・経験的材料に基づくべきであることを示すにあった」として、「東京大学の社会学における実証的学風は、実に外山教授によって基礎づけられた」（林 一九五四：581、強調は引用者による）と整理する。戸田は、第一回国勢調査に基づいて日本の家族における親族構造を分析した『家族構成』（一九三七）が主著であり、また、福武は、日本だけではなく中国・インドの農村をも研究し、社会保障研究所所長も務めたように、ともに「実証的」な研究で名高い。林もまた、『農家人口の研究』（一九四〇）を主著に持ち、「実証的」な調査を行なった。

そうした彼らが、外山の「社会学」を「実証的」だと高く評価している。経験的事実に基づいて論証する「実証的」を実践した彼らが、スペンサー的な大風呂敷の議論をくりひろげた外山を「実証的」と持ち上げる。

それは、なぜか。

その理由は、彼ら後続者たちが、自らを「社会学」の「専門家」として位置づけたかったからではないか。自分たちこそが「実証的」な「社会学」を実践しており、その歴史は、開祖である外山から脈々と続いているというオーソドックな歴史を描き出し、権威づけたかったからではないか。そして、こうした態度は、「社会学」以外の学知にも通底している。

たとえば、民法の条文は、二〇〇四年に文体が現代語化され、カタカナをひらがなにして口語体にあらためられるまで一〇〇年以上の歳月を要している。法学者の内田貴は、その理由について、「法学という新たな学問が登場し、法律家という専門家階層の新たな出現は、法文は自分たち専門家が読めれば十分であり、素人には読めなくてもよい（むしろその方が専門家が有り難がられる）という心理を生んだ」（内田 二〇一八：256-257）と分析している。

到底「実証的」とは言い難い外山の「社会学」を、東京大学の社会学を継いだ者たちが、揃いも揃って「実証的」と持ち上げる背景に、内田が分析する心理が働いていたのではないか。加えて、彼ら三人の間での「実証的」という概念についても、完全に同じ意味ではない。たとえば、戸田は「社会哲学に堕してはならない」ことを「実証」と位置づけ、かたや福武は、「多数の事実を蒐集し、これにより人類の社会生治の普遍的な形式を帰納的に研究しようとする」ところに着目する。林は、「経験的・実証的」と併置しているように、論理展開を「実証」として捉えている。

ひとことに「実証」と言っても、そこに込めた意味は、時代や立場によってズレが生じる。キーワードとして「実証的学風」を持ち上げたいという下心の裏返しにすぎない。

そして、外山じしんもまた、sociology の訳語としての「社会学」にこだわったところに明らかなように、同じ心理を抱えていたと考えられる。加藤秀俊が嘆くように、「率直にいって、われら二十一世紀を生きる日本人にとっても「社会」ということばはなかなかなじまない」のであり、「「社会学」とよばれているものはしょせん「世間」についての学問ということであるにすぎない」（加藤　二〇一八：14）。にもかかわらず、外山は「社会学」を推進した。それは、柳父章が「カセット効果」として述べた、漢字で表記された翻訳語が、正確な意味を伝えるよりも、よくわからないが重要な意味がある舶来のことばとして流通するプロセスと通底する（柳父　一九八二）。

加えて言えば、「実証的」ということばもまた、このカセット効果の最たるものであるからこそ、戸田や福武、林といった「社会学」者たちが好んで使うのではないか。

おわりに

大久保利謙が分析するように、外山が健筆をふるった当時は、「総合哲学としての社会学」が「明治の学問発達に新しい近代の光明」をもたらしたがゆえに「歴史の学はこの社会学の方法に立つべきものと受けとった」（大久保　二〇〇七：132）。

コントではなくスペンサーを先に輸入するという形で、sociology との（「屈曲」としての）「接近」により、その日本への「映し」を、外山は試みた。ただし、そこには「社会学」という新語へのこだわりと、知的階層たる自身の立身出世への欲望があらわになっていた。他方で、二重の意味で「社会学」の「非専門家」であった彼の社会進化論的発想は、「改良」という語に象徴される楽天や楽観をベースとしている。その点で、「実証的」と称されるのではなく、「総合哲学」としての「吸着」を経て、より広い「新しい近代の光明」をもたらす「発散」を果たす可能性を孕んでいた。

しかし、後続世代は、「社会学」の「専門家」集団としての東京大学社会学内輪の権威づけに多分に利用するために「実証的」との（高）評価をあてがった。外山による「社会学」の「映し」が宿していた可能性も不備も、すべてまとめて神棚に飾って、学統の開祖としてのみ参照される場所に押し込め、「移ろい」失われた。

たとえば、不備で言えば、「スペンサー輪読の番人」と称された姿から、日本思想史家の前田勉が説く「会読の共同読書がもっていた自発性は完全になくなっていた」（前田 二〇一八：386）プロセスへの考察にもつながるだろう。あるいは、パンカジ・ミシュラの言う「日本を西洋の弟子にするにあたって、明治時代の政治家が直面した障害は、近代化をめざしたトルコやエジプトの同輩が対処せざるを得なかったもの（そしてその後、中国が体験することになるもの）よりはるかに少なく幸運だった」（ミシュラ 二〇一四：183）という点での、外山の可能性の検証にも発展できるだろう。

また、「新体詩抄」についても、松浦寿輝のように体制側から読み取るだけではなく、亀井俊介のような比較文学史としての読解の可能性も広がっている。

米国留学時に触れたハーバート・スペンサーを sociology だとして輸入し受容した外山正一という「接触界面」における誤解や誤読、あるいは、体制イデオローグとしての物足りなさといった「屈曲」ならば、いくらでも指摘し、指弾できよう。加えて、そこでの遭遇と「吸着」は、「欧米圏では社会学はサイエンス（ノーマルサイエンス）の以上でも以下でもないが、日本では社会学とは、それプラス、「思想」あるいは「流行」である」（山本 二〇一六：13）事態として現在もなお尾を引いている。日本語圏における「社会学」の発散は、時々のメディア現象として消費される側面が大いにある。

「社会学」、それも、東京大学という狭い枠での「学統」の継承に矮小化するのではなく、その学知に象徴される日本の近代化における東京大学のポジションをはじめとした多くの問いへの道は、まだ拓かれていない。

【参考文献】

建部遯吾ほか編　『、山存稿　前編』『、山存稿　後編』丸善、所収の下記の文献に関しては、国立国会図書館デジタル化資料　http://dl.ndl.go.jp/info:ndljp/pid/1087737（最終アクセス日　二〇一八年九月二〇日）を参照した。

外山正一　一九〇九a、「新体詩抄」

——　一九〇九b、「社会学の原理に題す」

——　一九〇九c、「社会学上の問題」

——　一九〇九d、「新体詩」

——　一九〇九e、「羅馬字会之趣意」

——　一九〇九f、「西洋語学を学ぶことの必要」

——　一九〇九g、「漢字を廃し英語を熾んに興すは今日の急務なり」

——　一九〇九h、「社会改良と耶蘇教との関係」

【外山以外の参考文献】

秋山ひさ　一九七九、「明治前半期の社会学　フェノロサと外山正一」『論集（神戸女学院大学）24』（1）：一七―八二頁。

市野川容孝　二〇一二、『社会学』岩波書店
内田貴　二〇一八、『法学の誕生　近代日本にとって「法」とは何であったのか』筑摩書房
大久保利謙　二〇〇七、「明治初期における歴史学と社会学との交流」『大久保利謙歴史著作集七　日本近代史学の成立』吉川弘文館
大久保遼　二〇一八、「感覚の理論と社会の理論　日本社会学史における元良勇次郎」『社会学評論』69（2）、一七九―一九五頁
奥村隆　二〇一四、『社会学の歴史Ⅰ　社会という謎の系譜』有斐閣アルマ
加藤秀俊　二〇一八、『社会学　わたしと世間』中公新書
亀井俊介　二〇一六、『日本近代詩の成立』南雲堂
川合隆男　二〇〇三、『近代日本社会学の展開　学問運動としての社会学の制度化』恒星社厚生閣
河村望　一九七三―一九七五、『日本社会学史研究　上・下』人間の科学社
木村直恵　二〇〇二、「〈批評〉の誕生――明治期における〈批評〉〈改良〉〈社会〉」『比較文学』45号、七―二二頁。
――　二〇一四、「〈ソサイチー〉を結ぶ　明六社「ソサイチー」・社交・アソシエーション実践（プラクシス）（後編）」『学習院女子大学紀要』16号、一―三七頁。
齋藤毅　二〇〇五、『明治のことば　文明開化と日本語』講談社学術文庫
齋藤正二　一九四八、「外山正一博士の社会学論――日本社会学研究（2）」『日本法学』14号、八〇―九七頁。
佐藤直由　一九八七、「東京大学成立期における社会学（Ⅲ）」『東北大学教育学部研究年報』第35集、四三―五九頁。
塩崎智　二〇〇一、『アメリカ「知日派」の起源　明治の留学生交流譚』平凡社選書
清水瑞久　二〇〇三、「外山正一の歴史社会学」『社会学評論』54（3）：二五〇―二六四頁。
東京大学百年史編集室（編）　一九七七、『外山正一史料目録』東京大学百年史編集室
戸田貞三　一九四二、「第一三章　社会学科」『東京帝国大学学術大観』
富永健一　二〇〇七、「社会」『世界大百科事典』平凡社

中島道夫　二〇〇一、『エミール・デュルケム　社会の道徳的再建と社会学』東信堂
林恵海　一九五三、「日本社会学の発展」林恵海・臼井二尚編『教養講座　社会学』有斐閣
――　一九五四、「社会學」『日本社会民俗辞典』第二巻、誠文堂新光社
――　一九五五、「社会」『現代佛教講座』第一巻、角川書店
――　一九六六、「邦訳『社会』考」『東京女子大学附属比較文化研究所紀要』21号、六五―一一二頁。
福武直　一九五二、「日本社会学」阿閉吉男・内藤莞爾編『社会学史』学苑社
前田勉　二〇一八、『江戸の読書会　会読の思想史』平凡社ライブラリー
松浦寿輝　二〇一四、『明治の表象空間』新潮社
三上参次　一九〇九、「外山正一小伝」建部遯吾ほか編『、山存稿　前編』丸善.
ミシュラ、パンカジ　二〇一四、『アジア再興　帝国主義に挑んだ兵士たち』白水社
見田宗介　一九八八、「社会」見田宗介・栗原彬・田中義久編『社会学事典』弘文堂
宮島喬　一九八八、「集合表象」見田宗介・栗原彬・田中義久編『社会学事典』弘文堂
宮永孝　二〇一一、『社会学伝来考　明治・大正・昭和の日本社会学史』角川学芸出版
柳父章　一九八二、『翻訳語成立事情』岩波新書
山下重一　一九八三、『スペンサーと日本近代』御茶の水書房
山本泰　二〇一六、「社会がわかるとはどういうことか？　社会学がわかるとはどういうことか？」『国際社会科学』第65輯、七―二一頁

歴史学と「職場の歴史」との間——第二次大戦後復興期の事例から

竹村民郎

一　職場の歴史はどのように生れたのか

現代における「職場の歴史」研究の課題は、歴史学と一九五〇年代におけるサークル運動との間に誕生した「職場の歴史」なるものが、如何なる形で、現代史学と結びついたかを明らかにすることである。敗戦後の現代史学についていえば、それはきわめて特徴的な研究スタイルをとって、自己の学問を形成したことにある。それを一言にしていえば、現代史学は一応「民主化」を掲げ、「自立」し、地に足をつけたサークル運動と結びつく方向を堅持したことである。冒頭に述べたような、現代史学と「職場の歴史」をつくる運動との通路を発見するという問題を考えてみても、そのことと無関係ではない。ただ最初にことわっておかねばならないことは、私が右の課題を考察するとしても、その対象とする時期は、一九五〇年代の「職場の歴史」をつくる会創立期に限定するということである。考察する対象も『歴史評論』職場の歴史特集号（一九五五年五月号）と、『職場の歴史』（河出新書、一九五六年）及び、『国民』（一九五四年各号）とする。

さきに一九五〇年代における歴史学と「職場の歴史」の関係についてふれたが、いわゆる「サークルの時代」と称された五〇年代のサークル運動は、ごく普通の暮しをしていた人々の「自発性」に根ざして展開したことがよく知られている。では、サークル運動に大きな影響をもっていた歴史学はどうだったか。進歩的な自然科学者や社会科学者・人文科学者たちの集まる在野の学会である民主主義科学者協会（民科と略す—筆者注）の歴史部会の機関誌『歴史評論』は「歴史学は運動である」という考え方を提唱した。これに応じて、若い歴史家、学生、教師は誠実に地域や農村に入り、「地域の歴史」「村の歴史」などを民衆と共につくる運動を展開した。

五三年から五五年にかけての時期は、日産自動車争議、三井鉱山企業整備反対闘争、尼崎製鋼所争議、近江絹糸争議、日本製鋼室蘭製作所争議もあり、また春闘がはじめて成立した。労働運動を中心として市民、婦人・学生・農民・消費者など平和・核兵器反対の多彩な運動が互いに連繫しあって、国民運動へと大きく結集していった。保守と革新の諸政党がそれぞれ合同して二大政党が成立したことにもあらわれていたように、一九五五年は経済の高度成長の起点に対応するいわゆる五五年体制の成立した時期でもあった。このようにみてくるならば、五四年来、日鋼室蘭製作所、国鉄労働組合、石川島造船所労働組合、東京証券取引所労働組合、東京の町工場の労働組合などの男女労働者や会社員及び、現代史専攻の若い歴史研究者・学生たちを幅広く集めて、「職場の歴史」をつくる会がつくられたことは、今日から思うほど突飛なことではなく、あの時代の伸びやかで活力にみちた雰囲気を考えると、自然な成行きだったと思う。

御存じない若い読者も多かろうが、簡単に言うと、この時期は労働運動のなかから生れたたくさんの「歴史」があった。そのなかでも全国三井炭鉱労働組合連合会編『英雄なき一一三日の闘い—三鉱連企業整備反対闘争史』、全自動車労働組合日産分会の『自己批判書』、三菱美唄炭鉱文学会炭鉱史編集委員会の『炭鉱の生活史』、全国蚕糸労働組合連合会と楫西光速、帯刀貞代、古島敏雄、小口賢三の共同編集による『製糸労働者の歴史』等々が闘いのなかから生れた。こうした潮流を背景とし、「職場の歴史」をつくる会はひろく、傘下の「職場の歴史」サークルから原稿を募集して、集まった原稿を共同合評会で批評し合い、その中から秀れた作品を、会の機関誌につぎつぎと掲載していった[1]。

「職場の歴史」の作品のなかでも、会創立期に書かれたものは、前述した『歴史評論』五五年五月号に「職場の歴史」特集として掲載された。それらは、「N労組の歴史」(「職場の歴史をつくる会N工場グループ)、「特急さくらが走るまで」(同国鉄グループ)、「日鋼室蘭青行隊の歴史」(「歴史評論」編集部、竹村民郎)、「私もついて行く」(同東京証券取引所グループ)等々である。

読者のなかには、お固い歴史学の雑誌になぜ「職場の歴史」の特集が組まれたと思う方もいるだろう。しかし、当時の『歴史評論』編集部の編集方針は、歴史学と地域や「村の歴史」を大衆と共同で書く運動をしていた学生や教師たちの仕事を積極的に後押しすることに重点があったから、「職場の歴史」のような労働運動から生れた「歴史」も、決して白い眼で見なかったのである。もう一つつけ加えておくと、実は当時、かけ出しの歴史家の端くれであった私は、同編集部の一員だった。だから、私は「職場の歴史」特集号の発売前は、果たして「特集号」は売れるかどうか、もし山のような返品がでると、その結果は無惨というしかないと秘かに思っていた。実のところ、歴史学界の主流であった東京大学文学部国史学科を中心とする歴史家たちのなかには、実証主義の堡塁を守ろうとして、「職場の歴史」の運動は彼らが守ろうとしている歴史学の花園を荒らすものだと思っていた者も多かったのである。「職場の歴史」特集号は、もちろんアカデミズム史学にたいする抵抗宣言ではない。しかし、歴史学の専門誌である『歴史評論』が「職場の歴史」を掲載したことは、実証主義の立場に立つ歴史家たちにとっては、決して許せないことだったのである。

しかし、である。『歴史評論』は発売されるや否や、どっと注文が押し寄せた。一週間もしない間に、私たちは再版を決めざるをえなかった。恐らく、同誌の再版はこれが最初で最後だっただろう。この反響に注目した河出書房は、早速、「職場の歴史」と題した河出新書を五六年四月に発行することを決めた。河出新書版「職場の歴史」もまた忽ち増冊につぐ増冊を重ね、河出書房は「ポスター」までつくって宣伝活動に努めた。アカデミズムの歴史家たちの多くの者は相変らずこの事態を冷笑し、「職場の歴史」は「歴史学ではなく、作文に過ぎない」などと高言していた。これに反して一般読者と知識人およびジャーナリズムの両方からは、好意的反響が巻き起った。そんな世評を象徴するものは、『朝日新聞』関西版一九五六年五月七日付の書評である。同書評は、「自分の身近な職場の歴史をつづることによって、日本現代史に接近してゆこうという試みがあらわれたということ自体が、大いに注意されてよい……この本は新しい文化運動への序曲」と位置づけをした。とにかく評論界のお歴々は、「職場の歴史」が、肩書のないヒラの労働者や会社員たちが書いたことを大いに称賛した。鶴見俊輔は『中央公論』で「職場の歴史」を日本の地下水と評価し、誰にでも受け入れられる文化運動だと評価した。南博は『照魔鏡』（カッパブックス）で「職場の歴史」と「生活記録」を国民文化をかたちづくる最先端のサークル運動だと位置づけた。一橋大学教授で高名な西洋史家でもあった上原専禄は『全逓文化』（全逓信労働組合機関誌）の座談会で組合は「職場の歴史」を扱うべきだと論じた。

二　国民文化会議の基盤

若い読者たちは恐らく、一九五四年に発売された雑誌『国民』を御存じない方々が多いに違いない。実は「職場の歴史」が後述するように五〇年代の文化運動のなかで、その役割が増大する様になったのには、雑誌『国民』と、この雑誌と同様な趣旨に立って五五年に創設された国民文化会議の影響が強かったのである。そこで、問題は雑誌『国民』―国民文化会議はどのように「職場の歴史」をつくる運動に大きな影響を与えたかということでなければならない。本章では雑誌『国民』と国民文化会議とはなんであったかについて考察しよう。まず雑誌『国民』の趣意書を紹介しよう。

私たちが新しい雑誌を出すのは、何よりも、真実を伝えたいと願うからです。……真実を伝えあうことは、同時に、私たち日本の民衆を堅く団結させることを意味します。……『国民』はみんな苦しみを語りあい、励ましあい、智慧を出しあうための機関誌になろうとするのです。

この雑誌『国民』の発起人は以下のように学界、評論界、及び労働界の識者たちがずらりと顔を揃えていた。上原専禄（一橋大教授）藤田藤太郎（総評議長）近藤康男（東大教授）清水幾太郎（学習院大教授）柴谷要（国鉄労組委員長）都留重人（一橋大教授）中野好夫（評論家）市川誠（全駐労委員長）戒能通孝（弁護士）大倉精一（全日通委員長）兼田富太郎（全港湾委員長）桑原武夫（京大教授）益田富夫（全自動車労組日産分会長）勝田守一（東大教授）今田義之（鉄鋼労連委員長）丸山真男（東大教授）北川義行（全国金属書記長）久野収（学習院大教授）大森眞一郎（日農書記長）高野実（総評事務局長）等々。

賢明な若い読者は「国民」が発刊された背景には、一九五〇年代初頭、目覚しく展開していたうたごえ運動、「職場の歴史」をつくる運動、生活記録運動、学習サークル運動、文学・演劇・美術・映画などのサークル運動が下支えしていたことをご理解頂けるであろう。

『国民』発起人の一人である清水幾太郎は、一九五四年創刊号の巻頭論文「何を為すべきか」の五頁にあたるところで、国民と知識人との結合という視点に立って、つぎのように書いている。

私は労働者でもないし、農民でもない。ひとりの大学教授に過ぎないが、そして、昨年辺りから漸く少しずつ眼が開かれて来たためかも知れないが、私は、昨年以来の闘争こそ、嘗てアメリカが反動的な日本政府を通して与えた民主主義を、更めて、日本国民自身の手によって、本当に日本の大地に根を下ろさせる働きであったと思う。民主主義はこれからである。

清水はこれに続けて「広く全国各地で、日本国民が行っている大小の戦い」は「日本をアメリカの駒という地位から脱却させるものである。」と説いている。今日から想えば、清水の反米という視点から書いた平和論は、五〇年代前半のジャーナリズムの誌面を飾ったのみならず、五一年石川県内灘米軍演習場の無期限使用に反対する基地反対闘争などにも強い影響を与えたのである。

高野実は「高野総評」の言葉が生れるほど、初代総評事務局長としての指導力で総評に君臨していた。高野は一九五四年型労働運動をつぎのように述べている。

炭労のヤマの、闘争力の根源の一つは、家族ぐるみの闘争であるばかりか、町をふくみ村をあげて、炭労と結びついていることにある。……私は、われわれの闘争力を三角形の面積にあらわすならば、当来する闘争形態、努力方向は、背の高い三角形として押しだすのではなく、背はひくくともいいから、底辺のひろい三角形で、出来るだけ底辺をひろげて突込んでいくべきだ。(前掲誌五六～五七頁)[2]

高野の労働運動の指導でもっとも特徴的な点は、不況のなかで企業合理化が進み、中小企業の経営が悪化していく状況のなかで、地域闘争、「ぐるみ闘争」(家族ぐるみ、街ぐるみの闘争)を展開したところにある。つまり、従来からの基幹産業に基礎をおきながら産業別統一闘争を組むスタイルからの転換ということである。もすこし言うと、この考え方は当然、労農あるいは労商提携、そうした国民各層とも結びつくなかで、学者、文化人、知識人の協力を得る方向に展開していくこととなる。その意味では雑誌『国民』の創刊は、総評の五四年型労働運動の戦略に対応していたといえるかも知れない。かといって、それは学者や評論家たちの御仕着せの文章ばかりではなく、職場の労働者たちの「生の声」も掲載されていたのである。例えば創刊号には、男女労働者の編集部に宛てた手紙を編集した「若き労働者だましい」や、鉄鋼労連「淀川製鋼の争議を語る」等の生々しい職場闘争の活力に満ちた座談会の記事も掲載されていた。この一連の記事の他にも、「[職場だより]」の欄を設けて、そこには「職場の歴史」サークルの一つがある国鉄品川客車区分会の清掃手たちによる投稿記事「職場を明るくする運動」も見ることができた。

もちろん、私がいま考察している雑誌『国民』は労働と文化の結びつきを編集の要《かなめ》にしているだけに、比較的に、労働組合側と知識人との座談会が多い。たとえば、雑誌『国民』三号（五四年六月号）には「この怒りをどうすべきか」というテーマで、上原専禄、戒能通孝、高野実の三者による座談会が掲載され、以下のような三者の発言がある。

「編集部」さまざまの声なり、要求なりが国民的な力として十分組織されていない。それをくみあげるような仕組みも政党も非常に弱い。……一体国民の不満や不信が力となって現れないということはどういうわけなのでしょうか。

「戒能」何といっても日本人は戦争のおかげで他人の考え方を腕力でそのまま受けいれさせられるように強制されている。……ところが戦争が終って見ますと占領という現象が起こるにいたった。占領はいうまでもなく、批判を許さない命令を含んでいますから考える能力を奪う一つの手段になるのは当然です。民主主義であろうとなかろうとやはり他人から与えられたものをそっくり受けいれる訓練をつけられた。……戦争中、戦争後の生活の荒廃によりまして、考えるための教育が実は行われていないのです。……おかげでほんとうに自分の問題の問題をどう処理していったらいいかという問題の提起者が日本に少くなっているということが事実だと思います。

「編集部」労働組合は労働者が自主的に考え、行動するのを強めるうえに、現実にどんな困難にぶつかっているのですか。

「高野」ぼくらが賃金要求にあたってマーケット・バスケット方式というものを唱えましたね。これはまず労働者のおかみさんたちが買物かごの中に一体何をいれるのかということの調査からはじまってこそ初めて意味があるわけです。ところが労働組合の幹部の多くのやり方は、数字をかりてくるわけですね。そして組合の中央委員会でこしらえてしまうわけです。だから組合員は一体それだけの賃金を要求すべきなのかどうか。要求したところで果してそんな高いものがもらえるのだろうかという感じをうけ、不安が残るのです。

「高野」政党とはかくのごときもの、労働組合とはかくのごときものという問題の持ち出し方ではなくて、いかにしてほんとうのものをつくるかというふうに問題を持ち出さなければ駄目だと思うのです。そういう点では今までの共産党と労働組合の関係でも社会党左派と労働組合の関係でも、そのままではとうてい成り立たないのです。

「上原」社会党左派とか右派とか、労農党とか、共産党とか、そういう既成の政党に拘束されない新しい政治的なものが必要じゃないか、ということ、それと同時にそういう政治的な団結がつくられた時の、日本における民主主義のあり方はどういうものかということを考えた場合、必ずしも民主主義というものは一つではないと思うのです。数の多数で押切ってしまうということが民主主義だというふうに考えられているけれども、ああいう民主主義はちょっと困る。……少数者の意見を生かすようにする。こういう姿も民主主義の新しい問題として非常に大事な問題でしょうね。（前掲『国民』八、一〇、一二、一九、二〇各頁）

上原、戒能、高野の三者三様の発言はそれぞれ、民主政治に対する日本人の主体性の無さを、明快についている。みずからも学び、他人をも引き入れずにはおかない情熱の人、上原をよく知っていた私は、上原の発言には大いに共感する。日常の大学民主化闘争における上原は、閉鎖性や群居性の強い同僚たちと繰返される衝突の過程で、少数意見の尊重を説いてきた。小さな正義は意識的に社会通念を否定する闘争を繰返すことで認識されていくものなのである。上原にとっては、自覚的な規範意識を日常的に再構成することが、学問と社会との間を埋めていくことであった。上原の共著『クレタの壺—世界史像形成への試読』（新評論社、七五年）には、そうした彼の歩みがつぎのように述べられている。

日本文化人会議、日独文化の会、国民文化会議などの代表者となり、また再軍備反対の署名運動などの世話人にもなった。さらに日教組の教研運動を手伝うようになり、教研集会の講師になったり、記念講演を引き受けたりもし、終には国民教育研究所の運営委員長というものにもなった。こうして大勢の人たちとの接触が深まってゆき、現場教師との話し合いなどが重なってゆくうち、私の意識の中には「教師大衆」・「教育者大衆」という自覚―いっそう広くは、「国民大衆」というそれ―が定着してきた。……このようなあわただしい著述や講演の、あの、いきせき切った読書や思索に、習熟の妙、十全の徳が期待されるはずはもとよりないが、そのことを承知の上で、私は、掛声ばかりは「国民大衆の一人として」―という、一種甘美な自意識のもとに―、粗末な原稿や書物を書きつづけ、主として二つの国民的課題を視野のうちにおこうとつとめた。その一つは、歴史意識の主体性確立と世界史像の自主的形成の問題であり、もう一つは、右の課題につきまとう擬似アカデミズムを払拭してゆき、認識と実践のアクチュアリティを打ち立ててゆく、そのような主体形成の命題としての、土着化された仏教信仰の現代化と現実化の課題である。（前掲『クレタの壺―世界史像形成への試読』三〇四〜三〇七頁）

少々長い引用になったが、上原教授の発言を掲載した前掲書は今日では殆んど入手困難なので、右に引用した次第である。

五〇年代の上原は何といっても、国民と結びついた新しい学問論を探求したシンボル的歴史家であった。一橋大学というと誰でも真っ先に思い浮かべる名前だった。上原教授はこの高名な大学において看板教授の一人であった。どんなに忙しいときでも、上原は寸暇を惜しんで研究に努めた。若き日の上原はウィーン大学に留学したが、当時珍しかった一次資料の史料批判を通じ、ヨーロッパ中世史の研究を積み重ねた。一九五〇年代に限っても、上原の著書は、『民族の歴史的自覚』(創文社、五三年)『世界史像の新形成』(創文社、五五年)『世界史における現代史のアジア』(未来社、増補改訂版)、『歴史学序説』(大明堂、五八年)また共同の著述としては、『高校世界史』(実教出版社、一九五五年)等がある。

三 職場の歴史と現代史の方法

さきに述べたように雑誌『国民』は総評と学者、評論家、ジャーナリストたちが、労働運動と国民との結合をめぐって花々しく議論を展開したが、この過程で『国民』の世話人グループの人たちは労働者や市民の文化サークル、文化団体と総評との連携をはかる目的で創設された国民文化会議を結成するための産婆役を務めることになった。一九五五年七月一七日、国民文化会議は東京の日本青年会館で発会式をあげた。初代会長は上原専禄教授、初代事務局長は南博助教授(一橋大学社会学部)がそれぞれ就任した。機関誌の名称は『国民文化』と決った。国民文化会議事務局の大沢真一郎も述べている様に、一九五五年は日本全体のサークル運動や文化運動の高揚期であった。国民文化会議でこういうサークルの全国交流の仕事にたずさわってきた大沢は、そこに三つの時期があったと分析し、第一期の「戦後の出発」に続く一九五五年頃から始る第二期は「敗戦直後にもまして、多数のサークルが生まれ」「この年は、七月に日本共産党が第六回全国協議会(六全協)を開いて極左冒険主義を自己批判し、十月には左右に分裂していた社会党が統一大会を開き、また六月の第一回母親大会、八月の第一回原水爆禁止世界大会など、新しい大衆運動が登場した。サークル運動は、このような動向と深いかかわりを持ち、多様な展開を示すが、その一つとして原水爆禁止運動や基地反対など平和運動と結びついたサークルがある。」[3]

たしかにこの時期は、母親大会、原水爆禁止や基地反対運動とサークルの交流もあった。私も母親大会には年老いた母親ちよを同伴して参加した。当時、母親から「私たちとちがう感じの母親が多いね。」と言われて、ハッとさせられたことを想い出す。

国民文化会議は一九五六年一一月三・四日の両日・東京の専修大学に於て第一回国民文化全国集会を開いた。同集会の全体会議のテーマは「国民文化の創造の条件」と「国民文化創造を妨げるもの」である。そして同集会の目玉として、文化運動のジャンルによっていくつかの分科会が設けられていたことである。例えば第一分科会（歴史）は、その運営委員には南博、日高六郎、鶴見俊輔そして私の四名が就任し、その討論の主なテーマとして「職場の歴史」と「組合史」のつくり方なるテーマをプロデュースすることになったのである。『文化会議』（国民文化会議、五六年一二月）によると、第一分科会（歴史）はつぎのような人々がやって来たと述べている。

『職場の歴史』を書いているサークルの人たち、組合史の編さんをしている組合幹部、歴史学習サークルの人たち、そして松島栄一氏（東京大学史料編纂所助手：引用者注）のような歴史家、鶴見俊輔氏のような哲学者が参加して進められた。

議論のなかで、「職場の歴史」をつくる会からは二つの提案をした。その一つは組合史講座実施の提案である。当時、戦後一〇年の日本労働運動が新しい転機に立ちつつある折柄、各組合ではこれまでの貴重な体験を総括し、今後の闘いに備える意味で組合の歴史や「職場の歴史」などの提案がすすめられていた。ところがこの課題をなしとげるためには厖大な資料の分類・記載・整理などの方法上の困難さがあり、各組合史編纂委員会間の交流や専門の歴史家の協力が強く求められていた。「職場の歴史」をつくる会では、この様な事情を汲んで、国民文化会議とも共催する形で組合史講座の提案をしたのである。会の資料によると、当時はつぎのような企画案が考えられていた。

一、組合史の意義　(イ)歴史とは何か。(ロ)組合史と職場の歴史

二、戦後一〇年の労働運動

三、歴史と文学の間　(イ)歴史小説の読み方。(ロ)史料の分類・記載方法。
四、組合史はどうつくるか。(イ)文章を書くということ。(ロ)歴史をおし進める大衆の力。(ハ)歴史の時期区分。(ニ)聞きとり、史料とその批判。(ホ)統計のとり扱い方。(ヘ)ガリ版ずりのような生の資料をどう再現するか。
五、組合史を作った経験。

ついでに書いておくと、当時まだ歴史家の卵であった私や会の学生たちが、日本中のどんな大学の史学科でもほとんど扱わなかった組合運動史研究法などの講座を提案したことは、全く汗顔の至りである。だが、会に相談に来た全国の組合史編纂委員会に所属する組合の幹部の多くの人たちは、組合十周年を記念する新しい組合史づくりは、組合の主要な当面の課題であるから、会がまず指導してほしいとも要請されたのである。私たちはその期待にこたえるため自前でまずやるほかなかった。私事で恐縮であるが、全日通労働組合の組合史編纂委員会からも『全日通労働組合運動史』第一巻（一九五八年）を書いてほしいという依頼をうけて、私は若輩ながら、それを書き上げて、全日通労働組合から出版したこともあった。

第二の提案は二・一ストの歴史について検証というアピールである。つぎに二・一ストの概略を簡単に書いておこう。いわゆる我が国労働運動史上最大のゼネストなどと称されている、二・一スト闘争の成行きはこうである。敗戦の翌年、一九四六年の春から四七年の二・一ストに至る一年間に、連合軍総司令部（ＧＨＱ／ＳＣＡＰ）は日本に民主主義を定着させるために、労働運動を確立させることが必要であると考え、積極的に労働組合の拡大を容認した。火に油が注れたように、日本共産党と全日本産業別労働組合会議（以下産別と略す―筆者注）の指導により労働運動は九・一五闘争、一〇月闘争、二・一ストと、目覚しく労働攻勢を展開した。そして「人民の手による生産復興、民主人民政府の樹立」をスローガンとするこの労働攻勢が、二・一ゼネスト計画に結集して、吉田内閣を崩壊の危機に追いこんだとき、突如としてマッカーサー元帥の二・一スト中止指令が実施され、危機は回避された。だが、これを契機として組合側の闘争体制は崩れ、二・一スト禁止令後に産別会議と共産党の指導にたいする批判と非難は、労働運動の内外から集中した。外部からの批難はともかく、労働組内部からなぜ批難の声が起ったか。それは第一に、組合を政権獲得闘争の具にするという批判であり、第二は、組合運営における強引な引きまわしへの反撥であった。

ところで一九五〇年代の時期は二・一スト失敗から数年しかたってはいなかったこともあり、職場の労働者の多くの人々は共産党と二・一ストとのかかわりや、二・一ストの禁止をうけた後とでは社会党系の組合と、共産党系の組合の関係に分裂がおこっていたことなどの真相究明に強い関心をもっていた。だが、彼等の関心事に正面からむきあい、ていねいにときほぐして解説してくれる書物などはほとんど見られなかった。興味深いのは、「職場の歴史」をつくる会のサークルがあった国鉄労組品川客車区分会の若い活動家の人たちが二・一スト当時の職場のことについて共通に知識をほとんどもっていないことであった。二・一スト当時の品川客車区分会は、職務上からいってゼネスト決行時に連合軍専用列車ダイヤの停止指令に関連した部署として国鉄労組の戦術上の最重要拠点であったにもかかわらず、二・一スト敗北以降から年と共に職場には閉塞《へいそく》感が漂い混とんとした雰囲気に支配され、未来がどこに向かおうとしているのかみえない職場になっていった。こんな品川客車区の職場全体をかえていく最初の手がかりとして、国鉄労組品川客車区の「職場の歴史」サークルが、二・一ストの歴史を調べることにしたのは、忘れがたい職場の「過去」を、もう一度新鮮なものとして再現したいという強い要求からであった。その中から何かが生まれてくるのかもしれないという希望からでもあった。

国民文化全国集会の第一分科会に「職場の歴史をつくる会」の国鉄労働者たちからの二・一ストの歴史を調べたいという提案に対して、鶴見俊輔は即座につぎのように述べた。

われわれは現代史において見ているものであるとともに行動するものである、その立場から、修正のきかない仮説などおしたてるのではなく、修正に応じられるような形で出していくべきである。そういう意味で現代史の方法論は昔の歴史の方法論とはちがう。組合史を書くことと理論をきたえることとは同じことだ。あらゆる少数派と一しょにやってゆく条件をみつけてゆく必要がある。

私はわれわれの提案にたいして、「職場の歴史」や「組合史」が、労働と現代史をつなぐ通路としての役割をもつと指摘した鶴見の発言には大いに賛意を表した。松島栄一からはそれはこれまでの歴史家がやれなかったあたらしい方法論をつくることであると発言があった。組合史編纂委員会の鶴見製鉄労働組合の幹部はつぎの様に発言した。

あとで修正することよりさきにその時に最大の努力をしていかなければならない。しかし、われわれの努力の限界をこえた問題にたいしてはケンキョでなくてはならないと思う。実践とむすびついている以上、たしかに余裕のある態度が必要だ。(4)

当時の「職場の歴史」をつくる会の労働者や若い歴史家と学生たちは、労働運動への参加と「職場の歴史」づくりの両極端に揺れていた。そこには勉強か闘争かの二者択一をしなければならないという根深い悩みも潜んでいた。大学の史学科におけるいわゆるスターリン主義的な労働運動史に対して反発する学生も多かった。そういう「職場の歴史」の現実と、国民文化全国集会第一分科会で新しい現代史創造を労働と学問の双方向から理解しようとしたことを考えあわせると、私たちも新しく大衆の手でつくり出される「国民文化」のイメージもまた見えてきたのである。

むすび

二〇二〇年代、ＡＩ（人工知能）は人間の知性を超え、二〇四五年には科学技術の速度が無限大になる「シンギュラリティ」[5]が到来すると言われている。しかもその言葉は、人類が考えうる最大級の賛辞をともなって、技術と生産・消費の新サイクルを形成すると予言する人たちも多い。若者を引き付ける所以である。この言葉と比べると、人間が職場とともに生きざるを得なかったかけがえのない経験を伝える歴史が、「職場の歴史」だと言っても、振むく若者はそんなにはいないはずであろう。若者たちの多くの人々にとって、五〇年代の歴史運動や文化運動といった言葉は、今日では死語となっている。今を生きる若者にとってそんなに重要ではないということなのであろう。それかあらぬか、現代日本国家には「AI時代」の国際資本戦に勝ち残るといった目標を掲げて、新たに「国民」というまとまりをつくり、「日本国民もっと前へ」という思想がひろくみられるようになっている。私はこれは、今日の日本を新しい夕ガでしめ直すことではないかとも考えている。私は本稿で示した様に、「職場の歴史」をいくつか創った経験からではあるが、自分の経験上これだけはゆずれないという思いは「理論」だけではなく、「歴史」認識に関しても同様だと考えているのである。

【注】

（1）「職場の歴史」をつくる会の機関誌『職場の歴史』や『職場と生活』等に掲載された作品や同会運営委員会ニュース等の資料類は左の書籍に収録されている。
竹村民郎編『編集復刻版「職場の歴史」関係資料集全四巻』六花出版、二〇一七―一八年。

（2）一九五三年、三井三池炭坑で発生した企業整備反対闘争のこと。財界が三井側を全面的に支援した反面、日本労働組合総評議会側は三井労組を支援したため、この一一三日に及ぶ闘争は「総資本対総労働の対決」と称せられた、三井労組は炭坑の主婦会を動員する居住ぐるみ闘争を展開した。これがいわゆるぐるみ闘争の端緒となった。

（3）大沢真一郎「サークルの戦後史」七九頁、思想の科学研究会編『共同研究集団』七九頁、平凡社、一九七六年、大沢はこの論文で戦後サークル運動は三つの時期があったと指摘し、一九五五年はその第二期「開花の時代」にあたると述べている。大沢の論文は各時期のサークルの消長を刻明に記録した貴重な研究である。

（4）「組合史から現代史の創造まで—第一分科会（歴史）」（『文化会議』第一二・一三合併号、五六年）

（5）クレイ・カーツワイル『シンギュラリティは近い—人類が生命を超越するとき［エッセンス版］』NHK出版、二〇一六年、の一五頁にあたるところに「シンギュラリティとは、われわれの生物としての思考と存在が、みずからの作りだしたテクノロジーと融合する限界点であり、その世界は、依然として人間的ではあっても生物としての基盤を超越している」とある。

［編集復刻版］『職場の歴史関係資料集　全4巻』六花出版　二〇一八年。

＊『職場の歴史』の資料については、右の書籍を参照されたい。

ウェイリー訳『源氏物語』という《接触界面》とジェンダー観の屈折
――ヴァージニア・ウルフとマルグリット・ユルスナールをめぐって

村中由美子

オウィディウスによる『変身物語』、日本古典の『とりかへばや物語』、シェイクスピア『お気に召すまま』、ボーマルシェ『フィガロの結婚』、また現代日本に至っては新海誠『君の名は。』と、超自然的な方法や偽装によって男女の性が入れ替わる物語は古今東西枚挙に暇がない。ここで取り上げるのは、二人の女性作家、ヴァージニア・ウルフ（1882―1941）とマルグリット・ユルスナール（1903―1987）の作品における両性具有的、あるいは男女の性が入れ替わるような登場人物である。具体的なテクストとしては、前者においては『オーランドー』（一九二八）、後者においてはそのほぼ一〇年後に書かれた『火』（一九三六年）、および『東方綺譚』（一九三八年）所収の「源氏の君の最後の恋」（一九三七年）を対象とする。両作家によるこれらの作品群において共通しているのは、アーサー・ウェイリー訳『源氏物語』（一九二一―一九三三、以下「ウェイリー源氏」）の反映が見られることである。

日本の王朝文学『源氏物語』が、時と空間を超え、ウェイリーによる翻訳を媒体として戦間期の西欧世界に伝播する際、英訳という「うつわ」を経由することでなにが起こったのか。『源氏物語』の英訳について研究をしている緑川真知子は、『オーランドー』と『源氏物語』を比較する研究はあまりないものの、主人公オーランドーの青年時代の造型と光源氏のあいだには類似点が存在すると指摘している（緑川 二〇〇八）。他方、ユルスナールも、尊敬する作家としてまず紫式部の名を挙げるほど『源氏物語』に強い影響を受け、源氏の翻案作品と言えるものまで執筆している。とりわけ興味深いのが、ウルフとユルスナールによるこれらの作品において、一般的な性の概念を逸脱するような登場人物が多数描かれていることである。さらに、それらの人物は好んで仮装や偽装をする。本稿の目的は、これらの人物造型におけるウェイリー源氏の反映を指摘し、二人の作家の特異なジェンダー観の形成にウェイリー源氏が資した部分を明らかにすることである。その作業は、プルーストやジッドを始めとする同性愛文学が登場する二〇世紀初頭における女性作家の側のジェンダー観を検討するための糸口にもなろう。また、ウルフとユルスナールの該当作品における仮装や偽装の頻出は、現代のフェミニズム批評において、仮装や偽装というモチーフが盛んに考察の対象となっている（Butler 1990）ことを考えても検討に値する。千年紀の主人公源氏が、ウェイリーによる英訳という「うつわ」に乗って、ウルフとユルスナールという二人の女性作家の文学世界に至ってどのような人物へと憑依したのだろうか。本稿では、ウェイリー源氏を通して生まれた新しいジェンダー観について考える。

さまざまな〈あいだ〉を考察する本論集において、本稿は二つの〈あいだ〉を扱うことにもなるだろう。一つ目の〈あいだ〉は、日本古典の傑作としての原作『源氏物語』と、西欧の二人の女性作家たちの〈あいだ〉の存在としてのウェイリーである。ウェイリー源氏を《接触界面》として、主人公光源氏は二人の女性作家を経てどのような人物へと造型されてゆくのか。翻訳を通して被った原作の変容は、ウルフとユルスナールの作品にどのような影響を及ぼすのか。二つ目の〈あいだ〉は、ジェンダーの〈あいだ〉である。両性具有的な登場人物が頻出したり、仮装によって生来の性とは別の性を演じたりと、ウルフとユルスナールの当該作品において、ジェンダーは固定された概念としては捉えられていない。二人の作家におけるそのような自由なジェンダー観を生んだ背景として、ウェイリー源氏があったことを指摘する。

そのためにまず、ウェイリー源氏の西欧での受容と翻訳の特徴を踏まえつつ、ウェイリー、ウルフ、ユルスナール三者の文学的志向を押さえておく。次に、ウルフ『オーランドー』、ユルスナール『火』、「源氏の君の最後の恋」におけるウェイリー源氏の投影を具体的に検討する。最後に、それらの登場人物が戦間期という文脈のなかでどのような意味を持っていたのかという問題について考えたい。

一　源氏から Genji へ——英訳という「うつわ」にのせて

まず、ウェイリー源氏の西欧における受容とその特徴を、平川祐弘とド・グルッシィの著作を参考にして簡単に押さえておこう。ウェイリーが登場する前、特に第一次世界大戦前には英国人のバジル・ホール・チェンバレン（1850—1935）が「日本文学についての最大の生ける権威者」として君臨していたのだが、彼は研究対象の日本に対しては冷ややかで、『源氏物語』についても「飾り立てた華麗な文体で……退屈きわまる」と批判的であった。しかし、チェンバレンから三九年のちに生まれたウェイリーは、日本についての最高権威とされていたチェンバレンの見解を次々に否定し、第一次大戦後に和歌と能楽の英訳で日本学者としてデビューした。そして、『源氏物語』を読んで平安朝文化の洗練に感嘆し、英訳『源氏物語』を出版する。この英訳はおびただしい激賞を浴び、英米で多くの書評が出た。そこで、紫式部はマルセル・プルースト、ジェイン・オースティン、ボッカチオ、シェイクスピアといった世界的大作家と次々に比較されることとなった（平川 二〇〇八）。

この絶賛は、ウェイリー源氏のどのような特質の産物だったのだろうか。平川ならびにド・グルッシィは、『源氏物語』が必ずしも翻訳としてではなく、英語で書かれた小説、文学作品として評価されたことを指摘する。発表当時、ウェイリー源氏の優雅さや言葉の巧みさは、作者紫式部によるものではなく、訳者ウェイリーに起因しているのではないかと考える読者も多かったとのことだ（de Gruchy 2003）。日本語を知らない書評執筆者だけではなく、日本に滞在し教鞭を取っていたような者のなかにでさえ、そういった向きがあったようである。実際、ウェイリーに先立つ一九世紀のオリエンタリストたちにとっては、非西洋語から欧米語への翻訳はオリジナル（原作）に対する改良だと思われていた。

ウェイリー源氏の特徴としては、省略や改変がなされており、のちのサイデンステッカーやタイラーによる翻訳と比べると原文への忠実さには欠けるものの、頭韻（alliteration）や類音（assonance）に富む詩的散文による訳であるといえる（de Gruchy 2003）。さらに、ウェイリーは自らの訳を読みやすくするための工夫を意識的に行なっていた。はるか千年も昔の異国の王朝文学を、英語の伝統的ストーリーテリングの枠組みに落とし込んだのである（*Ibid.*）。E．M．フォースターは、一七世紀から三〇〇年間に渡って話し言葉や書き言葉に影響をもたらしてきた聖書の英語というものが、一九二〇年頃から急に一般的な英語からは遠いものになってしまったと一九四四年に指摘しているが、ウェイリーはまさにその一九二〇年代に、過ぎ去ってしまったものの、まだ人々の記憶には存続している、一九二〇年より前の時代を喚起するような文体を用いたのだった（*Ibid.*）。

また、詩的散文への志向は、ウェイリー、ウルフ、ユルスナールの三者に共通していた。ブルームズベリー・グループに属するウェイリーとウルフは、古典的で文法の規則を逸脱しない前者と、実験的でモダンな文体を用いる後者という違いはあるものの、影響を与え合ってもいたとシリル・コノリーは指摘している（de Gruchy 2003）。両者が依拠するのは、ゴシック的な非均一性よりもネオ・クラシカルな形式を好むロジャー・フライやクライブ・ベルから派生したブルームズベリー・グループの美学であり、またド・グルッシィによれば、平安朝文学はウェイリーの貴族的な秩序への愛に通じるところがあったのではないかということである（*Ibid.*）。ユルスナールにもまた、一九二〇―三〇年代のフランス雑誌*NRF*を中心とするネオ・クラシシズムの作家たちに接近した時期があった。最終的には、ユルスナールの目指すところは歴史家と詩人を兼ね備えた存在であるという証言が自身のインタビューに見られる（Yourcenar 1980）。以上のことから、ウェイリー、ウルフ、ユルスナールの文学的志向にはかなり重なる部分があったと考えられる。

内容面では、ウェイリー、ひいては当時の英国読者を惹き付けたのは、『源氏物語』におけるセクシュアリティーの繊細な描写であったのではないかとド・グルッシィは述べている（*Ibid.*）。ウェイリー源氏が六分冊に渡って出版されたのは、日本の暦でいうと大正一四年から昭和八年の九年間、西暦だと一九二五年から一九三三年だった。この時代の英国は、D．H．ロレンスの『チャタレー夫人の恋人』が出版された時期、西暦一九二八年（昭和三年）に重なる。六三年間続いたヴィクトリア女王治世の硬直化した道徳が崩れ、第一次世界大戦を経過することで堅苦しい倫理軌範が次第に緩み始めた時代であったため、平安朝貴族の男女関係とそれに伴う心理が、第一次大戦後のイギリス上流や中流の読者層には新鮮に映ったのではないかと平川は指摘している（平川 二〇〇八）。『源氏物語』が受容される時代が、第一次世界大戦を経て整ったのである。

この戦後という文脈は、あらたな人物像の希求にもつながっていた。ウェイリー源氏は、好戦的な男性登場人物が支配的であったこの時代の英文学界において、誇り高さは保ちつつも美への繊細な感覚を備える両性具有的人物を導入することで男性登場人物のパラダイム転換をもたらしたという（de Gruchy 2003：緑川 二〇〇八）。この問題についてはのちにあらためて扱うが、ド・グルッシィが述べているように、ウェイリーは紫式部の作品のなかに永遠に若い、理想的なヒーローを見出したのである。そのヒーローは人から敬遠されるような雄々しきタイプとは程遠いながら、男性としてのアイデンティティーに確信を持っているような人物像として造型されていた。女々しくもなく、男女双方にとって魅力的であり、好戦的ではなく文学的な男性が心から求められていた時代に登場した、ホモセクシュアルでもありヘテロセクシュアルでもある西欧世界の理想、あるいは幻想であった。光源氏は、同性愛的傾向のあったウェイリーの架空の恋愛対象であったとする研究も存在するほどで、両性具有的な光源氏像は、性的自由を標榜するブルームズベリー・グループの思想にも合致するものであった。

同様に、同グループの中心人物であるウルフもまた、自らの作品において頻繁に第一次世界大戦について言及するが、それはおそらく彼女が「男性的」世界に対して為したもっとも辛辣な非難であったとハイルブランは述べる（Heilbrun 1973）。第一次世界大戦後という時代にあって、ジェンダー観は戦後のあらたな世界への期待とも結びついていたのである。ウェイリー源氏についての書評においてウルフがとりわけ称賛しているのも、登場人物たちの関心が戦争にではなく美や芸術に向かっている点であった（Woolf 1925）。

一方ユルスナールは、第一次世界大戦中、イギリスびいきの父親と一緒にリールの戦火を逃れてロンドン郊外に暮らしていた。また、ウルフの実験的小説『波』の翻訳を一九三七年に出版したということもあって、著者に会うために同年にロンドンに出向いてもいるので、英文学界におけるウェイリー源氏に対する評判に無関心ではなかっただろう。先に言及したように、ウェイリー源氏についての書評において紫式部はしばしばフランス二〇世紀の作家マルセル・プルーストと並べて評されるのだが、ユルスナールも、先に引用したマチュー・ガレーによるインタビューで尊敬する作家を訊かれた際、紫式部とプルーストの名前を挙げている（Yourcenar 1980）。

二　ユルスナールとウルフにおけるジェンダーの攪拌と連続――仮装と変装の妙技

二―一　ウルフ『オーランドー』――光源氏の投影された両性具有的人物

では、ウルフ『オーランドー』の主人公の人物造型を詳しく見てみよう。オーランドーの性転換、あるいは男装において注目したい要素は、衣装哲学と時代精神である。

まず、衣装哲学について考える。オーランドーは、七日間の眠りのあとで男性の姿から女性の姿に変わったのちも、必要と気分に応じて男装をして冒険を楽しむ。小説の地の文では、ジェンダー観について複数の見方が展開される。一方の考え方は、男性オーランドーと女性オーランドーの違いは単に衣装によってつくられるというものである（「つまらない些事とはみえても、衣服は単なる保温以上の役割を果している。衣服はわれわれの世界観を変え、われわれに向ける世間の目を変える。」ウルフ　一九二八）。だが、その考えはすぐに否定される：「服装はその奥深く隠されたものの象徴にすぎない。オーランドー自身が変ったから、女の服と女であることを選ぶようになったのだ。［…］個々の人間の内面の男性女性は流動的なもので、男らしさ女らしさをつかさどるのは服装だけ、一皮むけば皮と中味は正反対という場合も間々あるのだ。」（*Ibid.*）このように、服と中味のどちらが先に規定されるのかという問題はあるものの、どちらにせよ男女というジェンダーは流動的なものにすぎないという状態が描かれている。

また、時代精神についてはどうか。物語世界のなかでオーランドーは一六世紀から二〇世紀まで生き続けるのだが、一九世紀の結婚ブームに乗って女性として結婚する。詩人でもある女性オーランドーについて、地の文ではこう書かれる：「実に巧みに時代精神に敬意を示して、指輪をはめ、荒野で夫を見つけ、自然を愛し、風刺家、皮肉屋、心理学者ではありません――といった美徳を並べても簡単に見破られたかも知れないのに、なんとか見事検疫をパスできたのであった。彼女が安堵の溜息を洩らしたのも無理からぬこと、何しろ、作家と時代精神の間の取引ほど限りなく微妙なものはなく、作品の運命はひとえに両者間の協定がうまくゆくかどうかにかかっているからだ。オーランドーはとてもうまくことを運び、申し分ない状態にあった。時代にあらがいもせず、服従もしない、時代に属し、しかも自分自身であった。（*Ibid.*）」服装と同様、時代精神もまたオーランドーの行動規範となるものであり、それに応じて、オーランドーは自らのなかの男性性と女性性を巧みに使い分けるのである。

ハイルブランによると、「ヴァージニア・ウルフは一九世紀を、性別以外の全てのものが覆われ、あるいは偽装している時代として認識していた。性別はといえば、それまでないほどに区別され、その区別は歴然としていた。しかし、エリザベス一世の時代［執筆者注：『オーランドー』冒頭の時代］には、『オーランドー』冒頭の次の一節が示すように事情は違っていた：『彼は――といっても、当時の服装からしてなにか性別さだかならぬ様子ではあるのだが、男であることは間違いない［…］（Woolf 1928）』。一方、ウルフの執筆時代であるエリザベス二世時代にも、辺りを一瞥すれば確認できるとおり、同じ「偽装」が戻ってきていた（Heinbrun 1973）」。このような、英国社会における厳しい道徳観とそこに由来する偽装は、ウルフに先立つ時代のオスカー・ワイルド裁判を彷彿とさせる。ウルフ、ユルスナールがワイルドの作品と生涯に深い関心を寄せていたことは言うまでもない。

二―二　ユルスナール『火』における仮装のモチーフ

ユルスナールの小説世界においても仮装や偽装は重要なモチーフである。マチュー・ガレーとの有名なインタビュー、『目を見開いて』（一九八〇年）のなかで、この作家は訳文に中世フランス語が使われたルネ・シフェール訳とウェイリー源氏を対比し、後者にはあたかも翻訳と読者のあいだに余計な障壁がないかのように述べている。ルネ・シフェール訳が出たのは一九七六年で、ユルスナールが『源氏物語』の翻案を執筆した時期からはかなり後ではあるが、この証言は、年月を経てもウェイリー訳への賞賛の念が変わらなかったことを示している。しかし、ウェイリー訳にもまた、英国人読者を意識して、翻訳の際に原文にはない部分が加えられたり、また省略されたりと、数々の改変がなされていることを忘れてはならず、まさにこの部分が仮装に関わっている。再び平川の著書『アーサー・ウェイリー『源氏物語』の翻訳者』から、指摘されている例をひとつ挙げてみよう。

ユルスナールが自身の翻案で取り上げている「花散里」の登場する巻ではないが、平川がアーサー・ウェイリーによる「『源氏物語』英訳中の最大の失敗」として挙げている箇所がある（平川 二〇〇八）。「空蟬」の巻で、源氏は空蟬の床にしのびこもうとするのだが、空蟬は薄衣を残して逃げてしまう。源氏はその衣を手にして空蟬の部屋を去るが、空蟬のことをあきらめきれないまま自分の部屋に戻ると、空蟬が残した衣を肌身につけて床に就く。この部分の原文は、「ありつる小袿を、さすがに御衣の下に引き入れて、大殿籠れり」である。しかし、眠れない源氏は歌をしたためて空蝉のもとに届けさせる。それがこの次の歌である。

うつせみの身をかへてける木のもとになほ人がらのなつかしきかな

「人がら」に、人の抜け殻としての「人殻」と「人柄」をかけ、人の「香り」にもかけた歌で、この歌によって『源氏物語』の三の巻は「空蝉」と呼ばれている。「空蝉」は蟬の抜け殻の意で用いられるので、薄衣だけを残して去った女をしのぶ意味で用いられていると平川は述べている。このように源氏が、空蟬の残した衣を身につけるというエピソードは、この巻においてとても重要な部分なのだが、平川が指摘しているように、ウェイリーは空蟬の「脱ぎすべしたると見ゆる薄衣」を「薄いスカーフ」と訳している。この部分の英訳を引用すると、"Utsusemi's thin scarf which had slipped from her shoulders when she fled from the room" となっている。平川は、ウェイリーが使用していた国語辞書『ことばの泉』に小袿の説明があることから、ウェイリーが小袿の意味をつかめなくて誤訳したという可能性は少ないのではないかと述べ、むしろ、源氏が寝衣の下に女性の小袿を「肌につけて寝るという情景があまりにもなまなましい」ので、特に英国人読者に受け入れられやすいように改変したのではないかという結論に至っている。また、ウェイリーに先立って『源氏物語』を翻訳した末松謙澄も小袿を「スカーフ」と訳している (Suematsu 1882)。

また平川は、源氏が女物の小袿を身につけて横になるエピソードに関して、「もしかりに二十世紀初頭の女流作家がそんな場面を書いたとしたら、英国読者は顰蹙しただろう」とも述べている。二〇世紀初頭の女性作家、ユルスナールがまさにそのような場面を描いているということを指摘しておこう。先に言及した、散文詩集の

『火』において、ユルスナールは男性の登場人物が女装をする場面を描いている。簡単に場面を説明すると、ユルスナールが描くサッフォーは曲芸師として描かれており、サッフォーにはアッティスという忘れられない恋人（女性）がいるのだが、アッティスに去られたサッフォーは、パオンという男性に出会うことでアッティスへの思いを断ち切ろうとする。ところが、サッフォーのもとを訪れたパオンがアッティスのドレスを見つけて身につけるという場面である：「突然、幽霊の身震いに似た絹ずれの音が、叫び声をあげさせる愛撫のように近づいてくる。彼女は立ち上がり、ふりかえる。愛する人［＝パオン］はアッティスが家出のとき残していった化粧着を身にまとうている。裸体を覆ったモスリンが踊り子の長い脚のほとんど女性的な優美さを際立たせていて、きっちりした男の服装をぬぎすてたこの柔軟ななめらかな肉体はまるで女の体のようだ。仮装のなかでゆったりくつろいでいるパオンはもはやあの美しい不在の乙女の身代わりにすぎない。泉のような笑い声をあげて彼女のほうにやってくるのはやはり若い娘なのだ。とりのぼせたサッポーは着のみ着のまま戸口のほうへ走って行き、同じ悲しいくちづけしか彼女に与えることができないであろうこの肉体をもった幽霊から逃げ出す。（Yourcenar 1936）」

このようにユルスナールは、ウェイリー源氏を読み、「源氏の君の最後の恋」を執筆したのとほぼ同時期に、『源氏』をウェイリー訳のフィルターを通さずに読んでも全く動じなかったであろうほどに性的に自由な作品を書いていた。脱ぎ捨てられた衣を着る、という発想は『源氏物語』とユルスナールのこの短篇で共通しているが、興味深いのは、『源氏物語』においては、空蟬が残した衣を源氏が身につけることによって、自分をかたくなに逃れようとする空蟬へのより深まる思いに源氏が耽るのに対して、ユルスナールの短篇においては、サッフォーにとって、自分のもとを去った恋人アッティスを忘れようとしていたときに、新しい恋人パオンがアッティスの衣を着ることで、振り切ろうとしていた過去の記憶が、まざまざと蘇ってしまうことだ。他者の衣を着るという行為が、一方では愛する者の不在を強調し、他方では、性別を超えて不在の他者の存在を引き立てる効果をもたらしている。

三―三　ユルスナールによる『源氏物語』の翻案――「源氏の君の最後の恋」

ユルスナールによる『源氏物語』の翻案作品「源氏の君の最後の恋」では、『源氏物語』原作では描かれていない源氏の最期の日々が描かれている。ユルスナールが読んだウェイリー源氏には、「雲隠」という、本文のない源氏の最期をほのめかす巻のタイトルは収録されていないのだが、ユルスナールは、なんらかのかたちで「雲隠」の巻の存在を知っていたようだ（緑川 二〇一六）。ユルスナールの『源氏物語』翻案における主な登場人物は源氏と花散里である。

「源氏の君の最後の恋」において着目したいのは、花散里の偽装である。『源氏物語』の読者にとって、花散里は目立たない控えめな人物であるというのが大方の見方であろう。しかし、ユルスナールの翻案においては、花散里は偽装をして身分を隠し、試行錯誤しながら果敢に源氏の寵愛を得ようとする。大方の読者においては心優しい女性として記憶に残っているであろう花散里が、ユルスナールの手にあっては「人生において初めての残酷さで、源氏の失明の進行を遠くから見守」り、虎視眈々と再び源氏の愛人になる機会を狙うのである。

源氏は死が近いことを自覚し、山里で隠遁生活を送っている。花散里は、源氏が失明するのを確認するやいなや都会風の着物を脱ぎ捨てて農民の女に変装し、源氏のもとを訪れる。髪も農民風に結い、余念がない。そして庭を散歩する源氏に近づいて源氏の愛人の地位を得るが、自分が源氏のことを知っていてやって来たことを告白してしまったがために追い払われてしまう。しかし、二ヶ月後に花散里は源氏の前に再び現れる。今度は伊勢参りに向かう地方領主の妻に変装し、再々度源氏の愛人の地位を得る。しばらくのち、源氏は熱病で死の床につくのだが、今際の際に次々と口にする愛人たちの名前のなかに花散里の名前はなかったという皮肉な結末である。

この翻案において興味深いのは、原作にはない花散里の積極性と、完全なる偽装の効果である。偽装によって彼女は、花散里ではない別の人物として源氏の愛人になるという目的を果たす。さらに、源氏の末期の記憶から花散里が消えていたと最後に判明することで、花散里は完全に新しい存在として成立する。過去の自分が忘れ去られていたという花散里の絶望は置くとして、偽装という観点からは完全なのである。

三　戦間期に求められた新しい男性像と、ウェイリーによって『源氏物語』に見出された同性愛のモチーフ

ウェイリー源氏を読んだウルフとユルスナールの以上の作品において、登場人物の性が転換したり、偽装や仮装によって自分ではない他の人物になったりすることにはどのような意味があるのだろうか。これらの背景には、マーティン・グリーンが指摘する、第一次世界大戦後のイギリスにおける男性登場人物のパラダイム転換があったと思われる。グリーンによれば、「第一次世界大戦後のイギリスの若者は、父／夫／主人といった役割を持つ「男」にはもはやなりたくなかった。なぜなら、大戦がイギリスにとって意味したものは、それまで求められ大切にされてきた男性的な成熟という理想への幻滅だったからである。W. H. オーデンは、著書『ある世界』で、戦争によって「兵士」や「戦い」の文化的な価値にもたらされた大きな変化に言及している。第一次大戦以降、西欧世界の人間にとって『イリアッド』の読書さえ快適とはいえなくなり、平和的で快楽主義的な中国詩人の作品のほうに快さが見出されるようになった（Green 1976）」。ド・グルッシィは、この中国詩人の系列に紫式部も含まれるはずだと指摘する。さらに、ド・グルッシィは戦間期の英国における「男性らしさ」の変化について、フェミニスト運動といった大戦に先立つ要因にも言及しながら展開してみせるが、そのような、「いかにも男性らしい男性登場人物」に生じた疑義から、ウルフやユルスナールによる上記の登場人物たちも生まれたのではな

いかと考えられる。

また、『源氏物語』原作では必ずしも明確ではない同性愛的な部分を読み取り、訳出したのはウェイリー自身であった（de Gruchy 2003）。たとえば、先にも言及した空蟬が初めて登場する『源氏物語』第二巻「帚木」においてて、ウェイリー源氏では空蟬の弟である小君と源氏の関係がより詳細に描き込まれている。「帚木」の巻の最後、源氏は拒絶されて空蟬に会うことができない。原文では、傷心の源氏は自分を見捨てないでくれと小君に懇願し、この少年を傍らに寝かせ、「つれなき人［＝空蟬］よりはなかなかあはれに思さる」。ウェイリーの翻訳においてはさらに、「われわれが書き留めておかねばならないことには、源氏はこの少年を無愛想な姉の悪くはない代わりと見なしたのだった」"Genji, we must record, found the boy no bad substitude for this ungracioun sister."（Waley 1925）と、訳者による挿入がなされ、源氏が小君を空蟬の代わりと見なしていることが付け加えられている。このような箇所にも、ウェイリー源氏におけるジェンダー観の揺らぎ、すなわち男女というジェンダーの境目が曖昧になっていることを見出せるのではないか。そして、そのような源氏の造型がウルフとユルスナールの登場人物たちにもつながっていったのではないかと思われる。

＊

本稿では、ウェイリー源氏の西欧での受容を通して、ウルフとユルスナールの小説世界におけるジェンダーが流動的な登場人物たちを概観した。「うつわ」と「うつし」をめぐる文化蝕変の用語を借りるならば、西欧人読者たちは、まずウェイリーの美しい詩的散文訳のなかに「映」った東洋の主人公、光源氏を見出した。第一次世界大前後の英文学において支配的であった好戦的な男性登場人物とは異なるような、戦争や政治がその関心の中心ではない完全なる美学者が、ウェイリー源氏の主人公には「移」っていた。そして、そのような人物像が、ウルフやユルスナールに至って、仮装や偽装をし、また両性具有的な人物造型へと「遷」ってゆくのである。

平安期の日本の美学とブルームズ・ベリーの美学——この両者が、ウェイリーの英訳を《接触界面》として共鳴することで、本研究「うつわとうつし」の計画にもある通り「自己と他者の区別に関する常識的な世界観が安定を失」うような状態が導かれた。自己という存在は、ウルフの創造したオーランドーのように時や性別の制限を超えて無限とも思える存在に拡張され、またユルスナールの小説に登場する女装したパオンは性別の異なる不在の人物をも体現していた。翻案の花散里は、偽装によって過去の自分とは全く異なる存在として源氏に認められている。『源氏物語』は、西欧世界に至って確かに変成したかもしれない。ユルスナールの翻案に描かれた光源氏の最期や、大胆な花散里を前にした『源氏』読者のためらいは疑うべくもない。しかし、「変成」ということばがいみじくも、仏の功徳によって女子が男子に、男子が女子に生まれ変わることをも意味するように、西欧に渡来した『源氏』は、男性や女性がこうあらねばならないというような既成のジェンダー観を打ち破るための種を蒔いたのではないだろうか。そして、その花を咲かせたのがウルフやユルスナールによる上記の登場人物たちだったのである。

冒頭で確認したように、生まれの性別とは異なる性別に生まれ変わってみたいという願望は、いつの時代においても、また東西限らず普遍的に存在する。ＬＧＢＴをめぐる議論が広く行なわれ、性転換手術を通して物理的には性転換が可能になった今の時代にこそ、ウェイリーが古の異国のプリンスに読み取ったような性を超越する美学者の精神を、いま一度読み直してみる必要があるのではないだろうか。

【出典文献】

【欧文：アルファベット順】

Butler, Judith 1990: *Gender trouble: Feminism and the Subversion of Identity,* Routledge, Chapman & Hall, Inc., 1990.

Green, Martin 1976 : *Children of the Sun : A Narrative of "Decadence" in England after 1918,* New York, Basil Books, 1976.

Gruchy, John Walter de 2003: *Orienting Arthur Waley: Japonism, Orientalism, and the Creation of Japanese Literature in English,* Honolulu, University of Hawai'i Press, 2003.

Heilbrun, Carolyn 1973: [Woolf and Androgyny], Beja, Morris (ed.), *Critical Essays on Virginia Woolf,* Boston, Massachusetts, G. K. Hall & Co., 1985, p. 73-84 [Reprinted from Carolyn Heilbrun, Toward a Recognition of Androgyny (New York: Alfred A. Knopf, 1973), p. 151-167, 188-189].

Suematsu Kencho 1882 : Murasaki Shikibu, *The Tale of Genji,* translated by Kencho Suematsu, Boston/Rutland/Vermont/Tokyo, Tuttle, 1974.

Waley, Arthur 1921-33: *The Tale of Genji,* the Arthur Waley Translation of Lady Murasaki's Masterpiece with a new foreword by Dennis Washburn, Boston/Rutland/Vermont/Tokyo, Tuttle, 2009.

Woolf, Virginia 1925 : 'The Tale of Genji', *Vogue,* July 1925. (McNeillie, Andrew éd., *The Essays of Virginia Woolf,* Volume 4 : 1925 to 1928, London, The Hogarth Press, 1994.)

——— 1928: *Orlando,* Oxford, Published for the Shakespeare Head Press by Blackwell, 1998.（二〇一七：ヴァージニア・ウルフ、杉山洋子訳『オーランドー』筑摩書房、二〇一七年。論文中の訳文は本書から引用した。）

Yourcenar, Marguerite 1936 : *Feux, Œuvres romanesques,* Paris, Gallimard, coll.《Bibl. de la Pléiade》, 1982, p. 1073-1166.（二〇〇一：マルグリット・ユルスナール、多田智満子訳「火」、『流れる水のように・火・東方綺譚・青の物語〔ユルスナール・セレクション四〕』白水社、二〇〇一年。論文中の訳文は本書から引用した。）

——— 1937:《Le dernier amour du prince Genghi》, *La Revue de Paris,* 4, juill.-août, 1937, p. 845-854, repris dans *Nouvelles orientales* en 1938.

——— 1980, *Les Yeux ouverts. Les entretiens avec Matthieu Galey,* Paris, Centurion, 1980.

【和文：五十音順】

稲賀繁美 二〇一六：『接触造形論 触れあう魂、紡がれる形』、名古屋大学出版会、二〇一六年。

平川祐弘 二〇〇八：『アーサー・ウェイリー──『源氏物語』の翻訳者』、白水社、二〇〇八年。

緑川真知子 二〇〇八：「ヴァージニア・ウルフ『オーランドー』前半部におけるアーサー・ウェイリー訳『源氏物語』の投影─小説と芸術論の融合─」、『比較文学年誌』第44号、早稲田大学比較文学研究室、二〇〇八年。

──二〇一〇：『『源氏物語』英訳についての研究─翻訳された『源氏物語』の捉え方についての細密なる検証』武蔵野書院、二〇一〇年。

──二〇一六：「『源氏物語』のメタモルフォシス」、白百合女子大学言語・文学研究センター編、海老根龍介・辻川慶子責任編集、『芸術におけるリライト』所収、弘学社、二〇一六年。

宮本昭三郎 一九九三：『源氏物語に魅せられた男─アーサー・ウェイリー伝─』新潮選書、新潮社、一九九三年。

［コラム］東西文明の《接触界面》としてのキリスト教文学

相原雅子

一　はじめに

　第八代・一七代内閣総理大臣であり、早稲田大学創立者でもあった大隈重信（1838—1922）は、「東西文明の融合」には日本は立地上も思想上も重要な役割を果たさなくてはならないと常々説いていた。それを示すかのように、早稲田大学校歌の二番では「東西古今の／文化のうしほ／一つの渦巻く／大島国の／大いなる使命を／担ひて立てる」と歌われている。因みに、この校歌は、創立二五周年の明治四〇年に制定されたものだ。当初は二三人の学生から応募があったが、決定打となるものがなかった為、審査員を務めていた坪内逍遥と島村抱月が相馬御風に作詞を依頼し、相馬は一〇日余苦吟して歌詞を作成した。

　しかし、校歌に込められたこの「東西の融合」という理念が、大隈の高い志に反し、達成困難なことは歴史が示すところである。稲賀班の研究テーマに即していえば、そもそも、「東」という「器」（文明文化）と「西」という「器」（文明文化）が接触・衝突すると、様々な「物理反応」、「化学反応」が生じ、「器」や「器の中身」に「変性」をもたらすことがある。反応如何では、東西を隔てる「壁」なり「溝」を深めることになる。この「壁」は、これまで多くの知識人の前に立ちはだかった。本稿では、「器」と「器」の接触、ひいては、「壁」の存在を、キリスト教文学の泰斗である遠藤周作（1923—1996）とグレアム・グリーン（1904—1991）が、作品の中でどの様に取り上げ、どの様に悩んだか、概覧する。

二　遠藤の『沈黙』に見る「東西の壁」

（１）『沈黙』の概要

まず、遠藤の代表作『沈黙』を取り上げる。『沈黙』は、一九六六年に新潮社から出版され、世界一三か国語に翻訳された。特にG．グリーンは、この作品を通して遠藤のことを「二〇世紀のキリスト教文学で最も重要な人物である」と高く評価した。さらに、二〇一六年には巨匠スコセッシ監督がこれを映画化し（『沈黙　サイレンス』）、日本をはじめ幾つもの国で話題となった。

そこで、本論に入る前に、小説の概要を提示する。『沈黙』は一七世紀の日本の歴史をベースに書かれたものであり、舞台は長崎。この長崎で布教活動をしていたフェレイラ司祭が「棄教」に追い込まれたという知らせを受け、ローマからロドリゴとガルペという二人の司祭が日本へ渡航した。その途上、マカオでキチジローという日本人の青年と出会い、彼の手助けのもと、長崎にたどり着く。彼らは当初は農民らに守られていたものの、やがて長崎奉行所に身柄を拘束されることとなる。そこでロドリゴは、かつての恩師フェレイラと出会い、彼が「転んだ」（棄教した）ことを自身の目で確認し、悄然とする。しかしその棄教は、自身がそうしなければ農民たちが永久に拷問を受け続けるということで、そうしたものであった。その後、ロドリゴ自身も踏絵を踏んで、棄教に追い込まれる。そして今や、岡田三右衛門と改名、日本人妻をめとった。ある日、自身の下へ罪の赦しを求めてやって来たキチジローに、告解の秘跡を与えたところで、作品は幕を閉じる。

（２）遠藤のメッセージ

それでは、この作品を通じ、遠藤が伝えたかったことは何か。四点に整理する。

まず第一のテーマは、キチジローをはじめとする「弱き者」が何故あそこまで苦しまなくてはならないのか、ということである。多くの隠れキリシタンが弾圧に苦しみ、殉教者となるという悲惨な状況にも拘わらず、「神はなぜ沈黙しているのか」とロドリゴは何度も神に問いかける。この不条理を指摘することが第一点。

しかし、作中において、神は決して沈黙などしていない。『沈黙』[1]の最終場面においてロドリゴの耳には、はっきりと神の声が聞こえてくる。

「踏むがいい。お前の足は今、痛いだろう。今日まで私の顔を踏んだ人間たちと同じように痛むだろう。だがその足の痛さだけでもう充分だ。私はお前たちのその痛さと苦しみをわかちあう。そのために私はいるのだから」（p.294）

つまり、実は神は、ロドリゴをはじめ踏絵を踏んだ者たち、より明らさまにいえば、「棄教した」人たちを赦したというのが、この作品の最大の持ち味となっている。この点が第二点。

さらに、この作品の行間からは、「転んだ者」も、殉教した人たち同様、散々悩み抜き、苦しんだのにもかかわらず、殉教者には光が当てられるのに反し、「転んだ者」は否定され、歴史から抹殺される、それはおかしい、神の恵みは彼らにも等しく及ぶべきである、との遠藤の解釈が読み取れる。この点が第三のメッセージ。つまり、命を落とした殉教者だけでなく、棄教者にも光を当てるべきだということだ。キチジローは、しきりに自身のことを「俺は弱かぁ」と述べているが、フェレイラも自分がいかに「弱い人間」であるか、十二分に認識している。「弱い者」までも、否、「弱い者」こそ愛するのがキリスト教の神であり、それほどに神の愛は深い、という見方である。

以上の点は、背教者を決して許すことがないカトリック教会の姿勢に反する。そのような厳格な教会の姿勢では、父性性が強過ぎる、日本人の心を捉えるには、母性性（罪を冒した人でさえ、母の慈愛で包み込む）的要素が必要だとの見方を、遠藤は折に触れて語っていた。父性性の強いキリスト教の世界に、母性性を垣間見せることで、『沈黙』は、ローマに対する「挑戦」をなしたものとの解釈が可能である。この点が第四点。

なお、『沈黙』というタイトルは新潮社の意向によるものであった。遠藤はこのタイトルが好きではなかったようで、小説が売れ始めてからも周囲の友人に「別に原題があった」としきりと漏らしていた。しかしながら「沈黙」という言葉には、神学的要素を想起させるところがあり、これを巡って研究者の間では多くの論争が引き起こされてきた。たとえば、佐藤泰正氏によれば、『沈黙』には「神の沈黙」、「犠牲殉教者の沈黙」、「棄教者の沈黙」という三つの位相があるという（『遠藤周作研究』第五号）。結果として、『沈黙』というタイトルを提案した新潮社の判断は正しかったといえる。

（3）　バチカン保守主流派における『沈黙』の評価

前項で述べたように、長年カトリック教会は、殉教者には光を当てるが、背教者には厳しい姿勢で臨み、「沈黙」を強いて来た。背教者は天国に行けないものとされてきたのだ。[2]これに対し、敢えて反旗を翻し、「挑戦」をしたのが『沈黙』である（どこまで自覚的だったかは分からない）。ということで、この作品はバチカン保守主流派の琴線に触れるものであった。それだけに、世が世なら、禁書処分になったものと想定される。ところが、刊行が一九六六年と、カトリック教会の開放化・近代化を進めた第二バチカン公会議（一九六二―一九六五）完了後となったことから、厳しい処分には至らず、「黙殺」（ここでいう「黙殺」とは、ただ単に取り合わなかった、無視をしたという意味で用いている。以下、同様。）されるに留まった。

なお、スコセッシ監督の映画『沈黙　サイレンス』も、遠藤の「挑戦」を反映したものだったことから、バチカン保守主流派により、原作同様、「黙殺」された（二〇一六年一一月に、スコッセシ監督はイエズス会の三〇〇人の司祭たちを招いて試写会を行ったほか、ローマ法王による謁見の栄に浴したにもかかわらず）。

以上のように、『沈黙』に込められた遠藤の想いは、バチカン保守主流派に通じるものではなかった。

因みに、日本の教会関係者の間でも、刊行直後は厳しい反発が示された。特に、長崎を中心とする九州では、『沈黙』を禁書とし、遠藤の立ち入りを禁止する教会さえあった。九州は多くの殉教者を輩出した地域を抱えていることから、「棄教」を否定しない作品への思いには複雑かつ微妙なものがあるということだ。

（４）日本の教会の姿勢――池長大司教の発言

では、日本のカトリック教会は、その後も、総じて遠藤に冷たかったかといえば、実はそうではなかった。むしろ、日本のトップの司教の中には、遠藤と同様の発想に立って国際的に発言した人すらいる。

カトリック教会は、シノドス（世界代表司教会議）を頻繁に行っているところ、一九九八年にはローマにアジアの司教たちを招集して「アジア・シノドス」を開催し、アジアへの宣教につき討議せしめた。そこで、大阪の池長大司教（1937―）は以下のように主張し、多くの参加者を驚かせた。

「キリスト教は…天国と地獄…二つの世界を対立させます。…（このため）欧米人（のキリスト教）には「父性的」特徴が勝ち、…東アジアの人々には「母性的」特徴が目立つ…父性は区別し…包み込みます。…神学にも…宣教の言葉にも、このような母性的な表現がもっとなされれば、キリスト教はアジアの人々になじみやすいものとなり、もっと受け入れやすくなると思います。」

まさに、遠藤の主張と同根であった。しかし、それゆえ、この池長の主張にバチカン保守主流派が反応することはなく、これを「黙殺」した。『沈黙』や池長の主張がバチカン主流派において「黙殺」されたことは、日本においてキリスト教の布教がはかばかしく進まないという事実、「器」と「器」の間の溝が埋まらないことと表裏の関係にある。しかし、遠藤は、『沈黙』が「黙殺」されたことで挫けるような人ではなく、その後も自身が経験した日本人的感性とカトリック信仰の矛盾を抉り出すことに情熱を持ち続け、諸作品を生み出した。まさに、彼のライフワークとなったのである。

（5）　フランシスコ法王にみる遠藤的発想

これまで、バチカン保守主流派を中心とするカトリック教会は「父性性」が際立っていると述べてきた。しかし、どうやら、近年、変化の兆しがあるようだ。それは、ローマ法王フランシスコの登場（二〇一三年）によるところが大きい。彼は初の中南米出身の法王として注目を集めたが、二〇一四年のシノドスで、それまでバチカン保守主流派の間でタブーとされていたものを敢えて取り上げたことで「新たな時代」を感じさせた。

すなわち、このシノドスでフランシスコ法王は、離婚や同性婚などに焦点を当て、自身は同性愛者を裁く立場にはないとした。また、二〇一四年九月には、教会では罪とされている婚前の同居生活を送っている者、離婚歴がある者などの結婚式をバチカンで主宰した。この法王の言動は、従来カトリックの姿勢——すなわち、離婚して再婚した信者に対して聖体拝領を認めず、同性愛者に否定的な立場を取り、同性愛の性的な行為を「本質的な障害」と呼び、貞操を守って生きるよう求める——から、半歩踏み出した感があった。それだけに、保守派の法王への反発は強く、バチカン内では、保守主流派と、法王を含む改革派が対立している。という次第で、法王周辺からは変化の兆し、「開かれた教会」を目指している様子が伺える。

上述のように、法王の言動からは、父性性漲る従前のカトリック教会の姿勢から半歩離れ、教会に母性的な性向を加味しようとの思惑が感じられる。「弱い者」を愛し、助けよ、そうすることで、カトリックはより強靭になる、というフランシスコ法王の言動は、『沈黙』で遠藤が伝えようとしていたことと重なる。その意味で、遠藤はフランシスコ法王の先取りをしていた、ということが出来る。

（6）「洋服」でなく「着物」を

以上をまとめる。遠藤という作家は、「西洋のキリスト教」なるものに、ある種の違和感を持っていた。すなわち、遠藤は、日本人がキリスト教徒になることは、ダブダブの（西洋の）洋服を着せられたように着苦しい、それを体に合うように仕立て直すことが自分の生涯の課題である旨、しばしば述べていた。という次第で、遠藤は、『沈黙』を通じて、「西洋のキリスト教」を日本人風に「仕立て直そう」と試みたのではないか。『沈黙』に母性的なものを注入したのは、それ故のことと思われる。まさに、我々は、遠藤（の作品）を通じ、「東西の壁」を感じさせられる。つまり、遠藤自身、東と西の双方に精通した「あいだ人間」として東西の矛盾に悩み続けたのであり、遠藤はそうした矛盾を抉り出すことをテーマとしたという意味で、矛盾の体現者であった。

そうした「矛盾」を感じさせるものとして、最後に、『沈黙』におけるフェレイラの語りを挙げておく。

「この国は沼地だ。……この国は考えていたより、もっと怖ろしい沼地だった。どんな苗もその沼地に植えなければ、根が腐りはじめる。……我々はこの沼地に基督教という苗を植えてしまった。」(pp.231)

さらにフェレイラは、和服の裾をはだけさせながら語り続ける。

「この国の者たちがあの頃信じたものは我々の神ではない。彼等の神々だった。……日本人が基督教徒になったと思いこんでいた。……デウスと大日と混同した日本人はその時から我々の神を彼等流に屈折させ変化させ、そして別のものを作りあげはじめたのだ」(pp.232-233)

ロドリゴは、先輩であるフェレイラの口からこの様な言葉が出たということに、かつてない程の絶望感と失望感を覚える。しかしこのフェレイラの言葉は、布教活動二〇年という歳月の中で、彼が体験し、痛感したものの集大成であり、そこには、東西の「器」同士が、吸着しようとしたものの、衝突することにより、ギシギシと音を立て、結果、反発し、離反したということを如実に表している。

更にいうならば、遠藤は『沈黙』の姉妹版といわれている『黄金の国』（一九六九年）の中で、上記のフェレイラの発言と重なるものを、幕府の人間で切支丹を取り締まる立場にある井上筑後守にいわせている。幕府側と教会側の双方に、同じ認識（いわゆる「日本沼地論」）を語らしめたということは、この見方に遠藤がこだわりを持っていたことを物語るものであり、遠藤が体現していた矛盾を投影するものと解せられる。まさに、「洋服」ではなく「着物」を求めていた遠藤の思いの「裏返し」である。

三 グレアム・グリーンの作品にみる「東西文明の壁」

（1） カトリックにおける「罪の意識」

次いで、「罪の意識」に関わる「東西の溝」に触れる。まずグレアム・グリーンについて考えていきたい。『沈黙』において、ロドリゴは、食に恵まれたときには神に感謝の言葉を述べ、奉行所の追跡や拷問の場面では、「なぜ沈黙をし続けるのか」と神に問い、神を責める。ロドリゴは、常に神と「一対一の関係」に立っていた。

グレアム・グリーンの『情事の終わり』（一九七五年）も同様である。主人公ベンドリックスは既婚者のセアラと姦淫関係にある。ところが、彼らは密会の最中、ドイツ軍による爆撃に遭い、ベンドリックスは生死の境をさまよう。するとセアラは、「ベンドリックスを助けてくれれば姦淫関係を断つ」と神に誓う。瀕死のベンドリックスが何とか命を保つことになったところ、彼女は神への誓いを守るべく、彼との関係を決然と一掃。自分は既に神を捨てたはずだと幾度も自問するが、気が付いてみたら、神の介入を感じさせられるような事態が次々と展開された。彼女は最終的に結核で命を落とすことになるが、その最期をカトリック信者として迎える。

作品の後半部分で、セアラは頻繁に神に話しかけるようになるが、ここで肝腎なことは、彼女の罪悪感は、夫やベンドリックスに対してではなく、あくまで「神」に対するものであり、「神」に直接向けられているということである。この点は、まさに、カトリック文学の核心中の核心といえるが、他方、日本人にはおよそ馴染めないところだ。

（2） 日本における「罪の意識」

そこで、次に、日本人の持つ「罪の意識」を示すものとして、ねじめ正一に焦点を当てる。作品は、『荒地の恋』（二〇一五年）。

『荒地の恋』の主人公、北沢太郎は冴えない新聞記者（実在した「荒地派」の詩人・北村太郎がモデル）だ。親友に三田村貴一（戦後最大のダンディズム詩人、田村隆一がモデル）がいる。北沢は親友である三田村の妻・明子と親密になり、家庭を捨て、貧困に苦しむ。さらに、若い看護師である阿子を愛し、老境の入り口で病死する。しかし北沢は、明子や阿子との関係を通じ、自己の存在の意味、詩人の本分に目覚め、言葉の息吹きを取り戻し、詩人として大成する、という話だ。

『情事の終わり』のセアラの罪意識が神に向けられていたのと対照的に、北沢の罪意識は、あくまで周囲の人々、とりわけ、娘の優有子へと向けられる。明子と住むために家出をし、結果として優有子を見棄てることになるが、このことに背徳感を覚え、仕事中の娘を呼び出し、別れを告げる……。ということで、北沢の罪の対象は、あくまで家族、地上界の人間である。

（3）二作品の比較

これら二つの作品を比較すると、東西間には「深い溝」があることが分かる。つまり、「罪の意識」の対象を神とし、神に毒づくという行為を、キリスト教的な神を持たない日本人が、真に理解、否、実感出来るだろうか。この「罪の意識」の違いに注目する人は、日本では少ない。しかしこの点に着目しなければ、グリーンの作品は、ただの姦淫小説になりかねない。ここに「東西の壁」を垣間見ることができる。

因みに、グリーンの作品の登場人物（やグリーン自身）は、信仰という観点からは、決して模範的な信徒とはいえない、むしろ、かなり問題を抱えた人達であった。しかし、「駄目人間」でありながら、常に神を意識した主人公を設定することで、グリーンは、作品を通じ、信仰の本質をより鋭く抉ることに成功した。つまり、「駄目人間」を介することで、深いところ（模範的信徒には見えないもの）に達することが出来たという逆説に、グリーンの文学的成功の鍵があった訳である（遠藤も、「普通の西洋人」には見えないものを見ることが出来たという意味で、「グリーン的」なところがある）。

まとめ

本稿では、遠藤、グリーン、ねじめの作品を介して、二つの「器」の接触の態様を眺めて来た。

まず遠藤の作品であるが、遠藤は、東の「器」を飛び出し、キリスト教と言う西の「器」に飛び込んでしまった人間である。中に飛び込んで、はじめて、「居心地」の悪さを感じ、それ故に、その「器」の中で、色々もがき、暴れた（それらのために、「器」をひん曲げ、歪めてしまった）。そのもがき、もだえが、彼の作品に繋がったといえる。

ただ、日本人の多くは、彼はクリスチャンだと言うことで、「特別視」する。他方、西洋の伝統派は、遠藤の言っていることは汎神論だといって、これまた仲間とは見てはくれない。つまり、「東」も「西」も、彼を疎外する。どちらにも真の居場所がないということで、この疎外感、矛盾こそが、遠藤文学の出発点であった。

そこで、稲賀班の問題意識に沿って厳密に整理すると、もう一つの側面が見えてくる。上記で「あいだ人間」という表現を用いたが、遠藤は東と西という二つの「器」の衝突の狭間で悩んだというよりは、「西に取り込まれた」上で悩んだというのが、より正鵠を得た位置づけだといえる。いずれにせよ、彼がこの「器」から飛び出る　ことは考えなかった。

次にグリーンであるが、常に神を意識し、神に許しを乞う彼のメンタリティーの深刻性は、西という「器」の中にいる人でないと分からない（遠藤がグリーンにシンパシーを感じたのは、遠藤は西の「器」の中にいたからである）。東の「器」の中にいる普通の日本人には、グリーンの罪の意識は実感できない。それにも関わらず、現在の日本でグリーン文学が評価されているのは何故か？いささか不思議である。

同様に、神を意識せず、周囲の人間にしか罪の意識を持たないねじめ文学の主人公（東という「器」の中にいる）に対し、西洋の「器」の中にいる伝統派（敬虔な信徒）は、神に赦しを乞うことのない異邦人として、違和感を覚える。

要するに、グリーン、ねじめ文学とも、別の「器」にいる人から見ると、よく分からず、関心の枠外である。この点に関しては、本論の三（1）、（2）で述べてきた。

問題はその先である。「キリスト教離れ」が進み、「神を棚上げした」今日の西欧人には、「神を意識しない」ねじめ文学の主人公は、もはや、違和感の対象ではなくなった。「異邦人性」は低下したといえる。むしろ、情交における脱線と、そこから発生した爆発が、文学の創作活動をも向上させるという「荒地の恋」の実存主義的主題は、今日の西欧人も共感を覚えるテーマなのである。その意味で、「神」の退位に伴い、東の「器」と西の「器」は、衝突を起こすどころか、逆に、「一体化、融合（fusion）」の方向にある。

【注】

（１）この作品の原題は『日向の匂い』である。

（２）もっとも、背教者に厳しいのは、カトリックだけでない。特に、イスラムが極めて厳しい対応を示すことは、周知の通りである。

【参考文献】

Greene, Graham 1975: *The End of the Affair*, Penguin Books.

相原雅子 二〇〇四「カトリック小説と姦淫の罪」田村一男・福田耕介編『文学とキリスト教』、青踏社、pp.185-216。

相原雅子 二〇〇三「『力と栄光』における主任警部の変説」『SELLA 第32号』所収、白百合女子大学英語英文学会、pp.-161-170。

遠藤周作 二〇〇〇「合わない洋服」『遠藤周作文学全集vol.12』所収、新潮社、pp.394-395。

遠藤周作、他 一九七三「『黄金の国』」『現代日本キリスト教文学全集２「日本への土着」』所収、教文館、pp.5-90。

遠藤周作 二〇〇八『沈黙』新潮社。

佐藤泰正「闘う作家遠藤周作をめぐって」『遠藤周作研究第五号』所収、遠藤周作学会、pp.1-16。

ねじめ正一 二〇一五『荒地の恋』文藝春秋。

［コラム］極東と南米の接触界面――移民船による動植物の〈うつし〉

根川幸男

はじめに――〈あいだ〉をつなぐ〈うつわ〉としての移民船

ある国・地域と他の国・地域との〈あいだ〉をつなぎ、人とモノを運んだ移民船をめぐる時空間は、一種の接触界面《コンタクトゾーン》と捉えることができる。周囲を海に囲まれた日本列島の人びとにとって、他の国・地域に行くために船に乗って海を渡ることは、邪馬台国の昔から必然であり、モノや文化の〈うつし〉も船によって行われるのが常であった。

こうした〈あいだ〉をつなぐ〈うつわ〉に動的な機能性を積極的に見出そうとしたのが「海賊史観」であるが（稲賀 二〇一七：309-333）、極東と南米をつないだ日本の移民船に動的な〈うつわ〉としての〈うつし〉の機能を見出すとき、従来の世界史記述の枠組みを再検討するとともに、「東西交易路での物流」という欧米による近代的世界支配体制の確立過程を再考するきっかけとなるのではないだろうか。

小稿では、日本の庶民が集団で体験した史上最長の航海であったブラジル行き移民船(1)を事例に、人やモノ、文化の〈うつし〉について考察する。国際日本文化研究センターデジタルアーカイブ所蔵の『伯剌西爾時報』、同センター所蔵の雑誌『海』を中心にいく点かの史資料を提示しつつ、国と国との〈あいだ〉に生じる〈うつし〉の実態を、移民船という〈うつわ〉の機能に即して取り上げる。具体的には、極東と南米の〈あいだ〉に生まれた動植物の〈うつし〉――接触・移植・交換――と、それにともなう形で現れた文化のポリティクスについて考察したい。

一　ブラジルコーヒーと喫茶店文化

日本のブラジル行き移民船による最初期の動植物移植と考えられるのが、水野龍（1859―1951）によるパウリスタ・コーヒー（サンパウロ州産のコーヒー）の輸入である。水野は、一九〇八年に笠戸丸で第1回ブラジル移民を送出した皇国殖民会社社長で、一九一〇年一〇月にサンパウロ州と日本におけるコーヒー販売促進の契約を結んだ（青柳　一九四一：p.268）。彼は一九一一年には、「南米ブラジル国サンパウロ州政府専属珈琲販売所」と名うち、「カフェーパウリスタ」を開店している。これはコーヒー豆の輸入販売が主であったが、カフェという空間で嗜好品としてのコーヒーを飲みつつ時を過ごすという飲食文化の移植でもあった点から、ブラジル行き移民船による最初期の〈うつし〉の例といえるだろう。

サンパウロ州からカフェーパウリスタへのコーヒー豆の提供はその後一二年間つづき、店舗も一九一一年の大阪箕面店、銀座店から、名古屋、神戸、横須賀などに展開した。こうしたコーヒーを日本に運んだのが、サントスで移民たちを降ろした後、ブエノスアイレスを経て日本に復航した移民船である。戦前のブラジル行き移民船として代表的な大阪商船南米航路の復航主要貨物は、一九二〇年代以降の記録しかないが、一九二一―二四年度は八万一〇〇〇トン、一九二五―二八年度は七万六〇〇〇トン、一九二九―三二年度は七万七〇〇〇トン（この間のみ棉が首位でコーヒーは二位）、一九三三―三六年度は九万七〇〇〇トンと、一九三六年まではコーヒーが貨物のほぼ首位を占めていた（大阪商船三井船舶株式会社、一九六六：339）。

二〇一七年の日本のコーヒー輸入量は四五万八九六一トン（インスタントコーヒーやコーヒーエキスなど含む）（全日本コーヒー協会、二〇一七）。ブラジルからの輸入は一一万七九一二トンで、戦後も首位を保ちつづけている。二〇一六年の日本人一人あたりの一週間のコーヒー平均飲用回数は一一・〇九回（同二〇一六）。移民船からはじまったコーヒーの〈うつし〉はすっかり根付いている。

二　動植物の〈うつし〉

『伯剌西爾時報』二〇九一号（一九四〇年一月二七日）には、次のような動植物の〈うつし〉についての記述がみられる。

薫りも高く〝蘭〟大使―満洲国からブラジルへ

親善に―アナグマ君も一役買つて
　美しい花や珍しい動物を交換してブラジルと満洲国の親善をはかりたいから大いに斡旋方をお願ひしたい―
　と新京動植物園長中俟《マ》光志《マ》氏から申込まれた神戸日伯協会では、とかく各国が角つき合す時代に〝花と動物の国民外交〟は面白い思ひつきなので、在伯邦人もお馴染の原協会主事も大いに乗気となり、即日リオデジヤネーロ国立動植物園宛斡旋の依頼状を発送した。そして第一回分として去る十一月廿九日神戸出帆の大阪商船ぶりすべん丸（五、四二五噸）に託して送つたが、満洲国側の動物代表としてアムール獅子一番二頭およびウスリー鷲木菟一番二羽を特に飼料六ヶ月半分を添へて送り、植物代表としては、先月十七日神戸出帆の世界一周新造船ぶらじる丸で満洲の国花「蘭」数種を送つた（…）（『伯剌西爾時報』二〇九一号、一九四〇年一月二七日）。

新京動植物園は、一九三八年に満洲国首都新京特別市において着工したアジア最大の動植物園であり、動物園と植物園の総合という生態学展示への志向、動物展示における無柵放養式の全面的採用、動物の北方馴化、教育と研究の主導と娯楽の後退、産業への応用など、斬新なテーマを多くもりこんで計画された（犬塚 二〇〇九：15）。ブラジルとの動植物交換を通じた親善を申し出た中俣充志園長は、仙台動物園からの転任で、動物の北方馴化の権威として、戦後札幌市円山動物園、旭川市旭山動物園の園長となる人物である。当時、国際的に批判を浴びていた満洲国とブラジルとの間に国交はなく、日本の交流団体「日伯協会」が媒介し、大阪商船によって輸送することにより実現した。現在の「パンダ外交」などに見られる動植物外交の先駆と言える。

外国にめずらしい動植物を贈るという外交手段は、エジプトの女王クレオパトラがローマのカエサルにキリンを贈った伝説や唐の則天武后が日本の天武天皇に一対の「活体白熊」を送ったとされる故事など洋の東西を問わず古代から存在する。最近では、日豪友好協力基本条約締結四〇周年を記念して、オーストラリアより同国タスマニア島のみに生息するタスマニアデビル二頭が東京都立多摩動物公園に贈られた（外務省、二〇一六年）。

実際にブラジルに贈られたのは、次の続報[2]にあるように、アムール穴熊とウスリーわしみみずくである。

穴熊大使の乗船近づく―満洲国児童の作品も託されて―一路急ぐ〝親善の旅〟

既報―美しい花や珍しい動物を交換して、満洲国とブラジル国との親善を計りたいといふ新京動物園長中俣充志氏からの申出により、神戸日伯協会が大いに乗気となつて斡旋の労をとつた動植物親善使節の第一回分、満洲国側動物代表アムール穴熊（雌雄二頭）およびウスリーわしみみずく（一番）は大阪商船のぶりすべん丸に乗つてブラジルへの旅を急いでゐ《ママ》が、同船はぶらじる丸と前後してリオ入港の予定である。尚右動物代表が新京を出発する日は満洲国の児童達が盛大に見送り、図画作文などを沢山あなぐま君とみゝずく君にことづけ満伯親善につとめる処あつた（『伯剌西爾時報』二一〇五号、一九四〇年二月一四日）。

こうした動植物の交換に付随して、「右動物代表が新京を出発する日は満洲国の児童達が盛大に見送り、図画作文などを沢山あなぐま君とみゝずく君にことづけ満伯親善につとめる処」（同二一〇五号、一九四〇年二月一四日）とあるように、動植物園の内容充実とともに、ブラジルでの満洲児童の図画作文展示という「満伯親善」を目的としており、ブラジルの関心を買おうとする態度が瞥見される。そして、こうした動植物を輸送するのに、大阪商船のぶらじる丸やぶりすべん丸が使用されたことは注目される。移民船が、国交のなかった満洲国とブラジルの〈あいだ〉をつなぐ、〈うつし〉ための〈うつわ〉として機能した例である。

伯剌西爾時報
穴熊大使の乗船近づく
満洲國兒童の作品も托されて
一路急ぐ〝親善の旅〟
無惨！
親子三人が轢
アッ!! 一瞬「魔の電車」
混雑中のフェー

写真１　アムール穴熊とウスリーわしみみずくの「親善の旅」を伝える現地邦字新聞（『伯剌西爾時報』2105号、1940年２月14日）

三　日本の桜と水泳使節、リオデジャネイロへ

植物の〈うつし〉で特筆されるのは、やはり日本の象徴である桜の移植である。動植物大使と同じ時期、次のように首都リオデジャネイロ市に桜の苗木や「庭園樹二十余種」が寄贈された。

日伯結ぶ並木道―近くリオ市に出現

尚右の「花の動物使節」のほかに日本政府から伯国政府に贈られる庭園樹二十余種がぶらじる丸で送られて来る。伯国政府ではリオ市チジユカの大通りに之を植え永く日本の友情を顕すことになつてゐる（『伯剌西爾時報』二〇九一号、一九四〇年一月二七日）。

なお、この桜の苗木寄贈に対し、リオデジャネイロ市からは、エンリッケ・ドッドゥールス市長より大阪商船社長で貴族院議員村田省蔵宛感謝状とともに、東京府と大阪市へそれぞれ「ブラジルの名木二十種三百十本の苗木」が寄贈されている（『海』一〇六号、一九四〇年七月：36）。

こうした日本、満洲、ブラジルの〈あいだ〉をつなぐ動植物外交（動植物の〈うつし〉）は、当時国際社会で孤立を深めていた日本と満洲国の南米でのプレゼンス拡大を担う、三角交易的な相互利益を期待していたと考えられる。また、その背景には、日本の大陸侵攻と満洲国成立とも連動する、ブラジルにおける一九三四年の「外国移民二分制限法」による受入れ移民数制限があった[3]。

この「外国移民二分制限法」の成立に対し、日本では日伯間に学術、芸術、宗教、経済、スポーツ等を通じた民間外交が乏しかったという反省がなされ、日伯両国の親善増進と貿易促進を目的に、一九三五年（昭和一〇）五月から六月にかけて日本商工会議所によりブラジル訪問経済使節団（団長は平生釟三郎、海外移住組合連合会理事長）が派遣された。移民数は制限されたが、この経済使節団の訪問によって日系移民の栽培・生産した綿花を買付・輸入する道が開かれ、一九三六年以降、太平洋戦争勃発まで対日綿花輸出が急増した（国立国会図書館 二〇〇九）。一九三七年以降、大阪商船南米航路の復航主要貨物は、このブラジル綿が首位となる。上記の動植物の〈うつし〉は、この経済使節団に続く一連の平和外交というポリティクスの流れのなかで考えねばならない。

一九三五年からの日本とブラジルの平和外交の流れを確認しておこう。

・一九三五年二月：斎藤魏洋ら水泳使節派遣
・一九三五年四月〜：ブラジル訪問経済使節団派遣とサンパウロ州棉輸入拡大
・一九三五年九月：国際文化振興会の文化使節（堀口久萬一ら）派遣
・一九三六年：リオデジャネイロに伯国日本文化協会設立
・一九三六年四月：日本ブラジル間に国際無線電話開通
・一九三六年九月〜：前労働商工大臣サウガード・フィーリョらブラジル経済使節団訪日
・一九三八年七月：海軍少将山本信次郎カトリック国民使節として訪問
・一九三九年六月：伯国日本文化協会の招聘で東京帝国大学教授法学博士田中耕太郎来伯、日本文化について講演
・一九三九年一〇月：国産飛行機「ニッポン号」世界一周途上リオ、サントス、ナタール訪問
・一九四〇年二月：ぶらじる丸による文化芸術スポーツ使節派遣

CHEGA HOJE A SANTOS O MODERNO TRANS-ATLANTICO "BRASIL MARÚ"

Commemorando a viagem inaugural, do luxuoso paquete japonês, a Osaka Syosen Kaisya organizou interessante programma de festejos — Banquete ao dr. Adhemar de Barros e a outras altas autoridades do Estado — Detalhes technicos do moderno "linner" nipponico

O MODERNO E LUXUOSO PAQUETE "BRASIL MARÚ"

写真２　ぶらじる丸のサントス入航を伝える現地新聞記事（*A Tribuna*, 24 de fevereiro de 1940）

ブラジルに来た多くの日本の移民船のなかでも、一九四〇年二月到着の新造移民船ぶらじる丸の処女航海はとりわけ注目を受けた。ピアニスト井上園子や斎藤魏洋監督（一九二四年パリオリンピックで一〇〇m背泳ぎ第六位）に率いられたベルリンオリンピック水泳金メダ

リストの葉室鐵夫（二〇〇m平泳ぎ）、遊佐正憲（八〇〇mリレー）らが乗船したぶらじる丸は、とびぬけた豪華さと処女航海時の文化芸術スポーツ使節としての位置づけゆえに、ブラジル側でも大きな話題となっていた。

一九四〇年九月二三日には、リオデジャネイロにおいて「文化的協力に関する日本国「ブラジル」国間条約」に署名がなされている（一九四一年一月一日批准）。なお、サンパウロ総領事館から東郷外務大臣に向けてカルロス・ゴメス作曲の歌劇「ガラニー」の台本（？）送付に関わる電文が残されており、「日伯文化協定記念公演ニ必要ナル」と記されていることから、こうした文化外交の努力が太平洋戦争開戦直前まで続けられていたことが知られる。[4]

まとめにかえて──移民船で交差する日本・満洲国・ブラジル

述べてきたように、移民船をめぐる時空間は、一種の接触界面《コンタクトゾーン》と捉えることができる。そして、それは、国家と国家の〈あいだ〉にせめぎあうポリティクスの表現の場ともなる。日本・満洲国・ブラジルの〈あいだ〉をつなぐ動植物の〈うつし〉には、次のような三者の思惑がからみあっていたと想像される。

・日本／日伯協会／外務省：ブラジルへの移民数減少による新事業開拓とブラジルとの動植物および文化外交によるブラジルでのプレゼンス拡大

・満洲国／新京動植物園：ブラジルへの動植物贈与（ブラジルからの動植物の受入れを期待しての）による、国交のない国での認知と友好の先鋒（園の充実の期待）

・ブラジル／リオデジャネイロ動物園：極東アジアのめずらしい動植物の受入れによる園の充実と国交のない国との友好促進

日本と満洲国が国際社会での孤立を深めるなかで、日伯協会／外務省を通じたブラジルと満洲国間の交易拡大、資源確保の思惑もなかったとはいえない。しかし、こうしたポリティクスのなかにありながら、あるいはこうしたポリティクスがあったからこそ、経済効果優先の移民船の活動において、日本・満洲国（極東）とブラジル（南米）の〈あいだ〉に、人・モノ（動植物を含む）・文化の〈うつし〉が行われたことは注目に値する。

【注】

(1) 移民船、特に日本からブラジルに渡った移民船は、日本人移民船客にとっても、受け入れる側のブラジル人にとっても一種の「学習メディア」であった。すなわち、日本人移民船客は移民船の船内生活で西洋式生活様式、航海によって世界の各都市を実見聞する。また、日系人もふくめたブラジル人は、日本の移民船とその船客たちを見ることによって、「日本」を学習し了解するのである（根川　二〇一六）。

(2) 二種の動物については、次のように付記されている。「アムールあなぐま（学名メレス・アムレンシス・シユーレンク）は黒竜江付近山林中に多く棲み、人家近くに出ぽつし深い穴を穿つて穴居生活を営み、夜行性で昼は穴に潜み夜間食を求めて彷徨する。毛皮は防寒用、肉は食用に供せられる。ウスリーわしみゝずく（学名ブボ・ブボ・ワスリエンシス・ボルジヤコフ）はウスリー、アムール、スンガリー河流地方に棲み、昼間は樹木の洞穴内に棲み、昼間活動する食肉性の猛禽である」（『伯剌西爾時報』二一〇五号、一九四〇年二月一四日）。

(3) ブラジルにおける一九三四年の「外国移民二分制限法」による受入れ移民数制限と日本の大陸侵攻、満洲国成立との連動については、根川（二〇一三）参照。

(4) 外務省記録「文学、美術及演劇関係雑件／演劇関係37　日伯文化協定記念公演ニ必要ナル歌劇「ガラニー」」に「(37) 秘 分類Ⅰ1、9、0、1―3 総番号四六一四八 符号 略 昭和十六年十二月三日後八時四十分発 在聖市原総領事 東郷外務大臣 歌劇「ガラニー」送付ノ件 第一一七号 来年四月行フ予定ノ日伯文化協定記念公演ニ必要ナルニ付「カルロス、ゴメス」作曲ノ歌劇「ガラニー」ノ「パテイトア」ノ「オーケストレイシヨン」ノ本（貴地「リコルデイ」音楽書店発行）大至急飛行便ニテ龍田丸ニ託シ本省へ送付セラレタク準備ノ都合モアルニ付何分ノ儀回電アリタシ」（JACAR（アジア歴史資料センター）：Ref. B（外務省外交史料館）04012350800〈https://www.jacar.archives.go.jp/aj/meta/MetSearch.cgi〉とある（access: 9/17/2018）。

【参考文献】

青柳郁太郎編：一九四一．『ブラジルに於ける日本人発展史・上巻』ブラジルに於ける日本人発展史刊行委員会〔石川友紀監修（一九九九）『日系移民資料集南米編29巻』日本図書センターに再録〕
稲賀繁美：二〇一七．「海賊史観からみた世界交易史・試論」『海賊史観からみた世界史の再構築―交易と情報流

通の現在を問い直す』思文閣出版：309-333
犬塚康博．二〇〇九．「新京動植物園考」『千葉大学人文社会科学研究』第18号：15-25
大阪商船三井船舶株式会社編．一九六六．「大阪商船南米航路主要貨物の変遷」『大阪商船八十年史』大阪商船三井船舶
外務省．二〇一六．六．一三．「都立多摩動物公園におけるタスマニアデビルの披露式典」〈https://www.mofa.go.jp/mofaj/a_o/ocn/au/page23_001521.html〉（access: 9/17/2018）
JACAR（アジア歴史資料センター）：Ref. B（外務省外交史料館）04012350800「文学、美術及演劇関係雑件／演劇関係 37．日伯文化協定記念公演ニ必要ナル歌劇「ガラニー」」〈https://www.jacar.archives.go.jp/aj/meta/MetSearch.cgi〉（access: 9/17/2018）
国立国会図書館．二〇〇九．「第5章 ナショナリズムの昂揚と日本人移民の排斥（1）―二分制限法の成立と日本移民排斥への動き」「ブラジル移民の100年」〈http://www.ndl.go.jp/brasil/s5/s5_1.html〉（access: 9/17/2018）
全日本コーヒー協会．二〇一七．「コーヒー生豆輸入量上位24ヶ国」〈http://coffee.ajca.or.jp/wp-content/uploads/2018/03/data02b_2_20180322.pdf〉（access: 9/17/2018）
全日本コーヒー協会．二〇一六．「日本のコーヒーの飲用状況」〈http://coffee.ajca.or.jp/wp-content/uploads/2017/06/data04_2017-06b.pdf〉（access: 9/17/2018）
根川幸男．二〇一三．「第二次世界大戦前後の南米各国日系人の動向―ブラジルの事例を中心に」『立命館言語文化研究』25-1：137-151
根川幸男．二〇一六．「移民船のメディア／メディアとしての移民船」河原典史・日比義高編著『メディア―移民をつなぐ、移民がつなぐ』クロスカルチャー出版：245-272

［コラム］　近代日本における鏡の普及と身体意識の変容

――大正期の洋間と「文明ノ程度」

戸矢理衣奈

近代女性史を考える際、明治末の青鞜社に象徴される一部の先端的な女性たちが、そして大正末の洋装で街を闊歩するモダンガールが思い浮かぶだろう。この変化は往々にして「点」から「線」あるいは「面」への展開と評されるが、女性の身体観や自己認識の変容の歴史を考えた場合、両者の「あいだ」となる大正期は改めてその抜本的な転換点として注目されよう。個人主義をはじめとした思潮の展開や急激な都市化がその背景として容易に想起されようが、果たしてそれは身体意識にまで変容を及ぼし得るものだろうか。同時に日常性の構造に変化をもたらす、より抜本的な変化が起こっていたのではないか。それは何だろうか。

フェルナン・ブローデルは「生活の中でわれわれはそれに操られているのに、われわれはそれを知ることすらないもの」として、習慣の重要性を強調するが（ブローデル、二〇〇九：15）、そのひとつとして、鏡との対峙が挙げられよう[1]。現在、我々は日々、平面ガラス鏡に接し、ほぼ正確だと思われる自己像を見ている。鏡像は見慣れたもので、それに驚くこともない。しかしこんな「日常」はごく最近のことだ。平面ガラス鏡の前提となる精度の高い板ガラスの国産化が実現したのはほぼ一世紀前、一九〇九年のことに過ぎない。それ以前には日本人は小さく、往々にして歪んだり曇りがちな質の悪い鏡で姿を眺めていたのである。

改めて、本書のテーマである「うつわとうつし」に即して考えるならば、身体と精神は往々にして主客二元的に、すなわち「うつわ」としての身体と、そこに宿る「うつし」としての精神として捉えられよう。そして主観と客観を繋ぐ、「接触界面」としての役割を鏡が果たしている。しかし、その精度やあり方は、現在と同じではないのである。

よく知られている通り、ラカンは人が幼児期に鏡を見て自己を客体化し、認識する段階を「鏡像段階」とする。しかしながらその鏡が長らく、現在ほど正確に対象を反映するものではなかったのである。歴史的に考えれば、自らの姿をほぼ正確に客観的に認識し、自我を確立していくいわば「歴史的鏡像段階」ともいえる時期が存在したと思われる。それが近代日本ではほぼ明治末から大正期と重なっているのではないだろうか。

本稿ではまず明治の鏡を概観したあと、明治末から大正にかけての平面ガラス鏡の普及と、その背景で開明的な実業家や知識人層が掲げた、「一等国」に相応しい洋式住居を前提とした西洋式のライフスタイル推進の活動に注目する。そのうえで特に顕著であった女性の身体意識の変容について、鏡との関係に注目して検討していきたい。

一　明治の鏡

平面ガラス鏡が普及するまで、日本では長きにわたり暗くて曇りやすい金属鏡が用いられてきた。江戸時代にもガラス鏡は存在したものの、歪みが大きく安価な「ビイドロ鏡」だ（久下　一九七〇：298）。正確な統計は得られないが、開港とともに高価だが比較的精度の高い平面ガラス鏡や、その原料となる板ガラスが輸入されはじめた。普及品にはなお歪みも多かったが、急速に普及し、金属鏡を駆逐していく。その様子は当時の新聞記事等からも伺うことができる。金属鏡はすぐに曇る為、古くから鏡磨きを専門とした鏡磨師がいたが、明治初期には彼等の窮状が相次いで報じられている[2]。一八八五年一〇月の東京商工会調査「東京府下工業概況」によると、従来の鏡製作者はほぼ廃業したという（菊池　一九七九）。もっとも鏡やガラス自体がなお珍しく、宣伝のため店舗に色ガラスを用いる飲食店などもあった。

明治新政府でも早くから板ガラスの国産化の努力が続けられた。西洋式の生活の前提となる洋式建築に板ガラスは不可欠なのだ。早くも岩倉視察団がベルギーの硝子工場を見学し、一八七六年には官営品川硝子工場が開業するが、国産化への道程は長かった。

実際に明治期の中流家庭の住宅は、なお日本家屋だ。外部とは雨戸と障子で仕切られ、内部は障子やふすまで仕切られるのみの開放性が高いつくりである。板ガラスが用いられた西洋館はなお官公庁や皇族・華族などの邸宅に限られていた。

金属鏡とガラス鏡が併存する明治中期の和式住宅の室内を、長谷川時雨（1879—1941）が「暗い鏡」と題して詳細に描いている（長谷川『桃』中央公論社、一九三九、96-97。初出『婦人公論』一九二九）。

「鏡といへば、子供のころ家に新舊二様の鏡があつて、どれを見ても心を暗くしたのを覺えてゐます。八十八の祖母は舊式でしたから簞笥のある部屋へ障子屛風をたてめぐらしてその中に鏡臺が飾つてあつて、鏡は丸い鋼《かね》の鏡――夏になるとよく磨師《とぎし》に磨かせてゐましたが、とにかく黒ずんだ、沈んだ顔が鏡の底の底の方に生氣なくうつるのでした。（中略）どうもあの銅《かね》の鏡は髪の色でもなんでも生々《いきいき》としたところがうつらないで陰氣です。そのかはりにまた、そのころの西洋鏡――硝子のときたらば粗製品で、どれにうつして見ても顔が違つてゐるのです。顔が半分歪んでゐたり、しやくれて見えたり、滑稽な泣きつ面をしたり、ほんとに嫌になつてしまふのが多かつたので、そんなものは見たくないやうな氣がして――子供だからそれほど分明《はつきり》不快《いや》だとは思はなかつたかもしれないが、まあそんな覺えがあります」。

一読した限りでも質の悪い鏡はもとより、おかれた部屋の雰囲気までもがなんとも暗い。女性の化粧や装い自体が隠れて行うべき行為なのだ。こうした描写は例外ではなく、鏡は和式住居では日当たりの悪い奥の一室に道具としておかれるのが常だった。

明治の鏡と言えば夏目漱石（1867—1916）だがその女性と鏡の描写も同様だ。「薄暗い部屋の中で、御米はたった一人寒そうに、鏡台の前に坐っていた」（『門』一九一〇）などと、時雨の描写と共通する暗さが漂う。漱石はその鏡像をめぐる描写の数々から往々にして自意識過剰傾向が論じられるが、彼の生涯が、明治という平面ガラス鏡普及の過渡期と重なったことも大きいだろう。(3) 頻繁な描写からは、品質もさまざまであった明治の鏡のあり方を垣間見ることもできる。

例えば『吾輩は猫である』（一九〇六）では、「苦沙弥先生」が鏡を覗き込んで持論を展開する場面が知られるが、それは「一張羅の鏡」だという。普段は風呂場にある、家に一枚だけの貴重な手鏡を、書斎に持ち出して、矯めつ眇めつ覗き込んでいる。自分の顔はまだそれほどに見慣れない、好奇心の対象なのである。

『草枕』（一九〇六）の主人公は髪結床で歪んだ鏡に直面し、おおいに気分を害している。「写るわが顔の美術的ならぬはまず我慢するとしても」鏡の構造や色合い、「銀紙の剝げ落ちて、光線が通り抜ける模様」など、鏡自体が「醜体を極めている」と怒り心頭だ。さらに、この鏡を「小人」に譬え、「小人の面前に起臥しなければならぬとすれば、誰しも不愉快だろう」と憤る。

　もちろん、こうした憤りを感じていたのは漱石だけではなく、質の悪い鏡の描写は明治の文献には頻繁に見られる。明治初期に刊行された文章読本『今体文章自在・下巻』（鈴木、一八七八）にも「鏡中ニ遠近アリ」、「凹鏡ニ対シテ自ラ其ノ形ニ愕ク」、「硝子鏡ハ映シテ正カラズ」などと記載されている。鏡中ニ遠近アリ、とは鏡面に凸凹があるためだ（よく映る鏡は「明鏡」である）。すでに述べたとおり、従来の金属鏡も曇りやすく、よく磨かない限り暗かった。それは昭憲皇太后（1849—1914）の御歌からも伺われる。

「みがかずば玉も鏡も何かせむまなびの道もかくこそありけれ」
「朝ごとにむかふ鏡のくもりなくあらまほしきは心なりけり」

　皇太后も鏡を前に不愉快な思いされたことがあるのかもしれない。

　そして漱石と言えば、ロンドンで思いがけず接した全身の鏡像に「妙な顔色をした一寸法師」と衝撃を受けるエピソードだろう。しかし、初めて見る全身像への戸惑いは当時の人々に共通するものだ。

　新聞記者の篠田鉱造（1871—1965）は『明治百話』で「当世松山鏡」として次の話を紹介している。横浜の商館のボーイの妻が、夫のかわりに商館に出向いたところ、亡くなった母が箒を持って立っていた。大声を上げた彼女に館主はそれは英国から届いた大鏡（縦五尺、幅三尺五寸）で、母に似た御身が映ったので幽霊ではないよ、と諭し、やっと納得させたという（篠田、一九三一、一九九六：74-75）[4]。同様に、ペリー来航で知られる浦賀の『久里浜村誌』（久里浜青年会、一九一七：12）には、アメリカ船を廻覧した者が、大きな鏡に衝突しかけてはじめて自身だと悟ったという話が紹介されている。「當時我国にては皆銅錫鏡にて、其大なるものも径一尺五寸之を所持するものも指を屈する程なり」として、昔日の感があると記される。一八八四年に北白川宮がイギリスから「大鏡（長二間幅五尺）」を購入した際には新聞で報じられたほどだ（「読売新聞」一八八四年八月一三日）。板ガラス自体も珍しかった。明治天皇の初期の侍従が天皇を宮中で先導した際に「いきなりそこにあった透明な四角なモノ」すなわちガラス戸に衝突して御前で「ブチ割る」という失策をおかしたという（木村　一九九三：226）。

こうしたエピソードからは、金属鏡も含め、日本では明治初期に至る迄、大型鏡に親しむ機会がなかったことが明白だろう。そしてこうした「未知との遭遇」は洋式の空間での出来事なのだ。日本人の驚きとは逆に、当時、日本を訪れた外国人は、日本の家屋には家具がない、と驚いている（小泉　二〇〇五）。

現代のエッセイストも、フランスでは宮殿のいたるところに鏡があるのに、日本では名城の「どこをさがしても大型の鏡はない」と訝しがる（吉村　二〇〇六：92）。鏡を含めて家具や室内装飾がきわめて少ない。これが伝統的な和式住宅の、洋式住宅に対する特徴なのだ。

ちなみにヨーロッパで鏡は姿見としての機能のみならず中・上流階級ではインテリアとして機能していた。一四世紀にヴェネツィアで平面ガラス鏡が開発されると貴族の間で珍重され、絶対王政下には「鏡の間」に代表されるように権勢の象徴として宮殿を飾った。時代と共に贅沢品ではあるものの中・上流階級の家庭にも広がり、室内の炉棚の上が定位置となる。豪華な鏡枠とともに、照明効果を高めるため鏡枠に燭台がついているものも少なくない。もちろん一概には述べられないものの、少なくとも歴史的に西洋の上流階級の人々は鏡のある空間、そして自己像に日本人よりもずっと慣れていた。日本では金属鏡があったとはいえ、錆びや曇りを防ぐ目的もあり基本的に鏡箱で保管されたり、覆いがかけられていた。大きさも限られ、突然に鏡像を目にすることなどまずなかったのだ。こうした空間における鏡の在り方や「歴史的鏡像段階」の相違は、人々の身体意識、自己認識の形成とも関わり、国民性あるいは文化の相違の一端をもなしているものと思われる。

二　「文明ノ程度」という問題

「座式」から「立位」への転換は「風俗全般にかけて、日本に革命をもたらした」（木村　一九九三）。

画家の木村荘八（1893―1958）はこのように述べている。そして日本での洋式住宅が普及する画期として、洋式住宅の展示場「文化村」が登場した平和記念東京博覧会（一九二二年）や、同潤会アパートメントが建てられた大正末から昭和初期が挙げられよう。

しかしその端者をなしたのは日露戦争後の「一等国」意識の高まりだ。いまや「文明ノ程度」が問題だとして、洋行を経験した知識人や実情家達は、国民の日常生活の水準の相違を懸念した。そして西洋住宅の導入を深刻に議論しはじめたのである（戸矢 二〇二二）。

欧米諸国との「日常坐臥」の相違は文明論の視点からも問題視されていく。[5] 公的には洋式、私的には和式という「二重生活」による文化的混乱への懸念も広がり、個人住宅の改良は辰野金吾が「刻下の喫緊事」（「住宅」一九一六年一〇月号）と評するほどに課題視された。和式住居の弊害については、渋沢栄一や新渡戸稲造までもが論陣を張った。彼らは坐式の生活は動作が怠慢になるため、日本人の「因循な国民性」さらには「貧弱な肉体」の温床だとまで糾弾している。

一九一〇年代を通して、主に洋行を経験した開明的な実業家や建築家、知識人、政治家は最初期の洋式住宅施工会社を興した橋口信助が組織した「住宅改良会」に参画するなど洋式住宅の普及を推進していく。渋沢栄一らによる田園都市開発もすすめられた。

資材の国産化も進み、一九〇九年には岩崎俊彌（1881—1930）が率いる旭硝子が板ガラスの国産化に成功し、一九一四年には輸出も開始される。高品質の板ガラスは平面ガラス鏡の生産も可能にし、ガラス窓とともに鏡のある空間も増加していく。[6]

洋式家具の国産化も進む。資生堂はその先駆けとして西洋式鏡台を制作し、「鏡台と手鏡」と題した展示販売会を資生堂ギャラリーで一九二一年にはじめて開催している。同社広告によれば彼らは五年ほど前から、髪型と化粧が従来の鏡台の「輪郭」とあまりに離れすぎたと感じ、新型鏡台が一時代を画すものと意気込んでいる。[7] 資生堂初代社長・福原信三（1883—1948）は洋式家具の普及のため、家具職人と「新生家具協会」を発足するほどの力の入れようだ。福原は田園都市開発にも参画しているが、「居は気を移す」として、女性を拘束する着物からの解放には畳からの解放が先決だと語り、住環境の改革を重視した（戸矢 二〇二二）。このように開明的な実業家や知識人達は、福原が述べるように「衣食住」ではなく「住食衣」が本筋だと強調した。そして、その本業にかかわらず、いわばノブレスオブリージュの意識から「一等国」としての洋式の住空間の整備に尽力していく。

実際の供給体制が伴うことで洋式住宅の普及が実現し、家庭内にも平面ガラス鏡が普及していく。「子供室」を特集した雑誌『オヒサマ』（一九二二年一一月号）では、三名の寄稿者全員が立式を前提とする洋式生活を推奨し、たとえ和室でも椅子とテーブルを置くことが奨められた。子供の独立心を養ううえ、「座る国民と腰掛ける国民との體格上の優劣を生ずる事は當然である」ためだ。子供向けの洋服箪笥に鏡をとりつけるよう奨める記載もみられる。関東大震災後に当時の上層中流階級向けの住宅の先端的存在となった、鉄筋コンクリート造の同潤会アパートメントには「鏡付き洗面台」が据え付けられた（内田他 二〇〇三：73）。昭和初期に刊行された家具の写真集では瀟洒な「化粧卓子」が、洋風住宅の寝室用家具として不即不離の関係にあるものとして紹介されている（洪洋社編 一九三三）。洋式住居とともに、鏡は数量に加えて、そのおかれる場も、質や形態も大きく変化していった。もはや、明治の人々のように鏡自体の質を嘆く描写も減り、日常に溶け込んでいくのである。

三　洋間と鏡の普及

「文明ノ程度」への危機感は、開明的な実業家層や知識人たちに、彼らが考える理想的な日本女性像をも大きく変化させた。従来、社交の場には芸妓が招かれていたが、「一等国」として外国人と対等に交際するにあたり、この慣習への批判が高まった。替わって外国人とも対等に交際ができる賢明かつ社交的な一般女性の育成が課題視されていく。日露戦争後まもなくから女性誌でも、外交官夫人をはじめとした「社交界の花」に注目が集まり、洋式生活を前提にした西洋礼法の書物も次々に刊行された。

美容の重要性も公然と唱えられるようになった。従来、「美」はいわばそれを職とする芸妓の領分であったが、「文明」の要請として広く一般の女性に容姿の重要性が説かれはじめる。効果的な化粧術や全身美容法を紹介する美容読本も急増していく。

「化粧の幼稚と発達は、国の文野を証するものです。戦勝と共に世界の一等国の班に入った我邦の婦人は、その化粧術も、欧米と遜色なきを期せねばなりますまい。（中略）お洒落と云はるゝとも、野蛮と見られぬ方が宜しい」（佐々木、一九〇七年「小序」※頁番号なし）

「一般人士の其容貌を重んずるの念に至りては未だ欧米人に及ばざること遠し。今や時勢の推移は吾人をして交際場裡に立たしむるや切なり此の時に当り苟も交際の礼を知り社交の道を学ばんとする者は須らく容貌の美に留意せざるべからず」（玉木　一九〇八年「叙」※頁番号なし）

佐々木は、化粧は「活きた美術」だとして、他の美術から後れてはならないとも記している。一九〇五年には遠藤波津子が日本最初期の美顔術のサロンを開いた。それから三年後、読売新聞（一九〇八年一一月二六日）が「社交界の渦巻きに投入せんとする男女が（中略）あらゆる身辺の装飾に浮身を窶すは無理からぬ現象である」として美顔術が大流行だと報じている。もっとも遠藤によれば、開店当初は「皮膚の美しさ」という概念も理解されてはいなかったという。「秘密美顔術の先生をよんでお洒落をしたとありては面はゆし」と、客は秘密で施術を受けていた（同、一九〇七年九月九日）。

美容書でも「世界の文明国の中で、凡そ日本の婦人程能く働くはなく、又日本婦人程手足を粗末に扱ふはありますまい」と、身体美への意識の低さが頻繁に批判されている（大西編　一九〇六年）。

もっとも、着物では全身のプロポーションも問われないうえ、肌もほぼ隠れてしまう。洋装によって、身体や肌の美という意識が顕在化していく。前掲の『オヒサマ』でも、従来の日本婦人は「丈が低く、わりに胴が長く、足が短くては洋装を奨める事は出来ない」が、幼少時から椅子式の生活にすることで洋装の似合う体格に改善できると、立式生活による体格改善を提案している。

こうした積極的な美容のススメは連綿と続き、一九二二年の尾崎行雄の論考「文化的競争場裡に立ちて」では、「日本婦人は内容外観共に改良を要す」と国家間競争の視点からも身体美の必要性が明言されるに至る（尾崎、一九二五年一月号）。

ちなみに、女性ばかりではなく男性の理容も課題視された。「時代は必然的に、文明の人たるに恥ぢない理容術を要求して来る」と理容術にも注目が集まり、理容師も組織化されていく（大日本美髪会、一九一三年「序」※頁番号なし）。

社交と美容の推奨と同時に、鏡を見るという行為も推奨されていく。例えば当時の代表的な美容家、藤波芙蓉は一九一一年に刊行した美容術の指南書『あはせ鏡』で、我が国の御婦人方は化粧室に餘り重きを置いていないと、化粧室の整備を提唱する。なかでも「姿見は必ず光線隈なく射込む、室中尤も明き場所」に置くよう念を押す。どのような婦人でも、他人が見るように自身を見ることができなければ「完全なる化粧美」は到底望まれない。西洋の化粧室には四方に鏡がめぐらされている場合もあるといい、「さすがは欧米人」と礼賛しきりだ。時雨の描写と異なり、鏡が明るい場所に置かれ、そして女性が自らを「見る」こと、装うことが積極的に肯定される。瀟洒な鏡や鏡台のある、独立した明るい洋間は、交際社会の女性たちに不可欠のものだ。同時にその華やかなイメージは、暗い奥の間での身繕いという、化粧や装いのイメージをも一変させていく。実際に日本の化粧品産業も輸入が途絶したこともあるが、第一次大戦期に急成長を遂げている。

一九二二年に『婦人画報』に寄せられた「もつと鏡を見よ」と題した論考では、「とにかく、日本婦人はもつと鏡を見るやうにしなければ駄目だ」と「自分の體を熟視」し、日本人の身体に似合う洋装とすることが重要だと強調される。筆者はフランス人は男性でも部屋にいくつも鏡をおいて、自分の姿を見るのが「普通」だが、日本では「あまりのおしゃれに見えて、却つてひやかされたりする」とも嘆いている（田邊、一九二二年一月号）。もちろん現代でも鏡を見、装うことへの躊躇や気恥ずかしさは見受けられる感情だ。しかし明治から大正期にかけてこの躊躇への言及が顕著に見られる。自己客体化が日常化する、過渡期の現象としても捉えられよう。

ここで再び漱石に立ち返ると、その作品には鏡に対して悩まない人物が二人挙げられよう。『三四郎』の美禰子と『それから』の長井代助だ。地方から上京した三四郎に対し、美禰子は都会の女性の象徴だ。彼女の家の洋式の応接間の暖炉の上には鏡があるのだが、彼はそれに「なんとなく西洋のにおいがする」とやや気圧される。

他方で『それから』の代助はいわば明治の第二世代であり、漱石の次世代だ。平面ガラス鏡がより日常化した世代で、ずっと自己客体化に慣れている。その様子は次のように描かれる。

「代助はそのふっくらした頬を、両手で両三度撫でながら、鏡の前にわが顔を映していた。まるで女が御白粉を付ける時の手付と一般であった。実際彼は必要があれば、御白粉さえ付けかねぬ程に、肉体に誇を置く人である。彼の尤も嫌うのは羅漢の様な骨骼と相好で、鏡に向うたんびに、あんな顔に生れなくって、まあ可かったと思う位である。その代り人から御洒落と云われても、何の苦痛も感じ得ない。それ程彼は旧時代の日本を乗り超えている」。

鏡の過渡期にあたり戸惑い続けた明治の人、漱石に対し、次世代の人々が、生活様式の西洋化と鏡の日常化がすすむなかで自己客体化に慣れ、自らを「見る」こと、装うことの位相を転換させていく。自己客体化すなわち自らの客観的な「うつわ」に直面しても動じない、個性を是とし、自己を主張する人々、特に女性達の増加が、「モダンガール」の登場といった事象を生む基底をなしていったものと思われる。

改めて述べるまでもないが、鏡の普及と自己認識の在り方の相関についての厳密な論証は難しく、限界がある。しかしながら現代を対象に考えても、スマートフォンやSNSをはじめとした自己客体化をめぐる新たな手段の登場は、歴史の底流をなす日常的な自己認識の在り方に無視できない転換点をもたらしていると考えられる。例えば宇野重規『〈私〉時代のデモクラシー』に見られるように、近年の「私」意識の高まりは政治制度のあり方にすら影響を与えていると考えられるが、その背景には「私」意識を高揚させる自己客体化手段の拡大があることは否定できないだろう。

主客の「あいだ」にある「接触界面」は、時代とともに揺れ動く。それは原理的にも完全な客体化を叶えるものではないために、一層人々の意識を吸着する。そして、その結果としての「発散」のあり方が自己認識や感性の歴史という中長期的な心性史に影響を与えていくものと考えられる。本稿では日本人の身体意識の過渡期となる明治末から大正期に注目して検討したが、近代史の底流を考えるうえでも「歴史的鏡像段階」と近代との重なりについてはその諸相について、引き続き検討すべき課題であると考える。

【注】

（1）　鏡の歴史や鏡をめぐる言説の分析については多数の文献があるが、本稿ではあくまでも鏡が普及する画期に注目し、身体意識・自己認識の変容との相関について検討する。

（2）　『読売新聞』（一八七九年二月一日）。一八七七年には行商の鏡磨による殺人事件も報じられている。同年にはガラス鏡の流行で「家業が隙になり、外に何の術も知らない」鏡磨師が賽銭泥棒で逮捕されたとの記事も見られる。

（3）漱石の容貌コンプレックスについては例えば、平川（一九九二）に「第二部　漱石のあばたづら、鼻、白いシャツ―執筆衝動の裏にひそむもの―」として詳述されている。

（4）篠田鉱造『明治百話（上）』岩波文庫、一九九六年。「松山鏡」はよく知られた謡曲。その起源も諸説あるが基本的には以下の伝承に基づいている。病を得た母が亡くなる間際に娘に鏡を渡し、恋しいときにはこれを見るようにと話した。娘はのちに、これを覗くと母の若々しい面影が見える、と父に話すが、それは父が母に贈った当地では珍しい鏡だった。「松山鏡」にまつわる諸伝承については久下（一九七〇）にも詳しい。

（5）開明的実業家と洋式建築の推進、「文明ノ程度」に関する議論については戸矢理衣奈『銀座と資生堂』（新潮選書、二〇一二年）に出典もあわせて詳述。

（6）岩崎俊彌は三菱財閥二代目当主、岩崎彌之助の次男。大正に入ると好況を背景にライフスタイルの西洋化が個人住宅にも及ぶ。漱石も和式の「猫の家」にはじまり、最後の随筆となる『硝子戸の中』（一九一五）は、文字通り三面のガラス窓のある洋風書斎で執筆している。

（7）ポーラ文化研究所『日本の化粧：道具と心模様』ポーラ文化研究所、一九八九年

【主な引用・参考文献】

青木正夫・岡俊江・鈴木義弘　二〇〇九：『中廊下の住宅：明治大正昭和の暮らしを間取りに読む』住まいの図書館出版局

内田青蔵・大川三雄・藤谷陽悦編著　二〇〇一：『図説・近代日本住宅史：幕末から現代まで』鹿島出版会、二〇〇一

宇野重規　二〇一〇：『〈私〉時代のデモクラシー』岩波新書

大西啓太郎編　一九〇六：『女子宝鑑』松影堂

尾崎行雄　一九二二：「文化的競争場裡に立ちて」『婦人画報』vol.193（一九二二年一月号）※頁確認

菊浦重雄　一九七九：「明治初期のガラス工業の系譜」『国連大学人間と社会の開発プログラム研究報告』

木村荘八著・尾崎秀樹編：『新編　東京繁昌記』岩波文庫

久下司　一九七〇：『化粧』法政大学出版局

久里浜青年会編　一九一七：『久里浜村誌』久里浜村青年会

洪洋社編　一九三三：『寝台と化粧台』洪洋社

小泉和子　二〇〇五：『室内と家具の歴史』中公文庫

佐々木多聞　一九〇七：『新化粧』日高有倫堂
篠田鉱造　一九九六：『明治百話（上）』岩波文庫、一九九六年
鈴木重光　一八七八：『今体文章自在・下巻』一八七八年
大日本美髪会　一九一三：『化粧品及其製法』大日本美髪会
――一九一八：『大日本美髪会　アーテスト名鑑』大日本美髪会本部
田邊至　一九二二「もっと鏡を見よ」『婦人画報』vol.193（一九二二年一月号）※頁確認
玉木広治編　一九〇八：『欧米最新美容法』東京美容院一九〇八年
戸矢理衣奈　二〇一二：『銀座と資生堂』新潮選書
仲田定之助　二〇〇三：『明治商売往来』ちくま学芸文庫、三八―三九頁
長谷川時雨　一九三九：『桃』中央公論社
平川祐弘　一九九一：『夏目漱石：非西洋の苦闘』講談社学術文庫、一九九一年
藤波芙蓉　一九一一：『あはせ鏡』実業之日本社
フェルナン・ブローデル著・金塚貞文訳　二〇〇九：『歴史入門』中公文庫
ポーラ文化研究所　一九八九：『日本の化粧：道具と心模様』ポーラ文化研究所
眞嶋亜有　二〇一五：『「肌色」の憂鬱：近代日本の人種体験』中公叢書、二〇一五年
吉村葉子　二〇〇六：『ラクして得するフランス人　まじめで損する日本人』河出書房新社

第6部　《中動態》受動でも能動でもなく

ハンナ・アレントは、犯罪に「仕方なく同意する」態度を、強要された暴力への屈服ではなく、同意の「意志」表明だとする判断を示した。これはいかにも強引な議論であり、國分はそこにアレントの背理を見る。だが彼女は意志と責任によって構築されるべき社会正義（ないし神学的理念としての善）の理想を手放さないがために、敢えて「不本意な同意」（という曖昧で「無責任」な態度）を、犯罪行為から免責しなかったのではないか。もう一歩踏み込むなら、アレントはここで、自らの論理破綻を感知しつつも、「免責しない」という判断に、敢えて「仕方なく同意」する道徳的「意志」を表明した、と見ることは許されまいか。

社会正義の貫徹と維持という司法理念を擁護するがために、中動態的な行為を排除したアレントの意志と選択。それはそれ自体、特定の信仰信条のために彼女が無理？な妥協を「不本意」ながら呑んだ／呑まされた、という限りで、すぐれて中動態の本性のひとつが露呈したもの、といってよい。それは「主意」主義擁護への「依存症」でなかったたか。

稲賀繁美「「意志的主体による責任」という〈虚構の必要悪〉：
「中動態」から社会正義の根幹を問い直す（中）」
『図書新聞』三三〇九号（連載一一七）二〇一七年七月一日

イメージが見えてくるとき——存在と現象のあいだの移り行き

三木順子

はじめに

古代インド＝ヨーロッパ語の動詞の中動態は、主語が表す主体が動詞の表す動きのプロセスの内部にあって、「生まれる」「成長する」などのように、主体自身が変化することにおいてなにかを為すさまを意味する。このような意味作用は、現代語においてはドイツ語の再帰動詞、例えば「sich erinnern 思い出す」などにもみられる。現代語の再帰動詞のなかに、古代語における中動態の痕跡が残されているといってもよかろう。本稿は、そのような再帰動詞の一つである「sich zeigen 現れる」に注目し、造形芸術においてイメージがイメージとして姿を現すこと、すなわち、イメージが「見える」ということを改めて省みようとするものである。問われるのは、われわれが能動的に「見る」のでもなく、イメージが受動的に「見られる」のでもなく、イメージが「見える」ことはいったいいかなる事態なのかである。

なにかが「現れる sich zeigen」さまへの関心は、二〇世紀初頭から一九六〇年代にかけて、現象学の流れを汲む思想において高まっていく。興味深いのは、その一方で同じ時期に、モダン・アートの絵画制作においてもまた、イメージがイメージとして現れでて見えてくるさまそのものが繰り返し主題化されていた点である。時代

図1．ハンス・ホルバイン（子）《大使たち》1533年、オーク板に油彩、207×209.5㎝、ナショナル・ギャラリー、ロンドン

の思想と絵画制作とにみられるこのアナロジーは、しかし、必ずしも両者のあいだに直接的な影響関係があったことを意味しているわけではない。むしろ重要なのは、現れることや見えることが、絵画のような視覚芸術にとってもけっして自明のことがらではなく、探られるべき根本問題のひとつとして自覚されていたことであろう。モダン・アートにおける自覚的な探求が、本稿での考察の導きの糸となる。

　絵画は、紙やカンヴァスや顔料といった物質から成り立っている。紙やカンヴァスや顔料は、それ自体としては動いたり変化したりすることはない。しかし、そこに現れるイメージは、はじめから安定した固定的な状態で見えているわけではない。このことは、伝統的な絵画で用いられたアナモルフォーシス――なにが描かれているのかがすぐには判別できないような歪んだ像が、円筒型の鏡に投影されたり観者の視角が変化したりすることによって、明瞭に見えるようになる――の技法をみればすでに明らかであろう。例えばハンス・ホルバインの《大使たち》（一五三三年）（図1）では、観者が絵に対して立つ位置を右方向にずらしていくと、はじめは円盤のように見えていたものが頭蓋骨に見えてくる。

　とはいえ、二〇世紀のモダン・アートの絵画が探求したのは、アナモルフォーシスのような特殊な技法や装置ではない。むしろそこで試みられていたのは、特殊な技法や装置に依る以前の次元に遡って、そもそも動くことのない物質から成るイメージが、姿を現し見えてくる、その動きと変化の契機をイメージ自身の内部に探ることであったように思われる。イメージは、たんに物質的な存在として固定されているわけではない。そうとはいえ、絵画におけるイメージは、映画館のスクリーン上の映像やコンピュータのマルチメディア画像のような、実態のない仮象でもない。イメージは、たんに場の定まらない現象として浮遊しているわけではない。本稿が目指すのは、イメージが、存在から現象へと移り行くものであることを明らかにし、その移り行きの途上においてイメージ自身がみずから映え出てくるさまを浮き彫りにすることである。

一　見えるようになること／見えるようにすること

「現れる sich zeigen」というドイツ語が、古いギリシャ語の中動態とつながりを持つことに注意を向けたのは、哲学者マルティン・ハイデガーであった。ここでひとまずハイデガーの記述に即しながら、なにかが現れ見えるようになることを問うにあたって留意すべきポイントを確認しておきたい。ハイデガーは一九二七年の著書『存在と時間』のなかで、次のように述べている。

> 「現象」という術語の語源であるギリシャ語のパイノメノンは、姿を見せる（sich zeigen）ことを意味する動詞パイネスタイから派生したものである。したがって、パイノメノンとは姿を見せるもの（was sich zeigt）、みずからを示すもの（das Sichzeigende）、あらわなものを意味する。一方、パイネスタイという語は、明るみにもたらすこと、明らかにすることを意味する動詞パイノーの中動態で、このパイノーは、光や明るさを意味するポースと同様に、「パ-」を語根とする語の系統に属している。光ないし明るさとは、そこにおいて何かがあらわとなるところ、つまり、何かがそれ自身において見えてくるようになる（an ihm selbst sichtbar werden）ところである。したがって、「現象」という語の語義として、それ自身において現れでてくるもの（das Sich-an-ihm-selbst-zeigende）、あらわなもの、という意味合いを堅持する必要がある。（Heidegger 1927：28／

訳：40）

近代以降の哲学では、存在と対をなす現象という語は、なにかが現れること全般を広く意味してきた。ハイデガーは、この現象という語が、その語源を忘却するのにともなって喪失してしまった本来の語義を取り戻そうとする。重要なのは、語源のギリシャ語が含んでいた意味合いを説明するにあたって、ハイデガーが、生成することを表す動詞「werden」や、動作のさなかにあることを示す現在分子形を繰り返し用い、たんに現れることではなく、「現れてくる」あるいは「見えてくる」その途上の状態を強調している点であろう。現れることを改めて問うためには、現れてくる途上の状態にあるものがはらむ微妙な時間性・空間性や、現れることの中動性に目が向けられねばならない。

　ハイデガーは、さらにこう述べる。

> 語り（das Rede）としてのロゴスは、むしろ「明らかにする《デールーン》」こと、つまり、語ることにおいて、語られているものをあらわにすることを意味する。アリストテレスは、語りのこの機能をアポパイネスタイ［何かあるものを、そのもの自身のほうから現出させること］としてさらに鋭く解明した。ロゴスは、何かあるものを「見えるようにする《パイネスタイ》 sehen lassen」のであるが、それはすなわち、語られているものを、語っているまさにその人自身に（*für*）、あるいは互いに語りあっている人たち自身に（*für*）見えるようにしているのである。語りは、語られているものを、それ自身のほうから［アポ-］現出させ見えるようにする。（Heidegger 1927：／訳：46）

語ることとは、外側から説明を付け加えることなどではない。語ることとは、それ自身において現れでてくるものを、それが現れでるままに内側から浮かび上がらせ、われわれに見えるようにすることだとハイデガーはいう。なにかがそれ自身において現れでてくることとは、けっして、ひとりでに見えるようになることなどではない。重要なのは、「見えるようになる」ことと「見えるようにする」ことが、一つの運動としてぴったりと相即している点であろう。われわれもまた、なにかをただ好き勝手に眺めまわしているわけではない。見えるようになることと見えるようにすることは、互いが互いを規定しあい、互いが互いに促進しあう。なにかが見えてくることは、われわれが完全にはコントロールできるような出来事ではない。しかし同時に、それは、われわれと無関係に起こっているわけでもない。

ハイデガーはこう続ける。

> 語る（＝見えるようにする）という働きは、それが具体的に遂行されるにあたって、話すこと（das Sprechen）、すなわち言葉として声にだして言うという性格を帯びる。ロゴスは声《ポーネー》、しかもポーネー・メタ・パンタシアス［像をともなう声］であり、声にだして言うごとに何かが見てとられている（etwas gesichtet ist）。（Heidegger 1927：32-33／訳：46）

見えてくるものを、それが見えてくるがままに浮かび上がらせる語りとは、ロゴスの働きにほかならない。だがその働きは――いかに矛盾して聞こえようとも――視覚的で感性的で直観的な性格を帯びている。逆に言えば、偶然に任せてただ直接的に眺めているだけでは、実のところなにも見えてはこないのである。

見えてくることを論じたのは、なにもハイデガーひとりではない。ハイデガーと相前後して、エルンスト・カッシーラーやオイゲン・フィンクらもまた、「現れる sich zeigen」という語の類義語の再帰動詞「sich manifestieren」、「sich bilden」、「sich offenbaren」、「sich darstellen」などを用いながら、なにかが見えてくること、すなわち、見えるようになることと見えるようにすることの相即的な展開のプロセスを論じていた。哲学者らが、言語で語ることにおいてなにかが顕わになるさまをあぶりだそうとしたとすれば、同じ時期、カンヴァスに絵具で描くことにおいて、イメージなるものが見えてくるさまを主題化しようとしたのが、何人かのモダン・アートの画家たちであった。

二 見えてくることの主題化

そもそも絵画が色と形から成る視覚芸術である限りにおいて、そこで、見えてくることを主題化することは一種のトートロジーに聞こえるかもしれない。あるいはそれは、本来は目に見えない精神が芸術において映現するというヘーゲル流の美学へと逃げ込む、後ろ向きの姿勢を連想させるかもしれない。だが、ここでいわんとするのはそのどちらでもない。

ルネ・マグリットの《人間の条件》(一九三三年)(図2)を例に挙げてみよう。写実的なタッチで描かれた、一見したところ静謐なこの絵画をまえにして、われわれは強烈な矛盾に巻き込まれていくこととなる。窓の手前に立てかけられた絵画に描かれた風景は、いつのまにか、窓の外の風景そのものに見えてくる。窓の前の絵画は、いつのまにかそれ自身が、屋外の世界を望むための窓に見えてくる。差異化できないものの差異、あるいは、異なるものの同一化という矛盾が、画面の静謐さのなかに裂け目を穿つ。絵画と窓、描かれた風景と窓の外の風景とその描写、窓と絵画は、互いに自己を解消しあい、反転しあう。絵画か窓か、描かれた風景か窓の外の風景かの、どちらか片方の見え方を二者択一的に選択し、そこに留まることはできない。一方の見え方の中から、常に、もうひとつの見え方が見えはじめてくる。二つの見え方の反転は、アド・ラインハートの抽象絵画においては、より単純な、しかし、より微かな事象として経験されることとなる。

ラインハートは一九五〇年代をとおして、基調となる色彩を赤、青、黒に限定したモノクロームの色面構成のシリーズ制作に集中的に取り組んだ。そこでは、同じ一つの色彩を基調としながら、微妙に彩度や明度を違えたいくつかの矩形が、垂直・水平方向に断続的な帯状の連なりを形づくる。時代を追うにつれて、矩形の配置はさらに簡素化され、ローマ字の「H」や「I」の形に基づく、上下・左右の単純なシンメトリーが追究されるようになる。やがて、縦と横の長さに開きのある長方形の画面は敬遠され、正方形の画面が好まれるようになり、色彩の明度や彩度の差は、ますます微細なものになっていく。色や形の鮮やかなコントラストは抑制され、色面は、極めて禁欲的に構成される。さらに六〇年代にはいると、赤や青の色面構成はもはや制作されなくなり、黒い色面だけが、五フィート四方のサイズで繰り返し描かれることとなる。黒い画面は、実は縦三列・横三列の合計九つの小さな正方形に分割されており、縦・横それぞれ中央の列は、ほかの部分のとはほんの僅かに色価の異なる黒で塗られ、縦列と横列の十字形の交わりが画面のなかからうっすらと浮かび上がる。ラインハートはこのシリーズを〈ブラック・ペインティング〉（図3）と呼び、一九六七年に没するまで、このスタイルから逸脱することはなかった。

〈ブラック・ペインティング〉シリーズでは、黒

図2．ルネ・マグリット《人間の条件》1933年、カンバスに油彩、100×81×1.6㎝、ナショナル・ギャラリー・オブ・アート、ワシントンD.C.

図3．ニューヨークのスタジオで〈ブラック・ペインティング〉シリーズを制作するアド・ラインハート、1962年（写真：マーヴィン・ラザルス）

というネガティヴな色彩が全体を支配するなかで、十字形はかろうじて見えてくるにすぎない。重要なのは、その見え方が、暗闇のなかでだんだんと眼が慣れていく場合のように、時間とともに次第に明瞭さを増していくのではけっしてない点である。むしろその見え方は、微かで曖昧なものに留まり続け、常に消極的であり続ける。色彩の微かなコントラストは、あまりに弱く、見えてくるようにも消えていくようにも感じられる。この弱々しい消極性は、しかし、見え方の単調さや退屈さを意味するのではない。むしろそこでは、イメージは、見えない状態からかろうじて見えてくること、あるいは、かろうじて見えている状態から見えなくなって消えていくことという、僅かな振幅のあいだの移行の途上にある。イメージは、見えてくることと見えなくなっていくことの両義的な緊張を孕み、けっして安定した状態に落ち着くことはない。

〈ブラック・ペインティング〉シリーズは、フォーマリズム批評において主張されたような意味での可視性に還元されうるものではない。ラインハートは、イメージが「見える」ということを自明の事柄とみなすのではなく、「見えてくる」ことと「見えなくなっていく」ことの相克的な緊張関係において浮かび上がらせようとした。これら二つの見え方は、互いに硬直した対立関係にあるのでもなければ、漸次的で段階的な変化として一元化されうるものでもない。二つの見え方は、〈ブラック・ペインティング〉シリーズにおいては相互に反転しあう。このような二つの見え方の関係性は、マグリットが挑発的な仕方で描き出した、差異化できないものの差異、あるいは、異なるものの同一化に似ているといってよかろう。

マグリットが具象的な仕方で示した二つの異なる見え方の反転関係を、ラインハートは、見えてくることと見えなくなっていくことの反転関係へと抽象化し、さらに反転の振幅を、見えることと見えないことのあいだの僅かな振幅へと切り詰めてみせた。見えることは見えないことの可能性を潜在させ、見えないことは見えることの可能性を潜在させている。そう考えるならば、〈ブラック・ペインティング〉は、自己自身において開かれている。とはいえそれは、判断の宙吊りや多義性といった意味での開かれではない。そこでのイメージの見え方は、たった一つの別の可能性に向かって、しかし、常に開かれている。

三　移行 Übergang と充溢 Überschuß

ヨーゼフ・アルバースもまた、イメージが見えてくることに取り組む画家に数えられよう。アルバースは一九五〇年代から、幾何学的な造形シリーズ〈方形礼賛〉を展開する。そこでは色彩はフラットに、明確に境界を画して塗り分けられる。大きな正方形の中に小さい正方形を三層に重ね、画面の中心よりやや下の安定した位置に、集中遠近法の収斂点が設定されたこのシリーズは、一見したところは、厳密に計算された安定した幾何学的構成のように思われる。だが、色彩同士の関係性に注目するとき、その安定性は崩れ始める。《方形礼賛：出現（Homage to the Square: Apparition）》（一九五九年）（図４）と題されたヴァージョンでは、一番内側の最も小さい正方形には黄色が、そこから外

図４．ヨーゼフ・アルバース《方形礼賛：出現》1959年、メゾナイトに油彩、120.6×120.6㎝、ソロモン・R・グッゲンハイム美術館、ニューヨーク

側に向かって順に、灰色、コバルトブルー、緑が塗られている。それらはいずれも系列の異なる色彩であるため、その全体を、漸次的に連続するグラデーションとして一元的にとらえることができない。色彩の配置は、ズレや溝を孕んでいる。遠近法的には最も後退しているはずの一番内側の空間には、周りの色彩に比べて著しく突出し膨張する色彩が配置されている。われわれの眼は、遠近法のうえでの消失点に向かって収斂しようとしても、かならず手前に引き戻される。突出し膨張する色彩は、この引き戻しの力と動きを可視化するものとなり、画面の深いところから力強く現出してくる。

〈方形礼賛〉のシリーズは、単純でフラットな構図であるがゆえに、画集に掲載された図版でみると、あたかも色彩研究のカラーチャートのような印象を受ける。だが、実際に作品の前に立ったときに際だってくるのは、分厚く塗り重ねられた絵の具の生々しいテクスチュアである。素材の生々しさは、そもそも絵画が絵の具とカンヴァスという物質から成る、固定的な所与として存在していることを強調する。だが、当然のことながら絵画は、たんなる物質的な存在に留まるのではない。しかし、そうかといって絵画は、存在の領域から完全に立ち去って、ただ現象においてのみ変容を続け、錯覚やまやかしとして浮遊しているのでもない。アルバースの〈方形礼賛〉シリーズにおいて深いところから出現してくる色彩の力強さは、絵の具とカンヴァスという物質からなるものが、たんなる物質であることを踏み越えつつ、しかしなお物質においてみずから映え出てくるさまを表す。

美学者ゴットフリート・ベームは、イメージが物質においてみずから映え出てくることにおける、存在と現象の特殊な関係に着目している。ベームはいう。

　われわれが目の当たりにするのは、イメージのなかに「在る」ものすべてを現象へと向かわせていく、絶え間のない移行（die Übergang）のプロセスである。イメージにおいては、その所与の存在は、現象的な「所与性」という仕方で現象することへとすくい上げられており、それゆえに、イメージの存在と現象は原理的に区別できない。とはいえ、やはり、現象が「存在」という在り方をしていることもまた、重要である。というのも、現象は、移り去り、なんらの意味も示さないたんなる空虚な仮象（der Schein）ではけっしてないからである。……イメージにおいては、存在と現象という二つの局面が、分離しえない一つの移行のプロセスのなかにとりこまれている。（Boehm 1978：450）

存在と現象の「あいだ」に、イメージの領分がある。イメージは、存在から現象へと向かう移り行きの途上にある。ここで述べられている「移行」という概念は、ベームが教えを受けた哲学者ハンス＝ゲオルク・ガーダマーから引き継いだものと考えられる。ちなみに、さきに引用したベームの論考は、ガーダマーとベームが共同で編集した解釈学の論集に収められたものである。ガーダマーが移行という概念を呈示したのは、その時間論においてであった。ガーダマーは、人間がそのただ中を生きているところの時間は、一種の移行の状態として経験されているという。

移行は、今という時間意識とは異なる。今は、過ぎ去ったものとこれからやって来るものとを結びつけるが、その結びつきのなかに自身が留まっているわけではない。これとは違って、移行の状態にあることとは、奇妙に聞こえるかもしれないが、切り離しながら結びつけている状態であり、そうすることで、そこにすべてのものがもたらされ、過去と未来もまたそこにともにある。（Gadamer 1969：149-150）

過去と未来の中継点としての「今」は、次の瞬間には過去に回収され、未来であったところの時点が新たな今となる。一方、移行という状態は、そのような刹那的なものではない。移行とは、あることに別れを告げながら、同時にそこにおいて別のことが始まっている状態、つまり、あることが別のことへと切り替わっていく、その途上の状態にほかならない。われわれがそのただ中を生きている時間とは、けっして点には還元されえない時間、すなわち、あることの来し方と別のことの行く末という相反する二つのベクトルが未分化の状態のまま蠢いている、輪郭のないひとつの膨らみとしての時間である。ガーダマーは、移行という状態を、時間の膨らみ――瞬間の連鎖としての物理的な時間とは別の時間性――のなかにみいだした。ベームはさらに、移行という状態を、空間的な膨らみ――カンヴァスの上に塗り広げられた絵の具という物理的な空間とは別の空間性――のなかに見いだしていたといってよかろう。絵画においてイメージなるものが見えてくるとき、イメージは、存在から現象へと二者択一的に重点を移動させているのではない。むしろ存在は、現象へと絶え間なく迫り行く。別の言葉でいうならば、存在は、現象に向かって溢れだし、エネルギー化し、生き生きとしたものとして見えてくる。

結び

存在が、たんなる存在より以上のものとして充溢し、現象へと迫り行くさまは、実在とそこから派生してくる仮象、先と後、原因と結果といった、順序だった語り方で説明しようとしてもうまくいかない。その限りにおいて、イメージが見えてくることは、遊戯的な出来事といってよかろう。しかしそれは、秩序を欠いたきまぐれな出来事なのではけっしてない。ガーダマーは、一九六〇年の有名な著書『真理と方法』のなかで、遊びについてこう述べている。

ある遊びの本質を決定するのは、その遊びの遊び方を規定する規則なりルールなりである。このことは極めて一般的なことがらであり、そもそも遊びが行われるところではどこでも妥当する。例えばそれは、水の戯れについても、あるいは戯れている動物についてもあてはまる。遊びが行われる範囲は、いわば遊び自体によって内側から区切られるのであり、遊びの運動が突きあたるもの、すなわちこの運動を外から制約する空間の限界によるよりも、むしろ運動を規定しているルールによって制約されるのである。(Gadamer 1960：112／訳：153)

遊びにはルールがあり、そのルールが遊びのありかたを時間的にも空間的にも規定する。言い換えるならば、遊ぶ者がそのルールを守ることが肝要なのである。実際、カードゲームは、プレーヤーがルールに徹底して則れば則るほど、ゲーム自体がひとつの生命体としておのずから動きだし、スムーズに、リズミカルに、中動態的に展開していく。遊ぶ者は、いかに遊びに集中していようとも、遊びの主体としてその展開を意のままにコントロールしているのではない。ガーダマーはいう。

> **遊びとはすべて、遊ばれることなのである。**遊びの魅力、遊びが引き起こす魅力の本質は、遊びが遊ぶ者をその支配下においてしまうという点にある。……遊びの本来の主体——この本来の主体は、まさに遊ぶ者が一人しかいない場合の経験において明らかなのだが——は、遊ぶ者ではなく、遊びそのものである。遊びとは、遊ぶ者を魅了し、遊びに釘付けにし、遊びのうちに引き留めるものなのである。(Gadamer 1960：111／訳：153)

イメージが見えてくることにおいて重要なのは、イメージを見る者のしかるべき態度だといえよう。われわれは、イメージを好き勝手に眺めているのではない。われわれがイメージを注視し、そこに内在する構造に徹底して即することにおいて、イメージはそれ自身の側から遊戯的に映えでてくる。

絵画においてイメージは、物質的な存在でありながらも、現象へ向かって溢れ出し、現象へと迫り行きながらみずから映え出てくる。イメージがイメージとして遊戯的に現れてくるこのようなプロセスを、モダン・アートの画家たちは自覚的に直截に主題化した。イメージが、物質から現象への移行の途上にあるものとして見えてくるさまは、思うに、先史の時代の洞窟の壁に動物を描いていたクロマニヨン人たちがすでに如実に経験していたことではあるまいか。一万五千年前のラスコーや三万年前のショーヴェの洞窟では、壁のもともとの凹凸が動物の肢体の膨らみに見立てられている。壁の凹凸に即して線をひき顔料を吹き付けるにしたがって、その壁において牛や豹やフクロウのイメージが見えてくる。牛や豹やフクロウを、図像として壁からひきはがすことなどできない。イメージが「見えてくる」ことへの問いは、遊ぶ人《ホモ・ルーデンス》であり描く人《ホモ・ピクトール》であるところの人間の在り方を省みる、人間学的な問いに繋がっているといってもよかろう。

古代語の中動態は、ドイツ語などの再帰動詞のなかにその名残をみることができるにせよ、言葉そのものが持つ態としては忘却されてしまった。同様に、イメージが中動態的な仕方で見えてくるさまは、人文主義の、絵のなかから図像だけをとりだして云々する図像学の伝統のなかで、あるいは見るという行為の主体性をことさら強調する思想の伝統のなかで、長らく忘れ去られたままになっていた。そのような人文主義の態度は、器に注がれた茶を、そこから茶だけをとりだして吟味しようとする偏ったふるまいに喩えられよう。人文主義の伝統という地層の下の深いところで、しかし、実は、洞窟の壁にイメージが映え出てくるさまをみいだしたクロマニヨン人らに連なる文化の水脈は、至る所にずっと流れていたのかもしれない。ちょうど、われわれが昔から、日常において器を用い、その器を用いることにおいてこそ生じてくる一服の茶の味わいをささやかに嗜んできたように。

【注記】

引用の訳文は、訳書を参照しながら著者が訳した。なお、引用中の傍点には、著者が強調としてほどこしたものも含まれる。

【参考文献】

バンヴェニスト、エミール　一九六六『一般言語学の諸問題』岸本通夫監訳、みすず書房
三木順子　二〇〇二『形象という経験』勁草書房
――二〇〇六「『不在』としての形象――そのメタファー性をめぐる一考察」京都工芸繊維大学工芸学部研究報告『人文』54、pp. 163-174
――二〇一七「素描と身振り――形象の「動力因」を求めて」『形象』2、pp. 72-91
港千尋　二〇〇一『洞窟へ　心とイメージのアルケオロジー』せりか書房
森田亜紀　二〇一三『芸術の中動態：受容／制作の基層』萌書房
Albers, Josef. 1970. *Interaction of Color. Grundlegung einer Didaktik des Sehens*, Köln:Dumont
Boehm, Gottfried. 1973. "Der Dialektik der ästhetischen Grenze. Überlegungen zur gegenwartigen Ästhetik im Anschluß an J. Albers." In: *Neue Hefte für Philosophie 5*, Göttingen, pp. 118-138
――1978. "Zu einer Hermeneutik des Bildes." In: *Die Hermeneutik und die Wissenschaft*, Hans-Georg Gadamer und Gottfried Boehm (hrg), Köln: Suhrkamp, pp. 444-478.
――2007. "Spur und Gesüpur." In: *Wie Bilder Sinn Erzeugen –Die Macht des Zeigens*, Berlin University Press, pp. 134-156.

Cassirer, Ernst. 1985. *Philosophy der Symbolischen Formen; Erster Teil, Die Sprache*, Darmstadt: Wissenschaftliche Buchgesellschaft, Darmstadt／『シンボル形式の哲学（一）』（一九八九）生松敬三・木田元訳、岩波文庫

Gadamer, Hans Georg. 1969. "Über leere und erfüllte Zeit." In: *Gesammelte Werke 4 NeuerePhilosophie 2*, Tübingen: Mohr Siebeck, 1987, pp. 137-153.

——1960. *Wahrheit und Methode*, Tübingen: J.C.B. Mohr（Paul Siebeck）／『真理と方法　I』（一九九二）轡田収他訳、法政大学出版局

Heidegger. Martin. 1927. *Sein und Zeit*, Max Niemayer Verlag／『存在と時間』（二〇一三）高田珠樹訳、作品社

「語りかける異質性」と能動・受動の二元論を越える契機
——アンガス・ウィルソンのみた英訳版『細雪』の最後の二行

片岡真伊

ある小説が異なる言語に翻訳されるとき、翻訳の原典はどのように映され、また移植先の言語へと移ろうのだろうか。そしてある作家が、その小説の翻訳に触れる時、作家はいかなる要素に発想源を見出すのだろうか。第二次世界大戦後、アメリカのクノップフ社やニュー・ディレクションズ社、そしてイギリスではセッカー&ウォーバーグ社から、川端康成、谷崎潤一郎、三島由紀夫をはじめとする日本人作家の著作が次々と英訳・出版された。英語圏における日本の小説の紹介が進む中、これらの同時代の日本小説を多読し、触発された作家がいる。それが、イギリスの作家で、ノーベル文学賞受賞者カズオ・イシグロやブッカー賞作家イアン・マキューアンなどを輩出したイースト・アングリア大学クリエティブ・ライティング・コースの創設者、アンガス・ウィルソン(Sir Angus Wilson, 1913-1991)である。

ウィルソンは、一九五七年に初の日本開催となる国際ペン大会に出席するため、そして一九六九年にはブリティッシュ・ウィークに参加するため二度来日しており、三島の随筆にも英訳化の後押しをした人物として度々顔を覗かせるなど(三島 二〇〇三:105)、戦後の英語圏における日本文学の紹介と深い関わりがあった。しかし、その小説のいたるところに組み込まれたイギリスの生活や社会、階級意識にまつわる異文化要素が翻訳の障害となり、和訳されたウィルソンの小説はわずか数点に留まっている。また、これまでのウィルソンにまつわる研究は、主に英文学の視座から語られ[1]、ウィルソンと日本との接点に関心が向けられることはなかった。本稿では、従来の研究では見逃されてきたウィルソンと日本文学の翻訳との関わりに焦点を当てると共に、彼が繰り返し言及した谷崎潤一郎著『細雪』の英訳、*The Makioka Sisters*（『蒔岡姉妹』、1957）を取り上げ、ウィルソンと『細雪』とのあいだにみる「映し」と「移ろい」の実相を詳らかにしていきたい。

一　ウィルソンと日本文学との出会い

アンガス・ウィルソンは、三十四歳で遅咲きの作家デビューを飾っている。大英博物館での仕事の傍ら、退屈な日々を紛らわすためウィルソンが週末に書きためていた短編を友人の画家が偶然目にし、その原稿を文芸雑誌『ホライゾン』に持ち込んだのがきっかけであった（Wilson 1963b: 21）。この時に掲載された短編が、ウィルソンの古くからの友人で後に日本小説の英訳刊行にも携わることとなるセッカー&ウォーバーグ社の編集者ジョン・パティソンの目に止まることとなる。一九四九年には、日本でも和訳の刊行された短編集『悪い仲間』（*The Wrong Set*）が出版され、その年に五千部以上の売り上げを記録するという、当時新人作家の短編集としては異例の快挙を成し遂げている（Warburg 1973: 273）。ウィルソンは、一九五五年に大英博物館での職を辞し、以後執筆に専念することになるが、当時は収入源を確保するため、小説を執筆する傍ら書評の仕事をも引き受けていた。

ウィルソンが初めて日本文学に触れたのは、ちょうどこの頃のことであった。日本で開催される国際ペン大会を翌年に控えたウィルソンは、一九五六年六月にグローブ・プレス社から刊行された日本近代文学選集 *Modern Japanese Literature: An Anthology*（ドナルド・キーン編）に目を通し[2]、翌年四月、『エンカウンター』誌にその書評を掲載している。イギリスの『エンカウンター』誌は、創刊当初から日本文学の英訳や日本関連記事を積極的に掲載しており、後に日本文学の英訳者として知られることとなるエドワード・G・サイデンステッカーが短篇の翻訳を掲載するなど、英語圏における日本文学の紹介と関わりの深い文芸雑誌であった。当時、毎月から隔月の頻度で『エンカウンター』誌の書評を担当していたウィルソンが、その一つとして手がけたのが、この選集の書評「日本作品の一世紀」（"A Century of Japanese Writing"）であった。

当初ウィルソンが日本文学に対して抱いた印象は、後にみせる好意的な評価とは程遠いものであった。本人の回想によれば、この選集を初めて読んだ時、ウィルソンは「エキゾティックなディテールに振り回されない」よう心がけていたという（1963a: 22）。ところが、異国趣味に走らぬよう自ら防御線を張ったウィルソンに見えたのは、西洋文学の模倣としての日本文学の姿であった。ウィルソンは、選集に収録された作品について「全て十分な技量をもって書かれており、幾らかは優れた作品も、そして記憶に残る作品もある」と前置きしつつも、「同時代の西洋の短編小説の中でも際立つようなものは、一つもない」と評している。さらに、やや皮肉を込めた調子で「模倣の偉業として評価するならば、この著作は非常に優れている」と説明する傍ら、「この短編集には、本当の意味での個性、作家たちの力強いヴィジョンが欠如している」と綴っている（1957）。

後に国際ペン大会のため来日した折、上智大学のシンポジウムに招かれたウィルソンは、なぜこのような批判的な眼差しを向けたのか、その理由を詳しく説明している。短編集に収録された作品に見られる西洋文学の模倣性は、当時のウィルソンには「死んだモデルの模倣」と映ったという。日本の作家たちが西洋文学における最新の動向を把握していないがために、ヘッセ、ツルゲーネフ、チェーホフ、モーパッサン、ゾラなどの「いちばん価値なしとみとめられている面」の模倣が見られるというのだ（スペンダー他 一九五七：9）。さらに、同じシンポジウムに登壇していたヨゼフ・ロゲンドルフ神父がその年のペン大会を振り返り、文芸評論家の青野季吉が島崎藤村の作風を評価していたことについて言及すると、ウィルソンはキーンの短編集で読んだ私小説の抜粋に見た

「内心の独白〔既訳ママ、内的独白のことか〕」は「西洋において今日さかんに拒否している手法」を喚起すると述べ、西洋の文学形式が容易く取り入れられることに対し、次のような警鐘を鳴らしている。

私が目にしたものから判断して、これらの小説が重要な文学であるとは思います。だが、西洋のある文学形式がそんなにやさしく日本の作家によって受けつがれていいでしょうか。どうも日本の作家は、まさに任務をおわって衰えようとする形式を、とりあげたがるのではないかという気がします。日本の作家も前進して、自分たちの言わねばならないことがらのなかから、自分自身の形式を創造すべきではないでしょうか。西洋がかれらの思想に最もふさわしい形式を提供するなどということはない筈でしょう。（スペンダー他、一九五七：10〔既訳ママ〕）

初めて日本文学に接触した当初ウィルソンが捉えたのは、西洋の文学と日本文学との差異ではなく、文化伝播におけるタイムラグにより、時代遅れの模倣者として映る日本文学の姿であった。

二 ウィルソンとアジア文学：その翻訳が拓く可能性

だが、実際にウィルソンが同時代の日本の小説を初めて全篇を通して読んだのは、日本近代文学選集の書評を手がけてから約一年後のことであったという。ウィルソンがこの時期あらたに日本の小説を手に取った経緯には、日本で開催されるペン大会への参加を控えていたという事情の他、当時の英訳版日本小説の入手状況も深く絡んでいた。戦後、日本文学の英訳化事業を推し進めたアメリカのクノップフ社が、日本の小説を英訳・刊行し始めたのは一九五五年以降のことである。しかし、ウィルソンがキーンの選集の書評を手がけた時点では、まだイギリスで手に入る日本小説の英訳の点数は極めて限られていた。その後、ウィルソンは日本でのペン大会への参加を控えた夏に、谷崎潤一郎、川端康成、大岡昇平、三島由紀夫の小説を、初めて全篇を通して読んだと明かしているが（Japanese P. E. N. Centre 1957: 52）、ペン大会が開催される時点までに入手でき、ウィルソンが目を通したと語る作家たちの小説の英訳、並びにイギリスでの再販された日本小説の英訳は、谷崎の『蓼喰う虫』（*Some Prefer Nettles*, 1955）、三島の『潮騒』（*The Sound of Waves*, 1956）、川端の『雪国』（*Snow Country*, 1957）、大岡の『野火』（*Fires on the Plain*, 1957）など、多少なりともその数が増えている。

ウィルソンが初来日を果たした第二十九回国際ペン大会は、川端康成が日本ペンクラブの会長を務めていた時期に日本に招致されたもので、一九五七年九月一日から九日にかけて、国内から二〇八名、海外から一七一名のペンクラブ会員を迎え、シンポジウムや分科会などが行われた（日本ペンクラブ 一九八七 : 85）。このとき、九月五日にシンポジウムに登壇したウィルソンが自身の講演内容として選んだのは、アジア文学の翻訳がいかなる可能性を拓き得るか、というテーマであった。ウィルソンはこの講演の中で、その夏に同時代の日本小説の英訳を読んだ経験を踏まえつつ翻訳の重要性に触れ、翻訳が東西の作家たちの創作活動にどのような可能性をもたらすのか、という考察へと話を展開させている。

大英博物館での仕事を辞めてからというもの、長編小説の執筆に意欲的に取り組むようになったウィルソンは、時間と人物造作の関係性について、そしてプロットを無理強いすることにより生ける素材を殺してはいまいかという問題など、どの作家もいずれは直面する「表面上では形式的に見えても、人々の考え方の構造そのものに深く入り込んでいく問い」に悩まされていたという（Japanese P. E. N. Centre 1957: 51-52）。こうした葛藤から脱却する手がかりの一つとなったのが、ちょうどこの時期に手に取った日本小説の英訳であったようだ。ウィルソンはこのときに生じた日本の小説に対する印象の変化を、次のように述懐している。

ところが、これらの日本の作家たちの人物や時間、そしてナラティブに対する考え方は、西洋の作家たちの影響をあまりにひどく直に受けていない場合〔それでは駄目だと私は思っているのですが〕、私が今まで考えたどの形とも全く異なる固有の形をしており、それが私に徹底的な解放感を味あわせてくれたのです。もちろん、私にはそれらを模倣することはできないし、そうしたいなんて思うべきではないのですが、〔日本の〕芸術家たち、しかも相当な数の芸術家たちが、これらの人の生き様に関する根本的な問題について、私の知らないやり方で考えをめぐらしていたという事実が刺激にもなり、また勇気と支えになり、私自身のルーツをさらに深く掘り下げることができるようになったのです。(Japanese P. E. N. Centre 1957: 52)

このように自身の経験を語るウィルソンは、「模倣でも、標準化された国際性でもなく、根本的な差異の豊かさやインスピレーション」にこそ、アジアと西洋の作家たちが互いに助け合うことのできる点があると訴えている(Japanese P. E. N. Centre 1957: 52)。

ペン大会でのこの発言に加えて興味深いのは、ウィルソンがこの理想を実現するために実践的な解決策を併せて提案し、その内容が、後のウィルソンと日本小説の英訳との関わりに影響しているという点である。ウィルソンは、前述のような「真の刺激を与え」、「世界をもう一度見つめ直すことを強いる」ような小説は、「新しい世界」に対する人々の恐れゆえに、とても多くの読者を引きつけることなどできないこと、従ってこれらの著作を英訳・刊行するには、出版社には利他的な行動をとることが必要となるが、今日もはやその利他性は廃れていると観察している。そのうえでウィルソンが提案したのは、西洋の作家たちが「ちょっとした脅し(blackmail)を行使する」こと、つまり、「アジアの小説で重要な著作を可能な限り出版するようにと、西洋の出版社に強請ること」であった（Japanese P. E. N. Centre 1957: 53）。ウィルソンの言う「ちょっとした脅し」とは、一体何のことを指しているのだろうか。

ウィルソンの出席した第二十九回国際ペン大会では、アジアでの初開催ということもあり、「東西文学の相互影響」というテーマが掲げられていた。そのため、このペン大会では、東洋における西洋文学と西洋における東洋文学を比較した際に浮き彫りとなる認知度の不均衡、そしてその問題と切り離すことのできない、文学作品の翻訳の輸出入にまつわる課題について議論が集中することとなった。翻訳にまつわる論議が重ねられる中、会期中の討論でウィルソンが提案したのは、西洋側のペン・センターで、英語圏の出版社がまだ英訳化していない著作のリストを作成・提供すること、そして、アジア諸国の著作の翻訳を促すための書評システムを構築することであった（Japanese P. E. N. Centre 1957: 204）。なぜウィルソンには、このような発案ができたのか。それは、一九五五年に専業作家として独立して以来、彼が複数の新聞・雑誌・ジャーナル等に書評を掲載した経験から、イギリスの書評システムを熟知していたこと、[3]そして、アメリカで刊行された日本小説の英訳をイギリス向けに再販していたセッカー&ウォーバーグ社の顧問として、出版現場の実情や翻訳文学の刊行現場に接していたからこそ（スペンダー他、一九五七：13）であったといえる。

この案は、九月五日から六日の二日間にわたり繰り広げられた文学会議・討議を経た後、最終的に決議案として提案されている。ポーランド代表の詩人アントニ・スウォニムスキ、韓国代表で韓国民話の翻訳者、鄭寅燮らと共に決議案をまとめたウィルソンは、翻訳者の地位の向上にペンクラブが尽力すること、そしてその目的を達成するため、ペンクラブとユネスコがスポンサーとなり、文才を有する西洋出身の翻訳者を発掘しアジア諸国で養成すること、商業的な利益を期待できない詩の翻訳・出版を支援すること、さらには、アジア諸言語からの優れた翻訳作品に賞を与えることなどを定めた決議案をまとめていた。ウィルソンがとりわけこだわりを見せた書評にまつわる案は、最終的にこの決議案の第五項目に組み込まれることとなった（Japanese P. E. N. Centre 1957: 253-254; 日本ペンクラブ 一九八七：89-90）。無事可決されたこの決議のことを九月八日の閉会式の挨拶で振り返ったウィルソンは、今後可能な限り日本書籍の翻訳を読み、イギリスに来た日本人たちに会う旨を宣言しており（Japanese P. E. N. Centre 1957: 264）、以後、日本の小説への興味に駆り立てられていくことになる。

三 オースティンに劣る小説から、記憶に残る最後の一文へ

その宣言通りにウィルソンは、翌年から、同時代の日本小説が英訳されるやすかさず目を通し、次々に書評を掲載している。また、日本の小説の紹介に加え、その英訳原稿の閲読を引き受けるなど、ウィルソンは、日本文学の英訳化への動きともますますその関わりを深めている。三島由紀夫が一九五七年に渡米した際の記録には、三島がニュー・ディレクションズ社の副社長ロバート・マクレガーから、『仮面の告白』の英訳原稿を読んだウィルソンが出版をすすめてきたという話を聞いたこと、またその際にウィルソンが、「アメリカで出さないなら、ロンドンで俺が自費で出す、とまで言った」ことが記録されており（三島 二〇〇三：105）、ウィルソンの閲読者としての一面を垣間見ることができる。そのウィルソンが、日本文学の英訳事業の促進力として動き始めた頃、書評で最初に取り上げたのが、一九五七年一〇月にアメリカのクノップフ社により英訳・刊行され、その翌年にセッカー&ウォーバーグ社からイギリスで再販された谷崎潤一郎著『細雪』の英訳、*The Makioka Sisters*（訳：エドワード・G・サイデンステッカー）であった。

しかし、刊行当初に英訳版『細雪』がウィルソンに与えた印象は、イギリス小説と比較した際の一種の「物足りなさ」であったようだ。一九五八年四月二十七日に『オブザーバー』紙に掲載された『細雪』の書評、「日本のジェーン・オースティン」（〝Jane Austen in Japan〟）において、ウィルソンは、『細雪』がトマス・マンの『ブッ

デンブローク家の人々』など、英語圏で親しまれてきた一族年代記（ファミリー・サーガ）を想起させる日本文学として紹介されたことを引き合いに出しつつも、[4]「私には、ジェーン・オースティンの著作の方がより近いように思える」と述べている（Wilson 1958）。一八―一九世紀における中流階級の女性たちの私生活や結婚を描いたオースティン（Jane Austen, 1775-1817）の著作には、確かにその設定や題材からして、『細雪』を和製のオースティン著作として喩えるのに十分な要素が数多く含まれており、ウィルソンは、「〔蒔岡家の〕姉妹たちには、〔『高慢と偏見』の〕ベネット姉妹たちと類似点がある。保護者としての鶴子や幸子の力不足は、〔『マンスフィールド・パーク』の〕バートラム卿夫人とノリス夫人のそれと同じである」と、オースティンの小説と『細雪』との共通項を挙げている。だが、類似点の次にウィルソンの目に留まったのは、オースティンの著作に比べた際に浮き彫りとなる『細雪』の「欠陥」であった。ウィルソンは、次のように綴る。

しかし、一度この比較が済んでしまうと、すぐ様明らかになるのは、谷崎氏の小説がいかに傑作から程遠いかということである。これは一つには、弱体化し使い古された日本人の生活の拠り所となっている道徳体系が関係しているが、ジェーン・オースティンの最大の強みである道徳力が、あまりにも欠如しているのだ。だが『蒔岡姉妹』の欠陥は、より特殊なものである。実のところ、姉妹たちの描写における様々な感受性や、有名な蛍狩りや洪水、台風の場面など、優れた挿話が挟み込まれているにも関わらず、谷崎の用いる自然主義的印象主義は、ヒロインたちの退屈で、その刻一刻が閉所恐怖症さながらの人生を、示唆するならばまだしも、むしろ複製してしまっているのだから。（Wilson 1958）

英訳版『細雪』を初読した当初のウィルソンは、『細雪』をオースティンの著作に比肩するもののやや見劣りする小説として捉えていたようだ。ウィルソンは、「それでも、日本人の生活の一描写としては実に読む価値があり、たとえ傑作でないにしろ、小説としては概ね良いものである」と『細雪』を読む利点を補いつつも、「その表現手法のあまりに多くが冗長で形が不完全であり、技量に欠けている」と述べるなど、その書評の文末には、ウィルソンの否定的な評価が滲み出ている。

ところが、この見方は、その約五年後の一九六三年に大きな変化を見せている。ペン大会以来、英訳版日本小説に関する書評を次々と各紙に掲載していたウィルソンであったが、一九六三年七月五日に『スペクテーター』誌に掲載した記事「クリスタルのとき」（"A Moment of Crystal"）では、はじめて単体の記事で日本の小説を取り上げている。日本の小説との出会いや、日本小説の特徴、そしてその違いから何を学ぶべきかについて綴ったこの記事の冒頭は、次のような一節から始まる。

私には、ある小説からとったお気に入りの引用句がある。それがこの一文、「ヨキコ〔正確には雪子。記事の原文には Yokiko とある〕の下痢は、その月の二十六日に一日中続き、東京行きの汽車の中で面倒なことになった。」という一文である。私はこの二年間というもの、幾度となくこの文を引用し、その都度、日本近代文学作家の重鎮である谷崎による長編の家族年代記、『マキオカ・シスターズ』の最後の一文であるのだ、と読者たちに伝えて来た。（Wilson 1963a: 22）

ウィルソンにとっての『細雪』の位置付けは、先にみた書評での評価とは打って変わり、お気に入りの引用句を引き合いに出し、推奨するほどまでに高いものとなっている。わずか数年の時を経て、英訳版『細雪』に対する印象は一体なぜ、どのようにしてここまで劇的に変化したのだろうか。

四　ウィルソンのみた日本の小説の異質性

英訳版『細雪』の刊行直後には、物足りない印象を否めなかったウィルソンであったが、五年後に、英訳版『細雪』を改めて取り上げた際に見えてきたのは、それまで自身が慣れ親しんできた文学との根本的な差異であった。前掲の記事の中でウィルソンは『細雪』の最後の一節について、「真剣な芸術作品のクライマックスにしては、滑稽な印象を与えるに違いない」が、なぜ日本の読者が同様の印象を抱かないのかという疑問は「偏見のない好奇心」を掻き立てるものだ、と述べる。さらに、この種の好奇心を持たない「四分の三が外国人嫌いで、四分の一が性愛嫌いの」イギリスの小説家や読者たちを諫めつつ、日本近代小説の「優れた部分やその多くの欠点」はむしろ、「従来のノヴェルの型や西洋の物の見方の限界に関して、批判的にものを考えさせる役割を果たしている」（Wilson 1963a: 22）とまで主張している。

では、英訳版『細雪』の「最後の一文」は、ウィルソンにどのような視点をもたらしたのだろうか。記事の結論部分で、ウィルソンは次のように論じている。

これ〔この終わりの迎え方〕は、トルストイの『アンナ・カレーニナ』において、レーヴィンがシャツを失くす場面にあるような技巧的に形作られた現実味（artful organisation of ʻrealityʼ）でもなければ、また、〔ヴァージニア・ウルフの〕『波』や〔アラン・ロブ＝グリエの〕『覗く人』にあるような、意図的に時間を断ち切る（purposeful break-up of time）のとも違う。谷崎のものは、物事の本来あるべき秩序（true moral order）を表しているのであり、西洋のノヴェルに抗うものである。（Wilson 1963a: 23）

ここでウィルソンが挙げているレーヴィンがシャツを失くす場面とは、写実主義小説の代表格と謳われるレフ・トルストイ（1828―1910）の『アンナ・カレーニナ』の第五部三章において、主人公アンナの兄、オブロンスキー公爵の友人の地主貴族レーヴィンが、想いを寄せ続けたキティとの婚礼を直前にして、着替えのシャツがないことに気づいて起きるひと騒動のことを指している。ウィルソンは、主筋や人物造作とは直接の関連性のない登場人物たちの一挙一動を丹念に描き出したこの一場面に作為的なものを感じ取り、『細雪』の終末から伝わるリアリティが、『アンナ・カレーニナ』の一場面から伝わるこのような「技巧的に形作られた現実味」ともまた異なると分析している。さらにウィルソンは、時間軸を転倒させ倒錯的に見せる手法を用いたアラン・ロブ＝グリエの『覗く人』（*The Voyeur*, 1955）やウルフの『波』（*The Waves*, 1931）にある「意図的に断ち切られた時間」もまた、『細雪』における時間の推移とは大きく異なることをつづけて指摘している。比較対象として挙げた著作に用いられている写実的な描写や時間の配列のされ方を「技巧的」、「意図的」と形容していることからも明らかなように、ウィルソンには、これらの要素が人為的な実験の産物と映ったのに対し、『細雪』における描写や時間の流れ、さらにその終わりの迎え方には、これらのロシア文学・フランス文学・イギリス文学にはない、「物事の本来あるべき秩序」を見出すことができるように思えたようだ。

それにしても振り返って考えるに、ウィルソンは『細雪』を和製オースティン文学に喩えた時点では、なぜまだこのような差異に関心を抱くことができなかったのだろうか。ウィルソンが日本の小説の異質性に興味を持つようになったきっかけとは、何だったのだろうか。

五　ウィルソンの葛藤：能動と受動の狭間で

前掲の記事「クリスタルのとき」（1963）においてウィルソンは、『細雪』の最後の一文を過去二年間、幾度となく引用したと述べている。『細雪』を引用し始めた頃、ウィルソン自身はどのような状況に置かれていたのだろうか。一九五八年、そして一九六三年に書かれた、二本の英訳版『細雪』に関する記事のあいだに目を向けると、ウィルソンを取り巻く環境に生じたある変化が浮かび上がってくる。

一九六〇年代のウィルソンは、キャリア面において新たな転換期を迎えていた。一九六〇年にはカリフォルニア大学ロサンゼルス校、シカゴ大学に講師として招かれ、翌年には、ロンドン大学ユニバーシティ・カレッジ・ロンドン主催のノースクリフ・レクチャーで講演を行うなど、徐々にアカデミアでの活躍の場を広げている。ウィルソンの最も高く評価される文芸批評「英国小説における悪」（"Evil in the English Novel"）が書かれたのも、この頃のことであった。そして、一九六三年には『小説の勃興』（*The Rise of the Novel*, 1957）の著者として広く知られる英文学者イアン・ワットからの誘いを受け、イースト・アングリア大学で非常勤講師を、さらに一九六六年から一九七三年にかけては、作家業の傍ら同大学の英文学部の教授を務めている。

一九五七年に日本文学に関心を抱いた際には、小説家の誰しもが直面する問題に悩まされていたウィルソンであったが、『細雪』に自身の慣れ親しんできた文学とは異なる性質を見出すようになった頃のウィルソンは、一九六〇年代以降、創作環境と学術環境の両方から古今のイギリス文学の小説手法を見つめ直すようになり、小説手法の実験を重ねる重要性をあらたに感じるようになっていた。ウィルソンはこの時期に書いた自作の小説において、様々な技巧上の実験に積極的に取り組んでいる。ウィルソンは、一九六一年に刊行した長編小説『動物園の老人たち』（*The Old Men at the Zoo*）を執筆したときのことを後に振り返り、小説の後半部分では、当時C. P. スノーやアイリス・マードックらが用いていた、既存の小説の作風を模倣しつつもその型を新しい方法で用いるパスティーシュ（作風の模倣）を採り入れたこと、そして最終的にこの実験は功を奏さなかったと告白している（1967b: 122-123）。その二年後の一九六三年夏に取り掛かった長編小説『遅い目覚め』（*Late Call*, 1964）、そしてそれに続く自身の最も実験的な小説として挙げる一族年代記『笑いごとじゃない』（*No Laughing Matter*, 1967）でウィルソンが積極的に用いたのは、パロディーを取り入れることにより読者とテクストとの間に距離を作り出し、小説内で繰り広げられる出来事を批判的に観察させることを目的とした異化効果（alienation effect）[5]であった（Wilson & McDowell 1972: 81）。

このように実験的な手法を積極的に取り入れた背景には、ウィルソンが従来の小説規範に沿って書かれた読みやすい作品と読者との関係を疑問視していたことが挙げられる。ウィルソンは、伝統的な小説と読者との関係性について、次のように説明している。

もしその小説家に本当に力量があるならば（もし彼が伝統的な小説を優れたナラティブで書いているならば当然そうあるべきだが）、読者が多少ぼんやりしていて半覚醒状態にあったとしても、それはさして問題にならない。なぜならば、読者はそのような小説に読み慣れ、小説家も〔そのような小説を〕書き慣れているならそれでうまくゆくからだ。しかし、これでは、本当の意味での芸術、真のコミュニケーションとしてうまくいっているとは言えない。だからこそ私は、「私たちには伝統的な小説しかない」という考えを、長い目で見た時には拒絶しなければならないと考えるのだ。〔中略〕様々な手をもってして人々の目を覚まさせることはできるが、それでも〔読者と伝統的な小説との関係性は〕円滑すぎる。その関係全体が円滑すぎて、〔小説〕という形式を死に瀕せしむるものなのだ。（1967b: 124-125）

ウィルソンに、日本の小説の異質性を咀嚼しようとする徴候が現れ始めた時期、そして、小説手法の実験を重ねるようになった経緯には、旧来の小説作法に支えられた読者とテクストとの円滑すぎる（over smooth）関係に対する問題意識の芽生えがあった。

六　「現代小説家たちのジレンマ」と突破口としての日本小説

さらに一九六〇年代後半に入ると、ウィルソンは、自身も含むイギリスの同時代の小説家たちが直面していたジレンマを強く意識し始めていた。そのジレンマを打破するための突破口として、彼は日本の小説にさらなる関心を寄せるようになる。

「クリスタルのとき」を掲載した四年後である一九六七年に、ウィルソンは「現代小説家たちのジレンマ」（"The Dilemma of the Contemporary Novelist"）という論文において、英文学における実験的な文体、そして写実性の追求が、一九三〇年代にウルフやジョイスによる人間の内面描写において極限まで高められ、現代のイギリスの作家たちがもはやそれ以上の成長を遂げることができず、深刻なジレンマに陥っている、と現状を分析している。この論考の中で、イギリスの小説が生き残るため、そして「イギリスで長年用いられてきた言葉遣いに新たなビジョンやニュアンスをもたらし」、「言葉に真実味をもたらす」ためにウィルソンが必要だと強調したのは、「外の声（outside voices）」に耳を傾けることであった（1967b: 130）。発想源としての外国／翻訳文学の重要性を訴えるウィルソンは、中でも特に日本の小説に自分は強い関心を寄せているとし、五年前の記事で述べた「日本の小説の特色」をさらに発展させた形で、次のように描き出してみせる。

日本人の心は、一つの事柄が別の事柄へと繋がっているという考えをそれはひどく忌み嫌うのです（我々にとってはそれこそが小説の真髄とも思えるのですが）。作家たちの中には、彼らなりの因果律の概念によって結び付けられたナラティブを書いている人たちの多いのはご存知のとおりですが、『マキオカ・シスターズ』で谷崎は、これには抗わねばならぬと感じ、（滑稽なようでいて、実際には滑稽なだけでなくそれこそが魅力なのですが）この壮大な小説の終わりで、ヒロインが汽車で東京に向かう様子、そして彼女がその道中下痢にひどく悩まされたと語るのです。これは間違いなく、作者がそう感じているからでしょう。その他の部分を差し置いても世界の一断片を優先して取り上げなければならないなどという考えは、これを決して許してはならぬ、日本人の心はそんな考えを受け入れようとはしない、と。だからこそ、その時彼女に胃の不調があったということで、彼女の結婚やなにやかやの困難は唐突に忘れ去られ、その一瞬の感覚と共に小説は終わりを迎えるのです。（1967b: 131-132）

一九六九年に再来日した際、ウィルソンは西洋の小説との比較を交えつつ、この『細雪』の終わり方について、さらに詳しい説明を付け加えている。ウィルソンは、「西洋の壮大な小説の場合、死や誕生、戦争などの一大イベントで終わらせなければならないが、日本の〔同様の小説の〕場合、他の出来事よりも別の今ひとつの出来事を強調するようなことはしてはならない、ということを教えてくれる」と述べ、「〔このエンディングは〕結婚式の鐘の音や葬式の調べなどの、壮大なクライマックスにすべての焦点を合わせるやり口から私たちを解放してくれる手助けとなる」と説明する（ウィルソン、岡 一九六九：6-7）。

この論点は、ウィルソンが以前、『細雪』の比較対象として挙げていたオースティンの著作、例えば『高慢と偏見』（*Pride and Prejudice*, 1813）の結末部分と比べてみると、とりわけ明らかであろう。『高慢と偏見』の最終章では、主人公エリザベス・ベネットとダーシーの結婚話がまとまり、その周囲の主要人物たち各々の行く末が綴られ、読者の関心が満たされることになる。そして、小説は、二人が結ばれるきっかけを作ったガーディナー夫妻への二人の感謝の想いが語られたところで終わりを迎えている。これに対し、『細雪』の最終章は、全てが収まるところに収まるという点では似ているものの、その事の収まり具合は、『高慢と偏見』にみる幸福な結末とは大きな違いを見せる。長年蒔岡家の醜聞の種であった四女の妙子は、バーテンダーの三好と所帯を持つことになり、婚前に妊娠した三好の子を秘密裏に産むことになる。しかしその赤ん坊は、不運にも出産時に病院の院長が手を滑らせたことにより窒息死してしまう。縁談に縁談を重ねた三女・雪子は、子爵である御牧の元へ嫁ぐことが決まるが、いよいよ婚礼を数日後に控えた頃から雪子には下痢が始まり、ウィルソンも引用した最後の一文で終わりを迎える。主人公が紆余曲折を経て理想的な結婚相手と結ばれ、その後は幸せに暮らしたという幸福な結末に向け全ての出来事が紡がれる『高慢と偏見』に対し、『細雪』では、蒔岡家の姉妹をめぐる一つ一つの場面が絵巻物のように並列的に書き連ねられた挙句、雪子の婚礼が果たして良縁であったかのかどうかは、ついに明かされないままに放置されるのである。

ウィルソンは、このような『細雪』の終わりに触れつつ、自分の論評を次のように締め括っている。

> 壮大な小説をこのように終える方法は、あまりに非凡で、小説は一つの型だと捉えるような考え方そのものを真っ向から否定するものです。私は、このような小説から多くのことを学ぶべきだと考えています。たとえその根本的な人生観を受け入れることができなかったとしても、です。このようなエキゾチズムは、〔今のイギリス小説の現状を脱して〕意味ある変貌を遂げようとするならば、私たちを目覚めさせてくれるものなのです。(1967b: 132)

従来のイギリスの小説作法に批判的な眼差しを向けていたウィルソンにとって、英訳版『細雪』の結びの一節は、それまでイギリスの小説家たちが踏襲してきた小説作法の殻を破る新たな手掛かりとなっていたようだ。

七　*The Makioka Sisters* の最後の二行

だが、ここまでくると、さらにいま一つの疑問が浮かびあがる。そもそもウィルソンの記憶に残った『細雪』の終わりの部分は、果たしてそれほどまでに印象深いものだったのだろうか。ウィルソンは、英訳版『細雪』に言及するたび、この最後の一節が「滑稽な」（"comic"）終わり方であると説明している（1963a: 22 : 1967b: 131）。河野多恵子がこの終局部分を「気遣わしい結末」（一九八三：4）と言い表すように、日本語原典の読者ならば、『細雪』の結末に幾分かの幸先の悪さを思い浮かべもすることだろう。ところがウィルソンの印象はこれとは明らかに違う。彼は、なぜここまで異なる印象を抱いたのだろうか。

『細雪』の終わりの部分では、輿入れのために整えられた鬟や色直しの衣装を眺める、婚礼を控えた雪子の心境が、次のように語られる。

> 雪子はそんなものを見ても、これが婚礼の衣裳でなかつたら、と、呟きたくなるのであつた。さう云へば、昔幸子が貞之助に嫁ぐ時にも、ちつとも楽しさうな様子なんかせず、妹たちに聞かれても、嬉しいことも何ともないと云つて、けふもまた衣えらびに日は暮れぬ嫁ぎゆく身のそゞろ悲しき、と云ふ歌を書いて示したことがあつたのを、図らずも思ひ浮かべてゐたが、下痢はとうとうその日も止まらず、汽車に乗つてからもまだ続いてゐた。（二〇一五：309-310）

この場面に至るまでの雪子の描写は、姉の幸子やその夫貞之助など、雪子を取り巻く人物たちや、語り手の視点から綴られる。周囲の人物たちも雪子が一体何を考えているのかわからず、釈然としない様子が語られるなど、雪子の心中を摑みきれない不確かな描写がその大半を占めている訳だが、この最終場面で雪子は、次女・幸子が嫁いだ際に見せた楽しくなさそうな様子を思い出し、そしてその姉が詠んだ和歌を思い浮かべる。読者はこの場面まできて初めて、婚礼を数日後に控えた雪子の陰鬱な心の内を垣間見ることができるのだ。

ところが原文と英訳文を照らし合わせると、この重要な場面において、ある決定的な取り違えがなされていることが判明する。前に引用した『細雪』の結びの一節は、英訳文では次のように訳出されている。

[…] Yukiko looked at them and sighed – if only they were not for her wedding. Sachiko remembered how glum she had been when she was married herself. Her sisters had asked for an explanation, and she had retorted with a verse:（Tanizaki, 1957／1958: 530）

〔反訳：雪子は花嫁衣装に目をやり、ため息をついた。もしこれが彼女の婚礼のためのものでなければよかったのにと。幸子は、自分が結婚した時にいかに憂鬱な気持ちであったか思い出した。姉妹たちが説明を求めると、彼女は次のように返した。〕

この英訳文を見て真っ先に気づくのは、本来ならば、姉・幸子が嫁いだ際に見せた様子を雪子が思い浮かべるはずであるところ、その主語が取り違えられ、英訳では姉の幸子が、かつて自分自身が嫁いだ時のことを振り返る独白になっているという点である。翻訳者のサイデンステッカーは、主語の明記されていない原文の一文にある「そういえば、昔幸子が」という一節から、幸子が嫁いだときのことを思い出している動作主が幸子自身であると判断したものらしい。だが、ここは、文脈からして、〝Yukiko remembered how glum Sachiko had been when she was married.〟とするべきところであっただろう。さらに原文では、雪子の「これが婚礼の衣装でなかったら」という呟き、姉が嫁いだ時の楽しくなさそうな表情や、和歌に姉が詠み込んだ想いを回想する延長線上に、雪子の下痢がとうとう止まらなかったという事実が淡々と描写され、花嫁の憂鬱な心持ちが深められている。これに対し、英訳文では、次のようにここで改行がなされている。

"On clothes I've wasted
Another good day.
Weddings, I find,
Are not always gay."

Yukiko's diarrhea persisted through the twenty-sixth, and was a problem on the train to Tokyo.
(Tanizaki, 1957／1958: 530)

〔反訳：「衣えらびにまた費やした
一好日
婚礼というものは、
常に喜ばしからざるものなり」
雪子の下痢は、二十六日に一日中続き、東京行きの汽車の中で面倒なことになった。〕

一見して明らかなように、主語の取り違えにより雪子の憂鬱さと下痢の症状とのつながりが断ち切られたばかりか、改行のせいで、雪子の心情と身の不具合との呼応が読み取れない運びとなっている。(6)

明らかな主語の取り違えに加え、この英訳文で興味深いのは、原文ではひと続きの文に和歌が挿入されていた

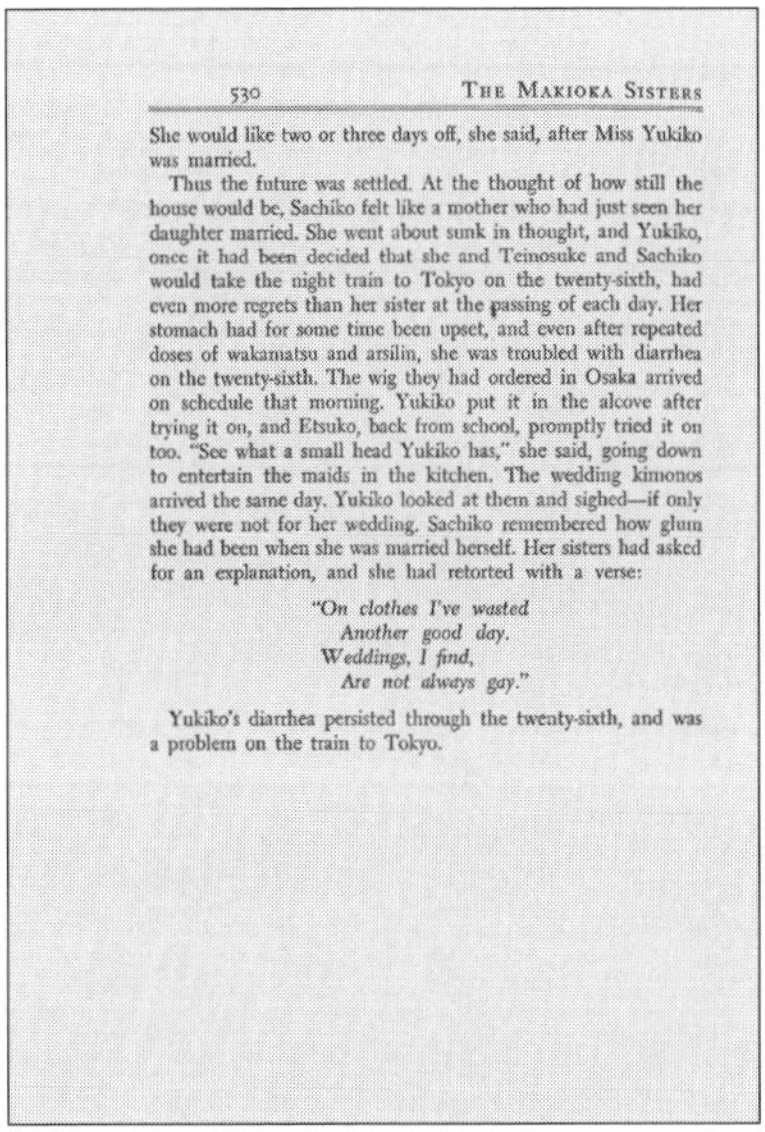
530 THE MAKIOKA SISTERS

She would like two or three days off, she said, after Miss Yukiko was married.

Thus the future was settled. At the thought of how still the house would be, Sachiko felt like a mother who had just seen her daughter married. She went about sunk in thought, and Yukiko, once it had been decided that she and Teinosuke and Sachiko would take the night train to Tokyo on the twenty-sixth, had even more regrets than her sister at the passing of each day. Her stomach had for some time been upset, and even after repeated doses of wakamatsu and arsilin, she was troubled with diarrhea on the twenty-sixth. The wig they had ordered in Osaka arrived on schedule that morning. Yukiko put it in the alcove after trying it on, and Etsuko, back from school, promptly tried it on too. "See what a small head Yukiko has," she said, going down to entertain the maids in the kitchen. The wedding kimonos arrived the same day. Yukiko looked at them and sighed—if only they were not for her wedding. Sachiko remembered how glum she had been when she was married herself. Her sisters had asked for an explanation, and she had retorted with a verse:

"On clothes I've wasted
Another good day.
Weddings, I find,
Are not always gay."

Yukiko's diarrhea persisted through the twenty-sixth, and was a problem on the train to Tokyo.

図2　THE MAKIOKA SISTERS KNOPF

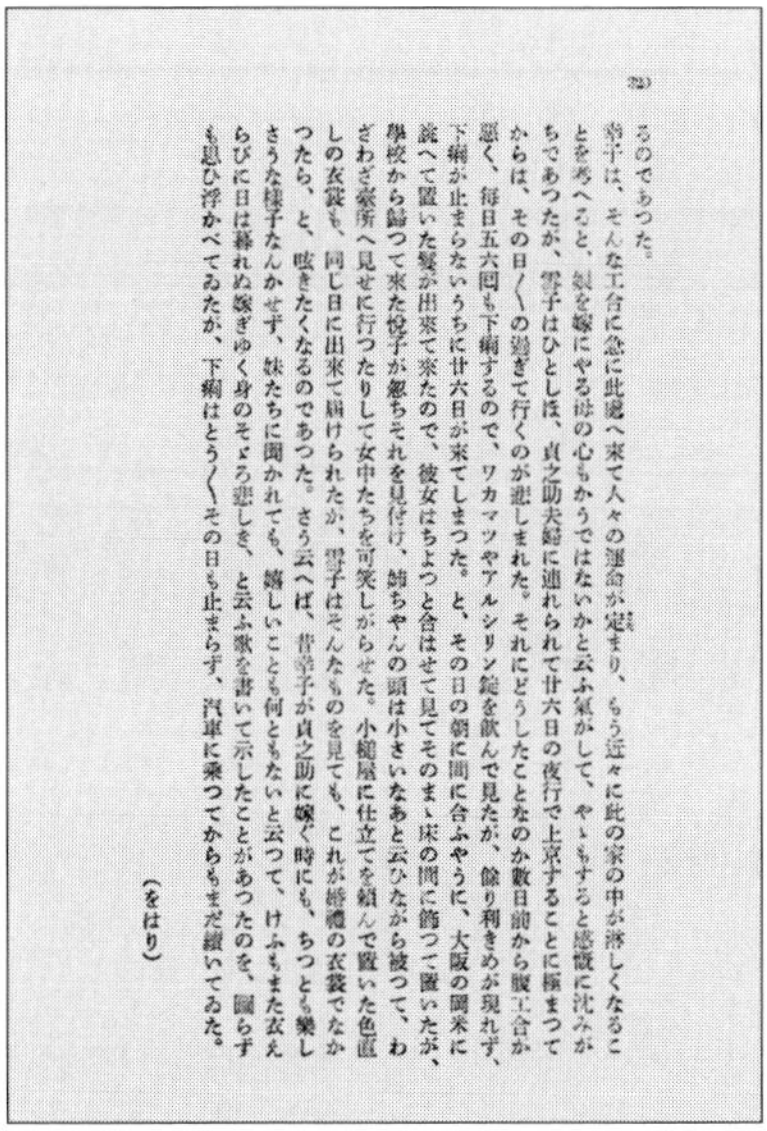
るのであつた。

幸子は、そんな工合に急に此處へ來て人々の運命が定まり、もう近々に此の家の中が淋しくなることを考へると、娘を嫁にやる母の心もかうではないかと云ふ氣がして、やゝもすると感慨に沈みがちであつたが、雪子はひとしほ、貞之助夫婦に連れられて廿六日の夜行で上京することに極まつてからは、その日〳〵の過ぎて行くのが悲しまれた。それにどうしたことなのか數日前から腹工合が惡く、毎日五六回も下痢するので、ワカマツやアルシリン錠を飲んで見たが、餘り利きめが現れず、下痢が止まらないうちに廿六日が來てしまつた。と、その日の朝に間に合ふやうに、大阪の岡米に誂へて置いた髢が出來て來たので、彼女はちよつと合はせて見てそのまゝ床の間に飾つて置いたが、學校から歸つて來た悦子が忽ちそれを見付け、姉ちやんの頭は小さいなあと云ひながら被つて、わざわざ臺所へ見せに行つたりして女中たちを可笑しがらせた。小槌屋に仕立てを頼んで置いた色直しの衣裳も、同じ日に出來て屆けられたが、雪子はそんなものを見ても、これが婚禮の衣裳でなかつたら、と、呟きたくなるのであつた。さう云へば、昔幸子が貞之助に嫁ぐ時にも、ちつとも樂しさうな樣子なんかせず、妹たちに聞かれても、嬉しいことも何ともないと云つて、けふもまた衣えらびに日は暮れぬ嫁ぎゆく身のそゞろ悲しき、と云ふ歌を書いて示したことがあつたのを、圖らずも思ひ浮かべてゐたが、下痢はとう〳〵その日も止まらず、汽車に乗つてからもまだ續いてゐた。

（をはり）

図1　細雪　1953

のに、英訳文ではわざわざそれとは異なる表記方法が採られているという点である。『細雪』の原文には時折和歌や歌が組み込まれているが、文脈によって文中に組み込まれているもの、あるいは、改行され一目で和歌／歌だと判別しやすい表記方法が採られているものなど、その表記のされ方にはばらつきが見られる。ところが前の引用箇所では、和歌の訳にあたる箇所が原文ではひと続きの文に組み込まれていたにもかかわらず（図1）、英訳文では一目で和歌だとわかるようにわざわざ引用符やイタリック表記を用いて弁別がなされており、さらにそこで改行が加えられている。

そのうえで、新しいパラグラフに例の『細雪』の結びの一節、〝Yukiko's diarrhea persisted through the twenty-sixth, and was a problem on the train to Tokyo.〟が、独立した文章として据えられる（図2）。その結果、最後の二行は原文のような連続性を失い、ウィルソンの言葉を借りれば、いかにも「唐突」な終わりを迎えることになる。

しかも、この最後の二行は、雪子自身ではなく（他人である）姉幸子の回想直後に雪子の下痢に関する記述が登場するという、およそ脈絡のない叙述へと変貌を遂げているのだ。その挙句英訳文では、「東京行きの汽車の中で雪子の下痢が止まらずに面倒なことになった」（"and was a problem on the train to Tokyo."）という、原文には存在しなかった付加説明がつけ足され、原文よりもはるかにコミカルで際立った印象を残すような結びの一文となっている。

ウィルソンに英訳版『細雪』の最後の一文を印象づけたのは、こうした翻訳における屈折によるところも大きかった、という事実は今まで指摘されることなく見落とされてきた。

＊

ウィルソンが英訳を通して日本の小説に触れたとき、その発想源として彼が求めたのは、西洋の型を模倣・吸収した輸入品の日本文学ではなく、むしろ日本の土着の思考形式や感性から自然と生まれでた、移植先の文学にはない異質な小説作法であった。そして、写実性の追求や時間の推移の表現方法など、自国の小説作法が臨界点に到達し、これ以上の発展を望めないとウィルソンが感じたとき、まさにその触発の契機が訪れる。創作環境や学術環境ゆえに英国の小説作法の行き詰まりに直面していたからこそ、ウィルソンはかけ離れた言語で創作された小説に目を向け、彼の内には「外の声」から何かを学びとろうとする内的変化が生じていたのだろう。このことは、一九六九年に再来日したウィルソンが上智大学で行った講演の冒頭に述べたひと言からも裏付けられる。「日本の小説は、西洋の小説家が足を踏み入れてしまったいくつかの閉ざされた箱、監獄から抜け出す方法について、実に多くのことを教えてくれる」（1970: 1）と。日本の小説の異質性は、従来の小説作法から脱却しようとその解決策を模索していた時期であったからこそ、ウィルソンに強く訴えかけたと言える。

だが、その決定打となったのは、図らずも翻訳過程において英訳版『細雪』の最後の二行に生じた屈曲であった。

佐伯彰一氏は『評伝　三島由紀夫』において、英訳版『細雪』が刊行された当初に、『ニューヨーカー』誌に掲載されたアンソニー・ウエストの書評のことを振り返りつつ、「『細雪』の結末における女主人公の「下痢」への言及をとらえて、ゾラを上廻る、生理的な自然主義小説というレッテル」が貼られたと回想している（一九七八：187-8）[7]。しかしそこでは、サイデンステッカーによる主語の取り違えや、イタリック表記による別立ての和歌の表記方法、さらには改行による最後の二行の誇張を含む翻訳過程で生じた訳文の屈折は見逃されている。

改めてこうした英訳文中の屈折のメカニズムに目を向けると、ウィルソンや英語圏の書評者たちにこの結末が鮮烈な印象を残した背景には、小説の結末部分に注意を払うのが常套という書評者の性癖に加え、実は誤訳と編集、改行やイタリックの導入により引き起こされた異化作用が上乗せされていたという、思わぬ実態が明らかになる。

これまで文学の翻訳は、原典側の能動性、移入先の受動性を前提とし論じられてきた。だが本論の検討では、その二元論の枠組みを越え、能動でもなく受動でもなく、むしろその両者のせめぎ合いに「中動態」ともいうべき様相が現れる局面が詳らかとなった。さらにそこには、作品に新たな力動性が付与される一部始終を垣間見ることができる。サイデンステッカーによる主語の取り違えは、原典から逸脱した誤読を誘う取り違えであった。だが一方で、この誤訳は英訳版『細雪』の新たな読みの可能性を開拓・拡大することに繋がり、結果として『マキオカ・シスターズ』が日本の小説の異質性を照らし出すという印象を、ウィルソンにもたらしている。『細雪』の、そしてノーベル文学賞候補にも数えられることとなった谷崎文学の長所とは、この異言語への移植に伴う副作用ゆえにはじめて浮き彫りとなる類のものであった。『細雪』の英訳文における誤訳をも含む屈曲は、「日本の小説」の異質性をウィルソンが見出し、その「選択的吸収」を促すような一種の「補助線」でもあった、といえるのではなかろうか。

【注】

(1) 例えば、ウィルソンの小説の翻訳を手がけ、交流もあった芹川和之氏による、ウィルソンのテクストにみる英国的要素の考察「英国的な、あまりにも英国的な」(『千葉商大論叢. A, 一般教養篇』第一一巻三号、三四―四四頁)や、長編小説『笑いごとじゃない』(*No Laughing Matter*)におけるウィルソンの小説論の実践やその方向性について詳解した「Angus Wilson と現代イギリス小説の方向」(泉名正子『静岡女子大学研究紀要』第七巻、二七―三五頁)など。

(2) この選集に抜粋/収録された著作は次の通り。仮名垣魯文『安愚楽鍋』、服部撫松『東京新繁昌記』、河竹黙阿弥『島鵆月白浪』、坪内逍遥『小説神髄』の序文、二葉亭四迷『浮雲』、樋口一葉『たけくらべ』、国木田独歩「源叔父」、夏目漱石『坊っちゃん』、島崎藤村『破戒』、田山花袋「一兵卒」、永井荷風『すみだ川』、石川啄木「ローマ字日記」、森鷗外『雁』、泉鏡花「三人の盲の話」、中勘助『銀の匙』、志賀直哉「范の犯罪」、「城の崎にて」、菊池寛「屋上の狂人」、久米正雄「虎」、芥川龍之介「袈裟と盛遠」、「地獄変」、小林多喜二「蟹工船」、横光利一「時間」、火野葦平『土と兵隊』、川端康成「ほくろの手紙」、谷崎潤一郎『細雪』、『少将滋幹の母』、太宰治「ヴィヨンの妻」、林芙美子「下町」、三島由紀夫『仮面の告白』。その他、近代の漢詩や俳句、詩歌等も併せて収録されている。

(3) セッカー&ウォーバーグ社の編集長フレデリック・ウォーバーグは、ウィルソンが専業作家として独立した際、収入源を確保するため、『オブザーバー』紙の書評を毎月三、四本執筆する契約を結んでいたと証言している(Warburg 1973: 276)。

(4) 例えば、アメリカで刊行された当初、ワシントンポストに掲載された書評(グレゴリー・ヘンダーソン、一九五七年一〇月一三日)では、『ブッデンブローク家の人々』の他、ジョン・ゴールズワージーの『フォーサイト家物語』、そしてマルセル・プルーストの『失われた時を求めて』と同じ種類に属する小説として紹介されている。

（5） ウィルソンがこのインタビューで用いた〝alienation effect〟という用語は、文脈からして〝Verfremdungseffekt〟の訳語／意味合いで用いられているものと推察される。

（6） この他、サイデンステッカーの主語の取り違えとしては、誤訳の一例としてしばしば引き合いに出される川端康成の「伊豆の踊子」の英訳における主語の取り違えがよく知られている。詳しくは拙論〝Emending a Translation into〝Scrupulous〟Translation: A Comparison of Edward G. Seidensticker's Two English Renditions of〝The Izu Dancer〟〟（2016: 85）を参照されたい。またサイデンステッカーは、『日本文の翻訳』の「主語をどうとらえるか」という一節において、「伊豆の踊子」の英訳での自身の主語の取り違えに言及しつつ、川端の文体について「たえず十分気をつけていないと、うっかり主語を見失ってしまいかねない」（1983: 131-132）と説明する一方で、谷崎の文章については、「むしろ明晰であって、主語や目的語がどれか、迷うようなことはないし、誰が誰に何をどうしているのか、見失ってしまうなどということはない」（1983: 131）と述べている。だが、本論でも考察した通り、皮肉にもその主語に迷うことのないはずの谷崎の文章で取り違えは起きており、たとえ翻訳者が明晰であると判断した日本文の英訳においてでさえも、この翻訳問題は繰り返し生じ得るということを物語っている。

（7） 詳しくは『ニューヨーカー』誌に掲載されたウエストの書評「東は東」（〝East is East〟, 一九五七年三月一四日刊）、および佐伯彰一『外からみた日本文学』の四一―四七頁を参照のこと。最後の一文への言及がある書評の例としては他に、ウエストと同様、『細雪』の生理的描写に着目したマーシュ・マスリンの書評「病弱なニッポンの姉妹たち」（〝The Browser: Ailing Nippon Sisters〟, *The San Francisco Call Bulletin*, 一九五七年一二月二六日刊）、そして『細雪』が素晴らしい一文で終わりを迎えると評するサム・アドキンスの書評「言葉の紡ぎ手が織り成す日本人の生活のタペストリー」（〝Word Weaver's Tapestry on Japanese Life〟, *The Courier-Journal*, 一九五七年一一月二四日刊）などがある。

【出典文献】

【英文：アルファベット順】

＊英語文献からの引用箇所は、日本語文献からの引用でない限り執筆者の和訳による。なお、ウィルソンの小説のうち、和訳未刊行の場合には、『笑いごとじゃない』（講談社、一九七二年）の翻訳者、芹川和之氏の「訳者あとがき」に記された題名の和訳を参照した。

Austen, Jane. 2003: *Pride and Prejudice,* London: Penguin

Japanese P. E. N. Centre. 1957: *Report: Compte-rendu,* Tokyo: Japanese P. E. N. Centre

Kataoka, Mai. 2016: "Emending a Translation into "Scrupulous" Translation: A Comparison of Edward G. Seidensticker's Two English Renditions of "The Izu Dancer"," 『総研大文化科学研究』 Vol. 12, pp. 83-101

Keene, Donald (ed). 1956: *Modern Japanese Literature: An Anthology,* New York: Grove Press

Tanizaki, Junichirō. 1957: *The Makioka Sisters,* New York: Knopf

——— 1958: *The Makioka Sisters,* London: Secker & Warburg

Warburg, Fredric. 1973: *All Authors are Equal,* New York: St. Martin's Press

Wilson, Angus. 1957: "A Century of Japanese Writing," *Encounter,* Vol. 8 No. 4, pp. 83-85

——— 1958: "Jane Austen in Japan," *The Observer,* 27 April, p. 17

——— 1961: *The Old Men at the Zoo,* London: Secker & Warburg

——— 1963a: "A Moment of Crystal," *The Spectator,* Vol. 211, 5 July, pp. 22-23

——— 1963b: *The Wild Garden or Speaking of Writing,* Berkeley and Los Angeles: University of California Press

——— 1964: *Late Call,* London: Secker & Warburg

——— 1967a: *No Laughing Matter,* London: Secker & Warburg

——— 1967b: "Dilemma of the Novelist", John Colmer (ed.), *Approaches to the Novel,* Edinburgh: Oliver & Boyd, pp. 115-32

Wilson, Angus, and Oka, Teruo. 1969: "An Interview with Angus Wilson," 『英語研究』 Vol. 58 No. 12, pp. 4-13〔１９６

9年9月30日のインタビュー記録〕

Wilson, Angus. 1970: "Is the Novel a Doomed Art Form?"『英文学と英語学』Vol. 6, pp. 1-31〔1969年9月29日の講演記録〕

Wilson, Angus, and Frederick P. W. McDowell. 1972: "An Interview with Angus Wilson," *The Iowa Review*, Vol. 3 Issue. 4, pp. 77-105

【和文：五十音順】

河野多恵子　一九八三「谷崎文学の愉しみ（二十九）」『谷崎潤一郎全集　第二十五巻』付録月報、中央公論社、3―8

佐伯彰一　一九七八『評伝　三島由紀夫』新潮社

佐伯彰一　一九八一『外からみた日本文学』ティビーエス・ブリタニカ

E．G．サイデンステッカー、安西徹雄　一九八三『日本文の翻訳』大修館書店

スティーヴン・スペンダー、アンガス・ウィルソン、ヨゼフ・ロゲンドルフ、エドワード・サイデンステッカー／刈田元司（司会・訳）一九五七「作家と現代世界」『ソフィア：西洋文化並に東西文化交流の研究』第六巻四号、1―21

谷崎潤一郎　一九五三『細雪　下巻』中央公論社

谷崎潤一郎　二〇一五「細雪下巻」『谷崎潤一郎全集　第二十巻』所収、中央公論社、9―310

日本ペンクラブ一九八七『日本ペンクラブ五十年史』日本ペンクラブ

三島由紀夫二〇〇三「裸体と衣裳―日記」『決定版　三島由紀夫全集 30』所収、新潮社、77―240〔「日記」『新潮』一九五八年四月～一九五九年九月初出〕

シュリー・オーロビンド・アーシュラム――アートと生活の間
――アントニン・レーモンドのインド―ポンディシェリのゴルコンデ宿舎の建築をめぐって

ヘレナ・チャプコヴァー

Keywords: transnational design, Antonín Raymond, František Sammer, George Nakashima, Indian and Japanese modernism, New spirituality
越境的デザイン、アントニン・レーモンド、フランチシェク・サマー、ジョージ・ナカシマ、インドと日本のモダニズム、新しい精神性

一　はじめに

ゴルコンデ宿舎は近年、インドのモダニズム建築の中でも最高の例として位置づけられている（図１）。この評価は、ゴルコンデについて最近出た建築の専門家による文献で確認できる。パンカージュ・グプタとクリスティン・ミュラーのゴルコンデ・モノグラフや、宿舎の管理者シュリー・オーロビンド・アシュラムから出版されている数多くの出版物がその例である(1)。

このどちらもアシュラムのアーカイブをベースに執筆されており、それはサダクという寄宿舎を建てたアシュラムのメンバーと、プロジェクトに関わった同時代人の証言を基にしている。研究の一部は、ゴルコンデを、寄宿舎のデザインは、アントニン・レーモンドの入念な研究の末に実現された成功例と位置付けている。ゴルコンデは、レーモンドの自伝と、その日本語版、クルト・ヘルフリッヒと収集家(2)によって企画された大きな回顧展などの展覧会にも出てくる。

この建物はまた、レーモンドの建築に関する様々な論文や、記事のそこかしこに顔を出す。田所辰之助による「材料からみた近代日本建築史 その14 アントニン・レーモンドの打放しコンクリート 「霊南坂の家」から「群馬音楽センター」へ」にもそれは見られる。

図1　横から見たゴルコンデ外観－1948年、写真提供：シュリー・オーロビンド・アシュラム、ポンディシェリ、インド

この建物はインド人が建てたものではなくまたその宗主国であった英国人が建てたものでも、フランス人が建てたものでもない。この越境的プロジェクトはチェコ人、アメリカ人、そして日本人という予期せぬ組み合わせによって建設されたものなのである。

本論では、このプロジェクトにおける思想的背景、またなぜこれが建設されるに至ったのかの経緯を探り、ゴルコンデ宿舎の持つ特殊性と重要性を少しでも解き明かすことができればよいと考えている。さらに、この本で使われる用語に従い、ゴルコンデ宿舎は、美的精神性を持つ、アシュラムのヨガ実践のための実用的な空間としてデザインされた「器」、というふうに考えてゆく。一方で、ゴルコンデを解釈するにあたり、伝達、移動という過程に注目して、〈うつし〉という概念をつかうこともできよう。今日の建築はさまざまな地域を揺蕩い、その結果として特定の場所や気候に適合しなければならないものだが、ゴルコンデの建築も、そうした今日の建築に関する様々な解釈や理念に立脚した、ひとつの創作として現れるのである。

シュリー・オーロビンド・アシュラムは、ポンディシェリにある精神的コミュニティのことを指す。このコミュニティは、オーロビンド・ゴーシュ（1872—1950）という人物が政治の世界から引退した一九一〇年ごろに発生した。彼はイギリスのケンブリッジ大学にあるキングスカレッジでインドの植民地統治を学び、その後インドに戻って様々な官僚機構を経た後に政治の世界に身を投じた。また、英国のインド統治に反対する文章を書いたとして、英国政府により投獄された経験も持っている[3]。

一九二六年一一月二四日に、彼は大いなる精神的覚醒を経験する。その結果として彼は公の世界から退き、精神的な世界に没頭することになる。この時彼はアシュラムに関わる全てを仲間の一人である、「マザー」と呼ばれたミラ・アルファサ・リシャールに譲る。

新しくこのコミュニティーの責任者となったミラ・アルファサ・リシャールは、かつてパリで絵を描くことを学んでいたが、のちにフランス人のオカルト研究家、文化人であったポール・リシャールの妻となり、また一九一四年からシュリー・オーロビンドの下で修行を開始する人物である[4]。

二　シュリー・オーロビンド・アシュラムと日本

第一次世界大戦中にポンディシェリを去った彼女は、一九二〇年に再びポンディシェリに戻ってくるまで、ほとんどの時間を日本で過ごし、著名な詩人であるラビンドラナート・タゴールにも出会った。

この一連の日本滞在を通して、彼女は日本から大きな影響を受けた。特に日本美術については「精神の動きが、そのまま形而下の世界で表現されている」と捉え、日本人がきわめて自然な美的感覚を持っていると言った[5]。このような日本に対する理解はゴルコンデ宿舎（図2）をデザインする上で非常に重要な意味を持つことになる。アーネスト・フランシスコ・フェノロサと、彼の詩「East and West」もまた、彼女に影響を与えている。フェノロサの考えはこのようなものだった。日本人は周囲の自然と生活を完璧に調和させており、その「芸術的人生」とでも表現すべき生き方は、極めて普遍的な価値を持っている。その価値観を用いれば西洋の芸術をふたたび活性化させることができる[6]。

図2　シュリー・オーロビンド・アシュラムのゴルコンデ宿舎入り口、1948年、写真提供：シュリー・オーロビンド・アシュラム、ポンディシェリ、インド

アシュラムのコミュニティーを牽引する人物たちは、普遍性、西洋と東洋の融合、芸術と精神の結びつきに強い関心を持っていた。これこそがヨーロッパ、アメリカ、インド、そして日本を含めた国際的な神智学者たちのネットワークを構築するきっかけとなったのだ。

神智学者とは特定の神秘学的な研究をする人々のことを指す。神智学協会はニューヨークにおいて一八七五年に誕生し、そのモットーとして「真理よりも崇高な宗教は存在しない」という言葉を掲げる。この神智学会のフレームワークを参考にしつつ、ここで一度アジア、特に日本における芸術家や神智学者たちの、二つの世界大戦間におけるネットワークのあり方に視点を移すことにしたいと思う。なぜなら、このネットワークの関係性を読み解いていくことがインドでのモダニズムの代表例であるゴルコンデ宿舎のデザインプロセスを理解する重要な鍵となるからだ。

三　新しきスピリチュアリティ／神智学と日本

まずはじめに見たいのは、一八八九年に日本を訪れた神智学協会の設立者の一人でもあるヘンリー・スティール・オルコットについてだ。彼が日本を訪れたのは神智学協会が日本で産声をあげた時期であり、汎東洋主義、国家主義的雰囲気の高まる最中であった。またライバルともいえる当時の仏教界との競争を意識する時期でもあった(7)。このようなある種の緊張感を擁した雰囲気の中で、日本に滞在していた外国人の芸術家や神智学者たちの活動がゴルコンデ宿舎などの建築の実現に寄与することになる。最も代表的な一人は、チェコとアメリカの建築家であるアントニン・レーモンドの妻、ノエミ・レーモンドだろう(8)。

レーモンド夫妻はモダニストの活動における神智学の立ち位置を考える上できわめて重要な人物だ。彼らはチェコ、日本のみならず、その他の国々に渡って影響力を及ぼしてきた。例えば、冒頭で紹介したアシュラムの精神的指導者であるミラ・アルファサもその一人である。

神智学がどのように視覚芸術やデザイン、またそれにたずさわる芸術家に影響を与えてきたのかについては、ガウリ・ヴィスワナータンの言葉を借りるのがよいだろう。彼女は「神智学のアイデアは世俗の知識人達が考えようとしない事柄について批判的な問いを投げかけている」と語っている。

神智学者たちにとっては、芸術というものは、公共の精神的な進化や発展を促すという点において特別であるとみなされていた。また一方において芸術家たちは時に異質なものを使って魂のふるえを繊細に表現してきた。神智学を信奉する芸術家は、神智学を通じた体験や視覚を創造活動の源泉とし、精神的覚醒へとつながるような芸術表現を直接的に行うこともあった。

神智学の考えと芸術との関わりは、モダンな文化における異なった角度からの芸術の解釈を可能にし、また同時に芸術の世俗化とそれによる幻滅、というものが必ずしも唯一の選択肢ではないということを示している。ガウリ・ヴィスワナータンが言うように「神智学会は世界的な運動であり、その運動は世界中に信奉者を獲得した」のだ。今風に言えば、神智学はグローバルな運動であったということだ。[9] 関係性が国際的であるというのは、単に神智学の周りで起こっていることについてのみならず、より広い文脈での理解をする上でも有効である。たとえばそれは「神智学協会や視覚芸術と大英帝国」のような関係性においても重要な意味を持っている。

さて、神智学という言葉の意味は「聖なる叡智」である。このゆるやかな言葉の定義が、様々な宗教と共同的に作用することにつながる。世界の人類は皆兄弟であるというような考え方とも非常に相性が良いものだったのだ。後者については、それは時として帝国主義的、ヒエラルキー重視のコンセプトと繋がる場合もあったが。

この時期に西欧世界に向けて書かれた、東洋を紹介する人類学的な見地からの文章や東洋の宗教に関わる文章を翻訳した文章は、西欧にはない神秘的、超自然的な部分についての記述が非常に多くなされている。

これは当時の西洋がいかにオリエントやエキゾチックという言葉に飢えていたのかということを示している。これらの文章で彼らが使った神秘的な現象の「証拠」と呼ばれるものは学者や官僚、キリスト教の布教者や旅行者たちによって神智学の文章にそののち吸収、融合された。これは、東洋と西洋の精神的な伝統が混合されたヘレナ・ペトロヴナ・ブラヴァツキーの「Isis Unveiled」(1877)のような作品が作られる背景ともなった。[10]

いわゆる「東洋」についての西洋人の興味というものは、すでに一九世紀後半の帝国主義的世界に住む人々によって見出されていた。しかし神智学者達は、ただ単にそうした興味本意で東洋を素通りするだけではなく、しっかりとした思想的足場をアジア、特にインドにおいて確立しようとしていた。神智学協会やそれに携わる芸術家たちを例にとって見るならば、「インド」は彼らにとって芸術上の知識の源でもあったのだ。

四　レーモンド夫妻と神智学

建築家であるアントニン・レーモンドは、日本においてフランク・ロイド・ライトの帝国ホテル建築計画に関わることで名声を確立した。彼らは「世界芸術」という概念を共有していた。レーモンドは人とのつながりを広げるのが非常にうまく、あらゆる機会を利用して、日本における芸術家や建築家などの協力関係の発展、日本のより深い理解を進めることに役立てていった（図3）。

妻のノエミは非常に優れた画家、かつグラフィックデザイナーであり、レーモンドが日本に滞在している期間は彼の事務所の非常に重要なメンバーの一人だった。一九一九年には彼女はニューヨークの神智学協会に参加し、その後の生涯にわたって神秘学的な考えや宗教を研究し続けることになる。[11] 彼女のスピリチュアリティや哲学、宗教に対する関心は、日本にいる彼女の友人たちにも影響を与え、ポール・クローデルやインド人の陶芸家であるグルチャラン・シング、そしてまた二人のポーランド人の芸術家であるステファンとツィナ・ルビエンスキーなどの人々を神智学協会へ加入させることになった。夫であるアントニンとは違い、彼女は日本語を学んでいたため、それによって、日本や日本人に対しての理解がより深かった節はあるかもしれない。

ノエミは一八八九年にフランスのカンヌで裕福な銀行家のもとに生まれた。父親の死後家族と共にニューヨークに移り、そこで彼女は後に自伝で言うところの「Teachers College の「素晴らしい人間」であるアーサー・ダウのもとで学ぶことになった。[12] アーサー・ダウは数年間を日本で過ごした経験があり、このこともあって彼は彼女に重大な影響を与えることになる。

その後若きチェコ人の建築家であるアントニン・レーモンドにもフランスからアメリカへ移動する途中で知り合い、結果として一九一四年に結婚する。彼女はグラフィックデザイナーとして活動し、結婚後最初の数年間は夫を経済的に支援した。一九一九年になると前述の通りニューヨークの神智学協会に加入する。また同時期にボストン美術館の学芸員であるハーヴェイ・ヴェッツェルを紹介され、フェノロサや岡倉天心の手で英語圏の世界に紹介された日本の美術についての関心を語り合う仲ともなった。

彼らが日本人に対して抱いていた印象は、文明化され洗練された集団、というようなものだった。同時にアジア圏における価値観や伝統をよい形で保持している、とも捉えていた。アジア的な仏教徒、西洋的なキリスト教との理想的な融合の形が発生し、以前のような「東洋」や「西欧」といった言葉を超越した理想的な状態が出現すると考えたのだ。そのことは、レーモンド夫妻に大変大きな影響を与えた。アントニンはユダヤ教の文化の中で育ち、ノエミはフランスとスイスのプロテスタント文化の中で育ったという違いはあるが、彼らはともに神秘的な運動やスピリチュアリズムといったものを通して最終的に神智学の世界に到達した。そして同時に彼らはキリスト教徒でもあり、仏教徒でもあったのだ。アントニンはフリーメイソンの可能性がある。

図3　集合写真左から：Stefan Łubienski, Antonin and Noemi Raymond, Philip St.Hilaire, Zina Łubienski, Keshoram Sabarwalと、二人の男、東京、1920年代前半、私蔵写真

以上のような精神世界に関する彼らの強い関心はデザイン上においても当然関連のある結果を生み出すことになり、彼らは数多くの教会建築や寺院建築、また多様な公共スペースの建築デザインにもたずさわることになった。人類の発生の象徴的なアプローチまたその理解というものはノエミにとって欠かすことのできないものとなり、例えばそれは東京目黒の聖アンセルモ教会のステーション・オブ・クロスのデザインとなって表現されている。こ

のデザインではキリストの精神的な旅が「手」という形をとって表現されているのだ[13]。

一九二〇年代と三〇年代にかけて二人の間で交わされた精神的にクリエイティブな書簡でのやりとりが残されている。それによれば、ノエミはニューヨークで神智学協会を訪れるたびに夫にそのことを報告している。これによるとたとえば、のちのゴルコンデ宿舎建築の発注を受けることとなる大きな機会のひとつは、慶應大学で教鞭をとっていたジェームズ・カズンズ（1873―1956）によって一九二〇年に設立された東京の神智学関連の集まりのつながりで得られたことがわかる[14]。この東京ロッジの会員には鈴木大拙（1870―1966）やその妻でノエミの友人でもあったベアトリス・レイン・スズキも含まれている[15]。

五　シュリー・オーロビンド・アシュラムとレーモンド夫妻

インドのシュリー・オーロビンド・アシュラムの発展を考える上で、第一次世界大戦の間に日本に滞在していたカズンズとポール・リシャール とミラ・リシャールの関係性を無視することはできない。またその次に作曲家であり芸術家そして精神的指導者となったステファン・ルビエンスキーも重要な人物の一人だ。彼は、ポーランド貴族の出身で神智学者でもあった母の下で音楽を学び、若くして神智学と出会った。音楽と神智学はその後の彼の人生にとって無くてはならないものとなったのだ。彼は一九二一年から一九二五年の間に日本に滞在し、日本の文化、特に能楽を勉強し、また日本人に音楽を教えてもいた。ルビエンスキーとその妻であるツィナも、兄弟のように親しかったフィリップ・バルビエ・サン・イレールとともに来日した。

サン・ティレールは科学技術者であり、フランス大使館とのつながりもあった。そしてフランス大使のクローデルは、レーモンドにとって重要な顧客の一つだったのだ。そしてもう一つ神智学というものを考える時に大事な交流の場であったのが、星製薬だ。星一《はじめ》は一九二二年に製薬のための学校を設立し、若きレーモンドにその学校の設計を依頼した。この結果建設されたコンクリート造りの講堂がある建物は、成功への切符となった。星はまた数多くの展覧会を支援し、多くの外国人芸術家の作品を日本に紹介する上で大きな役割を果たした。その中にはすでに紹介したサン・ティレールも含まれている。しかしながらルビエンスキーによって指摘されたようにサン・ティレールの生活やキャリアに対するものの見方はこの時期大きく変わっており、彼はその後まもなくチベット、そしてインドのポンディシェリにおもむき、偉大なるヨギであるシュリー・オーロビンドのもとでともに生活をすることになる。[16] そしてこのことが、サン・ティレールが後にレーモンドにゴルコンデ宿舎の建設を依頼するきっかけとなるのだ。

一九三五年にレーモンドの事務所はアシュラムのゴルコンデ宿舎での建設デザインを請け負うことになる。そして主要なデザインは一九三六年にジョージ・ナカシマによって完成させられた（図4）。建物のデザイン自体はレーモンドが行ったものの、建設行為に伴う騒音を心配したシュリー・オーロビンドは、建設活動をその土地に住む住民がとりおこなうことに決定した。[17]

図4　テラスに立つ George Katsutoshi Nakashima（スンダラナンダ）1930年代中頃、写真提供：シュリー・オーロビンドアシュラム、ポンディシェリ、インド

まず初めに、ナカシマ（のちスンダラナンダ）とフランチシェク・サマー、そしてチャンズラルは建設される部屋の実際のフルスケールモデルを作ることによって、果たしてそれが実際に建築可能なデザインであるのかのテストを行った。モデルが完成した後はさらにそこからより洗練されたデザインも造ることが可能かどうかの実験を行った。ナカシマが行ったことの一つには非常に細密に描かれたコンクリートの枠組みのデ

ザインが含まれている。[18]

六　レーモンド夫妻・インドにて

アシュラムにおいてパヴィトラという名称で知られていたサン・ティレールとレーモンド夫妻は、親友になっていた。レーモンド夫妻に会ったマザーは、二人をして最もすぐれた人間性を持つ人々である、と語った。もちろんこのことはこの夫婦が単なる男と女の間柄だけではなくて、あたかも兄弟であるかのように、お互いのことを意識的に助け合い、より完璧な存在にしようとしていたからだ。この夫妻はアシュラムの良き理解者であったが、同時にかなりあけすけにコミュニティーのことを批判もしていた。当時この土地にあったワークショップは非常に貧弱なもので、建築上の不備が多々見受けられたのだ。

このことについてノエミは批判し、いくつかの家具についてこれを是正すべきだと述べ、実際にそれはゴルコンデでの家具設計に反映させられることになった。ある日ノエミはそこまで真剣ではないものの、さりとて冗談めかしていうわけでもなく「あなた方アシュラムの人々は新しいことを学ぶのに熱心ではないようね、過去10日間にわたって私は家具に使うバーニッシュの効果をいろいろと試して何が1番この土地の気候に最適なのか研究してきた。そしてとうとう1番いい方法を見つけた。ところがこの事をずっと見てきたはずのサダクは何も覚えていないばかりか、どこかへふらふらと行ってしまったではないの。私はこの土地をしばらく去るべきだと思うわ。そうすれば、教養のないタミル人たちに私の仕事がどれだけ価値があるものなのかということを理解させることができるでしょう。私はこんなに努力して言葉が通じない中でがんばっているというのに、誰一人としてこの土地にいる人たちは進んで学ぼうとしない。その割には毎日のようにものすごい数の人たちが私たちの家を訪ねてくるのよ」。

このような事態を知ったマザーはアシュラムに住む人々に対しレーモンド夫妻の言うことをよく聞くように言い渡す。

時としてレーモンドは村の人々が住んでいる古い家の建築方法や使われている素材などを調査した。それらの事は彼にとって非常に興味深いことだったのだ。彼はしばしばこれら地元の人々が真の意味での建築家であると語っており、もし正統な教育を受けたのであれば非常にすばらしい建築家になったであろうと語っている。

七　ゴルコンデデザイン（図5）

七―一　立地

図5　建設中のゴルコンデ、日時不詳、写真提供：-シュリー・オーロビンド・アシュラム、ポンディシェリ、インド

レーモンドは自らの自伝の中でこう語っている。「時間も金額も契約書の中には含まれていなかった」しかしながら金銭の問題はさけがたい当然の課題として現れて、この計画に携わった中の誰もそれがどこからやってくるのか知らなかった。マザーは彼女の知り合いNizam of Hyderabadから一〇万ルピーの金銭を寄付してもらえるよう頼んだが、その時期はちょうどアクバル・ア、リ・ハイダーリーがその知人と交流を持っている時期だったので運良く彼は一〇万ルピーのお金を手にすることができた。しかしながらそれは必ずしも易しいものではなかった。

とにかくこのNizam of Hyderabadからの寄付によってこのあと建設されるゴルコンデの名称が由来することとなる。というのも、ゴルコンデというのはゴルコンデの地方にある金の鉱山だったからだ[19]。はじめのお金が到着した時すでに工事は始まっていた。一方マザーは、私財の大部分を工事のために取り崩していた。

そして状況はさらに変わることになる。

すでに述べたようにシュリー・オーロビンドが新しい工事担当者を雇うことを拒否し、そのかわりにそこに住んでいる人々を働かせることを決定したのだ。このことは非常に大きなふたつめの問題となった。この状況に直面したマザーがとった行動は、人間的な状況を計算していくのではなくただ一人の神のために働き、金銭的な事柄は問題としないという態度だった。そこでの問題は果たして建築家がそれを了承するかどうかということになる。驚くべきことにレーモンドはそれを了承する。彼はこう言っている。「ただ単にこのインドでの僧院の生活というものが人生における新たな解放を与えてくれるだけではなく、この建築の作業の環境そのものが物質的世界観にとらわれたわれわれにとって極めて特異でかつ素晴らしくまるでそれは我々が夢の中に生活しているかのようであったからである」と[20]。

七―二　サマー

レーモンドがポンディシェリにあるゴルコンデ宿舎の建設産業のために一九三八年に来て以降、彼はまたもう一人のチェコ人であるサマーをアシスタントとして連れて来ていた。サマーはル・コルビュジエの学生でル・コルビュジエがモスクワに巨大な住宅計画をしていた一九三三年に彼と共に行動していた。

一九三五年の夏にサマーは日本をロシア経由で訪れる。そしてそこでレーモンドに会うことになる。この二人のチェコ人はすぐさま友人関係となった[21]。

その後サマーはロシアに帰るが、一九三七年になるとロシアの状況が悪化し、すべての外国人はロシアから退去しなければならないような状況になった。そこでサマーはレーモンドに日本で仕事があるか尋ねる。彼はすぐさま返事を出した。もちろん仕事はあるからすぐにおいでと。サマーは日本に行った。というのもレーモンドは彼を連れてゴルコンデの建設のために日系アメリカ人であるNakashimaと共にインドに一緒に行くように頼んだからだ。

サマーはインド到着後すぐにアシュラムの人々に受け入れられた。マザーから「いくらお金がもらえるかや、どれぐらい仕事に時間がかかるか考えてはいけない。私はいい建物を建ててほしいのです」と言われたようである。

彼にとってこの種の顧客に会うのはこれが初めての経験だった。アシュラムのサダクはサマーについてこう書き記している。「彼はチェコスロバキアで生まれ、フランス語を英語よりもよく話した。自己紹介のあとその多くは事務仕事や計算やドローイングが主であったが、彼は我々と4年間もの日々をゴルコンデで共にした。われわれは彼のことをコンクリートサイトで働いていたナカシマに比べてそんなに頻繁に見ていたわけではなかった。彼が来るのは大抵コンクリートの作業が完了したときだった。しかしレーモンドは少しするとアメリカに渡り、一九四二年にサマーはイギリス軍に志願兵として参加した。」(22)

以上のようなことから読み取れるのは、ゴルコンデというものは単なる美しい現代的なコンクリートの建築物を作り出すことではなく、精神的な覚醒の器として、そしてまた無数の過酷な状況の中にある人々の心に灯りをともす、発展発達のための建造物だったのだ。アシュラムは信仰の場でもあり、そして同時に東洋と西洋とをつなげる最初の試の場でもあった。

七―三 Experimental conditions

マザーは「神聖なものは現実世界では美しさの内に宿る」と言っている。それはゴルコンデの中でも実現されている。デザインを開始するにあたってレーモンドは現地の写真を数多く受け取ったのだが、そこから彼は非常に簡潔ながら力強い解決策を見出す。一九三五年の彼の一〇月のマザー への手紙の中で彼は「私はこの外観によってあなたにショックを与えたくはない。この建築によってわれわれは新たな建築の基礎を築くことになるであろう」と書き記している。実際の建築は一九三七年の一〇月一〇日に開始され、一九四八年にほぼ完成した。

図6 外から見たゴルコンデ宿舎と庭、1948年、写真提供：シュリー・オーロビンド・アシュラム、ポンディシェリ、インド

サマーはコンクリートの成形は炭化ケイ素によってのみ上手くいくのであって、その他の方法ではダメだと強く主張していた。そこでコンクリート成形の手法が慎重に定められた（図6）。この結果、より要求される技術の高いコンクリートの形成方法が選ばれたわけだが、そのおかげで全体のデザインがより一層美しいものとなった。同じようなことは階段の手すりの木製の床材についても見られる。これらの作業は一九三七年の一〇月一〇日から始まり、実際、大成功であった。サマーはマザーと同じく細部への完全主義を信じ、そしてそれは物質化されるデザインのエートスとなった[23]。

建築モデルやフルスケールの部屋のプロトタイプが作成されたことをすでに述べたが、実際の建設そのものについてはやってみるまで分からなかった。このための研究室が作られ、そこでセメントのテストや骨材、砂や砂利そしてコンクリートの塊のテストなどが行われた。ワークショップも開催され、建物内部に置くための備品用の銅や青銅、真鍮などが作られた。また同じ場所では床材として大きなサイズのカダパ石を切るための機械が組み上げられた。木工部分に関しては、一部を除きビルマ産のチーク材が使われた。この建物が建設される時点においては鉄骨はフランスから輸入し、セメントは日本から輸入するほうが安くついた。アスベストのよろい戸はEverest Companyよって作られた。すべての建材や建具について予備が作られたが、それらは五〇年後になってもほとんど利用されなかった。このことはこの建物がいかに高い技法で作られ、そしてよくメンテナンスされてきたかを物語っている。

七―四　気候における課題

レーモンドはこの建築にあたって現地の時として厳しい気候をできるだけ和らげるために、正面を北に向け、南側を風が通り抜けるような設計にした。移動させることが可能なよろい戸とチーク材を編で作った引き戸は、プライバシーを犠牲にすることなく換気を可能にした。ゴルコンデはマドラスの約一〇〇マイル南に位置する一八世紀の町だ。この土地は海に面しており、潮風が海から吹き上げられ雨季には数多くの台風も襲来する。しかしほとんどの時期には灼熱の太陽が照り付けるような気候だ。レーモンドが解決しなければならなかった問題の一つは、この地を訪れる人々が宿泊するゲストハウスや仕事部屋、その他の施設を、機械的な空調設備を入れることなくいかに涼しくするかということであった。その結果、建物のすべての外壁を調整可能なよろい戸で覆うことによって熱を遮断し風を防ぎ、しかし同時に換気を確保することに成功した。この建物の主体はコンクリートだが、両端の壁は白い漆喰によって塗られている。この建物は建築としての高い完成度を画期的な設計と構造、そしてデザインによって実現させることに成功している。ここで我々は建築の基本的な原理である簡潔さ、経済性、直接性および自然との親近感が意図的かつまんべんなくほどこされていることを確認することができるのだ。建物は三つの部分で構築されているのだが、熱による破損を防ぐためにそれら三つの部分の隙間を銅板が覆っている。地震にも耐えられるよう軽い伝導体が使われている。

八　まとめ

マザーはこう言っている。ゴルコンデは単なるゲストハウスではない。それはそこに宿泊する人が瞑想し、そしてサダナという精神的な修行を美しい環境の中でおこない、少ない労力で、まるでその昔仙人が山の中にこもって修行をした洞窟のような環境を、現代的な文脈の中で再構築する場所なのだ、と。(24) マザーのこの言葉は、ゴルコンデ宿舎が、サダナのためにデザインされた空間、あるいは器である、というふうに言うことで、理解できるだろう。アシュラムのサダクのひとりの証言によると、マザーはレーモンドと彼のチームに〝生きている小石〟だけをコンクリートに使うように指示し、実際に彼らはそうしたということだ（図7）。コンクリートのフレームに使用された釘はすべて数えられ、まっすぐに直されて再利用された。熱心なものの中には真鍮製の生活用品を寄付することでドアノブなどの部品に鋳直してほしいと言うものもいた。

レーモンドは自伝の中でアシュラムの建物についてこう言っている。

「ここはまさにすべての活動が、スピリチュアリティという一定の方向性を向く理想的な存在の場である。ここでは、時間や金銭は重要な価値を持たない。顧客と契約者の関係は通常のような厳しいものではないし、建築家は完全に自由に仕事ができる。したがって建築家はその芸術性と科学力のすべてを注ぐことができる」

この建物は完成する前から、第二次世界大戦の影響もあり多くの訪問者が滞在していた。マザーはそこにいるすべての人たちに対しゴルコンデで仕事をし、毎日一二時間働くように言った。これは彼らにとっての修行なのだ。これは彼らも物質的な部分がどのように精神的な構造として認識されるかを知るための作業なのだ。この建物は日々の精神的修行の一部となり、さらにのちにはアシュラムの精神的な達成業績の一部となった。この建物は現在もアシュラムとして使用されている。

レーモンド夫妻は、アシュラムの中で、新しい考え方や神智学の研究、また東洋の伝統に基づく新しいモダン建築をデザインする、というよりは東洋と西洋が拮抗しているという状況を乗り越え、両者を今までにないユニバーサルなあり方で結びつけるという野望をともに実現するパートナーを見つけたのである。

本章では、統合的なヨガの修練のための完璧な〈器〉が作り出されるに至るまでの過程と条件についても述べてきた。その過程は、国境を越えた複雑なものだったが、精神的なつながりのおかげで、その他のさまざまな違いを乗り越え、関わった人たちは困難なタスクも完遂することができた。その成功は、異なったヴェクトルを帯びた考え方をデザインを通して均衡のとれたリズムに乗せる、という〈中動態〉と結びつける能力ゆえに達成されたものであったかもしれない。参加者たちは、それぞれが東と西の代表者としても呼び得る人たちであり、たんに受動的、ないしは能動的なだけではなかった。そのため建設作業は、事前の出来合いの着想を実現しただけのものではなく、その実現は、物質と精神との間の相互作用の過程となったのである。さらに、この土地の気候がとても重要な役割を担っていた。レーモンドはそれを侮ることなく考慮にいれ、苦心のすえ、周囲の生態系の環境にうまく溶け込むよ

図7　スリ・オーロビンド・アシュラムのゴルコンデ宿舎室内装飾、日時不詳、写真提供：シュリー・オーロビンドアシュラム、ポンディシェリ、インド

うに建築構造を調和させた。このような過程は〈中動態《ミドルヴォイス》〉の実践の好例として解釈することができるだろう。ゴルコンデ宿舎は異質でハイブリッドな作りをしていながら、植民地ポンディシェリの港に見事に溶け込むように造られた。この建築における成果は、世界的に評価を受けた。しかしその風変わりなデザインの要因は、デザイナーたちの並外れた才能だけに帰することはできず、世界にまたをかけるアーティストたちの強いつながりと精神的なネットワークの賜物であることも忘れてはならないのである。

【注】

（1）Ashok Dilwali, Robi Ganguli, Pankaj Vir Gupta, Christine Mueller Architects, *Golconde: the introduction of modernism in India*（New Delhi : Urban Crayon Press, 2010）.

（2）Antonín Raymond, *An Autobiography*, Rutland, Vt. 1973; アントニン・レーモンド，三沢浩訳『自伝 アントニン・レーモンド［新装版］』鹿島出版会 2007年；Kurt G.F.Helfrich, William Whitaker, *Crafting a Modern World, the Architecture and Design of Antonin and Noemi Raymond*（Princeton Architectural Press, New York, 2006）.

（3）Sri Aurobindo と Mirra Alfassa の伝記：http://www.sriaurobindoashram.org/ashram/sriauro/index.php（29.2.2016）.

（4）More on Mirra Alfassa in: Huss, Boaz. 2015. "Madame Théon, Alta Una, Mother Superior: The Life and Personas of Mary Ware（1839-1908）." *Aries* 15:210-46.

（5）In: The Mother on Japan — Compiled from the works of the Mother（Auroville: Prisma）.

（6）In: Rosenow, Cecilia L., *Pictures of the floating world: American modernist poetry and cultural translations of Japan*, PhD Dissertation, 2002, pp. 95-95;126.

（7）In: Shin'ichi Yoshinaga（ed.）, *Hirai Kinza and the Globalization of Japanese Buddhism of Meiji Era, a Cultural and Religio-Historical Study*（2006）http://kaken.nii.ac.jp/en/p/16520060/2006/6/en.

（8）Kurt F. Helfrich – William Whitaker（eds.）, *Crafting a Modern World: the Architecture and Design of Antonin and Noémi Raymond*（kat. výst.）, New York 2006.

（9）Gauri Viswanathan, "The Ordinary Business of Occultism," *Critical Inquiry* 27, 2000, no. 1, p. 4.

（10）Helena Petrovna Blavatsky, *Isis unveiled: a master-key to the mysteries of ancient and modern science and theology*. Vol. 1, Science, Vol. 2 Theology（Pasadena: Theosophical University Press, 1972）.

（11）Kurt G.F. Helfrich, William Whitaker（eds.）, *Crafting a Modern World: the Architecture and Design of Antonin and Raymond*（New York: Princeton Architectural Press, 2006）, p.16 .

（12）Pernessin Raymond の自伝断片からの引用。そのコピーは、the Raymonds archive in Architectural Archives of the UPENN にある。

（13）Helfrich, Whitaker（eds.）, *Crafting a Modern World,* pp. 226-227.

（14）日本における James H. Cousins についての細部は、*The New Japan: Impressions and Reflections*（with 74 illustrations）（Madras: Ganesh & Co., 1923）参照。

（15）Kiyohide Kirita, ed. Suzuki Daisetsu kenkyū kiso shiryō（Kamakura: Matsugaoka Bunko, 2005）p. 81.

（16）In: Stephan Lubienski, *Vor der Schwelle. Lebensbeschreibung eine polnischen Künstlers und Suchers*（Rotterdam: Selbstverlag, 1974）.

（17）*Golconde*, brochure（Pondicherry: Sri Aurobindo Ashram Trust, 2002）, p. 2.

（18）Shraddhavan（ed.）, *Golconde: A Look behind, Part 4: The Buildings*（*1*）, Mother India, April, 1989, p. 241.

（19）*Golconde*, brochure（Pondicherry: Sri Aurobindo Ashram Trust, 2002）, p. 1.

（20）Shraddhavan（ed.）, *Golconde: A Look behind, Part 1: The Building,* Mother India, January, 1989, pp. 26-27.

（21）Antonín Raymond, *An Autobiography,* Rutland, Vt. 1973, p. 160.

（22）Shraddhavan（ed.）, *Golconde: A Look behind, Part 5: The Builders*（*2*）, Mother India, May, 1989, pp. 319-322.

(23) Shraddhavan (ed.), *Golconde: A Look behind, Part 1: The Building*, Mother India, January, 1989, p. 25.

(24) Shraddhavan (ed.), *Golconde: A Look behind, Part 13: Conclusion*, Mother India, February, 1990, p. 91.

［コラム］宣教師の日本語文学——宣教と受容の両方通行

郭　南燕

一　「宣教師の日本語文学」とは何か

「日本語文学」は、書き手が「日本人」ではなく、日本語が母語ではなくてもよいし、日本語で書くことに言語的・芸術的・社会経済的・政治的な選択があり、外からの視点で日本語と日本文化を観察し、独自な日本語運用法があることを意味する。

「日本語文学」を対象にする研究は一九九〇年代から始まった。それを概観したのは二〇一三年刊行の『バイリンガルな日本語文学：多言語多文化のあいだ』（郭南燕編著、三元社）であり、一九八〇年代以降の来日作家、植民地出身の作家、海外で活躍している日本人作家などを対象にしている。

だが、右記の「日本語文学」に含まれることなく、看過されてきた数多くの「日本語作家」がいる。それは幕末から現代まで来日している外国人宣教師である。約三〇〇人の宣教師（大半はカトリック系）が日本語で約三千冊を著述し、刊行していることが確認できている。これらの書物には際立つ特色がある。それは日本人に宣教する前にまず日本語と日本文化を謙虚に受容する、というものである。

一五四九年八月一五日、イエズス会創始者の一人フランシスコ・ザビエルが鹿児島に上陸した。それをきっかけに、西洋文明の種が日本に撒かれただけではなく、ザビエルの詳細な書簡によって日本は世界の舞台に登場することになった。これは日本と国際社会との間に始まった最初の交流であり、今日のグローバル化の先駆けといえる。

キリシタン世紀（一五四九—一六三九）に来日した宣

教師たちは、日本語の学習と日本文化の理解のために懸命に努力した。彼らが目指した日本語力は、「自由に説教し、討論や文書によって誤謬と迷信を論破し、信者の告解を理解し、書きたいことのすべてを自然にしかも立派な文章で書き、この国にみられるあらゆる種類の事物について、この地の人々と同じように語り論じられる」（ジョアン・ロドリゲス著、池上岑夫訳『日本小文典』一六二〇年、岩波書店、一九九三年）という高度なものであった。この時代の宣教師と日本人信徒の共同作業から生まれた数々の書籍が「キリシタン文学」と称されている。

キリスト教解禁後、宣教師たちは、近代日本の思想、教育、医療、福祉、農業、漁業、聖書翻訳、辞書作成、出版、建築、音楽、文学、法律、国家制度などの分野に大きな影響を与えてきている。それらの業績に関してはすでに多くの研究がある。しかし、幕末から現在まで数百名の宣教師がみずから日本語で執筆した数千冊の著書に関する研究はまだ非常に少ない。

これらの書籍は、詩歌、小説、随筆、戯曲、紀行、文学評論などを指す狭い意味の「文学」とともに、『聖書』と教理の紹介、聖人伝、書簡、対話、演説、日記、雑文、研究書などをも取り入れて、もっと広い意味を含めて、海老澤有道『キリシタン南蛮文学入門』（教文館、一九九一）が記した中世の「キリシタン文学」の諸ジャンル（教理文学、祈禱文学、典礼文学、聖書文学、観想・修徳文学、護教文学、殉教文学、書簡文学、演劇・詩歌その他の文学）と重なる部分が多い。

近代宣教師の著述の形態は、（1）宣教師の口述と日本人の筆記、（2）宣教師のローマ字文章の日本人による漢字・仮名変換、（3）宣教師の単独執筆、の三種類に分類することができる。

二　「宣教師の日本語文学」の研究開始

東アジアの範囲において考えれば、一九世紀から現在まで、宣教師による中国語著書が約四〇〇種前後にとどまっているのは、一九四九年以後、宣教師が中国大陸から海外追放されて中国語で書く必要がなくなったからである。朝鮮半島では、厳しい弾圧が過ぎ去った後、現地司牧者の養成が成功したため、外国人宣教師がハングルで執筆する必要もほとんどなくなった。

したがって、来日宣教師が数千冊もの日本語書籍を執筆し、出版できたのは、キリスト教に対する日本社会の寛容と理解と深く関係している。

また、漢字とハングルよりはるかに複雑な書記法をもつ日本語（ひらがな、カタカナ、漢字）と格闘しながら、繁忙極まりない活動の合間に大量な日本語著書を創り続けたことは、宣教師が東アジアでやり遂げた「文化的偉業」といえよう。

中華圏では、「宣教師の漢語文学」に関する研究が近年、盛んになり、たとえば、台湾では宣教師の漢文作品集『漢語基督教経典文庫集成』（二〇一三―一六年）、中国大陸では宋莉華『伝教士漢文小説的研究』（宣教師の漢文小説の研究、二〇一〇年）と『近代来華伝教士与児童文学的訳介』（近代来華宣教士と児童文学の翻訳と紹介、二〇一五）、中国国家社会科学基金重大項目「漢語基督教文献書目的整理与研究」の成果である『漢語基督教珍稀文献叢刊』（陶飛亜編、二〇一七年、全10巻）が刊行されている。

近代宣教師の日本語・日本文化の理解は、キリシタン世紀にすでに行われていたものの模倣と更新だと思う。したがって、「キリシタン文学の継承」という視座を定めれば、近代宣教師の著作の内容、形式、受容などをより歴史的に理解することができるだろうと思う。

私は四つの仮説を立てて証明しようとしている。①翻訳者を介するよりも、宣教師がみずから日本語で執筆した著書のほうが、はるかに効果的な影響を日本社会に及ぼしている、②宣教師の日本文化への洞察と日本社会への期待は、日本人に内省の契機を与え、日本社会の成熟を促している、③宣教師の日本語著書が、日本人とともに日本文化を築き、多文化的性格を与えている、④これらの書物は東西交流に関する格好な研究材料となりうる、というものである。

二〇一四年一〇月から二〇一九年三月現在まで行ってきた共同研究によって、いくつかの成果を生み出すことができた。論文集『キリシタンが拓いた日本語文学：多言語多文化交流の淵源』（郭編著、明石書店、二〇一七年）が刊行された。第一部「キリシタン時代の日本文化理解」は、郭「聖フランシスコ・ザビエルの日本語学習の決意」、川村信三「イエズス会巡察師ヴァリニャーノの「順応」方針の動機と実践」、李梁「イエズス会の教育とA・ヴァリニャーノの思想」、カルラ・トロヌ「イエズス会の霊性と「九相歌」」、アルド・トリーニ「『日葡辞書』に見える「茶の湯」の文化」、阿久根晋「マニラから津軽へ」、浦道陽子のコラム「先祖の話：キリシタンへの改宗」がある。

第二部「日本宣教と日本語による著述」は、陳力衛

「辞書は伝道への架け橋である」、北原かな子「プロテスタント宣教師と「言語」」、将基面貴巳「仏人宣教師リギョールと『教育と宗教の衝突』論争」、ケビン・ドーク「カンドウ神父の日本文化への貢献」、谷口幸代「日本語の書き手としてのヘルマン・ホイヴェルス」、郭「ホイヴェルスの脚本『細川ガラシア夫人』」、シルヴィオ・ヴィータのコラム「マレガ神父の日本文化研究」がある。

第三部「聖なるイメージの伝播」は、望月みや「複製技術時代における宗教画」（田中零訳）、松岡史孝「多様性の中の統一性：愛の性格」（木村健訳）、エドゥアルド・フェルナンデスとステファン・ピッツ「贈り物の聖なる交換」（田中訳）、井上章一「『沈黙』にひそむ『瘋癲老人日記』の影」、郭のコラム「「聖骸布」に関するコンプリ神父の日本語著書」がある。

第四部「朝鮮半島宣教とハングルによる著述」は、フランクリン・ラウシュ「ハングルによるカトリックの書物」（木村訳）、李容相「外国人宣教師の半島伝道と著述活動」、崔英修「外国人女性宣教師の文化的影響」がある。

本書は刊行後まもなく『週間読書人』（二〇一七年一二月一日）に書評された。（評者：中川成美）「中世以降のスパンで文学研究として考えようとするのは、本書が殆ど初めての試みではないか」として、「中世日本の日本語文学、すなわち宣教師らによって果敢に試みられた日本語使用の格闘に、「日本語文学」の出発を見出している。この視点は新しい」と肯定し、「宣教師たちが単純な布教のみに関心を集中していたのではなく、教義そのものを異文化のなかで相対化しようとする画期的な試みがここでなされていたことが良くわかる」るという積極的な評価であった。『図書新聞』（二〇一八年一月二七日）の書評（評者：稲賀繁美）は、「踏みしだかれて扁平になった銅板や木板、「もはや人のために役立た」ぬ反故文書の上に、キリスト教に淵源を持つ「日本語文学」の足跡は、「神の恩寵」の印を顕現させているようだ」という詩的な表現をもって評価している。

『日本近代文学』（98集、二〇一八年五月）の書評・紹介（評者：宮坂覺）は、「編者を含めて論者は半数以上が異言語文化の中にいる方々である。すなわち、おそらく日本の文化の枠外の視線が新しい視点を拓いたのであろう。それなくして、「キリシタン時代こそが今日のグローバル化の先駆け」との言説は生まれなかったと考える」と肯定している。『日本の神学』（57号、二〇一八年九月）の書評（評者：釘宮明美）は、本書は「時代的にはキリシタン時代から再宣教を経て現代に至るまで、地理的には日本を中心にアジアからヨーロッパをカバーし、広大な時空間に跨るキリスト教宣教と受容における多言語多文化交流のダイナミズムを多角的に生き生きと伝える」として、従来の「キリシタン文学」と「キリスト教文学」を断絶させた一九世紀のロマン主義以降の文学概念にも「一石を投ずる起爆剤を本書は有している」と評価している。

三　宣教と受容

日本語著書を書いた代表的な宣教師四人を取り上げる『ザビエルの夢を紡ぐ：近代宣教師たちの日本語文学』（郭南燕著、平凡社、二〇一八年三月）も刊行された。本書は、ザビエルに始まった日本語学習と日本文化の理解を原型とした四人の宣教師がいかに日本語をもって著述し、日本人に広範な影響を与えたのかを描出するものである。「序章：日本へのザビエルの贈り物」「第1章　日本に情熱を燃やしたザビエル」「第2章　ザビエルの予言へ呼応する近代宣教師たち」「第3章　日本人に一生を捧げたヴィリオン神父」「第4章　日本人を虜にしたカンドウ神父」「第5章　詩的宣教者―ホイヴェルス神父」「第6章　型破りの布教―ネラン神父」「終章　日本人とともに日本文化を創る試み」という構成である。[1]

パリ外国宣教会のA・ヴィリオン神父（仏、Aimé Villion, 1843―1932）は、日本人の考え方と風俗、習慣を理解するために仏教の研究を深めようとして、浄土宗大本山智恩院に通った。彼は日本語による著述をもって、日本人の知らなかったキリシタン迫害史を広く知らせて、日本人の歴史認識を更新し、キリスト教の世界観が多くの日本人に新しい生命を与えていたことを思い出させることができた。彼の代表作は『日本聖人鮮血遺書』（ビリヨン閲、日本加古義一編、村上勘兵衛、一八八七年）である。

同じくパリ外国宣教会のS・カンドウ（仏、Sauveur Candau, 1897-1955）は、日本に到着したとき、日本語とバスク語との類似性にいち早く気がついて、漢字の学習に力を注ぎ、間もなく日本語を身につけた。その抜群の日本語力と文章力に感心した日本の文化人は数え知れない。彼は自分を惹きつけた日本についてこう語る。「わたしをこの日本に生涯引き止めんとするものは実に多くの美しい魂である。臨終の床にあって神に感謝し、喜びをのべ、従容として死んで行く人びとであります。（略）自分はこのような美しい魂を見出したこの日本を愛せずにはいられない、といいきるだけの勇気を感じております」[2]と。

カンドウは、カトリックの真理を理解させるために「東洋人の心に最も訴える表現を見出」そうとした。ある婦人は、日曜は洗濯、掃除、縫物などで忙しくしていて教会にゆく暇がないと言ったら、カンドウは「あなたは始終にこにこなさって天国のありなしはともかくとして、もし天国があるなら、あなたこそ行ける人だ」と言って大いに慰めたことがある。[3]彼の代表作には『思想の旅』（三省堂、一九五二年）、『世界のうらおもて』（朝日新聞社、一九五五年）、『永遠の傑作』（東峰書房、一九五五年）、『バスクの星』（東峰書房、一九五六年）などがある。

イエズス会のホイヴェルス（独、Hermann Heuvers, 1890-1977）は日本の古典文学を研究し、戯曲、散文、詩を用いて創作した。彼は、日本の風俗習慣に新しい意味を持たせることによって、日本人が自然にキリスト教的なものに心を向け、最初は異様に響いたキリスト教的なものもさほどの違和感なしに受け入れてもらえるように努力した。代表作は、脚本『細川ガラシア夫人』（カトリック中央書院、一九三九年）、随筆集『神への道』（春秋社、一九二八年）、『鶯と詩人』（エンデルレ書店、一九四八年）、『時間《とき》の流れに』（中央出版社、一九五三年）、『人生の秋に：ヘルマン・ホイヴェルス随想集』（春秋社、一九六九年）などである。

宣教師ネラン（仏、Georges Neyran, 1920-2011）は、日本人の視点に合わせながら、日本語で著述をした。彼は、「日本に来てから、キリストを知らない大勢の人々に出会った。その人々はみな人間らしく生きており、人格的に何ら欠陥がありそうに見えない。戦後、日本は驚くべきスピードで繁栄に達したばかりか、社会道徳の高い水準も保ってきた。さらに人権擁護のための人道的活動を行ったり、社会福祉に身を捧げたりする人も少なくない。しかも、その人々の間にキリスト教徒はほとんどいないと言っていい」[4]と言い、日本人の心理と感情をうまく捉え、スナックバー、著書を通して、キリスト教を日本人の生活の中に持ち込もうとした。代表作には、『盛り場司祭の猛語録』（コルベ出版社、一九八〇年）、『おバカさんの自叙伝半分：聖書片手にニッポン36年間』（講談社、一九八八年）、『ま、飲みながらでも：貴方にキリストをご紹介します』（フリープレス、二〇〇〇年）などがある。

ヴィリオン（滞日六四年）、カンドウ（滞日二一年）、ホイヴェルス（滞日五五年）、ネラン（滞日六〇年）の四人は、日本人の倫理観に感心し、日本に深い愛情を抱き、日本の「土」となった人たちである。彼らは日本人が理解し、受け入れられるように日本語でキリスト教を伝えようとして、キリスト教を押し付けようとしない、という特徴を共有している。つまり、彼らの日本語文学は、日本人への宣教と日本文化の受容とを同時に表現しているものである。

【注】

（1）刊行後、諸紙に取り上げられた。たとえば、『産経新聞』の「聞きたい・知識人を心酔させた言語力」（二〇一八年四月一日）、『日本経済新聞』（二〇一八年四月一四日）の「異文化を繋ぐ「日本語文学」」、『朝日新聞』（二〇一八年五月一二日）書評「母語話者にない「最上のわざ」」（サンキュータツオ）、『読売新聞』（二〇一八年五月二〇日）書評「日本人の魂への郷愁」（鈴木幸一）、『世界日報』（二〇一八年六月二四日）書評「宣教師が記した日本語文学」（多田則明）。

（2）カンドウ「心眼に映じたる日本」池田敏雄編『カンドウ全集』第一巻、中央出版社、一九七〇年、二八―三〇頁。

（3）丸太むら「カンドウ神父様の御魂に」『声』九三八号、一九五六年二月、四九―五〇頁。

（4）G・ネラン「イエスは生きている」林あまり『私にとって「復活」とは』日本キリスト教団出版局、二〇〇四年初版、二〇〇五年再版、六四頁。

［コラム］

「ウツワ」作為と無作為の間に陶芸創作の原点を探る

近藤高弘

西欧では、クラフトはアートより一段低く見られてきた。しかし、二〇〇〇年以降工芸的な要素が現代アートの中にも多く登場するようになってきた。また、ニューヨークのクラフトミュージアムがアート&デザインミュージアムと改名された時期を境に、日本の現代陶芸は、アメリカを中心に受け入れられ、メジャーな美術館に多くコレクションされ、ファインアート作品として認知されるようになった。

世界の現代アートシーンが更新されていく中、これまでの絵画や彫刻といったファインアートでも、通常の概念では現代美術の中ではすでに賞味期限が切れているものもあり、新しいメディア、表現が多様化する中、工芸も新たな表現の可能性として現代アートとクロスオーバーしてきたといえる。

今後さらに陶芸が現代アートと対峙する、または、認知されるとするならば技術だけでなく改めて創作ということについての自覚と思想が重要となるだろう。そこで、陶芸の原点であるウツワと作為と無作為の関係性を陶芸創作の中から考えてみる。

はじめに、日本の近代陶芸界に大きな影響を与えた一人が陶芸家の富本憲吉である。

富本の「模様から模様を作らず」過去の模倣や他人のモノから借用しないという、彼の創作に対する厳しい制作態度が表明されている言葉である。

柳宗悦の民藝運動の立ち上げの当時、富本憲吉も濱田庄司らとともに参画していたが、その後個人作家としての創作を重要と考えていた富本は、民藝思想から離れ柳とは距離を置くこととなる。

柳宗悦は日本の工芸思想に影響を与えた。柳の工芸の美を引用すると「器に見られる美は無心の美である」。無心の美とは、「意識の作為や、智慧の加工が、美の敵であることを悟らねばならぬ」そして、「器にとって、相応しい心とは、個性の沈黙、我執の放棄だ」と述べている。

実作者である富本は創作・個の独自性を重んじた。富本に影響を受けた陶芸作家は多く私もその一人である。

一方柳は、「個性の沈黙、我執の放棄だ」というように、他力道、風土、自然　無名性という前近代的な工芸実践で生み出されてきたものの中に宿る「無心の美」の思想を提示した。

富本は創作という個の作為ということを重んじ、柳は無心の美という無作為の意識が、工芸の本質であると説いた。いかに作り手が創作するという作為、自我から離れ、無作為という境地に行きつくことができるか？という課題が示されているのである。

我々、実作者は、技術や作意が無ければ何も作ることはできない。また、一方、土や火という自然性が介在する焼き物において、人知ではコントロールできない領域をも了解せざるを負えない。いわば作為という技術と偶然という無作為の間に陶芸の造形が成立していることも焼き物の宿命でもある。そして、柳のいう意識の作為から離れる精神性など。

こうした、陶芸創作における作為と無作為の相反する造形性をどのように理解し、実践し、整合性をとることができるのだろうか？

近年、作為と無作為を考える作品の造形を課題とした制作や展覧会を行ってきたが、そのためには、ウツワの概念が必要不可欠であると考える。

ウツワの概念とは何なのか？

このウツワというウツという響きには、現つ、虚ろ、空ろなど、現実と非現実の両方の意味を内在している。この、虚と実の交わる場、瞬間、空間、モノが出たり入ったりするのが「ウツワ―空なる和」である。「空」の語源が、工人が穴を掘るということからできていることをみれば、まさに、土に穴開け土を伸し広げてウツワとなるといえるだろう。

もともと、工芸におけるウツワの役目は、生活の中で使われることにある。そして、工芸の近代的理念は「用と美」と言われ、使うことと美しさが兼ね備えられたものを意味するようになった。

一九五〇年代、伝統的な京焼の中から、八木一夫らによって、非用途的な口が閉ざされたオブジェ焼が登場する。そのことで、その後我々は、用か美かオブジェか器かという議論から解放された。そして、多くの個人作家の台頭により、その個人の造形理念によって作品を制作する時代へと移り変わっていったのである。今、ウツワは、工芸でもあり美術ともなり得る拡がりを持っている。

　八木一夫の「茶碗もオブジェ」と言う言葉がある。茶碗が美術としてオブジェになりうるということを明言していたのか、今、その言葉を借りその枠を広げるなら「オブジェもウツワ」といえのではなかろうか。また、八木の「中はうつろか」という言葉には、口を閉ざされたオブジェであっても、陶器の造形は空間を内包するウツワであることが意識されていたに違いないと思うのである。

　私は昨年から2度にわたって「ウツワ」を意識した展覧会を開催してきた。

　二〇一七年京都・何必館で開催した展覧会のタイトル「手の思想」は、「心慕手追―心に思いえがく願いは、手が後から追ってついてくる。そして、目が手を鍛え、手が目を鍛える」という意が込められている。京都では一〇年ぶり個展の中心となる作品は、白磁の大壺であった。

　白磁といえば、李朝白磁と富本憲吉の白磁が、陶芸家であるならだれも知るところである。富本は、「白磁は線の戦い」というように、ロクロの造形で生まれるフォルムのラインに神経を注いでいる。また、削りの作業を「皮を剝く」というように、さらに、削りだすことによって、完璧な白磁のカタチを求めた。

　一方、李朝の白磁は、大らかで自由な作り手のライブ感がこちらに伝わってくるようである。一見、無計画や無技巧に思える技巧の造形は見飽きない。そして、白磁の壺は、大きいほど魅力を増し、その圧倒的な躍動感が迫ってくる。また、通常の白磁ではキズとされる少しの鉄粉や灰の降りなどは、大きさゆえ白の中に埋没し、逆に傷は景色にさえ見えてくる。まさに、白磁大壺は、角度や観る位置を変えることで、幾つもの違った白磁のフォルムや白の表情を我々に見せてくれるのである。

　この数年、私は、自分がロクロで作ることのできる最大の大きさの「白磁の大壺」の制作を行っている。50㌔にも近い磁器土と私との身体的な接触造形作業らは、私と土、主体と客体が、まるでどちらが主か従かわからない状況が生まれる。それは、主客未分な状態といえるかもしれない。自分一人で作れるか作れないかの限界の大きさであることで、コントロールできるか、できないかのぎりぎりのせめぎ合いが生まれるのであり、制作は作為と無作為の間に立たされる。そしてその後、膨らんでいく壺が呼吸をしているかのように感じたときにロクロを止める。そこに、主客合一の「ウツワ」の大壺が立ち現われているのである。

また、壺が大きいということで、乾燥時や素焼きのときにひび割れが生じる壺も出てくる。その負の部分も了解の上、登り窯の中に入れて焼成する。すると、それらの壺は、火によって引き裂かれた魅力的な割れを生む。確かに、割れた壺の造形は偶然と言えば偶然であるが、必然と言えば必然の造形「ウツワ」となる。

また、今年六月（二〇一八年）東京画廊での展覧会を開催した。

「現代音楽の作曲家・一柳慧と土の造形作家・近藤高弘の二人がコラボレーションする展覧会。近藤が制作した土の造形が、一柳が作曲して小早川麻美子が演奏する音とともに変化するインスタレーション作品です。本展は、音楽、造形、パフォーマンスを組み合わせた実験的な試みです。近藤が土の作品を即興的に形作り、同時に、一柳が本展のために作曲した音楽を、ヴィオラ奏者の小早川麻美子が演奏致します。音が沈黙に帰着することを実演するのが音楽なのだとすれば、造形が例示するのは、作られた器が形を失うことになるはずです。この二者の対話からなる本展は、生成消滅を繰り返す宇宙の縮図となることが期待されます。」

私の出品した作品は、ロクロで作った磁器のウツワに、生土の状態でその中に水を入れることによって、土が自然に崩れていくという作品である。この作品は、二〇〇七年京都芸術センターなどでも試みた。土は、花崗岩が水などによって風化堆積し原土となり、その土を陶工が水で捏ねって、ろくろで水引きし、ウツワが出来上がる。その生の土のウツワの中に水を入れることによって、崩壊していくという消滅生成のプロセスを意識した作品である。

今回は一〇年の時を経て、音楽とのコラボレーションとなった。トランスフォーメーションと題された一柳氏の楽曲はヴィオラにて演奏。約一五分間の音の振動とともに、水を入れられた六つの生のウツワは順不同に壊れていく。

一柳氏は「音楽は時間であり、立体造形は空間認識である。しかし、ウツワの造形が水によって壊れていくことによって、その立体作品も時間を提示し、と同時に音がウツワの中に入ることによって、音樂が空間性を持つことができた」と述べた。

　さて、この二つの展覧会や制作においての経験から、無作為という作為の実感や則天去私を理想としながらそこに残存する個性と偶然など、作為と無作為はウツワの中で同居しているのである。そして、作為と無作為は時間と空間のプロセスを移ろい、交錯して行く。こうした、作為と無作為の認識と無作為の自覚は、ウツワの概念の中において、美術として成立すると考える。

　私は、こうした「ウツワ」の概念や作為と無作為を併せ持つ過去の焼き物が、桃山時代の志野に見られると考えている。

　日本で初めて焼かれた白い陶器である。磁器の憧れから生まれたという説もあり、また、日本で初めて釉薬の下に絵付けされた焼き物である。とりわけ初期桃山の穴窯で焼かれた茶碗をはじめとする志野は特別な魅力をたたえている。
中国や朝鮮にも先例のない志野は、日本の焼き物の中でも最も日本的な焼き物と称されている。

　志野を制作するにあたり、技術や経験が必要なのは言うまでもないが、まずは良い土の吟味と白い釉薬になる良い長石を見つけること、選択することが重要な要素となる。そのうえで造形は、作為的にならず、自然体なフォルムが求められる。カタチが、均一すぎたり、わざと人為的に歪められた作為的な志野は、大らかさを失い見苦しさを感じてしまうことが多い。そして、長い時間をかけての焼成によって、むっくりとした食べたくなるような白い肌が生まれる。さらにそこに現われる偶然の緋色が、二重にも三重にも志野の魅力を引き立ててくれるのである。いわば、技術や経験（素材の吟味も含めて）の蓄積の上に、そこから作り出す造形と焼成による偶然とが初めてうまく合わさって、格段の志野と呼べる陶器が出来上がる。志野の魅力は、いわば作為と無作為の間に生まれ落ちる。用意周到な蓄積のプロセスを踏まえながら、しかし、そこから創作の作我から造形を自由に解放してやらなければならない。「則天去私」や「造化の思想」、柳宗悦の言う「無心の美」へと志野のウツワはつながっていくように思える。

　日本の陶芸の美意識にかかわる、大きなエポックが起きたのが、一六世紀の戦国・桃山時代いわゆる下剋上の時代に志野は生まれた。陶磁器でいえば、これまでの中国の唐物と呼ばれた高価な輸入品であった青磁や白磁、天目などは、室町時代の権力者や貴族の憧れの的であった。しかし、応仁の乱を経て、戦国・桃山時代に入ると、日本国内で焼かれた陶器への価値の転換がおきる。この価値・経済的需要をシフトさせたのが、織田信長など武将であり、また、その美意識を引き上げたのが、村田珠光や武野紹鷗、千利休などの茶道という文化システムである。中国の高度な技術によって作られる完璧なるカタチや玉や宝石に例えられるような釉薬の焼き物とは対照的に、日本では、歪みや、割れ、といった「不完全さ」や「非対称」のカタチに美を見出し、志野や織部、また伊賀や信楽・備前などの桃山時代の国焼と言われる、日本的な美意識が自覚された焼き物の名品が作りだされたのである。これらは、当時の中国の本科の陶磁器に対して生まれたアヴァンギャルドとも言えるだろう。

日本の風土は、地震や津波、火山噴火や台風など自然災害と無縁ではない。しかし、その災害が一方、豊かな生命の循環を生み出していることを、人々は生活の中から感じてきた。命を奪う火山の噴火の火を、例えば伊豆大島・三原山では「御神火」と敬い呼ぶこともそのあらわれである。こうした、生と死、破壊と生成など移ろい循環していく風土の中から、「もののあわれ」や「うつろい」「わび・さび」という哲学的な概念につながる感覚が生まれてくる。「もののあわれ」—モノが現れ消える色即是空、空即是色とも相通じる理解や「わび・さび」などの時間をかけて洗練されていくという時間空間概念など、うつろいの美学の中から、不完全や偶然の中にある、価値や美意識を我々日本人はウツワの中に見出してきたのである。

二〇一一年東日本大震災の3・11の災害と福島原発の事故によって、人間が自然をコントロールすることができないということを改めて実感する。

土や火によって創作される陶芸は、人間の意図と自然の偶発や素材の性質を伴いながら成立する。この偶然や自らの意図から外れたものは、アートではないとする思考は、西欧ではいまだに根強い。絵画・彫刻など、人間が生み出す必然が重要なのである。

であるならば、本来工芸・クラフトであるウツワは、今一度、現代においてファインアートの概念とは異なる新たな造形論を提示することで逆説的にアートとなりえる。

ウツワは、作為である技術・コンセプトと無作為という偶然性と身体性を合わせ持つのが陶芸の本性である、という理解から生まれる。そして、作為と無作為はウツワの中でこそ同居し、かつ、内と外、虚と実という「空（ウツ）なる和（ワ）」の空間・時間をうつろうことで、新たな造形を生み出すのである。

作為の中にある無作為、無作為という作為、作為と無作為の間にあるウツワの造形の構築は、現代アートの脱皮をはかり、陶芸の可能性を拡げるのである。

白磁大壺　制作　京都山科の工房にて
2016年
撮影　金　サジ

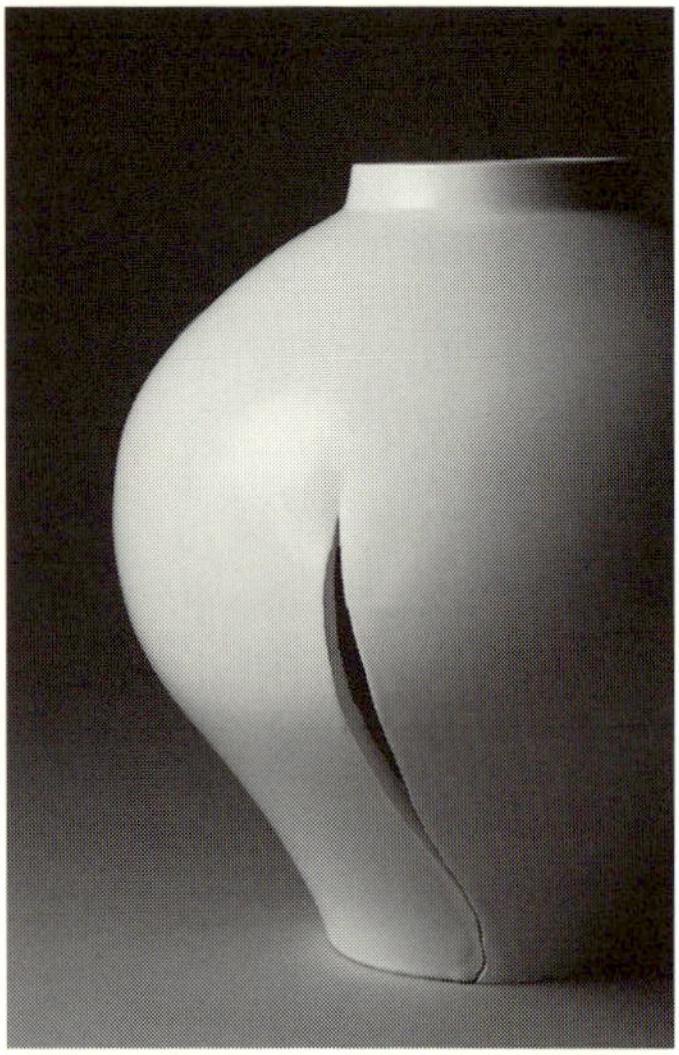

―創―白磁大壺　2015年　何必館・京都現代美術館　2017年展覧会より

一柳　慧×近藤高弘「消滅」展　2018年
東京画廊

［コラム］　屍体と祖国——カテブ・ヤシンにおける集合性の詩学

鵜戸　聡

一　詩と革命

人をかたどる「うつわ」には、個々の独立した「自我」があり、それによって自己と他者は峻別される——いわば近代の神話であるが、〈近代的自我〉なるものの移植が遅れたアルジェリアの文学には、未だ確立せざる自我の移ろいが如実に映し出されている。

レバノンやエジプトのような東方アラブ諸国で早々に近代文学が成立したのに比べれば、アルジェリアに新文学が形成されるのは、二〇世紀初頭のヨーロッパ系住民の文学活動（いわゆる「アルジェリアニスム」や「アルジェ派」）を除けば、ずいぶんと遅い。フランス植民地時代の末期になってようやく「ムスリム」の作家たちが現れ、「アルジェリア文学」の一角に「原住民」が地歩を占めることになる。

最初に若いムスリムたちが主にフランス語で優れた作品を発表し始めたのが一九五〇年代、彼らは今や現代の古典作家と見做されている。例えば、ムールード・フェラウン、ムールード・マムリ、モハメド・ディブ、アシア・ジェバール、そしてカテブ・ヤシン。例外的に姓名の順に表記するカテブ・ヤシンはとりわけモダニズム小説『ネジュマ』（一九五六年）の成功で知られているが、彼が若いフランス語詩人として活動を始めたのは一九四五年にセティフのコレージュを放校されてから直ぐのことだった。

五月八日、アルジェリア東部の都市セティフにおいて、ナチス・ドイツに対するフランスの勝利を祝うパレードが突如独立を求める暴動へと変貌し、最終的にフランス軍と自警団によるムスリムの「臣民」の大虐殺を引き起こした。若き日のカテブは一六歳にもならぬ寄宿学校生だったが、運悪く当局に逮捕拘留され、ために近隣の都市ゲルマにいた母親は息子が殺されたと信じ正気を失った。のちにカテブはその体験が、イスラーム法廷の弁護士の父を持ちフランス学校に通う優等生としての自己を大きく揺さぶったことを証言している。

弾圧の後、私はすっかり滅入っていました。部屋に引きこもって窓を閉ざし、ボードレールや『マルドロール』のなかに浸りきっていたのです。両親は心配していて、父は私をアンナバに送り出しました。(*L'Autre Journal*, n° 7 juillet-août 1985, repris dans Kateb Yacine, *Le poète comme un boxeur*, Seuil, 1994, p. 17.)

詩に助けを求めた少年はその時はじめて政治に目覚めることになる。

自分自身を十全に受けとめ、存在を発見するのはその牢獄ででした。まさにそのとき、はじめて詩が私のなかに蓄えられ始めたのです。ある種の啓示を受けたことを憶えています… ふりかえって見れば、それは私の人生で最も美しい瞬間でした。そのとき私は自分にとって最も重要な二つのもの——詩と革命——を見出したのです。(*Nouvel Observateur*, 18 janvier 1967, repris dans *Ibid.*, p. 109.)

カテブの言説はしばしばマルクス主義的表現に彩られているが、ここに実際見出せるものは、「詩」が自分自身と自己の生きている世界を把捉する鍵であり、実存へと至る存在論的な通路だという発見である。すなわち、「革命」が示唆するのは、政治的イデオロギーであるよりも、集合的な存在様態としての「民衆」のムーブメントに対する詩的意識であろう。

二 「彷徨える民」

カテブ・ヤシンの最初期の詩の一篇「彷徨える民」は、彼が自己を同一化させようとした「民衆」に対する詩的立場をよく表している。アルベール・カミュも一時働いていた左派日刊紙「アルジェ・レピュブリカン」に一九五〇年に掲載されたこの詩は、一九四七年のマダガスカルで一〇万人近くがフランス当局によって虐殺された事件の直後に書かれたものであるという。

1．アルジェの橋の上　／不具者と子供たちと／連れ立った夜　／暁が　／火に焼き尽くされて／海を砕き　／星々を蝕むとき　／目覚めた人々の　／さなかで俺は夢想する　／アフリカの　／荒涼たる大地を　／そこに徘徊する農民たちは／彼らの深き墓より逐われた　／屍のごとく青白い

1．Le soir en compagnie / Des infirmes et des enfants / Sur le pont d'Alger / Quand l'aube / Dévorée de feux / Brise les eaux /Et ronge les étoiles / Je rêve au milieu / Du peuple éveillé / Aux terres désertes / De l'Afrique /où rôdent les paysans / Blêmes tels des cadavres /De leurs profondes tombes chassés

2．殲滅せられた時の残骸の下に　／彷徨える民衆よ　／俺はお前を知る　／お前が自分の森で血を流したゆえ　／アルジェ港のこの小舟の　／マダガスカルの民衆よ　／俺はふたたび見る　／我らの国々が隷属のうちに閉じ込められているのを

2．Peuple errant / Sous les décombres de tes gîtes décimés / Je te connais /Pour avoir saigné dans tes forêts / Peuple malgache / De cette barque au port d'Alger / Je revois / Nos pays murés dans l'esclavage

3．そしてアフリカの英雄たちは　／血の雨の下を　／歩く　／風の下に燃え上がる　／小屋から遠く離れて　／遠くへ　／彼らの島で追放された／我らの同胞たちが　／死してなお生きるのを見出すまで

3．Et les héros de l'Afrique / Sous une pluie de sang / Marchent / Si loin des huttes / Flambant sous le vent / Si loin / Que dans leur île exilés / Nos frères nous retrouvent / Vivants après la mort

4．アトラスの息子たちよ　／お前たちが洞窟で焼かれ　／死なんとしていたとき　／そしてお前たちマダガスカル人よ　／お前たちの肉体が砕け散り　／我らの岸辺に運ばれんとしていたとき／それは同じ罪　／そして同じ苦しみ　／矢に心臓を貫かれた　／老いたるアフリカよ

4．Fils de l'Atlas / Quant vous mouriez /

Brûlés dans les cavernes / Et vous Malgaches / Quand vos corps éclatés / Roulaient sur nos rivages / C'est le même crime / Et la même souffrance / La vieille Afrique / Au cœur percé de flèches

5. 崩れよ牢獄　／そして祖先に讃えあれ　／アフリカの島に　／立てられた絞首台　／これは我らが　／矢と花を　／心臓にちりばめた　／老いたるアフリカを　／解放するために立ち上がり　／打倒するだろう最初のものではない

5. Que croulent les prisons / Et que soient honorés les ancêtres / La potence dressée / Sur une île africaine / Ce n'est pas la première / Que nous renverserons / Debout pour libérer / La vieille Afrique / Au cœur hérissé / De flèches et de fleurs. (Kateb,《Peuple errant》, *L'Œuvre en fragments*, Actes Sud. 1986. p. 79–8.)

この詩の主たるテーマは、フランスの植民地支配に対するアルジェリア人とマダガスカル人の政治的連帯といえようが、興味深いことに、ここにはアフリカ人という概念が見いだされる。マダガスカル人の破壊された肉体である「屍体」が、アルジェリアの歓待の岸辺へと流れ着き、死者に取り囲まれたアフリカの姿が現出する時、ここに夢みられた連帯は、先ずは血を流し焼き殺された人々の、延いてはある意識に「目覚めた人々」のあいだに幻視される。彼らは祖先の「深き墓より逐われ」、いまや「アフリカの荒涼たる大地」を徘徊しているのである。

「屍体」とはセティフとマダガスカルの犠牲者を共感的に結び付ける詩的形象であり、「民衆」とは詩人が自ら没入せんとする集合的主体である。曰く、「目覚めた人々のさなかで俺は夢想する」、すなわち「屍のごとく青白い」「徘徊する農民たち」であり、更にマダガスカル人たちを「我らの同胞」と呼び、「俺はお前を知る／お前が自分の森で血を流したゆえ」と告げる。彼はまたアルジェリア人たちを「アトラス［山脈］の息子」と呼び、

「お前たちが洞窟で焼かれ／死なんとしていたとき／そしてお前たちマダガスカル人よ／お前たちの肉体が砕け散り／我らの岸辺に運ばれんとしていたとき」に「同じ苦しみ」を分かち合うのだという。ここに於いて、アルジェリア人とマダガスカル人という二つの

集合体に語りかけていた「お前たち」は共苦によって「我ら」という位相に統合され、より上位の集合的存在として〈我らアフリカ人〉という次元が開かれるのである。

三　生命としての民衆

ほどなくしてカテブ・ヤシンはセティフでの経験を舞台に上げようとする。そうして作られたのが極めて詩的な戯曲「包囲された屍体」であり、虐殺を生き延びたばかりの独立活動家ラフダルによる長大なモノローグで幕を開ける。

ラフダル：　ここはヴァンダル通り。アルジェ、あるいはコンスタンチーヌ、セティフ、あるいはゲルマ、チュニス、あるいはカサブランカにある通りだ。ああ、空間が足りない、あらゆる方向から乞食通りやびっこ通りをお見せするためには。夢遊病の乙女たちの呼び声を聞き、子供らの柩についてゆき、閉ざされた家々［娼家］の音楽のなかに扇動者の短い囁きを聞きとるためには。ここで俺は生まれた。ここで立つことを学ぼうといまだに這いつくばっているのだ。もはや縫い合わせる時間もないあいかわらずの臍の傷を負ったままで。そして俺は血まみれの源へ、われらが不滅の母へと立ち返る。それは欠けるもののないマチエール。ある時は血と精力の生みの親となり、またある時は夜の涼しき懐の皓々たる街へと俺を連れ去る太陽の燃えさかるなかで石と化す。男が殺された原因はおそらく説明が付かぬことになってしまう。次の麦打ち場の戦いでより高く波打つために鎌の下に落ちた一粒の硬質小麦のように俺の死が実を結ぶのでなかったならば。それは打ち砕かれた肉体を打ち砕く力の意識へと接合し、全面的な勝利の裡に犠牲者が死刑執行人に武器のあつかいを教え、死刑執行人はおのれにそれが使われることを知らず、犠牲者はマチエールが涸らす血とを知らない…ここはヴァンダル族の、亡霊の、飲みこむ太陽のなかに攻略しがたく潜んでいることを知らない…ここはヴァンダル族の、亡霊の、活動家の、割礼したチビどもの、そして花嫁たちの通り。ここは俺たちの通り。それが、そこで俺が魂を失うことなく死ぬことができる、唯一のあふれそうな動脈のように鼓動するのを俺は初めて感じている。俺はもはやひとつの肉体ではなくひとつの通りなのだ。[…]（*Le cadavre encerclé, Le cercle des représailles*, Seuil, 2012 [1959], p.15–16.)

「通り」はラフダルの生きる現実を、「屍体」を前に詩によって攫み取られた彼のヴィジョンを表象する舞台である。モノローグに添えられたト書きは、それがまさに殺戮の舞台であり、死せる肉体が横たわったままであることを示している。そこに於いて、ラフダルは一人称で語る個的存在であるが、同時に彼の実存はより深いレベルの存在に接合されているようにも看取される。その「臍の緒」は傷つけられているとはいえ、彼とその実存の根との結び付きをなんとか保っているのだ。ラフダルは一種の「胎児」であり、未だ母と完全には分かたれてはいない。それゆえ彼のヴィジョンは血に満ちている。「俺は血まみれの源へ、われらが不滅の母へと立ち返る」。この元型的「母」はラフダルの存在を世界に生み出す実存のマトリックスであり、彼が個的存在であることを超えて死者たちに同一化することを可能とするモードなのである。

さらに、「一粒の麦」が刈り取られた後を生き延びるように、その死は潜在的な再生を含意する。死と生は解きほぐし難く血に結びついており、この〈反対物の一致〉に於いて、「死刑執行人」と「犠牲者」は反転し得るのだ。主体は客体となり、「俺」は「俺たちの通り」に斃れた死者たちの一人かもしれず、ついにラフダルは「俺はもはやひとつの肉体ではなくひとつの通りなのだ」と宣告する。そして、彼の世界のすべてである通りは「動脈」であるかのように感じられ、死者たち――すなわち様々に描かれた民衆（乞食、びっこ、乙女、子供、ヴァンダル族、亡霊、活動家、割礼したチビあるいは花嫁）たち――は皆、その動脈のなかの〈血〉として構想されるのだ。それゆえ、「俺」は死者であり、民衆であり、さらには世界そのものとなる。このような神秘的ヴィジョンは、カテブ・ヤシンが獄中に受けた啓示であり、彼の詩的想像力に於いて、屍体は逆説的に生の、民衆の生命の象徴となるのである。

四　集合性の詩学

「民衆」のモチーフは様々な位相に現出する。例えば、植民地主義による犠牲者、抑圧された者たちの政治的連帯、そして我々が生きている世界の集合的リアリティなどとして。カテブ・ヤシンは、アルジェリアについて政治的洞察を表明するに際し〈ネーション〉の語を用い、諸作品のヒロインである〈ネジュマ〉はしばしば来るべきネーションの詩的形象とされる。同名の小説『ネジュマ』（一九五六年）では、部族の長老がこう説く。「我らは一個のネーションではない、未だそうではないのだ。我らは殲滅せられた諸々の部族に過ぎぬ」と。すなわち、アルジェリアの民衆は〈部族〉から〈ネーション〉に至る移行期にあると考えられているのだ。そして、ここまで見てきたように、〈母〉のモチーフが諸存在にとっての実存的全一性の根に据えられているのである。それは勿論、彼の現実上の母親と無関係ではあるまい。

独立ののち、カテブ・ヤシンはさまざまな断章を一冊に集め、詩や小説や戯曲の形式が混じり合った『星の多角形』（一九六六年）を刊行したが、これもまた宇宙開闢を思わせる難解なヴィジョンで始まりつつ、以下のような自伝的エピソードによって、すなわち「臍の緒の第二の断絶」を語って締めくくられることになる。

たとえ遠くからでも、存在の最初の年月に、家族という小さな世界のただなかの俺を見た者は、おそらく俺が作家になる、少なくとも文学の虜となると予見しただろう。だがもし何語で俺が書くだろうかと予見することになれば、躊躇いなくこう言っただろう。「アラビア語で」。父や母、叔父たちや祖父母のように」。彼の言う通りだったかもしれない。というのも、俺が憶えているかぎりでは、俺にとってミューズの最初のハーモニーは母という源から流れて来たのだから。

父は〈注釈〉や〈イスラーム法〉から離れては下手な詩を作ったりして、母はしばしば彼をやり込めていたものだが、彼女にはとりわけ演劇の才能があったのだった。何と言うべきだろう？　彼女ひとりが居れば、ただそれだけで演劇になったのだ。父が弁論か何かでいない時は、俺が彼女の唯一かつ魅了された観衆となった。父は訴訟の結果次第で、皮肉屋か悲劇詩人になって帰って来るのだった。

すべてがうまくいった。俺がコーラン学校のかりそめの客である間は。それはセドラタでのこと、アルジェリア・チュニジア国境の近くで、そこには今も部族全体の奇跡的な遺物が残っている…俺が、意味不明の章句の巨大な採石場を無心によじ登って、色のついた板きれを手に入れたのもそこだった。そして俺はそこでやめておいて、それ以上のことを何も知らないで済ませることもできただろう。衒学者あるいは地方の吟遊詩人として。しかし彼自身にはどうでもよかったのだ。池の魚のように幸福で、そこは多分うす暗いものの、すべてが彼に微笑みかけていたのだから。ああ、俺はこの遅かれ早かれ水槽かフライパンで終わることになる上等の鱒たちの急流の運命に屈せねばならなかったのだ。

しかし俺はまだ川で幸せにしているオタマジャクシ、両生類の夜のアクセントに過ぎず、要するに何も誰も疑っていなかったのだ。俺は鞭もターレブ［神学生、コーラン学校の教師］の山羊髭もほとんど好きではなかったが、俺は家で勉強していて、誰も俺を咎めなかった。

だがしかし、また別の町で（イスラーム法廷の転勤で家族ごと大いに引っ越しをした）俺が七歳を迎えると、父は突然とりかえしのつかない決断を下し、一刻も早く俺を「狼の口」に放り込むことにした。つまりフランス学校へだ。彼は心を締め付けられる思いでそうしたのだった。

――しばらくアラビア語は措いておきなさい。お前には、私のように、二つの椅子の間に座って欲しくないんだ。いいや、私は絶対にお前をメデルサ［植民地法廷のためのムスリム法官養成所］の犠牲にはしないぞ。正常な時代なら、私自身がお前の文学教師となり、お母さんが仕上げをしてくれただろう。だがそんな教育が何になる？　フランス語が支配しているんだ。お前はそれを支配しなければならない。そしてお前のもっとも優しき幼年時代に私たちが叩き込んだものはすべて置いていくんだ。しかし一度フランス語の主となれば、お前は何の危険も犯さずに私たちとともに自分の出発点に戻って来ることができるだろう。

大体このようなことを父は言った。

彼自身そんなことを信じていたのだろうか？

母は溜め息をついていた。そして俺が新しい勉強に首っ引きになり、一人で宿題をやっていると、母が、その悲しめる魂がさまようのが目に入るのだった。さらば、我らが愛しき子供じみた演劇よ。さらば、父の諷刺の利いた皮肉に詩でやりかえそうと日々たくらまれた陰謀よ…　そしてドラマは縫い合わされていった。

最初は苦労して余り捗々しいものではなかったが、俺は急速にこの外国語の味を覚えていった。それから、快活な女教師に首ったけになり、彼女のために、彼女の知らないうちに、算数の教科書を一冊まるまる解いてしまうのを夢見るまでになった。

母は余りに繊細だったので、このようにして為された不実に動揺せざるを得なかった。そして、俺の眼には彼女はいまだに傷ついた風で、俺を本からひっぺがして言うのだった――病気になってしまうよ！――またある晩には、無邪気な声ながらも悲しげに、俺にこう言うのだった。「あたしはもうお前のもう一つの世界を邪魔しちゃいけないから、お前があたしにフランス語を教えておくれ…」。かくして〈近代〉の罠は俺の弱々しい根の上に閉じられてしまうだろう。そして今、俺は自分の愚かな驕りをひどく悔やんでいる。あの日、フランス語の新聞を手に、母は俺の勉強机の前に座って、かつてない程うわの空で、青ざめて押し黙り、あたかも残酷な小学生の小さな手が、彼のために沈黙の化粧着を身に課すことを、そして彼の努力と孤独の果てまで――狼の口のなかにまで――ついて行くことを彼女に義務として課していたかのようだった。なぜなら彼は彼女の息子だったのだから。

女教師の側での成功の日々でさえ、俺は自分の奥底にこの第二の臍の緒の切断を絶えず感じとっていた。この内的亡命がその小学生を母に近づけたのはもはや、毎回すこしずつ、血の囁きから、禁じられた言葉の非難がましいおののきから、こっそりと、結ばれるや否や破られる同一の合意によって、彼らを引き離すためだけであった… かくして俺は同時に母とその言葉を失ったのだ。奪い取ることのできぬ唯一の宝を――しかしそれは奪われたのだ！（*Le polygone étoilé*, Seuil, 2009 [1966], p. 181-184）

この断章には数多くの二項対立が見出せる。アラビア語／フランス語、コーラン学校／フランス学校、「メデルサ」／「狼の口」、母／父、家庭／世間…そして、フランス語の支配と覇権こそが世界の位階的ヴィジョンを決定する基準を為すのである。ゆえに、ポストコロニアルな観点からは、カテブ・ヤシンが植民地の文脈において主人と奴隷の関係性を批判しこれを顚倒させようと試みていると理解されようが、同時に、アラビア語が、もしアルジェリアがフランスの支配下に置かれなければ彼が受け継いでいただろう失われた遺産として想起されているのである。しかしながら、その状況はそう単純なものでもない。

　カテブの父親は「原住民」エリートである「ウキル」（ワキール）すなわち植民地法廷のムスリム弁護士であった。そして、彼の母親は、「フランスのアルジェリア」の時代には非常に稀であった古典アラビア語の教養を備えた女性だった。このように例外的なアラビア語の素養のある家庭環境に生まれ育ちながらも、カテブ・ヤシンが嘆いているのは、もしも彼がアラビア語で教育を受けていたなら身につけたであろう古典文化の喪失ではなく、己が幼年時代の忘却あるいはその剝奪と言うべきもののことだ。彼の父親が「お前のもっとも優しき幼年時代に私たちが叩き込んだものはすべて置いていくんだ」と言った時、おそらくはコーラン教育のことが含意されていたのだろうが、そこで真に失われたものはカテブが母と共有していた〈教育を受ける前の世界〉であり、それは教育によって掻き消され忘却を強いられたのである。「母という源」から流れ出す「ミューズのハーモニー」に満ち、彼女の言葉である〈口語アラビア語〉によって織りなされたであろう「演劇」のごとき世界が。「彼女ひとりが居れば、ただそれだけで演劇になったのだ」、そして「俺が彼女の唯一かつ魅了された観衆となった」のだから。

　「臍の緒の第二の断絶」が「〈近代〉の罠」とパラフレーズされているように、この〈母性〉は存在の〈前近代的感性〉と関わっているだろう。そして、ここにこそ、カテブの著作における集合性の諸形象が常に両義的であることの理由が存する。詩人は彼が共感する〈民衆〉に屍体たちの血塗れのヴィジョンを通してしか同化できず、ラフダルは部族のトーテムたる禿鷲に生まれ変わるために死なねばならない（後の戯曲「祖先たちは残酷さを増す」を参照）。〈目覚め〉のテーマにもいくつかの段階がある。「彷徨える民」は政治的意識に目覚め、結果として祖先の墓より逐われることになるが、それは〈近代的自我〉の目覚めが政治的弾圧のみならず部族的集合性からの離別をも引き起こしたことを示唆している。ラフダルは、はじめ近代化された個人として政治活動に目覚めるが、虐殺された屍体たちは彼をより深い存在論的なリアリティに、集合性のオントロジーへと目覚めさせていく。彼を〈母〉に結びつける「臍の緒」が既に傷ついているがゆえに、彼は自らの個別性を、個我を破壊することなくして実存の「母なる源」に回帰することはできず、死を通じて己がケブルート部族のトーテムに、禿鷲へと転生する。この、死者たちの祖国への帰還という不可能に印づけられた運命こそが悲劇なのである。

カテブ・ヤシンの著作における政治性についてはこれまでも多くの研究がなされてきたが、その詩的魅力というものは、ここに略説したような集合性の地平を垣間見てしまった者の慄きに潜んでいるのではあるまいか。そして、このような前近代的感性への両義的なノスタルジーを読むことは、けだし、個々の歴史的文脈と文学伝統を越えて多文化横断的なパースペクティブを構築する可能性に開かれている。

中動態あるいは反射態と呼ばれる文法形式は、一般に或る行為が動作主の為に行われることを示し、例えば「自らの為に他者に何かをさせる」という使役文において端的にその性質を露わにするのだが、他にも再帰的（自らの手を温める）あるいは相互的（互いに競う）な意味を表し得る。カテブのテクストにおいて、「死刑執行人」と「犠牲者」の主客転倒は行為の態を攪乱し、「通り」となったラフダルは行為の為される場そのものとなる。自由を求める「俺」が自ら選び取ったかに思えた行為は、「俺」において為される民衆たちの行為、あるいは「アフリカ」の屍体たちの相互行為であり、祖先たちに使役された行為でもある。それはすなわち集合的な主体の多元的な自己を省みる運動であり、カテブ・ヤシンの詩学は再帰的であるとともに相互的な行為そのものを描き出すという点で、確かに中動態的な性質を帯びているだろう。

＊本稿は以下の英文発表を邦訳したものである。Satoshi UDO, “Cadavers and Homeland: Kateb Yacine’s Poetics of Collectivity”, International Symposium “The Personal and the Public in Literary Works of the Arab Regions” in the National Museum of Ethnology in 24-25 March 2018.

〔コラム〕　宗教間対話の桎梏を越えて――〈中動態〉によって見えてきたもの

髙橋勝幸

一　はじめに

私は南米パラグアイの開拓地に学齢期に移住し、原始林を伐採しない限り畑が得られないという文字通りの開拓生活を送っていた。そこに、不定期だがジープの轟音を轟かせてやってくる一人の老神父がいた。戦中・戦後には長崎県大村市で教会の司牧に携っていたが、世界で最も貧しい国を志願してパラグアイの奥地の開拓地に来ていた人物である。キリスト教の何たるかを私はその神父の気迫から学んできたと言える。また隣接するドイツ人移住地オエナウ・オブリガードの近くにReducciones del Paraguayのイエズス会本部跡のトリニダッドとフェススの遺跡があった。今日では世界文化遺産となって整備され観光バスも入れるようになっているが、当時は原始林の中で提灯ほどの大きなアシナガ蜂の巣が崩れたレンガの間に幾つもぶら下り、現場に近づけるものではなかった。この遺跡は全ての共同体員が平和に平等に暮らした初代教会以来のキリスト教の伝統をうけつぐ数少ない教会共同体の姿であった。日本にも青森県に縄文時代の三内丸山遺跡があるが、縄文以降には平等な共同体の遺跡はないのではないか。世界的に見ても、近現代において共産主義共同体で成功した例はなく、イエズス会の指導によって現地の言語（ガラニー語）も文化も生活習慣も尊重され今日までも残っている貴重な遺跡である。この一七世紀にあったイエズス会遺跡との出会いのお陰で私は宗教間対話の可能性を確信し、邂逅の道を大きく開くものとなっている。この遺跡と日本のキリシタン時代との比較が今に至る「宗教間対話」の主な研究テーマとなっている。

　原始林の中の開拓地のために学校に行けないままで成人し、学の機会を求めて単身日本に帰国することになるが、驚いたことに日本のキリスト教はマイノリティーでありながら、何かしら上から目線で、西洋のギリシア哲学以来のヘレニズム思想を基盤とする教義・神学に固執しており、互いに対等な立場での「対話の原理」とは程遠いものであった。白人優位の風潮は、敗戦国民として南米に移住した者には逆らうことの出来ないもので、宿命のように教えられてきたが、まさか高度成長期の日本においても同じであることに違和感を持ったのも当然であろう。キリスト教は、ギリシア哲学以来の西洋の思想に乗っかかり、主語・述語、主観・客観の二項対立の合理的な対象論理に教義・神学は頼ってきた。「古来、西洋の科学はものを客観的に見ることを金科玉条としてきた。〈理論〉（theory）の語の語源はギリシア語の〈見ること〉である。西洋では、見ることがそのまま捉えること、理解することを意味する。そしてこれが、単に客観的観察を本領とする自然科学だけでなく、哲学を含めた学一般の基本姿勢なのである」[1]。このため東洋的なものは不合理で非科学的で一段低いものと見て居り、私見では西洋中心のキリスト教は何処か教養人のためにあるような錯覚を覚える。それは貧しい日本の中で育った人や開拓民の生活を送った者の生活とは程遠いもので、日本人の心の琴線（霊性）に響くものが少なく、そこには日本人にキリスト教が馴染まない一因でもあろう。

　定年後ではあるが私は大学院に進み、この解決策をイエズス会のパラグアイ・リダクシオンと同時代の日本の「キリシタン時代」はどうであったのかという問いの内に求めていた。

　一五四九年のF・ザビエルの日本報告に始まり、東洋の端にキリスト教国のどの民族よりも優れた道徳生活を送る国民が居るこの認識は、従来の西洋の優れた宗教・文化・生活習慣を途上国に教えに行くものとしたそれまでの布教方針を根幹から揺るがすことになる。ザビエルより遅れること三〇年にして唱えられた、A・ヴァリニャーノの「適応主義」布教方針やペドロ・ゴメスの「イエズス会日本コレジョの講義要綱」の研究を進める過程で以下が確認できた。

　即ち、一九六二年から四会期に及んだ「第二バチカン公会議」の教令『キリスト教以外の諸宗教に対する教会の態度についての宣言』においてヴァリニャーノの「適応主義」が認められ、これまでのカトリック教会のあり方に一八〇度の転換がもたらされた。バチカンの鉄の扉が「開かれた教会」になり、ヴァリニャーノの方針が追認され、以後ローマ・カトリック教会は「宗教間対話」を主テーマとして取り組むようになっている。

しかし、この「宗教間対話」に取り組むに当たって、私自身は仏教思想・東洋思想・日本思想の認識が薄く、そのため多くの問題が生じてきた。いくら「宗教間対話・仏教とキリスト教の対話」を説いても、一方的な論理では「対話の基本」が欠如している。仏教者に読んで貰えなければ何の意味もないことになる。このことに気付いてから、日本思想関係の研究会には出来得る限り参加するようにしている。始めに、「禅文化研究所」の西村恵信老師を訪ねるようになった。次いで「比較思想学会」に、あとは「東西宗教交流学会」などを含め、京都学派に関係する研究会には時間の許す限り参加して理解を深める努力をしてきた。

即ち、西田・西谷の思想を「かなめ石」として、東西思想の対立を超えた新たな思想の「転回」を模索し、各種の研究会で貪欲に発表するようにしてきた。その過程で「根源的いのちの霊性」を求めて探求するには「西田哲学を〈かなめ石〉にするなら東西思想の対立を超えたものが捉えられる」と自覚するに至り、このことを見据えて、キリスト教の神秘主義特にイエズス会の創立者イグナチウス・デ・ロヨラの「霊操」の「不偏心」と西田哲学の「絶対無の場所」論との類似性を示すことによって、道は開かれると信じるに至った。

こうした「霊性」の理解は、既に半世紀以上も前から愛宮真備ラサール神父やその後継者H・デュモリン神父、門脇佳吉神父等によってなされており、上智大学の「東洋宗教研究所」は諸宗教との対話シンポジウムを毎年のように開催し、その成果は多くの著作になっている。これらのことから筆者の認識では、宗教間対話は相当に進んでいるものと思われ、その新たな邂逅の道を模索してきたが、あるとき、当然に理解されているはずの対話が実際には空虚なもので嚙み合っていないことに気付いた。新教皇フランシスコの誕生で公会議路線が推進されることを期待したが、日本の教会はまだ保守派の残滓もあって停滞状態にあった。また、双方の宗教者の誤解もあって対話の原則までも揺らいでおり、水と油の関係のように行き詰まり状態になっていた。筆者自身の認識の中では、愛宮真備ラサール神父に始まる「禅とキリスト教」の「行」的類似性から、二一世紀は「宗教間対話・邂逅の時代」に入るものと確信していた。しかし、自身が足台としてきた肝腎のキリスト教に揺り戻しもあって遅滞状態にあることが明らかとなり、「宗教間対話」の研究そのものが行き詰まり状態となってきた。

二　中動態にいたるまで

ジョン・B・カブの『対話を超えて　キリスト教と佛教の相互変革の展望』（行路社　二〇〇〇年）をはじめとして「お互いのアイデンティティーを尊重した対話」が言われて久しいが、果たして対話は進んでいるのだろうか。ザビエルに始まり、ヴァリニャーノやマテオ・リッチ、後進のイエズス会士たちによって進められてきた宣教地の文化、言語、生活習慣の良いものをキリスト教の中に取り入れ、深め・生かして行く「適応主義」布教方針は、公会議で追認されたはずであった。この方針を生かすには、古代ギリシアの哲学に頼ってきた現代の西欧中心の思想・言語、それに依拠したキリスト教神学では限界があることが明白になってきた。即ち、主語・述語、能動態・受動態の古代ギリシア哲学以来の合理的な論理では、物理科学的な現象には答えられても、目に見えない・隠れた「こと」的な「こころ」の世界を充分には説明できないのではないか。論証を求める論理では、見えない「神秘的」な世界は必然的に軽視されてくるからである。キリスト教信仰の根幹には「聖霊の働き」があるが、この神秘の世界は言葉に表わすことが出来ない。従って、キリスト教の長い歴史と伝統の中での異端審問はこの論証出来ないところを虚無と解釈し、信仰の妨げになるとしたところにあるのではないか。信仰の世界は元々見えない「行」的祈りの世界の中にあるのではないか[2]。

イエズス会士がイグナチオの「霊操」に基づく「祈り」の方法を取ることは当然であり、その方法は最も良いもの（神の諭し）を「祈り（瞑想）」の内に捉えて行こうとするもので、ヴァリニャーノの「適応主義」もパラグアイ・リダクシオンも「祈り」のうちに同じ最善の方法を取ったものであろうが、これらは常にバチカンから疑いの目で見られていたようである。西田が一九四五年五月に鈴木大拙宛書簡で「キリスト教は対象論理」としたのは、主語・述語の論証を求める二元的な思考法では真理を捉えられないことを言っている。私見では、これらの西洋言語・思考の行き詰まりを打破するには、古典ギリシア語にはあった「中動態」の文法を再び掘り起こす必要があるのではないかと考えられる。

木村敏による「中動態」の見方によると「インド・ヨーロッパ語族の古い言語形態には、まだ現在の西洋諸国語で一般に見られるような、動詞の「能動態」active voiceと「受動態」passive voiceの対立は存在しなかった。そこでは、①たとえば「見る」「聞く」なども動詞で言い表される活動の過程が、この過程を生起させている主体から主体の外部にある対象へと向かう方向をとる場合（「私は山を見る」「私は音楽を聞く」）と、②その過程が主体内部の場所で生起し、主体はこの過程の座として言い表される場合（「私には山が見える」「私には音楽が聞こえる」）とが区別されていた。前者は今日の能動態そのものであり、後者は、古代ギリシア語やラテン語に遺されたその痕跡から、「中動態」middle voiceと呼ばれている。そして今日の受動態（「山が私によって見られる」「音楽が私によって聞かれる」）では、中動態と同じようにこの過程の対象を形式上の「主語」に立てながら、主体（私）のほうは過程の場所としてではなく、動作主の資格で対象と同格の存在者として扱われているように、現代の西洋各国語には中動態はもはやほとんどその痕跡を残していない。……これに対して印欧語族と関係のない日本語では、驚くべきことに、むしろこの中動態に相当する語法が現在でも広く行われている」[3]。

日本語には主語・述語、単数・複数、男性・女性の文法上の区別がないことも一例としてあげられる。西洋人から見ると実に曖昧な表現と映る。また、欧米思想から見て、非論理的・曖昧とされた東洋・仏教の思想の中に息付いている述語的論理の理解にも「中動態」は欠かせないものとなって来ている。東洋、西洋の思想に偏ることなく「宗教間対話」は両者の対立を超えたものを捉えようとする企てであるが、西洋言語からこの二〇〇〇年余失われてきた「中動態」の文法を掘り起こすことによって、見えない隠れた神秘的な世界が捉えられ、東洋的・仏教的思考や西田哲学などの理解に役立つのではないかと、私は考えるようになってきた。即ち、従来の西洋のアリストテレスの論理学ではなく、古代インドの古典論理学・（龍樹の中論による）陳那の論理学が、西田哲学など東洋思想の理解を助けると言える[4]。

以上、簡略に述べてきた中動態についてみると以下のようになる[5]。

主語的論理の二項対立的な対象論理的の文法は、個としての人格、自由、意志、責任といった抽象概念の説明に適しており、それは近代西洋の科学技術の発展には貢献してきた。反面、東洋的・仏教的な思考では目に見えない、真如、法性の問題が主となるため、論理性に欠けるとして軽視されてきた。新たな視点は、東西の思想対立を超えた「パラダイムの転換」を必要とするものである。「一即多　多即一」或いは「絶対矛盾的自己同一」の論理は、龍樹の『中論』に基礎を置く陳那の論理学であり、西洋論理学では理解できないのではないか。

東洋的思惟と西洋的思惟の狭間で噛み合わない論点に直面した私は「中動態」の文法に一縷の可能性を求めるようになった。西田幾多郎は、キリスト教を「対象論理」として一枚岩に否定したのではなく、「神秘的な」エックハルトには興味を示していた。特に「私の絶対無の自覚的限定というもの」[6]、「永遠の今の自己限定」[7]では根底に東西の壁を乗り超えた「邂逅の神髄」を捉えていると言える。後進の西谷啓治、上田閑照によって西田の意図したキリスト教神秘主義・エックハルトの考察は著作にまとめられている。

元来、主語・述語の二項対立の論理では「神秘体験」は説明できない、これに対して「中動態」の文法を用いていると推測できる一六世紀スペインの神秘家十字架の聖ヨハネの『霊魂の暗夜』中の「詩作」の表現方法は「私は神の内にあり神は私の内にある」と、神秘的な主客合一の形をとる。[8]「中動態」の失われた一六世紀のスペインでは神秘体験の表現が出来ず「詩作」しか方法がなかった一例である。この神秘的な「詩作」の理解には失われた「中動態」の文法の掘り返しの必要性が見えてくる。

西田も自己の「絶対無」の体験を論文「私と汝」で次のように述べている。「私と汝とは絶対に他なるものである。私と汝とを包摂する何等の一般者もない。併し私は汝を認めることによって私であり、汝は私を認めることによって汝である、私の底に汝があり、汝の底に私がある、私は私の底を通じて汝へ、汝は汝の底を通じて私へ結合するのである、絶対に他なるが故に内的に結合するのである」[9]。西田は晩年には「絶対矛盾的自己同一」として「即非」の論理で説明するが、十字架の聖ヨハネも「神秘体験」を神との合一とすることでその捉え方は両者は同じであろう。この言葉以前、意識・分別以前の論理化は、西田の言うところの述語的論理であり、「中動態」によって理解し易いものになってくる。

「中動態」をより詳しく理解するために「ものとこ

と」の考察も不可欠である。[10] 東西思想の考察において同じものを見ても、内側からと外側（客観的）からでは真逆に認識されることが言われている。「もの的」思考は西洋的な物理科学的見方で客観的・論理的に言葉に表せるものとし、「こと的」思考は日本的・東洋的な「内的なこころ」の見えない世界としている。私見なれば、この「こと」と「もの」の差異は、西洋思想の客観的・対象的な二項対立の論理的な「もの」的世界の見方とは異なる東洋的な「こと」的見方があることを示しているが、この「こと」的世界は客観的に固定することがないので極めて不安定である。それが「中動態」と同じように曖昧な論理として軽視され、西洋世界から「中動態」的思考は思想・言語から消えて行った理由でもある。例えば、美しい景色を見て感動し、純粋に美しいと思う「こと」的世界は、無意識のうちには「双方向」で起っている。これを意識（分別）し、言葉に表した時には「もの」的な二項対立の対象論理となってしまう。即ち、西洋では論証して言葉に表したものが真理とされてくる。言葉以前の「双方向」に起こっていた東洋的な「こと」的世界は無視される。芸術表現においても「こと」的で上記と同じであろうが、キリスト教神秘主義においてもエックハルトが異端審問において未決のままであることも「中動態」の欠如から「神秘」の世界は「信仰の妨げになる」と誤解され、認められないことからきているのではないか。繰り返しになるが「中動態」の掘り返しの必要性が見えてくる。

國分功一郎は、二〇一四年一月から六回に渡って連載された『精神看護』（医学書院）「中動態の世界」の中の冒頭の見出しで「昔、インド・ヨーロッパ言語には〈中動態〉という文法があったのに、それがなぜ消えてしまったのか、能動・受動というカテゴリーは少しも普遍的ではなかったのに」と説き起こして行く。これをまとめたものが『中動態の世界――意志と責任の考古学』である。[11] 國分は同書の中で「能動と受動の区別は、全ての行為を〈する〉か〈される〉かに配分されることを求める。しかし、こう考えてみるとこの区別は非常に不便で不正確なものだ」。「能動と受動の区別が、かなり強引な区別であるのは、そもそもそれを発生させている能動態と受動態の区別が少しも普遍的ではなく、それどころか歴史上新しいものではないだろうか？」と西洋から消えた「中動態」を見ている。[12]

國分の示す「中動態とセットの能動態」と「受動態とセットの能動態」は同じ能動態でありながら全く逆

の性質を持つとしている。「中動態とセットの能動態」は「存在としての中動態の非対象的な存在様態が現象して来るリアル」であり、それは言わば「誰の所為（せい＝責任）でもない意志」[13]、「個人の責任を問えない、不随意な自由意志」となる。この場合の「自由」の主体は「神の意志」とも「存在の意志」ともいえる。無底の意志、不可抗力的な力を指す。現代西洋の言語・思考は「受動態とセットの能動態」であり、「個人の責任の原因となっている〈自由意志〉、即ち誰かの所為（せい）であると言い得る随意で〈自由な意志〉またはく個人の責任を問える、随意で自由な意志〉とされる。それは客観的に明確に「学」として論証できる（目に見えるロゴス的）世界を言っている。國分は「中動態とセットの能動態」は存在中心主義、自然中心主義になり、「受動態とセットの能動態」は個人主義、人間中心主義となるとしている。

この中動態的見方からキリスト教における「教義」の歴史を見ると、西暦四世紀以降にローマ帝国の国教になってから（護教的・教会中心で）正統と異端を明確にするために定められてきたもので、その根拠を「中動態」の失われたギリシア哲学に依拠してきた。このためキリスト教の教義は、主語・述語、主観・客観の対立からなる合理的な論理構造となっている。従って、キリスト教の教義はギリシア哲学の二項対立の文法から取られているものであり、キリスト教絶対普遍の神学は、これは混乱したある時代には正統性を示すために必要であったにしても、時代が変った今日まで統御できるものではないのではないか。過去の伝統に固執すれば、キリスト教絶対普遍の保守的な見方に留まり、双方が対等の立場から始まる「対話の基本」が失われ、他宗との「対話」そのものも、東洋・仏教の理解も困難になっている。第二バチカン公会議の「開かれた教会」の精神が失われてくる。大乗仏教の「禅」などは、その修行法はキリスト教神秘主義に類似するものがあるが、従来の西洋言語の思考から見ると、神秘的で曖昧として排除されがちであり、これは東洋的な西田哲学の述語的論理を難解とする思考法にも関係してくる。即ちここに、これまでの対話の論理が噛み合ってこなかった一因になる。この「対話」の欠如の問題解決のためにも、「中動態」の文法の掘り返しは、東西思想「邂逅の道」に不可欠になってきていると言える。論理学については既に見たが、東洋的な述語的論理の理解には、インドの古典論理学・陳那の論理学に依拠しなければ難しい。中動態でも見たように、二五〇〇年の歴史はあっても主語・述語、主観・客観の古代ギリシアのアリストテレスの論理学では説明できないものが出てきている。

西田哲学の根本にあるのは「無の論理」であるが、西田はこれを弁証法に当てはめようとしていた。当時の弁証法は古代ギリシアのソクラテスに始まるロゴスからプラトンのディアロゴス、アリストテレスの三段論法から形成されている。この論理が「中動態」を曖昧なものとして、西洋の思考から消し去って行く原因になる。西田自身も絶筆となった「私の論理について」において自身の思想が理解されないことを嘆いていたが、東西思想の対立の根幹は捉えられており「邂逅の道」はなお模索されていたと言える。

三　おわりに

現代ヨーロッパの言語・思惟方法は、アリストテレス以来の論理学が主であった。これでは自己のこころの内に響いてくる「存在」を語れない息苦しさをハイデッガーも表明している（『同一性と差異性』選集X七六頁）。西洋の論理学・弁証法では、論理的に証明されたものが主となるため、「形なきものの形を見、聲なきものの聲を聞く」[14]ような西田哲学・東洋の思想は非論理的として排除されてしまう。物理科学的に証明された「もの」しか認めないロゴス的世界では、内的な「こと」的な言葉以前・意識以前の見えない「こころ」のレンマ的世界は軽視されてくる。東洋的な西田哲学などが論理として「限界がある」とされてきた一因でもある。特に明治維新以来の西洋思想を「是」としてきた物理科学的な見方をする研究者には認められない世界となり、論理が嚙み合わないものとなってきた。

ギリシア哲学・アリストテレス論理学、形而上学がこの二〇〇〇年余西洋の思想・言語を支配してきたがための弊害であろう。この西洋の合理的な論理学に当てはまらない「〈こと的世界〉」の東洋の論理学が排除されてきたために、ハイデッガーにおいても、見えない「存在」を語る方策を見出され得なかったのではないか。神秘の世界が「虚無」とされると、「存在」は語れなくなる。ハイデッガーが、現代の世界を「神なき時代」とするように、そこには「存在」を見失った人間の姿が現れているとも言える。

以上によって「中動態」を失なったがために西洋の言語・思惟方法では語れなくなったもの・表現出来ないものが何だったかも見えてくる。しかし、真逆なまま東西思想の対立を放置することはできない。西洋のものさし（論理学）で見るなら欧米優位のままで、他は追随するものとされてしまうが、（インド古典論理学でみたように）東洋的な「即の論理」と対面し、結び合わされると「東西論理思想の総合」が達成される。このことを木岡伸夫は「出会い」「対話」に依る方途として縁の結ぶ世界を述べているので、参考にできる(15)。木岡は、これまでの西洋のアリストテレスの論理学では答えられなくなっている現実世界を捉え、「ロゴスとレンマ」「アナロギアの論理」「縁の結ぶ世界」から、新たな「邂逅の道」が見えてきたことを言っている。この「中動態」の掘り返しは東西思想の対立を超えた新たな「邂逅の道」を見出し得るであろう。まさに「あいだを開く」主題に近付く可能性がここに拓ける。

【注】

（1）木村敏著『時間と自己』中公新書、一九八二年、八頁。

（2）一九九八年バチカン信仰教義聖省による「アントニー・デ・メロ神父への出版停止令」参照。拙稿「教会の保守化を考える―諸宗教対話は進んでいるか―」アジア・キリスト教・多元性研究会第一一号、二〇一三年　電子ジャーナル　七五頁所収。「神が純粋な虚空であるような話し方、信仰や信仰宣言への接近を妨げる」など西洋的論理で見ている。

（3）木村敏著『あいだと生命』臨床哲学論文集　創元社、二〇一四年　一二六頁参照。

（4）山内得立著『ロゴスとレンマ』岩波書店一九八六年一九五頁「第七　陳那の論理」参照。北川秀則著・『インド古典論理学の研究―陳那（Dignāga）の体系―』鈴木学術財団、一九六五年「第一部　陳那の論理学の体系　第一節　インド論理学研究の方法論」より、西洋のアリストテレス系の形式論理学に加えて古代インドの陳那の論理の「三支作法」の論理を説くが、物理科学的な主語・述語の論理に慣らされた現代の日本人には非常に難解なものになる。

（5）「中動態」については拙稿「中村元著『東洋人の思惟方法』から見えてくるもの」『比較思想研究　第四三号』九九頁～、二〇一七年、及び「中動態の文法から見えてくるもの～十字架の聖ヨハネの「詩作」から～」アジア・キリスト教多元性研究会ジャーナル第15号、二〇一七年を参照されたい。

（6）『西田幾多郎全集第六巻』岩波書店、一五九頁。

（7）同上一八一頁。

（8）十字架の聖ヨハネ著『霊魂の暗夜』ペドロ・アルー

ペ訳ドン・ボスコ社、一九五四年。

(9)『西田幾多郎哲学論文集I』場所・私と汝他六編　岩波文庫、一九八七年、三三三頁。

(10) この「ものとこと」を最初に哲学的考察を行ったのは和辻哲郎の『続日本精神史研究』（岩波書店）とされる。最近では廣松渉の『事的世界への前哨』『もの・こと・ことば』（勁草書房）が詳しいとされるが、私見では木村敏の『時間と自己』（中公新書、昭和五七年）を参考にして藤田正勝が『現代思想としての西田幾多郎』（講談社選書メチエ、一九九八年）の第四章が詳しい。山内得立の『ロゴスとレンマ』（岩波書店、一九八六年）も理解の助けになるので参照されたい。

(11)「中動態」について詳しく説明しているのは、國分功一郎の『中動態の世界――意志と責任の考古学』（医学書院、二〇一七年）である。他に木村敏は精神病理学の臨床経験から「統合失調症」の治療には「中動態」は不可欠であり、合せて西田哲学の理解にも欠かせないことを揚げている。木村敏著『関係としての自己』みすず書房、二〇〇五年、二四三頁「西田哲学と精神病理学」参照。

(12) 國分　同書　三四・三五頁。

(13) 國分　同書「非自発的同意の概念」一五六頁。

(14)『西田幾多郎全集第四巻』『働らくものから見るものへ』序文。

(15) 木岡伸夫著『邂逅の論理―縁の結ぶ世界へ』春秋社、二〇一七年　参照。

第7部　《主体の解体》と《相互性》

北海道は日高で浦河べてるの家を主宰してきた向谷地生良《むかいやちいくよし》は、こう尋ねる。急性の発作を起こした精神障碍者を、自傷行為から救出するには、どんな手立てがあるか。似たような悪夢を知るひとりが、患者を「擽る《くすぐ》」ことを思いつく。試してみると、発作は何事もなく収まった。

思えば「擽る」とは特異な行為である。人は自分で自分を擽っても無反応だが、人に擽られると笑いが弾ける。他者と触れ合ってはじめて、自我は自らの閉じ籠った殻を破って、外へと弾ける切っ掛けを摑む。これは貴重な教訓だろう。いわゆる精神疾患は、人を底なしの孤独の蟻地獄へと誘《いざな》ってゆく。そこから逃れようともがけばもがくほど、奈落へと落ちてゆく。周囲が救い出そうと努力しても、それがかえって逆効果を招く。ところが意表を突く「擽り」という関節外しが、心の牢獄の閂を思わぬ方向から抜いてしまう。

稲賀繁美「触れること・触れられること・擽ること：「中動態」から社会正義の根幹を問い直す（下）」『図書新聞』三三一四号（連載一七八）二〇一七年八月五日

〈あいだ〉の都市、〈あいだ〉の芸術家

——イスタンブルのパリ人、レオン・パルヴィッレと仕事の周辺

ジラルデッリ青木美由紀

はじめに

東洋と西洋の〈あいだ〉とは、都市イスタンブルが運命付けられたクリシェのひとつである。一九世紀にそこに生きた芸術家は、この都市を媒介としてどう変貌したか。

伝統と近代、国境と国籍、宗教と民族、言語と身振り、建築と美術、芸術家と職人、職業と趣味、あるいは、東洋と西洋。フランス人レオン・パルヴィッレ（1830—1885）の経験は、単に地理的な〈あいだ〉でない。複雑に重なりあう〈あいだ〉だった。それは、近代の産物〈分野〉の枝分かれの起点で、忘れられた物語でもある。（図1）

図1　ルイ・レオン・パルヴィッレ Louis Léon Parvillée（1830—1885）、パルヴィッレ家蔵 ©Archives Parvillée

一八三〇年パリ生まれのルイ・レオン・パルヴィッレ（1830—1885）には、オスマン帝国とフランスで、

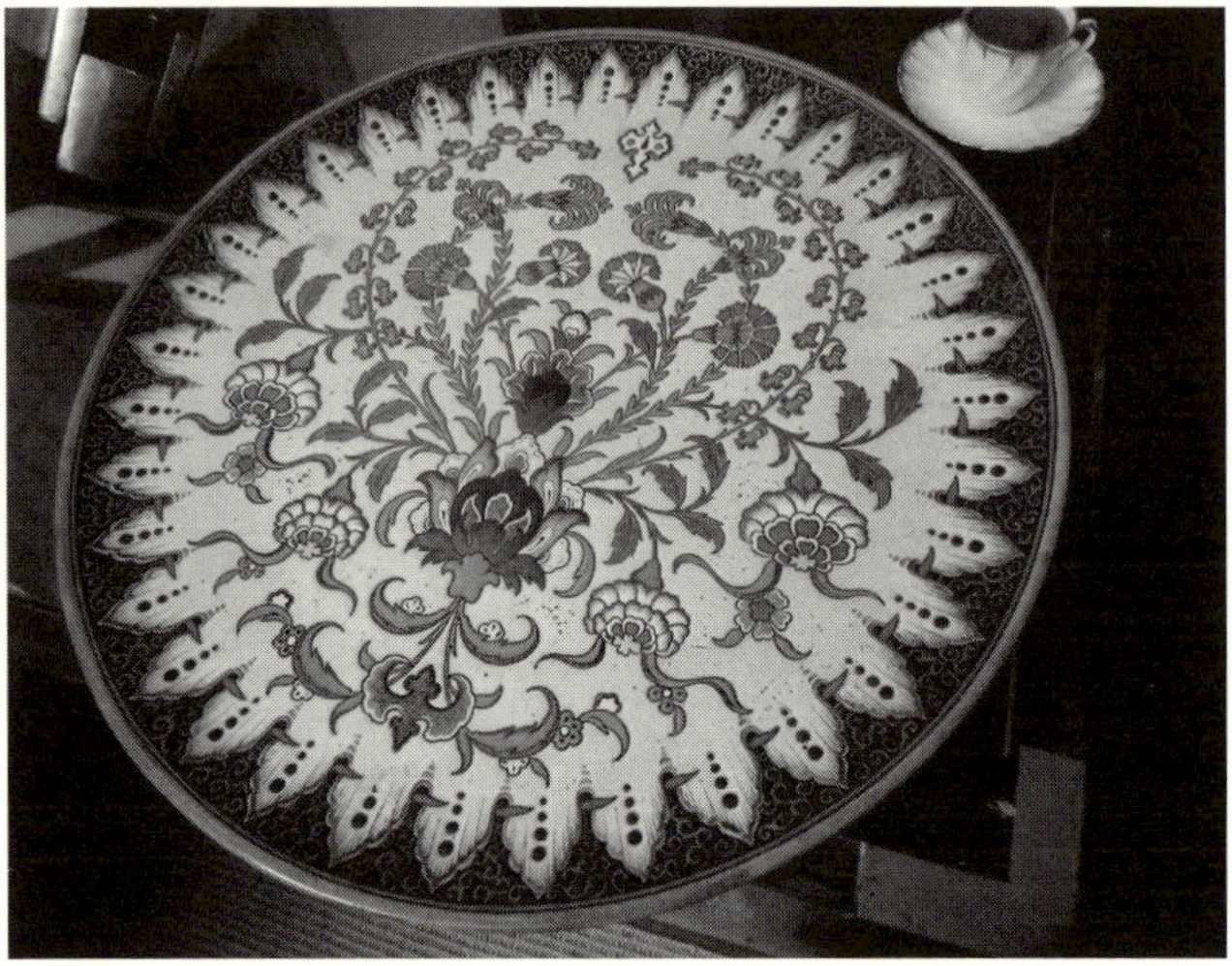

図２　パルヴィッレの陶芸作品　個人蔵

異なる評価が存在する。[1]

オスマン建築史では、パルヴィッレはパリの最新流行の伝達者、西洋の技術の適用者だった。西洋建築に伝統的要素を加味したネオ・オスマンル、オリエンタリスト様式の創始者。近代オスマン建築史記述の重要人物だが、建築修復では、トルコ国家主義の文脈で賛否両論の議論がある。

いっぽうフランスでは、まずオスマン／トルコとイスラーム、さらに中国や日本も含む「東洋」美術の紹介者、専門家だ。その知識を実作に反映させる、「東洋的」作風の陶芸家でもある。（図２）

需要に応じ常に方向転換したパルヴィッレの経歴は、一九世紀の職業分化の歴史的過程の反映でもある。

おそらく家業で「彫刻家」の訓練を受けたレオンは、国立装飾学校の前身プチ・テコールに出席、生涯の師ヴィオレ・ル・デュク（1814—1879）と出会う。

イスタンブルへの渡航は一八五一年、アルメニア聖教徒オスマン人ジェザーイリアン邸の「室内装飾家・彫刻家」としてである。新技法カルトンピエール[2]の紹介や上流人士の社交場、オスマン宮廷で「建築請負業」を手がける。

一八六三年、オスマン帝国内国博覧会パヴィリオンで、オスマン伝統様式の当世風再解釈（後のオリエンタリスト様式）を提案。古都ブルサで、初期オスマン建築の「修復家」となり、ブルサの近代的改造の「都市計画家」となる。フランスの週刊絵入新聞『イリュストラシオン』寄稿の「記者・挿絵画家」は、六七年パリ万博オスマン帝国パヴィリオンの成功で「建築家」となり、[3]本帰国後「陶芸家」となる。一八七四年出版の『一五世紀トルコの建築と装飾』[4]で、東洋美術の「収集家」「見識家」の地位を確立、装飾美術中央協会の設立会員となる。一八八五年の訃報では「陶芸家」とされる。[5]「写真家」の仕事も残した。

本稿は、複数の地理・分野に跨るパルヴィッレの仕事から、オスマン帝国での三つの経験を論ずる。一つめは、筆者が現存を確認したイスタンブルの二件の初期建築作品について。二つめは、オスマン宮廷での多文化的仕事の環境、三つめは、〈あいだ〉をつなぐメディアの仕事を検証する。パリ、イスタンブル両方での同業者との関係性、仕事の周辺を探る。

一　イスタンブルへの渡航と最初の仕事

パルヴィッレの建築作品は現存が未確認だった。文書や画像でのみ、聖ジョン・クリゾストム教会（一八五四年、図3）、ヴェネツィア宮（一八五四年、図4）、カフェ・リュクサンブール（一八六一年）、オスマン内国博覧会パヴィリオン（一八六三年、図5）、パリ万博オスマン帝国パヴィリオン（一八六七年、図6）が知られる。今回、二件の建造物の現存が、筆者の調査により判明した。[6]

(1)　ジェザーイリアン邸（イェニキョイ）

ムグルドゥチュ・ジェーザーイルリオウル（ジェザーイリアン）（1805—1861）のボスフォラス海峡沿いの邸宅は、パルヴィッレのイスタンブル来訪の契機だった。有名なサラフ（徴税請負人）だったアルメニア教徒オスマン帝国

図４　イスタンブルのヴェネツィア宮（旧オーストリア大使館、現イスタンブルイタリア大使公邸）「イリュストラシオン」1854年３月11日号

図３　イスタンブルの聖ジョン・クリゾストム教会「イリュストラシオン」1854年12月30日号

図６　1867年パリ万国博覧会オスマン帝国パヴィリオン「ヤル（ボスフォラス海峡沿いの夏用の邸宅）」

図５　1863年オスマン帝国内国博覧会パヴィリオン　著者蔵

人の施主は、時の大宰相レシット・パシャとも近かった。[7] 現オーストリア領事館の位置にあった同邸は、所有者の破産後消滅したと思われてきた。だが、ウィーン市文書館、トルコ共和国総理府オスマン文書館（BOA）所蔵の文書により、現存の建物そのものと判明した。（図7）

図7　旧ジェザーイリアン邸、現オーストリア総領事館（イスタンブル）

ジェザーイリアンは、イスタンブルの金角湾上の橋や道路建設など私財による福祉事業やガラタの事務所の建設を、アルメニア教徒のオスマン人建築家ハゴップ・メリック（メリッキアン）に依頼した。メリッキアンはパリのボザールへの最初のオスマン人留学生の一人で、アンリ・ラブルーストの学生だった。ジャムゴシヤンは、職人五四人と費用一四万ポンドと見積もるが（Jamgocyan 1994）、筆者の調査により、うち三一人の仏国籍の職人名が判明した。[8] リスト中、彫師リシャールと画工ランデルマンは、五年後パルヴィッレの共同経営者として再登場する。[9]

同邸は一八四九年工事開始、[10] 室内装飾は一八五一年晩春開始とみられる。パルヴィッレの名は一八五一年五月、仏大使館領事・在留記録に初登場する。後にパリのボザールで装飾美術の講座を初開設、教授となる室内装飾家ピエール＝ヴィットール・ガラン（1822―1892）は二ヶ月後に到着。伝記作者は、ガランは天井にアレクサンダー大王からナポレオン一世の英雄の連作を描く計画と伝える。[11]

施主の破産は、一八五二年一二月付文書に初登場する。[12] 同邸建設に従事した仏国籍の労働者の利益保護のため、仏大使からオスマン政府宛書簡の言及もある。筆者は六五件の負債記録を確認した。イスタンブルの徴税請負権、イェニキョイ、ハスキョイの邸宅、ブユックデレの家々、ブルサとビレジックの絹工場、アイヴァルックのオリーヴ畑などの全資産と負債はオスマン政府委員会の管理下に置かれた。一方仏外務省文書館には、施主未亡人から駐オスマン帝国仏大使宛、資産保全の嘆願書が現存する。[13]

前述の仏人労働者他から申請の同邸工事の負債は、オスマン政府財務省から全て支払われた。[14] 嘆願書によれば、メリッキアンには七九万三九八フラン二〇サンチームの債権があり、家具商人ラフォール、カッラーラの大理石商人ドメニコ・ダ・ブルッチなど発注先への支払い完了に、仏政府は強力に助力した。メリッキアンはこの時点で仏国籍を取得している。

クリミア戦争中、オスマン政府は黒海至近の同邸の土地をサルデーニャ王国軍隊に提供した。ハーヴァード大ワイドナー図書館蔵の地図によれば、サルデーニャは庭の高台部分を傷病者手当に使用の許可を得た。[15]

職人たちへの支払いは、破産二年後の一八五三—五四年だが、施主の姉妹マリアム（マリーチェ・ハートゥン）が土地の一部の権利を主張し、邸宅部分の所有権の決着は長時間を要した。オスマン政府は係争中に国立商業学校を設立するが、一八八三年四月、マリアムの所有部分支払いのため売却を決定、[16] だが同一〇月、計画を再変更。地価の半額をマリアムに支払い、邸宅を大使館用地としてオーストリア・ハンガリー帝国に贈呈した。[17] 一八九五年五月一三日付文書は、財務省からマリアムへの支払い完了を明記している。[18] この年、オスマン政府から同国への譲渡が正式になされた。

譲渡時にオーストリア・ハンガリー帝国側撮影の写真が、現在ウィーン市文書館に保存されている。屋根なしの半廃墟だが、ペディメント彫刻、バルコニー位置、コンソール装飾など建物の正確な状態がわかる。同細部は現建物にも存在し、半壊状態の建物が譲渡、補修されて現在に至ったと判明した。

(2) スルプ・クリコル・ルザヴォリッチ教会（クズグンジュック）（図8）

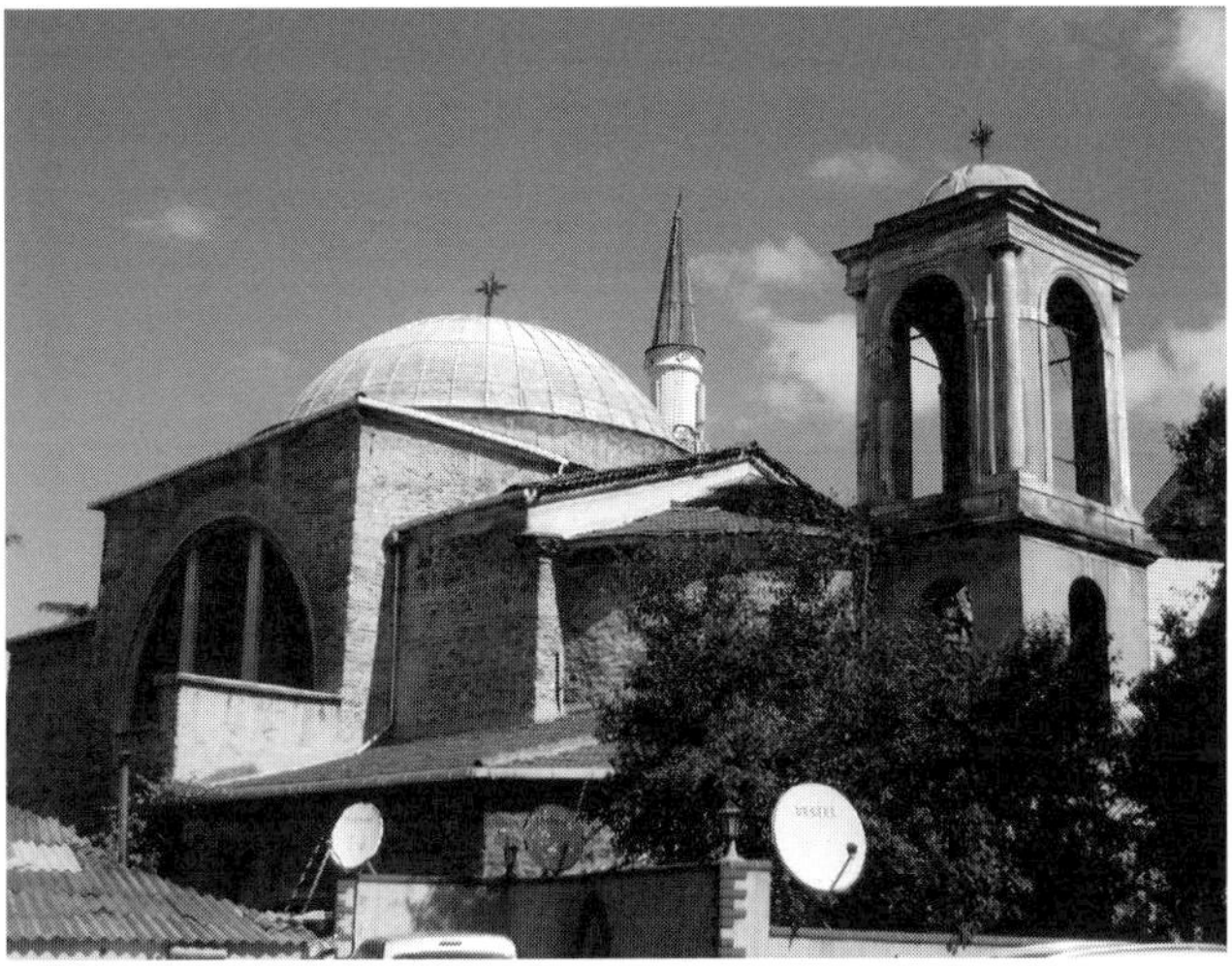

図8　スルプ・キルコル・ルザヴォリッチアルメニア教会（イスタンブル）

同時代の伝記作家は、ムグルドゥチュの破産後鋳鉄工場で働くパルヴィッレを悲惨と書いたが、東西の〈あいだ〉を縫う独特の経歴は、じつにこのときに始まる。仏人同僚が帰国するなか、彼はイスタンブルにとどまった。そして早くも一八五四年八月一四日、ペラ大通りに彫刻工房を開業する。

パルヴィッレはイタリア系スイス人建築家ガスパーレ・フォサッーティ（1809―1893）とともに、ベイオウルのヴェネツィア宮（当時オーストリア・ハンガリー帝国大使館）、聖ジヨン・クリゾストム教会などを手がけた。フォサーッティは、ロシア大使館、近代的高等教育機関ダールルフュヌーンの建築やアヤソフィアの修復ですでに有名人だった。提携は成功、パルヴィッレは地元で一定の評価を得た。

二年後には、四万五千ピアストル相当の住居兼仕事場をガラタに購入、かつての同僚、彫刻家バルブ・リシェル、画工フィリベール・ランデルマンと会社を設立。[19] だが仏外交文書館所蔵文書は、意外なその後を伝える。会社は四ヶ月後に全員一致で解消、翌日パルヴィッレはアルメニア教徒のオスマン帝国人、アルティン・セルヴェリアンと別会社を設立した。[20] 過程は友好的に実現し、全員新しい会社に地位を得た。

新たな共同経営者建築家アルティンは、宮廷建築家オハンネス・アミラ・セルヴェリアンの息子である。同家はイスタンブルのアジア側クズグンジュックの材木商で、ドルマバフチェ宮殿建設の宮廷建築家一族バリアン家とも近い（Pamukçiyan 2003）。契約により、一八六〇年夏パルヴィッレはオスマン宮廷の仕事を手に入れる（Hornig. 1867）。関係は少なくとも五年間継続、パルヴィッレは住所を通常外国人の少ないクズグンジュックに移した。[21]

一八五六年二月、クズグンジュックのアルメニア教徒は、一八三五年に父オハンネスが寄進のルサヴォリッチ教会の改修を決定。定礎額によれば、改修はボーオス・アア・サルジアンの寄付、工事はアルティンが請負った。五年の契約期間、提携外の仕事は禁止なので、順当に考えてパルヴィッレも教会の改修に関与していた。

同教会は、小規模だがイスタンブルで唯一、ドームのある教会である。ＢＯＡ目録には一八六一年「クズグンジュックに建設予定のアルメニア教会」の記載があるが、[22] 文書はない。だが六年後の日付の平面図が存在する。セルヴェリアンとの提携後、パルヴィッレは室内装飾から建築へ方向転換し、公私でオスマン帝国とフランスの〈あいだ〉をとりもつ存在になる。次節では、この契約関係から実現したオスマン宮廷の仕事の環境をみてみよう。

二　ボスフォラス海峡のバベルの塔：ドルマバフチェ宮殿と仕事の周辺

ドルマバフチェ宮殿は、一八五六年、トプカプ宮殿から政府中枢が移行された西洋式宮殿である。（図9）主建物の内装は、ヴェルサイユ宮アポロンの間の改装で知られるセシャンが担当した。（図10）建設現場も多文化交錯

図9　ドルマバフチェ宮殿外観　©Millî Saraylar

図10　セシャンが装飾を担当したドルマバフチェ宮殿 クリスタルの大階段
©Millî Saraylar

の場だった。アルザス人画家シャルル・ギヨーム・ホーニグは、宮殿の様子をこう書く。

宮殿ではわれわれは、よくいわれるように、まったくのバベルの塔だ。言語の混乱。召使い、宦官、画家、彫刻家、型師、石工、漆喰師、金泥塗師、荷物運びハンマルが、トルコ語、ギリシャ語、アルメニア語、フランス語、ドイツ語、イタリア語を話す。人々は、互いに近寄ったとき、知り合うとき、しばしば身振り手振りの助けを借りざるを得ない（Hornig, 1867:109）。

ストラスブール生まれの画家ホーニグの経歴は、アヤソフィアの油絵一点と宮殿の天井画の他不明である(23)。一八六〇年七月―翌八月を綴る一八六七年出版の日記は、パリの「お前」宛の手紙形式である。現場でだけ知り得る人間関係や位置関係が詳述され、宮殿建設の実際を知る第一級資料である。

ホーニグ描くドルマバフチェ宮殿の建設現場は、主建物北側に増築の皇太子住居棟である。当時の皇太子は、アブドゥルメジットの弟アブデュルアジーズ・エフェンディ。のちにオスマン帝国スルタンとして初めて欧州へ旅行、六七年パリ万博を訪問した人物である。

一八六〇年七月一一日到着のホーニグは、ペラ大通りのパルヴィッレ自宅に到着後、仕事場を見に行く。パルヴィッレは、皇太子養育係の宦官アジーズ・エフェンディの庇護下、外国人職人招聘の建設請負業に携わっていた。ホーニグは宮殿の第一印象をこう述べる。

白大理石造りの巨大な建物は、私には描写を試みるのすら不可能だ。当世風の嫌な趣味に思える。ふたつの凱旋門に連なる主建物の導入部は、まだましだろう。彼らの建築、一種の異国情緒、散漫さ、豪奢、複雑な装飾、花、葉飾り、残念ながらしばしば形が不規則で判別不能の物体のためではない。すべて白大理石に彫られている。あるいはどこかのアルメニア人、いやもっと手前勝手に伝統を無視した現代イタリア人が夢想するバロックの果実だ。（Hornig, 1867:11-12）[24]

これより八年前、テオフィール・ゴーティエは、建設途中の宮殿を建築家ニゴオス・バリアン自身の案内で見た。当代一流の目利きは、欧州で絶対の価値だった古典様式を「あの冷たい、味気ない、全く言葉を発しない、退屈な古典建築の複製」と述べる一方、オスマン政府の新中枢となる宮殿を「名状しがたいこの心弾む趣味を映し出す、生き生きとした装飾の過密」であると、好印象を得たように書き留めた（Gautier, 1991／1856: 292-293）。これとは対照的なホーニグの反応は、当時の一般的嗜好からすれば自然である。彼の当惑は、異文化遭遇の瞬間だった。

一行は宮殿初訪問に先立ち、決して窓へと視線を上げぬように、とパルヴィッレから事前に注意を受ける。そばの女性居住区ハレムから、女性たちが不用意に姿を現す恐れがあるためだった。だが実際見たのは、盛大に店開きされた洗濯物だった。金泥職人は失望のあまり「宮殿にふさわしくない」と言い出す始末だった。

仕事場の広間をみたホーニグは、広大さに途方に暮れる。

今回だけ、宦官閣下は大階段を通る名誉を与えてくれた。そして仕事場となる広間へ入ったのだ。ああ！これは大仕事だ、あまりに広大な天井、階段。仕上げるのに三ヶ月しかない、だが、六──八ヶ月は要する仕事だ。このことが心に重くのしかかってきた。私はパリに愛する者たちを置いてきたのだから。

宿泊先のパルヴィッレの家に戻った。わたしは床にじかに置かれたマットレスに寝て、ペラの舗装用敷石

の上に寝かされている夢を、一晩中見た。今日、月曜日、宮殿で仕事を始めた。(Hornig, 1867:13)[25]

ホーニグは一ヶ月後には「滞在すればするほど、この国は美しさを顕わしてくる。滞在を少しのばす必要が絶対にある、美しさを見きるのに時間はいつも足りない。数年はかかる」(Hornig, 1867:17)[26]と書く。最終的に滞在は一年を超えた。宮殿では、「トルコ人で近代的」な皇太子が「独り占め」にしている後宮の女性たちと突然出くわしかねない状況で、その危険をいかに避けるかが問題だった。

見ないよう頭をそむけねばならない。女性たちを見ることは、主人の所有物から幾許かを盗むにあたるからだ。仕事場にたどり着くのに、階段ではなく、がたがたの梯子を広間の幅だけよじ上り、窓から入る。(Hornig, 1867:25)

宮殿は増築工事で、仕事場はハレムに至近距離だった。だが、外国人男性として珍妙な体験もした。男子禁制のハレムの女性たちは、絶対安全に守られていた。その立場を利用して女たちは外国人の彼らをからかい、そのいたずらがエスカレートする。

天井を装飾中の大広間は、両端を斧で叩き割ったような荒っぽいコリント式柱頭に載った、屋根付きテラスに挟まれている。ひとつはボスフォラス海峡、もうひとつは広々とした、だが美とはほど遠い当世風の庭に面している。(中略)庭側テラスから左手に、ハレムの庭がみえる。私達を見つけるや、女たちは窓に鈴なりになる。薔薇色、青、緑色、黄色の蝶の群れのように、誘惑のあらゆる媚態の曲芸を見せる。接吻を送り、高笑いとともに。胸に手を置き、密会の約束をするように挑発する。薔薇色の服の女は昨晩、L…の前で素っ裸になってからかい、喜んだ。彼女は、前にパルヴィッレにもやったことがある。私には、何度か脱衣の仕草をしたが、先へ進まなかった。(Hornig, 1867)

図11　ホーニグが担当した天井画　ドルマバフチェ宮殿皇太子住居棟大広間
©Millî Saraylar

女性たちの行動はともかく、ホーニグは仕事場の位置を正確に描写している。現在トルコ国立宮殿局絵画館となった皇太子住居棟大広間と階段に完全に合致することから、ホーニグの仕事を同定できた。

五年前完成の主建物に比べ、ホーニグの装飾画は、色使いも多彩で鮮やか、漆喰細工もより彫刻的である。虎やライオンの猛獣、極彩色の鸚鵡、孔雀の画題も、派手で豪奢勇壮なナポレオン三世時代の好みである。(図11) 一方、天井を一つの大画面と見立て寓意像を描く同時代の天井画の傾向とは異なる。

日記にその理由が明かされる。別の外国人画家の仕事を見たホーニグは、自身の天井画が当初の計画は無視で「野蛮にも」皇太子のために既に差し替えられたと嘆く。「全体構成もない細部に次ぐ細部、ライオン、鴨、キリンに孔雀、装飾、果物、花々やらの大災難。指一本入る隙間も静寂もない」[27]。

画家にとっては災難だが、近代オスマン宮廷の「趣味」を考える上で、これは参考になる逸話だ。外国人画工を招いた当世風建築は、パリの最新流行の丸写しではなかった。皇太子自身が指図していた点も興味深い。装飾画は西洋式でも、人物描写の忌避はイスラームの伝統に則る。小さな画題を広い空間に散らせた皇太子の指示は、トプカプ宮殿のタイルのような、壁面を埋め尽くす伝統的美意識を想起させる。

ホーニグは、日曜には同僚とイスタンブル各地を散策したが、次第に仕事優先となる。その一つがパルヴィッレが内装を請負ったベイオウルのカフェ「リュクサンブール」の装飾壁画である。イスタンブル随一の目抜き通りも、異国風を求めるパリの画家には珍しくない。「先週の日曜は仕事をした、新しいものを見なかった。ペラ大通りのカフェでまだ仕事なのだ、欧州人の男女か、欧風の格好の人々ばかりで見るものがない。私は男や女を観察するのだ」[28]。

ホーニグは当初、宮殿の女性たちを皇太子のハレムと誤解していたが、実はスルタンのものだった。挑発と職人たちの垣間見は続き、女召使い頭の宦官ネヴレス・ベイから、「宮殿のその隅ばかりを見すぎないように」と注意を受けた。そんなある日、ラーラ（皇太子養育係）のアブデュルが、そこにあるのと同じ装飾が欲しいと求めたおかげで、ホーニグはスルタンの寝室を見る好機に恵まれた。ホーニグはそこで、完全に西洋式の寝室を見て、幻想を打ち砕かれる。

ああ！　寝室は、見事に欧州式の調度だった。高さの高い、全部新品金ぴかの大きな家具がぎゅうぎゅう詰まっていた。緞帳付き寝台、椅子、飾り枕、書物机。オリエントの痕跡の欠片すら、もうどこにもない[29]。

この失望は、スルタン・アブドゥルアジーズのパリ初訪問で、市民に漂った気配に類似する。鉄道と蒸気船の時代でも、パリ市民にとりオスマン帝国スルタンとは、絹のカフタン、ターバンにエメラルドの羽飾り、白馬で現れるべき存在だった。幻想のヴェールに包まれたスルタンは、しかし近代化の結果、フランス人にとって珍しくもない西洋式ベッドに御寝していた。（図12）

短い滞在中、ホーニグはスルタンの代替わりを、宮殿の内側から経験している。スルタン・アブデュルメジットは、皇太子住居棟の完成前、一八六一年六月二五日崩御、皇太子アブデュルアジーズが即位する。ホーニグは、手紙の受け手「お前」に、即位後の人事を次のように明かす。

スルタンがお隠れになったと、お前も聞いただろう。後継は、弟君のアブデュルアジーズ（私達の王子）だ。装飾家……氏と、皇太子の工事一切を取り仕切る事業家P……氏は宮廷の御用に取り立てられ、スルタンの首席画家の称号をえた。彼の目下の仕事は、パリからきた彩色石版画をもとに、仏軍の諸部隊の軍服や衣装を油絵で描くことだ。新しいスルタンのための仕事で、彼は戦争と勝利を夢見て、自分の軍隊を寸分違わず全部フランス式に盛装させる計画を暖めている。P……氏の彫刻家のR……は、ある軍艦の舳先飾りに鷲を造ったが、海軍中佐に任命され、サーベルと金ベルトの制服で闊歩している。ネヴレス・ベイは最初第二秘書官で、のち第一厩舎係となった。(30)

図12　参考として、スルタン・アブドゥルメジットの寝台「イリュストラシオン」より（ホーニグが携わったのはスルタン・アブドゥルアジーズの寝台である）

新スルタンの即位で、皇太子時代の宮殿建設要員の地位が格上げされたとわかる。お抱え外国人は、スルタンの住環境だけでなく、軍隊など別部署の御用も承り、役職・称号をえている。伏せ字のため以下は推測だが、「事業家P……氏」とは、お抱え外国人を仕切っていたパルヴィッレだろう。「P……氏の彫刻家のR……」は、最初の協同経営者リシャールと考えうる。まだ裏付けはできていないが、今後の課題としたい。

三　イスタンブルのパリ人：イスタンブル在住フランス人コミュニティとパルヴィッレ

一八六〇年一〇月二〇日、仏語新聞「ジュルナル・ド・コンスタンチノープル」（以下JC）は、ペラ大通りのカフェ、リュクサンブールの開店を華々しく報じた。ボッシーとブルン所有の仏式カフェは、隅々までパリの最新流行だった。ホーニグ描く四季の寓意のメダイヨン壁画、白大理石のバーと食卓、壁は床から天井まで一五枚の鏡張り（JC, 20 octobre 1860）。イスタンブルっ子の社交場ナウム劇場向かいの好立地のカフェは、在住仏人クラブ事務局ともなった。すでに二〇軒ほどあった仏式カフェ中でも、ひときわ豪華だった。

一八五二年にテオフィール・ゴーティエは、パリのタンプル大通りにある金の額縁と鏡張りの「カフェ・テュルク」について記事を書き、同じようなものをトルコで経験できなかった、と述べていたが、八年後のイスタンブルでは、パリスタイルのカフェは、もう珍しくなかった。パリのタンプル大通りでトルコ珈琲が粋だった時代、イスタンブルのペラ大通りでは、一杯のショコラが流行だった。それがトルコ地元の食堂での一食の数倍の値段だったとしても。

評判のカフェの仕掛け人は、我らがパルヴィッレ。タンジマート時代、社会は政治、経済、法律、軍事から文化、人々の好みまで変化しつつあった。パルヴィッレが選ばれたのも、偶然ではなかった。この四年前、スルタンは伝統的なトプカプ宮殿から西洋式のドルマバフチェ宮殿に移住した。カフェ開店時、パルヴィッレの仕切る皇太子居住棟の内装は同時進行中だった。オスマン帝国の近代化は、期待、好奇、疑心暗鬼、優越のまなざしで、欧州各地で報じられた。イスタンブルのカフェ・リュクサンブールの成功は、パリ風流行の世界的傾向と、消費文化勃興の産物だった。

本節では、一九世紀フランスの絵入り新聞「イリュストラシオン」を中心に、イスタンブル在住仏語話者知識人たちの交流を見る。パルヴィッレをめぐる相互関係は、国家間の〈あいだ〉も反映する。

イスタンブルのパリ人―今まで見たパリ風流行の仕掛け人の姿に対し、「イリュストラシオン」掲載記事は、クリミア戦争後のフランスでの、オスマン文化紹介者というパルヴィッレの別の顔を映す。パルヴィッレは、メディアでの自己アピールに長けた人物だった。早くも一八五四年、ペラの一等地に二三歳で彫刻工房開業の際、新技法カルトンピエール[31]初上陸の広告を *JC* に出した[32]。

同年、「イリュストラシオン」へも初登場した。建築家フォサーッティとの提携事業の聖ジョン・クリゾストム教会落成の記事に、挿絵も手がけた（図3、*L'Illustration*: 30 decembre 1854）。数ヶ月後イタリアの教皇領で出版の雑誌にも、その挿絵が掲載された。フォサーッティとの提携は、工房開業直後である。

パルヴィッレと同紙の関係は、イタリア系スイス人フォサーッティを通じたものだったはずだ。フォサーッティの挿絵は六ヶ月前に、同紙の表紙を飾った[33]。同紙への寄稿は、ペラの仏語話者知識人にとって珍しい事ではない。オスマン帝国からの寄稿者には、伯爵アダルベール・ド・ボーモン[34]、ジョヴァンニ・ジャン・ブリンデージ[35]、アブドロニム・ウビチーニ[36]、ピエトロ・モンターニ[37]、アモンなどがいる。彼らは知り合い同士で、寄稿を自身の仕事を欧州でアピールするための機会と捉え、互いの紹介記事も書き合っている。

フォサーッティのアヤソフィア修復は、自身の挿絵とド・ボーモンによる文を通して紹介された[38]。（図13）ド・

図13　アヤソフィア修復の記事、フォサーッティ挿絵、ド・ボーモン文「イリュストラシオン」1847年

ボーモンは、修復記念にスルタンの出資でロンドンで出版の『アヤソフィア・コンスタンチノープル』に序文も寄せた（Fassati, 1852）。フランスの東洋美術研究の先駆的著作『芸術と産業のためのデッサン案内』の共著者でもある（Collinot et de Beaumont, 1859）。ちなみに一八五九年刊の本書は、フランス初の日本美術紹介本でジャポニスム研究でも重要である。のちペルシャ、日本、アラブ、中国、トルコ、ヴェネツィア・インド・ロシアの六巻本『東洋の装飾美術百科事典』として再版された（Collinot et de Beaumont, 1880-1883）。

本書のもうひとりの著者ウージェーヌ・コリノは、ブーローヌ＝シュル＝セーヌの陶芸家で、オスマン帝国やペルシャ、中国や日本に触発された作品を制作、フランス帰国後のパルヴィッレの陶器制作の協力者となった。当然、フォサーッティ、ド・ボーモンを通じた関係が背景にある。

パルヴィッレとコリノは、オスマン帝国の古陶イズニックタイル[39]をヒントに陶磁を制作、六七年パリ万国博覧会でオスマン帝国から出品した。公式カタログ著者サラエッディン・ベイは、パルヴィッレと仏建築の未来を見越したように、欧州建築により広範囲で彩釉タイルを採用する可能性について論じている（Salaheddin 1867）。

第一章でみたように、パルヴィッレはアルメニア聖教徒オスマン帝国人と会社設立し、オスマン社会で地位を得ていた。セルヴェリアン家の繋がりとともに、ペラのヴェネツィア宮[40]、ドルマバフチェ宮殿、クズグンジュックの教会、パリ風カフェ、ブルサでの修復などは地元の仏語新聞で評判を得、傍ら、母国の絵入新聞に寄稿した。

図14　オスマン帝国内国勧業博覧会パヴィリオン内部の様子「イリュストラシオン」1863年４月11日

初出から八年後の一八六二年四月一九日、「イリュストラシオン」は、イスタンブル在住イタリア人開催の晩餐会を、パルヴィッレの挿絵入りで報じた。[41] 記事は本業とは直接関係ないが、イスタンブル在住イタリア人共同体との親密さを物語る。

　イスタンブル育ちのイタリア人モンターニも友の業績を同紙へ寄稿した。一八六三年、オスマン帝国内国博覧会パヴィリオンの建築家ブルジョワとパルヴィッレの内装を紹介している。[42] この挿絵のおかげで本パヴィリオンの内部が初めて判明した[43]（図14、外観は図5）。列柱と木造リブ構造の内部は、コーニス上に、モスク中二階のスルタン礼拝席のように、透造り空間が区切られている。中央には八角形台座のスルタンの観覧席。イスラーム風アーチはオスマン式ではない。公式カタログ著者マリー・ド・ロネが「アジアの東洋美術の魅力的な産物」

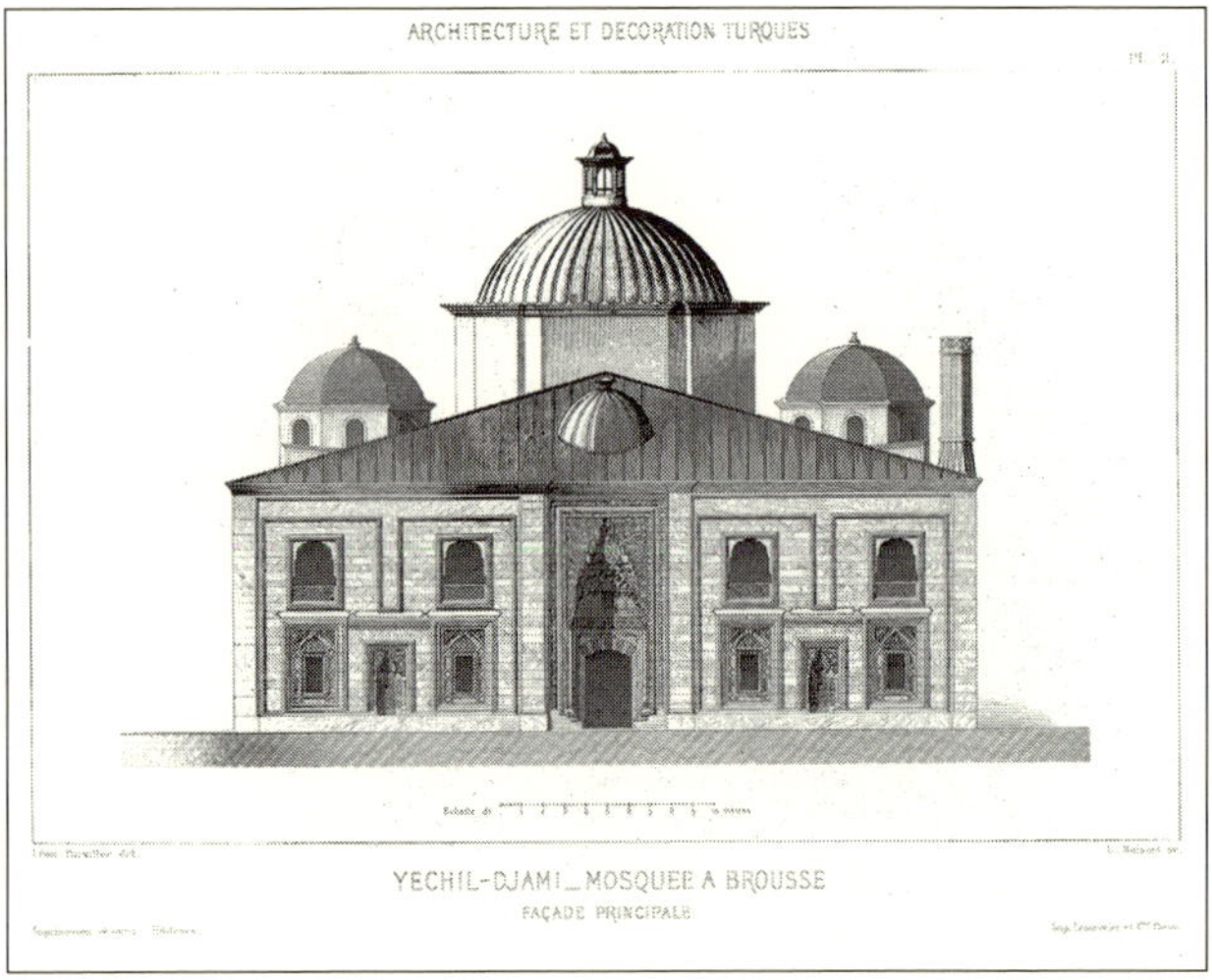

図15 レオン・パルヴィッレ著『一五世紀トルコの建築と装飾』より図版2 ブルサ イェシル・ジャーミイ 正面ファサード

(Empire 1863: 13) と書く内装は、のちに「オリエンタリスト様式」と呼ばれることになる建築様式の嚆矢である。

異なるイスラームの伝統的建築のさまざまな要素を、歴史主義、折衷主義的に再解釈・再構成する意匠は、一九世紀末西欧で流行し、オスマン帝国その他の非西洋諸国に逆輸入された。オスマン近代建築史では、パルヴィッレのイスラーム建築の新解釈は、こうした潮流の先駆けとされる。

挿絵にムスリム女性が登場する点にも注目したい。舞踏会、晩餐会やイスラーム教宗教行事など、イスタンブルの多彩な社交行事の絵入記事に、ムスリム女性の登場は稀である。西洋式の服装でヴェールを被った上流ムスリム女性の博覧会鑑賞姿は、社交的行事への女性の参加を描く。

記事中、モンターニは「オスマン帝国内国博覧会 Sergi-i Umumi-i Osmani」の名称を「コンスタンチノープル万国博覧会 l'Exposition Universelle de Constantinople」と訳した。仏語の公式カタログでは「コンスタンチノープル内国博覧会 l'Exposition Nationale à Constantinople」だったが、「万国」の表現は、欧州で開催の万博と同列の印象を与える。一八六三年の時点で公式に「万国」を称した博覧会はロンドンとパリだけだった。イスタンブルで「万国」博覧会が開催されたとのニュースは、オスマン帝国の近代性を欧州に効果的に印象付けたはずだ。パルヴィッレとモンターニは、少なくともこの頃までは、良好な関係を保っていたものと思われる。

モンターニはさらに、七三年ウィーン万博で出版のオスマン政府初の公式建築史書『オスマンの建築様式』(Edhem 1873)の著者のひとりでもある。本書の記述では、オスマン帝国の古都ブルサの初期建築に重点が置かれた。一八六三年にブルサ県知事アフメット・ヴェフィク・エフェンディが実現した、初期オスマン建築修復の成果である。モリエール作品の最初のトルコ語翻訳者でもある県知事は、ブルサの都市の近代化を進めた。一八五五年大地震で被災した古都の再生に、知事はコンクリートなどフランスの新技術の導入を望んだ。事業には二人とも参画したが、なぜか本書には、パルヴィッレの名はみえない。

他方、翌一八七四年パリで刊行された『一五世紀トルコの建築と装飾』(図15)では、著者は県知事と「リッター氏」へ謝辞を捧げるが、『オスマンの建築様式』への言及はない。二人の以前の友好的な関係を考えると、これはいかにも不自然である。

その裏の事情を推測するのには、一八六四年「イリュストラシオン」登場のふたつの記事がヒントとなるだろう。

図16　ブルサの都市改造の様子「イリュストラシオン」1864年1月16日

ひとつは、近代都市ブルサの再編工事。オスマン男爵のパリ大改造のように、直線的な大通り開削が伝えられる。[44]（図16）二つ目は、イェシル・ジャーミイ修復完成披露の報告。[45]記事・挿絵ともパルヴィッレ自身によるもので、文中、ブルサの古建築に関する著作が県知事の庇護で準備中、とある。

パルヴィッレと県知事の合意内容は不明である。だが、パルヴィッレはブルサの古建築の材料や素描、写真を精力的に集めていた。成果は六七年パリ万博「労働の歴史」部門で、オスマン帝国代表として展示された（de Linas 1867）。前後して本帰国し、師ヴィオレ・ル・デュクと提携、師と関係深いアンドレ・モレル社から著作の出版を進めた。[46]一八六九年モレルの死に際し、著作はすでに計画途上だった。[47]一八七四年刊だが、配本開始は七三年八月、『オスマンの建築様式』と同年で、完結したのがその翌年だった。[48]これほどの近時期に類似内容の著作を出したかつての同僚たちは、しかし、互いに他のことを全く言及していない。沈黙は、むしろ両者の不和を想定させるものといってよい。

六七年パリ万博後のパルヴィッレの本帰国、在イスタンブル仏語話者・在仏オスマン関係者のキーパーソン的存在ド・ボーモンの一八六九年の死、モンターニのプロヴディフへの赴任（一八七八年）――、さまざまの要素が、両者の活気ある一致協力の精神を疲弊させたのではあるまいか。これ以降、「イリュストラシオン」が売り物にした珍しい東洋の画像は、オスマン帝国を離れ、中国、そして日本に、主流の座を奪われることとなる。

結論

地理的にも、分野的にも〈あいだ〉に活躍したパルヴィッレの業績は、それぞれの地域・分野で、求められる役割、イメージを体現した結果、これまで断片的にしか理解・評価されてこなかった。だがこれはほんの一例で、彼のような境界をまたぐ人格は、近代の異文化交渉の中に無数に出現したはずである。この越境的な流動性、つまり〈あいだ〉そのもの——は、現代のグローバリゼーションとデジタル化の特徴にも通じる。言語や資料などの面で、研究上になお課題は残るが、ツールの発達は状況を劇的に変えつつある。〈あいだ〉の研究は、学問分野全体に今後も新たな光を投げかけるだろう。

【注】

(1) パルヴィッレに関する主な論文は次の通り：Beatrice Saint-Laurent, "Léon Parvillée. His Role as Restorer of Bursa's Monuments and His Contribution to the Exposition Universelle of 1867, L'Empire Ottoman, la République de Turquie et la France, Istanbul, pp. 247-282. Miyuki Aoki, Léon Parvillée: Osmanlı Modernleşmesinin Eşiğinde Bir Fransız Sanatçı, PhD. Thesis, Istanbul Technical University, 2002. Elsa Schneider-Manuch, "Léon Parvillée (1830-1885), parcours d'un pionnier de la céramique architecturale", *Recherches en histoire de l'art*, no.1, 2002 juin, pp. 115-136. Caroline Gronier, "Léon Parvillée: dialogue entre architecture et arts décoratifs", Livraisons d'histore de l'architecture, no. 17, 2009, pp. 95-105.

(2) 紙粘土に糊や漆喰を混ぜた室内装飾彫塑用の技法。安価で軽く耐久性があるが、圧力に弱い。パルヴィッレは地元フランス語新聞に広告を出している。

(3) *Études sur l'Exposition Universelle de 1867 à Paris*, *Gazette des Architectes et du Bâtiment*, 1867, pp. 261-262.

(4) Léon Parvillée, *L'Artchitecutre et décoration turques au XVè siècle*, A. Morel, Paris, 1874.

(5) 公式の死亡届を含む複数の書類に、職業「陶芸家」と記載されている。*Gazette des Beaux-Arts*, 1885, p. 222, *La Semaine des constructeurs*, 1885, p. 93, *Gazettes des Architectes et du Batiment*, 1885, p. 204, Archives de Paris, D.Q. 7 11105.

(6) 詳しくは、以下を参照のこと。Miyuki Aoki Girardelli, Léon Parvillée's Early Years in Istanbul: Cezayirlioglu

Mansion and the Church of Surp Krikor Lusavoriç in Kuzguncuk, 14th International Congress of Turkish Art, Paris, 19-21 September 2011, Frédéric Hitzel (ed.), 14th International Congress of Turkish Art, Paris, Collège de France, 2011, pp. 89-95

(7) BOAには、スルタン私財庫からの連名の借用書も存在する。A.}MKT.MHM. 54/100

(8) BOA, HR.TO 194 /32

(9) CADN, Consulat Istanbul Série A 107*

(10) メリッキアンよりオスマン政府宛一八五四年一二月一五日付の嘆願書には、五年来困窮し、コンヤで働かざるを得なかった事情が記されている。

(11) Henry Havard, ibid. ガランと装飾美術について、Victor Champier, M. P. -V. Galland et l'Enseignement de l'Art Décoratif, Premier article, *Gazette des Beaux-Arts*, 36, pp. 105-117. Marie-Noël de Gary, Introduction, Botaique et Ornement: dessin de P. -V. Galland 1822-1892, Paris, 1992.

(12) A.}MKT. NZD. 69/40 date 1269 Ra 08（13 December 1852）

(13) CADN, Ambassade Série E 352.

(14) 債権者リストは次の通り：建築家メリッキアン mimar Melik、石工ヒュセイン Taşçı Hüseyin、大工アヴァーディス Dülger Avadis、トルコ風呂屋オハンネス Hammamcı Ohannes、共同経営者シモン Ortağı Simon、左官オセッブ Sıvacı Oseb、画工マルゴス Nakkaş Margos、缶屋ハンパルスム・アンドン Tenekeci Hamparsum Andon、墺州人ダヴィッドとベディック Avsturyalı David ve Bedic、刃物屋ジゾ Bıçakçı Ziso。

(15) 資料の提供について、パオロ・ジラルデッリ氏に感謝する。

(16) BOA, MF.MKT. 80/61, dated 1300 C 16（24 April 1883）

(17) BOA, Y. A…HUS. 174/108, dated 1300 Z 08（10 October 1883）

(18) BOA, İ…ML..., 14/1312/Za-15, dated 1312 Za 18（13 May 1895）

(19) CADN, Consulat Istanbul Série A 107*, pp. 141-142. 詳しくは、Miyuki Aoki, Léon Parvillée: Osmanlı Modernleş-

mesinin Eşiğinde bir Frasız Sanatçı, Doktora Tezi, İstanbul Teknik Üniversitesi, 2002.

(20) CADN, Consulat Istanbul Série A 107*, pp. 153-154.

(21) 一八五六年一二月八日付フランス人在留記録

(22) BOA, İ.HR…, 182/10119 dated 1277 S 10（21 February 1861）

(23) ストラスブール生まれの同名著者のドイツ語詩集があるが、本人かは不明。Hornig, Charles-Guillaume instituteur à Strasbourg Die Erde und das alte und neue Jahr. Neujahrnacht 1842 auf 1843. Gedichte von J. Bader, Hornig und C.F. Hartmann.

(24) 一八六〇年七月一一日

(25) 一八六〇年七月一六日

(26) 一八六〇年八月一五日

(27) Hornig, 1867:88　一八六〇年一一月一日

(28) Hornig, 1867:46　一八六〇年九月一八日

(29) Hornig, 1867:86　一八六〇年一一月一日

(30) Hornig, 1867:173　一八六一年六月

(31) 注2参照のこと。

(32) 開業広告は、一八五四年八月一四日—一一月九日、*JC*に一〇回登場する。同紙は、同年八月一九日、パルヴィッレの仕事と工房の紹介記事も掲載した。

(33) *L'Illustration,*, no. 581, vol. XXIII, 15 avril 1854

(34) Adalbert de Beaumont（1809-1869）, *L'Illustration* no. 225 vol. IX 19 juin 1847.

(35) Giovanni Jean Brindesi（1826-1888）, *L'Illustration*, no. 589, vol. XXIII, 10 juin 1854, Jean-Henri-Abdolonim Ubicini（1818-1884）

(36) Pietro Montani（1829-1887）, *L'Illustration*, no. 855, vol. XXXIV 16 Juillet 1859

（37） ドルマバフチェ宮殿食堂とドルマバフチェ劇場紹介のアモンHammon挿絵の記事、L'Illustration, no. 852, 1860 and no. 881, 1859.

（38） *L'Illustration,* no. 339, vol. XIII, 25 Août 1849

（39） 古都ブルサに近いイズニックで生産の陶磁。ペルシャ、中国の染付磁器に影響されたがカオリンの代わりに水晶が用いられた。高価なタイルは建築に頻用された。

（40） *L'Illustration* no. 576, vol. XXIII, 11 Mars 1854, with a drawing by Jean Brindesi

（41） ナウム劇場でのガリバルディを讃える晩餐会の記事。*L'Illustration,* 19 avril 1862

（42） *L'Illustration,* vol XLI no. 1050 samedi 11 Avril 1863, p. 228

（43） *L'Illustration,* vol XLI no. 1050 samedi 11 Avril 1863, p. 229

（44） "Réédification de la ville de Brousse. – D'après un croquis de M. Parvillée.", *L'Illustration,* vol. XLIII, no. 1090 samedi 16 Janvier 1864, pp. 37-38

（45） "Fête du Courban-Baïram, dans la Mosquée de Zeschil-Imaret, à Brousse. – D'après un dessin de M. Léon Parvillée", *L'Illustration* vol. XLIV no. 1117 samedi 23 Juillet 1864, pp. 60-61

（46） ヴィオレ・ル・デュク監修「建築家と建造物雑誌」六七年パリ万博特集号に、パルヴィッレはブルサの古建築の素描相当数を掲載。一八七四年刊『一五世紀トルコの建築と装飾』にも所収。

（47） "Nécrologie A. Morel, Éditeur", *Gazette des Architectes et du Batiment,* 7é année, no. 5, pp. 61-62.

（48） *Gazette des Beaux-Arts* 1873, VIII 2e Période, p. 561.

【文献リスト】

Collinot, Eugène et de Beaumont, Adalbert, Réceuil de Dessins pour L'art et L'industrie, Paris, 1859

Collinot, Eugène et de Beaumont, Adalbert, Les Ornements Turcs Encyclopedie des Arts décoratifs de l'Orient , 6 vols, Paris, Canson, 1880-1883

de Linas, Charles, L'Histoire du travail à l'Exposition Universelle de 1867
Edhem Paşa（*ed.*）, *Usul-u Mimari-i Osmani/L'architecture Ottomane, Wien, 1873*
Empire Ottoman, Coup d'Oeil Général sur L'Exposition Nationale à Constantinople, Istanbul, 1863
Gaspare Fossati, Ayasofya Constantinople, London, 1852.
Gautier, Théophile, Jean Richer（*ed.*）, *Théophile Gautier à Contantinople: lettres, Isis, Istanbul, 1991, pp. 292-293.* 初版は *Théophile Gautier, Constantinople, Michel Lévy frères, Paris, 1856.*
Hornig, Charles Guillaume, Séjour et promenades à Constantinople（*1860-1861*）; *extraits de lettres, Paris, 1867*
Jamgocyan, Onnik, "Meguerditch Amira Djézairlian: Financier, Entrepreneur et Mécène Ottoman（*1805-1861*）, *Revue du Monde Arménien Moderne et Contemporain, tome I, 1994, p. 31-43*
Pamukçiyan, Kevork, "Kayserili Hassa Mimari Hovhannes Amira Serveryan", Ermeni Kaynaklarından Tarihe Katkılar – III, Zamanlar, Mekanlar, İnsanlar, Aras Yayıncılık, Istanbul, 2003, pp. 136-145
Salaheddin Bey（*ed.*）, *La Turquie à L'Exposition Universelle de 1867, Paris, 1867*

定期刊行物
Journal de Constantinole（本文中では*JC*と省略）
L'Illustration

人間と教育のあいだ――映画「ブラックボード」を例に

宮崎康子

一　人間と教育の「あいだ」にはなにがあるのか

「先生はいらないか」――砲弾の降る乾いた山道を男たちが歩いている。背中には壊れた黒板が背負われており、周囲にひとの姿が見えると男たちは声をあげる。「勉強をしたくはないか」

サミラ・マフマルバフ監督による映画「ブラックボード　背負う人」[1]に描かれるのは、イラン・イラク戦争（1980-89）末期に、爆撃音が響くなか、地雷が埋まった国境近くの山道を彷徨う人々の姿だ。

「ブラックボード」には、三世代の人物が登場する。子どもと、教師と、老人だ。老人たちは、クルド人を掃討するために化学兵器が使われたイラクから逃れてイランに来たが、戦争の終結の気配を感じ、家財を背負い、イラク側にある故郷の町ハラブチェへ帰ろうとしている。子どもたちは、密輸物資の運び屋として、危険を承知でイランとイラクの国境を越え、教師たちは、爆撃で学校を失っており、教師としての自分たちを必要とする子どもを求めてあてもなく山道を歩く（図１）。定点を持たずに移ろうようにして粛々と歩む彼らの交錯する生が、荒涼とした山道を背景に描かれている。

戦争が引き起こした波紋を淡々と描いているこの映画は、教育を主題とした内容ではない。戦争という二つの

図1　黒板を背負って山道を彷徨う教師たち（「ブラックボード　背負う人」）

異なる正義の論理の葛藤《あいだ》、国境地帯という境界領域《あいだ》、国籍も世代も異なる人々の関係と交流《あいだ》――たくさんの「あいだ」と、それらのあいだを移ろうようにして生きる人々の生そのものが主題となっている。

人間の生を考えることは、教育を考えることと同義である。それというのも、教育学は、教育こそがわたしたちを人間として、主体として創りあげていく相互的な営為であると考えているからだ。このことは、人間の生の全体と教育とが密接に関連し合う共犯関係にあるということを示唆している。この観点から見るとき、「ブラックボード」は、教育に携わる者に重要な問いを投げかけている。ここに描かれる人々の物語を通奏低音にしつつ、人間と教育のあいだについて考えてみたい。

一―一　「ヒトは教育によって人間になる」という命題

人間と教育の「あいだ」はどのように考えることができるだろうか。この問いは、「教育」とはなにか、「人間」とはなにか、という問いを前提として含んでいる。さらには、わたしたち自身の存在の不思議についても問うている。これらの疑問を抱いたまま、まず、教育についての定義から確認しておこう。

教育学において教育は次のように定義される。教育とは「ヒトに生まれながらに備わっていない能力を身につけさせようとする行為（作用）、またはその結果」を指す（教育思想史学会編　二〇一七：138）。つまり、わたしたち人間は、動物の一種としての生物学的なヒトとして生を受け、教育を受けることによって初めて人間になると考えられている。教育を受けるという時間的なプロセスを経ることによって、ようやくわたしたちは人間になることができるのだ。

教育によってヒトを人間にするというこの教育学の命題は、カント（Immanuel Kant, 1724-1804）の次の言葉に見られる。「人間は教育によって初めて人間になることができる。人間とは、教育が人間からつくり出したものにほかならない。注意すべきなのは、人間は人間によってのみ教育されるということ、同じように教育を受けた人間によってのみ教育されるということである」（カント、二〇〇一：221）。

人間が人間的に生きるには教育の力が不可欠だというカントの言葉は、まず実感として納得されるだろう。人間であるということは、人間のあいだに身を置きつつ、人間的に思考し、人間的に行動できるということを意味するからだ。

「野生児」と呼ばれる子どもたちへの教育の問題を考えてみよう。野生児とは、森に遺棄されるなどして、そこで動物に育てられたり、孤独の内に過ごしたりするなど、人間社会と断絶したまま成長した人間を指して広く使われる総称だ。古くは一三三四年に当時のドイツのヘッセンで狼少年が発見されているし、リトアニアの狼少年や、ドイツのハーメルンの野生児ペーターなどの記録が残されている（ジング　一九七八）。二〇世紀に入っても、一八九七年にフランスで発見されたアヴェロンの野生児や、一九二〇年にインドで発見された二人の少女アマラとカマラなど、野生児の発見と、彼らへの教育の様子が詳細に記録として残されている。教育を授けることで、人間の社会と疎遠に育ち動物のような振る舞いしかできない彼らを社会の一員としてふさわしい人間にすることができれば、教育の必要性や可能性が証明されることになる。現在でも多くの教育学のテキストの中で、野生児への教育は、人間になることへの教育の必要性と可能性という教育賛歌的な文脈において紹介されている[2]。

このような野生児への教育への関心は、存在の不思議さへの問いとして跳ね返ってくる。それというのも、「人間的に」在るということは、必ずしもただ教育を受けた経験があることに直結しないからだ。カントが言う「教育を受けた人間」とは誰のことだろうか。大人だろうか、年長者だろうか、被教育経験者であれば誰でも良いというのだろうか。そうではなく、教育の専門家としての教師の存在を示唆しているのだろうか。

教育の専門家としての教師による教育は、通常、学校で行われる。学校教育法によると、学校とは、「小学校、中学校、高等学校、大学、盲学校、聾学校、養護学校及び幼稚園」を指し、これらの教育施設において行われる教育は「公教育」と呼ばれる[3]。教育によってヒトが人間になるというのであるのならば、公教育における教育の原理について、次に確認しておこう。

一―二　どう教育するべきかをめぐる問い

近代において、公共の目的に奉仕することを目的に、国家の公法に基づいて提供（管理・運営）される教育は公教育と称される。公教育の場は学校と呼ばれ、学校で教育を行う専門家が教員（教師）とされる。学校で行われる教育の内容は、社会における有用な文化遺産としての知識に加えて、そのような知識を応用できる実践力（技能）と、他者との関係を支える道徳などの態度に代表される。学習者（児童・生徒）が受けた教育の内容や結果は、継続する教育的営為の過程で教師にフィードバックされ、それを元に教師はさらに教え、生徒はその教えの内容を新たに受け取り、有用な経験として蓄積していく。

国家による公教育が導入した学校という教育装置は、アンドリュー・ベル（Andrew Bell, 1753-1832）やジョセフ・ランカスター（Joseph Lancaster, 1778-1838）らによる「モニトリアル・システム（助教法）」にその原理を持つ。モニトリアル・システムとは、産業革命の影響で、多勢の学習者を一度に教える必要が出てきた一九世紀初頭のイギリスの大衆学校において採用された相互学習法である。教師（マスター）は優秀な生徒をモニターに任命し、そのモニターが指導するというもので、従来の伝統的な教授法がマスターによる個別の教えに基づいていたのに対して、モニターの数を随意に増やすことで大勢の生徒を一斉に教えることを可能とした。一斉授業の始まりである。

一斉授業は、教授する知識や内容をいかに効率良く教え込み、より有能な国民――労働者をいかに効率良く「生産」することができるかということが国家の課題とされた近代の産物だ。そのために「生産モデル」と呼ばれる。近代においては、教育の効率性ができるかが問われ、教えることの理論と実践が試行錯誤されてきた。

このような生産モデル以前の教育は「手細工モデル」と「農耕モデル」という二つの教育観のあいだを移ろっていた。(4)「手細工モデル」とは、教師が生徒を自由にかたち作ることができるとする考え方で、ここでの教育とは「陶冶」のことである。その理想像に向けて、子どもを粘土陶芸のようにこねて造形することや鉄を溶（冶）かして型にはめ込むことが教育だと考えられてきた。このとき、教育の結果としての理想の完成像があらかじめ教師のなかに存在する。そのような教育観への反発として十八世紀半ばから登場した「農耕モデル」の教育観では、教師は生徒を育てる存在として位置付けられる。生徒に内在する教育の可能性を十分に引き出す援助をすることが教師の役割とされた。そのための環境づくりこそが教師の課題だった。

生産モデルは、手細工モデルの教育観と農耕モデルの教育観のあいだの対立を含みこみつつ、手細工モデルの大掛かりな近代版として登場した品種改良モデルとも言える（村井、一九七八：151）。現代の教育は生産モデルを基盤としつつも、子どもを理想の完成形に向けて造形しようとする観点と子どもに内在する力を信じて援助しようとする観点という、矛盾する考えの両方が内包されている。

ここに言及した三つの教育観は、子どもをどのような存在としてみなし、子どものなかに何を「写し／映し」ていくのかという点で大きく異なっているが、いずれも教授―学習の文脈のなかにある。教師あるいは教えることがまず先にあって、そこから教える方法が議論されてきたからだ。そのため、近代学校教育制度としての教育の歴史は、これらの教育観を移ろいつつ、自らの教育観も改良しようとする試行錯誤の歴史でもある。どうすればより良く教えられるのかを、教師も教育学も問うている。ただし、教育の可能性や、教師主導で教えることの意義が前提とされており、教育の専門家としての教師の存在もまた疑われることはない。(5) このことを、映画「ブラックボード」の物語に戻って考えみよう。

二　教育関係の成立の不可能性

二―一　教えたい教師

「先生はいらないか」「勉強をしたくはないか」という教師たちの切実な呼びかけは、悉く拒否される。勉強するよりも日々を生きていくための日銭を稼ぎたいという子どもや、異なる用途に転用される黒板――体調を崩した老人を運ぶための担架となったり、濡れた服を乾かす物干しとして使われたり、怪我をした子どもの添え木にするために割られたり、爆撃を避ける盾にされたりする――の描写は、学校で教育を受けるということが、いかに恵まれた平和な日常のなかだけの営みであるかということを雄弁に物語る。

一人の教師が老人に尋ねる。「先生が必要ですか」「村に学校はありますか」。老人の答えは「わからんな」というものだった。代わりに老人は、手紙を読んでくれと頼む。ペルシャ語かアラビア語かクルド語かわからないが、息子からの手紙だという。教師にも読めない文字だ。しかし、教師は、多分こう書いてあるのじゃないかと読み上げる。「父さん、お元気ですか。母さんにもよろしく。さよなら」。息子がお金に困っているのではないかと心配する老人に、教師は手紙をひっくり返しながら「イラクのお金を少し持っている」と応える。息子は収容所にいるが元気か、いつ釈放されるのか、と続く老人の問いには、元気だ、すぐだよ、と答える。後半のやりとりは手紙を見てもいない。教師であるということで、この老人は教師の言葉にすがるのである。

また別の教師は、岩に立って双眼鏡を見ている子どもに話しかける。双眼鏡は危険を回避するための必需品だ。「坊や、読み書きは」「教えようか」。しつこく勉強へと誘い、子どもがいそうな村への道を尋ねる教師に、子どもは「（読み書きは）いらないよ」「ここも、ここも、全部道だ」と怒鳴り返す。村を訪れ、「掛け算は要りませんか」「ににんがし」「勉強を教えてあげますよ」と声をあげる。教師への村人の応えは「それじゃあ、この生活をなんとかしてくれ」というものだった。

大きな荷物を背負って山道を歩く子どもたちの集団を見つけた教師は目を輝かせて、「先生が必要か」と問う。子どもたちは仕事に向かうところだから道を通して欲しいと答える。そこで教師は子どもたちの先頭を歩き、「謝礼はいらないよ。その代わりに少し食べ物を分けてくれたらいい」と頼む。子どもたちが命懸けで逃げ回りながらも国境を超えて闇物資を運んでいると知ると、読み書きや計算の大切さを伝えようとする。「お金のことでだまされないよ」と。しかし、「算数なんて荷物の持ち主が知っていればいいんだ」「僕らは運ぶだけ」「僕らには必要ない」というのが子どもたちの答えだった。

数個の胡桃と引き換えに膀胱炎に苦しむ老人を黒板に乗せて運ぶことを承諾した教師サイードもいる。彼は、老人の娘である子連れの未亡人ハラレと結婚するように勧められるが、結納品は黒板しかない。サイードは、「わたしはあなたが好きです」と黒板に書き、その言葉を新妻に発音させようとする。川で洗った衣類を黒板に干して歩くハラレは、「黒板さん」と呼ぶだけで、彼には関心をまったく払わない。それどころか、反応のない彼女に業を煮やして去ろうとするサイードに、ハラレは見事な詩を披露する。彼女はサイードが先入観で決めつけていたような無学の女性ではなかった。

二―二　教師はなにを教えるのか

学校のような、教育の場があらかじめ用意されているところでは、生徒は教師の言葉に耳を傾けなくてはならない。しかし、学校の外での教育は教師によってのみ行われるというわけではない。学校内においても、学習指導要領や教科書のように明示されたカリキュラムとは別に、「ヒドゥン・カリキュラム（隠れたカリキュラム）」[6]の影響が指摘されるように、わたしたちは、他の人間との交流のなかでも教育を受けていく。ただし、このとき学ばれるのは、社会的に有用なものだけには限らない。社会生活にとって無用とされるものや害悪をなすものもまた学ばれていく。生徒の学びが生じるためには、学びたいという内的な動機が不可欠だが、有用とされるものだけに魅力があるわけではないのだ。

教育が、未来のより良い結果のためになされるのであれば、そのためには現在を犠牲にしなければならないが、今を生き延びることで精一杯の人々に対して、教えたいという教師の熱意は届かない。堪え難い現実が教育を排除している。教育的に価値があるとされることが、実際に価値があることに直結するとは限らないのだ。とくに生産モデルによる教育方法と内容は、共約可能な有用性に価値をおいている。しかし、教育は、有用な経験の蓄積を促すための文化装置として機能すると同時に、経験には収まりきれない出来事との出会いでもあるはずだ。それは、未知のものに出会い、その出会いによって自分が革新される体験だといえる。

たとえば、実存哲学、とくにヤスパース（Karl Theodor Jaspers, 1883-1969）の影響を強く受けたボルノウ（Otto

Friedrich Bollnow, 1903-91）は、「危機」や「出会い」「覚醒」といった概念で人間の生と教育のあいだを考察した。「危機」とは、病気や道徳に関わるもので、個人の生の連続性をその内面から中断させ、強い不安を掻き立てるような強烈な出来事の襲来を指す。危機に直面したとき、わたしたちは何らかの決断をし危機を乗り超えようとする。その模索の過程も、教育的営為として考察されてきた。

教育の営みをこのように切り出すとき、教育は、断絶を含む、非連続的な変化をも包含するものとしても捉えられる。そのような非連続的な変化は、教育の必要性や教育の可能性という文脈で期待されるような、有用な経験の蓄積が右肩上がりの直線として示される変化とは異なる。経験の蓄積が有用な知や技術や態度の獲得という、量の増大を意味する変化を指しているのに対し、非連続な変化は、個人的かつ内的で、質的な変容として顕れる。それは、芋虫が成長して大きな芋虫になるのではなく、芋虫が蛹を経て美しい蝶になるような質的な変容である。そして、変容は、教師の企図のうちにあったとしても、それとは無関係に偶発的に生じる出来事によってもたらされる。戦争による攪乱も、そのような変容をもたらす契機となる。

教育とくに公教育は、学習者の「できないこと」を減らし「できること」を増やすという、有用性を基盤とした量的な拡大変化を、成長あるいは発達として、子どもの社会化と個性化を目的に行われている。人間として人間のあいだに生きるうえで必要な教育（経験の蓄積）を考えることの重要性は当然だが、そうではない質的変容にも、わたしたちが人間として人間的に生きることへの不可欠な関わりがある。

三　人間を生きるということ

もう少し、人間的に生きるということについて、思考を先に進めてみよう。人間とはどのような存在かという疑問に、二十世紀のフランスの思想家バタイユ（Georges Albert Maurice Victor Bataille, 1897-1962）は、「禁止」と

「侵犯」という観点から、異なる二つの次元のあいだの移ろいを繰り返す激しいダイナミズムこそが人間だと指摘する。バタイユは教育思想家ではまったくない。むしろ、教育が矯正の対象あるいは排除の対象とするような仕掛け――「供犠」や「消尽」「内的体験」「呪われた部分」「エロティシズム」「非―知」「悪」などの独自の概念群を布置しながら、「人間的」であることを超えて人間を生きることの意味を生涯にわたって考え続けた。

バタイユにしたがうと、ヒトはまず「水のなかの水」として世界の裡に、世界と連続して存在する。そのような在り方は、動物のように現在の瞬間のみを生きる在り方だ。そのため、この次元は動物性＝連続性の次元とされる。やがてヒトは道具と言葉の使用によって、世界を事物化＝客体化し、同時に、そのことによって自分自身をも道具として、未来におけるより良い結果を現在の瞬間に優先させるようになる。それは、禁止として現れる。禁止によって限界づけられることで立ち上がるのが、人間性の次元、すなわち有用性の次元だ。このようなバタイユの考えでは、ヒトは有用性の次元に自らを隷属することで人間となるのである。（バタイユ 一九八五年）

このことを教育の文脈に引き寄せるて考えてみよう。多くの意図的／無意図的な教育関係において、教育とは大抵の場合、禁止を教えることから始まる。「～をしてはいけない」という禁止命令によって、動物的な振る舞いを人間的な振る舞いへと変化させようとする。社会生活を円滑に営むために、社会にとって有用な（より良い）共約事項を子どもに内在化させようとするのである。しかし、人間は有用であることだけを目的に生きているのではない。人間には、人間的であることを超え出ていくような強い衝動が内包されている。少なくともバタイユはそう考える。それは、動物がそうであるような世界との連続性の裡に、水のなかの水として在る在り方へのノスタルジックな感傷でもなく、禁止されることによって喚び起される禁止の侵犯への衝動である。その衝動的な動きの頂点は、「人間的」であることをみずから破壊していく限界突破の瞬間でもある。

バタイユにとって「人間」とは、一般にわたしたちがそうであると考えているような、理性を持って自らを制御することができる安定した主体ではない。彼の考える人間とは、むしろ「互いに相殺しあう動きのありえないような組み合わせとつねに関係している」もので、「人間的な」ということは、教育が目指すような安定した位置づけのことでは決してなく「人間の特性に固有の、見たところ定めない均衡を指す」ものだと説明される（バタイユ　一九九〇：224）。

相殺しあう二つの動きとは、禁止とその禁止の侵犯だ。侵犯によって、禁止による限界を超え出る瞬間に、自らを人間として認識する主体は解体され、ふたたび世界との連続性へと開かれることになる。このときの連続性は、禁止の侵犯という、二つ目の動きによって開かれるものであり、怖れと歓喜という両義的で強烈な感情を喚び覚ますものであるため、至高性の次元として、動物性における連続性とは異なるものとされる。それは、性や死の瞬間に限りなく近づく内的で私的な体験でもある。そのような瞬間において理性的な主体は衝動に呑み込まれ、バタイユのいう「人間的な」ダイナミズムの最中へと放り出されることになる。その瞬間にこそ、人間としての生の全体を生きることができるのだとバタイユは考える。教育が人間の生と密接な関わりにあるのであるなら、ヒトの人間化のみならず、人間の脱人間化についても考えなければならない。理性では捉えきれない出来事に、教育はどのようにアプローチすれば良いのだろうか。ふたたび映画「ブラックボード」に戻ろう。

教師による教育の押し売りに対し、やがてレアブルという少年が、自分の名前の書き方を知りたいと、教師に食べ物の欠片を謝礼として差し出す。泥を塗った黒板を乾かして文字を書く教師の後ろについて、崩れ落ちる崖道を歩きながら名前の綴りを見つめ、教師の真似をして「レ！　レアブルのレ」「ア、アーブ《水》のア」と少年は繰り返す。

たしかに、文字が読める世界は、五感で直接触れる以上の深みを生にもたらしてくれる。文字という道具を手に入れることで、世界は広がり、深まり、さらに多層化されていく。自分の直接の経験以上のことも自分の経験であるかのように体験できるからだ。このエピソードを、どういう状況にあっても、ひとは学びたいと思った瞬間に学び始めるのだ、と教育関係の成立として切り出し、文字を学ぶことでレアブルは未来を手に入れようとしているのだ、と解釈することも可能である。学びたい生徒が教師と出会うとき、教育が始まる。しかし、上空で爆撃が続く戦争の最中に、なぜレアブル少年は文字を学び、ハラレは日常にしか関心を示さないのだろうか。

ハラレはその場にふさわしい詩を即響で暗唱できるほど高度な教育を受けてきた女性だったと明かされた。戦争が始まるまでの彼女にとって教育は日常であり、その日常の更新のために有用なものであったのだろう。そうであるならば、戦争に当事者として巻き込まれたハラレにとって日常はすでに破壊されており、現在を生きる延びることこそが最優先となったのかもしれない。そのために有用なのは、教育ではなく、生き延びるための即応的な対処である。他方、子どもであるレアブルにとっての日常とは戦争状態の日々であり、教育こそが非日常だったのではないか。生活にとって有用な文字技能を獲得するという目的もあったかもしれない。しかし、それよりも、文字を学ぶことによって世界が、そして、自分が革新されていく純粋な歓びが彼を魅力したのではないだろうか。

どちらの場合においても、自分の日常が非日常へと暴力的に開かれていくことによって、それまでの自己の在りようも否応無しに大きな変革を求められる。それはときに主体として在るはずの自分を暴力的に解体されることへの恐れと歓喜を伴った体験として立ち現れる。それは、禁止の侵犯の動きだ。そのような体験の瞬間において、主体は世界へと解体される。そして、その動きは、瞬間において、やがて頂点を迎えることで収束し、経験の蓄積が必要とされる次元へと戻っていく。このことは、古代の宗教儀礼としての供犠を考えてみればよくわかるだろう。

供犠が伝統的な共同体において安定した日常の更新に有用とされたのは、二次的な機能に過ぎない。むしろ、禁止を設けることと、その後にその禁止を敢えて侵犯することという、二つの相反する動きこそが人間であるからこそ、その両方をあたかも自分自身の体験であるかのようにして体験させられる供犠は日常の安定とって必要とされるのだ。儀礼において供犠に付されるのは羊ではなく、羊の事物性であり、羊に同一化した自分自身の事物性である。だからこそ、供犠の瞬間に主体は解体され、世界の器となる。

人間と教育のあいだの話に戻ろう。近代以降、人間の生における「人間化」のプロセスの大部分を公教育が担うことでわたしたちの社会は保たれている。有用性原理はより良い未来を志向するものであるからだ。しかし、バタイユの思想を経由することにで、「脱人間化」という、もうひとつの人間の生に内包されている衝動が明らかになった。バタイユが取り上げる概念群は、どれも日常の中の非日常として潜む脱人間化の契機を示している。その契機とは、体験として「生きる」ということだ。生きるとは、未来を志向しながら現在を過ごすことでは決してなく、過去も現在も未来もない、時間軸から外れた瞬間をただ生きること、決して経験として回収できないような体験とともに在るということである。このようなバタイユの思想は教育における実存主義的課題とも異なっている。彼の思想は、主体の安定的な在りようを前提とした主体の危機ではなく、主体の蕩尽を含んだ生を描きだすことにこそ主眼が置かれている。

教育と一言で表現される営為にはさまざまな映しと移ろいがある。教師による教育内容を受ける器として教授される内容を正確に写すことのための文化装置としての側面もある。しかし、教育による人間形成という目標のなかに当然のものとして描かれる「人間」概念も「教育」思想・実践も、理念型のような絶対の定点としては存在しない。ともに映しあい移ろい続けるダイナミズムとして、実際の教育も人間も変容し続けている。教育を、非連続的な変容の契機をも含んでいるものとして捉えるならば、教師は有用性の教育の専門家としてのみ在ってよいのかと問うことに意味がある。また、バタイユ的に人間の生の全体を射程として教育を考えるとき、教育という事象のなかには生の全体性へと開かれる契機が含まれているが、そのことを語る確かな言葉を持たないということが教育の課題として見えてくる。自分自身を問いつつ「ただ生きる」ことについて、教育は語るための言葉をもっと手に入れる必要があるだろう。人間を生きるということは、教育によって規定されていく人間概念と実際の生とのあいだの葛藤に自覚的に在ることなのではないだろうか。

【注】

（1）二〇〇〇年に公開されたイラン映画。当時二十歳の新進気鋭の女性監督サミラ・マフマルバフの第二作目。原題は「Takhte Siah」。第五十三回カンヌ国際映画祭審査員賞を受賞した。

（2）教育の可能性とは異なる文脈からの研究に、西平直「教育はカマラを幸せにしたか――『狼に育てられた子ども』再考」や、鈴木晶子「教育的まなざしの誕生」、久保田健一郎「ミメーシスによる教育の再構築：野生児についての語りを手がかりに」などがある。

（3）学校教育法第一章総則第一条。また、教育基本法第六条にあるように、学校法人による私立学校も公教育とみなされる。

（4）「手細工モデル」「農耕モデル」「生産モデル」の区別は、村井実（1922-）を参照。

（5）この観点から、教授―学習スタイルの教育とは異なる「学び」という、教えることと学ぶことの関係性については（宮崎 二〇一九）に詳述。

（6）学校で公的に示されるカリキュラムにはないが、教師や他の学習者から意図せずに学ばれていく知識や行動様式、性向、メンタリティのことを意味する。イリッチ（Ivan Illich, 1926-2002）は「脱学校論」のなかで現代社会における学校の意味を論じている。

【引用・参考文献】

・イヴァン・イリッチ『脱学校の社会』東洋・小澤周三訳、東京創元社、一九七七年。

・教育思想史学会編『教育思想事典　増補改訂版』勁草書房、二〇一七年。

・久保田健一郎「ミメーシスによる教育の再構築：野生児についての語りを手がかりに」教育哲学会『教育哲学研究』87所収、二〇〇三年。

・児美川佳代子「近代イギリス大衆学校における一斉教授の成立について」東京大学教育学部『東京大学教育学部紀要』第32巻所収、一九九二年。

・ロバート・M・ジング『野生児の世界　35例の検討（野生児の記録）』中野善達・福田広訳、福村出版、一九七八年。

・鈴木晶子「教育的まなざしの誕生」『現代思想』青土社所収、一九九九年。

・西平直「教育はカマラを幸せにしたか――『狼に育てられた子ども』再考」『教育人間学のために』東京大学出版会、二〇〇五年。

・「ブラックボード――背負う人」サミラ・マフマルバフ監督、イラン・イタリア・日本：ファブリカ、オフィス北野、二〇〇〇年。

・宮崎康子「教えることと学ぶことのあいだを考える」東アジア教育研究所『東アジア研究』7、二〇一九年。

・村井実『新・教育学のすすめ』小学館、一九七八年。

・文部科学省ホームページ「学校教育法（抄）（昭和22年法律第26号）」http://www.mext.go.jp/a_menu/shougai/senshuu/06033002.htm

・Bell, Andrew. *Mutual Tuituin and Moral Discipline, Or, Manual of Instructions for Conducting Schools through the Agency of the Scholars Themselves*, Victoria, Australia: Leopold Classic Library, 2015.

・Bataille, Georges. L'Expérience intérieure, 1943.（*Œuvres complètes*, Paris: Gallimard, 1973）（ジョルジュ・バタイユ『内的体験　無神学大全』出口裕弘訳、平凡社、一九九八年）

・Bataille, Georges.《*Théorie de la religion*》, Paris: Gallimard, 1974（ジョルジュ・バタイユ『宗教の理論』湯浅博雄訳、人文書院、一九八五年）

・Bataille, Georges. *La Souveraineté, La Part Maudite–Essai d'économie Générale*, tome III, 1976.（*Œuvres completes VIII*, Paris: Gallimard. 1976）（ジョルジュ・バタイユ『至高性』湯浅博雄・中地義和・酒井健訳、人文書院、一九九〇年）

・Kant, Immanuel. *Immanuel Kant über Pädagogik*. Herausgegeben von D. Friedrich Theodor Rink. Konigsberg: Friedrich Nicolovitus, 1803.（イマヌエル・カント『カント全集17　倫理学・教育学』、湯浅正彦・井上義彦・加藤泰史訳、岩波書店、二〇〇一年）。

日活映画における「自己決定」をめぐるテーマの系譜学
――中平康・蔵原惟繕から神代辰巳への流れ

千葉　慶

はじめに

二〇一八年は、戦後七〇年の間に築き上げられた「戦後民主主義」の牙城、つまり、日本国憲法がいよいよ音を立てて崩れ始めた年であった。「戦後民主主義」がさしたる検証もされないまま、対話無用の多数決の論理に葬り去られようとしている今こそ、その試みとは何だったのか、どこに限界があり、どこに可能性が残されているのかをいったん足を止めて考えるべき時ではないだろうか。

筆者は、すでに石坂洋次郎原作の映画作品を対象に、政治理念としての「民主主義」が人間像やライフスタイル像という形で日常生活において模倣（受容）可能なフォーマット――自己決定権の尊重、対話の精神の尊重／暴力の否定――へと翻案とされるプロセス、および歴史的変化によってそのプロセスが辿らざるを得なかった変遷の過程を考察するケーススタディーを行った（千葉 二〇一七）。一九五〇年代から八〇年代の日活映画を研究対象とした今回の論考も同一の問題意識に基づいている。

石坂原作による映画『青い山脈』（一九四九）が典型的なように、映画は戦後日本社会において民主主義啓蒙に多大な貢献をした。もっとも、啓蒙という意図が明示されていたのはＧＨＱによる占領期までであるが、だからといって、占領期以後に映画によって表現された民主主義の原則が受け継がれなかったわけではない。それでも、民主主義をどのように映画の表現に取り込むかは、時代の変化にしたがって、徐々に変質していった。特に大きな変化はトラブルの解消法における対話の精神の尊重／暴力の否定に見られた。自己決定権の擁護という目的であるとはいえ、その手段として（正義の）暴力による敵の殲滅を行うという表現への拒絶感が一九五〇年代半ばあたりを境に急速に薄まっていったのである。その時期が、日本に自衛隊が誕生する時期とほぼ一致しているのは出来すぎているが、事実ではある（千葉 二〇一七）。

さて、ここで日活映画を研究対象とする理由は、第一に、すでに渡辺武信の著作によって通説になっている通り、日活映画にほぼ一貫するテーマは「自己決定権の尊重」、つまり、それは石坂洋次郎映画における「民主主義」表現の原則と一致しており、先行する拙論との連続性を担保することが出来るからである。もっとも、日活映画には多くの石坂洋次郎映画が含まれている。その上、渡辺自身、自らの論の理論的骨格を明確にするために、「アクション映画」を対象にしながら、そのルールを曲げて、「非アクション映画」である石坂映画に一章を割いている。さらに、渡辺がこのテーマに固執する理由を小学生時代に受けた民主主義教育の経験にあったと仄めかしている（渡辺、二〇〇四：18）。とすれば、この一致は必然である。

第二の理由は、日活映画が「戦後民主主義」の原則を時代の変化に合わせつつも、忠実に伝えようとする作品だけでなく、「戦後民主主義」を懐疑しながら、その根幹である「自己決定権の尊重」を担保しつつ、その限界と新たな可能性を追究した作品を多く生み出しているということである。その一つ一つを挙げていくには紙幅が足りないが、ここでは、『狂った果実』でこのテーマを日活映画の中に初めて明確に提示した中平康、脚本家の山田信夫とのコンビによってこのテーマを理論的に精緻化した蔵原惟繕の特徴的作品に限定して考えてみたい。そして、そのテーマがロマンポルノ転換を越えてどのように引き継がれたかを蔵原の盟友でもある神代辰巳の作品を通して考察したい。こうした作品群の分析を通して、「戦後民主主義」の優等生であった石坂洋次郎映画とは別の観点から「戦後民主主義」の受容過程を検証することが可能となるだろう。

一　「自己決定」をめぐるテーマ再考

日活映画思想史を考える際、すでに挙げた渡辺武信の研究を避けて通るわけにはいかない。渡辺の研究は、同時代人ならではのリアリティがあり、強い説得性を有している。ただし、だからといって、更新すべき点がないわけではない。というのも、渡辺は歴史的背景とともに作品を読み解いていく作業をしているものの、この著作の目的を「それらの映画がぼくにとってなぜ魅惑的であったか、という秘密に迫ること」と明示している（渡辺、二〇〇四：21）。つまり、彼が示したのは、彼の視点から捉えた日活映画の思想に止まらざるを得ず、作り手のそれとは異なる。

例えば、蔵原惟繕のデビュー作である『俺は待ってるぜ』（一九五七年）についてである。この映画は、ブラジルで人生をやり直そうとしている青年（石原裕次郎）と、暗黒街のボス（二谷英明）から逃亡してきた女性（北原三枝）との悲恋を描くものである。裕次郎は、一足先にブラジルに行った兄の迎えを待っている。北原を助けたことで二人の恋が始まるが、そのために北原を縛るボスを倒すような義理はない。兄も見つからない。ところが、裕次郎の兄を罠にかけブラジル行きの資金を奪って殺した犯人がボスであることが発覚し、裕次郎は元ボクサーである自らの拳でボスを倒すに至る。しかし、敵を倒し、結果的に恋人も救ったが、時すでに遅く、彼の唯一の夢であったブラジル行きはもはやかなわない。見せかけ上はハッピーエンドでも、このラストシーンには「冷え冷えとした感触」が漂う。

渡辺はこの映画を高く評価し、復讐を通して裕次郎は「失なわれた夢に託していた自己を自分の内にとりもど」すが、「自己は世界と和解すべくもなく、ただここに孤立」しており、「一層大きな孤独の中にいる自己を発見」するとまとめ、その後の日活映画に継承されるヒーロー像の原型を見出している（渡辺、二〇〇四：46）。彼が捉える日活的ヒーロー像とは「世界と調和したものではなく、世界に拮抗し、あるいは世界から奪回しなければならぬ何ものか」（渡辺、二〇〇四：18）である。そこには「個の自由感」の保証と同時に、存在根拠が脆弱なため生じる「不安感」とがあるが、この「不安」は同時に縛られず「自由」であるということでもある。それが渡辺にとって魅惑的なのは、彼が小学校の頃に体験した、〈個人の尊厳こそが最上であり、あらゆる権威や組織は個人が話し合いで作った束の間の連合に過ぎず、絶対的ではなく変更することが出来る〉[1]とする民主主義教育の価値観と、彼が捉えた日活的ヒーローの自己像とが類似していると捉えたからに他ならない。したがって、彼は一見「自己の奪還」の不可能性を描いたかのように思われるこのエンディングを、「世界」（他者／社会の価値観）にとらわれることのない「自己決定権」が確固として尊重されているとみなしたわけである。

ところが、当の蔵原惟繕は決して渡辺のような捉え方をしてはいない。蔵原は自らの製作したヒーローを半ば自虐的に「戦後世代が求めた実像」を極めて巧妙に作りかえた「虚像」に過ぎないと断じているのである[2]。蔵原が考える「戦後世代が求めた実像」（日活的ヒーロー）の原型は、戦後改革がひと段落着いた後で生じた再軍備・自民党発足などに代表される逆コースに対する「青年達の不信感と絶望感」を代弁するかのように「価値紊乱者」を標榜して登場した石原慎太郎であり、彼の原作になる『太陽の季節』『狂った果実』に代表される太陽族映画のヒーローであり、「抑圧された不信感の突破口」たる反逆者のイメージであった。蔵原によれば、中でも『狂った果実』は「風俗に堕し」た『太陽の季節』とは異なり、アクチュアリティを持ち、裕次郎がスターという「虚像」ではなく、「時代に対して実像」であることを示したが、周知のように太陽族映画は公共の良俗に反するということで社会的に批判を受け製作が中止となるに至り、日活企業はそれに代わって裕次郎を用いて、こともあろうに「太陽映画を指弾した良俗側のヒーローを作ること」へと転身していった。彼にとって、裕次郎が演じた石坂洋次郎映画のヒーローがその際たるものであり、そこには「すでに彼〔裕次郎〕に架托〔仮託〕された時代に対する反抗者としてのリアリティは影をひそめてしまった」。蔵原は、『俺は待ってるぜ』の主人公もまた、彼にとっては「虚像」の系譜の一つに過ぎず、「いかに微弱にしか戦後青年の実像を創る作業を試みなかったかという痛恨」が残ると総括している。つまり、この映画のラストの「冷え冷えとした感触」は作り手の視点からすれば、やはり「自己決定」（時代への反抗）の不可能性を嘆くものとして捉えるべきだったのかもしれないのである。

この一例を挙げるだけで、渡辺の方法論の問題は明らかであろう。つまり、「自己決定」をめぐるテーマは、おそらく日活映画の作り手たちの多くに共有されてはいただろう。それは、作り手たちのすべてがこのテーマの出自に当たると思われる「戦後民主主義」の経験を経ていたゆえであると一応類推できる。しかしながら、その経験をどう消化し表現するかについては、どうしても世代差、個人差が大いに生じる。一九二七年にボルネオで生まれ、一九三三年に日本に戻ってきたものの民主主義に接した時点で二〇才に近い年になっていた蔵原と、一九三八年に横浜で生まれ、小学生でそれに接した渡辺とでは、経験や表現に大きな違いが出るのは必然である。渡辺は、議論の出発点を「ぼくにとって」の日活映画の魅力を叙述するところに定めていた。それゆえに、作り手たち個々の間に確かに存在するこのテーマへの向き合い方の多様性をうまく掬い取れなかったのではなかろうか。

したがって、以下ではこの問題点を補うべく、作り手およびその周囲の証言を参照しつつ、作り手の意図を斟酌しながら作品を解釈したい。それによって、作り手の側がこのテーマと各々どう葛藤していったのかを分析し、「戦後民主主義」の限界と可能性の一端を考察してみたいと思う。

ではない。

二　「良俗」への反抗、「反抗」への冷笑――中平康

『狂った果実』（一九五六年）は、中平康の実質的なデビュー作であり、日活映画における「自己決定」をめぐるテーマのスタート地点に当たる。この映画は、石原裕次郎演じる太陽族の若者と津川雅彦演じるその弟、北原三枝演じるアメリカ人の現地妻との間で繰り広げられる三角関係の恋愛物語である。もちろん、ただの恋愛物語ではない。

原作者の石原慎太郎は、映画公開当時に発表したエッセイの中で、戦後世代の存在意義として、「我々が共通して抱く、既成価値に対する不信とある面では生理的嫌悪」を挙げている。そして、人間本来の生きる目的は「自己の人間としての実在」を求めることであり、「生れる前から存在していた文明秩序」に未だ飼いならされていない若者が「文明生活の虚構」に反発するのは当然の理であると主張している（石原、一九五六：316）。

まさに裕次郎演じる太陽族の若者が「要するに退屈なんだ。俺たちは」といらだちながらつぶやき、良識ぶった大人たちの欺瞞をあげつらう姿は、若者たちの「自己決定」を支援するふりをしながら飼いならそうとする「良俗」への反抗を明示したものと捉えることが出来る。また、注目したいのは、「戦後民主主義」の根幹である「自己決定権の尊重」を謳ってきた石坂洋次郎映画との決定的差異である。

石坂映画の定番のプロットでは、「自己決定権」を主張するあまり、独りよがりになった主人公は困難に陥るが、信頼できる他者（主に異性のパートナー）を得ることで「対話」を深め、「対話」を通して困難を克服し、「自己」のあり方の穏当な落としどころを最終的に見つけるという形をとる。

一方、『狂った果実』では、裕次郎演じる兄が、弟の津川が北原に恋したのを見て、弟に相談せずに、彼女を夫の存在を隠して男漁りをする危険な女として排除しようとするが、結果的に北原と恋に落ち、今度は弟を出し

抜くために弟には内緒で彼女をヨットで海に連れ出す様が描かれる。ここに「対話の精神」を見つけることは全くできない。

石坂映画において、こうしたキャラクターは確実に唾棄すべき「悪」として描かれる他ないが、『狂った果実』では新スターの裕次郎が演じる主人公として据えられている。石原慎太郎が「既成価値」への反抗としてこの原作を描き、反抗者を意図してこのキャラクターを造形したとすれば、その意味は単なるわがまま男を描くというところに留まるものではなく、石坂映画に代表される「既成」の民主主義につきものだった「対話の精神」が、その実、若者たちの「自己」を「良俗側」へと飼いならす罠であることを告発し、そうした「既成価値」に挑戦状を突きつけるものだったと捉えることが出来そうである。

ただし、映画を見る限り、中平が石原の原作を全肯定し、この主人公を英雄的な反抗者に仕立て上げているかと言えば、そうではない。というのも、中平は裕次郎演じる主人公に、自らを含む軟弱な戦後の日本人たちを弟が眺める水槽の中でただよう魚に見立てさせる（図1）。そしてついにはいらだちの感情を魚にぶつけて殺してしまう様を演じさせる。この映画の裕次郎は、北原を愛しているのにも関わらずアメリカ人の夫と対決どころか顔を合わせることすら避けてしまう情けない男なのである。あまつさえ、中平はラストで、兄に裏切られた怒りで復讐の鬼と化した弟が操縦するモーターボートで裕次郎を轢き殺してしまう。大島渚は、「俺は太陽族を冷笑したという中平の言葉を自著で伝えているが（大島、一九七〇：410）[4]、これが本当だとすれば、このラストは意識的に石原慎太郎の反抗を「冷笑」（否定）したということになる。

では、中平が考える「自己決定」をめぐる主題の回答はどこにあったのだろうか。それをよく示すのが、六〇年安保における戦後民主主義の政治的挫折（民衆の力による体制変更の不可能性を象徴づけた）を見届けた後に彼が二本だけ手掛けた石坂洋次郎映画である。彼は石坂による原作に大胆な改変を加え、彼なりの回答をそこに示している。

一本目は、裕次郎主演の『あいつと私』（一九六一年）である。この物語は、原作では、娘を心配するあまり支配的になる母を重荷に感じている主人公・浅田けい子（芦川いづみ）が、実業家の母による優生学的な考えに基づく実験の成果として、育ての父ではない男性の子として生まれ、母の考えで思春期の性欲におぼれないように「性」の相手さえコントロールされていた黒川三郎（裕次郎）と大学でめぐり逢い、恋愛や対話を通して、「自己」のあるべき姿を見出していくという物語である。つまり、そこには「自己決定権の尊重」「対話の精神」がセットとして描かれている。

石坂洋次郎による原作小説『あいつと私』では、けい子が主人公であるため、主眼は彼女の「自己決定」にあり、三郎の「自己決定」はあまり重視されていない。ところが、中平は三郎を主人公に据えた物語に改変することで、石坂映画につきものの「良俗」による飼いならしを回避している。

特徴的なのは、ラストの差異である。原作では三郎は自分の本当の父を知らないまま、いずれ母の思惑でアメリカにいる本当の父の元へと留学させられるであろうことが示唆される。しかし、映画では三郎が偶然出生の真実を知り、

図１　映画『狂った果実』より。（左より東谷暎子、津川雅彦）©日活

図2 映画『あいつと私』より。(左から滝沢修、宮口精二、轟夕起子、芦川いづみ、石原裕次郎)
©日活

その上で、アメリカで実業家として活躍する実父(滝沢修)と対峙し、実父か、それとも弱弱しいが家庭の緩衝材として暮らして来た優しい育ての父(宮口精二)か、どちらを選ぶかを迫られることになり、後者を突発的に自らの意志で選びとる様が描かれる(図2)。この中平の演出における原作改変には、「対話の精神」を否定するような明確な反逆性があるわけではない。ただ、決然と「自己」を貫くことの意志を示し、「対話」によって「自己」が飼いならされることを暗に拒絶する様を表すものだったと見るべきではないだろうか。また、すでに別稿で指摘したように、六〇年安保を舞台にしたこの映画にあって、この二人の父に「アメリカ寄りの再軍備」(実の父)と「再軍備反対/憲法九条」(育ての父)が象徴されているとすれば[5]、三郎の選択には「既成」の民主主義による飼いならし(自由民主党!)を告発しながら、わずかに飼いならされていない可能性にかけようとする静かな抵抗も見出すことが出来るように思われる。

なお、中平はもう一本の石坂原作作品の『光る海』(一九六三年)でも映画化に際して、サブキャラクターを主人公に置き換える改変を行っている。石坂による原作小説『光る海』

では、大学で主席だった葉山和子が同級生でうだつの上がらない野坂孝雄に恋をするが、プライドの高さゆえに告白までには至らずに終わる。しかし、社会人になって、同級生の恋人の出産を目の当たりにし、「女」としてのあるべき幸せを感じたタイミングで、妹と孝雄の弟が和子と孝雄を結び付けようとする芝居に接し、告白するに至るというもので、典型的な石坂映画のプロットである。

対して、中平は和子の恋敵である石田美枝子を主人公に改め、それを吉永小百合に演じさせている。美枝子のキャラクターは、原作では作家志望で口だけは達者だが行動が伴わないタイプとして描かれており、最終的に孝雄に告白できずに終わる。孝雄役には当時の吉永主演作品では相手役を常に勤めていた浜田光夫が配されており、観客には定番のパターンとして吉永と浜田が結ばれるエンディングを期待させる仕掛けが施されていた。

そして、この仕掛けが『あいつと私』の映画化同様に、ラストシーンにおいて、「既成価値」へのささやかな反抗を表すことになる。原作のラストは、恋に破れた美枝子が出版パーティーの場で美枝子が恋の敗北宣言をし、和子と孝雄が祝福の中でキスをするというものであった。対して、映画のラストはパーティーの場で美枝子が「いつでも孝雄を奪う準備は出来ている」と冗談交じりに言って笑いを取り、やせ我慢で笑顔を作りながら二人を祝福する（二人のキスはなし）というものである。もちろん、中平は美枝子を意図的な反抗者として描いたわけではない。中平は、原作にはない、美枝子が孝雄への告白の機会を逸して後悔するシーンを描いているため、彼女を恋愛／結婚制度への積極的反抗者として読むことは難しい。ただ、中平が原作に対して行った改変が、石坂映画に代表される「自己決定権の尊重」「対話の精神」に基づく恋愛映画が、表面上は主人公の自由な「自己決定」の元で恋愛を行い、パートナーを選択しているように見えながら、その実は「既成価値」の枠組みの中で決定づけられた結末へと誘導されるものに過ぎないこと、そして、また観客もいつの間にかそれを期待してしまうほどに「既成価値」に飼いならされていることを、結果的に観客たちに思い知らせる改変となっていることは確認できる。

中平のたどり着いた回答とは、「良俗側」による「対話」に促された安易な「自己決定」が「既成価値」に囚われる限界がある以上、「自己決定＝ゴール」の不可能性の担保（永続革命）こそが、逆説的に「自己決定」を究極的に尊重することにつながるという見解だったのではないだろうか。

三　「自己決定」への冒険——蔵原惟繕

すでに指摘したように、『狂った果実』においてチーフ助監督を務めた蔵原惟繕[6]は、中平とは異なり、太陽族を「既成価値」への反抗者として積極的に肯定していた。

デビュー作において、「良俗側のヒーロー」を描いてしまった痛恨を吐露した蔵原が六〇年安保の後で「戦後世代が求めた実像」を描くべくして、脚本家山田信夫[7]とコンビを組んで製作したのが、以下に挙げた「典子三部作」である。

一作目の『憎いあンちくしょう』（一九六二年）は、テレビスター北大作（石原裕次郎）とそのマネージャー典子（浅丘ルリ子）との恋愛物語である。二人はすでに恋人同士だが、二年の間に刺激を失い、そろそろ倦怠期に入りつつある。また、大作は典子によってスケジュール管理された生活ゆえに、「自己」を見失いつつある現状にいら立ってきている。そんなある日、大作は新聞記事に、九州の無医村で働く恋人（小池朝雄）のために離れて暮らしながらもジープを買うために必死で働いたが、資金が尽きたため、九州にこれを送ることが出来ないという女性（芦川いづみ）の訴えを発見する。聞けば、この二人は何年もの間、顔を突き合わせることが出来なくとも、同じ目標を持ち、手紙での「対話」だけで愛を確認しあってきたのだという。大作は彼女の話を聞いて、そこに自分たちが「虚構」の恋愛ゲームの内に失った「真実」があると感じ、スターとしてのスケジュールを反故にして、単独このジープを九州に運ぶことを決意する。つまり、日常の繰り返しの中で失われていた「自己決定」を取り戻す冒険に出たのである。

しかし、冒険は順調にはいかない。まず、典子がテレビマンと結託してこれを一本のスペクタクル番組の企画にしようと画策する。途中で替え玉を用意する提案をし、断られると睡眠薬自殺を起こしてまで彼を引き留めようとする。大作はこれに激怒し、典子を殴って睡眠薬を吐かせた後で、彼を縛る典子のスケジュール帳を引き裂き、先を急ぐ。典子は彼の怒りを目の当たりにして、もはや彼の行為が「虚構」（スターとしての仕事）ではなく、「真実」であることに気づき、追いかけてゆく。大作も必死に食らいつく典子の態度に心を開いてゆき、やがて二人でこの困難を乗り越えていくべく協力するようになっていく。

映画のラストは、無事に九州にたどり着いた大作と典子が小池にジープを渡す場面である。そこにテレビマンが介入し、ヘリで芦川を連れてきて、小池に逢わせ、「感動の再会」を演出しようとする。しかし、この二人は突然のことに当惑するばかりである。大作と典子はこの思いがけない残酷な結末に目を背け、誰もいない離れた場所で改めて、太陽のまぶしい光を仰ぎながら二人の愛の強い結びつきを確認する。

ここで蔵原が脚本家の山田信夫とのコンビで出した、「自己決定」をめぐるテーマへの回答はどのようなものであったか。それは、「対話の精神」によって、「自己決定」の落としどころを定めようとするような発想への反抗であり、「対話」を超越した肉体による「直接行動」の冒険こそが「自己決定」を強く「実像」にするという信念の表明である。だからこそ、「対話」のみで成り立ち、「行動」が伴っていなかった芦川・小池のペアはみじめな思いをし、「対話」という「虚構」をかなぐり捨て、「行動」にすべてをかけることになった大作と典子のペアは、光に包まれた栄光のラストを飾ることになるのである（図3）。

もっともこれが最終的な回答ではない。この翌年に山田信夫はこの映画の主人公が特殊なアウトサイダーであ

図3　映画『憎いあンちくしょう』より。(左から石原裕次郎、浅丘ルリ子) ©日活

ることに「行き詰まり」を感じ、アウトサイダーのみが愛を勝ち取るとするのではなし、彼と日常に生きるインサイダーとの接点をどう見出すかを模索している旨の発言をある座談会で行っている（羽仁・山田・小川　一九六三：19-20）。その試みが結実するのが、次の『何か面白いことはないか』（一九六三年）においてである。

この映画では、インサイダーである浅丘ルリ子が、平和だが何も変わりようがない日常に埋没するあまり、「自己」を見失いつつあるダンサー・典子を演じる。そこに、一流企業のパイロットからドロップアウトした裕次郎が、彼女が遺産として相続したセスナを自分の生命保険金を担保として買いにやってきたところから話が展開してゆく。最初、ルリ子は裕次郎の命がけの冒険をバカにし、セスナを売るものの、恋人の新聞記者と結託して、裕次郎を時代遅れのドンキホーテと呼び、笑いものにしようとする。しかし、裕次郎はいくらバカにされようとも、いくらライバル会社に妨害されようとも負けない。彼は、我慢を重ね、ライバルが仕事を休むほどの強風の日にあえて命賭けでフライトし、事業を軌道に乗せることに成功する。すると、ルリ子は「自己」が彼に比して矮小な存在であるかのように否定された気になってしまい、酔った勢いでセスナを壊してしまう。セスナはもはや修理不可能で、裕次郎は窮地に陥り、セスナの残りの料金を精算するために命を捨て生命保険で払わなければならない瀬戸際まで追い込まれる。裕次郎は、それでもあきらめず、彼女を責めることもせず、貴重なセスナの部品を持つ富豪にプライドを捨てて再三再四直談判する。その姿を目の当たりにしてルリ子は改心し、二人は協力して富豪の説得に成功しセスナを蘇らせ、ラストシーンではセスナが大空を舞う。

この映画も結論だけを取れば、前作と同じく、冒険的な「行動」に「自己決定」の実像を見出そうとするものと言えるが、アウトサイダーとインサイダーの対立と和解とを織り込むことで、彼らの考える「自己決定」の手段たる冒険をアウトサイダーによる特権的行動に限定するのではなく、インサイダーたるルリ子の改心として描くことによって、日常レベルにまで引き下げようとする努力が見られる。つまり、わたしたちインサイダーの一般人でもその冒険は可能であるというのが蔵原たちの主張だったのである。

そして、三部作の三作目の『夜明けのうた』(一九六五年)では、浅丘ルリ子単独主演の形をとり、彼女を「自己決定」へと導くパートナーを演じてきた裕次郎を捨象している。

この映画では、ルリ子が不倫の情事と乱れたパーティーに明け暮れながら、事務所によって「清純派」のイメージを与えられ、演じているスター・典子を演じる。彼女は「虚像」を演じることに疲れ切っている。物語は、そんな彼女が病のために失明する運命にある少女(松原智恵子)と彼女を献身的に支える少年(浜田光夫)と出会うことで大きく転換していく。ルリ子は二人の打算などなく思いやりに満ちた愛の形を見て、自らが演じる「虚像」に満ちた生活が恥ずかしく感じる。彼女は二人に自分の乱れた不倫の愛の形を露悪的に見せつけ、二人から強い軽蔑を受けることで、本来の恥ずかしい「実像」に向き合って生きなおすことを決める(図4)。その瞬間、夜明けの空に太陽が昇る。

図４　映画『夜明けのうた』より。（写真は浅丘ルリ子）。Ⓒ日活

蔵原が二作目から三作目を経て、最終的にたどり着いた回答はどのようなものだったのか。それは、真実の「自己決定」に導くかのように思われた冒険的反逆でさえ、他者に依存し、やがて「虚像」に回収されるものに過ぎず、結局、「実像」に迫る「自己決定」があるとすれば、それは「自己」が〈「既成価値」に規定された「自己」〉に向き合い、それを否定することでしか起こりえないという極めて内省的なものだったのである。

エピローグにかえて
――「逃走」から再び「対話」へ：神代辰巳――

中平康と蔵原惟繕の作品を見る限り、それぞれの回答が正しいかどうかは別として、戦後に大人になった世代が、「既成」の民主主義をそのまま受容するのではなく、その限界をつぶさに見つめ、新たな可能性を求めて葛藤していったことがわかる。「対話の精神」が欠落してゆくのは反民主主義への堕落ではない。大人たちの民主主義が当初の理想を失い「逆コース」へと挫折する状況に対して、かつて民主主義の理想を信じていた若者世代が抱えた不信こそが、中平や蔵原のような表現者に「既成価値」に止まらない新しい民主主義の可能性を模索させたのである。ただ、中平も蔵原も六〇年代の半ばにはこのテーマを更新することから遠ざかっていくようになる。それは、彼らが「戦後民主主義」の是非を議論することにリアリティを持てた時代の終わりを意味していたのかもしれない。

しかし、「戦後民主主義」の価値そのものがこの時点ですでに失われていたと結論づけるのは、まだ尚早である。というのも、「自己決定」をめぐるテーマは、五〇年代から六〇年代の日活映画の多くの作家に見出すことができるものであるため、さらなる調査をする必要があるからである。実際、七〇年代から八〇年代のロマンポルノ期において、時代背景に応じたヴァリエーションを取りつつ、なお多くの作家がこのテーマに取り組んでいる。これらについては別にさらなる検討が必要とされるだろう。

なお、議論を先取りして指摘しておくが、「自己決定」を疎外する「対話」を拒絶し、「既成価値」への反抗を謳う作品群は、戦後体制に対する反システム運動としての大学闘争が敗北していく七〇年前後には、反抗の困難や不可能性を描く傾向へと著しく偏りを見せるようになる。[8] ただ、ロマンポルノ期においては少数派となり、八〇年前後には見られなくなる。

その時代に神代辰巳[9]は、蔵原がとどまった地点の先を模索するような作品をいくつか監督している。『濡れた唇』（一九七二年）では、金持ちの娘との結婚が決まったが「自己」を失うことを恐れる男が、成り行きでドロップアウトして犯罪者の一味に同行することとなるが、最終的にそこからも逃げ出してしまう様を描いた。『恋人たちは濡れた』（一九七三年）では、都会での夢が破れて故郷に戻った男が、古い友人や母親から与えられる「自己」の名前や記憶を拒否し、別人として生きようとするが最後に殺されて海に沈む姿を描く。つまり、「自己決定」といったところで、「自己」とはどうしても他者によって規定されるものであり、真に「自己決定」するためには「自己」からも逃走するしかないというメッセージが明確に見られる。ただし、興味深いことに神代は晩年になって、改めて「対話」の可能性を見つめるようになる。自身のロマンポルノ最後の作品となる『美加マドカ　指を濡らす女』（一九八四年）では、何者からも所有されることを拒むアウトサイダーのストリッパーが必死の口説きに負けて、一人の男の愛を受け入れる様を描いている（図5）。そして、遺作映画となった『棒の哀しみ』（一九九四年）では、狭い水槽のようなヤクザ世界から抜け出ようとするが、結局、水槽の中に居場所を見つ

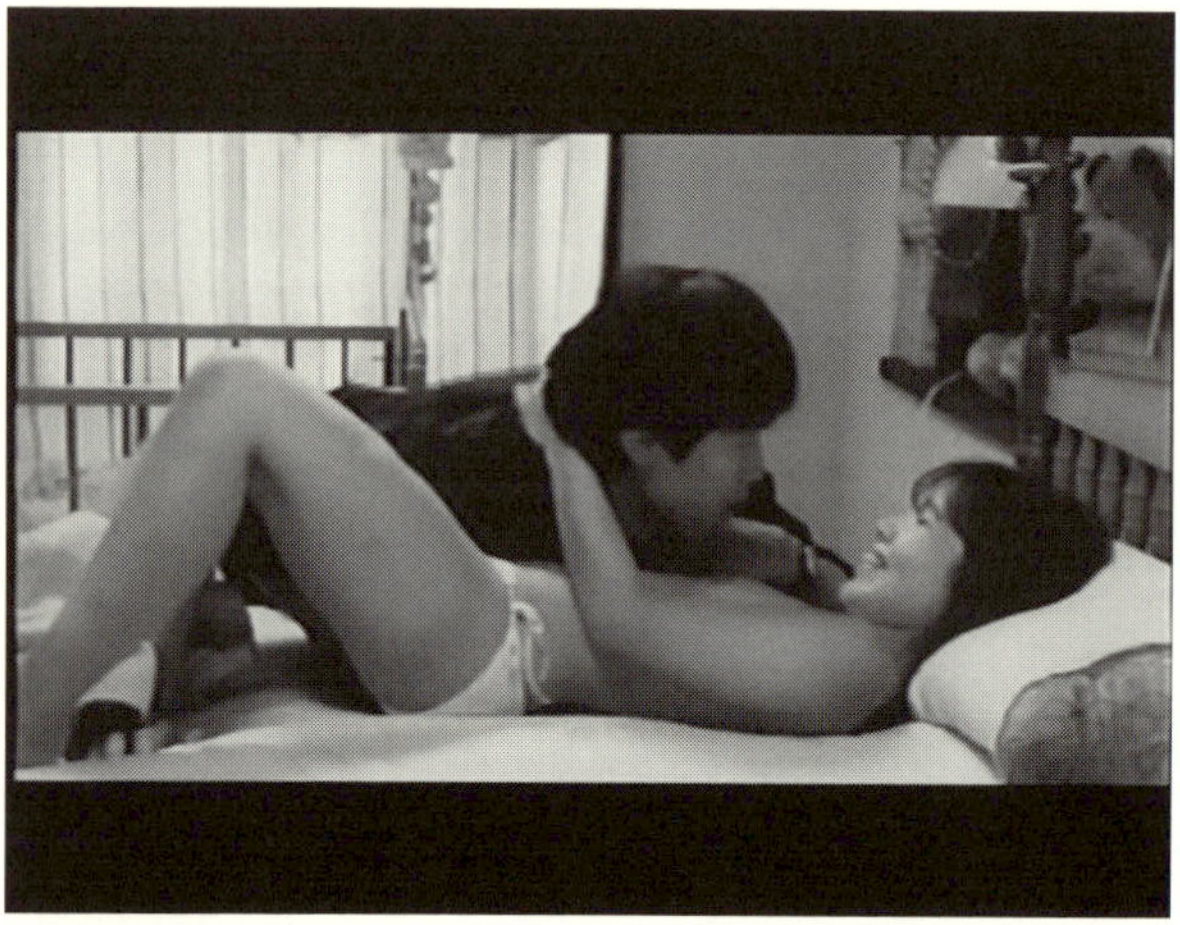

図５　映画『美加マドカ　指を濡らす女』（左から内藤剛志、美加マドカ）
Ⓒ日活

図６　映画『棒の哀しみ』より。（左から哀川翔、奥田瑛二）
Ⓒユニタリー企画＝ティー・エム・シー＝ヒーロー

ける主人公を描くに至るのである（図6）。ここに『狂った果実』に見られた水槽が再び登場したことは出来すぎた偶然ではあるが、一貫して「自己決定」をめぐる問いをしてきた神代にとっては必然だったのではないか。ただし、その意味はまるで違う。中平は、『狂った果実』で口だけ達者で何もなしえていない太陽族を冷笑する道具として水槽を使っていたが、神代はこの遺作で水槽を通して、人間の生は常に不自由な条件に縛られるものであり、そこから逃れて「完全に自由」になろうとすることは所詮不可能事、夢物語であり、あるいは孤独な死に向かうことでしかない。限られた場所でどう生きるかを模索すること（それが「対話」である）にこそ、「完全に自由」ではないにせよ、よりマシな「自己決定」をつかみ取り生き延びるためのリアルな道筋があるということを伝えていたのではなかったか。

「既成価値」への反抗とは、まさに変革可能性の模索であり、民主主義の存在意義の根幹でもあるだろう。それが一映画会社の作品に限定した範囲とは言え、ある時点で失われたのだとすれば、なぜ、どのように失われたのか、失われていないとすれば、どう残存しているのかを検討することは、「戦後民主主義」が音を立てて崩れ落ちる現在にあって、それを他人事のように傍観しないためにも、欠くべからざることなのではないだろうか。また、神代が晩年に「逃走」から「対話」へと転じた意味とは何だったのか。そこで再び登場した「対話」とは「良俗側」の罠なのか、それとも別の可能性なのか。最後に重要なテーマが導き出されたわけだが、ここで紙幅が尽きた。この検討の続きは別稿にて行いたい。

【注】

（1）括弧内は、渡辺［二〇〇四］の一八〜一九頁の内容の要約である。

（２）以下、この段落の引用部分は、蔵原［一九七六］、八〇〜八一頁を典拠としている。

（３）映画監督。一九二六年東京都生まれ、一九七八年没。東京大学を中退し、一九四八年に松竹大船撮影所に入所、一九五四年日活に移籍。代表作に『狂った果実』（一九五六）、『紅の翼』（一九五八）、『あいつと私』（一九六一）、『アラブの嵐』（一九六一）などがある。『狂った果実』に代表されるように、スピーディーなテンポと洗練されたタッチの技巧派として知られる。

（４）もちろん、これは中平の『牛乳屋フランキー』（一九五六）における太陽族パロディーをも指しているだろう。

（５）裕次郎映画と安保体制の関係性については、千葉［二〇〇九］を参照のこと。

（６）映画監督。一九二七年ボルネオ生まれ、二〇〇二年没。日本大学を卒業し、一九五二年に松竹京都撮影所に入所。一九五四年日活に移籍。『俺は待ってるぜ』（一九五七）で監督デビュー。代表作に『風速四〇米』（一九五八）、『われらの時代』（一九五九）、『愛と死の記録』（一九六六）、『愛の渇き』（一九六七）など。カメラマン間宮義雄とコンビを主に組み、広角レンズと手持ちカメラを多用した大胆なカメラワークと編集を伴う作風で知られる。また、脚本家山田信夫とのコンビ作では、自己決定権の可能性を掘り下げる典子三部作（『憎いあンちくしょう』一九六二、『何か面白いことないか』一九六三、『夜明けのうた』一九六五）のような実験的テーマをスター映画にしばしば持ち込んでいる。

（７）脚本家。一九三二年上海生まれ、一九九八年没。早稲田大学を卒業し、一九五八年に脚本家デビュー。日活と専属契約する。

（８）例えば、藤田敏八の『野良猫ロック　ワイルドジャンボ』（一九七〇）や澤田幸弘の『反逆のメロディー』（一九七〇）、小澤啓一の『関東破門状』（一九七一）などに典型的に表われているように、日活ニューアクション期の若者群像劇の多くは、既成組織の支配に対する若者たちの反逆を主なテーマとしながら、そのほとんどの結末が組織と主人公たちの共倒れとして描かれる。『憎いあンちくしょう』のような栄光に満ちたラストシーンが描かれることはない。

（９）映画監督。一九二七年佐賀県生まれ、一九九五年没。九州大学中退後、早稲田大学に入りなおし卒業。一九五二年に蔵原惟繕と同時に松竹京都撮影所に入所。一九五四年に蔵原と日活に移籍する手はずとなっていたが、入社が一年半遅れる。そのため、蔵原に比較して監督デビューが九年遅れる。一九六八年、『かぶりつき人生』で監督デビュー。しかし、不入りだったため、次回作の『濡れた唇』(一九七二)まで監督キャリアに四年のブランクが生じる。代表作に、『一条さゆり 濡れた欲情』(一九七二)、『恋人たちは濡れた』(一九七三)、『四畳半襖の裏張り しのび肌』(一九七四)など。ロマンポルノから一般映画まで手掛けているが、カメラの長回しを用いて、俳優の生々しい芝居の緊張感を画面いっぱいにみなぎらせる作風は全作品に共通している。

【出典文献】

石原慎太郎　一九五六:「僕にも言わせてもらいたい――価値紊乱者の光栄」(『中央公論』一九五六年九月号)

大島渚　一九七〇:「それは突破口か?――日本映画の近代主義者たち」(『現代日本映画論大系2　個人と力の回復』冬樹社、一九七〇年)

蔵原惟繕　一九七六:「太陽映画騒動から裕次郎ブームへ――虚像にすりかえられた戦後世代」(『映画芸術』一九七六年八月・九月号)

千葉慶　二〇〇九:「日米安保体制と裕次郎映画」(『日本研究』第三九集、二〇〇九年)

千葉慶　二〇一七:「『青い山脈』的なるもののゆくえ――「戦後民主主義」の限界と可能性に関するジェンダー史的考察」(『ジェンダー史学』一三号、二〇一七年)

羽仁進・山田信夫・小川徹　一九六三:「座談会　一九六三年の創造」(『映画芸術』一九六三年三月号)

渡辺武信　二〇〇四:『日活アクション映画の華麗な世界』(未来社、二〇〇四年)

「動物保護管理法」による人・犬・猫の接触の変貌

──犬・猫の殺処分は如何にしてはじまったのか

春藤献一

動物愛護管理センターなどと呼ばれる行政施設が、犬や猫を殺処分することを業務の一つとしていることに、疑問を持ったことはないだろうか。本稿は、この一見矛盾するような状況が、どのように形成されたのかを検討するものである。

犬・猫の行政による殺処分は、ここ数十年のあいだ、「動物愛護」に関する諸問題のなかでも最大の関心を集め続けてきた。

犬・猫の行政による殺処分とは、行政が主として「動物の愛護及び管理に関する法律」に基づいて引取った犬や猫を、止む無く安楽死処分にすることである。「動物愛護管理法」は一九七三年に成立した「動物の保護及び管理に関する法律」が改正されたものであり、同法に基づく犬と猫の引取りと殺処分は、法が施行された一九七四年から行われてきた。

犬と猫の引取りと殺処分は、動物の保護（愛護）と管理のために行われてきたのである。

犬・猫の収容施設に動物愛護管理センターといった名称が用いられるのは、このような事情があるためであった。

では犬や猫の行政による殺処分は、どのような理屈で動物の保護（愛護）と管理と結び付けられたのだろうか。そして殺処分の実態は、どのように形成されたのだろうか。

「動物の保護及び管理に関する法律」は、日本で初めてのまとまった内容を持つ動物保護法であり、「野犬狩り」に代表されるような取締型の犬の取扱い方を、保護・管理型のそれへと改める第一歩となるものであった。ペットの代表格である犬、そして猫の取扱い方は、戦後の人間社会がそうであったように、短いあいだでも様変わりしてきた。この取扱い方の移ろいは、動物に関する法の移ろいと深く関わっている。その関わりは、動物法が人と動物の関係のあり方に影響を与えるだけでなく、動物法が人間社会のものの考え方の「写し」でもあるという相互作用がはたらくものである。本稿は、動物法という「器」をとおし、人間社会と犬・猫との「接触の変貌」をみる。

一　義務付けられた引取り

一九七三年に成立した「動物の保護及び管理に関する法律」（以下では単に法という）は、日本で初めてのまとまった内容もつ動物保護法であった。法は、動物の保護・管理に関する基本的な考え方を法文上に明らかにし、犬や猫などの遺棄や虐待を罰則付きで禁止した。犬は従来「狂犬病予防法」等によって、いわゆる「野犬狩り」に代表されるような取締型の取扱いが行われてきた。法の成立によって、保護・管理型の取扱いへの転換が図られたのである。

法の目玉の一つとされたのは、犬・猫を行政が引取るようにすることであった。

第七条　都道府県又は政令で定める市（以下「都道府県等」という。）は、犬又はねこの引取りをその所有者から求められたときは、これを引き取らなければならない。

２　前項の規定は、都道府県等が所有者の判明しない犬又はねこの引取りをその拾得者その他の者から求められた場合に準用する。

上記は、法第七条第一、第二項の抜粋である。都道府県と政令指定都市（以下では都道府県等という）には、第一項において飼主から犬・猫を引取る義務が、第二項において所有者の判明しない犬・猫の拾得者から犬・猫を引取る義務が定められた。「引き取らなければならない」とあるように、都道府県等は引取りを断ることはできない規定である。この規定に基づいて、都道府県等は犬や猫を引取り、その多くを殺処分してきた。以降の本稿では、この第七条の規定を「引取義務規定」と呼ぶ。

なお、犬の引取義務については、従来から「狂犬病予防法」にほぼ同様の規定があった。この「狂犬病予防法」の規定は、法の施行に伴い削除されている。犬を行政が引取る目的が、狂犬病の予防から動物の保護・管理へと転換されたのである。

他方、猫の引取義務は法によって新設されたものであった。従来、行政が取扱う存在でなかった猫は、法の成立によって、保護・管理される存在へと人間社会における立ち位置を移すことになった。

二　何のための引取りか

では、法はなぜ犬・猫の引取りを都道府県等に義務付けたのだろうか。

この問いを検討するために、まず法の目的を確認しておこう。

第一条　この法律は、動物の虐待の防止、動物の適正な取扱いその他動物の保護に関する事項を定めて国民の間に動物を愛護する気風を招来し、生命尊重、友愛及び平和の情操の涵養に資するとともに、動物の管理に関する事項を定めて動物による人の生命、身体及び財産に対する侵害を防止することを目的とする。

上記は、法の目的として定められた第一条である。法の目的は、保護と管理に分けて記述されている。注意しなければならないのは、「保護」の意味である。ここでの「保護」は、「野生動物保護」や「自然保護」のような生態系全体を保護する際に用いられる「保護」ではない。「動物虐待防止」や「適正な取扱い」というように、個としての取扱い方が想定された「保護」であり、むしろ動物の「愛護」に近い意味で用いられている(動物愛護管理法例研究会 二〇〇一：36-37)。以降の本稿では、法における「保護」を、「保護(愛護)」と表記する。

また、法第二条では基本原則として、「何人も、動物をみだりに殺し、傷つけ、又は苦しめることのないようにするのみでなく、その習性を考慮して適正に取り扱うようにしなければならない」と定められた。

犬・猫の引取りは、このような「保護(愛護)」と「管理」の実現のために必要な施策であったと考えられる。次に、なぜ「引取り」が、「保護(愛護)」と「管理」のために必要であったのかを検討したい。まず参照したいのは、法が一九九九年に改正された際、官僚として改正に関わった者による解説である。

動物保護管理法を制定する一つの動機となった犬やねこの安易な遺棄の横行及びそれによる野良犬や野良ねこの増加と咬傷事故など人への危害の頻発という当時の社会問題化していた状況に対処するため、犬及びねこの遺棄を未然に抑止していく具体的な方策として、本法により義務付けられた行政の業務が規定されたものである。(動物愛護管理法例研究会 二〇〇一：96)

ここでは引取義務規定について、「安易な遺棄の横行」を、引取りによって「未然に抑止」し、「人への危害」を防止するという意図があったものであると記述されている。人への危害防止は、法の目的である「管理」に対応し、「遺棄の抑止」は「保護(愛護)」に対応している。既に触れたように、法は、罰則付きで遺棄を禁止したものでもある。つまり法は、罰則と引取りという対になるアプローチでもって遺棄の抑止を図ったものであった。遺棄を禁止するためには、合法かつ確実に、犬・猫を手放すことができる方法が必要とされていたものと考えられる。

実際に当時の新聞記事にも同様の記述がある。例えば、朝日新聞が一九七三年九月一九日朝刊に掲載した記事は、「捨て犬・捨てネコ取り締まり 議員立法きょう提出 これだけは超党派」と見出しを打ち、法の「主眼」について次のように記述した。

主眼は犬、ネコなど「保護動物」を虐待したり捨てたりすると「三万円以下の罰金又は科料に処する」という点。そのかわり、犬、ネコをもてあました飼い主が捨てないよう市町村に「引き取り義務」を負わせることになった。(朝日新聞、一九七三)

罰則と引取りによる遺棄の抑止は、法の主眼の一つとも伝えられるものであった。(1)

三 猫の引取義務による混乱

既に触れたように、法は、犬の取扱い方を取締型のそれから保護・管理型のそれへと転換させる第一歩であった。法が施行された一九七四年度、(2)全国の都道府県等では、一、一八七、〇六三頭(抑留六二六、六九九頭、引取り五六〇、三六四頭)の犬を収容し、譲渡、殺処分を行った(総理府内閣総理大臣官房管理室 一九八〇:208)。各自治体の悩みは、これだけの数の犬を取扱っているにもかかわらず、法が施行される一九七四年四月一日には、新たに猫を取扱い始めなければならないということであった。

三―一 猫の引取りを求める通知

法施行から四か月が経った一九七四年八月一九日、法を所管する総理府は、都道府県知事にあてて「猫の引取り等について」と題した通知を出した。通知は、法の施行に関して、同年二月、四月に既に通知したところであるが、猫の引取り等に関して改めて通知をするという趣旨のものであった。抜粋して引用しよう。

ねこの引取り等について各方面から批判及び問い合わせが寄せられておりますので、さらに下記事項御了知の上格別の御配慮を得たくお願いします。

なお、貴官下各市町村にも、この旨の通知方についてよろしくお取り計らい願います。

1 引取り及び収容の執行体制を早急に整備すること。

2 ねこの引取りを求められた場合に、執行体制の未整備等を理由に引取りを拒否している地方公共団体があるが、（……）引取りに応ずること。

3 「引取り及び収容に関する定め」及び「飼養保管に関する基準」は、近く動物保護審議会の議を経て制定されるものであること。

4 引取り又は収容した動物の殺処分の方法は、動物保護審議会の議を経て制定されるまでの間、暫定的に各都道府県の判断でその動物にできる限り苦痛を与えない方法により措置すること。（動物愛護管理法例研究会、二〇〇六：183-184）

通知は全体として、1に明確に示されるように、猫の引取り等の執行体制を早急に整備することを求めるものであったが、猫をめぐる混乱がよく表れたものとなっている。まず、猫の引取りに関しては「各方面から批判及び問い合わせ」があるとし、通知はこれに対応するためのものであった。また2では、猫の引取り等の執行体制が未整備であるために、引取りを拒否している自治体があることが述べられている。

3で触れられる「定め」や「基準」、また4にある「殺処分の方法」は、通知冒頭で触れられる「批判」や

「問い合わせ」に関わってくるだろう。法は、法に必要な細部の基準を、法によって設置される動物保護審議会等の意見を聴いたうえで定めるとした。そのために、法を運用するための細部が法施行時には定められていないという状況が生じ、混乱の種となったのである。

三―二　猫を殺処分することへの戸惑いと反発

猫をめぐる混乱の内情を、もう少し見ていこう。

業務執行体制の整備がうまくいっていないことは、新聞報道ではかなり早い段階から指摘されていた。読売新聞は法施行四日後である一九七四年四月五日に、「ペット様に役所当惑　愛護は結構、担当はイヤ」と見出しを打った記事を掲載した。

記事は、法に基づく業務の担当課が多くの自治体で決まっていないと伝えるものであった。法施行時で担当課が決まっているのは一〇の自治体に留まっていた。その背景には国が自治体に対して猫の引取りと負傷動物の収容という「負担増」を、財政支援をしないまま求めたことがあったという。

同紙では、担当課が決まらないまま法の施行を迎えた静岡県を取材し、食品衛生課の課長に話を聞いている。同課は犬の捕獲・抑留・処分といった狂犬病予防業務の担当課であるため、法についても担当課の有力候補となっていた。同課によれば、担当課を避けたい理由は二つあるという。一つは、保健所では既に年間二万五千頭の犬に対応しており、これ以上業務を抱えられないという理由であった。二つ目の理由は次のように述べられる。

悩みの第2は、新登場したネコの扱い。「野良ネコは、一体どうしてつかまえるんですか？道具もないし、オリも回収車もない。それにも増して困るのが、処分の方法。犬は殺せても、ネコはどうもというのが日本人の感情です。頭が痛いですよ」

「犬でさえ、アレルギー反応で交渉は難航ぎみ。ネコも焼却するとなれば、決まりかけた用地は空中分解です」（食品衛生課の堀井晶平課長）

犬の処理を委託されている民間業者も「ネコが入るのなら」と辞退を申し出ているという。

〝安楽死〟を認めるなど、画期的な動物愛護法だが、これらの悩みは自治体に共通する。サービス行政面での負担増大と、それに伴う「人手と金」である。それをどうするか、国の具体的な方針は決まっていない。

（読売新聞　一九七四）

まず言わなければならないのは、法は猫の捕獲を認めたものではないという点である。収容し殺処分することを「つかまえる」と表現した可能性もあるが、正確な表現ではない。こういった誤解を招く表現が表に出てくることも、一つの混乱の表れであるだろうか。

また記事では、道具や檻、回収車等の物や金のなさと、猫を殺すことを嫌う感情面の課題が指摘されているが、記者は感情面での課題の方に重点を置いていると言えるだろう。

引用文中の「用地」は、犬用の焼却炉か、または焼却炉を備えた犬収容施設の建設用地であることが文脈から推測できる。その焼却炉で猫も扱うことになれば、その用地交渉は空中分解するだろうと課長の推測を伝えている。そして犬の処分を委託している業者からは、猫も取り扱うなら契約を解消したいという申し出がこの時点で実際にあったようである。

課長の言葉からは、猫を殺すことへの強い戸惑いや拒否反応が感じられる。そして同時に、利害関係者が同様に持つであろう感情に、役人として対応しなければならないことを嫌っていることが読み取れるだろう。

この記事に関してもう一つ考えなければならないのは、「犬は殺せても、ネコはどうもというのが日本人の感情です」という課長のコメントであろう。当時にしても、「犬は殺せても猫は……」という感じ方は一般的とは言えないのではないだろうか。確かに、既に触れたように、当時は野良犬等による咬傷事故が社会問題として捉えられ、現在とは社会における犬の立ち位置は全く異なっていた。しかし振り返れば、一九五八年に南極観測隊が樺太犬を南極に置き去りにしたときは、なぜ犬を助けなかったのだと大議論となり、一九六九年に「日本は動物虐待国である」などと英タブロイド紙が書いたことから「日英犬騒動」とも呼ばれる騒ぎが起きたときには、実態を確かめないまま虐待を否定する言説が紙面に並んだ（朝日新聞 一九六九，他）。

言うまでもなく、殺処分は「殺し」ではなく、狂犬病への対抗という明確な目的と、狂犬病予防法、条例、規則といった様々なレベルの法に裏打ちされた「殺処分」として行われてきた。課長の「犬は殺せても……」というコメントは、猫を殺処分することに未だ納得できないが故の戸惑い・拒絶感情の表れではないだろうか。

このような感情的要因を含む混乱は、直ちに解決されるものではなかった。法施行から二年が経った一九七六年にも、混乱に関する記事は確認できる。五月一日の読売新聞に掲載された記事は、「運用ままならぬ動物保護法　カネと人出は自治体まかせ　野良ネコ〝処理〟も難物で……」と見出しが打たれたものであった。

「法の趣旨は結構だが、人と金の手当が先決。それをタナ上げしておいて、やれやれとハッパをかけられても……」という〝実施部隊〟側の声は、二年前とほとんど変わっていない。現場の姿勢が今も消極的なのは、この辺のいきさつが尾を引いているといえる。

さらに、当然予想されたことではあるが、自治体が当惑顔を示す大きな理由の一つがネコの扱い。（……）ところが、これが悩みのタネ。

「狂犬病予防法の関係で、野良犬を捕獲するのは慣れているが、さてネコとなると……。それ以上に、殺して焼却するのが大問題。だれもが敬遠するのは当然です」とは、ある県の環境保健部。法律が新登場させたネコが、拒絶反応に拍車をかけている。（読売新聞　一九七六）記事でも触れられるように、自治体側の意見は法が施行された二年前と変わりがない。また記事では法に関する業務を所管する課が、同年四月二五日付けで、茨城、東京、三重、大阪、岡山、山口の六都府県で調整中であると伝えた（読売新聞、一九七六）。

四　猫の引取業務執行体制の整備

では「猫の引取り」は、各自治体でどのように始められたのだろうか。法を所管する総理府は、毎年、都道府県等での猫の引取り等の執行体制を調査してきた。調査内容は引取り、運搬、保管、処分、焼却の担当部署や、業務を行う頻度等である。調査結果は、総理府が関係法令や通達、統計資料等を毎年まとめて発行した『動物保護管理行政事務提要』（以下、事務提要）に掲載された。事務提要は自治体に配布されるものである。そのため単なる資料集としてだけではなく、総理府から自治体への情報伝達手段としての側面を持ち、また自治体にとっては他の都道府県等の状況を知ることができるものでもあった。

事務提要は基本的に行政の内部資料であるが、一部が公共図書館などに移され閲覧が可能となっている。まずは、調査することができた事務提要で最も古いもの、一九八〇年に発行された昭和五五年版を見ていこう。

事務提要に掲載された調査によれば、先に触れた静岡県では、県ではなく、市町村が猫の引取り等を行っていることがわかる。一九七九年度、静岡県内の市町村は、猫を引取り、運搬し、保管し、処分し、焼却を行った。引取りを行う場所は県内八カ所、保管場所は一カ所、引取り場所から保管場所への運搬は、月一～一〇回の頻度で行われた。一般の飼養希望者への譲渡は行われず、教育試験研究のためにのみ譲渡が行われた。一九七九年度は、八〇一頭の猫を引取り、一三六頭を実験動物として譲渡し、六六五頭を殺処分した（総理府内閣総理大臣官房管

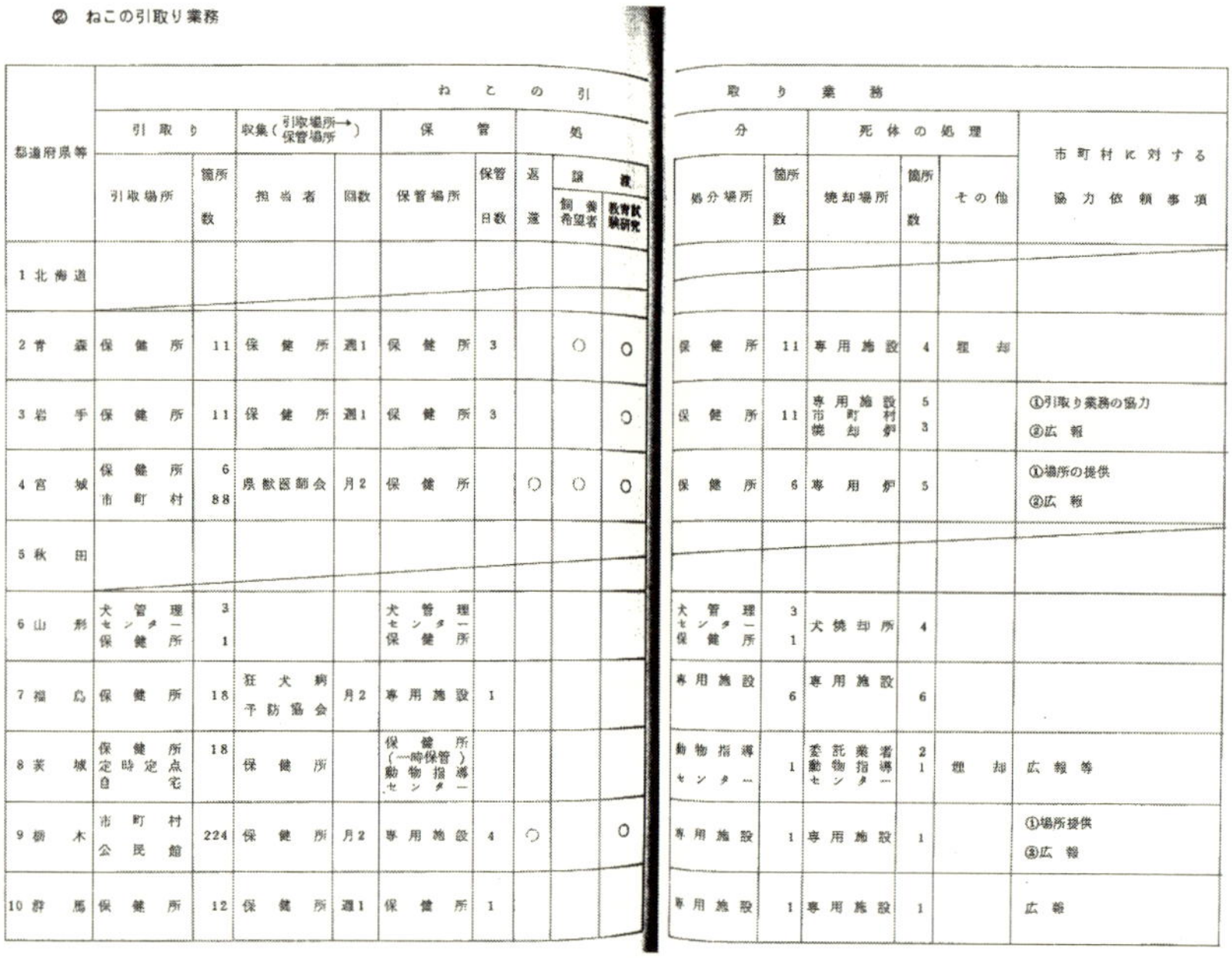

② ねこの引取り業務

都道府県等	ねこの引取り業務：引取り：引取場所	引取り：箇所数	収集（引取場所→保管場所）：担当者	収集：回数	保管：保管場所	保管：保管日数	処分：返還	処分：譲渡：飼養希望者	処分：譲渡：教育試験研究	処分：処分場所	処分：箇所数	死体の処理：焼却場所	死体の処理：箇所数	死体の処理：その他	市町村に対する協力依頼事項
1 北海道															
2 青森	保健所	11	保健所	週1	保健所	3		○	○	保健所	11	専用施設	4	埋却	
3 岩手	保健所	11	保健所	週1	保健所	3			○	保健所	11	専用施設 市町村 焼却炉	5 3		①引取り業務の協力 ②広報
4 宮城	保健所 市町村	6 88	県獣医師会	月2	保健所		○	○	○	保健所	6	専用炉	5		①場所の提供 ②広報
5 秋田															
6 山形	犬管理センター 保健所	3 1			犬管理センター 保健所					犬管理センター 保健所	3 1	犬焼却所	4		
7 福島	保健所	18	狂犬病予防協会	月2	専用施設	1				専用施設	6	専用施設	6		
8 茨城	保健所 定時定点 自宅	18	保健所		保健所 （一時保管） 動物指導センター					動物指導センター	1	委託業者 動物指導センター	2 1	埋却	広報等
9 栃木	市町村 公民館	224	保健所	月2	専用施設	4	○		○	専用施設	1	専用施設	1		①場所提供 ③広報
10 群馬	保健所	12	保健所	週1	保健所	1				専用施設	1	専用施設	1		広報

図1　ねこの引取り業務の執行体制調査結果の一例
（総理府内閣総理大臣官房管理室 1980：196—197）

理室　一九八〇：200-201, 208）。

　このような総理府の調査に対し、未回答であった自治体が四七都道府県中一一の道県で、一〇政令指定都市中一の市であった。都道府県では、北海道、秋田、富山、福井、長野、兵庫、愛媛、高知、福岡、大分、宮崎で、政令指定都市では大阪市が未回答であった。図1は調査結果の一部であるが、北海道、秋田の欄には斜線が引かれているのがわかる。しかしこれは猫の引取りを拒否していたことを示すものではなく、北海道、福井では引取りの実績があった。北海道（札幌市を除く）では一，三五二頭を引取り全頭殺処分、福井では一七頭を引取り、三頭が新しい飼主に譲渡され、一四頭が殺処分となった（総理府内閣総理大臣官房管理室　一九八〇：196-207）。

　法は全国一斉に施行されたが、猫の引取り等の執行体制の整備は、全く足並みが揃っていなかったのである。

次に、一九八一年に発行された昭和五六年度版の事務提要を見ていく。猫の引取り等の執行体制調査については、昭和五五年度版での調査に未回答であった北海道、長野、兵庫、大阪市が執行体制について回答しており、未回答の自治体は八県となった。しかし北海道は「持ってきたものについては引取っている」と回答するのみで、執行体制の整備は進んでいないようである（総理府内閣総理大臣官房管理室 一九八一：200-211）。

次に、都道府県別に猫の引取り数（一九八〇年度）を検討していく。単年度のため統計としての確度は低いが、業務執行体制が整えられていく過渡期の様相が見えてくる。

図2は、一九八〇年度に全国の自治体が引取った猫の数を都道府県別に示した。総理府がまとめた統計を用い、筆者が作成したものである。独自に引取りを行う政令指定都市の値は立地する都道府県の値に合算してある。一見してわかることは、東京（三九，三三七頭）や神奈川（二一，二〇〇頭）のように引取り数が多い自治体がある一方で、引取り数がゼロの自治体もあるというちぐはぐさがあるということである。

地域別に見れば、東北以北や北陸、長野等の寒冷地では基本的に引取りは低調で、秋田や富山、福井では引取り数の掲載がなかった。これは寒冷地では戸外で生活する野良猫やノネコが越冬しにくく、その結果として行政による猫の引取りサービスのニーズが比較的表面化しにくいことが理由として考えられる。

一方で東海、近畿では愛知（一一，三四四頭）や京都（一四，七五六頭）、大阪（六，〇三五頭）、兵庫（六，四八二頭）といった大都市を抱える自治体で多くの猫を引取っていることが見て取れる。

中四国、九州、沖縄では、広島（七，二九二頭）、福岡（九，八六三頭）を除けば低調である。広島は一九七九年度分の統計には県市共に引取り数の記載がなかったが、一九八〇年度は多くの猫を引取っている。この急変は、一九八〇年七月一日に「広島県動物保護管理条例」が施行されたこと、また同年四月に動物愛護センターが開所し業務が開始されたことに伴うものであると考えられる。また福岡の値は、政令指定都市の北九州市（五，一二八頭）と福岡市（四，七三五頭）の値の合算値であり、県の引取り数は事務提要に掲載されていない。

このグラフは、猫の引取り等を行政に求めるニーズは、基本的に大都市で表面化するものであることを示していると言えるだろう。しかし人口や都市の規模、また気候を加味しても、引取り数の不均衡を十分に説明することはできない。

図3では、人口一万人当たり何頭の猫を行政が引取ったかを、都道府県別にグラフ化した。図2で一九八〇年度の値を用いたのは、五年毎の国勢調査の値をここで用いるためである。図2と比べて全体の値の差は減少しているが、依然として平坦であるとは言い難い。

注目すべきは、京都であろう。京都（五八．四頭）は、実数では上回っていた東京（三三．九頭）を越え、倍にも迫ろうかという値を示している。また大阪と比較すれば、実数では倍程度の値であったのに対し、一万人当たりでは六倍程度と、圧倒的に多くの猫を引取っていたことがわかる。

紙幅の関係上各自治体の事情を詳しく見ることはできないが、実数と一万人当たりでそれぞれ最大であった東京と京都については触れておかなければならない。東京と京都には、法が施行される以前から独自に猫の引取りを始めていたという共通点がある。

東京都は、遅くとも一九六四年度には猫の引取りを始めていた。都がまとめた報告には、「昭和三九年の東京オリンピックの開催に伴い、都市美化と生活環境の保全の観点から、ねこの引取り業務を開始した」と記述がある。実績としては、一九六七年に一二，八六九匹の猫を引取った記録がある（東京都動物管理事務所、一九八三：109-110）。都は法が施行されても、猫の引取りを「負担増」と捉えることはなかっただろう。

他方、京都府は法に二年先駆け、一九七二年に「動物の飼養管理に関する条例」を施行した。京都府・市は条

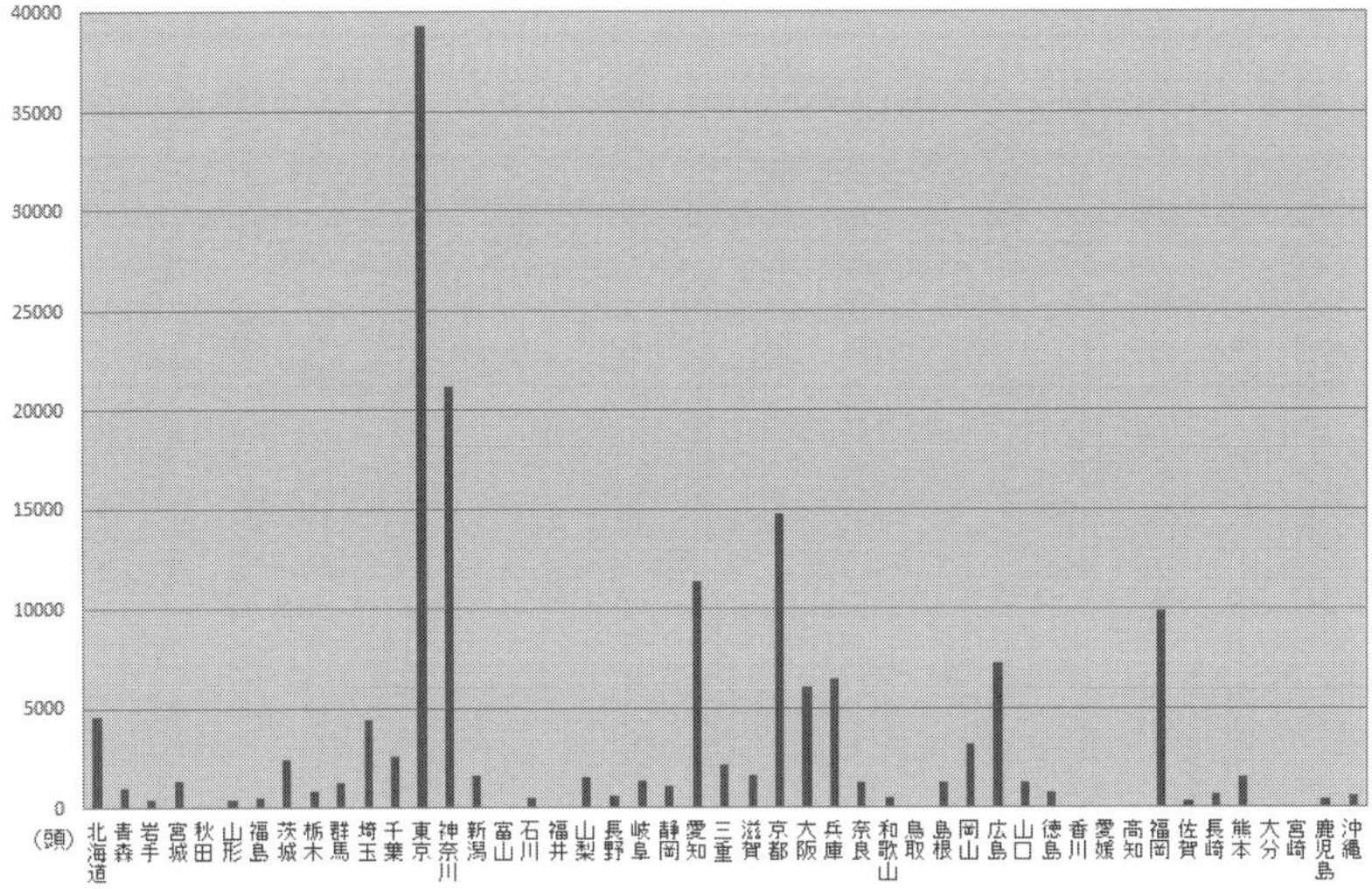

図２　都道府県別猫の引取り数（1980年度）
（総理府内閣総理大臣官房管理室 1981：212―213）の値を用いて筆者が作成した。
政令指定都市の値は、立地する都道府県の値に合算した。

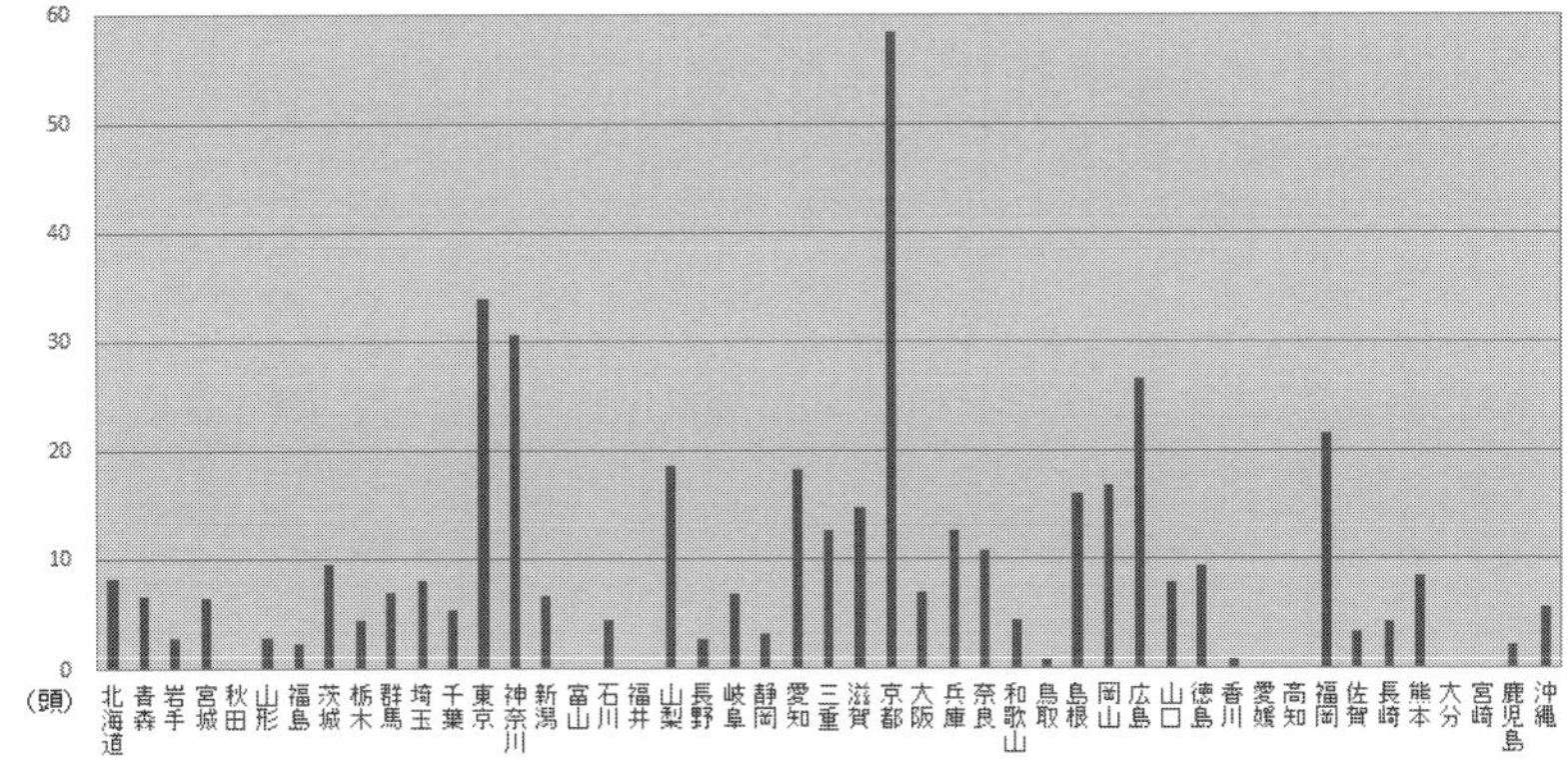

図３　都道府県別人口1万人当たりの猫の引取り数（1980年度）
図３で用いた値と都道府県別人口（総理府統計局1982：２―４）を用いて筆者が作成した。

例で規定した飼い猫の引取義務に基づいて、猫の引取りを始めていた。条例は全国初の動物保護管理条例であり、愛犬家であった蜷川虎三京都府知事のリーダーシップの下で定められたものであった（春藤 二〇一七）。

このように法の施行から五年程度が経過した一九八〇年頃であっても、東京や京都のように多くの猫を引取る自治体がある一方で、引取の実績が全くない自治体が同時に存在した。この状況は法施行に伴う混乱の根深さを示すと同時に、状況が五年継続する程度には、政府が自治体の対応を黙認してきたことを示している。これは法に基づく「猫の引取り」と、その目的である「遺棄の抑止」がないがしろにされていたことを物語っている。

結論

以上見てきたように、法は犬や猫の遺棄を罰則と引取りにより抑止しようと試みたが、法が新たに都道府県等に求めた「猫の引取りと処分」は、各自治体での対応に大きな差が出るという成功とは言い難い実態があった。紙幅の関係上詳しく見ることはできないが、ここでは「引取り」と車の両輪の関係にある「罰則」の適応件数と、引取りを義務付けたが故に行われる「処分」の概況、そして引取義務規定のその後について触れ、結論としたい。

まずは罰則の適用例である。そもそも、遺棄だけでなく虐待等を含めた法違反全体の件数が驚くほど少ない。法が施行された一九七四年度から、改正法である「動物愛護管理法」が施行される二〇〇〇年度までの起訴件数を見れば、最大値は一九七四年度の八件、以降は０件～最大でも五件という状況であった（動物愛護管理法例研究会、二〇〇六：347）。もちろん罰則による抑止効果を起訴件数のみから理解することはできないが、この件数の少なさが、法がザル法と揶揄される要因の一つでもあった。

次に処分の概況である。引取った犬・猫は、元の所有者への返還、一般の飼養希望者への譲渡、動物実験等のための譲渡、そして殺処分という主に四種の方法で処分される。一般譲渡数÷引取り数で求められる一般譲渡率の最大値と最低値を二〇〇〇年度までの範囲で見れば、犬で0．34％（一九七六年度）から7．63％（二〇〇〇）、猫で0．03％（一九七七）から0．66％（二〇〇〇）と非常に低い値であった（動物愛護管理法例研究会、二〇〇六：356）。また一般飼主への譲渡実績そのものがない自治体もあった。一九八〇年度を例に見れば、実績があったのは、犬で四七都道府県中一七都県、一〇政令指定都市中一〇市、猫で四七都道府県中八都県、一〇政令指定都市中三市に限られる（総理府内閣総理大臣官房管理室、一九八一：212-213）。政府が一九七五年に交付した要領において、引取った動物に「できるだけ生存の機会を与えるよう努める」（総理府 一九七五）と定められていたにもかかわらず、このような状況が放置されていた。

「動物保護管理法」は、国家として動物の保護（愛護）と管理に取り組む第一歩となったものであり、その意義は計り知れない。しかし実態としては、法の主眼ともされた引取りと罰則による遺棄の抑止は機能したとは言えず、また引取った動物のほとんどを殺処分するという、法が動物を「保護（愛護）」する目的である「動物を愛護する気風の招来」とは逆行する実態を生み出してしまった。

法の成立は、犬に対し取締型の対応をとってきた自治体・政府に、目的の大転換と、猫という業務対象動物の拡大をもたらすものであった。法は、自治体・政府に「主体の解体」と、再編をせまったのである。法の施行に伴う混乱は、この過程において発生したものであった。

二〇一七年度、全国の自治体で殺処分された犬・猫は、四．三万頭であった。殺処分数のピークは一九七四年度の一二二万頭である（環境省 二〇一八年b）。

近年では犬・猫の殺処分が社会問題として認識され、年間殺処分数をゼロにする「殺処分ゼロ」が官民を問わず盛んに語られる。これを反映して、二〇一二年に引取義務規定は大幅に改正された。

改正法では販売業者からの引取り、また動物の生を全うさせる責務を十分に果たしていない飼主からは、引取りを拒否することができるようになった。[3]　さらに改正法が施行された二〇一三年には、飼主責任の徹底を図る観点から、相当の理由がない場合は引取拒否をすることが都道府県等の努力義務であると告示に定められた（環境省、二〇一三）。

法の成立から半世紀を迎えようとする今、「引取義務」から「引取拒否」への新たな解体と再編が行われている。

【注】

（１）遺棄の抑止が法の主眼とされた背後には、その他の多くの規定が努力義務に留まり、実行的な規定が限られていたという事情もあった（動物愛護管理法例研究会 二〇〇一年：4）。

（２）本来であれば法施行前年度である一九七三年度の値を用いるべきであるが、狂犬病予防法に基づく犬の引取り数に関する統計は管見の限り見当たらない。なお一九七三年（一―一二月）の犬の抑留数は六五六、三二九頭であり（厚生省大臣官房統計情報部 一九七四：102）、一九七四（四―翌三月）年度の値との間に大きな差はない。

（３）ただし「生活環境の保全上の支障を防止するために必要と認められる場合」は引取りを行う必要があり（環境省 二〇一三）、また引取りの拒否ができるのは所有者からの引取りのみに限定され、所有者不明の犬・猫の引取りを拒否できる規定はこの時点ではない。しかし近年、所有者不明の猫についても自活できないものを除いて原則拒否するケースが増えていることが環境省によって報告されている。さらに二〇一九年六月成立の改正法では、所有者不明の犬・猫についても引取りを拒否できるよう条文が改正された。（環境省 二〇一八ａ）

【参考文献】

青木人志　二〇一六：『日本の動物法』東京大学出版会、第２版

『朝日新聞』一九六九．四．二四：夕刊，p. 10
『朝日新聞』一九七三．七．一九：朝刊，p. 22
兼子仁・関哲夫　一九八四：『飼い犬・ペット条例』条例検討シリーズ2、北樹出版
環境省二〇一三．八．三〇：「犬及び猫の引取り並びに負傷動物等の収容に関する措置について」平成18年環境省告示第26号（最終改正平成25年環境省告示第86号）
環境省二〇一八．七．四：「参考資料　第47回中央環境審議会動物愛護部会　資料3―1　動物愛護管理をめぐる主な課題への対応について（論点整理（案））」p.12　https://www.env.go.jp/council/14animal/ref01.pdf（2018/08/11取得）
環境省二〇一八「犬・猫の引取り及び負傷動物の収容状況」　https://www.env.go.jp/nature/dobutsu/aigo/2_data/statistics/dog-cat.html（2019/03/05取得）
厚生省大臣官房統計情報部一九七四：『衛生行政業務報告　厚生省報告例　昭和48年』厚生統計協会
春藤献一二〇一七：「京都における人と野良猫の関係史」『海賊史観からみた世界史の再構築――交易と情報流通の現在を問い直す』思文閣出版，pp.569-580
総理府一九七五．四．五：「犬及びねこの引取り並びに負傷動物の収容に関する措置要領」内閣総理大臣決定　http://www.env.go.jp/hourei/18/000007.html（2018/06/26取得）
総理府内閣総理大臣官房管理室一九八〇：『動物保護管理行政事務提要』総理府内閣総理大臣官房管理室，昭和五五年版
総理府内閣総理大臣官房管理室一九八一：『動物保護管理行政事務提要』総理府内閣総理大臣官房管理室，昭和五六年版
総理府統計局一九八二：『昭和55年国勢調査報告　第2巻　基本集計結果（1）その1　全国編』総理府統計局
東京都動物管理事務所一九八三：『事業概要』昭和58年版，東京都動物管理事務所
動物愛護管理法例研究会二〇〇一：『改正動物愛護管理法　解説と法令・資料』青林書院
動物愛護管理法令研究会二〇〇六：『動物愛護管理業務必携』大成出版社
『読売新聞』一九七四．四．五：夕刊，p.2
『読売新聞』一九七六．五．一：朝刊，p.7

［コラム］洞窟の身体と自己変容——人はなぜ地中の「穴」へと惹かれるのか

今泉宜子

一　洞窟との邂逅

最近、霊長類学者の山極寿一氏がゴリラとの関係性について言及した興味深い記事を目にした（山極＆中沢二〇一八）。ゴリラの群れのなかに寝ころび、周りで自由に振る舞う彼らを見る。そこまでいかないと実際の観察はできないのだという。勿論度胸が必要だが、それを山極氏は「向こう側に、生の体を入れてしまう」ことと表現した。すると、向こう側の態度も変わるし、こちらも精神的にスッと幕が上がる感じがある。「そういう感覚を覚えると、すんなり向こう側から世界が眺められるようになります」。言葉が通じない動物と了解しあえる経験をすることで、頭のなかでは意識できない人間の身体があるのだということに気づかされたという。山極氏はそれを「身体感覚の飛躍」と呼ぶが、なるほど私が洞窟によって気づかされたのもこのことだったかと腑に落ちた。

身体という「うつわ」を飛び越えて世界を向こう側から眺めれば、そこではこちらとあちらの界面すら覚束なくなり、存在の行き来が始まる。そのことを、ある人はゴリラとの関係で知り、ある人は合気道の経験から会得し、私の場合は洞窟だったということだ。以下、洞窟との極私的な邂逅譚から始め、洞窟のアナロジーへと視野を広げてみたい。クロマニヨン人（最近の説では、ネアンデルタール人）が壁画を描いた時代から、人はなぜ穴へと惹かれてきたのか。

二　経験としての洞窟—変身する時空—

二〇〇一年、新宿紀伊国屋で偶然手に取った本がある。『洞窟へ—心とイメージのアルケオロジー』（港 二〇〇二）。港千尋という著者をこの時初めて知ったが、読み進めれば驚くことばかりで心を掴まれた。と同時に、おかしな表現だが「ああ、洞窟だったんだ」という感慨があった。これまで興味関心の趣くまま、あちこち首を突っ込んできたが、なんだ自分は洞窟の周りをうろついていたのかという気づきである。そこからフランスのラスコー、スペインのアルタミラはもとより、日本国内でも穴があったら入りたいとばかり各地の洞窟にもぐり始めた。さらに、思いがけない幸運から港氏本人に弟子入り（？）が叶い、以後、師匠とともに国内外の洞窟を巡っている。

沖縄県うるま市浜比嘉島のはちまん洞窟、2014年10月（守雄一郎氏撮影）

洞窟との邂逅から一八年。ここに至り分かったのは、壁画のあるなしに関わらず、どうやら私が惹かれているのは洞窟という存在そのものだということだ。あるいは、経験としての洞窟。

沖縄県北部の洞窟にもぐった時のことだ。観光洞窟をイメージしがちだが、自然の洞窟には照明は勿論、手すりも階段もないから手探り足探りで進む。長靴がピシャピシャ音を立てるので、初めて水の流れに気づいた。目を開いても開いても真っ暗で、穴の壁が先にあるのか近いのか、天井は高いのか狭いのか、それも分からない。なにしろ自分の体も見えないのだ。私はどこにいるのか。私の身体の終わりはどこか。

真空のような闇のなかで、私は自分の身体の内側と外側の境界が失われるような感覚に陥った。身体に終わりがなくて、自分があたかも洞窟そのものの大きさにまで広がっていくようだ。まさに私とそれ以外を区切る皮膚＝あいだがどこかに行ってしまいそうなのだ。

このとき感じたのは、「ああ、このままだと私、いっちゃうかも」ということだった。この体験は強烈だった。長いこと身体を置き去りにして、心と身体がちぐはぐで暮らしている。なんとかしたいと大学では合気道にも挑戦したが、ついぞ自分の身体の声を聞くことはなかった。それが、洞窟のなかで一瞬だが、身体のほうから私に飛び込んできたのだ。

結局、私はそこで「いって」しまわずに引き返したのだが、この「いく」という経験こそ古来、洞窟に人が惹きつけられてきた、その力の源泉ではないかと考えるようになった。洞窟の体験を象徴するこの「いく」、一言でいえばbeyondということになろうか。

しかし、「いく」にもいろいろな「いく」がある。

まず、行人偏の「行く」がある。探検・冒険、いわばアドベンチャーとしての洞窟体験だ。行人偏の「いく」には、もうひとつ往復の往路を意味する「往く」がある。洞窟に限らず、冒険は行きっぱなしでなく、行って還ってくる、往還することで果たされる。

二つ目は「逝去」の「逝」。Another worldへいく。洞窟を他界との通路とみなす神話や伝承は数多くある。それは死と再生のモチーフにもつながる。このような他界観がよく分かるのが沖縄の信仰世界だ。沖縄では王朝時代に勧請された琉球八社のうち、七社が熊野権現を祀っている。いずれも紀伊和歌山からの補陀落僧がこれを伝えたとされ、ここにも死と再生の伝承が残されている（沖縄県神社庁 一九九二）。その一つ、金武宮は、補陀落僧日秀が琉球に流れ着いたことから、最初に熊野権現を祀ったところだが、これが洞窟だ。伝承では、金武の洞窟には娘をさらって食べる大蛇がすんでいたが、日秀がこの大蛇を退治し、かわりに権現を祀ったという（伴 一九〇七）。この洞窟の大蛇は、メデューサの頭髪の毒蛇と同じように、かつての地位を新しい神様に譲ったか。海のかなたのニルヤから、洞窟を通って権現様がやってきたのだ。

洞窟で「いく」ということ、最後はカタカナのイク。エクスタシーに達する、恍惚の経験だ。洞窟壁画を含む先史芸術の誕生に、シャーマニズムの存在が何らか関係していることは、以前より指摘されている。洞窟があまたの聖者の修行の場となってきたことも、この「イク」の力が大きいのではないか。空海は、洞窟にこもって虚空蔵求聞持法の修行をしたが、ある日、明星（金星）が空海の口に飛び込み、彼はそれを飲み込んだ。これは、空海が虚空蔵菩薩の化身である明けの明星と一体化した体験として知られている（「弘法大師二十五条遺告」第一条）。

先ほど、洞窟の闇のなかで自分の内と外を分ける境い目が失われそうになる体験に触れた。私の身体を分かつ皮膚が洞窟大に拡張されれば、私は洞窟そのものになるわけだが、その逆もあるかもしれない。つまり、洞窟のほうが私のなかに入ってくるのだ。あるいはぽかりとあいた口の穴を基点に、皮膚の表と裏をくるりと反転させれば、外の世界がすっぽりと私のうちに収まることになりはしないか。

空海の悟りを卑近な私の例で語るわけにはいかないが、洞窟という空間とその闇は、さまざまなバリエーションの「いく」体験を通して、人が何かをビヨンドする、超越する力の源となってきたのではないか。それを一言で言えば、「変身」だ。

三万年前に壁画を描いたクロマニヨン人たちにとっても、洞窟での体験は特別だった。

洞窟を「経験」として考えた場合、つまり描いた人間の経験の側から眺めれば、……洞窟に入った人間は、まずランプの炎に照らし出される鍾乳石を眺め、奥へと通じる分岐点を知り、隆起する壁の形状を摑み、壁の奥に隠れている穴を見つけたに違いない。それは、洞窟という空間に潜在している無数の空間的特徴と出会い、知覚し、それを資源として取り入れるという、ひとつの「運動」にほかならない。この運動を通して、彼は洞窟という空間を身体化する。身体化された洞窟は、いまや彼の身体の延長である。その延長に記号や図像といったシンボルを刻みつけてゆきながら、洞窟―身体は分節化される（港 二〇〇一：201）。

クロマニヨン人もまた、洞窟と一体化し、洞窟そのものになって自らの身体に痕跡を刻んだ。とすれば今度は、洞窟という同じ身体を通して、三万年前のむこうまで身のうちの空間を拡張することはできるだろうか。想像するだけで、なんとも恍惚としてくる。

三 比喩としての洞窟
―穴のアンソロジー編纂のために―

洞窟という身体経験は、クロマニヨン人に壁画を描くという運動を引き起こした。一方、時代を下れば、洞窟が内包するこのようなビヨンドの力こそが、神話や伝承の原型となり、文学や哲学の探求の対象ともなってきたのではないか。私は、物理的な地下活動のほかに、洞窟にまつわる書籍を蒐集し、老後の自分のために穴のアンソロジーを編纂することを密かな楽しみとしている。以下、『洞窟の文化誌』全集を編纂するとしたらという設定で、勝手に妄想を膨らませてみたい。先の「いく」の議論が直観としての洞窟とすれば、次は類推としての洞窟ということになろうか。

仮に全5巻として、テーマを設定をする。第1集は《洞窟と神話》。まさに比較文化の分野でもある。天の岩戸しかり、おむすびころりんすってんてんの鼠浄土しかり、いずれも地下物語だ。洞窟はまた、冒険の舞台としても数多く描かれているが、『地底旅行』『海底二万里』をはじめジュール＝ヴェルヌの作品をはずすことはできない。したがって、第2集は《洞窟の冒険》で編む。ここでは、櫻井進嗣の『未踏の大洞窟へ―秋芳洞探検物語』（一九九九）を収録作品の候補にあげたい。櫻井の体験が恐ろしいのは、これが水没した洞窟を潜水で進む「洞窟潜水」ということだ。そこは空気と光と重力が全て奪われた環境だと、彼は言う。事実、海底を七時間さ迷った後、櫻井は精神に異常をきたし、恢復するまでに二年を費やしている。まさに洞窟における死と再生の記録として貴重である。

このような櫻井の体験に小説家として関心を抱いたのが、同郷の村田喜代子だ。村田は櫻井との興味深いやりとりを紹介している（村田 二〇〇八）。

「洞窟の闇は身近なもので、それよりそこに存在する光を意識します。闇は精神の中にあって、洞窟の闇は簡単に光を持ち込める軽い種類の闇と感じます。洞窟の中で世界は完結しており、欠損もなく、奈落という気持ちも湧きません。……光と酸素と重力のない世界で、私は探検家です。人間として存在し、意識は造物主に限りなく近づいています」

「桜井様。そのとき地上は何ですか」

「楽園です」

このやりとりから、村田の短編小説「楽園」（二〇一五）が生まれた。光と酸素と重力のない世界で意識は限りなく造物主に近づく。これは宇宙飛行士の意識に近いのかもしれない。洞窟は宇宙にも似ている。

第3集には、古今東西の《洞窟の女神》をとりあげたい。二〇一三年に九二歳で亡くなった民俗学者・谷川健一の『神に追われて』（二〇〇〇）は、谷川長年のフィールドワークの成果と思索と創作が入り混じったような不思議な作品だ。タイトルどおり神ダーリ、神がかりして、神ごとから逃れたいのに逃げても逃げても神が追いかけてくる。胸苦しくなるような四つのストーリーが続くが、その一つがこの「洞窟の女神」だ。洞窟の女神とは、男を守るオナリ神でもあるのだが、ここでは、この女神に恋焦がれ洞窟でまぐわい、ついに逃げられなくなってしまった男性が登場する。この話にはモデルになった人物がおり、生前の谷川氏に連れられ、私もその方とお会いしたことがある。洞窟における身体的な体験が、今も創作と伝承の源泉となっていることを実感した。

中上健次も、熊野の穴ぼこ、うつほを描いた作家だ。その中上は、「うつほからの響き」と題した講演で、神話から物語に移るなかで失われたのが、芸術の原初としての「うつほ」ではなかったかと指摘する（中上二〇〇〇）。物語からは、自分の内側に「うつほ＝穴」を抱きかかえた者たちの声が奪われてしまった。現代の物語でその「穴ぼこ」の代わりを果たしているのが「熊野」ではないか、というのがここでの中上の議論だった。彼はまた『紀州　木の国・根の国物語』で、路地に残る鼠浄土の話を伝えている。中上健次における「うつほ」のがらんどうと根の国熊野の関係性は関心があるテーマだが、私の力では手に負えない。

いずれ、穴のアンソロジー第4集は、《思索の洞窟》がテーマとなる。

最後として第5集は、《文学の洞窟》。山田風太郎の奇想小説「蠟人」はこの巻に収録したい。「ああ、真夜中の森林に奥ふかく、大樹の洞穴に住む醜い佝僂男と美しい水母娘――これが大東京のまンなかにあることであろうか」（山田二〇〇四：74）。隠れキリシタンの末裔という兄と妹は、巨木の根元にあいた洞窟に寝泊りするのだが、この大東京のまんなかの森とは、なんと明治神宮の森が舞台になっている。やがて、水母娘は人を殺め、流浪の旅へ出る。中沢新一はベストセラー『アースダイバー』で、山田の小説「蠟人」ほど、明治神宮の本質をえぐりだしているものはないと賛辞を贈っている（中沢二〇〇五：77）。

「鎮守の森」は、共同体の同一性を高める力を持っている。その力を見込んで、明治政府は代々木に巨大な神宮をつくった。……しかし全体をひとつの原理でまとめると、かならずそこから排除されるものを生む。その排除されたものを、神宮の森が優しく守ろうとしている。山田風太郎の描いた神宮の森には、天皇制のパラドックスが語りつくされている。

山田がこの作品を書いたのは昭和二五年。戦後の混乱期、山田風太郎が明治神宮に見た「水母なしただよえる森」とは何であったか。これは私自身、地上世界の仕事でも探求を続けてみたいテーマの一つだ。

四　疑似洞窟を求めて

身体の内と外を分かつ境い目をこえて、洞窟と自分が出会う時。それが変身の始まりだ。このような洞窟の身体的経験は、クロマニヨン人が壁画を描く原動力となり、また神話・伝承、そして文学の源泉ともなってきたのではないかと妄想も交えて私論を述べた。最後に、現代人もまた、洞窟に内在するそのような力を潜在的に求めていることを、いくつかの事例からご紹介しておきたい。

まず、全国には、大阪・磐船神社の岩窟めぐりや、徳島県・慈眼寺の穴禅定等、従来からある洞窟道場が数多く健在だ。観光でもスポーツでもなく、修行・身体行法としての洞窟体験ということが特徴だ。一方、都市洞窟とでも呼ぶべき暗闇も、世界各地に新しく出現しているようだ。いわば、疑似洞窟、人工の変身回路だ。ダイアログ・イン・ザ・ダーク（http://www.dialoginthedark.com/）は、光を遮断した暗闇を、視覚障がい者のアテンドで体験するイベント。これまでに世界四一カ国以上で開催され、日本でも約二一万人が体験しており、現在も好評のようだ。同様に、ブラインド・レストランもスイスのチューリッヒで始まり（http://www.blindekuh.ch/）、日本にも「クラヤミ食堂」として上陸している。ダイアログ・イン・ザ・ダークが「暗闇のソーシャルエンターテイメント」と自らうたっているように、これらは目が見えないことで触覚や味覚、聴覚といった新しい感覚・文化を知ろうという取り組みだ。

冒頭の山極寿一の言に戻れば、洞窟とは昔も今も、自分の身体を飛び越えて世界を眺めるため、もっとも近しい「向こう側」のひとつである。かくて、これからも人は穴へと惹かれゆく。

【文献】

沖縄県神社庁　一九九二：『沖縄県神社庁誌　設立二十年史』
櫻井進嗣　一九九九：『未踏の大洞窟へ——秋芳洞探検物語』海鳥社
谷川健一　二〇〇〇：「洞窟の女神」『神に追われて』新潮社

中上健次 二〇〇〇：「うつほからの響き 神話から物語へ」『中上健次と熊野』柄谷行人・渡部直己編、太田出版
中沢新一 二〇〇五：『アースダイバー』講談社
伴信友 一九〇七：「中外経緯伝草稿第三」『伴信友全集』第3、国書刊行会
港千尋 二〇〇一：『洞窟へ―心とイメージのアルケオロジー』せりか書房
村田喜代子 二〇〇八：「秋芳洞の闇」『日本経済新聞』八月一〇日
村田喜代子 二〇一五：「楽園」『光線』文藝春秋社
山極寿一＆中沢新一 二〇一八：「生きられた世界を復元できるか」『現代思想』9月号
山田風太郎 二〇〇四：「蠟人」『奇想小説集』講談社

〔コラム〕「アニミズム的エートス」と「近代化」の狭間に立たされた日本人（アニミズムは「ダークマター」）

上野景文

序――「近代化」を巡るサウジとカナダの葛藤

我が国を含む非西洋国家にとり、「近代化」の本質とは何か。このテーマを考究する上で格好の材料を、この夏、サウジアラビア（以下、サウジ）のムハンマド皇太子が提供してくれた。サウジの女性人権活動家の逮捕収監に懸念を表明し、その釈放を求めたカナダの外務大臣に内政干渉だと反発した皇太子は、この八月上旬、貿易投資、留学生交流、航空機の対加乗り入れなどの面で、強硬な対抗措置を次々と打ち出した。中東でも最も保守的と言われるあのサウジで、近代化・改革の旗手として国際社会から注目されている皇太子のことゆえ、国際社会の一部には、期待を裏切られたとの思いがあるのかも知れない。然しながら、そうした位置づけは、的を得たものではない。なぜなら、文明論的に言えば、今回のような摩擦、就中、「西洋」への反発は、非西洋圏の「近代化」の過程では起きるのが「常態」であり、コンフリクトのない「近代化」などあり得ないからである（もっとも、外交論として言えば、皇太子の反応は、独善的、過剰、拙劣と言わざるを得ず、凡そ褒められたものではないが）。

より一般化して言おう。非西洋国家にとっての「近代化」とは、基本的には、「西洋モデル」の移植・導入（＝移し、写し）を意味する。すなわち、近代化とは、文明論的に言えば、「ローカルな文明」（＝ローカルな器）に、それとは異なる原理を持つ「西洋文明」（＝西洋の器）に立脚するモデルを「接ぎ木」することであり、「混合文明」と言うか、「ハイブリッド文明」を創る作業に他ならない。二つの文明が依拠する原理が違えば違う程、「近代化」の過程で（二つの「器」の接触界面で）曲折、屈曲、歪み、矛盾などを生じ、両者の間に「折り合い」をつけることは困難となる。女性活動家の処遇を巡るサウジとカナダの確執は、こうした紆余曲折の典型例と言える。如何に「開明的」な皇太子であるにせよ、所詮イスラムの原理の上に立つひとであり、文明論的に言えば、この皇太子に西洋的なものを強く求めることは、「八百屋で魚を求める」のと同じ位無理なことだ。

ところで、カナダを含む西洋圏は、西洋的要素だけから成り立つ「単独文明」である。つまり、かれらは、「（異質な）二つの文明」の間で「折り合い」をつけると言う、「混合文明」の人達に特有の作業を経験したことがない。このため、かれらは総じて、「混合文明」の人達が抱えている悩みや困難性が理解出来ない、ないし、それを理解しようと言う発想がない。ままナイーブな言動に走る。

サウジを含めた非西洋圏が「混合文明」であるのに対し、西洋圏は「単独文明」であるというこの根本的違いは、「近代化」について考える上で決定的である。

二 「西洋モデル」から漂って来る宗教の匂い

では、「西洋モデル」とは何か。大雑把に言えば、経済面では市場主義、政治面ではリベラルデモクラシー（民主主義、人権）を中軸とする「近代化モデル」のことであり、これを受け入れることは、啓蒙思想を受容することに繋がる。

ところがである、この啓蒙思想なるものは、乱暴な言い様になるが、「神抜きのキリスト教」と考えると、分かり易い。すなわち、中世西洋世界で「万物の中心」にあった「神（勿論、キリスト教の）」を棚上げし、代わりに「人間」をそこに鎮座させたものに他ならない（＝「神中心思想」から「人間中心思想」への転換）。この転換を通じて、「正義」の中身は変わったが、キリスト教的鋳型なりキリスト教的エートスは、そのまま継承されて、今日に至っている。だから、「神」に代わるものとして、民主主義、人権という（絶対的）「正義」を奉る西洋圏の近代人は、キリスト教的エートスをバネに、新たな「正義」の宣教、伝道に意欲満々だ。正義を冒す行為が世界の何処かで起きれば、十字軍的パッションに火がつき、これを声高に非難する。それ故、非西洋諸国の中でも嗅覚の鋭い人達は、西洋的「人間中心思想」の底に、キリスト教的な「匂い」を嗅ぎとり、警戒心を高めることになる。畢竟、キリスト教なかりせば、啓蒙思想は生まれなかった訳だから。文明論から言えば、サウジとカナダの「いさかい」の背後にある溝は深い。敢えて付言する。サウジのような「神中心思想」の国が、「人間中心思想」に立脚した「近代化モデル」を、たとえ制限的とはいえ、受容していることの意外性に着眼するべきだと。

三　日本の「近代化」
――なぜ早くに「西洋化」に踏み切れたのか

これまでお話ししたことは、「近代化」の過程で、非西洋圏の国々は、「西洋文明」を取り込むに際し、これをどう「ローカル文明」に接合するか、どう「折り合い」をつけるか、苦慮していると言う点だ。特に、「神中心思想」が今日なお根強いイスラム圏の場合、イデオロギー（なり思想）としてのイスラムは、西洋モデルの根っこにある「人間中心思想」と「折り合い」が悪い。よって、かれらは、「近代化」に後向き、制限的となる傾向が強い。同様に、中華思想やミニ中華思想が根強かった一五〇年前の中国や朝鮮でも、これらのイデオロギーは「近代化」を阻害する働きを持ち、もって、「近代化」のスタートは遅れた。これら諸国では、「体系化された強力なイデオロギー」が「西洋化」を阻んだと言うことだ。

では、我が国はどうだったか。言うまでもなく、「西洋化」は、福沢諭吉翁が唱えた「脱亜入欧」のスローガンのもとに、鋭意進められた。ここで肝腎なことは、日本には、「西洋化」を丸ごと否定するような強力かつ体系的なイデオロギー、すなわち、先に述べたイスラムや中華思想に匹敵するような強烈な思想は、存在しなかったと言うことだ。勿論、江戸時代には、封建制度を支えた思想はそれなりにあったが、「巨大な思想」ではなかった。このため、イスラム圏や中国と比べると、日本では、「西洋文明」導入への抵抗感は低かった。それどころか、「旧来の文化」を遅れたものとしてかなぐり棄てて（＝脱亜）、「西洋文明」導入にしゃにむに猛進した（＝入欧）。この「西洋文明」を（無批判に）有難がるという明治初頭に植え付けられたメンタリティーは、その後一五〇年間、基本的には維持されて来た。だからこそ、今日なお、日本政府は一万円札にご登場頂くことで、福沢翁に報いている。因みに、一世紀前を振り返れば、「脱亜入欧（＝西洋化）」に向け大胆に舵を切った国は、日本とトルコ位のものであった。

それでは、日本文明は「根っこ」からまるごと「西洋化」したのか？　言うまでもなく、答えは「否」である。「脱亜入欧」の達成度を私なりに評定すれば、その達成率は六―七割に留まると見る。では、イスラムなり中華思想に比し得るような巨大かつ強力な（反近代の）思想がなかった我が国において、なぜ「西洋化」は限定的だったのか？。

結論を先に言おう。確かに、日本にはイスラムのような、眼に見える（＝誰からも良く分かる）「大思想」はなかった。しかしながら、否、その代わり、強靭な（＝根強い）「アニミズム的心性」があり、これが、大多数の日本人を「支配」している。そして、外来文明は、一度導入されると、この相対主義の強い「アニミズム的心性」によって、時間をかけてじわじわと溶かされ、「日本化」させられる。「骨抜き」となるのだ。仏教、儒教はもとより、啓蒙思想、資本主義思想、更には、あのキリスト教に至るまで。

この点には若干の補足が必要であろう。日本のアニミズムは、自然だけでなく、「もの」にまで広く霊力を認めると言う意味で、多霊教、万霊教の性格を有し、「究極のアニミズム」と言える凄味のある存在だ。第一に、主婦、学生から、政治家や官僚、経済人、大学人、ジャーナリスト、スポーツマン、更にはやくざに至るまで、多くの人のメンタリティーに大なり小なりアニミズム色が認められる（無自覚な人が多いが）。第二に、文学、芸術、もの造りから工業化、ハイテク化まで、その多くが「アニミズム」的土壌の上に成り立っている（＝アニミズムとハイテクの融合）。第三に、神道はもとより、仏教、儒教なども、濃淡はあるが、アニミズム色がある。加えて、外来のキリスト教や、人権思想、民主主義思想ですら、日本に入ると、「アニミズム」により薄められ、変容させられる（＝相対主義化）。つまり、「アニミズム」は、外来文明ですら相対主義化する強力な存在（下記五に詳述）なのだが、他方、イスラムや中華思想と異なり、体系性を持たず、もやもやっと存在するだけで、目に見えない。形もない。その存在を意識している人は少ない。その意味で、「アニミズム」は、ずばり「ダークマター」に他ならない（「ダーク」とは可視的でないと言う意味であり、ネガティブな含意はない）。日本の近代化は、この「ダークマター」の暗躍（？）抜きには語れない。

以下、この「アニミズム」が日本の「近代化」とどう絡んだか、「脱亜」、「入欧」の順におさらいする。

これまでの説明と重複するが、ご勘弁願いたい。

四　「脱亜」しなかったもの
――しぶとく残った「日本」

江戸時代の文化や習俗を中心に、旧来の「遅れた日本」をかなぐり捨てようというのが「脱亜」の発想であった。明治政府の音頭取りにより、或いは、民衆の選択により、棄てられたものや、軽視が進んだものは多岐にわたった。幕藩体制や士農工商の廃止と言った政治的、制度的なものは横に置くとして、文化的、習俗的なものに絞って、思いつくままに列挙してみよう。そう、旧暦（＝太陽太陰暦）（西洋暦に置換された）、浮世絵（二束三文で海外に売られた／後年再評価されたが）、邦楽（文部省は初等教育から排除）、旧式歩行法（ナンバ歩き）、ちょん髷、鉄漿（おはぐろ）、帯刀、肉食忌避、「男根」信仰（招福縁起物）などなど、江戸時代までは当たり前だったのに、明治になって唾棄されたものは少くない。もっとも、その多くは「入欧」深化と裏腹の関係にあり、「消される」運命にあったと言える。

ところがである、「脱亜」・近代化の深化にも拘らず、揺らぐことなく堅持されたものだってある。中で、特に重要と思われるものが「アニミズム的心性」だ。アニミズムと言えば、山岳、瀑布、泉、巨岩、巨木、熊、狼などを始めとする自然万般に霊力を認め、それらを畏敬する心性であり、「自然との一体感」が基本にある。特に動物は人間の「お仲間」であり、動物の供養は珍しいことではない（警察犬、医学実験で犠牲になった動物、鯨の慰霊などなど）。

が、日本の場合、より徹底しており、「もの」にまで霊力を見出し、慰霊する。「もの」との一体感が強い。たとえば、舞台人にとり、舞台は大切な「お仲間」であり、普段から丁重に扱う。年末には、一年わたる「労苦」を労うべく、「舞台」にお神酒を振る舞う例もある。生産の現場では、長年「お世話になった」機械の廃棄に際し、感謝・鎮魂の神事を催す例もある。身近なところでも、筆、注射針、縫針、鋏、包丁、写真、人形などなど、供養する。脱線するが、私が一五―一七年前大使として駐在したグァテマラでも、山岳地帯にいるマヤ系の人達は同旨の供養を行う。要するに、日本では、「もの」は「もの」であることを超え、霊力を持つことがある。「もの」に霊力を認める（＝偶像化）ことをタブー視するキリスト教世界とは対照的に。

明治この方続いた「脱亜」の深化は、この「アニミズム的心性」を揺り動かすには至らず、この心性は「供養」の精神などの形で堅持されて来た。そう、この一五〇年、「脱亜」は進んだが、「アニミズム的心性」は損なわれなかった。その意味で、「主体の解体」はそこそこ免れたと言うことだ。

五　「入欧」しなかったもの
――受容されなかった「西洋」

次いで「入欧」であるが、この一五〇年間に亘るプロセスは華々しいものであった。政府、軍、議会、裁判所などの国家の骨格に始まり、鉄道、港湾、郵便、銀行、大学などの諸制度、科学・工業技術から、社会科学、人文科学、芸術、音楽、更には、衣食住に至るまで、日本の近代化は「入欧」そのものであった。

少なくともハード面はそうであった。問題は、その先、つまり、ソフト面はどうかと言うことだが、二〇〇八年に、日欧の違いを感じさせる出来事を欧州で目撃した。ご記憶と思うが、同年は夏に北京でオリンピックが開催された年であった。ところが、同年三月、北京政府は、チベットで民衆を弾圧して国際社会の顰蹙を買った。折しも欧州主要都市では、ギリシャで採火された聖火を携えた青年ランナーの隊列が目抜き通りを走破していた。これに目を付けた人権活動家は、パリやロンドンで、「中国政府にオリンピックを開催する資格はない」と叫んで、聖火隊走破の妨害を試みた。対照的に、日本ではそのような荒手の抗議活動はなかった。

此処で肝腎なことは何かと言えば、かれらの抗議活動は「宗教的パッション」に裏打ちされていると言う点だ。かれらにとり、人権、民主主義は、単なる原則ではなく、神聖かつ絶対的な正義（キリスト教の神に比し得る）なのだ。それが蹂躙されると、かれらは、強い憤りや不快感を持つ。その結果、「絶対悪」排除に向け、直接行動で抗議に及ぶ人が出る。啓蒙思想から生まれた「人権教」、「民主主義教」が「神抜きのキリスト教」である以上、人権活動家が宗教的パッションに突き動かされるのは当然のことだ。この視点が抜けると、西洋の真髄は理解できない。

これとは対照的に、神道や仏教を信奉し、アニミズム的心性の強い日本人は、相対主義が強く、（人権抑圧のニュースに接しても）西欧人特有の宗教的パッションに根差す「憤り」は湧いて来ないし、荒手の抗議行動に走ることは少ない。尋ねられれば、「〇〇政府のやっていることは感心しませんね」と、教科書的な答えを返すが、その語り口は、淡々としたクールなものだ。悪く言えば、魂がこもっていない。憤っていないのだから、仕方ない。

要するに、「人権思想」は入って来たが、その核とも言える「宗教的パッション」は篩にかけられ、入ってこなかった。「アニミズム」という「ダークマター」で薄められた（＝相対主義化させられた）ためだ。ここに、西洋文明「日本化」の典型例を見る。人権思想だけではない、民主主義、自由主義などの理念も、「ダークマター」で薄められ、相対主義化、脱価値化した。要するに、最も西洋的と言える「宗教的な魂」はほぼ排除されたと言うことであり、ここに、一五〇年にわたる「入欧」の本質を見る。これを稲賀班の研究テーマに即して言えば、「西洋の器」が持ち込まれた際、肝腎の「中身（＝精神）」は、ダークマターにより篩にかけられて「変質、変形」（希薄化）されたと言うことだ（＝いわゆる「日本化」）。

六　まとめ――「ダークマター」抜きに日本の近代化は語れない

本稿では先ず、日本が（多くの非西洋諸国に）先駆けて「近代化」に着手することになった背景の一つとして、「西洋モデル」に対する拒否感が、イスラム圏などに比し弱かったことを挙げた。つまり、「アニミズム的心性」、相対主義が強い日本人は、イスラムのように、包括的、系統的なイデオロギーをもって「西洋モデル」を丸ごと拒否すると言うことはなかった。それどころか、「入欧」（＝西洋的「器」と「中身」の移し（写し））は、曲折や屈折はあったものの、広範に進められた。

次いで、「入欧」の過程が続いたにもかかわらず、そして、ハイテク全盛の今日なお、アニミズムと言う日本古来よりの心性は、しぶとく生き残っており、依然として日本文明の基層をなすとの点に触れた。

然もだ、この心性はただ残っているだけではなく、この一五〇年に及ぶ「脱亜入欧」の過程を通じ、「希薄化」装置（ダークマター）として、国内に入って来る「西洋文明」を相対主義化する重要な働き（＝変質、脱色、溶解）をして来た、と付け加えた。

これらの諸点を、稲賀班の研究テーマに即して言い換えれば、「入欧」の深化にもかかわらず、「日本的主体」の基礎部分（アニミズム的心性）は図太く生き残り、「解体」を免れる一方、国内に取り込まれた「西洋的主体」は、このアニミズム的心性によって「希薄化」、

「脱色」された（イデオロギーの「解体」）。もっとも、「体系性」、「主張」の明確な「西」と、「体系性」、「主張」の不明確な「東」との間で起きた接触（イメージ的には、脊椎動物と軟体動物の接触と言ったところか）であったことから、相互性なり対称性を期待することは、無理であった。

以上の点につき、あの世の福沢諭吉翁、何とコメントされるだろうか。

（二〇一八年九月二六日 記）

【参考】

拙著：『現代日本文明論』（カミガミに呑み込まれた神の物語）（第三企画、二〇〇六年）

同上：『バチカンの聖と俗』（かまくら春秋社、二〇一一年）

［コラム］　ダウンロード違法化拡大

山田奨治

インターネット上に違法にアップロードされた著作物を、そうと知りながら私的にダウンロードすることを違法にすると、文化庁の審議会小委員会が最終報告書にまとめた。ここでいうダウンロードには、スクリーンショット（画面保存）も含まれる。

この議論のもとは、ネット上の漫画海賊版への対策だった。それが被害の十分な検証もないまま、全ての著作物へと対象が拡大し、刑事罰まで付けられようとしている。

慎重審議を求める声が、法律家でつくる小委の委員と国民から上がる中、実質３カ月ほどの短い期間で審議が打ち切られた。そして、多くの懸念を残したまま、拙速に報告書がまとめられた。

漫画海賊版対策のための著作権法改正案を、今国会に出すことが政府の方針である。そのためには、２月初旬までに報告書をまとめなくてはならなかった。文化庁は懸念の解決よりも、政府のスケジュールを重視したと言われても仕方あるまい。

報告書では、委員や国民からの危惧の声を少しは拾い、海賊版と確定的に知ってダウンロードする場合に違法化を限定し、刑事罰の対象は有償の著作物に限るとしている。さらに限定を付けるか否かは、法案作成者にげたを預けている。つまり、肝心な部分は、これから水面下で決められるということだ。

画面保存のように、多くの国民が広く行っている行為に、法の網をかけることには、極めて慎重であるべきだ。普通の国民は「違法かも」と思えば、画面保存を避けるようになるだろう。それによって、私的な創作や研究、社会問題についての情報収集などが萎縮する。

一方で、画面をいったんプリントして、それをデジタル化するのは合法だというから、あぜんとしてしまう。

漫画海賊版対策として、小委が2年以上かけて審議してきたのは、海賊版サイトへのリンクをまとめた「リーチサイト」を規制することだった。最終報告書のこの部分は、異議なく承認された。

違法ダウンロード拡大よりも、リーチサイト規制の方が、海賊版対策に効果があるだろう。そして何よりも効果的な対策は、納得できる価格で正規版を読むことができる、出版社横断型のプラットフォームを早く立ち上げること、言い換えるならば、海賊版サイトの「先進性」に早く追いつくことだ。

わたしが特に残念に思っているのは、違法な著作物から私的使用目的で便益を享受しようとする行為には疑義があると、文化庁が切り捨てたことだ。こうした考え方の背景には、著作物を買って読む・見る・聴くだけの古典的な消費者像があるのだろう。

現代の消費者は、著作物をダウンロードし、加工してアップロードし、それをまた誰かがダウンロードして加工する。この新しい「創造のサイクル」を妨げる法規制は、もはや時代遅れだと言えよう。

私的使用を「便益」という経済概念でくくることにも、違和感がある。人間の内面は、幾多の著作物からできている。カラオケのように、誰かの著作物を使って自己表現することもある。著作物の使用は、実は人間の「生」の深い部分に直結することなのだ。

（補注）本稿は二〇一九年二月七日に共同通信社から配信され、全国の地方新聞に掲載された記事を、編者からの依頼によりそのまま転載したものである。これを執筆した時点では、違法化拡大の方針を記した小委の最終報告書が公表されたばかりであった。その後、文化庁案への懸念の声が国民と専門家のあいだに大きく広がった。そして閣議決定前の与党の法案審査での曲折を経て、三月一三日には当初予定していた二〇一九年の通常国会への著作権法改正案の提出を見送ることを自民党が決めた。改正案は文化庁にて再検討のうえ、次期国会での成立を目指すことになった。

研究会の概要——あとがきにかえて

編者　稲賀繁美

本書の企画に先立つ前回の共同研究会、「二一世紀十年代日本文化の軌道修正」では、敗戦後七十年を経てpax americana に基軸をおく世界秩序が再編成の時期を迎え、地球規模での人類社会の基盤をなす通則が通用しなくなっている現状が検討された。外交や通商のみならず、ＩＣ機器の発達にともなう情報流通や通信機密などに至るまで、様々な水準で従来の国際法や商法、刑法・民法を含む法律的な枠組そのものが失効の兆しを見せている。共同研究会と平行してこれを補助する目的で運営した科学研究費補助金による研究「海賊史観から交易を検討する：国際法と密貿易」でも、ここ四百年ほどの近代の世界秩序の基礎をなしてきた国民国家の枠組が破綻を来たし、秩序と反秩序との関係が問い直されねばならない波乱の季節を迎えていることが、さまざまな局面から解明された。マスコミに代表される従来の公共放送・報道機関の社会的地位、情報伝達能力や行政的広報制度も急速に劣化を遂げ、現今の情報化社会の実情にはもはや対応できていない。学術上の諸制度も例外ではなく、現実の展開に追いつけない旧来の体制との軋轢は、制度破綻寸前の危機的な状況を迎えている。

こうしたなかで、日本文化のありかたを吟味すると、国際化のかけ声、globalization への対応という社会的要請とは裏腹に、その基本的な底層に、欧米的価値あるいは近隣諸国の基本的倫理観には対応できない要素が、澱のように沈殿し、蟠《わだかま》っている。さらにそれが、無意識へと抑圧されたものが表層へと回帰するのにも似て、社会規範の脆弱な部分に露呈し、醜悪な情念すら伴って噴出し始めている。報道では検閲などで押さえ込まれた不平不満が、未規制の裏回路を通じて噴出し、制御不可能な「炎上」事件が随所で発生している。

現今の看過できない危険な兆候にたいして、本研究は、それを制御するための制度的・行政的な方策を処方するものではない。むしろそれらの兆候を誘発し、その異常肥大を許す、不可視にして未解明の屈曲の襞へと測鉛を降ろすことを試みた。現今の行政を見ると、発生した事故への短絡的な対処療法を、無計画かつ闇雲、場当たり的に盛り込む傾向が否めない。その結果、行政指導を墨守した雑多な安全装置のてんこ盛りとなり、それらの競合や錯綜から、かえって予期せぬ二次災害が誘発される。そればかりか、緊急事態への対応にあたっても、不要な硬直と混乱とを現場に招き、所期の目的とは相違して、事態をさらに悪化させるという悪循環に陥っている。そこには、「表面」を繕うだけの制度整備が、その裏面への配慮を見過ごす傾向や、外圧の攻勢に対処しようとするあまり、現場の不満を内攻させ、内発の意欲を委縮させる「受け身」の姿勢などが問題視される。

だが、そもそもここで「表」と「裏」、「攻め」と「受け」とは何を意味しているのだろうか。

序文冒頭に述べたように、本研究では、「おもて」の制度に対する「うら」の仕組み、「仕手」にたいする「受け手」の呼応といった、基本語彙の再検討から始めた。「裏社会」といえば犯罪の温床とみなされるが、裏がなくては表も成立すまい。また「受け身」の姿勢は、とかく否定的に捉えられがちだが、それならば「仕手」の姿勢に転じて、覇を競えば、それでよいのだろうか。とかく肯定と否定との二分法は、善悪二元論に行き着きかねない。だがむしろその両者の「あいだ」、表裏の綾や、能動と受動との交叉に注目すべきではないか。その両者の界面の透過膜での交換に、文化間翻訳の現場を見据える必要はないだろうか。「表」と「裏」は positive vs. negative の対と等価なのか。「仕手」と「受け手」の対は active vs. passive の対と置換可能なのだろうか。こうした問いは、通文化的に普遍だと信じられがちな基本概念枠の翻訳を介した可塑性、概念間の溝への探索へと、我々を誘っていった。

一見迂遠だが、ここにはglobalization vs. localizationという問題設定が見逃してきた思わぬ死角、大袈裟にいうならば、世界の新たな秩序を模索するために不可欠な鍵穴が、そうとも気づかれることなく、そっと隠されてきたはずだ。安易に「等価」と看做されがちな基礎概念が、文化間を跨ぐ翻訳の途上で曖昧さを孕んで増殖してゆく。この機構を縦横に摘出し、そこに潜む間隙を手掛かりに、従来の翻訳理論の限界を越えた異文化交渉原論を模索したい。――そのような志向を、なお萌芽的とはいえ、多方面から持ち寄った結果が本論文集である。〈あいだ〉という実体ならざる媒介項に注目し、そこに出現する〈うつわ〉の働きと、そこを経由する〈うつし〉の変幻に心身を委ねること。それは、精神分析の創始者として名を残すジークムント・フロイトならば「自由に浮遊する注意」Gleichschwebende Aufmerksamkeit, Free Floating Attention, attention flottanteとでも呼んだ「曖昧」な意識状態によって自由連想に揺蕩うにも等しい。果たしてこの意図的な「意図的選別の放棄」、「方法を拒絶する方法」によって、従来の硬直した主体意識や意志的行為と、それにともなう責任意識を基礎とする社会秩序や倫理観の限界を、僅かでも暴くに足るだけの成果を収め得ただろうか。その判断は読者に委ねるほかないが、この試みをひとつの里程標として、将来に向け、さらなる探求が芽生えることを、執筆者一同とともに願いつつ、擱筆したい。

*この論文集の母体となった研究会の日程一覧は、巻末付録に記載したとおりである。なお、本書冒頭の「導入」で触れた研究協力者、共同研究員には、さまざまなご事情で、研究会の最後までは同伴いただけなかった方、本論文集へのご寄稿が叶わなかった方も存在する。編者として一言お詫び申し上げるとともに、その間のご鞭撻、ご協力に御礼申し上げる。

書式と書誌についての追記

本論文集の書式とりわけ本文割注と各論文末の書誌については、編者として一応のガイド・ラインを提示した。ただし、本書は、多分野から参画された四〇名をこえる執筆者にご協力をいただく学際的・領域横断のきわめて実験的な論文集である。このため、扱う資料や文献の性質、各専門分野の特殊事情や学術的慣行を尊重する必要から、無理に書式や書誌を統一することは慎んだ。この判断の背後には、以下のような事情が控えている。

国際日本文化研究センターは創立以来、学際的・国際的・総合的な研究の推進を標榜し、共同研究会や国際的研究協力を通じて、その実現に尽力してきた。だがこの基軸も、現在おおきな方向転換を迫られる社会状況に直面している。まず昨今では国内の「学術コミュニティー」からの要請や社会的需要に即応した「有用」な学術的成果の発信・社会還元が求められている。次に財政事情の悪化を背景として、若手研究者の育成が困難な状況を迎えており、その克服が課題となっている。さらに国際競争力強化の観点から、国際基準に沿った業績を数値的に示すことが、実績判定の面からも強く要請される時代を迎えている。

多岐にわたる学術団体にはそれぞれの伝統がある。それを尊重することは、「学際」あるいは「総合」への志向とは必ずしも合致しない。また若手研究者が「学術コミュニティー」で迅速に評価されるためには、それぞれの学会の作法や規律に忠実な発信形式を求められる。さらに自然科学界の趨勢を反映した数値化の要請は、それに馴染まない文科系・人文科学と称される学術など社会的に無用、と見做す価値観を醸成している。加えて国際基準の絶対化は、その前提となる「国際的」と呼ばれる環境に対する批判精神を麻痺させる。

「国際的」な見地にたった日本研究とは、もとより国内外の価値観の落差を可視化し、両者の交流による接触変成や化学反応から新たな可能性を開拓しようとする目論見であった。また特定学会でしか通用しない論法や仕来りを問い直し、既存の価値観を打破するために「学際性」が要請されてきた。さらに「綜合性」とは、掛け声としての「文理融合」には留まるまい。それはむしろFachwissenschaftenとして発展してきた自然科学諸分野の、総合的な相互融通に必要な学術的基盤を模索し、開発してゆく永続的な営みであるはずだ。

ここで振り返って共同研究の成果論集を位置づけたい。学際性とは不揃いと裏腹であり、国際性とは内外の基準の相克の現場であり、総合性とは、それが制度として確立し完成を見た瞬間には、あるべき姿を裏切る。これらの理念はいずれも、永遠の未完成、実現不可能な理想であり、それを目指す営みの持続にこそ、価値を見出すべきだろう。そして、これら三つの理念が実現した時点で、国際日本文化研究センターと呼ばれる組織も、所期の目的を達成し、社会的使命を全うしたものとして、務めを終えることになるはずである。

以上の見地に照らして判断すれば、本報告書は、もとより極めて完成度の低い達成でしかない。全体構成の浮遊性、流動性、多岐性、開放性は歴然としている。また書式や書誌上の形式面での不揃いが、未完成のなによりの証拠だろう。だが実験的な試みには不可避のこうした綻びや破綻にこそ、自戒を込めて、将来の課題、克服すべき困難を見定めたい。

この場を借りて、無謀ともいえる知的冒険、危うい思考実験に協力して頂き、編者からの度重なるダメダシや改稿要求に、忍耐強く快く応じて下さった寄稿者各位、企画を実現に導いてくださった花鳥社の橋本孝社長、面倒な編集に熟練の手際を発揮された大久保康雄氏をはじめとする関係者各位に、編者として深謝申し上げたい。

なお、本研究の一部をなす科学研究費補助金での研究業務遂行については、松井美苗、岡田亜矢両氏の卓抜なる事務補佐を得た。記して特段の謝意をあらわす。

編者　稲賀繁美

Utsushi and Utsuroi —— Metempsychosis and Passage
Recipients of Transcultural Migration and Haptic Transfigurations

Shigemi INAGA

Take the Japanese word, "*sekinin.*" This is a translation for Western terms such as "responsibility" or "Verantwortlichkeit". Yet the social roles indicated by these terms are different. "*Sekinin o toru*" (take responsibility) in Japanese may be posited as "assuming moral sanction because of one's failure or wrong doing" and could be taken as a surrender to some imperative. "*Sekinin ga aru*" (be responsible) inevitably associates the agent with ethical blame. What would be active behavior in a Western context turns out to be passive submission. Thus, Japanese bureaucracy frequently uses passive voice. Omitting the identity of the subject, this Japanese passive voice is often (mis?) -interpreted as shirking responsibility to the point of causing diplomatic controversy. Similarly, the pair "*omote-ura*" (obverse-reverse) is conventionally (mis?) -translated into English as positive-negative, or active-passive, inevitably degenerating the initial interdependence of the issues into a clear binary opposition.

The team research project: *Studies in "In-between-ness" in Cross-cultural Communication* takes these specific examples as a starting point and examines their ramifications in depth. Instead of limiting our scope to socio-linguistics or cultural comparison, we aim to observe translation as phenomena of transmigration of experiences. In the process of transition and passage from one cultural sphere to another, metamorphosis inevitably unfolds as refraction or chemical reaction. The key terms here are "*utsuwa*" or recipient and "*utsushi,*" which connotes "replacement," "displacement," "duplication," "transmission," and even "possession" on the psychosomatic sense. Obviously, "*utsuwa*" shares with "*utsushi*" its etymology, whereas "*utsushi-mi*" or the living body easily transforms into the empty shell of a cicada, "*utsusemi,*" which serves as a metaphor for the cadaver with the Buddhist connotation of transience.

If "*utsushimi*" is the obverse (*omote*), "*utsusemi*" would be the reverse (*ura*). The passage from the former to the latter is termed "*utsuroi*" or transition. These vernacular Japanese terms help investigate the realities of transcultural migrations and accompanying haptic transformations well beyond the limits of

the Indo-European linguistic paradigm.

The mission of the research team takes into account the "international" dimension of cross-cultural negotiations. While keeping in mind "interdisciplinary" approaches to diversity, it also aims at an ultimate "synthesis" of outcomes. For this purpose, the present volume provides a wide range of viewpoints divided into the following six parts, with an additional seventh part that attempts to offer an overview of the entire vista. The form of the whole may be imagined as a Moebius strip of *omote-ura* between centrifugal and centripetal forces which are mutually interconnected.

Part 1 calls into question the value of the consistency and stability of information in transmission. Previously information theory preferred excluding noise as an obstacle to transmission, but recent research in brain science as well as technology in sonar detective devices demonstrates that redundancy itself plays a pivotal role. Digitalization also has revealed its limits in terms of rigidity.

Extending this thread, **Part 2** examines the dialectics between the frame and selective permeability. We question the artificiality of the highly controlled "perfect" environment in which natural sciences conduct experiments. Coordinate axes in limited number logically leave blind spots, revealing the reverse side of the ideal conditioning. How are these perilous side effects to be dealt with?

Part 3 takes up the *Avataṃsaka Sutra* as a relevant metaphor. The *Huayan* or *Flower Garland* School of Buddhism (Huáyán, in Chinese) presents Indra's net in which innumerable jewels reflect each other infinitely. The world consists of the interfusion of phenomena mutually interrelating beyond the limits of a narrow linear form of causality. The World Wide Web in the electronic internet may be seen as concretizing this worldview. The reverse engineering requires programming of the *Nachträglichkeit* (afterwardness). A full investigation into its virtual dimensions awaits further exploration.

Part 4 reexamines "metempsychosis" or "the transmigration of the soul." Though regarded as superstitious and empirically baseless, this hypothetical idea may well destabilize heretofore unquestioned ideas such as "self-identity" or "individuality" and reveals them as no longer self-evident. Further, it reinforces the problematics of "*Différence et répétition*" (Gilles Deleuze) as well as that of

"*anachronisme*" (Georges Didi-Huberman) from an Oriental viewpoint.

Part 5 deals with "interface." Light refracts by passing through the contact zone of two different entities. Chemical reactions take place at the point of passage through a membrane in the biosphere. Recipients not only encloses but also adsorb their contents, while emanating energy in the process of transmission and diffusion. The interval between recipients and contents also functions as an efficient interface. The role of intermediary factors and agencies at work here requires further research. The nature of semipermeable membrane or semiconductor again comes into our focus.

We now understand the crucial importance of the "in-between-ness." **Part 6** thus touches on and reexamines the "middle voice" in grammatical terms. One of the ancient voices in Indo-European languages, the middle voice could not survive but was subdivided into active and passive voices, with inevitable distortions. How did it serve performative authority in the impersonal mode? What does the loss mean? How is its loss "responsible" for the formation of the modern idea of responsibility? And to what extent is the "middle voice" pertinent in the future of the social system?

The final **Part 7** attempts to synthesize the preceding investigations. Cross-cultural transmission and transcultural migration proceed hand in hand with the metamorphosis of the concerned agents: by touching, one is touched (*En touchant, on est touché*). This is what "metempsychosis" means. In this transfiguration of the soul, identity is not, any longer, what one natively inherits, but what one acquires through one's own migration. This is no longer a question of stationary "knowledge" as a stock, but of progressive "acknowledgement," discovery acquired nomadically. Ultimately, one can no longer make one's own identity relevant without putting it in a crisis. Morphology here gives way to the "amorphous." The "anamorphology" of the transmigration stands as the focus of the new endeavor.

By the constant transition (*utsushi*) of the recipient (*utsuwa*) as an initiating step of transience (*utsuroi*), one can liberate oneself from the yoke of a haunting obsession: namely, a vicious circle between the identity crisis in the current legal and social system and issues of assuming individual responsibility in collectivity. In this face-reverse tautological cycle, between exoteric banality and esoteric

irrelevance, let us search for a connecting interval, an intermediary Moebius strip-like path which we may call “mesoteric” passage.

*The current “Team Research Project” is part of the “Team Research” officially conducted at the International Research Center for Japanese Studies (Nichibunken) from the academic year 2016 to 2019. The outcomes of the research is partly supported by the Grant-in-Aid for Scientific Research: *“Utsuwa” and “Utsushi”: Toward the Renewal of Aesthetic Categories for Art and Reproduction Techniques in the Information Age* (fiscal year 2016-2018) (16H01919) conducted under the auspices of Japan Society for the Promotion of Science. As the editor of the volume, I would like to acknowledge here the scientific advice of John Breen and Bert Winther-Tamaki as well as the editorial assistance kindly provided by Okada Aya and Matsui Minae.

執筆者紹介（収録順，＊は編者）

新井 菜穂子　Arai Nahoko
1961年生まれ、北京工業大学外国専家
主要論文：「『尾蠅欧行漫録』に見える「電発」について」『国語語彙史の研究』第38輯、（和泉書院、2019年）、「デジタル時代の複製」『海賊史観からみた世界史の再構築』、稲賀繁美編、（思文閣出版、2017年）、「日本人の空気観 ―電気・空気・雰囲気という漢語をめぐって―」『「心身／身心」と環境の哲学』、伊東貴之編、（汲古書院、2016年）、「『妙貞問答』の書誌について」『妙貞問答を読む』、末木文美士編、（法藏館、2014年）ほか。

滝 澤 修 身　Takizawa Osami
長崎純心大学教授、前国際日本文化研究センター客員教授
La Historia de los Jesuitas en Japón（*Siglos XVI-XVII*), Universidad de Alcalá, 2010; *Los Jesuitas en el Japón de los Samuráis*（*Siglos XVI-XVII*), Digital Reason, 2018.

白 石 恵 理　Shiraishi Eri
国際日本文化研究センター 助教
主要論文：郭南燕編著『ド・ロ版画の旅：ヨーロッパから上海～長崎への多文化的融合』（創樹社美術出版、2019年：分担執筆）、「蠣崎波響の絵画資料―画稿にみる同時代画人との交流―」『鹿島美術研究』（年報第20号別冊、2003年）、「蠣崎波響画業考―円山四条派の受容をめぐって―」『北海道大学大学院文学研究科研究論集』（創刊号、2001年）ほか。

多 田 伊 織　Tada Iori
1960年生まれ、大阪府立大学客員研究員
最近の主要な著書：犬飼隆編『古代の文字文化』（古代文学と隣接諸学シリーズ No 4 竹林舎、2017年：分担執筆）、稲賀繁美編『海賊史観からみた世界の再構築』（思文閣出版、2017年：分担執筆）、倉本一宏・小峯和明・古橋信孝編『説話の形成と周縁　古代篇』（臨川書店、2019年：分担執筆）ほか。

範　　麗 雅　Fan Liya
1962年生まれ、国立台南芸術大学文博学院台湾芸術アーカイブセンター専案研究員
最近の主要な著書に『中国芸術というユートピア』（名古屋大学出版会、2018年）、『東洋意識　夢幻と現実のあいだ一八八七－一九五七』（ミネルヴァ書房、2012年：分担執筆）、論文「偽作和傑作之间：重思一九二八年和三一年中日古典名画展覧会举办的意義」《美術研究》（双月刊、第１期、北京・中央美術学院出版、2020年２月出版予定）ほか。

江 口 久 美　Eguchi Kumi
1983年生まれ、九州大学持続可能な社会のための決断科学センター助教
最近の主要な著書に『パリの歴史的建造物保全』（中央公論美術出版、2015年）、『海賊史観からみた世界の再構築』（思文閣出版、2017年：分担執筆）、*Vocabulaire de la spatialité japonaise*（日本の生活空間）（CNRS Édition、2014年：分担執筆）ほか。

二 村 淳 子　Nimura Junko
1970年生まれ、鹿児島大学講師。国際日本文化研究センター客員准教授
主な著書に『クスクスの謎』（平凡社、2012年）、『上海フレンチ』（平凡社、2005年）ほか。近書に『SANYU モンパルナスの中国人画家』（亜紀書房、2018年）。

倉 田 健 太　KURATA Kenta
1985年生まれ、総合研究大学院大学 文化科学研究科 国際日本研究専攻博士後期課程
主要論文「日本における祭り研究の整理を通した現代の神社祭礼の考察――香川県綾歌郡宇多津町の事例」『香川大学経済論叢』(89巻 1 号、2016年)、「香川県西讃地域での山車祭礼について――豊浜八幡神社秋季例祭の事例」『香川地理学会会報』(37号、2017年)、「船霊信仰における船玉神社の役割と祭祀――香川県沿岸地域を事例に」関泰子共著、『四国学院大学論集』(154号、2018年) ほか。

寺 本　　学　TERAMOTO Manabu
1989年生まれ、パリ第一大学修士課程終了、広島平和記念資料館学芸課職員

近 藤 貴 子　KONDŌ Takako
1968年生まれ、オランダ、ライデン大学人文学部大学院博士課程在籍
Six Considerations regarding Exhibitions (展覧会図録) *INTERSCAPE* (共著：Sandberg Institute, 2004年)、「世界美術史を背景とする『日本現代美術』の在処―日英二言語領域の美術批評の比較研究」、『鹿島美術研究』、年報第33号別冊 (鹿島美術財団、2016年)、「前衛としての生き残り―工藤哲巳の海賊的考察に向けて」稲賀繁美編『海賊史観からみた世界の再構築』(思文閣出版、2017年：分担執筆) ほか。

山本 麻友美 YAMAMOTO Mayumi
1972年生まれ、京都芸術センター　チーフ・プログラム・ディレクター
最近の主な担当事業に『東アジア文化都市2017京都 アジア回廊現代美術展』(元離宮二条城、京都芸術センター、2017年) ほか。

九 里 文 子　KUNORI Ayako
1955年生まれ、元総合研究大学院大学 文化科学研究科 国際日本研究専攻博士後期課程 日文研共同研究員
主な業績 「富山県小川温泉『竹久夢二画会』―画会から作品展覧会へ」『夢二からのメッセージ』(朝日町立ふるさと美術館、2014年)、「富山の竹久夢二画会―新たな文化システムの創造」『富山史壇』(179号、2016年) ほか。

*稲 賀 繁 美　INAGA Shigemi
1957年生まれ、国際日本文化研究センター・総合研究大学院大学教授
最近の主要な著書に『接触造形論』(名古屋大学出版会、2016年)、『絵画の臨界』(名古屋大学出版会、2013年)、編著に『海賊史観からみた世界の再構築』(思文閣出版、2017年) ほか。

金 子　　務　KANEKO Tsutomu
1933年生まれ、大阪府立大学名誉教授
『日本の文化と思想への衝撃 (アインシュタイン・ショック)』(河出書房新社　1991年)、『アインシュタイン・ショックⅠ、Ⅱ』(岩波現代文庫　2005年)、『オルデンバーグ―十七世紀科学・情報革命の演出者』(中公叢書　2005年)、編著『エネルギーを考える――学の融合と拡散』(作品社 2013年)、監修『科学と宗教 対立と融和のゆくえ』(中央公論新社　2018年) ほか。

テレングト・アイトル　TELENGUT Aitor
1956年生まれ、北海学園大学教授
最近の主要な著書に『詩的狂気の想像力と海の系譜』(現代出版、2016年)、『海賊史観からみた世界の再構築』(共著思文閣出版、2017年：分担執筆) ほか。

君島彩子　KIMISHIMA Ayako
1980年生まれ、駒澤大学仏教経済研究所研究員
主要論文「祈りから継承へ、平和モニュメントの役割の変容―広島平和記念公園、旧中島本町のモニュメントをめぐって―」『次世代人文社会研究』（13号、2017年）、「平和モニュメントと観音像―長崎市平和公園内の彫像における信仰と形象―」『宗教と社会』（24号、2018年）、「現代のマリア観音と戦争死者慰霊」『中外日報』（2019年５月29日付、第15回涙骨賞）ほか。

デンニッツァ・ガブラコヴァ　Dennitza GABRAKOVA
ウエリントン・ヴィクトリア大学（ニュージーランド）シニアー・レクチャラー
著書に『雑草の夢：近代日本における「故郷」と「希望」』（世織書房、2012年）及び *The Unnamable Archipelago: Wounds of the Postcolonial in Postwar Japanese Literature and Thought* (Brill, 2018年).

糸永・デルクール光代　Mitsuyo ITONAGA-DELCOURT
1957年生まれ、ESCP Europe ビジネススクール講師、翻訳者
共同執筆に《Ikea au Japon, le retour》, *Management Interculturel*（Vuibert, 2017）, “The taste of industrialised societies for traditional products: socio-cultural and economic paradoxes”, *The Paradoxes of Globalisation*（Palgrave Macmillan, 2010）ほか。

橋本順光　HASHIMOTO Yorimitsu
1970年生まれ、大阪大学文学研究科教授
分担執筆した著書および編著に『日本文学の翻訳と流通』（勉誠出版、2018年）、『欧州航路の文化誌』（青弓社、2017年）、『万国風刺漫画大全　戦争の世紀の幕明け』全４巻（エディションシナプス、2017年）、『怪異を魅せる』（青弓社、2016年）ほか。

中村和恵　NAKAMURA Kazue
1966年生まれ、明治大学法学部・同大学院教養デザイン研究科教授
著書に『日本語に生まれて』（岩波書店、2013年）ほか、編著に『世界中のアフリカへ行こう』（岩波書店、2009年）ほか、訳書にアール・ラヴレイス『ドラゴンは踊れない』（みすず書房、2009年）ほか。

藤原貞朗　FUJIHARA Sadao
1967年生まれ、茨城大学教授
主要著書に『オリエンタリストの憂鬱』（めこん、2008年）、『山下清と昭和の美術』（共著、名古屋大学出版会、2014年）、編著に『岡倉天心　五浦から世界へ』（思文閣出版、2018年）、翻訳にタルディ著『塹壕の戦争』（共和国、2016年）など。

堀まどか　HORI Madoka
1974年生まれ、大阪市立大学大学院准教授
主要な著書に『「二重国籍」詩人　野口米次郎』（名古屋大学出版会、2012年）、『バイリンガルな日本語文学―多言語多文化のあいだ』（三元社、2013年：分担執筆）、『近代日本とフランス象徴主義』（水声社、2016年：分担執筆）ほか。

大西宏志　ŌNISHI Hiroshi
1965年生まれ、京都造形芸術大学教授
最近の主な共著書に『海賊史観からみた世界の再構築』（思文閣出版、2017年：分担執筆）ほか、最近の主な作品に短編アニメーション『旅メーション「死生学」』（2018年）。

鈴木洋仁　SUZUKI Hirohito
1980年生まれ、社会学者、東洋大学研究助手
最近の主な著書に『「平成」論』（青弓社、2014年）『「元号」と戦後日本』（青土社、2017年）『「ことば」の平成論　天皇、広告、ITをめぐる私社会学』（光文社、2019年）共著に『映像文化の社会学』（有斐閣、2016年）ほか。

竹村民郎　TAKEMURA Tamio
1929年生まれ、元大阪産業大学経済学部教授
著書に『独占と兵器生産――リベラリズムの経済構造』（勁草書房、1971年）、『大正文化』（講談社現代新書、1980年）、『廃娼運動――廓の女性はどう解放されたのか』（中央公論社、1982年）、『関西モダニズム再考』（編著、思文閣、2008年）、『竹村民郎著作集』全5巻（三元社、2011―2015年）。

村中由美子　MURANAKA Yumiko
1982年生まれ、白百合女子大学専任講師
最近の主要な論文に《L'Écriture baroque de Marguerite Yourcenar : Une analyse du thème de l'inversion dans *Feux* (1936)》『フランス語フランス文学研究』（第50号、東京大学フランス語フランス文学研究会、2018年）、篠田勝英・海老根龍介・辻川慶子編『引用の文学史――フランス中世から二〇世紀文学におけるリライトの歴史』（水声社、2019年：分担執筆）訳書としてパスカル・キニャール『深淵』（水声社、2020年出版予定）を準備中。

相原雅子　AIHARA Masako
1978年生まれ、白百合女子大学兼任講師
主な論文に「主知派詩人の愛を追い求めた人生 トマス・スターンズ・エリオット」『晩年にみる英米作家の生き方――モーム、ミラー、アップダイクほか15人の歩んだ道』（港の人、2014年）、「T・S・エリオットの『大聖堂の殺人』におけるトマス・ベケットの殉教を巡って」『ジョンソン博士に乾杯　英米文学談義』（音羽書房鶴見書店、2016年）、「キリスト教2000年の歴史を振り返る」『シルフェ〈本の虫〉が語る楽しい英語の世界』（金星堂、2018年）、「T. S. エリオット『一族再会』における舞台道具の役割――「カーテン」と「窓」をめぐって」『シルフェ第54号』（金星堂、2015年）ほか。

根川幸男　NEGAWA Sachio
1963年生まれ、国際日本文化研究センター機関研究員
主要な著書：『ブラジル日系移民の教育史』（みすず書房、2016年）、共編著：『越境と連動の日系移民教育史―複数文化体験の視座』（ミネルヴァ書房、2016年）、*Cinqüentenário da Presença Nipo-Brasileira em Brasília.*（FEANBRA, 2008).

戸矢理衣奈　TOYA Riina
1973年生まれ、東京大学生産技術研究所特任准教授
主な著書に『銀座と資生堂：日本を「モダーン」にした会社』（新潮選書、2012年）、『エルメス』（新潮新書、2004年）、『下着の誕生：ヴィクトリア朝の社会史』（講談社選書メチエ、2000年）ほか。

三木順子　MIKI Junko
1966年生まれ、京都工芸繊維大学准教授
単著に『形象という経験』（勁草書房、2002年）編著に『芸術展示の現象学』（共編、太田喬夫・三木順子編、晃洋書房、2007年）分担執筆に「地図とタブロー：都市を描く二つのメディアとその交差」『描かれた都市と建築』（並木誠士編、昭和堂、2017年）ほか。

片 岡 真 伊　Kataoka Mai
1987年生まれ、総合研究大学院大学 文化科学研究科 国際日本研究専攻 博士後期課程在学中
最近の主要な論文に「マンガ翻訳の海賊たち　スキャンレーションにおける航海術をめぐって」『海賊史観からみた世界史の再構築』(思文閣出版, 2017年：分担執筆)、"Emending a Translation into 'Scrupulous' Translation: A Comparison of Edward G. Seidensticker's Two English Renditions of "The Izu Dancer"『文化科学研究』(第12号, 2016年) ほか。

ヘレナ・チャプコヴァー　Helena Čapková
1981年生まれ、ロンドン芸術大学 TRAIN 研究センター修了。博士（芸術史）立命館大学グローバル教養学部准教授
"Transnational networkers – Iwao and Michiko Yamawaki and the formation of Japanese Modernist Design" *Oxford Journal of Design History* (2014), " 'Believe in socialism...', Architect Bedřich Feuerstein and His Perspective on Modern Japan and Architecture" *Design and Society in Modern Japan* (Vol 28, 2016),「アントニン・レーモンドとル・コルビュジエ、建築における海賊行為――形式ではなく精神性が与えた影響についての考察」稲賀繁美編『海賊史観からみた世界史の再構築交易と情報流通の現在を問い直す』(思文閣出版, 2017), "From Decorative Arts to Impressive Local Constructions and Materials – On the New Japonisme for the Czechoslovak Republic (1918-1938)" *Studies in Japonisme/*『ジャポニスム研究』(2018).

郭　南燕　Guo Nanyan
1962年生まれ、日本語文学者
最近の主要な著書に *Refining Nature in Modern Japanese Literature* (Lexington, 2014)、『志賀直哉で「世界文学」を読み解く』(作品社、2016年)、『ザビエルの夢を紡ぐ：近代宣教師たちの日本語文学』(平凡社、2018年)、編著に『キリシタンが拓いた日本語文学：多言語多文化交流の淵源』(明石書店、2017年) ほか。

近 藤 高 弘　Kondō Takahiro
1958年生まれ、陶芸・美術作家
最近の主な展覧会に、2017年個展「手の思想」何必館・京都現代美術館（京都)、2016年個展「生水―うつろいゆくウツワ―」瀬戸内市立美術館（岡山)、主なパブリックコレクションが、メトロポリタン美術館（ニューヨーク)、スコットランド国立美術館（エディンバラ）他に所蔵。

鵜 戸　聡　Udo Satoshi
1981年生まれ、鹿児島大学法文学部准教授
最近の主な著作に「小さな文学にとって〈世界文学〉は必要か？：あるいはチベットの現代小説を翻訳で読むことについて」(特集 世界文学の語り方)『文学』17 (5) (岩波書店、2016年)、訳書にカメル・ダーウド『もうひとつの「異邦人」』(水声社、2019年)。

髙 橋 勝 幸　Takahashi Katsuyuki
1945年生まれ、元南山宗教文化研究所非常勤研究員
最近の主な論文に「中村元著『東洋人の思惟方法』から見えてくるもの」『比較思想研究』2017年、「中動態の文法から見えてくるもの～十字架の聖ヨハネの「詩作」から～」『アジア・キリスト教多元性研究会』電子ジャーナル第15号（京都大学　2017年)、「21世紀に開かれた邂逅の道～キリシタン時代の適応主義の先駆性～」同誌（第16号、2018年）ほか。

ジラルデッリ青木美由紀　Miyuki Aoki Girardelli
1970年生まれ、美術史家、東京大学生産技術研究所海外協力研究員
著書に『明治の建築家　伊東忠太　オスマン帝国をゆく』（ウェッジ、2015年）、編著に『オスマンの宮殿に吹く日本の風』（トルコ国立宮殿局、2016年）、*The Crescent and the Sun: Three Japanese in Istanbul: Yamada Torajirō, Itō Chuta, Ōtani Kōzui,* (Istanbul Research Institute, 2010)

宮崎康子　Miyazaki Yasuko
1969年生まれ、広島修道大学准教授
近著に『マンガ・アニメで論文・レポートを書く―「好き」を学問にする方法』（ミネルヴァ書房、2017年：分担執筆)、『環境教育学―社会的公正と存在の豊かさを求めて』（法律文化社、2012年：分担執筆）ほか。

千葉　慶　Chiba Kei
1976年生まれ、千葉大学・明治大学・武蔵野美術大学ほか非常勤講師
最近の主な著書に、『アマテラスと天皇』（吉川弘文館、2011年）、編著に『日活1971―1988』（ワイズ出版、2017年）ほか。

春藤献一　Shuntô Kenichi
1989年生まれ、総合研究大学院大学 文化科学研究科 国際日本研究専攻 博士後期課程
主要業績に「占領下における社団法人日本動物愛護協会の成立」『日本研究』（第57集、2018年)、「京都における人と野良猫の関係史」『海賊史観から見た世界史の再構築』（思文閣出版、2017年）ほか。

今泉宜子　Imaizumi Yoshiko
1970年生まれ、明治神宮国際神道文化研究所主任研究員
主書に『明治神宮 「伝統」を創った大プロジェクト』（新潮社、2013年)、*Sacred Space in the Modern City : The Fractured Pasts of Meiji Shrine, 1912-1958* (Brill, 2013) 共著に『明治神宮以前・以後　近代神社をめぐる環境形成の構造転換』（鹿島出版会、2015年)、『天皇のダイニングホール　知られざる明治天皇の宮廷外交』（思文閣出版、2017年）ほか。

上野景文　Ueno Kagefumi
1948年生まれ、文明論考家、元駐バチカン大使
主な著作『現代日本文明論（神を呑み込んだカミガミの物語)』（第三企画、2006年)、『バチカンの聖と俗（日本大使の一四〇〇日)』（かまくら春秋社、2011年)、論考「小さなカミ、大きな神」『神園』（第９号、2013年）ほか。

山田奨治　Yamada Shōji
1963年生まれ、国際日本文化研究センター教授・総合研究大学院大学教授
近年の主な著書に、『東京ブギウギと鈴木大拙』（人文書院　2015年)、『日本の著作権はなぜもっと厳しくなるのか』（人文書院、2016年)、編著に『マンガ・アニメで論文・レポートを書く―「好き」を学問にする方法―』（ミネルヴァ書房、2017年)、共編著に『大衆文化とナショナリズム』（朴順愛・谷川建司との共編、森話社、2016年）ほか。

人名索引

論文・コラム本文に記載の人名のうち、執筆者による指定のあったものを中心に配列した。注、表の人名は紙幅の都合で割愛した。中国・韓国を含め、外国人名には、現行のアルファベット表記を可能な範囲で付した。生没年については、探索が及ばなかった場合は空白とした。なお、漢字人名の欧文表記は、個別執筆者提供の情報を尊重し、日本語長／二重母音表記も無理に統一はほどこさない。

A

アブドゥル Abdül 647
阿部房次郎 Abe Fusajiro(1868-1937) 104
アキレス Achilles 269, 271
アルバース、ヨゼフ Josef Albers(1888-1976) 539, 540
アレクサンダー大王(アレクサンドロス三世) Alexander the Great(356BCE-323BCE) 637
姉崎正治 Anezaki Masaharu(1873-1949) 415
庵野秀明 Anno Hideaki(1960-) 433
青野季吉 Aono Suekichi (1890-1961) 549
有馬晴信 Arima Harunobu(1567-1612) 35, 40, 41, 44-46
アリストテレス Aristotles(384B.C.-322B.C.) 274, 284, 285, 291, 294, 298, 534, 624, 628, 629
アルトー、アントナン Antonin Artaud (1896-1948) 187
浅田孝 Asada Takashi(1921-1990) 320
浅井正翼(紫山) Asai Masashige / Shizan (1797-1860) 87
浅川巧 Asakawa Takumi(1891-1931) 254, 255
浅丘ルリ子 Asaoka Ruriko(1940-) 686, 688, 689
芦川いづみ Ashikawa Izumi(1935-) 683, 686
オースティン、ジェーン Jane Austen(1775-1817) 483, 554, 555, 558, 562
エイメ、アリックス Alix Aymé(1894-1989) 134, 136, 139-143, 146, 147, 149
エイメ、ジョルジュ Georges Aymé(1889-1950) 140
エイメ、マルセル Marcel Aymé(1902-1967) 140
東浩紀 Azuma Hiroki(1971-) 332

B

バリアン、ニゴオス Nigoğos Balyan(1826-1858) 643
坂東玉三郎 Bandô Tamasaburô(1950-) 192
坂西利八郎 Banzai Rihachirô(1871-1950) 96
鮑廷博 Bào Tíngbó / Hô Teihaku(1728-1814) 80
バルビエ、フィリップ・サン・イレール Philippe Barbier-Saint-Hilaire / Pavitra (1894-1969) 582
バルト、ロラン Roland Barthes (1915-1980) 188, 193-197
バタイユ、ジョルジュ Georges Albert Maurice Victor Bataille(1897-1962) 406, 668-670, 672, 673
バザン、ジェルマン Germain Bazin(1901-1990) 396, 397, 406
ベル、アレクサンダー・グラハム Alexander Graham Bell(1847-1922) 432
ベル、アンドリュー Andrew Bell(1753-1832) 664
ベルティング、ハンス Hans Belting(1935-) 214
ベンヤミン、ヴァルター Walter Benjamin (1892-1940) 216, 335, 339
ベネット、ドロシー Dorothy Bennett (1914-2003) 378
ベネット、ランス Lance Bennett (1938-2013) 377-379
ベンサム、ジェレミ Jeremy Bentham(1748-1832) 244
ベルナノーズ、マルセル Marcel Bernanose (1884-1952) 145
バーント、ロナルド Ronald Murray Berndt (1916-1990) 375, 379
ベルク、オギュスタン Augustin Berque (1942-) 195, 197
ベサント、アニー Annie Besant(1847-1933) 415, 416
ベイ、ネヴレス Nevres Bey 646, 647
ベイ、サラヘッディン Salaheddin Bey 650
ビニョン、ローレンス Laurence Binyon (1869-1943) 418
バードウッド、ジョージ George Birdwood (1832-1917) 250, 251, 258
ブレイク、ウィリアム William Blake(1757-1827) 248, 291, 418

ブラヴァツキー、ヘレナ・ペトロヴナ Helena Petrovna Blavatsky（1831-1891） 579
ベーム、ゴットフリーッド Gottfried Boehm（1942-） 540-542
ボルノウ、オットー・フリードリッヒ Otto Friedrich Bollnow（1903-1991） 667
ボナール、ピエール Pierre Bonnard（1867-1947） 140
ボース、スバス・チャンドラ Subhas Chandra Bose（1897-1945） 420, 422
ボース、ナンダラル / ボシュ、ノンドラル Nandalal Bose（1882 -1966） 243
ブルジョワ Bourgeois 651
ブラウン、カール・フェルディナント Karl Ferdinand Braun（1850-1918） 434
ブリンデージ、ジョバンニ・ジャン Giovanni Jean Brindesi（1826-1888） 649
ブッダ Buddha 267, 275

C

蔡國強 Cai Guo-Qiang（1957-） 222
カルボ、オスカー Oscar Calvo（1915-2000） 309
カミュ、アルベール Albert Camus（1913-1960） 610
カンドウ、ソーヴール Sauveur Candau（1897-1955） 598-601
カーペンター、エストリン Joseph Estlin Carpenter（1844-1927） 415
カッシーラー、エルンスト Ernst Cassirer（1874-1945） 535
ジェザーイリアン Mıgırdıç Cazayırlyan（1805-1861） 634, 635, 637
チェンバレン、バジル・ホール Basil Hall Chamberlain（1850-1935） 483
チャットーパッダーエ、ハリンドラナト Harindranath Chattopadhyay（1898-1990） 410, 416-419, 420-422
チャットーパッダーエ、カマラデヴィ Kamaladevi Chattopadhyay（1903-1988） 418, 419, 421
チャットーパッダーエ、ヴィレンドラナト Virendranath Chattopadhyay（1880-1937） 414, 418, 422
チャトウィン、ブルース Bruce Chatwin（1940-1989） 383
チェン、フランソワ François Cheng（1929-） 339
シェノー、エルネスト Ernest Chesneau（1833-1890） 397
蔣介石 Chiang Kai-shek（1887-1975） 102, 103
千々石ミゲル Chijiwa Miguel（1569-1633） 35, 41
奝然 Chô'nen（938-1016） 82
クローデル、ポール Paul Claudel（1868-1955） 580, 582
カブ、ジョン・B John Boswell Cobb Jr.（1925-） 623
コリノ、ウージェーヌ Eugène Collinot（1824-1889） 650
コンプリ、ガエタノ Gaetano Compri（1930-） 598
コント、オーギュスト Auguste Comte（1798-1857） 446-448, 450, 456-458, 460
孔子 Confucius（BC551-479） 285
クーマラスワーミ、アナンダ・K Ananda K., Coomaraswamy（1877-1947） 239, 240, 243, 244, 250, 253, 254, 258, 361
コルテス、エルナン Hernán Cortés（1485-1547） 124
カズンズ、ジェームス・ヘンリー James Henry Cousins（1873-1956） 255, 413, 416, 418, 421, 582
十字架のヨハネ Fuan de la Cruz（1542-1591） 625
カニンガム、マース Merce Cunningham（1919-2009） 186
カーゾン、ジョージ George Curzon（1859-1925） 241

D

ダ・ブルッチ Domenico Da Brucchi 638
戴震 Dài Zhèn / Tai Shin（1723-1777） 80
ダンテ Dante Alighieri （1265-1321） 282
ド・ボーモン Adalbert de Beaumont（1809-1869） 649, 650, 654
ド・ポルザンパルク Christian de Portzamparc（1944-） 339, 340, 342
出口王仁三郎 Deguchi Onisaburô（1871-1948） 362
デ・マリア、ウォルター Walter De Maria（1935-2013） 211
ドニ、モーリス Maurice Denis（1870-1943） 139, 141, 395, 399, 402, 404-406
デカルト René Descartes（1596-1650） 274, 277, 278
狄葆賢 Di Baoxian（1873-1941） 99
ディン・ヴァン・タン Đinh Văn Thành（1898-1977） 134, 146, 147
董其昌 Dong Qichang（1555-1636） 102, 105, 106
道元禅師 Dougenzenshi（1200-1253） 267

ダウ、アーサー・ウェスレイ Arthur Wesley Dow(1857-1922) 580
デュモリン、ハインリッヒ Heinrich Dumoulin (1905-1995) 622
デュレ、テオドール Théodore Duret(1838-1927) 394

E

海老澤有道 Ebisawa Arimichi(1910-1992) 596
エックハルト、マイスター Meister Eckhart/ Eckhart von Hochheim(1260?-1328?) 256, 625, 626
アフメット、ヴェフィク・エフェンディ(パシャ)Ahmet Vefik Efendi (Paşa) (1823-1891) 653
アインシュタイン、アルベルト Albert Einstein (1879-1955) 264, 268
エリザベート内親王 Élisabeth de France (1764-1794) 121
遠藤周作 Endô Shûsaku(1923-1996) 497-505
遠藤波津子 Endô Hatsuko(1862-1933) 523
円空 Enkû(1632-1695) 199
愛宮真備 / フーゴ・ラサール Enomiya Makibi/Hugo Lassalle(1898-1990) 622
榎本武揚 Enomoto Takeaki(1836-1908) 358, 359, 367

F

範寛 Fan Kuan 106
フェリペ2世 Felipe II(1527-1598) 36, 39, 42-45, 47, 50
フェノロサ、アーネスト・フランシスコ Ernest F Fenollosa(1853-1908) 97, 230, 447-449, 581
フィエラン、ポール Paul Fierens(1895-1957) 397, 399, 400
フィンク、オイゲン Eugen Fink(1905-1975) 536
フローベール、ギュスターヴ Gustave Flaubert (1821-1880) 282
フォースター、エドワード・モーガン Edward Morgan Forster(1879-1970) 484
フォサーッティ、ガスパーレ Gaspare Fossati (1809-1883) 639, 649
フーコー、ミシェル Michel Foucault(1926-1984) 284, 397
藤田嗣治 Foujita Tsuguharu (1886-1968) 364
フランシスコ教皇 Pope Francisco(1936-、在位2013-) 622
フロイト、ジークムンド Sigmund Freud (1856-1939) 278, 291
フリード、マイケル Michael Fried(1939-) 406
普賢菩薩 Fugen Bosatsu समन्तभद्र samantabhadra 267
藤原佐世 Fujiwara no Sukeyo(847-898) 87
福原信三 Fukuhara Shinzô(1883-1948) 521
福沢諭吉 Fukuzawa Yukichi(1835-1901) 724
古島敏雄 Furushima Toshio(1912-1995) 466
藤波芙蓉 Fujinami Fuyô(1872-1952) 523

G

ガーダマー、ハンス・ゲオルク Hans-Georg Gadamer(1900-2002) 541-543
ガリレオ Galileo Galilei(1564-1642) 271
ガラン、ピエール・ヴィットール Pierre-Victor Galland(1822-1892) 637
ガンディー Mohandas Gandhi(1869-1948) 416, 419
高保衡(宋) Gāo Bǎohéng/Kô Ho'ei 87
南宋・高宗帝 Emperor Gaozong(1107-1187) 102
ゴーギャン、ポール Paul Gauguin(1848-1903) 199
ゴーティエ、テオフィール Théophile Gautier (1811-1872) 643, 648
ゴーシュ、オーロビンド Aurobindo Ghose / Aurobindo Sri(1872-1950) 411, 412, 418, 421, 422, 576
ギルギルバ、クムパヤ Kumpaya Girgirba (1933?-) 383
ゴダン、アンリ Henri Godin(1933-) 339
ゲーテ Johann Wolfgang von Goethe(1749-1832) 278, 282
ゴメス、ペドロ Pedro Gomes(1535-1600) 621
ゴーシュ、オーロビンド、Aurobindo Ghose (1872-1950) 411-413, 416, 418, 421, 422, 576
ゴス、エドマンド Edmund Gosse(1849-1928) 412
後藤朝太郎 Gotō Asatarō(1881-1945) 99
グルドン、アンリ Henri Gourdon(1876-1943) 145
グレー、トマス Thomas Gray(1716-1771) 293
グリンバーグ、クレメント Clement Greenberg (1909-1994) 406
グリーン、グレアム Graham Greene (1904-1991) 497, 498, 503-505
グレゴリオ13世 Gregorius XIII(1502-1585) 35, 36, 42

顧愷之 Gu Kaizhi(348-409)　105
グーハ＝タクルタ Tapati Guha-Thakurata 247
郭熙 Guo Xi(1023-1085)　105, 106
ギィ、ミシェル Michel Guy(1927-1990) 186-188, 194, 196

H

八大山人 Hachidai Sanjin/Bada Shanren (1626-1705)　103、104、229
濱田庄司 Hamada Shouji(1894-1978)　361, 602
浜田光夫 Hamada Mitsuo(1943-)　685, 689
アモン Hammont　649
葉室鐵夫 Hamuro Tetsuo(1917-2005)　513
塙保己一 Hanawa Hoki'ichi(1746-1821)　85
原広司 Hara Hiroshi(1936-)　339
原マルチノ Hara Martino(1569頃 -1629)　35, 41, 48
原田尾山 Harada Bizan(1882-1943)　99
原田直次郎 Harada Naojirô(1863-1899)　452
原潤一郎 Hara Jun'ichirô(1879-1961)　227
原三渓 Hara Sankei(1868-1939)　245
ハリス、タウンゼント Townsend Harris (1804-1878)　85
長谷川時雨 Hasegawa Shigure(1879-1941) 518
長谷川祐子 Hasegawa Yûko(1957-)　198, 199
ハスケル、フランシス Francis Haskell(1928-2000)　405
ハートゥン、マリーチェ Mariçe Hatun　638
オスマン男爵 Georges Eugène Haussmann (1809-1891)　654
ハヴェル、アーネスト・ビンフィールド Ernest Binfield Havell(1861-1934)　242, 244, 247
林信敬 Hayashi Nobutaka(1767-1793)　64
何如璋 Hé Rúzhāng/Ka Joshô(1838-1891)　78, 79
ハイデガー(ハイデッガー)、マルティン Martin Heidegger(1889-1976)　533-535, 628
ヘルモント、ヤン・ファン Jan Baptista van Helmont(1579-1644)　274
ホイヴェルス、ヘルマン Hermann Heuvers (1890-1977)　598-601
ヘイエルダール、トール Thor Heyerdahl (1914-2002)　355, 356
樋口一葉 Higuchi Ichiyô(1872-1896)　288
菱田春草 Hishida　Shunsô(1874-1911)　235
ヒトラー、アドルフ Adolf Hitler(1889-1945) 420
パラケルスス Paracelsus, Theophrastus (von) Hohenheim(1493-1541)　274
保苅実 Hokari Minoru(1971-2004)　384, 386
ホルバイン、ハンス Hans Holbein(1497-1543) 532
ホール、スティーヴン Steven Holl(1947-) 339
洪亮吉 Hóng Liàngjí/Kô Ryôkitsu(1746-1809) 80, 81
堀川舟庵 Horikawa Shû'an　84, 85
ホーニグ、シャルル・ギヨーム Charles Guillaume Hornig　642, 648
星一 Hoshi Hajime(1873-1951)　362, 369, 582
星野力 Hoshino Tsutomu(1906-1994)　24, 27
星新一 Hoshi Shin'ichi(1926-1997)　28, 369
細川ガラシア、玉 Hosokawa Gracia(1563-1600)　598, 600
法蔵 Houzou/Fā Zāng　275, 277
胡漢民 Hu Hanmin(1879-1936)　102
新羅山人〔華嵒〕Hua Yan　103
皇甫謐(西晋) Huáng fǔ Mì/Kô Hohitsu (215-282)　87
黄公望 Huang Gongwang(1269-1354)　108
黄丕烈 Huáng Pīliè/Kô Hiretsu(1763-1825) 80
徽宗帝 Emperor Huizong(1082-1135)　97-99, 100, 110
フンボルト、アレクサンダー・フォン Alexander von Humboldt(1769-1859)　352, 353, 355
ハイダーリー Muhammad Akbar Nazar Ali Hydari(1869-1941)　585

I

筏井竹の門 Ikadai Takenokado(1871-1925) 235
池長(潤)大司教 Ikenaga Jun(1937-)　500, 501
稲畑勝太郎 Inabata Katsutarô(1862-1949) 430
稲賀繁美 Inaga Shigemi(1957-)　2, 197, 365, 394
インドラ Indra　266
井上哲次郎 Inoue Tetsujirou(1856-1944)　449, 452
井上伝 Inoue Den(1789-1869)　121
井上園子 Inoue Sonoko(1915-1986)　512
鄭寅燮 Zon In-sob(1905-1983)　553
イシグロ、カズオ Kazuo Ishiguro(1954-)　547
石原慎太郎 Ishihara Shintarô(1932-)　679, 681, 682
石原裕次郎 Ishihara Yûjirô(1934-1987) 678-683, 686, 688, 689

石井健一郎 Ishii Ken'ichirô(1903-2001) 20
石川浩洋(巳七雄) Ishikawa Kôyô 143
石川啄木 Ishikawa Takuboku(1868-1912) 288
石河壽衛彦 Ishiko Suehiko(?-1939) 142-148
石坂洋次郎 Ishizaka Yôjirô(1900-1986) 676, 677, 680-685
磯崎新 Isozaki Arata(1931-) 184, 188-190, 193, 320
一柳慧 Ichiyanagi Toshi(1933-) 605
伊東マンショ Itō Mansho(1569?-1612) 35, 41, 43, 44
岩崎真澄 Iwasaki Masumi 243
岩崎俊彌 Iwasaki Toshiya(1881-1930) 521
泉靖一 Izumi Seiichi (1915-1970) 368, 377, 379
井筒俊彦 Izutsu Toshihiko(1914-1993) 237, 267

J

ジャムゴシヤン Jamgosyan 637
ジャモ、ポール Paul Jamot(1863-1939) 394-402, 404-406
ヤスパース、カール Karl Theodor Jaspers (1883-1969) 667
金城 Jin Cheng(1878-1926) 95
金開藩 Jin Kaifan(1896-1946) 95, 103, 111, 112
ジョンシェール Evarste Jonchère (1892-1956) 136-138, 146
アンガンベルディ、ジョセフ Joseph Imguimberty(1896-1971) 134, 137, 139
ジョイス、ジェイムス James Joyce(1882-1941) 561
巨然 Ju Ran 105
ユング、カール・グスタフ Carl Gustav Jung (1875-1961) 278

K

門脇佳吉 Kadowaki Kakichi(1926-2017) 622
戒能通孝 Kainou Michitaka(1908-1975) 469, 471
蠣崎波響 Kakizaki Hakyô(1764-1826) 56
狩野芳崖 Kanô Hôgai(1828-1888) 235
カント、イマヌエル Immanuel Kant(1724-1804) 662
葛飾北斎 Katsushika Hokusai(1760-1849) 198
川端康成 Kawabata Yasunari(1899-1972) 547, 551
川合玉堂 Kawai Gyokudô(1873-1957) 96, 103
キーン、ドナルド Donald Keene(1922-2019) 548, 549, 550
木村敏 Kimura Binn(1931-) 624
木村蒹葭堂 Kimura Kenkadô(1736-1802) 56
紀貫之 Kino Tsurayuki(866?-945?) 285, 298
木岡伸夫 Kioka Nobuo(1951-) 629
北原白秋 Kitahara Hakushû(1885-1942) 288
北原三枝 Kitahara Mie(1933-) 678, 681, 682
喜多村直寛(栲窓) Kitamura Tadahiro/Kôsô (1804-1876) 88
北村太郎 Kitamura Tarô(1922-1992) 504
北村透谷 Kitamura Tôkoku(1868-1894) 288
清浦奎吾 Kiyoura Keigo(1850-1942) 103
ウングワレー Emily Kame Kngwarreye (1910?-1996) 379
小早川麻美子 Kobayakawa Mamiko 605
小林卓斉 Kobayashi Takusai(1831-1916) 229
幸田露伴 Kôda Rohan(1867-1947) 288, 357, 366
小池朝雄 Koike Asao(1931-1985) 686, 687
小島尚質(春庵・宝素) Kojima Naokata/Shun'an/Hôso)(1897-1849) 84, 87-89
小島尚真(春沂・抱沖) Kojima Naozane/Shunki/Hôchū(1829-1857) 84, 85
光格天皇 Kôkaku Ten'nô(1771-1840) 59, 64, 69, 71
國分功一郎 Kokubun Kôichirô(1974-) 626
小室翠雲 Komuro Suiun(1874-1945) 103
近藤高弘 Kondô Takahiro(1958-) 605
近衛文麿 Konoe Fumimaro(1891-1945) 95
河野多恵子 Kôno Taeko(1926-2015) 564
是枝裕和 Koreeda Hirokazu(1962-) 26
神代辰巳 Kumashiro Tatsumi(1927-1995) 677, 691-693
久野收 Kuno Osamu(1910-1999) 469
蔵原惟繕 Kurahara Koreyoshi(1927-2002) 677-680, 686, 687, 689-691
草間彌生 Kusama Yayoi(1929-) 275
桑原武夫 Kuwabara Takeo(1904-1988) 469
桑原隲蔵 Kuwabara Jitsuzô(1871-1931) 357-359, 361
久世夏奈子 Kuze Kanako 96, 99

L

ラブルースト、アンリ Henri Labrouste (1801-1875) 637
ラフォール Lafort 638
ラーイ、ララ・ラージパト Lala Lajpat Rai (1865-1928) 414
ランカスター、ジョセフ Joseph Lancaster (1778-1838) 664

ド・ロネ Marie de Launay　651
ル・コルビュジエ Le Corbusier（1887-1965）　586
リーチ、バーナード Bernard Leach（1887-1979）　255
レグリズ、マチュー Matthieu Leglise　402-404
ライプニッツ、ゴットフリート Gottfried Wilhelm Leibniz（1646-1716）　263, 271, 272, 274, 277
ロート、アンドレ André Lhote（1885-1962）　400, 406
李安忠 Li Anzhong　97
李昞（北周）Lǐ Bǐng/Ri Hei　89
李成 Li Cheng（919-967）　106
李虎（西魏）Lǐ Hǔ/Ri Ko　89
李濂 Lǐ Lián/Ri Ren（1488-1566）　87
李世民 Lǐ Shìmín/Ri Seimin（599-649）　89
黎庶昌 Lí Shùchāng/Rei Shoshô（1837-1897）　79, 81
李淵 Lǐ Yuān/Ri En（566-635）　89
廉泉 Lian Quan（1863-1932）　101
梁鴻志 Liang Hongzhi（1882-1946）　97
リベット、ベンジャミン Benjamin Libet（1916-2007）　279
リギョール、フランソワ François-Alfred Désiré Ligneul（1847-1922）　598
林熊光 Lin Xiongguang（1897-1971）　107
林億（宋）Lín Yì/Rin Oku　87
劉節（明）Liú Jié/Ryû Setsu（1476-1555）　84
劉松年 Liu Songnian（1174-1224）　106
ルイ16世 Louis XVI（1754-1793）　121
ロヨラ、イグナチオ・デ Ignacio de Loyora（1491-1556）　39, 622, 623
盧文弨 Lú Wénchāo/Ro Bunshô（1716-1795）　80
ルビエンスキー、ステファン Stefan Łubieński（1893-1976）　580, 582, 583
ルビエンスキー、ツィナ Zina Łubieński　580
リュケン、ミカエル Michael Lucken（1969-）　195
ルクレティウス Titus Lucretius Carus（BC94-55）　293
リュミエール兄弟 Auguste Marie Louis Lumière/Louis Jean Lumière（1862-1954/1864-1948）　430
羅家倫 Luo Jialun（1897-1969）　107
羅振玉 Luo Zhenyu（1866-1940）　101

M

馬遠 Ma Yuan　97
馬元調（明）Mǎ Yuántiáo/Ba Genchô（?-1645）　84
マッカーサー、ダグラス Douglas MacArthur（1880-1964）　305, 476
マガニ、ミック Mick Magani（1920?-1984）　380, 381
マグリット、ルネ René François Ghislain Magritte（1898-1967）　536, 538, 539
マフード、キム Kim Mahood（1953-）　384, 385, 387
マウド、クロード Claude Mahoudeau　134, 148
牧逸馬 Maki Itsuma（1900-1935）　351
牧野伸顕 Makino Nobuaki（1861-1949）　95
マフマルバフ、サミラ Samira Malhmalbaf（1980-）　660
マネ、エドゥアール Édouard Manet（1832-1883）　392-406
マンガヤリ、ジミー Jimmy Mangayarri　386, 387
マン、トマス Thomas Mann（1875-1955）　554
マルコーニ、グリエルモ Guglielmo Marconi（1874-1937）　434
マリー＝アントワネット Marie-Antoinette d'Autriche（1755-1793）　121
丸山真男 Maruyama Masao（1914-1996）　469
丸山貫長 Maruyama Kanchô（1843-1927）　240
ミンスキー、マーヴィン Marvin Minsky（1927-2016）　279
正木直彦 Masaki Naohiko（1862-1940）　95, 96, 101-103
松原智恵子 Matsubara Chieko（1945-）　689
松平恆雄 Matsudaira Tsuneo（1877-1949）　110
松平定信 Matsudaira Sadanobu（1758-1829）　63, 64, 71
松前廣長 Matsumae Hironaga（1737-1801）　56, 61, 67
松前道廣 Matsumae Michihiro（1754-1832）　58, 61, 67, 70
松尾芭蕉 Matsuo Bashô（1644-1694）　285
松岡太和（正雄）Matsuoka Taiwa（1870-1943）　139, 143
松岡正剛 Mtsuoka Seigou（1944-）　2
松島栄一 Matsushima Eiichi（1917-2002）　475, 478
松浦静山 Matsura Seizan（1760-1841）　56, 71
松浦武四郎 Matsuura Takeshirô（1818-1888）　72, 73
松田新右衛門 Matsuda Shin'uemon（1884-1964）　231
モクレール、カミーユ Camille Mauclair

(1872-1945) 395
マズダ、アフラ Ahura Mazda 266
マッカーシー、ジョン John McCarthy(1927-2011) 21
マキューアン、イアン Ian McEwan(1948-) 547
マクレガー、ロバート Robert McGregor (?-1974) 554
マクラレン、ノーマン Norman McLaren (1914-1987) 431
ミード G.R.Stowe Mead(1863-1933) 415
マイヤー＝グレーフェ、ユリウス Julius Meier-Graefe(1867-1935) 401
メリッキアン(メリック) Hagop Melikiyan 637, 638
メンデル、グレゴール Gregor Johann Mendel (1822-1884) 24
米芾 Mi Fu/Bei Futsu(1051-1107) 111
ポラーニィ、マイケル Michael Polanyi(1891-1976) 278
マイケルズ、ワルター・ベン Walter Benn Michaels(1948-) 216-218
美加マドカ Mika Madoka(1963-) 692
三上参次 Mikami Sanji(1865-1939) 452, 453
ミル、ジョン・スチュアート John Stuart Mill (1806-1873) 293, 294, 297
皆川淇園 Minagawa Kien(1734-1807) 59, 70, 71
南博 Minami Hiroshi(1914-2001) 468, 474, 475
港千尋 Minato Chihiro(1960-) 715
ミンコフスキー、ヘルマン Hermann Minkowski(1864-1909) 264, 268
ミラ・アルファサ・リシャール Mirra Alfassa Richard (1878-1973) 576, 584-588, 590
三島由紀夫 Mishima Yukio (1925-1970) 547, 551, 554
宮口精二 Miyaguchi Seiji(1913-1985) 684
宮崎駿 Miyazaki Hayao(1941-) 431
宮沢賢治 Miyazawa Kenji(1896-1933) 263-266、268、269、272, 273, 275-277, 279
宮澤とし子 Miyazawa Toshiko(1898-1922) 273
溝口禎次郎 Mizoguchi Teijirô(1872-1945) 96, 101
水木しげる Mizuki Shigeru(1922-2015) 435
水野龍 Mizuno Ryô(1859-1951) 508
ムハンマド皇太子 Mohammad bin Salman Al Saud(1985-) 722
モネ、クロード Claude Monet(1840-1926) 398, 399, 402
文殊菩薩 Moji Bosatsu मञ्जुश्री, mañjuśrī 267
モンターニ、ピエトロ Pietro Montani(1829-1887) 649, 651-654
モレル、アンドレ André Morel(?- 1869) 654
森約之(養真) Mori Noriyuki/Yôshin(1835-1871) 84, 85
森鷗外 Mori Ougai(1862-1922) 282, 452
森立之(枳園) Mori Tatsuyuki/Ki'en(1807-1885) 79, 83, 84
森本喜久男 Morimoto Kikuo(1948-2017) 119
モリス、ウィリアム William Morris(1834-1896) 246
本居宣長 Motoori Norinaga(1730-1801) 285
牧谿 Mu Xi/Mokkei 97
ミュラー、マックス Max Müller(1823-1900) 415
村上春樹 Murakami Haruki(1949-) 27
村田喜代子 Murata Kiyoko(1945-) 718
村田省蔵 Murata Shôzô(1878-1957) 511
マードック、アイリス Iris Murdoch(1919-1999) 559
ムッソリーニ、ベニート Benito Mussolini (1883-1945) 421

N

永井荷風 Nagai Kafû(1879-1959) 288
ナイドゥ、サロジニ Sarojini Naidu(1879-1949) 410-419
内藤湖南 Naitô Konan(1866-1934) 99
中江克己 Nakae Katsumi(1935-) 118
中上健次 Nakagami Kenji(1942-1992) 719
中平康 Nakahira Kou(1926-1978) 677, 681-686, 690, 691, 693
中俣充志 Nakamata Mitsushi(1904-1975) 509, 510
中野好夫 Nakano Yoshio(1903-1985) 469
ナカシマ、ジョージ Nakashima George Katsutoshi(1905-1990) 583
中田秀夫 Nakata Hideo(1961-) 435
中浦ジュリアン Nakaura Julian(1568?-1633) 35, 41, 47
中山愛親 Nakayama Naruchika(1741-1814) 64, 70
中沢新一 Nakazawa Shinichi(1950-) 719
南条文雄 Nanjyo Bunyû(1849-1927) 415
ナポレオン一世 Napoléon Bonaparte(1769-1821) 637
ナポレオン三世 Charles-Louis-Napoléon Bonaparte(1808-1873) 645
夏目漱石 Natsume Sôseki(1867-1916) 282, 288, 518, 519, 524, 525

名和晃平 Nawa Kôhei(1975-)　198
ねじめ正一 Nejime Shouichi(1948-)　504, 505
ニューベリー、ベルナード Bernard Newberry (1948-)　389
ネラン、ジョルジュ Georges Neyran(1920-2011)　599-601
グエン・ザー・チー Nguyễn Gia Trí (1908-1993)　133, 134, 146, 147, 149
倪瓚 Ni Zan/Gei San(1301-74)　97
クザーヌス、ニコラウス Nicolaus Cusanus (1401-1464)　274
ニーチェ、フリードリヒ Friedrich Nietzsche (1844-1900)　252, 253, 257
ニプコー、パウル Paul Julius Gottlieb Nipkow (1860-1940)　434
西周 Nishi Amane(1829-1897)　288
西田幾多郎 Nishida Kitarô(1890-1945)　622-625, 627, 628
西垣通 Nishigaki Tôru(1948-)　22
西村恵信 Nishimura Eshin(1933-)　622
西村茂樹 Nishimura Shigeki(1828-1902)　288
西谷啓治 Nishitani Keiji(1900-90)　625
二谷英明 Nitani Hideaki(1930-2012)　678
ニチュケ、ギュンター Günter Nitschke (1934-)　191
ニヴェディタ Sister Nivedita(1867-1911)　241, 242
野口米次郎 Noguchi Yonejirô(1875-1947)　411, 413, 415-419, 421

O

小田マサノリ Oda Masanori　320
大江健三郎 Ōe Kenzaburô (1935-)　378, 382
大原呑響 Ôhara Donkyô(1761頃-1810)　57, 59, 70
大森荘蔵 Ômori Shôzô(1921-1997)　263, 269, 270, 271, 277
岡部長景 Okabe Nagakage(1884-1970)　96, 103, 110
岡倉覚三、天心 Okakura Kakuzô, Tenshin (1863-1913)　97, 143, 240, 241, 244, 245, 249, 254
岡本太郎 Okamoto Tarô(1911-1996)　320
岡本貫瑩 Okamoto Kan'ei(1899-1948)　256, 257
岡村吉右衛門 Okamura Kichiemon(1916-2002)　120
大隈重信 Ôkuma Shigenobu(1838-1922)　497
オルコット、ヘンリー・スティール Henry Steel Olcott(1832-1907)　578
大村純忠 Ōmura Sumitada(1533-1587)　35, 40, 41, 44-46
大岡昇平 Ôoka Shôhei (1909-1988)　551
押井守 Oshii Mamoru(1951-)　433
大島渚 Ôshima Nagisa(1932-2013)　682
大友宗麟 Ōtomo Sōrin(1530-1587)　35, 40, 41, 44
大塚英志 Ōtsuka Eiji(1958-)　332
欧陽修(宋) Ōu Yángxiū / Ô Yôshû(1007-1072)　82
尾崎紅葉 Ozaki Kôyô(1867-1903)　288

P

龐元済 Pang Yuanji(1864-1949)　100, 102-104
パルヴィッレ、レオン Louis Léon Parvillée (1830-1885)　633-643, 645-654
パシャ、ムスタファ・レシット Mustafa Reit Paşa(1800-1858)　637
パティソン、ジョン John Pattison　548
パウリ、グスタフ Gustav Pauli (1866-1938)　396
パーシヴァル・ディヴィッド卿 Sir Percival David(1892-1964)　110
ペリー Matthew Calbraith Perry(1794-1858)　428
ゾフィー侯妃 Sophie von der Pfalz(1630-1714)　271, 274
ハウ、ファム Phạm H'âu(1903-1995)　138, 146, 147, 149
ピカソ、パブロ Pablo Picasso(1881-1973)　199, 400
パンゲ、モーリス Maurice Pinguet(1929-1991)　194
プラトー Joseph Antonine Ferdinand Plateau (1801-1883)　431
プラトン Plato(427 B.C.-347 B.C.)　274, 283, 284, 294, 298, 455, 456, 628
ポンピドゥー、ジョルジュ Georges Pompidou (1911-1974)　186
フランシスコ法王 Pope Francis(1936-)　501, 502
プレスコット、ウィリアム・H William H. Prescott(1796-1859)　367, 370
プルースト、マルセル Marcel Proust(1871-1922)　405, 482, 483, 486
ピュタゴラス Pythagoras(582 B.C.-496 B.C.)　274

Q

銭大昕 Qián Dàxīn/Sen Taikin(1728-1804)　80
銭時霽(清) Qián Shíjì/Sen Jisei　81

乾隆帝 Emperor Qianlong(1711-1799) 100
秦始皇帝 Qín Shǐhuángdì/Shin Shikôtei(259 B.C.-210 B.C.) 82
全元起(南朝斉・梁) Quán Yuán qǐ/Zen Genki 87

R

レイナー、イヴォンヌ Yvonne Rainer (1934-) 186
饒敦秩(清) Ráo Dūnzhì/Jô Tonchitu 82
レーモンド、アントニン Antonin Raymond (1888-1976) 574, 575, 580, 591
レーモンド、ノエミ Noémi Raymond Pernessin (1889-1980) 578, 580-582, 584
レイ、サタジット Satyajit Ray(1921-1992) 421
ラインハート、アド Ad Reinhardt(1913-1967) 537-539
ランデルマン、フィリベール Filibert Rendelmann 637, 640
リッチ、マテオ Mateo Ricci(1552-1610) 623
リシャール、ポール Paul Richard(1874-1967) 413, 416, 582
リシェル、バルブ Richer, Barbe 639
リッター Ritter 653
ロブ=グリエ、アラン Alain Robbe-Grillet (1922-2008) 557, 558
ブリッジズ、ロバート Robert Bridges(1844-1930) 415
ロベール、エティエンヌ=ガスパール Étienne-Gaspard Robert(1763-1837) 430
ロドリゲス、ジョアン Joao Rodrigues(1563?-1633) 596
ロゲンドルフ、ヨゼフ Joseph Roggendorf (1908-1982) 549
ロラン、ロマン Romain Rolland(1866-1944) 416, 421, 423
ローズ、デボラバード Deborah Bird Rose (1946-2018) 387, 388, 389
ラダー、ジョン John Rudder 388
盧舎那仏 Rushana Butsu वैरोचन *Vairocana* 266
ユイグ、ルネ René Ruyghe(1906-1997) 406

S

佐伯彰一 Saeki Shôichi(1922-2016) 569
三枝博音 Saigusa Hiroto(1892-1963) 210, 214
斎藤魏洋 Saitô Takahiro(1902-1944) 512
坂部恵 Sakabe Megumi(1936-2006) 1
酒井直樹 Sakai Naoki(1946-) 209
櫻井進嗣 Sakurai Shinji(1959-) 718
サマー、フランチシェク František Sammer (1907-1973) 583, 586-588
サルジアン、ボーオス・アア Boğos Ağa Sarcian 640
佐藤泰正 Satô Yasumasa(1917-2015) 499
椹木野衣 Sawaragi Noi(1962-) 319, 320, 329, 330
スカルペッタ、ギィ Guy Scarpetta(1946-) 187, 188
スコセッシ、マーティン Martin Scorsese (1942-) 498, 500
スクリャービン、アレクサンドル Alexander Scriabin(1871-1915) 257
セシャン、チャールズ Charles Polycarpe Séchan(1803-1874) 640
サイデンステッカー、エドワード・G Edward G. Seidensticker(1921-2007) 484, 549, 554, 565, 569
セルヴェリアン (息子) Artin Serverian 640
セリヴェリアン(父) Hohannes Amira Serverian 640
シェイクスピア、ウィリアム William Shakespeare (1564-1616) 241, 282, 481, 483
シャノン、クロード Claude Elwood Shannon (1916-2001) 12, 13, 21
シェリー、パーシー・ビッシュ Percy Bysshe Shelley(1792-1822) 293
沈周 Shen Zhou/Chin Shû(1427-1509) 97
施漢英(清) Shī Hànyīng/Se Kan'ei 81
柴野栗山 Shibano Ritsuzan(1736-1807) 64
芝良空 Shiba Ryôkû(1924-2002) 309
渋江全善(道純・抽斎) Shibue Kaneyoshi/Dôjun/Chûsai(1805-1858) 83-85
幣原喜重郎 Shidehara Kijûrô(1872-1951) 101
志賀重昴 Shiga Shigetaka(1863-1927) 358-360
紫式部 Murasaki Shikibu(970/978?-1019) 482, 483, 485, 486, 492
島村抱月 Shimamura Hougetsu(1871-1918) 497
島崎藤村 Shimazaki Tôson(1872-1943) 288, 365, 549
清水幾太郎 Shimizu Ikutarô(1907-1988) 469
下村観山 Shimomura Kanzan(1873-1930) 96
篠山紀信 Shinoyama Kishin(1940-) 191, 192
親鸞 Shinran(1173-1263) 252
白川静 Shirakawa Shizuka(1910-2006) 428
士郎正宗 Shirô Masamune(1961-) 433
シーボルト、フランツ・フォン Franz von

Siebold(1796-1866)　352,353
シフェール、ルネ René Sieffert(1923-2004)　488
白鳥庫吉 Sihiratori Kurakichi(1865-1942)　357,358
島崎其郁 Simazaki Kison(1852-1932)　229
シン、グルチャラン Gurcharan Singh(1899-1995)　254,255,258,361
ニュートン Sir Isaac Newton(1642-1727)　274
スウォニムスキ、アントニ Antoni Słonimski (1895-1976)　553
スメドレー、アグネス Agnes Smedley(1892-1950)　414
スミス、ヴィンセント Vincent Smith(1848-1920)　245
スノー、C. P. Charles Percy Snow(1905-1980)　559
蘇武緑郎 Sobu Rokurô　243
ソクラテス Socrates(469 B.C.-399 B.C.)　283-285, 291, 292, 298
宋莉華 Song Lihua(1971-)　597
薗田宗恵 Sonoda Syue(1863-1922)　356,357
宋紫石 Sô Shiseki(1715-1786)　56,57
相馬御風 Souma Gyofû(1883-1950)　497
スペンサー、ハーバート Herbert Spencer (1820-1903)　446-448, 450, 456-461
ホーキング、スティーヴン Stephen William Hawking(1942-2018)　277
ストレロー、テッド Theodor George Henry Strehlow(1908-1978)　375, 376, 382
末松謙澄 Suematsu Kenchô(1855-1920)　489
菅了法 Suga Ryôhô(1857-1936)　415
杉本要蔵(望雲) Sugimoto Yôzô/Bô'un　87
杉本博司 Sugimoto Hiroshi(1948-)　203-218
スルタン・アブドゥルアジーズ Sultan Abdülaziz (1830-1876, r. 1861-1876)　647
スルタン・アブドゥルメジット Sultan Abdülmecid (1823-1861, r. 1839-1861)　647
住吉内記広行 Sumiyoshi Hiroyuki(1755-1811)　63,64
鈴木大拙 Suzuki Daisetsu(1870-1966)　267, 582, 623
鈴木 Suzuki Beatrice Erskine Lane(1878-1939)　582
鈴木光司 Suzuki Kôji(1957-)　435
シモンズ、アーサー Arthur Symons(1865-1945)　412

T

タゴール、オボニンドラナート Abanindranath Tagore(1871-1951)　243
タゴール、ロビントロナート Rabindranath Tagore(1861-1941)　240, 411, 414, 415, 417, 419-421
高垣眸 Takagaki Hitomi(1898-1983)　364
高村光太郎 Takamura Kôtarô(1883-1956)　228
高野実 Takano Minoru(1901-1974)　469-472
高山彦九郎 Takayama Hikokurô(1747-1793)　59, 70
高柳健次郎 Takayanagi Kenjirô(1899-1990)　434
竹久夢二 Takehisa Yumeji(1884-1934)　227, 228, 231, 232
武満徹 Takemitsu Tôru(1930-1996)　185, 188
竹村民郎 Takemura Tamio(1929-)　467
瀧精一 Taki Sei-ichi(1873-1945)　94, 99, 101, 104-109, 244, 245
滝沢修 Takizawa Osamu(1906-2000)　684
タルボット、ウィリアム・ヘンリー・フォックス William Henry Fox Talbot(1800-1877)　211
田村隆一 Tamura Ryûichi(1923-1998)　504
田中義一 Tanaka Giichi(1864-1929)　101
田中一松 Tanaka Yichimatsu(1895-1983)　97
田中一村 Tanaka Isson(1908-1977)　199
唐高祖(李淵) Táng Gāozǔ/Tô Kôso(566-635)　89
唐世祖(李昞) Táng Shìzǔ/Tô Seiso　89
唐太宗(李世民) Táng Tàizōng/Tô Taisô (599-649)　89
唐太祖(李虎) Táng Tàizǔ/Tô Taiso　89
谷川健一 Tanigawa Ken'ichi(1921-2013)　718, 719
谷崎潤一郎 Tanizaki Junichirô (1886-1965)　547, 548, 551, 554-557, 569
譚嗣同 Tan Sitong(1865-1898)　357
陶蘊輝(清) Táo Yùnhuī/Tô Unki　81
陶飛亜 Tao Feiya(1951-)　597
テイラー、ノラ・ンガランカ Nola Ngalangka Taylor (1951?-)　383
手塚治虫 Tezuka Osamu(1928-1989)　322, 332, 369
トマジウス、ヤーコブ Jacob Thomasius (1622-1684)　274
ト・ゴク・ヴァン Tô Ngọc Vân(1906-1954)　132, 133, 148, 149
外狩素心庵 Togari Soshin'an(1893-1944)　103
トルストイ、レフ Leo Tolstoy(1828-1910)　557,558
東松照明 Tōmatsu Shômei(1930-2012)　320

富本憲吉 Tomimoto Kenkichi(1886-1963) 361, 602-604
冨田渓仙 Tomita Keisen(1879-1936) 235
鳥居龍蔵 Torii Ryûzô(1870-1953) 365-367
外山正一 Toyama Masakazu(1848-1900) 445-463
トレウェイ Félicien Trewey(1848-1920) 431
坪上貞二 Tsubogami Teiji(1884-1979) 110
坪内逍遥 Tsubouchi Shôyô(1859-1935) 288, 497
津川雅彦 Tsugawa Masahiko(1940-2018) 681
都留重人 Tsuru Shigeto(1912-2006) 469
鶴見俊輔 Tsurumi Shunsuke(1992-2015) 468, 475, 477, 478
屠呦呦 Tú Yōuyōu/To Yôyô(1930-) 86
チューリング、アラン Alan Mathieson Turing (1912-1954) 20, 21
タイラー Royall Tyler (1936-) 484

U

ウビチーニ、アブドロニム Abdolonyme Ubicini(1818-1884) 649
内田魯庵 Uchida Roan(1868-1929) 358, 360, 361, 367
上田敏 Ueda Bin(1874-1916) 288
上田閑照 Ueda Shizuteru(1926-) 625
上原専禄 Uehara Senroku(1899-1975) 468, 471, 474
植木光教 Ueki Mitsunori(1927-2009) 308
歌川広重 Utagawa Hiroshige(1797-1858) 192

V

ヴァレリー、ポール Paul Valéry(1871-1945) 393
ヴァリニャーノ、アレシャンドロ Alessandro Valinano(1539-1606) 40, 41, 48
ヴェルギリウス Publius Vergilius Maro(70 B.C.-19 B.C.) 293
ヴェルヌ、ジュール Jules Verne (1828-1905) 718
ヴィリオン、エメ Aimé Vilion(1843-1932) 599, 601
ヴィオレ=ル=デュク Eugène Emmanuel Viollet-le-Duc(1814-1879) 634, 654
ヴィスワナータン、ガウリ Gauri Viswanathan (1950-) 578, 579

W

和智恒蔵 Wachi Tsunezô(1900-1990) 301-304
ヴァルデマール=ジョルジュ Waldemar-Geroge(1893-1970) 406
ウェイリー、アーサー Arthur Waley(1889-1966) 245, 481-486, 488-494
王冰(唐) Wáng Bīng/Ô Hyô 87
王蒙 Wang Meng(1308-85) 97-99, 108
汪栄宝 Wang Rongbao(1878-1933) 103
王時敏 Wang Shimin(1592-1680) 106
王一亭 Wang Yiting(1867-1938) 103
渡辺晨畝 Watanabe Shinpo(1867-1933) 95, 96, 101, 102
渡辺武信 Watanabe Takenobu(1938-) 677-680
和辻哲郎 Watsuji Tetsurô(1889-1960) 370
ワット、イアン Ian Watt(1917-1999) 559
ウィーバー、ワレン Warren Weaver(1894-1978) 13
ワイゼンバウム、ジョセフ Joseph Weizenbaum (1923-2008) 19
文徴明 Wen Zhengming(1470-1559) 97, 102, 107
翁方綱 Wēng Fānggāng/Ô Hôkô(1733-1818) 80
ウエスト、アンソニー Anthony West(1914-1987) 569
ヴェツェル、ハーヴェイ E. Wetzel Hervey (1888-1918) 581
ホイットマン、ウォルト Walt Whitman (1819-1892) 248
ホワイト、ランスロット・L Lancelot Law Whyte 278
ウィルデンスタイン、ジョルジュ Georges Wildenstein(1892-1963) 394
ワイルド Oscar Wilde(1854-1900) 488
ウィルソン、アンガス Angus Wilson(1913-1991) 547-564, 567-569
ウルフ、ヴァージニア Virginia Woolf(1822-1941) 481-488, 492-494, 557, 558, 561
ワーズワース、ウィリアム William Wordsworth(1770-1850) 293
ライト、フランク・ロイド Frank Lloyd Wright (1867-1959) 580
呉大澂 Wu Dacheng(1835-1902) 102, 109
呉湖帆 Wu Hufang(1894-1968) 102, 103, 109, 111
呉鎮 Wu Zhen(1280-1354) 107, 108

X

ザビエル、フランシスコ Francisco Xavier (1506-1552) 39, 40, 370, 595, 597, 599, 621, 623

夏珪 Xia Gui/Ka Kei　97
咸豊帝 Emperor Xianfeng(1831-1861)　100
項元汴 Xiang Yuanbian(1525-1590)　107
熊希齢 Xiong Xiling(1870-1937)　95, 102
徐承祖(清) Xú Chéngzǔ/Jo Shôso(1842-?)　84
徐春甫 Xú Chūnfǔ/Jo Shumpo(1520-1596)　87
徐福(秦) Xú Fú/Jo Fuku　82
徐世昌 Xu Shichang(1855-1939)　95, 102, 103
徐守銘(明) Xú Shǒumíng/Jo Shumei　84
宣統帝 Emperor Xuantong(1906-1967)　102

Y

ヤシン、カテブ Kateb Yacine(1929-1989)　609, 610, 613-615, 617-619
八木一夫 Yagi Kazuo(1918-1979)　603, 604
山田風太郎 Yamada Fûtarô(1922-2001)　719
山田信夫 Yamada Nobuo(1932-1998)　677, 686-688
山極寿一 Yamagiwa Juichi(1952-)　714
山川惣治 Yamakawa Sôji(1908-1992)　369
山本悌二郎 Yamamoto Teijirô(1870-1937)　98, 99, 104
山本智教 Yamamoto Chikyô(1909-1998)　244
閻立本 Yan Liben　97
柳父章 Yanabu Akira(1928-2018)　211
柳宗悦 Yanagi Muneyoshi(1889-1961)　118, 246-255, 257, 258, 361, 602, 603, 606
楊上(唐) Yáng Shàng/Yô Jô(589-681)　87
楊上善→楊上(唐 字善) Yáng Shàngshàn/Yô Jôzen(589-681)　87
楊守敬 Yáng Shǒujing/Yô Shukei(1839-1915)　78-84, 86, 88-90
ヤノベ・ケンジ Yanobe Kenji(1965-)　318-333
矢田部良吉 Yatabe Ryoukichi(1851-1899)　452
葉恭綽 Ye Gongchuo(1881-1968)　103
イェイツ、ウィリアム・バトラー William Butler Yeats(1865-1939)　414, 421
横山大観 Yokoyama Taikan(1868-1958)　96, 103
与謝野晶子 Yosano Akiko(1878-1942)　288
吉田兼好 Yoshida Kenkô(1283?-1352?)　285
吉見俊哉 Yoshimi Shunya　319, 321, 328
吉永小百合 Yoshinaga Sayuri(1945-)　685
ユルスナール、マルグリット Marguerite Yourcenar(1903-1987)　481-486, 488-494
結城素明 Yûki Somei(1875-1957)　96
遊佐正憲 Yusa Masanori(1915-1975)　513

Z

善財童子 Zenzai Douji Sudhanakumâra　267
ゼルヴォス、クリスチャン Christien Zervos (1889-1970)　406
張大千 Zhang Daqian(1899-1983)　103
張学良 Zhang Xueliang(1901-2001)　103
章炳麟 Zhang Binglin(1869-1936)　357
趙令穣 Zhao Lingrang　104, 106, 108, 110
趙翼(清) Zhào Yì/Chō Yoku(1727-1814)　88
周肇祥 Zhou Zaoxiang(1880-1954)　95
朱耷 Zhu Da(1626-1705)　103, 104, 229 →八大山人
ゼイルマンス、キティ Kitty Zijlmans(1955-)　214
ツヴォルキン、ウラジミール Vladimir Koz'mich Zworykin(1888-1982)　434

共同研究会「多文化交渉における〈あいだ〉の研究」研究会実施日程一覧

【平成28＝2016年度】

◆第１回　４月27日(水)―29日(金)

テーマ：「海賊」概念の検討

* 国際研究集会と同時開催：国内参加者共同研究員の費用は、特例として共同研究会予算より支出。その分を国際研究集会予算は節約するとの条件で、研究協力委員会委員長宛にH27年10月27日に書類を提出、４月21日センター会議での承認事項。

１日目

発表：

「ネット時代の日本的海賊：２ちゃんねるからニコニコ動画まで」　鈴木洋仁

　コメンテイター：多田伊織

「マンガ翻訳の海賊たち―スキャンレーションにおける航海術をめぐって―」　片岡真伊

「開かれた経済と海賊行為」　宮崎康子

「海賊、海賊行為と蛸―触手の怪物から八面六臂のエイリアンへ？」　橋本順光

Discussion : initiated and introduced by Dennitza GABRAKOVA and 稲賀繁美

　Speakers: 莊千慧 ,Helena ČAPKOVÁ, Mitsuyo DELCOURT-ITONAGA,　山田奨治，瀧井一博，山本麻友美

Café Session

２日目

発表：

「略奪か戦利品か？1615年サン・アントニオ号捕縛事件と幕府の対応」　クレインス　フレデリック

「〈借り〉をまわすシステム
　―タンザニアにおける携帯を通じた送金システムを事例に」　小川さやか

「海賊党の液体民主主義について」　江口久美

「ロンドンにおける中国芸術国際展覧会と中国外国人外交官
　―南京国民政府初代駐英大使の活躍を中心に」　範麗雅

「アヴァンギャルディストとしての自己定位の探究―工藤哲巳の海賊的考察」　近藤貴子

「悪石島の寄船大明神とその周辺」　榎本　渉

Presentation and Discussions around the Invited Guests：

　Discussion introduced by Patrick FLORES and 稲賀繁美

　Discussion introduced by Michael LUCKEN and 稲賀繁美

Discussion introduced by Timon Screech and 稲賀繁美
Claims of Piracy Made Against the English in Japan, 1613-26
Speakers: 新井菜穂子，今泉宜子，李応寿，杉田智美，春藤献一，戸矢理衣奈
Discussion：introduced by 金杭、三原芳秋
Discussion：「海賊史観による戦後民主主義再考」
introduced by 金杭、Pedro Erber、三原芳秋
Speakers: 劉建輝，鵜戸聡，岡本光博，隠岐さや香，武内恵美子，高木博志
Café Style Free Discussion：「海賊史観」関係研究成果の報告と自由討論
Ⅰ．海賊史観からみた世界史と交易史
Ⅱ．著作権・複製権・海賊版　電子化された情報環境の将来

◆第２回　５月28日(土)―29日(日)
テーマ：「うつわ」と「うつし」および「あいだ」をめぐって
主旨説明・導入：稲賀繁美（実施責任者）
参加者自己紹介：研究についての短い意見交換
発表：「日本美学における《あいだ》概念についての考察」 稲賀繁美・総合討論
「あいだ」研究会の運営に関する自由討論・計画立案
「うつし」と「うつわ」プロジェクトに関する説明と自由討論・計画立案

◆第３回　７月３日(日)―４日(月)
テーマ：「息吹」「精神」「精神性」と「東洋」
場所：多摩美術大学美術館Ｂ１　多目的室
＊特別展参観と東京在住研究者の便を考えて所外実施
「鈴木大拙と松ヶ岡文庫」展見学
多摩美術大学美術館講演会：「鈴木大拙の思想」
末木文美士（国際日本文化研究センター名誉教授）
発表：「精神性＝霊性」spiritualityをめぐる東西の〈あいだ〉
ゲストスピーカー　冨澤かな（東京大学附属図書館アジア研究図書館上廣倫理財団寄付研究部門（U-PARL）特任准教授）
総合討議
発表：「村山知義の『故郷物語』と転向」李應壽

◆第４回　７月31日(日)―８月１日(月)
テーマ：「右」と「左」　あるいは対掌性について
主旨説明：稲賀繁美
黒田先生のご講演の準備体操：「左右の問題・渦巻きの疑問」稲賀繁美
カフェ・セッション
発表：「右と左―キラリティーを巡って：物理学から生物学へ」
ゲストスピーカー　黒田玲子（東京理科大学総合研究機構教授）

左右の問題・キラリティーに関する徹底討論
発表:「渦巻きと螺旋についての科学史的・理論的基礎」 金子務

◆第5回　8月29日(月)—26日(火)
テーマ:「裏」と「表」あるいは他動・受動・中動態
事務連絡および導入:「『中動態』をめぐる問題構成」稲賀繁美
発表:「中動態とその射程」
　ゲストスピーカー　森田亜紀（元倉敷芸術科学大学教授）
発表:「存在と現象の「あいだ」— H-G. ガーダマーの Übergang（移行）概念を手掛かりに」
　ゲストスピーカー　三木順子（京都工芸繊維大学　デザイン・建築学系准教授）
コメント:「Sanskrit の動詞活用における Voice（態）Ātmanepada（Middle or Reflexive）について」 多田伊織
発表:「西田幾多郎の芸術論における《あいだ》」アグネシカ　コズィラ
総合討論:「中動態」と対人性—責任概念

◆第6回　9月26日(月)—27日(火)
テーマ:責任と代表権の周辺
主旨説明:稲賀繁美
発表:「「ラウンド・テーブル」の起源」 山崎佳代子
（ベオグラード大学　教授・日文研外国人研究員）
発表:「国境を越える歌曲　変貌するメッセージ」 申　昌浩
地域文化代表と国際性:美術史学の現状を中心に　発議:稲賀繁美
北京国際美術史学会参加者による報告+総合討議

【平成29=2017年度】

◆第1回　6月23日(金)—6月24日(土)
テーマⅠ:洞窟から「あいだ」を考える
趣旨説明:稲賀繁美
発表:「洞窟の身体—なぜ、穴に惹かれるのか」 今泉宜子
発表:「原初のあいだ:洞窟の想像力」
　ゲストスピーカー　港　千尋（多摩美術大学教授）
討論:港×稲賀繁美　のち　全体討論
テーマⅡ:手の思想と触の世界
発表:「手の思想と触の世界」　金子務

◆第2回　7月7日(金)—7月8日(土)
テーマⅠ:〈あいだ〉としての地域医療——べてるの家の実践から考える
導入:三原芳秋（一橋大学大学院言語社会研究科准教授・稲賀班共同研究員）

発表：「海と冗長性～イタリアにおける地域精神保健をめぐって」　松嶋　健
発表：「「べてるの家」という〈あいだ〉」
　ゲストスピーカー　向谷地　生良（北海道医療大学教授・浦河べてるの家・理事）
テーマⅡ：現代史研究における「あいだ」の問題―職場の歴史をつくる会に関連して
発表：「職場の歴史の社会的・文化的意味」
　ゲストスピーカー　古川誠（関西大学社会学部教授）
発表：「歴史学における「あいだ」の研究について
　―職場の歴史をつくる会に関連して―」　竹村民郎

◆第３回　７月30日(日)―７月31日(月)
テーマⅠ：文化間翻訳の現場―言語内翻訳の場合
発表：「日本近代文学の英訳現場にみる"あいだ"の諸相」　片岡真伊
発表：「〈あいだ〉の作家、マルグリット・ユルスナールと『源氏物語』」　村中由美子
発表：「〈あいだ〉の都市、〈あいだ〉の芸術家；イスタンブルのパリ人、
　レオン・パルヴィッレと仕事の周辺」　ジラルデッリ青木美由紀
発表：「日本の「包む」文化と空間性について」　デルクール糸永光代
発表：「コレクターの衰退　断捨離・生前整理と身辺の文化」　多田伊織

◆第４回　９月25日(月)―９月26日(火)
テーマⅠ：芸術と社会組織のあいだ―インド、中国、日本
発表：「シュリー・オーロビンド・アーシュラム：アートと生活の間」　Helena Čapková
発表：「神智学徒 H.P. シャーストリー（1882-1956）のアジア滞在
　―霊性運動とコロニアリズムのあいだ」　莊　千慧
発表：「境界者の文芸と民族運動のあいだ――ヨネノグチと中印の詩人」　堀まどか
テーマⅡ：「長崎料理　―和・華・蘭―」
発表：「長崎料理　―和・華・蘭―」　滝澤修身

【平成30＝2018年度】

◆第１回　４月21日(土)―４月22日(日)
趣旨説明　稲賀繁美（研究代表者）
発表：「A.K.Coomaraswamy と日本：総論にかえて」　稲賀繁美
発表：「世界美術からの逸脱か、または世界美術の解放か
　―杉本博司の『歴史の歴史』展の考察から」　近藤貴子
発表：「日活映画における「自己決定権」（戦後民主主義受容と変容の問題として）をめぐる
　テーマ・再考―中平康・蔵原惟繕・神代辰巳の作品を中心に」　千葉　慶
発表：「美学と社会学の【あいだ】外山正一を参照して」　鈴木洋仁

◆第２回　５月27日（日）―５月28日（月）
発表：「仏印統治下における「技術」と「美術」」　二村淳子
発表：「T.G.H.Strehlow「世界の中心」と地元の長老の間で」　中村和恵
発表：「動物愛護行政の理想と現実のあいだ
—動物保護管理法の施行（1974）を事例に」　春藤献一
発表：「偽史と物語のあいだ—インカ帝国日本起源説とその転用—」　橋本順光
発表：「「消滅」—作為と無作為の間」　近藤高弘
ゲストスピーカー　山本豊津（東京画廊代表）

◆第３回　６月23日（土）―６月24日（日）
発表：「教えることと学ぶこと」　宮崎康子
コメンテイター：デンニッツア・ガブラコヴァ
発表：「絣文化の再評価に関する学際的研究」　江口久美
発表：「どっちつかずの共和国の美術史編纂～前衛と古典とフランス」　藤原貞朗
発表：「国際展と国内展のあいだ：1921―31年の日華絵画聯合展の意義を再考する」
ゲストスピーカー：範　麗雅（中央研究院歴史語言研究所博士後研究員）

◆第４回　７月27日（金）―７月28日（土）
発表：「porosité」　糸永・デルクール　光代
発表：「太平洋のマリア観音」　君島彩子
発表：「統営の螺鈿工芸、海峡を渡る」　朴　美貞
話題提供：東大での文理融合・社会連携の試みについてご紹介　戸矢理衣奈
発表：「女性の身体意識の変容と空間、鏡：大正期を中心に」　戸矢理衣奈
発表：「「あいだ」のイメージ—キリシタン時代を通じて—」　滝澤修身
参加者からの話題提供＋成果論文集刊行にむけた編集打ち合わせ

※肩書きあるものは、いずれも発表当時のもの。

【編者紹介】

稲賀繁美（いなが しげみ）

1957年東京生まれ、広島育ち。現在は国際日本文化研究センター・総合研究大学院大学・教授、放送大学・客員教授。国際日本文化研究センター・元副所長、総合研究大学院大学・文化科学研究科・元研究科長。

東京大学教養学部教養学科卒。大学院比較文学比較文化専攻・単位取得退学。パリ第７大学博士課程修了（新課程統一博士号）。

主な著書に『絵画の黄昏』（1997）、『絵画の東方』（1999）『絵画の臨界』（2014）の３部作と『接触造形論』（2016）（ともに名古屋大学出版会）、『日本美術史の近代とその外部』（放送大学教育振興会、2018）。

主な日本語編著に『異文化理解の倫理にむけて』（名古屋大学出版会、2000）、『伝統工藝再考』（思文閣出版、2007）、『東方意識』（ミネルヴァ書房、2012）、『海賊史観からみた世界史の再構築』（思文閣出版、2017）。

共編著に *Vocabulaire de la spatialité japonaise*, CNRS Éditions, 2014ほか。

サントリー学芸賞、渋澤クローデル賞特別賞、倫雅美術奨励賞、和辻哲郎文化賞、フランス建築アカデミー出版賞ほかを受賞。

研究関係　論文ほか検索ＨＰ：http://www.nichibun.ac.jp/~aurora/inaga/（記載内容は2018年まで、2021年まで有効予定）および http://inagashigemi.jp.org【2019年より稼働開始】

◆表紙
夜の川面、京都、冬の白川
撮影：稲賀繁美　2018年12月４日

◆本扉・見返し
曇天をうつす海　瀬戸内海　厳島水道
撮影：稲賀繁美　2019年２月１日

映しと移ろい
――文化伝播の器と蝕変の実相

二〇一九年九月二十五日　初版第一刷発行

編者……稲賀繁美
装幀……大西宏志
発行者……橋本 孝
発行所……株式会社花鳥社
https://kachosha.com/
〒一五三-〇〇六四　東京都目黒区下目黒四-十一-十八-四一〇
電　話〇三-六三〇三-二五〇五
ファクス〇三-三七九二-二三二三
ISBN978-4-909832-12-2

組版……キャップス
印刷・製本……モリモト印刷

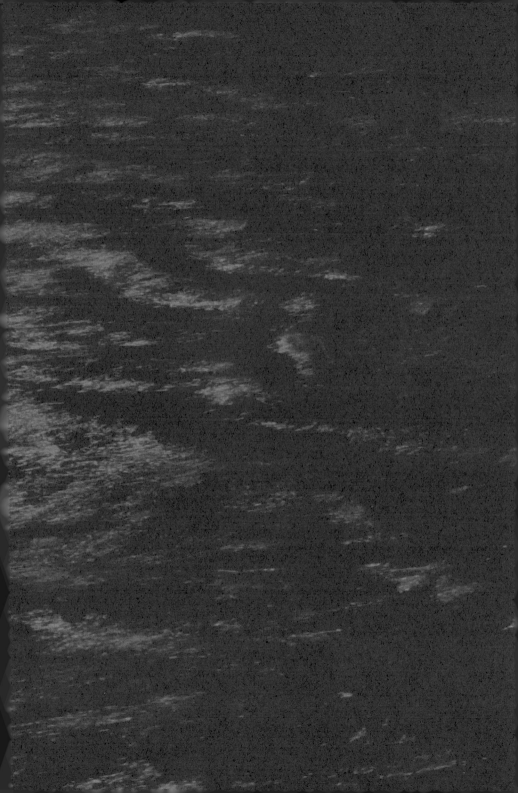